Stuart Pigott
Die führenden
Winzer
und Spitzenweine
Deutschlands

Stuart Pigott

DIE FÜHRENDEN WINZER UND SPITZENWEINE DEUTSCHLANDS

ECON

Die Deutsche Bibliothek – CIP-Einheitsaufnahme

Pigott, Stuart:
Die führenden Winzer und Spitzenweine Deutschlands /
Stuart Pigott. 2. Aufl. – Düsseldorf; München : ECON, 1998
ISBN 3-430-17475-9

2. Auflage 1998

Der ECON Verlag ist ein Unternehmen der ECON &
List Verlagsgesellschaft.

© 1997 by ECON Verlag GmbH, Düsseldorf
und München.
Alle Rechte der Verbreitung, auch durch Film, Funk
und Fernsehen, fotomechanische Wiedergabe,
Tonträger jeder Art, auszugsweisen Nachdruck oder
Einspeicherung und Rückgewinnung in Daten-
verarbeitungsanlagen aller Art, sind vorbehalten.
Übersetzung: Ursula Heinzelmann
Lektorat: Ulrike Brandt-Schwarze
Gesetzt aus der Walbaum-Standard
Satz: Dörlemann Satz, Lemförde
Papier: Papierfabrik Schleipen GmbH,
Bad Dürkheim
Druck und Bindearbeiten:
Bercker, Graphischer Betrieb GmbH, Kevelaer
Printed in Germany
ISBN 3-430-17475-9

INHALT

Danksagung 13
Flüssige Kunstwerke 15

Teil I: Dem deutschen Wein: Eine Bestandsaufnahme

1. Kapitel
 Ungenießbar oder himmlisch:
 Gute und schlechte Nachrichten über den deutschen
 Wein der Gegenwart 21

 Ignoranz, Massenproduktion und Skandale 21
 Das gestörte Geschmacksempfinden:
 Gräßliche Modeweine 26
 Deutsche Spitzenweine 29
 Edelsüße Weine oder Dessertweine 31
 Trockene Weißweine 32
 Rotweine 35

2. Kapitel
 Wegweiser durch das Labyrinth des Weines 35

 Die grundlegenden Eigenschaften 35
 Trocken und sauer 35
 Süß und voll 37
 Leicht und schwer 39
 Die Rebsorten 40
 Weiße Rebsorten 41
 Rote Rebsorten 51
 Winzer und Weinbergslagen 55
 Die großen Lagen 57
 Die Jahrgänge 59

3. Kapitel
Der Wein in Worten und Zahlen –
Beurteilungskriterien — 61

Die 100-Punkte-Skala — 62
Offen- oder Blindverkostung? — 65

Teil II: Die Winzer und ihre Weine

1. Kapitel
Ahr: Revolution im Disneyland — 69

Die Jahrgänge — 70
Rote Schrift auf weißem Blatt – Werner Näkel — 71
   Weingut Meyer-Näkel — 71
Kurzporträts — 77

2. Kapitel
Baden: Krieg der Stile — 79

Die Jahrgänge — 80
The Amazing Bercher Brothers – Eckhardt und
Rainer Bercher — 82
   Weingut Bercher — 82
Die Früchte der Ungewißheit – Joachim Heger — 87
   Weingut Dr. Heger — 87
A Star is Born – Bernhard Huber — 94
   Weingut Bernhard Huber — 94
Aus der Garage in die Zukunft –
Karl Heinz, Irene und Patrick Johner — 100
   Weingut Karl H. Johner — 100
Im Schatten des Schwarzen Adlers – Fritz Keller — 107
   Weingut Franz Keller/Schwarzer Adler — 109
In ihrer eigenen Welt –
Andreas Laible sen. und Andreas Laible jun. — 112
   Weingut Andreas Laible — 112
Einfach unbeirrbar – Wolf-Dietrich Salwey — 117
   Weingut Salwey — 117
Kurzporträts — 122

3. Kapitel
Franken: »Hübsche« Bocksbeutel – doch selten Flaschengeist ... 130

Die Jahrgänge ... 132
Fürstlich beherrschtes Chaos – Paul und Monika Fürst ... 133
   Weingut Rudolf Fürst ... 133
Visionär und Gentleman – Horst Kolesch und sein Team ... 139
   Weingut Juliusspital ... 139
Die überraschende Wahrheit in Hans Rucks Weinen –
Hans Ruck ... 143
   Weingut Johann Ruck ... 143
Kinder der Moderne – Karl Schmitt ... 147
   Weingut Schmitt's Kinder ... 147
Reinkarnation – Bruno Schmitt ... 151
   In memoriam Robert Schmitt ... 151
   Weingut Robert Schmitt ... 152
Wirsching on a Star – Dr. Heinrich Wirsching,
Dr. Uwe Matheus und Armin Huth ... 156
   Weingut Hans Wirsching ... 156
Kurzporträts ... 159

4. Kapitel
Hessische Bergstraße: Im Osten nichts Neues ... 164

Die Jahrgänge ... 164
Kurzporträt ... 165

5. Kapitel
Mittelrhein: Grand Canyon des Rieslings ... 166

Die Jahrgänge ... 167
Jedermanns Liebling – Peter und Linde Jost ... 168
   Weingut Toni Jost-Hahnenhof ... 168
Der Bonsai von Bacharach – Dr. Randolf Kauer ... 173
   Weingut Dr. Randolf Kauer ... 173
Mit dem Wein verheiratet – Jörg und Anne Lanius ... 179
   Weingut Lanius-Knab ... 179
Kurzporträts ... 183

6. Kapitel
Mosel–Saar–Ruwer: Die unübertreffliche Leichtigkeit des Weins   187

Die Jahrgänge   189
Die wahre Alternative – Clemens Busch   191
   Weingut Clemens Busch   191
Meister, nicht Helden – Hans-Leo und Hilde Christoffel   197
   Weingut Joh. Jos. Christoffel Erben   197
Eiserner Händedruck und Entschlossenheit – Wilhelm Haag   202
   Weingut Fritz Haag   202
Stimmen aus dem Goldtröpfchen – Theo Haart   210
   Weingut Reinhold Haart   210
Der Philosoph aus den Terrassen – Reinhard Löwenstein   217
   Weingut Heymann-Löwenstein   217
Kleinadel macht große Weine – Eberhard von Kunow   225
   Weingut von Hövel   225
Herrn Geibens Gespür für Wein – Peter Geiben   230
   Weingut Karlsmühle und Weingut Patheiger   230
Wiederauferstehung an der Ruwer –
Christoph Tyrell und Ludwig Breiling   236
   Weingut Karthäuserhof   236
Kein »poor little rich girl« –
Annegret Reh-Gartner und Gerhard Gartner   243
   Weingut Reichsgraf von Kesselstatt   243
Jungwinzer und Schloßherr – Thomas Haag   249
   Weingut Schloß Lieser   249
Löwenherz – Karl Josef Loewen   254
   Weingut Carl Loewen   254
Leidenschaft – Ernst Loosen   261
   Weingut Dr. Loosen   261
»Und so war auch sein Großvater« – Egon Müller jun.   271
   Weingut Egon Müller-Scharzhof   271
Moselmonument: Das Haus Prüm – Dr. Manfred Prüm   279
   Weingut Joh. Jos. Prüm   279
Was einst möglich war – Dr. Dirk Richter   288
   Weingut Max. Ferd. Richter   288
Familiensache – Willi Schaefer   294
   Weingut Willi Schaefer   294
Edle Vorsätze – Dr. Carl Ferdinand von Schubert   301
   Weingut Maximin Grünhaus   301
Ehrgeiz und Tüchtigkeit – Johannes Selbach   309
   Weingut Selbach-Oster   309

Inhalt 9

Die guten Bürger von Saarburg – Heinz und Ulrike Wagner 316
   Weingut Dr. Wagner 316
Schmetterlinge und Mosaiksteine – Hans-Joachim Zilliken 322
   Weingut Zilliken 322
Kurzporträts 328

7. Kapitel
   Nahe: Der Wein ohne Namen 348

Die Jahrgänge 349
Big Diel – Armin Diel 350
   Schloßgut Diel 350
Traumweine – Helmut Dönnhoff 358
   Weingut Hermann Dönnhoff 358
Engagement – Werner Schönleber 365
   Weingut Emrich-Schönleber 365
Aufsteiger – doch mit beiden Beinen fest auf dem Boden –
Helmut Mathern 371
   Weingut Oskar Mathern 371
Kurzporträts 374

8. Kapitel
   Pfalz: Heimat der unbekannten Visionäre 381

Die Jahrgänge 382
Kein Ende in Sicht – Rainer Bergdolt 383
   Weingut F. u. G. Bergdolt 383
Orangen sind nicht die einzige Frucht –
Gerhard Biffar und Lilli Biffar-Hirschbil 390
   Weingut Josef Biffar 390
Pfälzer Phoenix – Christian von Guradze und
Bettina Bürklin-von Guradze 396
   Weingut Bürklin-Wolf 396
Rotweine, aus dem Nichts gezaubert – Werner und Volker Knipser 405
   Weingut Knipser 405
Saumagen gegen Schlabberwasser – Bernd Philippi 408
   Weingut Koehler-Ruprecht 408
»I am a rock, I am an island« – Gregor Meßmer 416
   Weingut Herbert Meßmer 416
Die verborgenen Schätze von Forst – Richard Mosbacher,
Jürgen Düringer und Sabine Mosbacher-Düringer 422
   Weingut Georg Mosbacher 422

Doppelte Kraft – Heinrich Catoir und Hans-Günther Schwarz — 427
   Weingut Müller-Catoir — 427
Pionier der Tradition – Hans-Jörg Rebholz — 436
   Weingut Ökonomierat Rebholz — 436
Der Meister des Kastanienbuschs – Karlheinz Wehrheim — 443
   Weingut Dr. Wehrheim — 443
Bruderliebe – Claus und Hardy Werlé — 447
   Weingut Werlé — 447
Kurzporträts — 452

9. Kapitel
Rheingau: Aus dem Dornröschenschlaf erwacht? — 462

Die Jahrgänge — 464
Die Zukunft in der Geschichte – Bernhard Breuer — 465
   Weingut Georg Breuer — 465
Schloßlos in Johannisberg – Hans Hermann, Elfriede und Johannes Eser — 472
   Weingut Johannishof (H. H. Eser) — 472
Erfolgsstory – August Kesseler — 478
   Schloß Reinhartshausen und Weingut August Kesseler — 478
Ein wahrer Künstler – Gunter Künstler — 485
   Weingut Franz Künstler und Geheimrat Aschrott — 485
Die große Familie – Johannes Leitz — 492
   Weingut Josef Leitz — 492
Lifetime Achievement Award – Norbert Holderrieth — 498
   Gutsverwaltung Geheimrat J. Wegeler Erben — 498
Hoch über dem Rhein – Wilhelm Weil — 502
   Weingut Robert Weil — 502
Kurzporträts — 509

10. Kapitel
Rheinhessen: Verschrien und verehrt — 521

Die Jahrgänge — 522
Ein Kinderspiel – Fritz und Agnes Hasselbach — 523
   Weingut Gunderloch — 523
Mit dem Schwert zur Hand – Peter von Weymarn und Markus Ahr — 531
   Weingut Freiherr Heyl zu Herrnsheim — 531
Fanatische Sammler – Klaus und Hedwig Keller — 538
   Weingut Keller — 538

Inhalt 11

    Verkanntes Genie – Dr. Alexander Michalsky   543
        Weingut St. Antony   543
    Kurzporträts   550

11. Kapitel
    Saale-Unstrut: Lone Star   555

    Die Jahrgänge   556
    Von Null Richtung Hundert – Uwe und Udo Lützkendorf   556
        Weingut Lützkendorf   556
    Kurzporträt   560

12. Kapitel
    Sachsen: Bald Sachsen das Starke?   561

    Die Jahrgänge   562
    Die Heimkehr des königlichen Weines – Klaus Zimmerling   562
        Weingut Klaus Zimmerling   562
    Kurzporträts   568

13. Kapitel
    Württemberg: Untergang der Trollinger-Republik?   570

    Die Jahrgänge   571
    Eindrucksvolle Ausnahmen – Siegfried Röll   572
        Weingut Fürst zu Hohenlohe-Oehringen   572
    Schloßherren der Zukunft – Karl Eugen Erbgraf von Neipperg
    und Philipp Graf von Neipperg   576
        Schloßgut Graf von Neipperg   576
    Die Konsequenz – Albrecht Schwegler   580
        Weingut Albrecht Schwegler   580
    Der Komet aus Untertürkheim –
    Hans Peter und Christin Wöhrwag   585
        Weingut Wöhrwag   585
    Kurzporträts   589

    Glossar   597
    Register   602

DANKSAGUNG

Es war Hugh Johnsons Werk »Der große Weinatlas«, dessen Lektüre mich 1981 überhaupt erst auf den Gedanken brachte, über Wein zu schreiben. Im selben Jahr wuchsen sowohl mein Wissen über den Wein als auch mein Genuß beim Weintrinken durch die Zusammenarbeit mit dem Theaterkritiker und Schriftsteller Harry Eyres, der mein direkter Vorgesetzter war, als ich damals als Weinkellner im Tate Gallery Restaurant arbeitete.

In den folgenden Jahren erweiterten John Stezaker und Christopher Frayling vom Royal College of Art nicht nur meinen intellektuellen Horizont, sondern lehrten mich auch gleichzeitig, kritisch zu denken, ohne Dogmen zum Opfer zu fallen.

Im Jahre 1991 brachte mich meine britische Kollegin Lucy Bailey auf die Idee, daß Weinjournalismus eine ganz andere Form annehmen könnte als dieses trockene, konventionelle Zeug. Als sie damals Tom Wolfe und Hunter S. Thomson als Vorbilder erwähnte, fühlte ich Schwindel in mir aufsteigen, aber der Grundstein für die Verbindung zwischen den beiden Welten – der der Literatur und der des Weines – war gelegt.

In Berlin, der Stadt der Gegensätze und Zusammenstöße, nahmen die Ideen und Eindrücke, die ich in den letzten 16 Jahren gewonnen habe, rasch klarere Konturen an. Mehrere intensive Gespräche mit Jürgen Kreuzhage, dem damaligen ECON-Geschäftsführer, erwiesen sich als entscheidend und verhalfen diesem Buch zu seiner endgültigen Gestalt. Regelmäßige Treffen mit Ernest Wichner vom Literaturhaus in Berlin schärften mein Denken und stärkten meine Entschlossenheit während der Monate des Schreibens. Meine Frau, Ursula Heinzelmann, hat nicht nur diese Texte aus dem Englischen übersetzt, sondern sie auch gemeinsam mit mir formuliert. Dr. Ulrike Brandt-Schwarze als Lektorin hat genau die richtigen Fragen gestellt und wesentlich zur endgültigen Fassung des Manuskripts beigetragen.

Und schließlich entstehen Bücher nicht in einem metaphysischen Reich, sondern werden in bestimmten Räumen geschrieben. Johannes

Schwarz und Brigitte Moreau haben das Haus gebaut, in dem dieses Buch geschrieben wurde, und ich wäre sehr glücklich, wenn sich etwas von seiner Schönheit auf diese Seiten übertragen hätte.

Stuart Pigott *Berlin, im Juli 1997*

FLÜSSIGE KUNSTWERKE

Die Behauptung, Wein sei Kulturgut, wird von den meisten Leuten mit dem Argument abgelehnt: »Das ist doch nur ein Getränk!« Die Vorstellung, Wein könne gar eine Form von Kunst sein, erscheint vielen noch absurder. Dennoch bleibe ich bei der Ansicht, daß gute Weine zur Kultur gehören und daß große Weine es verdienen, als Kunst betrachtet zu werden. Immer schon waren neue Ideen und neue Formen künstlerischen Ausdrucks viele Jahre lang heftig umstritten, bevor sie schließlich allgemein akzeptiert wurden. Der Streit am Anfang unseres Jahrhunderts darüber, ob die Fotografie eine Kunstform sei, ist dafür ein klassisches Beispiel. Wenn heute jemand abstreitet, daß Fotografie Kunst sein kann, gilt er als ignorant oder vollkommen rückständig. So wird es meiner Meinung nach eines Tages auch mit den großen Weinen sein.

Natürlich ist der Wein nicht automatisch ein Teil der Kultur, ebensowenig wie ein Gemälde automatisch ein Kunstwerk ist. Hätte Dürer in der Sahara gelebt und gearbeitet und wir wüßten nichts weiteres über ihn – niemand würde ihn tatsächlich für einen großen Künstler halten. Was wären Dürers Meisterwerke, wenn ihre Überreste in Sanddünen verstreut lägen? Nichts. Nur weil sie in Galerien und Museen hängen und in unzähligen Kunstzeitschriften und -büchern abgebildet sind, kann uns das berühren, was sie ausdrücken.

Die zahllosen Weine in den Regalen der Supermärkte, die gedankenlos getrunken werden, sind Konsumprodukte wie das Mineralwasser oder die Kartoffelchips, die gleich danebenstehen. Aus der Sicht der Soziologen und Marktforscher gehören sie zwar in einem sehr weitläufigen Sinn zur Kultur; diese Experten interessieren sich jedoch nur für das Phänomen ihres Konsums. Wein wird erst dann im engeren Sinne zu Kultur, wenn er bewußt konsumiert wird, wenn ein Wein dem anderen vorgezogen wird und wenn über seinen Geschmack und Charakter gesprochen wird.

Es gibt eine ganze Reihe von Menschen, die Wein auf diese bewußte Art trinken. Der abfällige Begriff »Weinfreaks« ist kaum geeignet, um die bunte Mischung von Leuten zu beschreiben, die dem Wein besondere

Aufmerksamkeit widmen. Immer wieder sind sie wie elektrisiert vor Begeisterung über die Weine eines bis dahin unbekannten Winzers, dessen Produkte etwas Neues und anderes darstellen. Die neuen Weine werden heiß diskutiert, mit genau der gleichen Ernsthaftigkeit und Vehemenz wie das Werk eines neuen Künstlers. Die Persönlichkeit und die Ideen des Erzeugers füllen die Seiten der Zeitschriften und zunehmend auch der Tageszeitungen, ganz wie bei wichtigen Künstlern. Die »Werke« eines neuen Weinstars erscheinen zwar auf Restaurantweinkarten und in den Regalen exklusiver Weinhändler statt an den Wänden der Kunstgalerien, doch sie werden mit nahezu der gleichen Ehrfurcht betrachtet. Wie bei den Kunstwerken steigt auch der Preis der Weine als Folge der ihnen gewidmeten Aufmerksamkeit. Im Grunde behandeln einige von uns große Weine schon wie Kunstwerke. Der einzige Unterschied besteht darin, daß die Allgemeinheit sich dessen noch nicht bewußt geworden ist.

Dieses Buch entstand aus einer radikalen Ablehnung der schrecklichen Gleichheit und Charakterlosigkeit, die die meisten Weine »auszeichnet«, die heute in allen Ecken der Welt produziert werden. Man mag es Elitedenken nennen, doch mich interessieren nur die mindestens guten Weine, die Ausnahmen von der unserer Zivilisation eigenen Standardisierung. Mein Thema sind die deutschen Weine, die sich von der grauen Masse industrieller Massenproduktion abheben, und die Männer und Frauen, die diese Weine machen.

Deutschlands Spitzenwinzern und den großen Weinen tut diese Aufmerksamkeit mehr als not, da sie gegen heftige Vorurteile ankämpfen müssen. Niemand wird bestreiten, daß Vorurteile gegenüber nationalem Charakter unüberwindbare Hindernisse darstellen, wenn es darum geht, die wahre Qualität von Kunst, Literatur oder Musik einer bestimmten Nation zu erkennen. Wenn Deutsche solche Vorurteile gegenüber der afrikanischen, russischen oder jüdischen Kultur äußern, wird ihr Verhalten zu Recht als Rassismus verurteilt. Und doch leiden viele Deutsche an tief verwurzelten Vorurteilen gegenüber den verschiedensten Aspekten ihrer eigenen Kultur. Der Wein ist ein Opfer dieses Phänomens – die meisten Deutschen sind sich der wahren Güte der Weine aus ihrem eigenen Land überhaupt nicht bewußt oder ignorieren diesen Tatbestand. Die Absicht dieses Buches ist es, diese kulturelle Unstimmigkeit richtigzustellen.

Der Moment erscheint dafür besonders geeignet. Während des letzten Jahrzehnts sind viele neue, talentierte deutsche Winzer aufgetaucht. Sie haben das Erscheinungsbild der deutschen Weine verändert, und die besten ihrer Weine gehören zu den herausragenden kulturellen Verdiensten im Deutschland der Gegenwart. Genau wie große Kunst meist das

Erzeugnis einzelner Künstler ist, die sich über die veralteten Konventionen ihrer Zeit hinwegsetzen, so ist großer Wein allgemein das Erzeugnis einer kleinen Zahl von Winzern, deren Fähigkeiten weit über das Meistern bestimmter Methoden hinausgehen und die »Weinproduktion« als ein schöpferisches Unternehmen betrachten. So, wie zeitgenössische Künstler sich oft auf große Kunst der Vergangenheit beziehen, orientieren sich die heutigen Spitzenwinzer an den großen Weinen der Vergangenheit und streben gleichzeitig nach etwas Neuem. Ihre Ideen und Leidenschaften sind der beste Schlüssel zu ihren Weinen. Sie stehen deshalb im Vordergrund meines Porträts der gegenwärtigen Spitze des deutschen Weines.

Die Auffassung, man könne objektiv über Wein berichten, ist nicht nur offensichtlicher Unsinn, sondern sogar irreführend, weil sie falsche Erwartungen weckt. Wenn ich den Charakter oder den Stil eines Weines beschreiben soll, muß ich ihn vorher verkosten oder trinken. In diesem Moment ist er in *meinem* Mund – und nicht in einer Maschine, die die chemische Zusammensetzung analysiert. Die Reaktion zwischen dem Wein und mir selbst ist keine logische, selbst wenn ich versuche, die Erfahrung mit einer gewissen Systematik zu analysieren. Der Eindruck kann so faszinierend sein wie die erste Begegnung mit einem großen Kunstwerk, das einen Nerv in mir berührt, von dessen Existenz ich bis dahin keine Ahnung hatte; ein magisches und rätselhaftes Aufeinandertreffen, dessen Folgen nicht vorhersehbar sind. Ich wollte diesen Moment nicht seines Mysteriums berauben, indem ich die Sinneseindrücke festnagele und auf eine Sammlung toter Wortketten reduziere. Statt dessen habe ich einfach versucht, meine Erfahrungen mit den großen Weinen Deutschlands, ihren Erzeugern und den Gedanken, die beide inspiriert haben, festzuhalten. Ich habe das Grundmaterial zwar geordnet, um die Lektüre zu erleichtern, jedoch keinen Versuch unternommen, meine Eindrücke in irgendein vorgefaßtes System zu zwängen. Das entstehende Bild ist deshalb nicht vollkommen ausgewogen. Ich entschuldige mich nicht dafür, ebensowenig wie für die Tatsache, daß ich selbst von Zeit zu Zeit im Blickfeld auftauche. Die Weine waren in meinem Mund, und diese Gedanken gingen durch meinen Kopf. Ich bekenne meine Schuld für jedes Wort auf diesen Seiten.

> *»Etwas ästhetisch zu betrachten ist verpönt, ist fast subversiv.«*
>
> *Reinhard Lettau über Deutschland*

TEIL I
DEM DEUTSCHEN WEIN: EINE BESTANDSAUFNAHME

1. Kapitel

UNGENIESSBAR ODER HIMMLISCH: GUTE UND SCHLECHTE NACHRICHTEN ÜBER DEN DEUTSCHEN WEIN DER GEGENWART

Ignoranz, Massenproduktion und Skandale

»Untrinkbar!« stieß ich hervor und bemühte mich verzweifelt, die letzten Tropfen der bittersüßen, oxidierten Flüssigkeit aus meinem Mund in den Spucknapf zu befördern. »Noch eine Katastrophe«, »echt Schrott«, »schon so gut wie tot«, lauteten die Kommentare der Weinjournalisten und -kritiker um mich herum über den Wein Nr. 137. Es handelte sich um das jährliche Treffen der Jury für die Hitliste der hundert besten Weingüter Deutschlands der Zeitschrift »DM« am 24. Mai 1995 im Hotel »Krone« in Assmannshausen am Rhein. Wir waren bei den letzten Flaschen einer anstrengenden Blindverkostung der Weine jener Erzeuger, die als Kandidaten für die Neuaufnahme oder die Streichung in bezug auf die nächste Hitliste zur Diskussion standen. Als die Papiermanschette der Flasche entfernt wurde, die bis dahin die Identität des Weines verhüllt hatte, ging ein bestürztes Stöhnen durch den Raum: Es handelte sich um die 1993 Riesling Auslese aus der Lage Rauenthaler Baiken des Weinguts Langwerth von Simmern in Eltville im Rheingau. Der Rauenthaler Baiken gilt nicht nur seit Jahrhunderten als eine der besten Lagen Deutschlands. Dieses Weingut im Besitz eines alten Adelgeschlechts war bisher unter Weinliebhabern auf der ganzen Welt praktisch auch ein Synonym für großen Riesling. All das und ein Preis von ca. 50,– DM pro Flasche und der Wein kaum genießbar ... Es war, als ob vor uns auf dem Tisch ein Blitz eingeschlagen hätte; einen Moment standen wir wie versteinert.

Man muß diesen Vorfall im Zusammenhang sehen. Der Rheingau hat den internationalen Ruf der deutschen Weißweine Ende des 18. und Anfang des 19. Jahrhunderts begründet. Bis vor ein paar Jahren noch erfreute sich diese Region im Inland der höchsten Anerkennung und besaß das beste Image der 13 deutschen Anbaugebiete. Das ist kein historischer Zufall, wie die hervorragenden Weine beweisen, die ich bei meinem folgenden Besuch in der »Krone« getrunken habe. Erst vor einem halben Jahr saßen meine Frau und ich zwischen den surrealistisch anmutenden ausgestopften Vögeln, die die Wände der Hotelbar schmükken, und genossen die 1971 Rauenthaler Baiken Riesling Auslese des Weinguts Freiherr Langwerth von Simmern: ein zugleich mächtiger und delikater Wein, voller Grandeur und äußerst subtil. Wir waren uns einig, daß dies einer der schönsten Weine war, die wir je zusammen getrunken hatten, und daß ihm die höchsten Lobesworte zustanden, die die deutsche Sprache für Wein besitzt: alles überragend, groß. Dieser Wein ist beileibe kein Unikum, es gibt eine ganze Reihe großer deutscher Weine aus den Nachkriegsjahrzehnten.

Zusätzlich zu diesen flüssigen Beweisen könnte man eine ganze Bibliothek an schriftlichen Belegen sammeln, um die Weinkultur zu dokumentieren, zu der diese Flasche gehörte. Sowohl der Umfang des Materials als auch die Vielfalt der Veröffentlichungen würden die Tatsache unterstreichen, daß deutscher Wein einst ein wichtiger Bestandteil der deutschen Kultur war.

Doch nach gut einer Generation sind die Produkte eines Großteils der Weingüter, die diese Kultur trugen, von Spitzenweinen zu mittelmäßigen Weinen oder sogar problematischen Flüssigkeiten abgesunken. Beispiele für dieses Phänomen findet man allerdings nicht nur im Rheingau, sondern in jedem deutschen Anbaugebiet; der Rheingau ist nur durch eine Reihe von Begleitumständen auf der »DM«-Probe derart negativ aufgefallen. In jedem der 13 Gebiete gibt es eine Reihe von Lagen und Weingütern, die einst einen Ruf für Weltklasseweine genossen und die inzwischen Schrott liefern.

In den Supermarktregalen kann man schlechte Weine aus beinahe jedem weinerzeugenden Gebiet der Erde finden, von Bordeaux bis Kalifornien, von Champagner bis Chianti. Es sind jedoch gewöhnlich billige Weine, zumindest die billigsten Weine unter diesen Bezeichnungen. Desgleichen haben die meisten der berühmtesten Weingüter der Welt – Château Latour, Lafite, Margaux und Pétrus im Bordeaux eingeschlossen – Schwächeperioden durchgemacht, in denen die Weine nicht ihrem Ruf entsprachen. Doch hat niemand von ihnen je ungenießbare Weine unter dem eigenen Namen vermarktet. An der Situation in Deutschland so bemerkenswert und schockierend ist der Umstand, daß einige der schwächsten Weine des Landes weder billig sind noch im Supermarktregal stehen, sondern die Namen berühmtester Erzeuger tragen und vergleichsweise teuer sind. Die Folgen davon sind nicht ausgeblieben, und eine Reihe von Gütern haben in letzter Zeit die Besitzer gewechselt, bzw. es kursieren Gerüchte über bevorstehende Verkäufe. Irgend etwas ist ganz offensichtlich vollkommen schiefgelaufen.

Diese Entwicklungen machen aber natürlich nur einen Teil des Gesamtbildes aus. Heutzutage werden in Deutschland auch eine bedeutende Anzahl großer Weine und sehr viele gute Weine erzeugt, und unter den dafür verantwortlichen Winzern sind einige der herausragenden Weinmacher der Welt. Es ist jedoch erstaunlich – ebenso wie die oben geschilderte Situation schockiert –, daß kaum einer von ihnen zu der Gruppe von Erzeugern gehört, mit deren Namen die erstklassigen deutschen Weine traditionell in Verbindung gebracht wurden. Ein führender Rheingau-Winzer hat die Situation mir gegenüber so kommentiert: »Versuch dir das Gebiet Bordeaux vollkommen auf den Kopf gestellt vorzustellen: Unbekannte Güter würden die besten Weine machen und die berühmten Châteaux Schrott produzieren. Das würde sich auf das gesamte Gebiet negativ auswirken. Man würde sie auslachen!« Weltweit wissen Insider von den hervorragenden Weinen, die Deutschland zu bieten hat, aber der Otto Normalverbraucher lacht über den deutschen Wein. Wie aber kam es nun zum Untergang der deutschen Weinkultur?

Die einfachste Antwort auf die Frage, wie das in einem der reichsten und technisiertesten Länder der Welt geschehen konnte, lautet, daß nicht genügend Deutsche die Weine ihres eigenen Landes schätzen. Auch ohne detaillierte historische Analyse fällt auf, daß die meisten Deutschen während der Zeit des Wirtschaftswunders die Quantität der Qualität vorzogen. Häufiger und reichlicher Konsum, ob von Wein oder Fleisch, wurde zu einem Zeichen von Wohlstand. Das führte zu einem Anstieg der produzierten Mengen und damit zu einer fortschreitenden Industrialisierung der Produktionsmethoden. Desgleichen war der damalige Trend zu süßen Weinen strenggenommen nicht nur eine Frage des Geschmacks, sondern auch des Protzes. Das internationale Ansehen der deutschen Weine beruhte in erster Linie auf Spätlese- und Ausleseweinen der Rebsorte Riesling, eben spät gelesenen Weinen mit einer feinen natürlichen Süße. Die Bereitwilligkeit, mit der die deutschen Konsumenten in den sechziger Jahren billige, minderwertige Imitationen dieser großen Weine aufnahmen, trug bereits die Samen der Katastrophe in sich. Auch der Umstand, daß französischer Wein in der feinen Gesellschaft als schicker dem deutschen vorgezogen wurde – ein damals bei vielen Luxusgütern zu beobachtendes Phänomen –, ist dabei nicht ohne Bedeutung.

»Jeder ist sich der ökologischen Krise bewußt, aber niemand redet über die kulturelle Krise.«

Vivienne Westwood

Dennoch hätte es nicht zur Katastrophe kommen müssen, wenn nicht bestimmte zusätzliche Fehler begangen worden wären. Das neue Weingesetz von 1971 war der wohl schwerwiegendste. Statt diese Gelegenheit zu nutzen, um Deutschlands Weintradition weiter zu festigen, legalisierte das Gesetz die gnadenlose Ausbeutung der Traditionen durch profitgierige Großkellereien. Unzähligen kleinen Winzern wurde von den Politikern versprochen, daß sie als Lieferanten der Großkellereien von dem einsetzenden Boom ebenfalls profitieren würden. Die Besitzer der führenden Weingüter glaubten naiverweise, über all dem zu stehen, und sahen nicht die Konsequenzen, die sich daraus ergaben: daß die Konsumenten nun auf den Etiketten wohlklingende Begriffe wie »Spätlese« und »Auslese« und die Namen berühmter Weinorte wie Bernkastel, Piesport, Johannisberg oder Nierstein lasen, wenn sie billigen deutschen Wein tranken. Die großen Firmen haben die ruhmreiche Vergangenheit des deutschen Weines so erfolgreich kannibalisiert, daß es heute für uns kaum noch vorstellbar ist, daß um die Jahrhundertwende deutscher Sekt ebenso hoch angesehen war wie der teuerste Champagner. Heute denkt man da eher an den allerbilligsten Schaumwein in den Supermarktregalen. Der Name Liebfraumilch stand bis weit in die sechziger Jahre hinein für deutschen Wein von guter Qualität, der in der englischsprachigen Welt als der perfekte Begleiter zu gutem Essen angesehen wurde. Seit 1971 sind diese Namen durch ständig steigende Produktionsmengen und immer niedrigere Preise aller positiver Assoziationen beraubt worden. Diese Entwertung mag länger gedauert haben als die der deutschen Währung während der Wirtschaftskrise 1923/24; sie hat die Weinbranche des Landes aber ebenso gründlich und mit nicht weniger katastrophalen Folgen entwertet.

Seit 1971 ist die Weinanbaufläche in Deutschland um die Hälfte ausgedehnt worden und die Produktionsmenge mindestens in ähnlichem Verhältnis gestiegen. Bis in die frühen achtziger Jahre hielten die wachsenden Verkaufszahlen mehr oder weniger Schritt mit der Produktion, weil sich unerfahrene Konsumenten aus den verschiedensten Exportmärkten von den spottbilligen Weinen mit den hübschen Namen und dem unkomplizierten süßen Stil überzeugen ließen. Das war jedoch nicht der Anfang der von den Politikern behaupteten goldenen Ära für Deutschlands Winzer, sondern eine Mode, die ein schnelles Ende finden sollte.

Der erste Nagel zum Sarg kam in Form von Frostschutzmitteln, dem Diäthylenglykol- oder kurz Glykolskandal von 1985. Es gibt keine Beweise, daß überhaupt jemand durch den Genuß von diäthylenglykolhaltigem Wein gesundheitlichen Schaden genommen hat, während der Methanol-Weinskandal im folgenden Jahr in Italien über 30 Menschenleben forderte. Und doch sitzt der erste Skandal weltweit noch fest in den Köpfen, während der zweite fast vollständig in Vergessenheit geraten ist. Warum? Weil die Abwertung der deutschen Weintraditionen während der letzten Jahrzehnte den Wein zu einem Brennpunkt der negativen Gefühle der Deutschen gegenüber ihrer eigenen Identität hat werden lassen. Dies wird deutlich, wenn man die Ausgabe des Magazins »Der Spiegel« vom 29. Juli 1985 liest. Das Titelbild zeigt anläßlich des Glykolskandals ein deutsches Weinglas mit eingraviertem Totenkopf und gekreuzten Knochen. Die Worte »Gift« und »Dreckzeug« kommen in dem Artikel auf den Seiten 68 bis 75 auffallend häufig vor. Das perverse Vergnügen an den eigenen Fehltritten wurde von den internationalen Medien aufgegriffen und machte die Runde um den ganzen Erdball – der gute Ruf des deutschen Weins war ruiniert.

Seitdem sind die Faßpreise und damit die Rentabilität der deutschen Weinbranche zusammengebrochen. Man hätte annehmen können, daß die Spitzenweingüter Deutschlands, deren Erzeugnisse auf eine völlig andere Klientel zielten als die in Massenproduktion hergestellten Weine, von diesen Entwicklungen weitgehend unberührt bleiben würden. Ganz im Gegenteil haben sich aber viele dieser Weingüter durch falsches Management ebenfalls in einen strudelnden Abwärtssog manövriert. Ihre Reaktion auf die steigenden Produktionskosten und die stagnierenden Weinpreise bestand darin, ihre Arbeitsweise in Weinberg und Keller in einer Weise zu rationalisieren, die tragische Auswirkungen auf die Weinqualität hatte. Ein Nachlassen des Qualitätsniveaus führte zu rückläufiger Nachfrage, sinkenden Preisen und dann zu weiteren Rationalisierungsmaßnahmen, die der Qualität noch mehr geschadet haben usw. An einem bestimmten Punkt verloren diese Güter vollkommen den Kontakt zu den Traditionen und Idealen, die hinter den großen Weinen der Vergangenheit gestanden hatten, und plötzlich tauchten Weine wie die am Anfang dieses Kapitels erwähnte schreckliche Flüssigkeit auf. Viele Jahre lang wurde dies jedoch kaum bemerkt. In »Die großen deutschen Rieslingweine« habe ich 1994 geschrieben, daß »ein bedeutender Pfeiler der deutschen Kultur [...] erbarmungslos verunstaltet [wird], und kaum jemand nimmt davon Notiz.« Ich war bestürzt, wie wenig Beachtung diese Aussage fand.

Die Mehrheit der Deutschen nimmt diese Entwicklungen nicht wahr, weil sie sich der glorreichen Tradition des deutschen Weines überhaupt nicht bewußt ist und daher keine Ahnung vom Ausmaß des Verlustes hat. Für sie bedeutet deutscher Wein billige Flaschen mit kitschigen, neogotischen Etiketten oder inzwischen auch schlechten Imitationen von italienischen Designerausstattungen in den Supermarktregalen sowie Erinnerungen an Skandalschlagzeilen. Die Leute wollen nicht weiter in die Vergangenheit zurückblicken, um die einstige Herrlichkeit der Weine ihres Landes zu erkennen, weil das Deutschland vor 1945 eine Sache ist, mit der sie sich extrem unwohl fühlen. Es ist ein gefährliches Terrain, wo die schrecklichen Ereignisse der Geschichte so vieles andere, das zu bewahren lohnt, besudelt zu haben scheinen.

Kritische Kommentare von Weinjournalisten zum gegenwärtigen Stand der Weinbranche sind in der letzten Zeit meist nur dann ernst genommen worden, wenn sie den Lokalpatriotismus verletzt haben. Die Einwohner des Rhein-Main-Gebiets waren schockiert zu erfahren, daß »ihre« Rheingauweine so tief gesunken waren, wie die »DM«-Jury bei ihrer Verkostung am 1. Mai 1995 befand; die Schwaben interessierte das jedoch kaum. Sie wurden erst aufmerksam, als Bernd Kreis, Sommelier des Restaurants »Wielandhöhe« in Stuttgart, sich den geringschätzigen Kommentaren der Weinjournalisten bezüglich der gegenwärtigen Qualität der württembergischen Weine anschloß. Diese Situation spiegelt wiederum die allgemeine Tendenz im heutigen Deutschland wider, wo der Regionalismus immer noch als die sichere und gesunde Alternative zum gefährlichen Nationalismus angesehen wird.

Ich habe bereits erwähnt, daß am Anfang dieses Verfalls der weitverbreitete Wunsch der Verbraucher nach billigen Weinen mit wohlklingenden Namen stand, nach dem Anschein von Qualität zu einem Preis, der diese an sich unmöglich macht. Die in Masse hergestellten Billigerzeugnisse zur Befriedigung dieser Wünsche verkauften sich in Deutschland von Anfang an gut, und sie laufen bis heute nicht schlecht. Viele Konsumenten bemerken offenbar nicht, daß die Qualität nicht mehr dem einstigen Standard entspricht. Warum? Die Antwort auf diese Frage ist noch schockierender als das Schicksal des deutschen Weines. Bevor wir zu den guten Neuigkeiten übergehen, ist es wichtig, dem Schlimmsten ins Auge zu blicken.

Das gestörte Geschmacksempfinden: Gräßliche Modeweine

Man sollte annehmen, daß jeder den Unterschied zwischen einem widerlichen und einem korrekt gemachten Wein erkennen kann, weil ein schlechter Wein deutlich unangenehme Eigenschaften besitzt, die ein korrekter nicht hat. Schlechte Weine riechen und schmecken schmutzig, aggressiv bitter, sauer, klebrig oder nach einer Kombination daraus. In einem Land, in dem sich der überwiegende Teil der Bevölkerung anständig gemachte Weine leisten können sollte – und ein Preis von 5,– bis 6,– DM pro Flasche müßte dies garantieren –, müßten Katastrophenweine eigentlich schwierig aufzutreiben sein.

Nimmt man jedoch das Beispiel des Pinot Grigio, der den größten Teil der 500 Millionen Liter des jährlich aus Italien importierten Weißweines ausmacht, ergibt sich ein empörendes Bild. Bei einer Verkostung von

Weinen, die in deutschen Supermärkten angeboten werden, kam die führende Fachzeitschrift »Weinwirtschaft« (Ausgabe 4/96) zu dem Ergebnis, daß »kaum genießbare Qualitäten an Pinot Grigio im Discountregal stehen«. Angesichts der Tatsache, daß die großen Supermarktketten Kunden aus allen Gesellschafts- und Einkommensschichten anziehen, bedeutet dies, daß Millionen von Deutschen regelmäßig »kaum genießbare« Weine konsumieren.

Obwohl ein weiterer Bericht in »Weinwirtschaft« (Ausgabe 25/96) beim Pinot Grigio ein weniger deprimierendes Niveau feststellte, bestätigten die Gesamtergebnisse – jeder zwanzigste Wein »grob fehlerhaft« und jeder zehnte »schwach mit Mängeln« – das verheerende Bild der deutschen Trinkgewohnheiten. Bei der besagten Verkostung war es ein anderer Lieblingsweißwein der Deutschen, der französische Chablis, der den schlechtesten Eindruck hinterließ, »mit zum Teil skandalösen Qualitäten«, ein Fünftel aller Weine »grob fehlerhaft«. In beiden Fällen basierten die Berichte auf Blindproben, die von professionellen Jurys durchgeführt wurden. Die Bewertungen erfolgten also unter fairen Bedingungen.

Meine persönlichen Erfahrungen unterstreichen die »Weinwirtschaft«-Ergebnisse voll und ganz. Eine von der »BILD«-Zeitung organisierte Blindverkostung von Weinen aus Berliner Supermärkten vor einigen Jahren hat sich meinem Gedächtnis eingeprägt, und das nicht nur, weil dieses Ereignis spätabends in den Büroräumen der Zeitung an der Charlottenstraße in der Nähe des Checkpoint Charlie stattfand. Der

»Was säuft er da oben?« fragte ich mich. Ich glaube, er säuft Abspülwasser! Tatsächlich, er säuft Abspülwasser ...«

Wolfgang Hilbig, »Ich«

Anblick der beleuchteten Kräne in Berlin-Mitte war genauso unvergeßlich wie die widerlichen Weine, mit denen ich mich konfrontiert sah. Auf einem Tisch mit ca. 40 Weinen fanden sich lediglich vier gute (darunter ein deutscher, »Deinhard Yello«). Meine Verkostungsnotizen klingen dementsprechend, unabhängig von den Herkunftsländern: »flüssiges Disneyland«, »schmeckt wie Limo, aber welche Limo schmeckt so schlecht?« ...

In Großbritannien, einem weniger wohlhabenden Land als Deutschland, ergibt sich bei ähnlichen Verkostungen das umgekehrte Bild: Der größte Teil der Supermarktweine ist von solider bis guter Qualität, und nur eine winzige Minderheit ist problematisch oder gar schlecht. Im Gegensatz dazu trinken die meisten Deutschen unterdurchschnittliche Weine, und viele trinken regelmäßig Schrott. Es drängt sich der Schluß auf, daß ihr Geschmacksempfinden beeinträchtigt sein muß.

In »Die großen deutschen Rieslingweine« habe ich 1994 geschrieben, die meisten Deutschen seien »Etikettentrinker«, eine Behauptung, die mir seither von einer Reihe von Marketingdirektoren großer deutscher Weinimport- und Handelsfirmen bestätigt wurde. Was bedeutet das? Etiketten trinken heißt auch Namen trinken: Manche Verbraucher schauen nach dem »richtigen« Namen, während für andere das Aussehen von Etikett oder Flasche für die Wiedererkennung an erster Stelle steht. Wer die in deutschen Supermärkten angebotenen fehlerhaften Weine trinkt, konzentriert sich anscheinend sehr viel stärker auf die Etiketten und Namen als auf die Sinneseindrücke, die der Wein auslöst; sonst wären diese Produkte Ladenhüter. Der »richtige« Name oder das »richtige« Etikett wecken positive Assoziationen, und tatsächlich werden diese Erinnerungen konsumiert, Geruch und Geschmack werden nur am Rande oder gar nicht wahrgenommen. Da sich die meisten deutschen Weintrinker nicht damit aufhalten, vor dem Trinken an ihrem Wein zu riechen – bereits das halbe Vergnügen bei einem guten Wein –, ist das nicht so absurd, wie es sich vielleicht anhört. Man muß nur schnell genug schlucken. Der optische Eindruck dominiert, während die anderen Sinne verdrängt werden.

Dabei spielt die Tatsache eine Rolle, daß wir die Welt um uns herum in erster Linie über unsere Sehkraft ordnen und sie anhand dieser rational bestimmten Ordnung wiedererkennen. Die physiologisch miteinander verbundenen Sinne des Geruchs und Geschmacks lösen dagegen oft irrationale und emotionale Reaktionen aus.

»Etikettentrinken« bedeutet nicht nur, geruchsbezogene und geschmackliche Wahrnehmungen zugunsten der optischen zu unterdrücken. Es steht auch für die Ablehnung des irrational Sinnlichen. Da die optische Wahrnehmung in Deutschland seit längerem die Hauptrolle spielt, verwundert es nicht, daß die Qualität der hier verkauften Weine derart nachgelassen hat. Da es den meisten Deutschen fremd – und außerdem nicht wichtig – ist, an dem, was sie schmecken und riechen, auch Vergnügen zu haben, ist es nur logisch, daß die großen Supermarktketten nicht besonders auf Geschmack und Geruch achten, wenn sie Weine für ihr Sortiment auswählen. Namen, Ausstattungen und Preise – das sind die wichtigen Maßstäbe, alle optisch wahrnehmbar.

Wenn man sich andererseits Weinen zuwendet, deren Namen und Etiketten bei den meisten Deutschen keine positiven Assoziationen auslösen, obwohl sie von guter Qualität sind – wozu ganz offensichtlich die in diesem Buch beschriebenen besten deutschen Weine zählen –, erkennt man dieselbe Situation unter umgekehrtem Vorzeichen. Der »Etikettentrinker« konzentriert sich weiterhin auf den Namen oder die Ausstattung der Flasche, die vor ihm steht, und konsumiert – trotz des köstlichen Weines, der über seinen Gaumen fließt – die negativen Assoziationen, die Name und/oder Etikett in ihm auslösen. Aroma und Geschmack des

Weines werden kaum wahrgenommen und können deshalb die vorhandenen Vorurteile und vorgefaßten Erwartungen gegenüber diesem Geschmack nicht revidieren: Er ist und bleibt für diese Konsumenten unangenehm – trotz der hervorragenden Qualität des Weines. Und so bleibt alles beim alten; die vertraute Ordnung wird auf Kosten des »unbekannten« Vergnügens aufrechterhalten.

Solche Weintrinker – und davon gibt es nicht wenige – sind unbewußte Masochisten. Wenn sie ein schlechtes Exemplar ihres Lieblingsweines trinken, sei es nun Pinot Grigio, Sancerre, Chianti oder ein anderer »Mega-in«-Wein, empfinden sie trotz der Vergewaltigung ihres Gaumens Wohlbehagen. Wenn sie gezwungen sind, einen exzellenten deutschen Wein zu trinken, den sie wegen des Namens und/oder des Etiketts ablehnen, verdrängen sie die angenehmen Empfindungen, die der Wein in ihnen auslösen könnte, um sich ihren negativen Gefühlen zu widmen. Nicht zu vergessen, daß diese Gefühle es ihnen ermöglichen, diesen Wein demonstrativ zu verurteilen und vehement abzulehnen. Jedem, der eine solche Szene einmal miterlebt hat, wird aufgefallen sein, welche Befriedigung sie ganz offensichtlich dem Hauptdarsteller bereitet. Er oder sie genießt es; es scheint eine befreiende Wirkung zu haben.

Das ist vielleicht ein Extremfall; festzuhalten bleibt aber, daß Namen mehr gelten als Qualität. Eine Störung des Geschmacksempfindens belegt auch eine kürzlich von Frau Dr. Plöger an der Fachhochschule Fulda durchgeführte Studie mit deutschen Teenagern. Die Mehrzahl von ihnen konnte nicht einmal die grundlegenden Geschmacksrichtungen – z.B. sauer und salzig – unterscheiden. Zumindest einige von ihnen haben vermutlich Eltern, die zu den oben beschriebenen Modetrinkern gehören, die den Geschmack dessen, was sie trinken – und bis zu einem gewissen Grad auch, was sie essen – ausblenden. Vielleicht läßt sich der Verfall des Geschmackssinns in Deutschland dadurch zum Teil erklären.

Deutsche Spitzenweine

Man braucht nur die internationale Weinfachpresse zu beobachten, um festzustellen, daß die besten deutschen Weißweine von Fachleuten weltweit zur Spitze gezählt werden. Aber diese Veröffentlichungen werden nur von wenigen Leuten gelesen, nicht zuletzt deshalb, weil die meisten Weinzeitschriften ziemlich langweilig und einfallslos sind. Die allgemeine Presse in Deutschland fängt gerade erst an, sich ernsthaft für die eigenen Weine zu interessieren, und räumt ihnen dabei aber weiterhin nur wenig Platz ein. Da die Erzeuger selbst nur begrenzte Möglichkeiten haben, ihre Erfolge publik zu machen, und weil das Deutsche Weininstitut sich nicht darum kümmert, wissen die meisten Deutschen immer noch nicht, was die Welt von ihren besten Weinen hält. Deshalb kommt es auch zu keiner Veränderung der über Jahrzehnte hinweg eingeschliffenen Verhaltensmuster beim Weinkonsum. Ein Großteil der Bevölkerung verharrt weiterhin in vorgefaßten Meinungen, deren oberstes Prinzip das selbstverachtende »ausländisch ist besser« darstellt. Heute wie vor zehn Jahren sind Frankreich und Italien die Favoriten der Snobs. Sancerre oder Chianti fliegen unabhängig von Qualität und Preis förmlich aus den Läden, während gute deutsche Weine als Staubfänger liegenbleiben, obwohl sie das bessere Preis-Leistungs-Verhältnis bieten. Nur abenteuerlustige Konsumenten sind an Neuem interessiert und setzen sich über die alten Klischees hinweg. Dabei steigt jedoch das Interesse an kalifornischen und australischen Weinen mindestens ebenso schnell wie das an deutschem Wein.

Ich kann mir gut vorstellen, daß so mancher die lobenden Worte für einige Weine in diesem Buch mit dem Argument beiseite wischt, daß meine Bewertungen bestimmt nicht objektiv seien, weil ich ja schließlich mit dem Schreiben über deutsche Weine meinen Lebensunterhalt bestreite. Um meine Einschätzungen zu überprüfen, habe ich deshalb vor kurzem eine ausführliche Verkostung der besten trockenen weißen und roten Weine sowie der Dessertweine aus der ganzen Welt organisiert, zu der ich ein Dutzend Spitzenwinzer und Weinexperten aus Frankreich, Belgien, Italien, Österreich und Deutschland eingeladen hatte. Die Probe wurde blind durchgeführt, d.h., die Identität der Weine wurde geheimgehalten, bis jeder von uns sein Urteil schriftlich festgehalten hatte und diese Bewertungen eingesammelt worden waren. Die Weine wurden alle in neutrale Flaschen umgefüllt, so daß wir sie nicht identifizieren konnten.

Trotz des strengen Reglements und unserer Konzentration herrschte eine begeisterte und aufgeregte Stimmung: Nicht oft hat man Gelegenheit, eine solch beeindruckende Zahl großer französischer, italienischer, österreichischer, deutscher, spanischer, kalifornischer, australischer, neuseeländischer und südafrikanischer Spitzenweine zu verkosten. Die Ergebnisse dieser Weinprobe bestätigten im wesentlichen meine oben geäußerten Ansichten: Die Jury war sich darüber einig, daß Deutschlands beste Weine wirklich Weltklasseniveau besitzen. Es lohnt sich jedoch, die Resultate etwas genauer zu betrachten, da die Beurteilung der deutschen Weine in jeder der drei Kategorien (weiß, rot, Dessertwein) unterschiedlich ausfiel. Außerdem waren die Ergebnisse, die einige berühmte Weine aus anderen Ländern erzielten, bisweilen weit von dem entfernt, was die Verkoster erwartet hatten.

Edelsüße Weine oder Dessertweine

Auf keinem anderen Gebiet erfreut sich der deutsche Wein international eines besseren Rufs als auf dem der edelsüßen Weine oder Dessertweine. Und doch ist der berühmteste Dessertwein der Welt ein französischer: Château d'Yquem aus Sauternes im Bordeaux-Gebiet. Bis zu den Kriegsjahren standen die ungarische Tokaji ebenfalls in höchstem Ansehen, obwohl sie sich in früheren Jahrhunderten einer starken Konkurrenz durch die Dessertweine aus jenem Gebiet ausgesetzt sahen, das heute das österreichische Burgenland umfaßt. Weine aus all diesen Gebieten – dazu eine kleine Auswahl der besten Weine aus anderen Teilen Frankreichs, Italiens und Österreichs – waren Bestandteil unserer Probe.

Das überraschendste Ergebnis war, daß der 1990 Château d'Yquem – weithin von der internationalen Fachpresse als der beste Jahrgang dieses Weines seit dem 1983er gepriesen – nur von wenigen Verkostern am Tisch das höchste Lob erntete. Er schnitt als 21. von 23 Weinen ab, weit hinter seinen Nachbarn: 1990 Château Rieussec aus dem Sauternes landete auf dem 11. und 1990 Château Climens in Barsac auf dem 10. Platz. Die von der Gruppe am höchsten bewerteten Weine kamen jedoch alle aus Deutschland und Österreich. Den ersten Rang nahm die 1995 Welschriesling Trockenbeerenauslese von Velich aus Apetlon im Burgenland ein, dicht gefolgt vom 1995 Riesling Eiswein von H. Dönnhoff aus Oberhausen an der Nahe. Auch für mich lagen diese Weine an erster und zweiter Stelle, allerdings in umgekehrter Reihenfolge. Beide wirkten opulent und auf begeisternde Weise dramatisch, dabei jedoch perfekt balanciert; verführerische Meisterwerke, mit denen man einen ganzen Abend verbringen könnte, ohne ihrer zu ermüden.

Dicht danach auf dem dritten Platz folgte die sehr reichhaltige 1994 Kiedricher Gräfenberg Riesling Beerenauslese »Goldkapsel« von Robert Weil aus Kiedrich im Rheingau, ein Wein mit dichten Honig- und Rosinenaromen, wie sie für edelsüße deutsche Weine typisch sind. Es schlossen sich drei österreichische Trockenbeerenauslesen an: die elegante und sehr frische 1995 Scheurebe und der mächtige 1994 Chardonnay von Alois Kracher aus Illmitz im Burgenland sowie der brillante 1994 Weißenkirchner Achleiten Riesling von Prager aus Weißenkirchen in der Wachau. Noch ein weiterer österreichischer Wein kam dicht danach, die enorm saftige 1993 Pinot-Cuvée von Feiler-Artinger aus Rust im Burgenland. Alle diese Weine waren Meisterwerke. So auch die monumentale 1994 Nackenheimer Rothenberg Riesling Trockenbeerenauslese von Gunderloch aus Nackenheim in Rheinhessen – ein Wein, der zwar noch Jahrzehnte der Reife braucht, bevor er seine momentane monolithische, einheitliche Erscheinung ablegt und wirklich zeigt, was in ihm steckt, der aber jeden anderen von uns verkosteten Wein überleben wird. Deutschland steht beim Dessertwein deutlich mit an der Spitze. In den neunziger Jahren hat Österreich aber auch eine Reihe ebenso beeindruckender Weine hervorgebracht und ist damit der größte Konkurrent geworden.

Trockene Weißweine

Deutschland hat sich international erst seit den späten achtziger Jahren einen gewissen Ruf für trockene Weißweine aufgebaut. Vorher machten sich die meisten ausländischen Fachleute über diese Weine als saure und charakterlose Flüssigkeiten lustig. Wenn man bis in die sechziger Jahre zurückblickt, waren viele der »gewöhnlichen« deutschen Weine mehr oder weniger trocken. Sie wurden weltweit als gut, aber nicht als groß angesehen. Die Kategorie »trockene Weißweine« umfaßt eine große Zahl verschiedener Stilrichtungen. Um faire Vergleiche anstellen zu können, war es notwendig, die Weine in verschiedene Gruppen zu unterteilen. Bei den »schlanken« trockenen Weißweinen der Probe standen Weine aus deutschsprachigen Gebieten der Sorte Riesling, Weine unterschiedlicher Herkunft der Sorte Sauvignon Blanc (am bekanntesten als Sancerre und Pouilly-Fumé aus dem Loiretal) neben ein paar »Exoten«.

Die am höchsten bewerteten Weine waren der 1990 Riesling Grand Cru Wiebelsberg von Marc Kreydenweiss aus Andlau im Elsaß und die 1990 Kallstadter Saumagen Riesling Auslese Trocken »R« von Koehler-Ruprecht aus Kallstadt in der Pfalz. Obwohl sie die mächtigsten Weine der Probe waren, wirkten diese beiden weder schwer noch aufdringlich, sondern subtil und edel. Dicht darauf folgten der 1990 Riesling Clos Ste Hune von Trimbach aus Ribeauvillé im Elsaß und der 1995 Sauvignon Blanc »Reserve« von Rochioli aus Healdsburg in Kalifornien – ein großartiger Wein, der bewies, daß die Sorte Sauvignon Blanc zu Weinen in der Lage ist, die den besten Rieslingen Paroli bieten können. Es schlossen sich der feine, elegante 1993 Rüdesheimer Berg Schloßberg Riesling Trocken von Georg Breuer aus Rüdesheim im Rheingau und der 1995 Terras Gauda der Adegas das Eiras aus Rias Baixas an, ein außerordentlicher Erfolg für diesen wenig bekannten spanischen Wein. Alles in allem bestätigten die Resultate die Fortschritte, die Deutschlands Spitzenwinzer in den letzten Jahren auf dem Gebiet dieses Weinstils gemacht haben. Zumindest eine kleine Zahl von deutschen Weinen kann neben den weltweit besten Weinen dieser Art bestehen.

Von den »opulenten« trockenen Weißweinen der zweiten Gruppe, von denen viele Aromen zeigten, die vom Ausbau in neuen Eichenholzfässern (*Barriques*) herrühren, standen drei Weine weit vor allen anderen. Einer der Favoriten der Verkoster war deutsch und hatte keine Spur von Eichenaromen: die 1992 Haardter Bürgergarten Gewürztraminer Auslese Trocken von Müller-Catoir aus Neustadt in der Pfalz, ein barocker Gigant. Daneben stand der muskulöse, holzbetonte 1990 Meursault Premier Cru Les Charmes von Comtes Lafon aus Meursault im Burgund und der weniger bombastisch wirkende 1990 Pouilly-Fumé »Silex« von Didier Dagueneau aus Pouilly an der Loire, ein Sauvignon Blanc mit starkem Eichenton.

Ebenfalls in dieser Gruppe stießen wir auf die größten Enttäuschungen der gesamten Probe: 1994 Chablis Premier Cru La Forest von Dauvissat aus Chablis im Burgund und 1993 Löwengang Chardonnay von Lageder aus Bozen in Südtirol. Chablis und italienischer Chardonnay sind sehr modische Weine, und diese beiden kamen von zwei der besten Erzeuger. Trotzdem zeigten die Daumen der Jury einstimmig nach unten: Die Weine hatten wenig Charakter und zeigten, wie überbewertet und enttäuschend »Mega-in«-Weine oft sind. Nur wenige deutsche Weine auf diesem Gebiet halten dem Vergleich mit der Spitze stand, weisen aber Modeweine wie diese mühelos in die Schranken.

Rotweine

Deutscher Rotwein war unter internationalen Fachleuten lange Zeit ein noch größerer Witz als der trockene Weißwein. Von blasser, bräunlicher Farbe, dünn, sauer oder süßsauer zeigte er über viele Jahre keinerlei Ähnlichkeit mit den großen Rotweinen der Welt. Da sie ja praktisch bei Null anfingen, war es für die Gruppe der deutschen Rotwein-Pioniere während der letzten zehn Jahre kein Problem, bedeutende Fortschritte zu machen. Aber wie schneiden ihre besten Weine heute im Vergleich zu den großen der Welt ab? Da Spätburgunder/Pinot Noir die wichtigste rote Rebsorte für hochwertige Weine in Deutschland ist, verkosteten wir eine breitgefächerte Auswahl an Weinen dieser Sorte aus der ganzen Welt, darunter auch einige der besten Weine aus dem Burgund.

Den von der Gruppe am höchsten bewerteten deutschen Weinen – der 1993 HJR Spätburgunder von Rebholz aus Siebeldingen in der Pfalz und der 1993 Spätburgunder »R« von Bernhard Huber aus Malterdingen in Baden – gelang es, Platz 7 und 9 von insgesamt 16 Weinen zu erreichen. Sämtliche burgundischen Weine wurden höher bewertet, allen voran der 1993 Volnay Premier Cru Santenots von Comtes Lafon aus Meursault, der den dritten Platz belegte. Die große Überraschung waren zwei

Weine von der Westküste der USA, die uns noch mehr begeisterten als die verkosteten Burgunder. Sowohl der 1992 Rochioli Vineyard Pinot Noir von Williams-Selyem aus Healdsburg in Kalifornien als auch der 1994 Clos Electrique Pinot Noir von Cameron aus Willamette in Oregon waren hinreißend. So beeindruckend die deutschen Leistungen auch sind: Die deutschen Pinot Noir-Spitzenerzeuger haben noch einen weiten Weg vor sich, wenn sie das Niveau der besten Weine aus Amerika und Burgund erreichen wollen.

Unter den Rotweinen aus anderen Rebsorten ergab sich ein ähnliches Bild. Zwei Weine von Albrecht Schwegler aus Korb in Württemberg, Jahrgang 1990 und 1993 seines »Granat«, standen gut da, wenn auch von anderen Weinen deutlich überragt. Die erstaunlichsten darunter waren der 1989 Château La Mission-Haut Brion aus Pessac im Bordeaux und der 1992 Caymus Cabernet Sauvignon »Special Selection« aus Napa in Kalifornien. Diese extrem dichten und doch perfekt proportionierten Weine wurden dicht gefolgt von dem extrem opulenten 1991 Côte Rôtie »La Turque« von Guigal aus Tain an der Rhône und dem 1991 Hill of Grace Shiraz von Henschke aus Barossa in Südaustralien. Die besten italienischen Rotweine sahen dagegen etwas verloren aus, wenn der 1990 Barolo von Sandrone aus Barolo im Piemont auch einem Großteil der Jury sehr gut gefiel. Es drängt sich die Schlußfolgerung auf, daß die Begeisterung von Konsumenten und Fachpresse über italienische Rotweine der letzten Jahre hier zu einer leichten Überbewertung geführt hat.

Selbst wenn Deutschland bei den Rotweinen nicht in der ersten Reihe mithalten kann, werden hier doch allmählich trockene Weißweine von Weltklasse gemacht. Das gleiche gilt für Dessertweine, die zweifellos zu den größten Weinen weltweit gehören.

Interessanterweise spiegeln diese Eindrücke weitgehend die Stellung des deutschen Weins vor genau 100 Jahren wider.

2. Kapitel

WEGWEISER DURCH DAS LABYRINTH DES WEINES

Die grundlegenden Eigenschaften

Die Welt des Weines ist komplex. Lange Regalreihen voller Wein oder eine umfangreiche Weinkarte im Restaurant – das ist auf den ersten Blick äußerst verwirrend. Um den Weg durch dieses Labyrinth zu finden, muß man sich mit einer Mindestmenge an Information wie mit einem Ariadne-Faden ausrüsten. Man muß nicht nur wissen, welche Angaben auf den Etiketten wichtig, sondern auch, welche völlig bedeutungslos sind.

Geschmack ist etwas sehr Persönliches. Jeder von uns hat seine ganz eigenen Vorlieben und Abneigungen, die oft irrational oder emotionalen Ursprungs sind. Dennoch gibt es allgemeine Orientierungsmöglichkeiten. Der Mensch kann fünf verschiedene Geschmacksrichtungen unterscheiden: süß, sauer, salzig, bitter und »würzig«. Natürlich spielen noch viele weitere Elemente eine Rolle, wenn wir über den Geschmack von Essen und Trinken sprechen. Jeder weiß z.B., wie Erdbeeren schmekken, wobei »süß« diesen Eindruck nicht ausreichend beschreibt. Das Gehirn verbindet nämlich die über die Zunge, den Geruch und den Tastsinn – d.h., wie sich feste oder flüssige Körper im Mund anfühlen – aufgenommenen Reize zu einem einzigen, von uns als Geschmack bezeichneten Eindruck, z.B. den von Erdbeeren. Das irrationale Element stammt dabei eher vom Geruchssinn, weil der Geruch leicht Erinnerungen und Assoziationen wachruft, während ausschließlich geschmackliche Eindrücke präziser analysiert werden können. Jeder sollte in der Lage sein, bitter und süß, sauer, salzig und würzig zu unterscheiden.

Trocken und sauer

»Einen trockenen Weißwein, bitte!« Wie oft hört man das jeden Tag in Restaurants, Bars und Geschäften in ganz Deutschland. Für viele Konsumenten deutet die gesetzlich definierte Bezeichnung »trocken« auf dem Etikett eines deutschen Weines nicht nur auf eine bestimmte Geschmacksrichtung hin, sondern stellt auch einen Qualitätsbegriff dar. Jenen Weintrinkern, die mit »süßem Wein« lediglich die im Supermarkt oder von Vertretern an der Haustür angebotenen billigen Flaschen verbinden, erscheint »trocken« oft als einzige Garantie für einen authentischen, natürlichen Wein. Die Weinskandale der frühen achtziger Jahre hatten ja nur süße Weine betroffen, und die deutsche Presse predigte bis Mitte der neunziger Jahre fast ausschließlich den trockenen Wein. Blickt man jedoch weiter zurück, erkennt man, daß das Wort »trocken« kaum vorkam, bevor es mit dem deutschen Weingesetz von 1971 eingeführt wurde; es ist eine Erfindung der damaligen Zeit. Vor 1971 wurden kleine Mengen knochentrockener »Diabetikerweine« erzeugt, und manche Winzer hatten einen Ruf für »herbe« oder »saure« Weine. Auch die Bezeichnung »herb« war durchaus nicht immer positiv gemeint: Vor hundert Jahren benutzte man sie allgemein für übermäßig saure Weine.

Die Mode der »trockenen Weine« in Deutschland erreichte ihren Höhepunkt in den späten achtziger Jahren. Damals wurde ein Wein oft nur mit sehr betonter Säure als echter trockener Wein akzeptiert; heute dagegen kann ein trockener Weißwein kaum weich genug sein. Die derzeit so beliebten trockenen Weine wären Weintrinkern vor einem Jahrzehnt flach und leblos erschienen, genauso wie die damals bejubelten Weißweine heute von modebewußten Konsumenten als unerträglich sauer abgelehnt würden. Der Eindruck eines trockenen Weines hängt natürlich nicht nur von der Menge an unvergorener Süße ab, dem entscheidenden Faktor für die Bezeichnung »trocken«. Jeder deutsche Wein mit maximal 9 Gramm Süße und mindestens 7 Gramm Säure pro Liter kann als »trocken« bezeichnet werden. Liegt der Säuregehalt darunter, beschränkt sich die »Restsüße« auf den Säuregehalt plus 2 Gramm. Diese Regelung läßt die Auswirkungen, die das unterschiedliche Klima und die verschiedenen Böden in den 13 Anbaugebieten Deutschlands auf den Charakter der Weine haben, ebenso außer acht wie den Einfluß verschiedener Rebsorten. So kann, um nur zwei Beispiele zu nennen, ein Müller-Thurgau Trocken aus Südbaden eindeutig süß und ein Riesling Trokken aus dem Anbaugebiet Mosel-Saar-Ruwer deutlich sauer schmecken.

Maßgeblich sind weiter die individuellen Unterschiede bei der Geschmackswahrnehmung, die sich aus persönlichen Erfahrungen von frühester Kindheit an ergeben. Jeder von uns hat einen anderen Geschmack im wahrsten Sinne des Wortes, d.h., er oder sie hat unterschiedliche Vorlieben und Empfindlichkeiten. Ein Wein, den der eine als sauer empfindet, ist für den anderen ein idealer trockener Wein und für einen dritten vielleicht schon zu süß. Was als trocken empfunden wird, hängt zweifellos vom Verhältnis zwischen Süße – mag sie auch noch so minimal sein – und Säure ab, doch auch die Wahrnehmungsschwellen dieser beiden Geschmackskomponenten variieren enorm.

Diese ganzen Ausführungen wären überflüssig, wenn nicht die meisten deutschen Weintrinker nach bestimmten Worten auf dem Etikett verlangten – allen voran »trocken« –, bevor sie überhaupt gewillt sind, das Weinglas anzusetzen, geschweige denn, sich auf ihren eigenen Geschmack zu verlassen und für sich selbst über trocken oder nicht trocken zu entscheiden.

Süß und voll

Wenn man sich mit der Geschmackswahrnehmung »primitiver« Völker beschäftigt, bei denen dieser Sinn noch seiner ursprünglichen Funktion dient, nämlich zu testen, ob etwas genießbar oder gesundheitsgefährdend ist, stellt man fest, daß Bitterkeit diejenige Geschmackskomponente ist, die die größten Ängste auslöst: Viele Giftstoffe schmecken bitter.

Wendet man sich dem Deutschland der Gegenwart zu, wo der Geschmackssinn sich beinahe vollständig von seinem ursprünglichen Zweck gelöst hat – und wo somit die Frage des Geschmacks zu einer ästhetischen wird –, ist Bitterkeit kaum ein Grund für Unbehagen. Im Gegenteil, Süße ist der Brennpunkt unserer Ängste. Süße kann die von den Deutschen so geliebten Torten bedeuten, aber gleichzeitig auch Kalorien: Figurprobleme und gesundheitliche Risiken drohen bei »süßen Sünden«. Was Getränke angeht, bringen wir Süße sowohl mit gesunden Fruchtsäften in Verbindung als auch mit billigen Weinen zweifelhafter Herkunft, die die Geister der Fälschung und Panscherei heraufbeschwören. So wurde »trockener Wein« zunehmend beliebter, während süßer Wein von den meisten deutschen Weintrinkern abgelehnt wird. Bis zum heutigen Tag erscheint süßer Wein dubios, und keine Worte auf dem Etikett sind hinderlicher beim Verkauf von guten deutschen Weinen als »mild« oder »lieblich«, die vom Gesetz her freiwilligen und sehr selten gebrauchten Bezeichnungen für süße Weine.

> *»Das Süßliche läßt uns vergessen, was nötig, was also düster und sterblich im Akt des Sich-Ernährens ist ... und läßt in uns das Lachen wieder aufblühen.«*
>
> Alberto Savinio, »Neue Enzyklopädie«

Was als süß wahrgenommen wird, hängt – wie bei sauer oder trocken – vom Zusammenspiel verschiedener Geschmackskomponenten und individueller Vorlieben ab. Wie bei trockenen Weinen ist das Verhältnis zwischen Süße und Säure ausschlaggebend für den wahrgenommenen Grad der Süße. So erscheint z. B. Orangensaft wegen seines hohen Gehalts an Zitronensäure wesentlich weniger süß, als er tatsächlich ist. Auch Bitterkeit kann Süße weniger deutlich wahrnehmbar machen, wie z. B. bei der Grapefruit.

Dasselbe gilt für den Geschmack von Wein: Ein Wein mit beträchtlicher Süße und hoher natürlicher Säure wie eine große Riesling Auslese aus dem Gebiet Mosel-Saar-Ruwer kann weniger süß schmecken als ein »trockener« Wein mit sehr niedriger Säure, z. B. ein mittelmäßiger Müller-Thurgau aus Württemberg. Die im Vergleich zu diesem Wein hohe Konzentration an aromatischen Substanzen und Mineralien aus den Trauben in dem Moselriesling spielt dabei die gleiche Rolle wie die Bitterkeit bei der Frühstücks-Grapefruit. Der Moselwein schmeckt nicht einfach süß, sondern er vermittelt durch die mit der Süße gepaarten Aromasubstanzen und mineralischen Extraktstoffe aus dem Weinbergsboden ein Gefühl der Fülle. Trockene Weine können bei hohem Alkoholgehalt in Verbindung mit konzentrierten Aroma- und Mineralstoffen diesen Eindruck der Fülle ebenfalls entstehen lassen. Diese Eigenschaft wird von Fachleuten gelegentlich als »Extraktsüße« bezeichnet, was andeutet, daß diese Konstellation ein Gefühl der Süße vermittelt, obwohl der Wein analytisch trocken ist.

Ebenso wie bei trockenen Weinen möchten die meisten deutschen Weintrinker gesagt bekommen, ob ein Wein süß ist – meist um ihm ausweichen zu können –, statt selbst zu entscheiden, was ihnen zu süß und was ansprechend voll und harmonisch ist: dieselbe Schüchternheit, Angst und Verachtung gegenüber den eigenen Geschmacks- und Geruchsnerven wie in der allgemeinen Einstellung zu trockenen Weinen. Deutsche Gourmets neigen überdies dazu, süße Weine mit der Begründung abzulehnen, sie paßten nur selten zum Essen. Beim Studium alter Bücher über Kochen und Etikette aus dem vorigen Jahrhundert fällt auf, daß die Ansichten über dieses Thema gänzlich anders waren als heute. Süße Weine wurden zu so unterschiedlichen Gerichten wie Austern und gebratenem Wild gereicht. Die Verbannung der süßen Weine ins Dessertghetto ist eine moderne Erscheinung. Obwohl das Interesse der Kenner an süßen Weinen in den letzten Jahren beträchtlich gestiegen ist, hängt die Mehrzahl der Konsumenten weiterhin fest an ihren Vorurteilen gegenüber süßen Weinen. Diese Leute sind sich überhaupt nicht bewußt, wie wunderbar ein voller, harmonisch süßer deutscher Wein schmecken kann.

Leicht und schwer

Kaum eine andere Beschreibung einer Speise oder eines Getränks wirkt heutzutage negativer als das Wort »schwer«, und nichts klingt positiver als »leicht«. Harmonie, Eleganz, Finesse gelten kaum etwas im Gegensatz zu Leichtigkeit. Für Konsumenten von Tokio bis London, von New York bis Berlin ist »leicht« gleichbedeutend mit gesund, während schwer für ungesund steht. In Deutschland scheint Leichtigkeit nicht nur Gesundheit, sondern auch Reinheit zu implizieren. Man könnte sogar behaupten, daß aus psychologischer Sicht ein Erzeugnis erst durch als unrein angesehene Bestandteile in die Kategorie »schwer« eingeordnet wird. Ohne diese Bestandteile wird es plötzlich »leicht«. »Light«-Joghurt wird sicher nicht nur wegen des geringeren Kaloriengehalts gekauft, sondern auch, weil wir den vollkommen irrationalen Eindruck eines »sauberen« Produkts haben, das unseren Körper passiert, ohne Schaden zu hinterlassen. Beim Wein ist das Bild ähnlich, aber noch verdrehter. Deutsche Weintrinker halten trockenen Wein generell für leichter als süßen Wein. Je weniger Aroma und Geschmack ein trockener Weißwein aufweist, desto größer sind seine Chancen, als »Light«-Produkt eingestuft zu werden. Gegenwärtig wird der italienische Pinot Grigio von deutschen Konsumenten weithin als der gute leichte Weißwein schlechthin angesehen. Nicht nur die Ausstattung wirkt minimalistisch modern, der Wein selber zeigt auch wenig Charakter, er schmeckt genauso, wie er aussieht: nämlich harmlos leicht bzw. ausdruckslos.

Daneben spielt offensichtlich auch die Herkunft eine Rolle bei der Frage, ob ein Wein als »leicht« oder »schwer« empfunden wird. Ende der achtziger Jahre wurden in Amerika Untersuchungen über das Konsumentenverhalten bei Wein durchgeführt. Es stellte sich heraus, daß die Amerikaner – genau wie die Deutschen – ihren Lieblingsweißwein, kalifornischen Chardonnay, als leicht ansahen. Die Tatsache, daß dieser Wein typischerweise 13° oder mehr Alkohol hat, spielte für sie dabei offensichtlich keine Rolle, und sie lehnten deutsche Weine mit wesentlich weniger Alkohol als »schwer« ab. Die Untersuchungen bewiesen, daß die Wahrnehmung von Leichtigkeit und Schwere – ebenso, ob sie als süß oder trocken empfunden wurden – von der Herkunft der Weine abhing. Auch für amerikanische Weintrinker gilt: trocken = leicht, süß = schwer. Pinot Grigio ist nicht so mächtig wie kalifornischer Chardonnay, hat aber doch mehr Alkohol als viele deutsche Weißweine – typischerweise 12° oder etwas mehr. Die Einstufung als leichter Wein impliziert auch ein »gesundes«, da kalorienärmeres Produkt. Tatsächlich sind die meisten Weine aus den nördlichen Anbaugebieten Deutschlands selbst mit etwas Restsüße kalorienärmer als ein typischer Pinot Grigio. Der Kaloriengehalt eines Weines hängt vom Zuckergehalt der Trauben zur Zeit der Lese ab, der im kühleren deutschen Klima im allgemeinen niedriger ist als in den meisten anderen Weinbauländern. (Diese Vorgaben können durch die Zugabe von Zucker zum Traubenmost oder gärenden Wein verändert, d.h., der Alkoholgehalt des Weines kann erhöht werden, was aber bei deutschen Prädikatsweinen verboten ist.)

In diesem Zusammenhang stellt der Rotwein eine ganz eigene Welt dar. Mit »leichtem« Rotwein sind meist Weine mit wenig bitter schmekkenden Tanninen, d.h. Gerbstoffen, gemeint. Wie bei den Weißweinen spielt der Alkoholgehalt, der zwischen 11 und 14° liegen kann, kaum keine Rolle, was das Empfinden betrifft. Wesentlich für die Struktur des Weines sind die Tannine aus den Traubenhäuten und -stengeln und/ oder den Holzfässern, in denen nahezu alle guten Rotweine ausgebaut werden. Ohne sie hat ein Rotwein weder lange Lebensaussichten noch die Möglichkeit, durch die Flaschenreife an Harmonie und Finesse zuzulegen – der Grund für die Lagerung großer Rotweine. Der Trend zu tanninarmen Rotweinen schränkt automatisch die Qualität ein und ist deshalb für die Bestrebungen von Winzern, Weinhändlern und Gastronomen, die sich um Qualität bemühen, eher hinderlich.

Die Rebsorten

Ob in Deutschland oder anderswo, stellt die Rebsorte, aus der ein Wein erzeugt worden ist, den wichtigsten Wegweiser durch das Labyrinth der Weinwelt dar. Sie gibt den ersten und wichtigsten Hinweis darauf, wie der Wein riechen und schmecken wird. Wie alle Früchte hat auch die Weintraube viele Erscheinungsformen. Jeder weiß, daß es rote und weiße Trauben gibt, doch die enorme Vielfalt der Sorten ist den wenigsten Weintrinkern bekannt. Auch wissen nur wenige Konsumenten, daß die vertrauten Namen vieler Weine eigentlich die Bezeichnungen für die Rebsorten sind, aus denen sie gekeltert werden: z.B. Pinot Grigio, Chardonnay oder Cabernet Sauvignon. Das ist eine neuere Entwicklung, die in den sechziger Jahren in vielen Weinbauländern einsetzte. So auch in Deutschland, wo die schnelle Ausdehnung der Anbaufläche zu einer großen Zahl minderwertiger neuer Rebsorten für die kommerzielle Produktion führte. Die Winzer, die bei den traditionellen Sorten blieben, schrieben deren Namen auf die Weinetiketten, um sich von diesem Trend zu distanzieren.

Die Erwähnung der Rebsorte auf dem Etikett deutscher Weine ist – unabhängig von der tatsächlichen Ursache – eine positive Neuerung, weil die Rebsorte die wichtigste Grundlage für den Stil eines Weines darstellt. Wenn man reife Trauben verschiedener Rebsorten probiert, findet man hier bereits die meisten der für den späteren Wein typischen Geschmacksmerkmale. Jede Rebsorte hat ihre eigenen besonderen Charakteristika und eröffnet für den Winzer verschiedene Möglichkeiten. Wo der Wein wächst, spielt ebenfalls eine Rolle, doch bei den meisten Weinen beeinflußt der Weinberg, d.h. die Lage, wo die Trauben wachsen, den endgültigen Geschmack eher geringfügig. Anders sieht es bei Weinen aus Spitzenlagen aus. Hier können Aromen und Geschmack ausnahmsweise stärker von Boden und Mikroklima beeinflußt werden als von der Rebsorte. Sie dient hier eher als Medium, das die Besonderheiten der Lage in den Geschmack des Weines überträgt. Das gilt insbesondere für Deutschland, wo das kühle Klima und die lange Vegetationsperiode diese Unterschiede noch betonen.

Wie auch bei anderen Früchten haben die alten Rebsorten meistens den besten Geschmack, und es ist nicht überraschend, daß daraus auch die besten Weine erzeugt werden können. Glücklicherweise hat eine Reihe dieser alten Sorten bis heute überlebt, obwohl die Klonenselektion ihnen einen Großteil ihrer ursprünglichen Qualitäten genommen hat. Oberstes Ziel war dabei eben die höchstmögliche Erntemenge und nicht der beste Geschmack. Diese Problematik trifft auf die meisten bedeutenden Weinbauländer zu bauländer zu. In Deutschland aber, wo der Glaube an den Fortschritt lange von beinahe religiöser Intensität war, hatte das besonders weitreichende Konsequenzen. Dennoch gibt es eine Hierarchie unter den Rebsorten. Im folgenden sind die Sorten aufgeführt, aus denen in Deutschland große Weine erzeugt werden können, wenn sie am richtigen Ort von einem talentierten Winzer angebaut werden.

> *»Die großen Weine der Welt, das heißt solche von ausgeprägter geschmacklicher Charakteristik und Qualität, werden aus einer begrenzten Anzahl von ›edlen‹ Rebsorten erzeugt, hauptsächlich auf schwierigen, manchmal unfruchtbaren Böden und Gegenden, unter sehr gewagten, um nicht zu sagen riskanten Klimabedingungen.«*
>
> Michael Broadbent, »Winetasting«

Weiße Rebsorten

Riesling

Traditionsgemäß wird der Riesling weltweit von Weinexperten als die edelste weiße Rebsorte angesehen. In seinem Buch »Weine prüfen, kennen, genießen« rühmt z.B. Michael Broadbent, der englische Grandseigneur der Weinbranche, die Qualität der deutschen Riesling-Weine. In den letzten Jahren hat sich diese Ansicht wegen der Probleme der deutschen Weinbranche und dem gleichzeitigen Aufstieg von Chardonnay-Weinen aus den Weinbauländern der Neuen Welt gewandelt. Obwohl einige der größten trockenen Weißweine der Welt aus der Sorte Chardonnay hergestellt werden – besonders in ihrer ursprünglichen Heimat Burgund –, ist es ein Irrtum zu glauben, ihr gebühre die erste Stelle unter den weißen Rebsorten. Ein großer Riesling ist subtiler, eleganter und langlebiger als ein großer Chardonnay.

Einen großen Riesling zu trinken ist ein überwältigendes Erlebnis, zu dem – wie bei einer makellosen Rose – auch der Genuß des Bouquets gehört. Die intensiven Aromen eines solchen Weines, die geradezu benommen machen können, zeigen auch immer eine erstaunliche Zartheit. Dieser Eindruck wiederholt sich am Gaumen, imposante Grandeur und Unaufdringlichkeit zugleich. Im Gegensatz zu vielen anderen großen Weinen, von denen große Mengen zu trinken anstrengend sein kann, wirken deutsche Rieslinge eher belebend und fast nie ermüdend. Was den Riesling so einzigartig macht, ist seine Fähigkeit, gleichzeitig sinnlich und intellektuell zu wirken. Er verführt nicht nur die Sinne, sondern den ganzen Menschen. Einen aufnahmebereiten Weintrinker, der sich einem großen Riesling ohne Vorurteile oder noch besser voller Vorfreude nähert, trifft ein solches Erlebnis ebenso heftig wie die Liebe auf den ersten Blick.

Aber was für ein Weißwein ist nun ein Riesling? Trocken? Süß? Leicht? Körperreich? Das ist die zweite Besonderheit dieser Sorte: ihre Fähigkeit zu Weinen vieler Stilarten. Sie reichen von äußerster Leichtigkeit bis zu atemberaubender Fülle, von knochentrocken bis edelsüß und allen Schattierungen zwischen diesen beiden Extremen.

Bei keiner anderen Rebsorte macht das deutsche Prädikatssystem mehr Sinn, da es eine Möglichkeit der Einordnung für jeden Wein bietet: Wenn dieses System beim Riesling mit Bedachtsamkeit angewendet wird, sollte klarwerden, daß Kabinettweine die leichtesten sind, und Spätlesen, Auslesen, Beerenauslesen und Trockenbeerenauslesen zunehmend voller und körperreicher. Eiswein – aus natürlich gefrorenen Trauben – entspricht in der Fülle einer Beeren- oder Trockenbeerenauslese. Die Begriffe »trocken« oder das unglückliche »halbtrocken« geben in Verbindung mit einem der Prädikate einen klaren Hinweis auf den Geschmack des Weines. Ohne diese beiden Worte sollte das Prädikat sowohl den Grad der Süße als auch der Mächtigkeit des Weines andeuten. Leider ist das nur bei guten Erzeugern sichergestellt.

Abgesehen von jeglicher Einteilung bietet der Riesling aufgrund seiner Vielfalt an Weinen das Passende für fast jede Gelegenheit und für viele Speisen. Zum Essen getrunken, wird das intensive Aroma des Rieslings manchmal als zu stark empfunden. Junge Rieslinge von guter oder exzellenter Qualität besitzen oft ein ausgeprägtes Pfirsich-, Apfel-, Birnen- oder Schwarze-Johannisbeere-Aroma. Das läßt sich nicht leicht mit Speisen in Einklang bringen. Auch die betonte Säure – typisch für die spät reifende Rieslingtraube – kann in sehr jungen Weinen neben Speisen zu laut wirken. Nach einigen Jahren der Flaschenreife rundet sich das Gesamtbild der Weine jedoch ab, die Aromen wirken diskreter, die Säure weicher, und es entsteht ein wunderschöner Wein – und ein perfekter Essensbegleiter.

Die gegenwärtige Besessenheit, Weine so jung wie möglich zu trinken, ist nicht sehr hilfreich. Auch schließt das allgemeine Beharren auf dem Wort »trocken« auf dem Etikett so manchen Genuß von vornherein aus. Viele Rieslinge mit natürlicher Restsüße lassen sich großartig mit Speisen kombinieren: Mosel-Kabinett mit Räucherlachs, Rheingau- oder Nahe-Auslese mit Wild oder Pfälzer Spätlese mit Gans. Aber die Dogmen geben dem Vergnügen kaum eine Chance ...

Es ist kein Zufall, daß in Deutschland Wein traditionell auch für sich allein, also nicht zum Essen, getrunken wird. Die allergrößten deutschen Rieslinge sind süß, ihre zarte Harmonie und ihre feinen Nuancen können durch mißglückte Kombinationen mit Speisen leicht gestört und übertönt werden. Sie sollten am besten allein genossen werden oder als Gesprächsbegleiter. Sie müssen nicht unbedingt im Mittelpunkt stehen, verdienen es aber zweifellos. Wenn meine Frau und ich einen romantischen Abend zu zweit verbringen, ist meist ein reifer Riesling mit natürlicher Restsüße Zeuge unserer Worte und Blicke.

Schließlich ist der Riesling auch der transparenteste unter den Weißweinen, da die Rebsorte sehr empfindlich auf die Bedingungen während des Heranreifens der Trauben reagiert. Ein gut gemachter Riesling spiegelt den Boden, die Ausrichtung und das Mikroklima der Lage, in der die Reben wachsen, ebenso wider wie den Wetterablauf während der Wachstumsperiode und das Vorgehen und die Ideen des Winzers. Eine große Rieslinglage ist dadurch gekennzeichnet, daß hier regelmäßig Weine entstehen, die nicht nur durch Tiefe und Harmonie aus der Masse herausragen, sondern einen vollkommen einzigartigen Charakter zeigen, der sich von dem anderer Weine aus dem gleichen Gebiet deutlich unterscheidet. Das hohe Ansehen der meisten großen Rieslinglagen in Deutschland reicht zwei Jahrhunderte oder sogar noch weiter zurück. Leider haben die Entwicklungen in der deutschen Weinwirtschaft seit dem letzten Weltkrieg dazu geführt, daß diese Traditionen nahezu in Vergessenheit geraten sind.

Fast 23 000 Hektar der deutschen Anbaufläche sind mit dem Riesling bepflanzt, der heute in fast allen deutschen Anbaugebieten eine entscheidende Rolle spielt. Angesichts dieser weiten Verbreitung sollten die Winzer eigentlich in der Lage sein, bedeutend größere Mengen an großen Rieslingen zu erzeugen, als es gegenwärtig der Fall ist.

Scheurebe und Rieslaner

Diese Sorten sind beide Kreuzungen aus Silvaner und Riesling, und die Weine zeigen starke Ähnlichkeit mit dem Riesling, sie teilen die gleichen Schwächen und Stärken. Der Riesling allerdings ist auch bei nicht voll ausgereiften Trauben zu zwar einfachen, aber durchaus trinkbaren Weinen in der Lage, während eine Scheurebe oder ein Rieslaner in diesem Fall oft furchtbare Weine sind. Schlechte Scheurebe-Weine zeigen unangenehme Aromen, die an die oft zitierte »Katzenpisse« erinnern, mißlungene Rieslaner sind aggressiv sauer. Wenn die Trauben dieser Sorten jedoch voll ausreifen, können sie wunderbar harmonische Weine von großartiger Opulenz ergeben. Die besten unter ihnen zählen zu den aufregendsten und dramatischsten Weißweinen der Welt. Für solche Ergebnisse müssen die Rebstöcke in Lagen stehen, die sich auch für den anspruchsvollen Riesling eignen, und der Winzer muß penibel arbeiten.

Die meisten der großen Weine aus diesen beiden Sorten sind edelsüß, doch bei beiden sind auch beeindruckende trockene Weine möglich. Auf diesem Gebiet hat die Scheurebe gegenüber dem Rieslaner den Vorteil der weicheren Säure; zu ausgeprägte Säure ist bei jedem trockenen Wein problematisch. Eine trockene Scheurebe Spät- oder Auslese hat genug Körper, um es mit kräftigen Fleisch- und Fischgerichten aufzunehmen, deren Würze für einen vergleichbaren trockenen Riesling zu intensiv wären. Gleichermaßen sind solche Weine zu fettreichen Speisen durch ihre Frische geeigneter als die weicheren Weiß- oder Grauburgunder. Unabhängig von der Restsüße neigt die Scheurebe zu ausgeprägten, stark an reife schwarze Johannisbeeren oder Grapefruit erinnernde Aromen. Bei den höchsten Qualitätsstufen kommen alle Arten exotischer Früchte hinzu. Das Erkennungsaroma des Rieslaners ist Aprikose. Wenn die Trauben von Edelfäule befallen waren, kommen Mango und Passionsfrucht hinzu. Wie der Riesling profitieren beide Sorten erheblich von der Edelfäule, wenn sie die bereits reifen Trauben befällt. Unter den richtigen Bedingungen führt dieser Pilz (Botrytis Cinerea) zu einer Konzentration des Mostes in den Beeren und löst eine Reihe komplexer chemischer Reaktionen aus, die eine enorme Qualitätssteigerung zur Folge haben. Als junge Weine können Beeren- oder Trockenbeerenauslesen aus Scheurebe oder Rieslaner vergleichbare Rieslinge in den Schatten stellen. Dank ihrer Kraft und Opulenz sind sie im Zusammenspiel mit Speisen – Leberpasteten, Blauschimmelkäse, Fruchtdesserts – weniger heikel als edelsüße Rieslinge.

Vielleicht aufgrund der Seltenheit des Rieslaners – lediglich um die 60 Hektar sind damit in Deutschland bepflanzt, und er kommt sonst nirgendwo anders auf der Welt vor – ist er sowohl im In- als auch im Ausland bereits zum Kultwein geworden. Das hat zur Folge, daß die besten Weine ruckzuck vom Markt verschwinden. Mit der Scheurebe sind in Deutschland 3700 Hektar bestockt. Vieles davon steht allerdings am falschen Ort, so daß es massenhaft Beispiele für »Katzenpisse« gibt – nicht unbedingt förderlich für den Ruf der Sorte!

Traminer/Gewürztraminer

Wohl kaum eine andere Rebsorte ist zur Zeit genauso »mega-out« wie der Traminer. Und das, obwohl einige der großartigsten und hinreißendsten Weißweine Deutschlands aus dieser stammen. Das Problem besteht in seiner Neigung zur Opulenz und Schwere: die typischen Rosen- und Lychee-Aromen sind nie zurückhaltend, manchmal sogar bombastisch. Die Weine weisen meistens entweder einen ziemlich hohen Alkoholgehalt und/oder eine üppige Süße auf. Überdies sind sie in der Säure eher weich. Kurz gesagt, der Traminer ist genau das Gegenteil von den in den achtziger und frühen neunziger Jahren in Deutschland beliebten Modeweinen – neutrale trockene Weine mit mäßigem Körper und frischer Säure. Ein weiteres Hindernis für die Popularität des Traminers ist die Tatsache, daß die Weine in der Kombination mit Speisen anspruchsvoll bis schwierig und daher nur für die ehrgeizigsten Gastronomen von Interesse sind. Obwohl der Umschwung in Richtung auf weichere Weine und die steigende Toleranz für die duftbetonten und süßen Spielarten in den letzten Jahren dieser Rebsorte entgegenkommen, wird es wohl noch lange dauern, bevor sich diese Tendenz in einer nennenswerten Zahl großer Traminer-Weine niederschlägt. Immerhin gibt es in Deutschland fast 800 Hektar von dieser Sorte.

Wenn auch gelegentlich behauptet wird, Traminer und Gewürztraminer ließen sich exakt auseinanderhalten, da letzterer würziger sei als sein Bruder, so läßt sich das im Glas nur selten nachvollziehen. Intensiv würzige Traminer sind in Deutschland genauso möglich wie relativ zurückhaltende Gewürztraminer. Entscheidend sind Faktoren wie Boden und Klima. In fast allen deutschen Anbaugebieten gehörte diese Rebsorte zu dem halben Dutzend Sorten der bis weit ins 19. Jahrhundert üblichen Mischsätze. Heute ist sie fast nur noch in den südlicheren Regionen anzutreffen, wo das wärmere Klima ohne den Verschnitt mit anderen Sorten gute Ergebnisse ermöglicht. Obwohl sie nicht ganz so langlebig sind wie große Rieslinge, haben große Traminer doch Aussicht auf zehn bis zwanzig Jahre, und während dieser Reifezeit werden die Weine zurückhaltender und edler. Hätten mehr Winzer solche Weine verkostet, gäbe es auch mehr davon. Mehr Konsumenten hätten feststellen können, daß diese Sorte durchaus nicht immer so schwere Weine hervorbringt, wie allgemein angenommen wird. Somit wäre die Nachfrage gestiegen. Eine traurige Geschichte!

Weißburgunder/Weißer Burgunder

Die gegenwärtige Beliebtheit des Weißburgunders in Deutschland ist keine reine Modeerscheinung. Er ergibt hier proportional mehr guten trockenen Weißwein als jede andere und auch einige Spitzenweine. Guter Weißburgunder erinnert in der Nase an reife Äpfel oder Birnen. Er ist ein eleganter, trockener Wein, bei dem weder Alkohol, Säure noch andere Komponenten dominieren. Darüber hinaus ist er ein sehr praktischer Wein: Für sich allein schmeckt er gut, und in der Kombination mit Speisen gibt er sich unkompliziert. Außerdem suggeriert sein Name eine Verbindung mit den großen Weißweinen des Burgunds – die allerdings aus der Chardonnay-Traube gemacht werden –, so daß die Sorte es in nicht einmal 20 Jahren von einer unbedeutenden Spezialität auf 1600 Hektar Anbaufläche in Deutschland gebracht hat. Die neuesten Statistiken lassen darauf schließen, daß diese Zahl auch weiterhin ansteigt. In allen 13 deutschen Anbaugebieten trifft man inzwischen auf Weißburgunder-Reben. Da die Sorte sehr anpassungsfähig ist, findet man auch überall mindestens ein paar gelungene Weine.

Ein großer trockener Weißburgunder erinnert intensiv an Haselnüsse, oft begleitet von Karamel- oder buttrigen Noten. Er ist mächtig, voll und sanft. Auch Vanille- und Toastaromen sowie ein Hauch Bitternis können vorkommen, wenn der Wein in *Barrique*-Fässern ausgebaut worden ist. Es ist ein imposanter Wein, der ebenso danach verlangt, im Mittelpunkt zu stehen, wie die großen Weißweine des Burgund. Während guter Weißburgunder ein besonders unkomplizierter Essensbegleiter ist und zu allen Arten von leichteren Speisen getrunken werden kann, fordert ein großer Weißburgunder eine edle, reichhaltige Küche wie Hummer oder Kalb in cremiger Sauce. Trotz seines satten Alkoholgehalts ist ein solcher Wein jedoch nicht zu anstrengend, um ein oder zwei Gläser »einfach so« zu trinken. Leichtere, frischere Weine dieser Sorte – vor allem Kabinett trocken – sind gute Sommerweine für alle, die den Riesling als zu säurereich empfinden.

Grauburgunder/Ruländer

Eine Rebsorte, zwei Namen und viel Verwirrung. Aber eigentlich ist es gar nicht so schwierig. Ruländer ist die Bezeichnung, unter der die Weine dieser Sorte – die in Frankreich Pinot Gris und in Italien Pinot Grigio heißt – in Deutschland bis vor einem Jahrzehnt vermarktet wurden. Sie hatten ein intensives, beinahe aufdringliches Rosinenaroma, wirkten alkoholisch, und ihre Bitterkeit war durch Süße überdeckt. Hauptquelle für diese Weine, deren Popularität in den siebziger Jahren rapide abnahm, war Baden. Junge Konsumenten konnten mit diesen schweren, fetten Dinosauriern nichts anfangen. Der Spitzengastronomie, die gerade von der neuen, leichteren *Nouvelle cuisine* aus Frankreich besessen war, erging es ähnlich.

Mit dem Jahrgang 1979 wurde die verzweifelte Prinzessin Ruländer von einem Ritter in funkelnder Rüstung gerettet: dem Grauburgunder. Die neuen Weine entstanden aus den gleichen Reben wie der langweilige alte Ruländer, aber der neue Ausbaustil führte zu frischeren, schlankeren Weinen mit fruchtigem, an Melonen erinnerndem Charakter. Knochentrocken, jedoch ohne die betonte Säure trockener Rieslinge, fanden die neuen Weine bald eine große Anhängerschaft. Die Verwirrung entstand erst dadurch, daß der Erfolg der Grauburgunder einige Winzer dazu verleitete, Ruländer im alten Stil ebenfalls unter dem neuen Namen anzubieten, und andere Winzer zwar zum neuen Stil übergingen, jedoch aus sentimentalen Gründen beim alten Namen blieben. Und zu allem Überfluß gilt der neue Grauburgunder als leichter Wein, obwohl er die gleichen Alkoholwerte hat wie der alte Ruländer, oft um 13, 13,5° ...

Die besten deutschen Weine aus dieser Rebsorte haben mehr Körper als die im Durchschnitt etwas lahm wirkenden Exemplare aus Italien, schmecken aber frischer als vergleichbare Weine aus dem Elsaß. Gelungene Beispiele zeigen volle Honigaromen und exotische Fruchtnoten, die nie so fein wie beim Riesling sind, aber ihren eigenen Reiz besitzen. Die südlichen Anbaugebiete haben beinahe ein Monopol für diese Weine in Deutschland. Manche werden in neuen Eichenholzfässern, *Barriques*, ausgebaut und zeigen dadurch rauchige oder toastige Noten. Sie passen wunderbar zu geschmacksintensiven Fisch- und Fleischgerichten, geschmorten Gemüsen und kräftigem Rohmilchkäse aus Kuhmilch. Gute Grauburgunder sind im allgemeinen sehr unkomplizierte, flexible Essensbegleiter.

Eine Menge ordentlicher und guter Weine werden aus den 2500 mit dieser Sorte bepflanzten Hektar erzeugt, besonders in Baden. Wo sind jedoch die großen Weine? Während meiner Recherchen für dieses Buch habe ich nur einen gefunden; ein erstaunliches und enttäuschendes Ergebnis. Dafür gibt es zwei Gründe. Der erste ist das beim Grauburgunder vorherrschende schlechte Rebmaterial, das eher für die Massenproduktion als unter Qualitätsaspekten ausgewählt worden ist.

Auf der anderen Seite des Rheins, im Elsaß, wo der Grauburgunder eine ebenso wichtige Rolle spielt wie in Baden, ist ein Großteil der Pinot-Gris-Lagen mit wesentlich höherwertigem Pflanzmaterial bestückt. In Verbindung mit der Politik der Elsässer, die Trauben länger reifen lassen, als es in Baden üblich ist (der zweite Grund!), führt das zu Weinen, die selbst das Beste, das Deutschland in dieser Kategorie zu bieten hat, einfach vom Tisch fegen. Die badischen Winzer werden mir hier vermutlich entgegenhalten, daß die besten der elsässischen Pinot-Gris-Weine nicht vollkommen trocken sind. Das trifft sicher zu, aber auch auf diesem Gebiet hat Deutschland wenig Beeindruckendes zu bieten!

Chardonnay

Die großen Weißweine des Burgund – Montrachet, Meursault, Corton Charlemagne und Puligny-Montrachet – stammen, ebenso wie zahllose mittelmäßige Weißweine aus aller Welt, aus der Chardonnay-Traube. Diese Sorte ist in der deutschen Weinszene immer noch ein Neuling. Sie wird hier erst seit den frühen achtziger Jahren bewußt angebaut, anfangs sogar teilweise illegal und auf experimenteller Basis und heute immer noch in kleinem Rahmen. Die ersten Ergebnisse waren oft enttäuschend: Viele Weine schmeckten ausschließlich nach Eiche und waren zu hart in der Säure. Die Chardonnay-Traube hat weniger Eigenaroma als der Weißburgunder, und erst durch den Ausbau in kleinen Eichenholzfässern erhält der Wein überhaupt Charakter. Die deutschen Spitzenwinzer haben diesen für sie neuen Stil erst in den letzten Jahren in den Griff bekommen. Mit dem Jahrgang 1993 erschienen die ersten wirklich gelungenen deutschen Chardonnays, und der Jahrgang 1996 brachte den ersten großen deutschen Wein aus dieser Sorte.

Ein großer Chardonnay ist ein mächtiger und dennoch völlig harmonischer Wein, bei dem weder Alkohol, Säure noch irgendein anderes Element übermäßig dominant wirken. Die vielschichtigen Aromen erinnern oft an Haselnuß, Zitrusfrüchte, Birne, Vanille und Butter und verleihen dem Wein ein faszinierendes Bouquet. Solche Weine sind nicht einfach zu erzeugen, und deutsche Chardonnays schmecken häufig immer noch entweder zu alkoholisch oder zu säuerlich. Die schwächsten Weine aus dieser Traube entstehen ohne den Einsatz von Eichenholzfässern. Sie sind hart, langweilig und wirken wie in ein Korsett gepreßt. Mir ist es ein Rätsel, warum jemand solche Weine produziert; die Designerflaschen mit den Designeretiketten sind nichts als ein Marketing-Gag. Wie üblich, ist jedoch der durchschnittliche deutsche Winzer bei solchen Trends ungefähr zehn Jahre zu spät dran und bringt diese Produkte auf den Markt, während die weltweite »Chardonnitis« bereits langsam abklingt. Nichtsdestoweniger sind die besten Weine aus den fast 200 Hektar in Deutschland sehr vielversprechend. Hoffentlich wird aber der Chardonnay nicht den Weißburgunder ersetzen. Letzterer ist für die meisten deutschen Weinberge wesentlich besser geeignet als der Newcomer.

Silvaner

Außer in Franken gibt es nirgendwo anders in Deutschland eine Tradition für hochwertige Weine aus der Sorte Silvaner. Früher gab es diese Sorte überall, meistens als wichtiges Element in dem Mischsatz aus mehreren Rebsorten, der bis weit ins 19. Jahrhundert den größten Teil der deutschen Weinberge bedeckte. Heute ist der typische Silvaner ein trockener Wein von mittlerem Körper und eher neutralem Charakter. Wenn er eine fruchtige Note aufweist, dann meist nach grünem Apfel. Das klingt vielleicht nicht besonders anziehend, aber gelungene Exemplare aus Franken, Rheinhessen oder Baden sind ansprechende Landweine für den täglichen Genuß. Steht der Silvaner jedoch in einer wirklich geeigneten Lage und erreichen die Trauben hohe Reifegrade, vollzieht sich eine erstaunliche Verwandlung. Plötzlich wirken die Weine mächtig und pikant, erinnern an grüne oder gelbe Pflaumen, an aromatische, kleine, gelbe, nussige Äpfel, selbst an exotische Früchte. In ihrer besten Form sind sie trotz ihres hohen Alkoholgehalts von eleganter Harmonie. Es ist vielleicht möglich, solche Weine auch an anderen Orten zu erzeugen, aber zur Zeit findet man sie fast ausschließlich in Franken.

Große trockene Silvaner sind äußerst selten und große edelsüße beinahe noch schwieriger zu finden. Ein engagierter Winzer kann aus dieser Rebsorte relativ häufig edelsüße Weine erzeugen, im Durchschnitt vielleicht in jedem dritten Jahrgang. Meistens sind das jedoch dicke, aufgeplusterte Monster, die auf jene Weintrinker enttäuschend wirken, die die Eleganz edelsüßer Rieslinge schätzen. Hin und wieder greift die Natur aber zur Ehrenrettung der Sorte ein und gewährt einen Jahrgang wie 1994, in dem es dem Silvaner möglich ist, Edelsüße und Eleganz in sich zu vereinen.

Gelber Muskateller/Muskateller

Da sie nur ungefähr 80 von Deutschlands 106000 Hektar an Weinbergen einnimmt, ist die Rebsorte Muskateller statistisch gesehen beinahe unsichtbar, dennoch bringt sie eine unverhältnismäßig hohe Anzahl großer Weine hervor; man vergleiche das z.B. mit dem Grauburgunder! Die winzige Fläche wird fast ausschließlich von talentierten Winzern bearbeitet, da die Sorte sehr schwierig im Anbau ist. Muskateller ist ein Kultwein, und die Begegnung mit einem gelungenen Exemplar macht schnell deutlich, warum. Das überschwengliche Bouquet erinnert mehr als bei jeder anderen Rebsorte an frische Trauben, und die lebhafte Säure läßt den Wein auch noch bei hohem Alkohol oder starker Süße – was beides häufig vorkommt – frisch erscheinen. Ein großer Muskateller, ob trocken oder süß, besitzt alle Eigenschaften in beinahe übernatürlicher Intensität. Diese Extreme machen ihn zu einem Wein, den man entweder heiß und innig liebt oder grundsätzlich ablehnt.

Traditionsgemäß werden diese Weine als Aperitif angesehen. Ein großer Muskateller verdient zweifellos die ungeteilte Aufmerksamkeit wie ein großer Riesling. Mit einer Flasche Muskateller kann man wunderbar einen ganzen Nachmittag in luxuriösem Nichtstun schwelgen oder spät in der Nacht ein anregendes Gespräch führen. Dieser Wein eignet sich als Aperitif, wenn die Gäste nicht empfindlich gegenüber betonter Säure sind. Ansonsten läuft man Gefahr, daß die Gäste gehen, bevor der Abend überhaupt begonnen hat. Vor noch etwas muß ich warnen: Der gelbe Muskateller, der in Frankreich Muscat à Petits Grains heißt, ist ein Mitglied der großen Muskat-Rebsortenfamilie, die schon den Griechen im Altertum bekannt war. Man sollte den Muskateller auf keinen Fall mit seinen minderwertigen Verwandten verwechseln oder gar mit dem Morio-Muskat, der nicht das geringste mit dieser Familie zu tun hat. Außerhalb Deutschlands findet man nur in Österreich gelungene Muskateller. Auch manche Muscat d'Alsace sind gut; es sind aber Verschnitte aus Muskateller und dem weniger feinen Muskat-Ottonel.

Huxelrebe

An dieser Kreuzung scheiden die Geister sich nicht weniger als bei der Scheurebe und dem Rieslaner. Ebenso wie bei diesen sind Weine aus nicht vollkommen ausgereiften Huxelrebetrauben hart und sauer. Wenn sie aber überreif oder von Edelfäule befallen werden, kommen dabei edelsüße Weine heraus, die in sich die besten Eigenschaften vergleichbarer Weine aus den Sorten Muskateller und Riesling vereinen. Sie mögen etwas weniger elegant erscheinen, sind dafür aber um so strahlender, und die vollsaftigen, an Grapefruit und Ananas erinnernden Aromen werden von einer lebhaften Säure unterstützt. Zugleich cremig und frisch, wirken diese Weine schon in ihrer Jugend extrem einladend, reifen aber auch sehr gut. Die 1500 Hektar dieser Rebsorte sind in Deutschland weit verstreut; die besten Weine stammen aus Franken und Rheinhessen.

Sauvignon Blanc

Eine weitere französische Rebsorte, die sich über den gesamten Erdball verbreitet hat und jetzt auf jedem Kontinent außer der Antarktis angebaut wird! In ihrem Heimatgebiet, dem Loiretal, ist sie für Sancerre und Pouilly-Fumé verantwortlich. Im Bordeaux spielt sie eine entscheidende Rolle in dem Trio von Rebsorten, die die trockenen Weißweine des Graves und die Dessertweine des Sauternes hervorbringt. In Deutschland befindet sich der Sauvignon Blanc noch im experimentellen Stadium. Die ersten Ergebnisse sind nicht schlecht, bieten aber noch keine Antwort auf die Frage, ob in Deutschland das Potential zu Sauvignon-Blanc-Weinen vorhanden ist, die dem Vergleich mit den besten Weinen dieser Art aus Frankreich und der Neuen Welt standhalten können.

Rote Rebsorten

Spätburgunder/Blauer Spätburgunder

Vielleicht hatte Baudelaire die Weine dieser Rebsorte – in Frankreich als Pinot Noir bekannt – im Sinn, als er dichtete:

> *»Wie ist die Luft heute herrlich!*
> *Laß uns ohne Zügel, ohne Sporen*
> *auf den Wein steigen und hinaufreiten*
> *in einen verzauberten, göttlichen Himmel!«*

Ungezügelte Sinnlichkeit gepaart mit großer Noblesse – keine andere rote Rebsorte ist dazu besser in der Lage als der Spätburgunder, keine andere ist so verführerisch und zugleich so fein. Den deutschen Spätburgundern fehlten diese Eigenschaften bis Mitte der achtziger Jahre jedoch gänzlich. Bis dahin waren sie gewöhnlich blaß in der Farbe, dünn, säuerlich und ließen sowohl Charme als auch Charakter vermissen. Oft ähnelten sie eher Weiß- als Rotweinen, waren aber auch als solche unbefriedigend.

Obwohl aus den beinahe 7000 Hektar deutscher Weinberge, die mit Spätburgunder bestückt sind, immer noch mehr als genug Beispiele für diesen Typ von »Rotwein« kommen, haben in den letzten 10 bis 15 Jahren immer mehr deutsche Winzer begonnen, wirkliche Rotweine aus dieser Rebsorte zu erzeugen. Viele dieser Neulinge sind im Vergleich zu den besten Weinen dieser Art aus dem Burgund noch etwas zu leicht oder eine Idee zu hart, aber eine Handvoll der gelungensten deutschen Spätburgunder aus den letzten Jahrgängen gehört zweifelsfrei zu den großen Weinen der Welt. Sie zeigen die für erstklassige Pinot Noirs charakteristischen Schwarzkirsch- und Brombeeraromen, sind kraftvoll und samtig, delikat und nachhaltig. Nur wenige deutsche Weintrinker wissen, daß es diese Spitzenweine gibt, und im Ausland ist deutscher Rotwein nahezu unbekannt. Dennoch steckt Deutschland mitten in einem Rotweinboom.

Wie der Riesling bei den Weißweinen ist der Spätburgunder die empfindlichste unter den roten Rebsorten und reagiert wie eine Diva auf den Standort, an dem sie wächst und heranreift. Unterschiedliche Böden und Klimaverhältnisse üben einen enormen Einfluß auf die fertigen Weine aus. Im Gegensatz zu den deutschen Riesling-Erzeugern können die Rotweinwinzer hier nicht auf eine lange, ununterbrochene Tradition zurückblicken. Gelegentlich weisen einzelne alte Flaschen deutschen Rotweines oder Weinbücher aus dem späten 19. und frühen 20. Jahrhundert darauf hin, daß es früher in Deutschland tatsächlich eine Rotweintradition gegeben hat. Die technologische Revolution, die in der Weinbranche gegen Ende der vierziger Jahre einsetzte, machte jedoch den letzten Resten dieser Tradition rasch den Garaus. Deshalb steht die Entwicklung beim deutschen Rotwein trotz der enormen Fortschritte in den letzten Jahren immer noch am Anfang. Das bedeutet auch, daß die Winzer gerade erst entdecken, wie die unterschiedlichen geologischen und mikroklimatischen Faktoren, d.h. die Weinbergslagen, ihre Spätburgunder-Weine in Duft und Geschmack beeinflussen.

Mehr als jeder andere Wein in Deutschland profitiert der Spätburgunder vom *Barrique*-Ausbau. Die Vanille-, Toast- und Rauchnoten, die man in nahezu allen hervorragenden Spätburgundern findet, stammen von diesen Fässern, in denen die Weine zwischen neun Monaten und gut zwei Jahren lagern. Viele dieser Weine kommen nicht vor zwei oder drei Jahren nach der Lese auf den Markt, da eine längere Faßlagerung allmählich in Deutschland zur Norm wird. Doch auch dann sind die Weine oft sehr jung und wirken unfertig. Man muß etwas Geduld haben: Spätestens mit fünf Jahren fangen sie an, wirklich zu singen.

Der Spätburgunder hat auch das beste Potential für Roséweine in Deutschland, und vor kurzem haben ein paar Vorreiter sogar gute Weißweine daraus zustande gebracht. Möglichkeiten und Realität klaffen jedoch weit auseinander. Dafür gibt es eine einfache Erklärung. Die besten Rotweine des Landes werden zu Preisen von knapp 50,– DM pro Flasche gehandelt, und die Faßweinpreise für Rotwein sind in manchen Gebieten bis zu dreimal so hoch wie die für vergleichbare Weißweine. Es ist deshalb keine Überraschung, daß die besten Spätburgunder-Trauben zu Rotwein verarbeitet werden und nur die Reste zu Rosé. In einem guten Jahrgang kann das durchaus zu guter Qualität führen, aber in problematischen Jahren ist es Resteverwertung im schlechtesten Sinne des Wortes, und die Weine sind dementsprechend mies. Noch vor zehn Jahren war das Niveau bei den deutschen Spätburgunder-Rosé- und Weißherbstweinen (eine spezielle Bezeichnung für Roséweine aus bestimmten Rebsorten in manchen Gebieten) bei weitem besser als heute, wo man nur bei einer kleinen Zahl von Erzeugern regelmäßig Weine dieses Stils von guter Qualität findet. Weinkäufer, sei auf der Hut!

Frühburgunder/Clevner

Diese enge Verwandte des Spätburgunders ist wahrscheinlich als natürliche Mutation desselben entstanden. Weniger als 50 Hektar sind damit in Deutschland bepflanzt, und der Anbau liegt größtenteils in den Händen von führenden Winzern, da gute Ergebnisse bei dieser Sorte nur schwer zu erzielen sind. Die Heimat des Frühburgunders ist Württemberg. Dort heißt die Rebsorte »Clevner« – damit keine Verwirrung entsteht: In der Ortenau bezeichnet man so den Gewürztraminer und im Elsaß Weißburgunder oder Auxerrois. Der Frühburgunder wird außerdem auch an der Ahr und in Franken angebaut.

Gelungene Rotweine dieser Sorte sind voll, saftig und etwas weicher und seidiger als vergleichbare Spätburgunder, auch bereits früher trinkbar. Deutschlands führende Rotweinerzeuger sind derzeit noch mit der Erkundung des Potentials dieser Sorte beschäftigt. Der Frühburgunder verlangt mindestens ebensoviel Engagement wie sein großer Bruder – der Spätburgunder –, damit es zu erstklassigen Resultaten kommt.

Sankt Laurent

Ein weiterer Verwandter des Spätburgunders, der vermutlich aus dessen Neigung zur Mutation entstanden ist. Er ist in Österreich häufig anzutreffen, stammt aber ursprünglich aus Frankreich. Wenn er in Deutschland auch erst seit einigen Jahren auf experimenteller Basis angebaut wird, sind die ersten kommerziell erzeugten Weine aus der Pfalz doch recht beeindruckend. Die Sorte ergibt hier dunkelfarbige, volle Weine, die in der Nase intensive Kirschtöne zeigen und nicht ganz so sanft wirken wie die besten Spätburgunder. Noch gibt es bei uns keine großen Weine aus dieser Rebsorte, aber ich bin davon überzeugt, daß wir nicht mehr lange darauf warten müssen.

Lemberger & Co.

Der Lemberger ist während der zweiten Hälfte des 17. Jahrhunderts aus Österreich importiert worden, wo er als Blaufränkisch bekannt ist. Er wird in Deutschland – abgesehen von einem verschwindend kleinen Bestand in Baden – ausschließlich in Württemberg angebaut. Trotz der drei Jahrhunderte Erfahrung im Umgang mit dieser Sorte gibt es immer noch heftige Kontroversen, welcher Ausbaustil am geeignetsten ist: *Barrique*-Ausbau oder nicht? Ist für erstklassige Weine ein Verschnitt mit anderen Sorten nötig, oder kann der Lemberger dieses Niveau auch ohne solche Unterstützung erreichen?

Die Stärke des Lembergers liegt in seiner Kraft. Er gibt schnell dunkelfarbige Rotweine mit ziemlichem Körper, die jedoch oft eher einfach und klotzig schmecken. Das Problem liegt darin, ihn zu Eleganz und Finesse zu bewegen – daher die vielen Experimente mit neuer Eiche und Verschnitte mit dem Spätburgunder und eng verwandten Sorten wie Frühburgunder und Samtrot. Obwohl ich eine ansehnliche Zahl guter Lemberger gefunden habe, sind nur einem einzigen Erzeuger in Württemberg Spitzenweine aus der Lemberger-Traube gelungen. Sie waren in neuer Eiche ausgebaut, und der Lemberger spielte nur eine untergeordnete Rolle in dem Verschnitt, der vom Zweigelt bestimmt war, einem neueren Import aus Österreich. Das beantwortet offensichtlich die lang diskutierte Frage, in welcher Form diese Sorte die besten Ergebnisse bringt. Angesichts des Potentials des Lembergers und der 850 Hektar, auf der diese Sorte in Deutschland wächst, ist ein einziger herausragender Wein in fünf Jahren ein miserables Ergebnis. In der gleichen Zeit sind im österreichischen Burgenland eine ganze Reihe beeindruckender Blaufränkisch-Weine entstanden. Hier läuft Deutschland Gefahr, weit hinter seinem Nachbarn zurückzubleiben.

Cabernet Sauvignon

Die wichtigste rote Rebsorte aus Bordeaux, ohne die es die Mehrzahl der Spitzenweine aus diesem Gebiet nicht gäbe, wird inzwischen in fast jedem Weinbauland der Welt angebaut. Der Cabernet Sauvignon steht hinter Kultweinen wie dem Sassicaia aus Italien oder Opus One aus Kalifornien.

In Deutschland ist diese Sorte ein Neuling, der immer noch auf experimenteller Basis angebaut wird. Unreife Aromen, die an grüne Paprikaschoten erinnern, und harte Tannine, zu denen diese Weine nur allzu leicht neigen, haben jedoch einige führende Rotweinwinzer bereits wieder von der Sorte abgebracht. »Warum sollten wir uns mit Cabernet verrückt machen, wenn wir bestenfalls doch nur das Niveau von Neuseeland erreichen können?« Ein einziger Wein aus dem Jahrgang 1993 aus der Pfalz deutet an, daß es für diese Sorte zukünftig Nischen geben könnte. Die nächsten Jahre werden zeigen, ob dies ein Zufallstreffer war oder ob der Cabernet Sauvignon in Deutschland eine Rolle spielen kann. Ich bleibe skeptisch. Eine Rose macht noch keinen Sommer!

Merlot

Die andere wirklich edle Rotweinsorte des Bordeaux, die bei den großen Weinen des Pomerol eine wesentliche Rolle spielt, könnte für das deutsche Klima geeigneter sein als der Cabernet Sauvignon. Merlot reift früher als Cabernet und gibt vollere, weichere Weine. Diese Faktoren lassen in Verbindung mit ersten Versuchsanpflanzungen darauf schließen, daß der Merlot eines Tages zumindest im Verschnitt mit einheimischen Rebsorten eine nützliche Rolle spielen könnte. Ob er auch für den reinsortigen Ausbau geeignet ist, kann man schwer beurteilen. Wie auch immer, die Spitzen-Châteaux des Pomerol im Bordeaux – Pétrus, Le Pin und L'Eglise-Clinet – haben nichts zu befürchten.

Winzer und Weinbergslagen

Obwohl die Namen einer kleinen Zahl von berühmten deutschen Weingütern vor einem Jahrhundert weithin bekannt waren, wurden die meisten Weine unter dem Namen des Ortes oder der Lage verkauft, aus deren Weinbergen sie stammten. Der Name des Winzers oder Abfüllers erschien im allgemeinen lediglich in winzigen Buchstaben am unteren Rand des Etiketts. Heute hat sich das beinahe ins Gegenteil verkehrt. Warum?

Der Personenkult der Mediengesellschaft unserer Zeit hat sicher auch die Weinwelt beeinflußt. Den Persönlichkeiten der Winzer wird von seiten der Presse großes Interesse entgegengebracht. Ich glaube jedoch nicht, daß dies als Erklärung für den Wandel bei der Vermarktung der deutschen Weine ausreicht. Es gibt genügend Beispiele französischer sowie italienischer, spanischer und anderer Weine, bei denen der Lagen-

Name bei weitem das Wichtigste und Auffälligste auf dem Etikett darstellt. Außerdem gehören diese Lagen-Weine fast alle zu den berühmtesten und teuersten Weinen der jeweiligen Gebiete.

Der Grund, warum die Weinbergslage als Qualitätssignal bei den deutschen Weinen heute eine weitaus geringere Rolle spielt, ist im Weingesetz von 1971 zu suchen. Es war ein katastrophaler Fehler, die Klassifizierung der deutschen Weine fast ausschließlich über den Zuckergehalt der Trauben bei der Lese vorzunehmen. Egal welches bedeutende Weinbaugebiet im In- oder Ausland man studiert, überall gibt es zwischen den Weinen verschiedener Orte und Lagen wesentliche Unterschiede in Charakter und Qualität. Das gegenwärtige deutsche Weingesetz ignoriert nicht nur diese Tatsache, sondern verwischt diese Besonderheiten auch noch durch seinen schamlosen Umgang mit den geographischen Bezeichnungen. Viele der besten Weinbauorte erscheinen unter dem Namen einer »Großlage«, der die Lagen nahe gelegener Orte und Dörfer, deren Weine von minderwertiger Qualität sind, mit einschließt. So können mittelmäßige und schlechte Weine aus irgendwelchen zu Recht unbekannten Dörfern unter den Namen ihrer berühmten Nachbarn vermarktet werden. Das ist eindeutig eine Ausbeutung der Winzerfamilien, die das Ansehen der besten Orte mit ihrem Qualitätsbewußtsein seit Generationen aufrechterhalten. Riesige Mengen von Großlagenweinen mit oft schlechter Qualität haben die Namen einer ganzen Reihe von Weinbauorten zerstört, die eigentlich wesentlich dazu beitragen müßten, den Ruf des deutschen Weines insgesamt aufrechtzuerhalten. Am schlimmsten betroffen sind Bernkastel, Piesport, Ürzig und Wiltingen im Mosel-Saar-Ruwer-Gebiet, Schloßböckelheim an der Nahe, Johannisberg und Rauenthal im Rheingau, Nierstein und Oppenheim in Rheinhessen sowie Deidesheim und Forst in der Pfalz.

Ebenso fatal war es, daß die Grenzen fast jeder berühmten Lage in Deutschland ausgedehnt wurden, im allgemeinen ohne Rücksicht auf Ausrichtung, Mikroklima und Bodenstruktur. Dabei waren es doch gerade diese Faktoren, die begabten Winzern die bemerkenswerten Weine ermöglicht hatten, auf denen ihr Ansehen basierte. Insgesamt legalisierte und veranlaßte das deutsche Weingesetz von 1971 den inflationären Gebrauch nahezu aller bis dahin berühmten geographischen bzw. Lagenbezeichnungen. Sie wurden dadurch fast vollständig entwertet. Das hat zu einer Scheindemokratie geführt, in der angeblich alle deutschen Weine gut sind.

In Frankreich sieht es anders aus; hier werden die Weine des Landes zunächst nach ihrem Herkunftsort eingeteilt. Um unter dem Namen einer bestimmten *Appellation* verkauft werden zu können, müssen sie aus der oder den richtigen Rebsorten stammen und unter bestimmten Bedingungen hergestellt worden sein, die die Arbeit im Weinberg und den Ausbau betreffen.

Ich behaupte nicht, daß das französische System perfekt sei. Unter den höchsten Appellations, den *Grands Crus* im Burgund und Elsaß und den *Premiers Grands Crus Classés* im Bordeaux, gibt es manche ausgesprochen mittelmäßigen Weine. Aber im wesentlichen funktioniert das System, und das genügt, um dem Konsumenten halbwegs verläßliche Hinweise auf Weinqualität und -stil zu geben.

Die Namen bestimmter Weinbergslagen, wie zum Beispiel Scharzhofberg und Erdener Prälat in Mosel-Saar-Ruwer, Kiedricher Gräfenberg im Rheingau und Nackenheimer Rothenberg in Rheinhessen, üben nur deshalb weiterhin auf Weintrinker weltweit eine starke Anziehungskraft aus, weil einzelne Winzer hier regelmäßig Weltklasse-Weine erzeugen. Auch in solchen Fällen ist schließlich der Name des Winzers die Garantie dafür, daß der Lagenname auf dem Etikett überhaupt eine Bedeutung in bezug auf die Qualität des Weines hat. Seit 1971 haben die großen Firmen jede von diesem verhängnisvollen Gesetz gebotene Gelegenheit genutzt, um die Weinbautraditionen Deutschlands für sich auszuschlachten. Das katastrophale Ergebnis ist ein Gerippe der einstigen Weinkultur.

Der Konsument ist gezwungen, auf dem Etikett zuerst nach dem Namen des Winzers zu schauen und dann nach einer guten Lage. Deshalb werden in diesem Buch die Spitzenweine und die großen Weinbergslagen Deutschlands anhand der führenden Winzer vorgestellt.

Die großen Lagen

Was aber macht eine Spitzen-Weinbergslage zu dem, was die Franzosen *Grand Cru* nennen? Ich habe bereits erwähnt, daß Ausrichtung, Mikroklima und Beschaffenheit des Bodens allesamt einen großen Einfluß auf das Potential einer bestimmten Lage zur Erzeugung von Qualitätsweinen und auf den Charakter der Weine ausüben. Wie sich diese Faktoren äußern, hängt jedoch stark von der jeweiligen Rebsorte ab. Nur die perfekte Verbindung zwischen einer edlen Rebsorte und einer Spitzenlage mit den für diese Sorte idealen Bedingungen ermöglicht große Weine. Solche perfekten Verbindungen sind nirgendwo auf der Welt besonders zahlreich, aber in Deutschland gibt es zumindest einige davon. Hier findet der Riesling in dem Schieferboden und den steilen Hängen an der Mosel sowie in Teilen der Täler von Rhein und Nahe ideale Standorte. Weniger bekannt sind die Kombinationen des Silvaners mit den kalkhaltigen Böden des Maintals in Franken und des Gewürztraminers auf den

Granitterrassen der Ortenau in Baden. Jede dieser perfekten Verbindungen gehört ebenso zum kulturellen Kapital wie der Cabernet Sauvignon auf den sanft gewellten Kiesböden des Bordeaux oder der Chardonnay auf den Kalkhängen der Côte de Beaune im Burgund.

Die Probleme in Deutschland entstanden besonders während der Zeit des Wirtschaftswunders aus dem Glauben an die prägende Rolle des Menschen beim Wein, der den Respekt für die naturgegebenen Möglichkeiten und die bestehenden Traditionen verdrängte. Dieser anmaßende Glaube an die Allmächtigkeit eines begabten Winzers auf der einen und pure Gier auf der anderen Seite führte dazu, daß nahezu alle möglichen Rebsorten an allen möglichen Orten angepflanzt wurden. Man ging davon aus, daß die moderne Weinchemie und -technik eine Lösung für alle möglicherweise auftretenden Probleme bereithielten. In diesem Kontext wirkte der Ruf, den bestimmte Lagen durch Generationen von Winzern erlangt hatten, die zu der Ansicht gekommen waren, daß man hier beeindruckende und eigenständige Weine erzeugen könne, wie purer Aberglaube. Mit dieser Einstellung ist das deutsche Weingesetz von 1971 gestaltet worden. Infolgedessen ging ein wichtiger Aspekt der deutschen Weinbautraditionen verloren und mußte während der späten achtziger und neunziger Jahre erst wieder mühsam ausgegraben werden.

Der erste, der es wagte, das obengenannte Dogma öffentlich in Frage zu stellen, war der Hamburger Weinpublizist Mario Scheuermann. Seine Klassifizierung der deutschen Spitzenweingüter wurde im November 1985 in der Weinzeitschrift »Alles über Wein« veröffentlicht und löste eine hitzige Debatte aus. Nur wenige Monate zuvor war der österreichische und deutsche Diäthylenglykol-Skandal durch die Presse gegangen, und Scheuermanns Artikel berührte eine Reihe sehr empfindlicher Nerven. Der reizbarste darunter war die tief verwurzelte Ablehnung jeglicher Hierarchie durch die Deutschen, die in der absurden Scheindemokratie des Weingesetzes von 1971 ihren Ausdruck fand; jeder Lage in Deutschland werden prinzipiell dieselben Möglichkeiten zur Erzeugung von Weinen höchster Qualität zugeschrieben.

Seitdem sind aber immer mehr der verlorengegangenen Traditionen wiederentdeckt worden, und im Mittelpunkt der Diskussion steht inzwischen eine Weinbergslagenklassifizierung. Obwohl die deutsche Presse diesem Thema seit 1996 sehr viel Aufmerksamkeit gewidmet hat, kann ich mir nicht vorstellen, daß in den nächsten Jahren am deutschen Weingesetz sinnvolle Änderungen vorgenommen werden. Der Mangel an Interesse seitens aller führenden politischen Parteien in Deutschland muß im Zusammenhang mit den bedeutenden kommerziellen Interessen zu der Prognose führen, daß die Konsumenten weiterhin gezwungen sein werden, die auf den Weinetiketten erscheinenden Bezeichnungen zu ignorieren und sich selbst mit Hilfe der Presse zu orientieren. Für die in diesem Buch ausführlich vorgestellten Winzer bedeutet dies keinen wesentlichen Schaden: Ihre Namen sind bereits bekannt oder dabei, es zu werden. Aber für unzählige kleine Winzer, die ordentliche und gute Weine erzeugen, stellt die gegenwärtige Situation eine Katastrophe dar. Für viele ist es das wirtschaftliche Todesurteil.

Die Frage, ob und wie das außergewöhnliche Potential für große Weine von Deutschlands Spitzenlagen anerkannt und wie dies dem Konsumenten am besten vermittelt werden sollte, gehört seit einigen Jahren zu den heißesten Themen in der deutschen Weinbranche. Einzelne Produzenten haben zwar bereits Ende der achtziger Jahre für ihre Weine interne Klassifizierungen eingeführt, aber erst vor kurzem haben sich Winzer aus verschiedenen Gebieten zusammengeschlossen und sind in dieser Hinsicht aktiv geworden: In der Pfalz, im Rheingau und in Rheinhessen wurde diesen Weinen die Bezeichnung »Erstes Gewächs« zugeordnet, während an der Nahe und im Mosel-Saar-Ruwer-Gebiet das französische *Grand Cru* verwandt wird. Da letzterer Begriff die grundlegende Idee hinter diesen Weinen umschreibt – es geht nicht nur um die Tatsache, daß manche Weinbergslagen von vornherein ein größeres Qualitätspotential besitzen als andere, sondern vor allem auch darum, daß Winzer mit Besitz in solchen Lagen verpflichtet sind, nach strengen Prinzipien zu arbeiten, um dieses Potential zu verwirklichen – verwende ich den französischen Begriff für alle Weine, die meiner Ansicht nach diese Idee auf überzeugende Weise veranschaulichen. Auf Weine, die vom Winzer als »Erstes Gewächs« bezeichnet werden, verweise ich als »Erstes Gewächs«/*Grand Cru*.

Die Jahrgänge

Nicht nur der durchschnittliche Weintrinker, sondern auch viele Weinfreaks glauben, daß der Jahrgang beim Wein eine wesentliche Größe darstellt. Selbstverständlich gehört der Jahrgang nach wie vor zu den entscheidenden Faktoren für die Weinqualität, doch ist seine Bedeutung in den letzten zehn Jahren bei den Spitzenwinzern – in Deutschland wie auch in jeder anderen wichtigen Weinbauregion – deutlich zurückgegangen. Diese Entwicklung beruht nicht so sehr auf dem technischen Fortschritt, sondern auf einer gewandelten Einstellung der heutigen Spitzenwinzer. In der Vergangenheit herrschte auch unter den führenden

Winzern die weit verbreitete Ansicht, daß nur ein großer Jahrgang jedweden Aufwand bei der Lese rechtfertige. Bei schwierigen oder schlechten Jahrgängen unternahm man gar nicht erst große Anstrengungen, weil man glaubte, die Weine würden ohnehin kein hohes Ansehen oder die erforderlichen Preise erzielen, um die durch Perfektionismus entstehenden Kosten zu rechtfertigen.

Lalou Bize-Leroy, Besitzerin und Direktorin der Domaine Leroy in Vosne-Romanée im Burgund, und Franz Xaver Pichler vom gleichnamigen Weingut in Loiben in der Wachau waren wahrscheinlich die ersten Winzer, die unabhängig von den äußeren Bedingungen in jedem Jahr ein kompromißloses Qualitätsstreben an den Tag legten. Sie bewiesen, daß auf dem höchsten Qualitätsniveau des Weines Winzer und Weinbergslage wesentlich bestimmender für die Weinqualität sind als der Jahrgang. Daraus folgt, daß die Jahrgangstabellen, an die sich so viele Weintrinker wie an Rettungsringe klammern, in den Papierkorb gehören, wenn man wirklich an Spitzenqualität interessiert ist.

Auf einem bescheideneren Qualitätsniveau spielt der Jahrgang weiterhin eine wichtige Rolle. Zumindest in Deutschland ist es aber sehr schwierig, die neueren Jahrgänge vorbehaltslos zu bewerten. Das letzte unbestritten exzellente Jahr war 1990, und seitdem hat es kein einziges schlechtes gegeben. In jedem der Jahrgänge von 1991 bis 1996 waren ein oder mehrere Gebiete bevorzugt, während andere Probleme mit dem Wetter und folglich mit der Reifeentwicklung der Trauben hatten. In jedem dieser Jahrgänge wurden in allen Gebieten sowohl schlechte als auch gute bis exzellente Weine erzeugt.

Deshalb enthält dies Buch auch keine Jahrgangstabellen oder -bewertungen. Statt dessen gebe ich in den Einführungen zu den jeweiligen Gebieten allgemeine Hinweise zu den Weinen der letzten Jahrgänge. Wenn man sich auf die erstklassigen Erzeuger konzentriert, findet man mühelos in jedem Jahr mindestens gute Qualität. Die Kombination eines erstklassigen Erzeugers auf dem Etikett mit dem Namen einer Spitzenlage ist die beste Garantie für hervorragende Qualität, die man erwarten kann.

3. Kapitel

DER WEIN IN WORTEN UND ZAHLEN – BEURTEILUNGSKRITERIEN

Bei der Vorbereitung dieses Buches habe ich viele tausend deutsche Weine verkostet. Das war nicht halb so lustig, wie es sich vielleicht anhört, weil in der Weinwelt Mittelmäßigkeit und Charakterlosigkeit die Norm sind und vollendete Schönheit die Ausnahme ist. Das ist jedoch noch nicht das Schlimmste. Betrachtet man die Weinqualität weltweit, dann fällt auf, daß es deutlich weniger schlechte Weine gibt als noch vor zehn Jahren oder früher. Wegen der Krise der deutschen Weinbranche seit Anfang der siebziger Jahre ist es aber in Deutschland überhaupt kein Problem, miserable Weine zu finden. Wie bereits erwähnt, werden manche dieser Weine sogar unter berühmten und wohlklingenden Namen vermarktet. Solche Weine stellen heute für die deutsche Weinbranche ein ernsthaftes Problem dar, weil sie die Konsumenten leicht verprellen können.

»Der Geschmack gilt als Nahsinn, und er ist vielleicht unser intimster Sinn. Wenn wir einen Geschmack prüfen wollen, müssen wir etwas in unseren Körper aufnehmen oder zumindest zu diesem Risiko bereit sein ... Wenn wir einmal geschluckt haben, ist es nicht einfach, womöglich sogar zu spät, dies rückgängig zu machen.«

Mark I. Friedman, »Die Sinne des Geschmacks und ihre Bedeutungen«

In diesem Buch geht es zwar in erster Linie um die guten und großen Weine Deutschlands; ich weise aber auch auf jene Winzer hin, die sich selbst als Erzeuger von Spitzenweinen darstellen, deren Produkte jedoch in keiner Weise den geweckten Erwartungen entsprechen. In einer Welt voller Häßlichkeit ist es die Hauptaufgabe des Kritikers, in aller Deutlichkeit darauf hinzuweisen, wo Schönheit gefunden werden kann – und vor ihren schlechten Imitationen zu warnen.

Häufig beklagen sich Weintrinker über die Weinautoren, weil sie entweder deren Sprache zu blumig finden oder weil sie den beschriebenen Duft und Geschmack bei einem Wein nicht nachempfinden können. Das ist verständlich, wenn auch etwas naiv. Jeder von uns würde einen bestimmten Menschen, ein Bild, Musikstück, Auto oder eine Landschaft auf unterschiedliche Weise beschreiben. Was ist die richtige Art, um Wein zu beschreiben? Es gibt keine allein glückseligmachende Antwort. Immer werden einzelne Worte manchen Lesern gefallen und andere zu Kopfschütteln veranlassen. Eine rein technische, strikt geregelte Beschreibungsform aber würde die Sprache ihrer Vielfalt berauben und den Wein in eine Zwangsjacke stecken. Die Beschränkung auf ein bestimmtes Vokabular wäre zugleich auf heimtückische Weise »faschistisch«. Da erscheint mir der gegenwärtige Zustand die bessere Lösung: Viele verschiedene Autoren beschreiben die gleichen Weine auf verschiedene Weise in unterschiedlichen Veröffentlichungen. Jeder kann sich für die Beschreibungen entscheiden, die ihm am meisten zusagen. Ich gehe sogar noch weiter: Ich würde mir wünschen, daß die Konventionen, an die sich die meisten Autoren auf diesem Gebiet halten, aufgegeben würden. Die monotone und begrifflich eingeengte Sprache der Weinbeschreibungen würde dadurch vitaler und interessanter. Bei der Beschreibung der Weine in diesem Buch habe ich die Konventionen ignoriert; ich habe meine persönlichen Eindrücke in Worte gefaßt.

Die 100-Punkte-Skala

Auch die Bewertung von Weinen durch Weinkritiker ist von Konventionen geprägt. Seit den frühen achtziger Jahren ist es unter Weinjournalisten üblich, jeden beschriebenen Wein mit einer Zahlenskala zu bewerten. Diese Praxis stammt aus dem Gastrojournalismus. Beim Wein sind bereits 3-, 5-, 10-, 20-, 80- und 100-Punkte-Systeme zur Anwendung gekommen, und es gab endlose, fruchtlose Diskussionen darüber, welches Verfahren das gerechteste, verständlichste, sinnvollste etc. sei. Mir kommt diese Debatte vollkommen sinnlos vor, weil alle numerischen Systeme praktisch austauschbar sind. Da es aber von vielen interessierten Weinkonsumenten erwartet wird, hat jeder in diesem Buch beschriebene Wein auch eine Punktbewertung, und zwar auf der Basis des 100-Punkte-Systems, das heutzutage am weitesten verbreitet ist. Meiner Ansicht nach können Punktzahlen jedoch nur einen ersten Hinweis auf die Qualität eines Weines geben; Worte vermögen sehr viel mehr auszudrücken. Jeder Leser soll und muß selbstverständlich für sich selbst entscheiden, wieviel Bedeutung er den Zahlen beimißt.

Natürlich sind weder die Beschreibungen der Weine noch die Punktbewertungen in diesem Buch objektiv – das kann auch gar nicht sein. Aber ich bin so sorgfältig und systematisch wie möglich vorgegangen. Vorab sind einige erklärende Worte notwendig, um alles verständlicher zu machen. Ich versuche immer, meinen persönlichen Eindruck von den verkosteten Weinen wiederzugeben. Es geht mir nicht unbedingt um eine genaue Beschreibung, ich habe vielmehr eine »bildliche« Darstellung angestrebt. Manche Formulierungen sind bewußt herausfordernd, um zum Nachdenken oder zu eigenen Erfahrungen mit dem Wein anzuregen. Die Punktbewertungen gliedern sich in neun Stufen:

Die 100-Punkte-Skala

0 bis 49 Punkte:	Fehlerhafte, für den menschlichen Konsum ungeeignete Weine.
50 bis 59 Punkte:	Gerade eben genießbare Weine mit vielen Mängeln.
60 bis 69 Punkte:	Einfache, durchschnittliche Weine ohne Bedeutung.
70 bis 74 Punkte:	Ordentliche, recht harmonische Weine mit etwas Charakter.
75 bis 79 Punkte:	Gute Weine mit deutlichem Rebsorten- und Gebietscharakter.
80 bis 84 Punkte:	Sehr gute, ansprechende Weine mit einer gewissen Eigenständigkeit. *(Alle Weine ab 80 Punkten müssen eine Lebenserwartung von mindestens fünf Jahren haben.)*
85 bis 89 Punkte:	Überdurchschnittliche Weine, die durch ihre Eleganz und Dichte deutlich herausragen.
90 bis 94 Punkte:	Große Weine von beeindruckender Tiefe. *(Alle Weine ab 90 Punkten müssen eine Lebenserwartung von mindestens zehn Jahren haben.)*
95 bis 100 Punkte:	Spitzenweine, die fast oder tatsächlich perfekt sind.

Bei allen Weinen, die nur als Faßprobe verkostet wurden, steht ein Fragezeichen hinter der Punktzahl.

Ich habe das 100-Punkte-System seit vielen Jahren in einer Reihe von Veröffentlichungen angewandt. Die häufigste Kritik bestand immer darin, daß ich bei deutschen Weinen bisher nur edelsüßen Weinen mit 100 Punkten Perfektion bescheinigt habe. Warum, werde ich gefragt, können trokkene Weine oder leichte Kabinettweine nicht auch 100 Punkte bekommen?

Die Frage hat sicher ihre Berechtigung, wirft aber doch zwei weitere wichtige Fragen auf. Zum einen danach, ob Perfektion in Weinform überhaupt existiert. Einige meiner Kollegen, besonders das Weinkritikerduo von Nahewinzer Armin Diel und Weinhändler Joel Payne, vergeben grundsätzlich nicht die höchste Bewertung. Sie geben vor, ein 20-Punkte-System zu benutzen, doch ist ihre höchste Bewertung 19,5. Entweder muß der Leser akzeptieren, daß der perfekte Wein etwas Metaphysisches ist, zu dem nur der Kritiker kraft seiner Vorstellung Zugang hat, oder man muß annehmen, daß sie eigentlich ein 19,5-Punkte-System benutzen. Das andere Extrem stellt der amerikanische Weinkritiker Robert M. Parker jr. dar, der in den letzten Jahren die perfekte Note, in seinem Fall 100 Punkte, zunehmend freigebiger verteilt als noch vor zehn Jahren. Dies stellt zwangsläufig die Bedeutung der höchstmöglichen Bewertung durch den einflußreichen Weinkritiker der Welt in Frage. Ist hier eine Abwertung eingetreten? Ich fürchte schon. Dennoch gibt es meiner Meinung nach durchaus perfekte Weine, wenn auch in äußerst geringer Zahl.

Dies bringt uns zur zweiten Frage: Was ist Perfektion in Weinform? Meine Antwort lautet: das Maximum an Duft- und Geschmacksdichte, höchstmöglicher Feinheit in Verbindung mit perfekter Harmonie. Ein Wein, wie harmonisch auch immer, der weniger als größtmöglichen Charakter aufweist, könnte mehr haben und ist deshalb nicht perfekt. Das bedeutet nicht, daß ein Wein sehr opulent oder fett sein muß, um als perfekt zu gelten, oder daß zarte Weine nicht exzellent sein können. Auch ein zwar äußerst charaktervoller, aber nicht vollkommen harmonischer Wein ist nicht perfekt. Ich kenne sehr viele große trockene Weißweine, und doch fällt es mir schwer, mir einen perfekten Wein dieser Art vorzustellen, weil ein Wein ab einem gewissen Grad der Geschmacksintensität etwas Süße benötigt, um vollkommen harmonisch zu wirken.

Es wäre natürlich möglich, dieses »Problem« zu lösen, indem man den bestmöglichen Wein jeder Stilrichtung als perfekt bezeichnet und ihm deshalb die höchste Bewertung zuerkennt. Die Schwierigkeit hierbei wiederum ist, daß dann zum Beispiel ein Beaujolais 100 Punkte erreichen kann. Stellt man diesen Gewinner dann neben eine 100-Punkte-Flasche aus dem Bordeaux, wird aus ihm ein Verlierer. Dieses Beispiel zeigt, daß ein solches System eher zu furchtbarer Verwirrung als zu der angestrebten Klarheit führt. Daher lege ich einen einzigen, »absoluten« Qualitätsmaßstab an und akzeptiere, daß auch dies keine perfekte Lösung ist.

Welche Punktzahlen weisen nun jeweils auf ein gelungenes Beispiel bei den wichtigsten Stilrichtungen deutscher Weine hin?
– Bei trockenen Weiß- und Rotweinen, unabhängig von der Rebsorte,

bedeuten 80 Punkte, daß der Wein es verdient, ernst genommen zu werden, weil er sich bereits deutlich von der großen Masse abhebt. 90 Punkte oder mehr sind für einen trockenen deutschen Wein eine enorme Leistung. Die kleine Anzahl dieser Weine unterstreicht ihre Außergewöhnlichkeit.
- Für Weißweine mit natürlicher Restsüße sind 80 Punkte sehr guter Standard, 85 Punkte außergewöhnlich bei einem Kabinett, während man von einer Spätlese über 85 Punkte erwarten kann und Spitzenweine dieser Art 90 Punkte erreichen sollten.
- Diese Punktzahl wiederum sollte für gelungene edelsüße Auslesen das Minimum darstellen, von denen die größten genauso wie Beerenauslesen, Trockenbeerenauslesen und Eiswein über 90 Punkte wert sein sollten, wenn sie wirkliches Qualitätsstreben verkörpern.

Meine Punktbewertungen werden in jedem Fall ausschließlich davon bestimmt, wie der Wein sich zum Zeitpunkt der Verkostung gezeigt hat und welches Entwicklungspotential er erkennen ließ. Weder Preis noch Identität des Winzers, die Lage oder der Jahrgang spielen eine Rolle bei meiner Bewertung eines Weines.

Offen- oder Blindverkostung?

Ich bin nicht selten dafür kritisiert worden, daß ich Weine »offen« verkoste und bewerte, das heißt, daß mir ihre Identität dabei bekannt ist. »Was ist mit den Blindproben, Herr Pigott«, wurde ich schon oft gefragt. Blindverkostungen, in denen einige mehr oder weniger vergleichbare Weine von verschiedenen Erzeugern in einer numerierten Reihe auf dem Tisch stehen, so daß ihre Identität nicht erkennbar ist, sind sicher nützlich, um das eigene Urteil zu überprüfen. Aber sie sind nicht das einzig Wahre, wie sich das viele Leute in der Weinwelt vorstellen. Jeder, der eine gewisse Erfahrung mit solchen Proben hat, wird bestätigen, daß der erste Wein auf dem Tisch nie die höchste Punktzahl erreicht, während es am anderen Ende des Tisches eher umgekehrt aussieht. Desgleichen sind die Chancen auf faire Bewertung bei einem zarten Wein, der zufällig hinter einigen mächtigen Exemplaren steht, gleich Null.

Abgesehen von dieser Problematik der Reihenfolge, gibt es besonders in Deutschland ein Faible dafür, bei solchen Proben hundert oder mehr Weine am Tag zu verkosten. Das ist vollkommener Unsinn, weil dabei nicht nur jeder einzelne Wein zuwenig Zeit und Aufmerksamkeit erhält, sondern weil selbst geübte Verkoster nach 30 Weinen Zeichen der Ermüdung zeigen. Diese Art der Verkostung ist nur für einen allgemeinen Überblick wirklich sinnvoll, wie es zum Beispiel bei der am Anfang des

Buches erwähnten Probe der Fall war. Für die genaue Beurteilung eigenständiger, hochwertiger Weine ist das keinesfalls geeignet. Ein großer Wein braucht Zeit, um sein Bestes zu geben, und er muß in ruhiger Atmosphäre, frei von Streß und Ablenkungen verkostet werden, wenn man ihn vollkommen erkennen und gerecht bewerten will. Wenn Weine dieses hohen Niveaus einen Weintrinker kaltlassen, das heißt keinerlei ausgeprägte Reaktion gleich welcher Art auslösen, muß er oder sie ziemlich verschlossen oder gefühllos sein. Spitzenweine sollten bei einem empfänglichen Menschen starke Gefühle hervorrufen, selbst wenn sie negativer Art sind.

Dieses Buch stellt die Spitzenwinzer und die großen Weine Deutschlands vor, nach Gebieten geordnet. Die Porträts der Erzeuger lassen sich in zwei Gruppen einteilen. Ein längeres Porträt wird nur den Winzern gewidmet, die eine ganze Reihe herausragender und großer Weine hervorbringen und deren einfachste Weine ebenfalls von guter Qualität sind. Die beschriebenen und bewerteten Weine dieser Erzeuger sollen die Produktion seit 1990 dokumentieren. Viele dieser Weine sind bei den Winzern nicht mehr käuflich zu erwerben, stehen jedoch noch auf den Listen führender Weinhändler oder in den Karten von Spitzenrestaurants. Weine des Jahrgangs 1990 wurden nur berücksichtigt, wenn sie noch nicht auf den Markt gebracht worden sind.

Mit etwas Glück ist jeder einigermaßen fähige Winzer in der Lage, ein- oder zweihundert Flaschen exzellenten Weines herzustellen. Solche Eintagsfliegen stellen aber keine ausreichende Grundlage dar, um einen Winzer in einem Buch wie diesem ausführlich zu porträtieren. Produzenten, die ihre Weine als besonders hochwertig präsentieren, obwohl sie eigentlich mittelmäßig oder unbedeutend sind, und jene, deren Entwicklung vielversprechend aussieht, selbst wenn sie zur Zeit noch nicht regelmäßig herausragende Weine machen, werden in kürzeren Abschnitten vorgestellt. Allen, die bereits einen oder zwei erstaunliche Weine gemacht haben, mag das vielleicht hart vorkommen, aber eine Schwalbe macht eben noch keinen Sommer!

Anmerkung:
Bei einigen in diesem Buch vorgestellten Betrieben entstehen jedes Jahr mehrere Abfüllungen mit identischen Angaben auf dem Etikett, im allgemeinen durch das separate Abfüllen jedes einzelnen Fasses von einem bestimmten Wein. Wo dies der Fall ist, wird die betreffende Abfüllung, die hier beschrieben und bewertet wird, durch Angabe der letzten beiden Ziffern der amtlichen Prüfnummer (im Text »A.P.Nr.«) oder der auf dem Etikett angegebenen Faßnummer kenntlich gemacht.

TEIL II

DIE WINZER UND IHRE WEINE

1. Kapitel

AHR:
REVOLUTION IM DISNEYLAND

Mit seinen nicht ganz 500 Hektar Weinbergen, einer bezaubernden, manchmal dramatischen Landschaft, von Köln oder Bonn schnell mit dem Auto erreichbar, könnte man meinen, das Ahrtal sei eher ein dem Wein gewidmeter Vergnügungspark als ein wirkliches Weinanbaugebiet. Jedenfalls stammten die hier erzeugten Rotweine bis vor kurzem allesamt aus dem Spielzeugland: blaß und bräunlich, dünn und sauer – oder sogar süßsauer – wahre Mickymaus-Weine! Trotzdem fanden Touristen und Tagesausflügler daran anscheinend Gefallen – selbst zu den überzogenen Preisen.

Früher lagen hier die Dinge jedoch anders, und nun hat während der letzten Jahre eine kleine Zahl von Winzern damit begonnen, dem Beispiel Frankreichs und anderer deutscher Anbaugebiete zu folgen und echte Rotweine zu erzeugen. Der wachsende Erfolg dieser Produzenten hat rasch die Stimmung in dem ganzen Gebiet verändert, weil nachlässige Winzer ihre schlechten Weine nun nicht mehr damit verteidigen können, das sei alles, was die Natur hier ermögliche. Langsam, aber sicher erwacht das Gebiet aus seinem Dornröschenschlaf. Es ist der Beginn einer Revolution, die hoffentlich einen vollständigen Wandel zur Folge haben wird.

Die besten Weine der Ahr sind die Spätburgunder aus den Weinbergen, auf denen die Reben auf steilen Hängen mit einem Schieferboden wachsen, ähnlich wie im Moseltal. Dieser Boden und das wegen der nördlichen Lage der Ahr eher kühle Klima führen dazu, daß selbst körperreiche Rotweine noch schlank wirken. In großen Jahrgängen ist es in den Spitzenlagen möglich, bis gut 13° natürlichen Alkohol zu erreichen. Die besten Ahr-Rotweine werden zunehmend in kleinen neuen Eichenholzfässern, den *Barriques*, ausgebaut. Selbst gelungene Weine altern jedoch oft sehr schnell, und viele müssen in den ersten drei Jahren nach der Lese getrunken werden. Dieser Faktor hat die Zahl der ausführlich vorgestellten Erzeuger drastisch eingeschränkt. Die außergewöhnlichen Weine des Jahrgangs 1995 schlagen ein neues Kapitel in der Geschichte auf und deuten an, daß die Ahr ein Gebiet sein könnte, wo Rotweinträume Wirklichkeit werden. Bei den Ahr-Weißweinen muß noch viel Arbeit geleistet werden, obwohl ihr Potential, vor allem was den Riesling betrifft, durchaus erlauben würde, dem Mosel-Saar-Ruwer-Gebiet Paroli zu bieten.

Die Jahrgänge

1996
Ein schwieriger Jahrgang für die Rotweinerzeuger des Gebiets. Der Großteil der Weine ist von bescheidener Qualität, jedoch gibt es kleine Mengen sehr guter Rotweine.

1995
Der beste Jahrgang seit 1990 mit tieffarbigen, kraftvollen Weinen ohne einen Anflug der Strenge, die das Vernügen bei Ahrweinen so häufig trübt.

1994
Die Weine dieses Jahrgangs sind zwar etwas säurebetont, im allgemeinen aber von guter bis sehr guter Qualität; allerdings werden nur wenige länger als vier oder fünf Jahre leben.

1993
Ein sehr guter Jahrgang, tieffarbige, substanzreiche Weine. Die meisten haben sich jedoch sehr schnell entwickelt und dabei einiges an Harmonie verloren.

1992
Die blassen, leichten Weine dieses Jahrgangs waren nie etwas Besonderes und sind jetzt voll ausgereift.

1991
Ein unterdurchschnittlicher Jahrgang mit mageren, ziemlich harten und inzwischen zu alten Weinen.

1990
Ein hervorragender Jahrgang, dessen Potential kaum ausgeschöpft worden ist. Die besten Weine sind jetzt auf ihrem Höhepunkt und sollten getrunken werden.

Rote Schrift auf weißem Blatt
Werner Näkel

Weingut Meyer-Näkel
Hardtbergstraße 20
53507 Dernau
Tel. 02643/1628
Fax 02643/3363

Plötzlich gebe ich beinahe einen Schrei der Begeisterung von mir; die rauhe, unwirtliche Eifel liegt hinter uns, und ein spannendes Panorama ist überraschend vor uns aufgetaucht. Wie ein tiefer Einschnitt in die Landschaft wirkt das obere Ahrtal, dessen steile, rebenbedeckte Hänge vor unseren Füßen schwindelerregend zum Fluß abfallen. Es ist Februar, kein einziges grünes Blatt in Sicht, alles grau – die steinigen Schieferböden – und braun – die kahlen Rebstöcke. Tief unten fallen einige weiße und etwas farbigere Flecken ins Auge – Häuser und Gärten, die Eisenbahnschienen und ein darauf entlanggleitender Zug.

Werner Näkel, der neben mir am Steuer sitzt, sagt, das sei Dernau, das Dorf, in dem er aufgewachsen ist. Es scheint keine außerordentlich ereignisreiche Kindheit gewesen zu sein, obwohl ich mir nur schwer vorstellen kann, daß das kleine Weingut seines Vaters nicht irgendwie beim Sohn einen positiven Eindruck hinterlassen hat. Hätte er sonst wirklich seinen sicheren Beruf – er war Gymnasiallehrer – zugunsten des Weinbaus aufgegeben, ohne eine tiefe Bindung und Faszination in bezug auf den Wein? Werner Näkel hat mich in Bonn abgeholt. Sieben Jahre lang hat er hier Mathematik und Sport studiert. Für ihn war es eine entscheidende Zeit, nicht nur, weil er seinen Horizont über die kleine Ahrtalgemeinde hinaus erweiterte, sondern weil sich damals auch sein Interesse am Wein entwickelte, woran die Weine des Bordeaux und Burgund ebenso ihren Anteil hatten wie deutsche.

Als wir uns ins Tal hinunterwinden, kommen wir an einem Tunneleingang vorbei. Werner Näkel erklärt, dies sei der »Regierungsbunker«, bald »Exregierungsbunker« – wegen des Umzugs von Bonn nach Berlin. Auch hier hat er viel Zeit verbracht. Während seines Bundeswehrdienstes war er in diesem Tunnelwirrwarr unter den Bergen der Eifel stationiert, in dem ausreichende Vorräte für 25000 Menschen und fünf Jahre gelagert werden. Er erwähnt diese Zahlen und Fakten in einem halb scherzhaften Ton, der deutlich macht, wie sehr sich sein eigenes Denken von diesem ad absurdum geführten Rationalismus unterscheidet. Der Tunnel sieht vollkommen abgeriegelt aus, und ich male mir aus, wie dort unzählige Stapel von Büchsen und Päckchen einstauben, während sie auf die Lastwagen warten, die sie Richtung Osten bringen, in ihre neue Heimat irgendwo tief im brandenburgischen Sand. Einen Moment lang frage ich mich – eine absurde Vorstellung –, ob es unter diesen Vorräten auch Flaschen mit Meyer-Näkel-Spätburgunder gibt. Angesichts seiner Spitzenposition unter den Ahr-Weingütern und der Vorliebe vieler Bonner Politiker und Bürokraten für ihre »heimischen« Weine erscheint mir das dann doch nicht so abwegig. Die Flaschen könnten zum Beispiel aus dem letzten Jahrgang des kalten Krieges stammen, also 1988, einem sehr guten Weinjahr und einem Meilenstein für Meyer-Näkel. Oder vielleicht doch eher aus den letzten Jahrgängen, in denen die Weine noch besser als die 1988er waren? Ich frage mich, ob und wann die im wahrsten Sinne des Wortes »gebunkerten« Weine getrunken werden, von wem, wo – im Bunker selber, aus stoßfesten Riedelgläsern? Mein britischer Humor geht schon wieder mit mir durch ...

Auf dem Weingut angekommen, einem netten, unauffälligen Haus in Dernau, steigen wir die Treppe hinunter und betreten ein anderes unterirdisches Reich, dessen Chaos viel über seinen Herrscher erkennen läßt. Es hat etwas vom Labor des sprichwörtlichen verrückten Professors. Ursprünglich war dies quasi Werner Näkels »Hobbyzimmer«, weil er das Weingut nach seinem Studium in der Freizeit neben seiner Lehrertätigkeit führte. Bereits damals war er von den Rotweinen begeistert, die sein Großvater in den fünfziger und frühen sechziger Jahren auf dem Familienweingut produziert hatte. Seiner Meinung nach zeigten diese Weine, daß es irgendwann möglich sein mußte, tieffarbige, kraftvolle Ahr-Rotweine zu erzeugen statt der blassen, charakterlosen, sauren Flüssigkeiten, die für die Ahr bis heute als typisch gelten. Voller Ehrgeiz, diese Vorstellung zu verwirklichen, nahm er sich 1981 ein Jahr Urlaub und widmete sich ausschließlich dem Weinmachen. Das war der Ausgangspunkt für einen vollständigen Kurswechsel.

Klare Konturen begannen sich abzuzeichnen, als er den genialen Winzer Henri Jayer in Vosne-Romanée zum erstenmal besuchte, der bei dem Aufschwung des burgundischen Weins in den achtziger Jahren eine Vorreiterrolle gespielt hatte. Die Begeisterung, mit der Werner Näkel immer noch von den Weinen erzählt, die er in dem vollgestopften, bescheidenen Keller unter Jayers Bungalow verkostete, zeigt, welche Offenbarung dieser Moment für ihn gewesen sein muß. Beim Abschied schenkte Henry Jayer ihm sechs Flaschen. Der Weinhändler, der mit Näkel den Grandseigneur des Burgunds besucht hatte, war der Verzweiflung nahe; er hatte keine einzige Flasche kaufen können. Inspiriert von diesem Besuch und den sechs Wein-Erinnerungsstücken zu Hause in Dernau, wurde der Rotwein für Werner Näkel zu einer todernsten Angelegenheit.

»Und gibt es inzwischen einen Meyer-Näkel-Wein, der mit den Jayer-Weinen konkurrieren kann?« frage ich ihn bewußt provokativ, um seine Reaktion zu beobachten. Er kommt gerade mit den ersten Flaschen für die Probe: »Vielleicht, abwarten«, lautet seine betont vage Antwort. Werner Näkel strahlt eine gewisse – fast englische – Exzentrik aus, so daß ich mich in dieser chaotischen Umgebung sehr heimisch fühle.

Der erste Wein unserer Verkostung ist ein trockener Weißwein, den er jedes Jahr aus roten Spätburgunder-Trauben erzeugt: der »Tafelwein – Illusion Nr. 1«. Ich frage, warum auf dem Etikett die unbeholfen wirkende Bezeichnung »Roséwein« erscheint, und er erklärt, daß er den Namen 1993 eingeführt hatte, nachdem der Weinkontrolleur ihm verbot, den Wein unter dem Namen »Ahrbleichert« zu verkaufen – einem alten, bis Anfang unseres Jahrhunderts geläufigen Begriff für weiße Ahrweine aus roten Trauben. Diesen Begriff wiederum hatte Werner Näkel erst eingeführt, als der Weinkontrolleur die Bezeichnung »Weiß von Rot« beanstandet hatte, der deutschen Übersetzung des französischen, meist für Champagner verwendeten »Blanc de Noir«. Ganz zu Anfang hatte er beabsichtigt, den Wein als Rosé-Qualitätswein zu verkaufen, aber bei der Qualitätsweinprüfung wurde er wegen der zu blassen Farbe abgelehnt. Daraus ergaben sich ernsthafte Probleme, da der Weinkontrolleur Werner Näkel darauf hinwies, daß der Wein auch keinesfalls als Weißwein vermarktet werden dürfte. Zwangsläufig mußte er zum Tafelwein »deklassifiziert« werden, und in dieser Kategorie war absurderweise die einzige erlaubte Bezeichnung »Roséwein«. »Ein Wein mit diesem Schicksal kann nur eine Illusion sein!« schließt Werner Näkel in triumphierendem Ton nach der tief ironischen Wiedergabe der Odyssee seines Weines. Es ist ein guter Wein, zugleich frisch und weich, von guter Substanz und doch nicht schwer. Meine Ungeduld wird immer größer, doch ich muß noch länger auf den ersten Rotwein warten.

Weißwein ist nicht unbedingt Werner Näkels Metier, und seine einzige weiße Rebsorte, der Riesling, nimmt lediglich 5 Prozent seiner 8,5 Hektar ein. Und doch versucht er mit seinen paar Fässern Riesling an die großen Mosel-Saar-Ruwer-Weine heranzukommen. Ich bringe zum Ausdruck, daß die Ergebnisse – darunter ein beeindruckender Eiswein – mich an die Saar-Rieslinge von Hans-Joachim Zilliken in Saarburg erinnern, und er erwidert, daß genau diese Weine sein Vorbild seien. Es scheint, daß ein Zilliken-Eiswein vor kurzem für ihn eine ähnliche Offenbarung gewesen ist wie die Pinot Noirs von Henri Jayer zuvor. Mir fällt auf, daß die Zilliken-Keller zwar wesentlich imposanter sind als die von Henri Jayer, aber daß sie ebenfalls unter einem Bungalow liegen. Welche Entdeckungen warten noch auf Werner Näkel unter Bungalows in anderen Weinregionen? Vielleicht in Südafrika, wohin er in den nächsten Wochen reist. Soweit ich gehört habe, leben dort viele Winzer in Bungalows. Britischer Wahnsinn, Bungalow Wahnsinn, wenn auch ganz ohne Rindfleisch! Zurück zu den Weinen ...

Schon ein flüchtiger Blick auf die Reihe der Rotweine aus dem Jahrgang 1995, die er im »Verkostungsraum« seines Kellers – drei Wände mit Bänken und davor festgeschraubten Tischen an den beiden längeren – vor mir aufgebaut hat, deutet Bemerkenswertes an. Die ersten Weine in der Reihe zeigen das für die Meyer-Näkel-Spätburgunder typische attraktive, mittlere Granatrot. Die letzten vier starre ich jedoch beinahe ungläubig an: Sie sind von einem tiefen Purpurrot, wie ich es noch nie bei einem Ahr-Rotwein gesehen habe. Bouquet und Geschmack bestätigen, daß diese Weine zu einer Klasse gehören, die es in diesem Gebiet seit Jahrzehnten nicht oder vielleicht noch nie gegeben hat – wir wissen nicht, wie die großen Jahrgänge der Vergangenheit, 1893, 1911 oder 1921, als junge Weine geschmeckt haben. Diese Weine werden – wie schon zuvor seine Weine der Jahrgänge 1988, 1990 und 1993 – für Schlagzeilen sorgen. Wie diese Weine werden sie unsere Vorstellungen vom Ahr-Rotwein wesentlich erweitern. Im Moment schmecken sie jedoch noch jugendlich adstringierend, wie alle großen Rotweine in diesem Stadium. So wie jeder gute Weißwein ein gewisses Maß an Säure braucht, die ihm Eleganz, Lebendigkeit und Alterungspotential verleiht, braucht jeder gute Rotwein Tannin, das sich aus den Beerenhäuten während der Gärung löst, um Alkohol und andere Komponenten zu harmonisieren und um alten zu können.

Werner Näkel bringt seine besten Rotweine relativ früh auf den Markt, im allgemeinen ein Jahr nach der Lese, was bei einigen Weintrinkern zweifellos zu dem irrigen Eindruck führt, daß seine Weine innerhalb von ein oder zwei Jahren konsumiert werden müssen; ein großer Irrtum! Je besser ein Meyer-Näkel-Wein ist, desto länger muß er reifen, um vollkommene Harmonie zu erreichen und seine Aromen zu entfalten. Der Spätburgunder besticht genauso wie der Riesling unter den weißen Rebsorten durch die wunderbare Frucht, die die Weine aufweisen können. Junge hochwertige Spätburgunder-Weine erinnern nicht nur im Duft an Schwarzkirschen, Pflaumen, Brombeeren oder Waldbeeren aller Art. Wie intensiv diese Aromen sind, hängt einerseits von der Reife der Trauben zum Zeitpunkt der Lese ab und andererseits davon, wieviel jeder Stock trägt. Je kleiner der Ertrag pro Stock, desto aromatischer sind die Trauben; je höher die Aroma- und Geschmacksdichte der Trauben, desto mehr Tannine wird der Wein haben. Wenn der betreffende Winzer in Weinberg und Keller sorgfältig arbeitet, führt das zu einer fesselnden Harmonie von Frucht und Tannin. Werner Näkel beherrscht dies seit mindestens einem Jahrzehnt, doch mit seinen besten 1995ern hat er den Balanceakt in ungeahnte Höhen getrieben.

Ich deute auf einen seiner 1995er Rotweine vor mir, die »Goldkapsel«-Abfüllung seines »S« (für »Selektion«), und frage: »Die Antwort auf Monsieur Jayer?« Er lächelt und sieht in meiner Frage die Bestätigung, daß er mit diesem Wein erstmals seine ehrgeizigen Ziele vollständig verwirklicht hat. Selbst der begabteste Winzer ist von der Gunst der Natur abhängig, wenn er einen Royal Flush wie diesen auf den Tisch legen will, und so problematisch der Jahrgang 1995 auch im Süden Deutschlands war – an der Ahr paßte alles zusammen. Werner Näkel hat mit seiner Behauptung: »Wer diesmal keine guten Rotweine erzeugt hat, sollte den Beruf an den Nagel hängen!« zweifellos einige Kollegen schwer erzürnt. Dennoch haben derlei deutliche Worte bereits viele seiner Kollegen in bezug auf das tatsächliche Qualitätsniveau ihrer Weine zu ernsthaftem Nachdenken angeregt. Mit dieser Art von Selbstkritik fängt jede Verbesserung der Weinqualität an, mit Fragen, die gestellt werden, obwohl die Antworten unangenehm sind. Werner Näkels neue Meisterwerke resultieren aus unzähligen unbequemen Fragen an sich selbst und aus der wiederholten Erkenntnis, daß das Ziel noch nicht erreicht war.

Nach dem Beweis, daß die Ahr große Rotweine hervorbringen kann, ist ein Teil der erwartungsvollen Spannung der letzten Jahre verflogen, daher die Reise nach Südafrika. Näkel weiß, daß es dort neue Herausforderungen zuhauf gibt. Ein südafrikanisches Weingut hat ihn um seine Hilfe gebeten, und er möchte seine eigenen Experimente dort weiter verfolgen. Es befindet sich dann – von Dernau aus gesehen – buchstäblich auf der anderen Seite der Welt, weit weg von diesem Idyll, und genau das übt auf Werner Näkel eine hohe Anziehungskraft aus. Die versetzten Jahreszeiten geben ihm die Möglichkeit, zwei Jahrgänge großer Weine in einem einzigen Jahr zu erzeugen, und auch in Südafrika gibt es Spätburgunder-Reben ...

Die Rotweine von Meyer-Näkel

Werner Näkels einfachste Rotweine sind einerseits ein Dornfelder, der – wie für diese Sorte typisch – tieffarbig und auf etwas rustikale Weise charaktervoll wirkt, und andererseits seine elegantere, aber leichte neue Kreation »Us de la Meng« (rheinisch für: aus dem Ärmel geschüttelt) – ein Verschnitt von Dornfelder für Körper und Spätburgunder für Duft und Eleganz. Der leichteste Spätburgunder ist der »G« (für Gerbstoff), der nie tieffarbig ist, jedoch feine Beerenaromen hat und einen angenehmen, leicht säuerlichen Nachgeschmack. Der »Blauschiefer« – wie der

Name sagt, aus Weinbergen mit steinigem Schieferboden – zeigt ein schönes Kirschbouquet, ist seidig und elegant. »S« ist im allgemeinen der dunkelste und beeindruckendste seiner Rotweine, mit dichten Brombeer- und Rauchnoten und anhaltend kräftigem Nachhall. Die Auslese Trocken aus dem Dernauer Pfarrwingert ist gewöhnlich opulenter, weicher und zeigt weniger von der rauchigen Note, die von den acht Monaten stammt, die alle besseren Rotweine des Gutes in *Barriques* verbringen.

Probiernotizen Weingut Meyer-Näkel

Spätburgunder

1993 DERNAUER PFARRWINGERT AUSLESE TROCKEN »GOLDKAPSEL« 83
Geschmeidigkeit und die Faszination des Schiefergesteins.

1993 »S« 84
Felsenfest, ohne die Enge des Ahrtals, feine Harmonie.

1994 DERNAUER PFARRWINGERT AUSLESE TROCKEN 82
Langsamer Langläufer, Härte und Weichheit zugleich.

1994 »S« 84
Feines Parfüm, die Süße der Reife, Frische beim Abschied.

1995 »BLAUSCHIEFER« 83
Kirschenernte im Sommer, ein filigraner Charmeur.

1995 DERNAUER PFARRWINGERT AUSLESE TROCKEN 86
Ein Mundvoll schwarzreife Brombeeren, sehr ansprechend.

1995 DERNAUER PFARRWINGERT AUSLESE TROCKEN »GOLDKAPSEL« 88
Anziehende Korpulenz, schwerer Samt bei Kerzenlicht. Der »Grand-Cru«-Lage absolut würdig.

1995 »S« 87
Alle Vorzüge des Rotweins, Rauch und Würze des Herbstes.

1995 »S GOLDKAPSEL« 90
Eine Hommage an die großen Weine des Burgund, aber auch sein eigener Herr. Opulenz, Schmelz, Grandeur und Eleganz vermählen sich in dem ersten großen Ahr-Rotwein!

1996 »Blauschiefer« (Fassprobe) 82?
Kirschen mit festem Herz, viel Ausdruck für die Zukunft.

1996 »S« (Fassprobe) 85?
Die verborgene Entschlossenheit des Siegers. Abwarten!

Kurzporträts

Weingut J. J. Adeneuer

Max-Planck-Straße 8
53474 Bad Neuenahr-Ahrweiler
Tel. 02641/34473, Fax 02641/37379

Mit ihren Spätburgundern der Jahrgänge 1995 und 1996 haben die Brüder Frank und Marc Adeneuer die Zeit der Experimente hinter sich gelassen. Ihre Rotweine mögen nicht die imposantesten des Ahrtals sein, aber sie vereinen Substanz mit eleganter Harmonie und gutem Alterungspotential. An der Spitze steht die trockene Auslese aus ihrer Alleinbesitzlage Walporzheimer Gärkammer, die unter dem Namen »J. J. Adeneuer Nr. 1« vermarktet wird. Die besten Adeneuer-Rotweine brauchen jedoch mindestens ein Jahr Flaschenreife, bevor sie sich von ihrer besten Seite zeigen. Der wichtigste Aufsteiger im Gebiet!

Weingut Deutzerhof

53508 Mayschoß
Tel. 02643/7264, Fax 02643/3232

Der geschäftige Wolfgang Hehle wird von dem Ehrgeiz getrieben, seinen Betrieb zu einem der renommiertesten Weingüter Deutschlands zu machen. Das hat sich teilweise als zweischneidiges Schwert erwiesen: Einerseits sind seine Weine immer dichter und voller geworden, andererseits hat er sich dazu verleiten lassen, seinem Spätburgunder einen zu starken Eichenholzton zu geben. Diese Weine wirkten einseitig und haben sich nicht gut entwickelt. Glücklicherweise ist diesem Problem in den letzten Jahren abgeholfen worden und die Holznote inzwischen dezenter. Bei den Jahrgängen 1995 und 1996 verdienen der »Selection Caspar C« und der opulente »Grand Duc Select« beide Bewertungen von über 80 Punkten. Wolfgang Hehles beste Weine bleiben jedoch Riesling-Eiswein und -Trockenbeerenauslese. Leider sind die Mengen dieser Weine extrem gering. Der Fortschritt der letzten Jahre hat Wolfgang Hehle seinem Ziel ein gutes Stück näher gebracht.

Weingut Nelles

Göppinger Straße 13
53474 Heimersheim
Tel. 02641/24349, Fax 02641/79586

Es gibt wohl kaum einen weniger appetitlichen Namen für einen deutschen Wein als Thomas Nelles' »B 52«-Spätburgunder. Leider überzieht der Wein den Gaumen mit einem flächendeckenden Bombardement von harten Gerbstoffen anstatt samtigen Rotweinaromen. Die leichteren und harmonischer wirkenden »normalen« Rotweine des Gutes lassen Thomas Nelles sicherlich zu der kleinen Gruppe der besten Erzeuger des Gebiets zählen; wenn er jedoch mit seinem »B 52« Schlagzeilen machen will, muß er sein Ziel neu anpeilen und die »Megatonnen« an Tannin aufgeben, unter denen der Wein zur Zeit leidet.

Staatliche Weinbaudomäne Marienthal

Klosterstraße 3
53507 Marienthal
Tel. 02641/978633, Fax 02641/37374

Theoretisch sollten Deutschlands Staatsweingüter in ihren jeweiligen Gebieten eine Vorbildfunktion erfüllen. Angesichts der ungeschliffenen, kitschigen und »künstlichen« Art, mit der die Spätburgunder der Domäne Marienthal sich oft präsentieren, kann ich den Ahrwinzern nur empfehlen, dieses fehlgeleitete Vorbild zu ignorieren. Der Weinbergsbesitz dieses Betriebs stellt das Potential für eindrucksvolle Rotweine dar, und es ist deprimierend mitanzusehen, wie es systematisch vergeudet wird.

2. Kapitel

BADEN:
KRIEG DER STILE

In den letzten Jahren hatte Baden in Deutschland wohl das beste Image aller 13 Anbaugebiete. Durch die Spezialisierung auf trockene Weißweine, die frisch und doch nicht säurebetont schmecken, und die mengenmäßig bedeutende Produktion an Rotwein profitierte das Gebiet von den herrschenden Trends beim Weinkonsum. Hinzu kommt, daß es nirgendwo anders in Deutschland ähnlich viele Winzergenossenschaften gibt, die ordentliche Weine produzieren. Die Chancen, auf einen wirklich schlechten Wein zu stoßen, sind hier geringer als in fast allen anderen Gebieten. Im Verhältnis zu den 16 000 Hektar Anbaufläche sind die badischen Leistungen bei den Spitzenweinen jedoch nicht sehr beeindruckend. Die am häufigsten angebauten edlen Rebsorten sind der Spätburgunder bei den roten sowie der Grauburgunder bei den trockenen Weißweinen, doch sind aus diesen beiden Sorten in den letzten fünf Jahren nur eine kleine Handvoll wirklich großer Weine entstanden. Weißburgunder und Riesling nehmen lediglich einen kleinen, Gewürztraminer und Chardonnay einen geradezu winzigen Anteil der badischen Weinberge ein, aber sie haben eine vergleichbare Zahl begeisternder Weine hervorgebracht. Besonders angesichts der gesunden Preise der führenden badischen Erzeuger sind das enttäuschende Ergebnisse. Die Tatsache, daß Baden trotz allem ein hohes Ansehen genießt, zeigt nur, wie leicht der deutsche Durchschnittsweintrinker Moden und Trends zum Opfer fällt und wie wenig Aufmerksamkeit er oder sie dem tatsächlichen Geschmack des Weines widmet.

Der Grund für diese Situation ist darin zu suchen, daß die führenden Winzer und die Direktoren der besseren Genossenschaften sich selbst viel zu stark von modischen Tendenzen beeinflussen lassen. Während des letzten Jahrzehnts wurde immer wieder mit neuen Ausbaumethoden und neuen Marketingideen experimentiert, und das nicht nur mit kleinen Testmengen, sondern oft mit einem großen Teil oder gar der gesamten Weinproduktion. Es hat den Anschein, als wende man sich hier aus mangelndem Selbstvertrauen von den etablierten Weinstilen ab und stürze sich in Experimente, die schon bald von der nächsten Neuerung abgelöst werden. Die Ergebnisse dieses Herumprobierens landen allesamt in den Regalen und auf den Restauranttischen; eine Zumutung für den Konsumenten. Das andere Extrem bildet eine ganze Reihe von Winzern, die nach wie vor an überholten »Traditionen« bzw. Gewohnheiten hängen und diese weder hinterfragen noch überarbeiten.

Das Gesamtergebnis sind ein großer Mischmasch von Weinstilen und wenig wirklich überzeugende Weine. Es ist heute, abgesehen von der statistischen Wahrscheinlichkeit, daß es sich um einen trockenen Weiß- oder Rotwein handelt, schwierig, einen typischen badischen Wein zu beschreiben. Mit ziemlicher Sicherheit ist er jedoch zu teuer, dazu aufwendig verpackt und gehört zu einer sogenannten »Prämium Serie«.

Insgesamt ist das eine recht traurige Situation, weil Baden ein enormes Potential zur Erzeugung guter und großer Weine besitzt. Von den Buntsandsteinhügeln um Heidelberg im Norden über die Granithänge der Ortenau und den vulkanischen Tephrit des Kaiserstuhls bis zum Kalkstein des Markgräflerlandes und den Moränen am Bodensee im Süden gibt es hier eine Fülle von Standorten, die außerordentlich eigenständige Weine hervorbringen könnten. Einige der reizvollsten Landstriche in ganz Deutschland und der hohe Standard der regionalen Gastronomie machen Baden zu einem attraktiven Ziel. Mit Ausnahme der in diesem Buch ausführlich vorgestellten Winzer kommen die Weine auf dem Tisch jedoch nur selten an die Landschaft vor dem Fenster oder das auf dem Teller Gebotene heran. In manchen Kategorien – früher traditionelle badische Stärken, wie zum Beispiel der Spätburgunder-Weißherbst – ist das allgemeine Niveau sogar gesunken. Baden mag zwar noch nicht am Rande der Katastrophe stehen, aber wenn die Energien des Gebiets nicht bald auf die richtige Weise gebündelt werden, wird sein Stern ohne Zweifel sinken.

Die Jahrgänge

1996
Endlich wieder ein hervorragender Jahrgang, der den führenden Winzern die Möglichkeit bot, ihre Fähigkeiten zu zeigen. Die Rotweine sind kräftig und von fester Struktur, die besten trockenen Weißweine reichhaltig und elegant und beide von guter Lagerfähigkeit; die weniger gelungenen Weißweine wirken gelegentlich hart oder flach.

1995
Ein sehr mittelmäßiges Jahr für Rotwein, doch zumindest ein Teil der trockenen Weißweine ist gelungen. Wie die 1996er haben sie eine für Baden ungewöhnlich frische Säure.

1994
Ein wirklich schlechter Rotweinjahrgang, den die Winzer gerne der Vergessenheit preisgeben werden. Die Weißweine waren selten spektakulär, doch oft von guter Qualität. Der Norden hatte dabei bessere Voraussetzungen als der Süden.

1993
Für das gesamte Gebiet ein hervorragender Jahrgang für Rotwein und ein sehr guter für trockenen Weißwein. Die besten Weißweine sind jetzt auf ihrem Höhepunkt. Die Rotweine können bis in die ersten Jahre des nächsten Jahrhunderts reifen.

1992
Ein schwieriger Jahrgang, der weithin zu körperreichen, aber eher amorphen Rot- und Weißweinen führte, die sich zu schnell entwickelt haben. Fäulnisnoten beeinträchtigen viele Weine.

1991
Ein durchschnittlicher Jahrgang, dessen leichte Weine jedoch frisch, sauber und in ihrer Jugend angenehm zu trinken waren. Die meisten sind inzwischen zu alt.

1990
Ein hervorragender Jahrgang, doch nur wenige der Weine können heute noch begeistern. Viele der trockenen Weißweine schmecken müde und alkoholisch – ein schlechtes Zeichen!

The Amazing Bercher Brothers
Eckhardt und Rainer Bercher

Weingut Bercher
Mittelstadt 13
79235 Burkheim
Tel. 07662/212
Fax 07662/8279

Das Weingut Bercher liegt in dem idyllischen alten Städtchen Burkheim am westlichen Rand des Kaiserstuhls, nur wenige Kilometer vom Rhein und der französischen Grenze entfernt. In den letzten zehn Jahren ist sein Ruf beständig gestiegen, so daß es längst kein Insidertip mehr, sondern einer der bekanntesten und angesehensten Erzeuger in Baden ist. Obwohl die Brüder Bercher bei jedem lobenden Wort über ihre Weine und bei jedem neuen Kontakt und Kunden vor Vergnügen strahlen, gehören sie keinesfalls zu der Art von Winzern, die bei jeder Gelegenheit eine Show abziehen. Ganz im Gegenteil. Es liegt einfach nicht in ihrer Natur, für die Vermarktung ihrer Weine mehr zu tun, als an Weinpräsentationen in einigen größeren deutschen Städten teilzunehmen und Proben für Besucher in dem wunderschönen Gutshaus auszuschenken, das 1756 vom Gründer des Weinguts, Michael Bercher, erbaut wurde.

Eckhardt und Rainer Bercher haben ihren guten Namen mit Dutzenden von hervorragenden Weinen aus einer ganzen Reihe von Rebsorten begründet: Weißburgunder, Grauburgunder, Chardonnay, Riesling, Muskateller und Gewürztraminer als Weißwein und Spätburgunder als Roten. Rote Weine spielen eine untergeordnete Rolle im Gut. Sie werben mit dem Inhalt dieser Flaschen und ihrer aus tiefster Seele kommenden, ansteckenden guten Laune. Diese Kombination erweckt bei einem Außenseiter den Eindruck, hier geschehe alles wie von selbst.

Mundpropaganda und unzählige lobende Erwähnungen in der Fachpresse haben sicher viel dazu beigetragen, das Weingut Bercher zu dem zu machen, was es heute darstellt. Die Qualität der Bercher-Weine ist jedoch ganz und gar nicht von allein entstanden. Sie ist das Ergebnis der klar definierten Rollen der beiden Brüder und eines unermüdlichen Perfektionismus – bei Eckhardt Bercher seit 1967, seit 1971 bei seinem Bruder. Auf ihrem jeweiligen Gebiet haben beide viel Neues eingeführt, und als Folge davon ist die Qualität der Weine stetig gestiegen.

Besucher des Weinguts bekommen von Eckhardt Bercher eher wenig zu sehen, weil die Pflege der fast 20 Hektar Weinberge in seine Verantwortung fällt. Nicht nur die Fläche, sondern auch die Vielfalt der Reben stellt eine beachtliche Aufgabe dar. Rainer Bercher ist öfter zu Hause anzutreffen, weil sein Reich der Keller ist. Diese Einteilung liegt ihm: Er genießt es ganz offensichtlich, die Ergebnisse seiner Arbeit mit Freunden und Kunden zu verkosten und, vor allem, ihre Kommentare zu hören.

Die beiden Probierräume im vorderen Teil des Hauses zur kopfsteingepflasterten Hauptstraße des Städtchens hin sind wie ein Prüfstand, den alle Weine durchlaufen müssen. Hier ergründen Eckhardt und Rainer Bercher, wie erfolgreich ihre Arbeit bei jedem einzelnen Wein war; Lob und Kritik, ob hier ausgesprochen oder durch Telefon und Briefe übermittelt, sind der endgültige Test, den jeder Wein bestehen muß. Rainer Bercher mit seiner bärenhaften Gestalt sitzt auf der einen Seite des Tisches, vor sich eine Reihe von Flaschen, die Besucher ihm gegenüber, ihrerseits mit einigen Gläsern. Rainer Bercher muß oft aufstehen, denn mit den vielen verschiedenen Rebsorten ist es schwierig, einzelne Weine im vorhinein für die Probe auszuwählen. Gelegentlich ist er unzufrieden damit, wie ein bestimmter Wein sich zeigt, und besteht darauf, eine zweite Flasche aus dem Keller zu holen, um seine eigenen Nerven zu beruhigen: »Ja, dieser ist besser, so soll er sein. Heutzutage sind schlechte Korken ein schlimmes Problem.« Die Vorstellung, daß ein Kunde zu Hause eine solche Flasche öffnet und den Wein nicht im idealen Zustand erlebt, ist ihm ein Greuel und führt im Extremfall zu schlaflosen Nächten.

In gewisser Hinsicht ist Rainer Bercher ein typischer Winzer, andererseits aber auch wieder ganz und gar nicht. Als ich ihn frage, welcher der vier verschiedenen Jahrgänge von Weißburgunder Kabinett trocken, die er gerade ausgeschenkt hatte, für ihn der beste sei, erwidert er: »Der jüngste und frischeste schmeckt mir immer am besten.« Dies ist bezeichnend für Kellermeister, die ständig sehr junge Weine verkosten müssen, um zu entscheiden, was und ob etwas mit ihnen geschehen muß. Ich wiederhole meine Frage und bekomme die untypische Antwort: »Nun, in diesem Fall ziehe ich den 1994er dem 1995er vor, weil er beinahe perfekt unsere Vorstellung von diesem Stil verkörpert. Der 1995er ist gut, aber nicht ganz so harmonisch.« Selbstkritik dieser Art ist für Winzer, unabhängig vom Gebiet, alles andere als typisch. »Dies sind nicht unsere besten Weine«, fährt Rainer Bercher fort, »aber sie sind sicher für die Gastronomie am wichtigsten.« Und er hat recht, denn die Kombination von moderatem Alkoholgehalt, Charakter und Frische macht sie zu trokkenen Weißweinen, die man in vielerlei Weise zum Essen einsetzen kann.

Viele andere trockene weiße Kaiserstuhl-Weine sind zwar auf den ersten Blick eindrucksvoller, wirken aber häufig auch schwerfällig, von Alkohol und Bitterkeit dominiert. Dieser Weintyp gefällt weder Eckhardt noch Rainer Bercher; Harmonie und eine gewisse Eleganz sind für sie bei einem Wein unerläßlich, egal wie mächtig er ist. Deshalb steht hinter ihren besten Weinen, »SE« für Selektion, nicht nur eine strenge Lese der reifesten Trauben, sondern auch ein besonderes Vorgehen bei der Pflege der betreffenden Weinberge, um von vornherein den Ertrag zu reduzieren. Die Trauben sollen nicht nur viel Zucker, sondern auch Aroma, Säure und Mineralstoffe aus dem Boden aufnehmen, um einen ausgeglichenen Wein zu ermöglichen statt einfach einem fetten. Im Keller werden Weißburgunder, Grauburgunder und Chardonnay »SE« in *Barriques* ausgebaut, so daß sie durch die aus dem Holz aufgenommenen Tannine noch ausdrucksstärker wirken. Auf diese Weise sind sie mächtig, haben bis zu 14° Alkohol, und wirken doch nicht schwer.

Bis vor einigen Jahren waren die Berchers vor allem für ihre Weißweine bekannt, aber inzwischen haben auch ihre Rotweine viel Lob erfahren. Andere Erzeuger im Kaiserstuhl machen vielleicht aufregendere oder dichtere Rotweine, aber in den letzten Rotweinjahrgängen, vor allem 1990, 1992, 1993 und 1996 waren die Bercher-Spätburgunder mit die gelungensten des ganzen Gebietes. Man hat sie kritisiert, weil sie nicht »international« genug schmeckten, sie seien zu deutsch ... Aber wollen wir wirklich eine Welt, in der die Kaiserstuhl-Weine von denen, die in Kalifornien, Neuseeland oder Burgund erzeugt werden, praktisch nicht zu unterscheiden sind? Rainer und Eckhardt Berchers Antwort ist ein kategorisches »Nein«, und seit den späten achtziger Jahren haben sie ihren eigenen Rotweinstil verfolgt, ohne sich darum zu kümmern, welche Ziele ihre Nachbarn und Konkurrenten anstreben. Kennzeichen ihrer »SE«-Spätburgunder ist eine mit exzellenten Rotweinen aus dem Burgund vergleichbare Harmonie und Fülle.

Die Brüder Bercher sind auf diese Rotweine heute vielleicht sogar noch stolzer als auf ihre trockenen Weißweine. Auf jeden Fall wissen sie, wie gut die Weine sind, und schrecken nicht davor zurück, sie gegen unangebrachte Kritik zu verteidigen. Vielleicht haben sie sogar noch an Selbstbewußtsein gewonnen durch den Erfolg auf einem Gebiet, das einst nur ordentlich gemachte Weine erwarten ließ und auf dem sie jetzt an der Spitze ihrer Region stehen.

Rainer und Eckhardt Bercher sind heute zu jedem, der verkosten möchte, genauso freundlich wie früher, sie geben sich aber nicht mehr mit Dummköpfen ab. Wie gewohnt stellen sie ihre Weine auf den Tisch und warten auf Kommentare, aber wenn diese jeder Grundlage entbehren, schrecken sie nicht mehr davor zurück, deutlich zu machen, daß sie selbst ganz anderer Meinung sind.

Die Arbeit von Generationen an der Verbesserung und Verfeinerung eines Weines nach dem anderen hat nicht nur zu einer Vielzahl guter und exzellenter Weine geführt, sondern zeigt auch ihre Auswirkung auf die Brüder selbst. »Mein Sohn studiert in Geisenheim wie ich auch, und er wird bald zurück nach Hause kommen«, sagt Rainer Bercher. »Ich werde ihm gerne einen großen Teil der Verantwortung übertragen. Meine Frau und ich haben in der Nähe von Freiburg eine Wohnung, und wir freuen uns darauf, mehr Zeit in der Stadt zu verbringen.« Die Weine der letzten Jahrgänge haben offensichtlich viele der Ziele, mit denen er 1971 nach Hause kam, erfüllt.

Probiernotizen Weingut Bercher

Weißburgunder – Burkheimer Feuerberg »Grand Cru«

1992	SPÄTLESE TROCKEN »SE« Viele Streicheleinheiten auf einmal und noch keine Alterserscheinungen. Eine sehr beeindruckende Leistung für den Jahrgang.	87
1993	KABINETT TROCKEN Unkompliziertes Trinkvergnügen der gehobenen Klasse, etwas vordergründig.	82
1994	KABINETT TROCKEN Eine vollreife Birne, am warmen Nachmittag vom Baum gepflückt.	84
1994	AUSLESE TROCKEN »SE« Opulenz im besten Sinne des Wortes, eine unwiderstehliche, reichhaltige Verführung.	90
1995	KABINETT TROCKEN Schöne Aromen (Zitrus, Nüsse) und Substanz, aber auch etwas Schärfe.	80
1995	SPÄTLESE TROCKEN »SE« Frische und Schmelz vermählen sich zur Überraschung im »burgundischen« Stil.	86
1996	KABINETT TROCKEN Trotz viel Ausdruck und Substanz beschwingt und erfrischend.	85
1996	SPÄTLESE TROCKEN ein ganzer Korb voll reifer Früchte, satt und dicht, doch keinesfalls zu bombastisch.	88

Chardonnay – Burkheimer Feuerberg

1993 SPÄTLESE TROCKEN »SE« — 81
Cremig und süßlich, wandert jedoch ein bißchen ziellos durch die Gegend.

1994 SPÄTLESE TROCKEN »SE« — 85
Gebaut wie Schwarzenegger, aber ein guter Schauspieler, der sich jedoch nicht mit Johnny Depp messen läßt.

1995 SPÄTLESE TROCKEN »SE« — 86
Geschmeidigkeit und viel Kraft, ein richtiges »Maulvoll« Wein.

Spätburgunder Rotwein – Burkheimer Feuerberg »Grand Cru«

1992 SPÄTLESE TROCKEN »SE« — 87
Die stattliche Figur und der starke Charakter Rainer Berchers; braucht ein großes Glas!

1993 SPÄTLESE TROCKEN »SE« — 89
Ein starker Wein, der sich nicht scheut, seine Muskeln zu zeigen, aber auch viele andere Qualitäten besitzt: würzige Aromen, festes Rückgrat. Viel Zukunft!

1994 QbA TROCKEN »BARRIQUE« — 77
Erinnert an Medizin und Karamel, recht wenig Rotwein-Charakter; eine Enttäuschung.

1995 QbA TROCKEN »BARRIQUE« (FASSPROBE) — 81?
Kein Held, aber in etwas bescheidener Form ein echter Bercher-Rotwein.

1996 SPÄTLESE TROCKEN »SE« (FASSPROBE) — 89?
Samtige Dunkelheit und undurchsichtige Dichte. Harmonie und Spannung versprechen zukünftigen Genuß.

Die Früchte der Ungewißheit
Joachim Heger

Weingut Dr. Heger
Bachenstraße 19
79241 Ihringen
Tel. 07668/205
Fax 07668/9300

»Unser erstes Experiment mit dem *Barrique*-Ausbau von Rotwein, der 1982er war so schrecklich, daß wir den Wein zum Destillieren abgegeben haben.« Es war erst der zweite Jahrgang, für den Joachim Heger auf dem Weingut verantwortlich war, das sein Großvater, der Landarzt Dr. Max Heger, in den dreißiger Jahren gegründet hat. Die Unbeschwertheit, mit der er von diesem katastrophalen Fehler sprach, beeindruckte mich enorm; mir war gesagt worden, er sei einer der neuen Stars unter den deutschen Winzern, und nun gab er sein Versagen zu, bevor ich überhaupt die Gelegenheit gehabt hatte, einen einzigen seiner Weine zu probieren.

Es war im April 1988, wir standen in der Abflughalle des Frankfurter Flughafens und warteten zusammen mit den anderen Winzern und Köchen, den deutschen Vertretern für das »Masters of Food & Wine«-Festival im »Highlands Inn Hotel« in Carmel an der Pazifikküste im Süden von San Francisco.

Dort konnte ich schon am Abend des folgenden Tages einige der besten von Joachim Hegers Weißweinen probieren, die 1983, 1985 und 1986 Grauburgunder Auslese Trocken aus der berühmten Lage Ihringer Winklerberg, deren Name mir bereits geläufig war. Ich hatte schon viele trockene Grauburgunder verkostet, doch diese Weine stellten etwas vollkommen Neues dar. Vor den großen Fenstern des »Highlands Inn« lag der weite Pazifik, gesäumt von Felsen und Bäumen. Die Weine waren nicht weniger weiträumig als die Aussicht. Hinter Joachim Hegers Schultern ging die Sonne unter, während er mir einen Wein nach dem anderen einschenkte. Es war nicht nur die phantastische Landschaft, die mich begeisterte. Die Weine leuchteten in Azurblau und Gold wie die letzten, im Ozean versinkenden Sonnenstrahlen, und sie boten ein Geschmackserlebnis, das mit der traumhaften Aussicht konkurrieren konnte. Im Gegensatz zu allen anderen trockenen deutschen Weißweinen, die ich bis dahin verkostet hatte, boten diese Weine eine zusätzliche Dimension. Trotz eines natürlichen Alkoholgehalts von 14° und mehr waren sie ausgewogen, harmonisch, sogar elegant. Die trockenen kalifornischen Weißweine, die ich gerade davor probiert hatte, wirkten dagegen vergleichsweise schwammig und süß. Ich war sehr erstaunt, und

Joachim Hegers fröhlicher Optimismus ließ vermuten, daß selbst der beste dieser Weine noch nicht das mögliche Optimum in diesem Stil darstellte. Noch besser als das? fragte ich mich, als ich am folgenden Morgen im Whirlpool meines Zimmers lag. In der Euphorie dieses Augenblicks schien jedoch alles denkbar.

Mit der noch frischen Erinnerung an den Sonnenuntergang und die bemerkenswerten Weine machten wir uns am nächsten Tag mit einem kleinen Bus auf, um Chalone Vineyards zu besuchen, damals wie heute einer der führenden kalifornischen Erzeuger von Chardonnay-Weiß- und Pinot-Noir-Rotweinen. Im Bus erzählte mir Joachim Heger von seiner Heimat, seinem Familien-Weingut und was er dort alles verwirklichen wollte. Er war gespannt, ob ihm der Besuch bei Chalone zu neuen Ideen bringen würde. Die Fahrt war lang und die Straße staubig. Das letzte Stück nach dem Ort mit dem passenden Namen Soledad, Einsamkeit, wo kein Mensch auf den Straßen zu sehen war, wand sich hoch in nebelumhangenen Bergen.

»Wir haben zwar seit 1982 mit dem *Barrique*-Ausbau bei unserem Spätburgunder Fortschritte gemacht«, sagte Joachim Heger, als wir über einen Feldweg in immer dichterem Nebel holperten, »aber eigentlich sind wir immer noch Schrebergärtner.« Wir starrten aus dem Fenster auf knorrige alte Rebstöcke, die andeuteten, daß wir am Ziel waren. Nach der Besichtigung des Weinguts und der Verkostung der Chalone-Weine öffneten unsere Gastgeber die Flasche 1985 *Barrique*-Spätburgunder, die Joachim Heger ihnen überreicht hatte. Die Enttäuschung war ein dramatischer Kontrast zu den beeindruckenden Weinen, die ich am Tag zuvor verkostet hatte. Niemand am Tisch brachte mehr als ein paar höfliche Worte hervor, und die lange Stille dazwischen sprach Bände. So wie die Grauburgunder in der Sonne geleuchtet hatten, verlor sich jetzt der blasse Rotwein im Nebel.

Wir gingen zu unserem Bus zurück, der zwischen den felsigen Bergen mittlerweile im strahlenden Sonnenschein stand: Es sah aus, als ob John Wayne jeden Moment um die Ecke geritten käme, und die Sonne brachte den Moment der Enttäuschung zum Verschwinden wie zuvor die Nebelschwaden.

Nur zwei Monate später fuhr ich mit dem Zug nach Freiburg, um das bekannte Ihringer Weinfest zu besuchen. Ich kam um Stunden zu spät, weil man mir falsche Abfahrtszeiten aufgeschrieben hatte, und als Joachim Heger und seine Frau mich am Bahnhof abholten, fuhren wir direkt in ein kleines Restaurant am Rande der Stadt zum Abendessen. Eigentlich wollte ich nur noch in mein Bett; wir landeten jedoch nach dem Essen in der Wohnung von Freunden, die Hegers im Restaurant zufällig getroffen hatten, und tranken noch etliche Flaschen mehr.

Es war Anfang Juni, aber das Wetter war grau und kühl, als ich wenige Stunden später aufwachte. Joachim Hegers goldige Großmutter machte für mich Frühstück, und trotz der anstrengenden langen Reise in die Nacht vom Vortag fühlte ich mich durch die ungewohnte Luft frisch. Joachim Heger zeigte mir das Anwesen, dessen Gebäude als Geburtsort so bemerkenswerter Weine einen eher nichtssagenden Eindruck machten, und entschuldigte sich dann wegen der Vorbereitungen für den Abend.

Sein Vater, Wolfgang Heger, war höchst erfreut über einen Anlaß zum Weinverkosten, und unter seinen Händen flogen die Korken nur so aus den Flaschen, die bis dahin ihr Zuhause gewesen waren. Es schien mir, als ob sämtliche verfügbaren Flaschen auf den Tisch kamen. Die »Probiermengen« waren sehr großzügig bemessen, und ich hatte Schwierigkeiten, einen Spucknapf aufzutreiben. Herr Heger senior schluckte jede »Probe«, und seine Zunge wurde lockerer – ohne daß der Wein mir jedoch großartig dabei geholfen hätte, seinen Kaiserstuhl-Dialekt zu verstehen. Das machte aber nichts aus, weil alles so vollkommen anders war, als was ich zuvor auf deutschen Weingütern erlebt hatte – und natürlich auch als die Tage mit Joachim Heger in Kalifornien. Ich war von den Menschen und dem Ort genauso begeistert wie von den Weinen.

Der Nachmittag brachte ein folgenreiches Ereignis: Ich besuchte zum erstenmal Karl Heinz Johner im nahe gelegenen Bischoffingen, den deutschen Vorreiter beim *Barrique*-Ausbau. Sein Betrieb war das komplette Gegenteil des traditionellen Hegerschen Anwesens: Fast alles hier wirkte improvisiert – mit Ausnahme der Qualität der Weine in den Fässern und Flaschen. Als Johner mich am Abend zurück zu den Hegers nach Ihringen fuhr, trafen die beiden sich bei dieser Gelegenheit zum erstenmal, was für Joachim Heger weitreichende Folgen haben sollte. Die Freundschaft mit Johner katapultierte Joachim Hegers Rotweine aus der Schrebergartenphase hinaus und führte zu den Spätburgundern der Jahrgänge 1989 und 1990, durch die das Weingut Dr. Heger genauso bekannt für seine Rotweine wie bereits vorher für seine Weißweine wurde. Mehrere hundert *Barrique*-Fässer, die heute einen ganzen Flügel des Hegerschen Kellers einnehmen, befänden sich dort nicht ohne den Einfluß und die Inspiration von Karl Heinz Johner.

Zwischen meinem ersten Treffen mit Joachim Heger auf dem Frankfurter Flughafen und heute liegt beinahe ein Jahrzehnt. Während dieser Zeit haben die Weine des Gutes Höhen und Tiefen erlebt und sind in alle möglichen Richtungen geschossen, da Joachim Heger im Ausbau viele Möglichkeiten ausprobiert hat. Daneben sorgte die Natur für ernste Schwierigkeiten. Das erste Problem tauchte mit dem Jahrgang 1990 auf. Es war ein hervorragender Jahrgang in ganz Deutschland und damit auch für das Weingut Dr. Heger, aber Joachim Hegers Grauburgunder

Auslese Trocken dieses Jahrgangs war einfach zu alkoholisch und baute schnell auf der Flasche ab. Dann folgten 1992 noch größere Probleme, die Joachim Heger selbst als »einen ganz großen Rückschlag in meiner Entwicklung« bezeichnet. Viele seiner Weißweine aus diesem Jahr wirkten schon von Anfang an recht unharmonisch und entwickelten sich zu ihrem Nachteil. Obwohl die folgenden Jahrgänge bedeutend besser ausfielen, waren wiederum einige zu mächtige oder unharmonische Weine darunter. Was den Rotwein betrifft, so nahmen die Weine enorm an Farbe, Fülle und Substanz zu, aber diese Qualitäten wurden von einer gewissen Härte beeinträchtigt.

Es schien, als ob Joachim Heger durch all die neuen Ideen und neuen Methoden, die er von Johner oder auf seinen zahlreichen Reisen in andere Anbaugebiete aufgegriffen hatte, etwas aus dem Gleichgewicht geraten wäre. Sein Bemühen, in den neuen Stilarten, mit denen er experimentierte, sofort ebenso beeindruckende Weine wie die traditionellen Heger-Weine zu machen, erwies sich oft als hinderlich. Eine weniger ehrgeizige Einstellung hätte vielleicht zu besseren Ergebnissen geführt, aber Joachim Heger gehört nicht zu denen, die irgend etwas nur halb tun. Anfang der neunziger Jahre stahlen die besten Weine der Zweitfirma der Familie, »Weinhaus Heger«, bei der von anderen Winzern zugekaufte Trauben verarbeitet werden, manchen überehrgeizigen Dr.-Heger-Weinen die Show. Vielleicht läßt sich das durch rein praktische Probleme erklären. Oder hat es vielleicht mit einer inneren Unsicherheit zu tun? Je mehr Joachim Heger darauf bestand, daß jeder einzelne seiner Pfeile mitten ins Schwarze treffen mußte, verfehlten offenbar einige dieser Pfeile das Ziel nur um so weiter.

Das äußerlich zur Schau getragene, auf den Erfolgen der achtziger Jahre basierende Selbstbewußtsein Joachim Hegers machte es schwer, sich von den Rückschlägen des Jahrgangs 1992 zu erholen, weil er lange brauchte, um selbst einzusehen, daß etwas schiefgelaufen war. Dann waren einige weitere Jahre des Experimentierens notwendig, um den heutigen Stand der Dinge zu erreichen. Diese Experimente fanden mit dem guten, aber unspektakulären 1994er und mit dem schwierigen Jahrgang 1995 statt; letzterer führte zu äußerst unterschiedlichen Ergebnissen. Erst mit 1996 sind seine Versuche richtig zum Tragen gekommen.

»Während der letzten Jahre ist mir klargeworden, daß unsere Selektionsweine aus den alten Reben im Winklerberg am besten gelingen, wenn sie im *Barrique* ausgebaut werden, während die normalen Weine besser werden, wenn sie ihr ganzes Leben in Edelstahltanks verbringen.« Die Grauburgunder, die mich in Carmel so überwältigt hatten, waren auch im Edelstahl ausgebaut worden, und Joachim Hegers Weine des Jahrgangs 1996 in diesem Stil sind würdige Nachfolger. Die 1996er

Weißweine aus dem *Barrique* versprechen die harmonischsten und elegantesten dieses Stils zu werden, die Joachim Heger bis heute erzeugt hat.

Die Palette an Spätburgundern des Weinguts Dr. Heger ist jetzt auf lediglich zwei Abfüllungen reduziert worden, den »Mimus« (der Spitzname seines Vaters) und den Ihringer Winklerberg »***«. Beide 1996er zeigen eine bessere Balance als die Weine aller vorhergehenden Jahrgänge. »Die Spätburgunder, die wir heute machen, sind viel weicher und feiner als die von vor zwei oder drei Jahren, und sie gefallen mir viel besser«, sagte er, als wir uns in dem überfüllten, eisig kalten Keller durch ein *Barrique* nach dem anderen kosteten.

Ich erinnerte mich an meinen ersten Besuch in diesem labyrinthartigen unterirdischen Reich, als jede Probe aus einem Stahltank gezogen wurde und Joachim Heger mir erklärt hatte, daß er für die übriggebliebenen Holzfässer, die gegenüber den Tanks im ältesten Teil des Kellers standen, wenig Verwendung habe. Seitdem hat sich viel geändert, aber Joachim Heger scheint wieder sein Gleichgewicht, ein neues Gleichgewicht, gefunden zu haben.

Die Jahre der Wandlungen und Veränderungen haben ihm wertvolle Erfahrungen sowie Weine, die von ordentlicher Qualität bis zur Spitze reichen, beschert. Wenn er jedoch über eine längere Zeit große Weine machen will, muß Joachim Heger sich auf die in den letzten Jahren entwickelten Stilarten konzentrieren. Großer Wein ist in dieser Hinsicht nicht anders als große Kunst, und es ist kein Zufall, daß die größten Kunstwerke entstanden sind, wenn ein Künstler sich viele Jahre lang ganz und gar einem bestimmten Thema oder Motiv gewidmet hat. Winzer wie Künstler müssen mit der unbequemen Tatsache leben, daß ein paar Meisterwerke die Erwartung wecken, daß die Zukunft nur noch Meisterwerke bringt, was natürlich unmöglich ist.

Das Leben eines Winzers ist niemals einfach, auch wenn er einen Stil gefunden hat, mit dem er sich wohl fühlt und der es ihm ermöglicht, auf die Ziele hinzuarbeiten, die ihm am meisten am Herzen liegen. Natur und Zufall kümmern sich nicht um menschliche Gefühle, wie Joachim Heger kürzlich an einem nassen Februarmorgen feststellen mußte. Als Karl Heinz Johner mich dieselbe Strecke wie im Juni 1988 von Bischoffingen nach Ihringen fuhr, konnten wir von der Straße aus sehen, daß eine der großen Betonmauern, die die Terrassen des Ihringer Winklerbergs stützen, eingebrochen war. Als ich hier zum erstenmal gewesen war, hatte man bereits einen großen Riß erkennen können, und Joachim Heger hatte einen tiefen Seufzer von sich gegeben, als ich ihn darauf ansprach.

»Wir wußten schon immer, daß mein Großvater am Beton gespart hat, als er diese Mauern errichten ließ, aber wir konnten es uns einfach nicht leisten, sie alle zu erneuern«, hatte er gesagt. In der Gewißheit, daß er bei seinen neuen Weinen an nichts gespart hat, kann er zumindest darauf vertrauen, daß sie mehr Standkraft haben werden als die Mauern der Weinberge, aus denen sie stammen.

Die Weine Joachim Hegers

Die Weinhaus-Heger-Weine sind weniger stoffig und charaktervoll als die des Weinguts Dr. Heger, aber klar und sehr angenehm. In einem guten Jahr wie 1996 können die Rotweine besonders beeindruckend ausfallen. Die Weingut-Dr.-Heger-Weine stammen ausschließlich aus zwei Lagen, dem Achkarrer Schloßberg und dem Ihringer Winklerberg. Obwohl der terrassierte Teil des Winklerbergs die wärmste Lage Deutschlands ist, wirken die Weine stets trotz ihres reichlichen Alkoholgehalts in gewisser Weise schlank. Dies rührt von dem steinigen Tephritboden vulkanischen Ursprungs her. Im Achkarrer Schloßberg gibt es zwar auch Tephrit, doch ist der Boden hier reichhaltiger, und die Weine sind deshalb barocker und offener. In den achtziger Jahren waren die besten trockenen Weißweine des Gutes immer unter den Grauburgundern zu finden, doch in den letzten Jahren war die Erfolgsrate beim Weißburgunder höher. Edelsüße Weine, die früher nur in Jahren erzeugt wurden, in denen die Wetterbedingungen während der Lese dies ermöglichten, werden jetzt fast jedes Jahr geerntet. Sie sind von sehr unterschiedlicher Qualität.

Probiernotizen Dr. Heger

Grauburgunder – Ihringer Winklerberg »Grand Cru«

1993 SPÄTLESE TROCKEN 84
Stimmige Harmonie von Baß und Melodie, doch fehlt ein wenig Schwung.

1994 SPÄTLESE TROCKEN 78
Widersprüchliche Kombination von Reichhaltigkeit und Pikanz, früh gealtert.

1994 SPÄTLESE TROCKEN*** 85
Die Würze des Holzes und die nussige Note eines feinen Burgunders, füllig und lebendig.

1995	SPÄTLESE TROCKEN	84

Einladend und freundlich, ohne Wenn und Aber, anhaltender Schmelz.

1995   SPÄTLESE TROCKEN***   74
Eine unattraktive, medizinale Note stört; voll und satt, aber nicht ganz harmonisch.

1996   SPÄTLESE TROCKEN (FASSPROBE)   87?
Starker Ausdruck ohne überzogene Muskelstärke, langsamer sanfter Abschied.

1996   SPÄTLESE TROCKEN*** (FASSPROBE)   89?
Vielschichtiger Langläufer mit anziehender Würze; ein ganzes Orchester in Forte.

Weißburgunder – Ihringer Winklerberg »Grand Crue«

1993   SPÄTLESE TROCKEN   83
Schöner Geschmack nach reifen Trauben, aber etwas einfach gestrickt.

1994   SPÄTLESE TROCKEN   87
Charme ohne Vordergründigkeit, herrliche Eleganz ohne Selbstherrlichkeit.

1994   SPÄTLESE TROCKEN***   86
Viel Butter auf dem Brot, trotzdem nicht fettig, aber ein wenig gewollt im Stil.

1995   SPÄTLESE TROCKEN   85
Der junge Mann ist bescheiden, aber die Schönheit seiner Gesichtszüge ist nicht zu übersehen.

1995   SPÄTLESE TROCKEN***   83
Macht sich langsam, bleibt aber zurückhaltend und verabschiedet sich recht abrupt.

1996   SPÄTLESE TROCKEN (FASSPROBE)   87?
Herrliche Frische und floraler Charme; alle Instrumente im Einklang.

1996   SPÄTLESE TROCKEN*** (FASSPROBE)   85?
In dieser Holzkiste gibt es viel Zeug, aber alles zusammen ist ein wenig schwer.

Spätburgunder – Ihringer Winklerberg »Grand Cru«

1993	QbA trocken »Mimus«	83
	Stämmiger Bursche, der viel zu sagen hat; recht fester Nachgeschmack.	
1993	Spätlese trocken***	85
	Sehr ausdrucksstark und fest, wenn auch nicht besonders elegant. Noch jung, wird aber nicht mit den Jahren gewinnen.	
1994	QbA trocken »Mimus«	75
	Holzig und von einer Apothekennote geprägt, bescheidene Substanz.	
1995	QbA trocken »Mimus« (Fassprobe)	79?
	Am Anfang sanft und ansprechend, aber etwas oberflächlich.	
1996	QbA trocken »Mimus« (Fassprobe)	85?
	Ein großes, weiches Samtsofa in Kirschrot, das zum Hinlegen einlädt.	
1996	QbA trocken »Alte Reben« (Fassprobe)	88?
	Auf der Spitze einer hohen Holztreppe sitzt der Kaiser auf seinem Thron. Man muß sich ihm mit gleichmäßigen, langsamen Schritten in Andacht nähern.	

A Star Is Born
Bernhard Huber

Weingut Bernhard Huber
Heimbacher Weg 19
79364 Malterdingen
Tel. 07644/1200
Fax 07644/8222

»Wer ist Bernhard Huber?« Es ist bestimmt nicht das erste Mal, daß diese Frage gestellt wird. Selbst jetzt, nachdem ich ihn zweimal zu Hause in Malterdingen besucht und anläßlich zahlreicher Weinpräsentationen getroffen habe, bin ich mir noch nicht sicher, wie sie zu beantworten ist. Bei oberflächlicher Betrachtung ist die Antwort einfach und lautet immer noch genauso wie 1993, als die Frage erstmals aufkam.

Der junge Winzer Huber aus Malterdingen im Breisgau war Mitglied des Badischen Winzerkellers, der größten Winzergenossenschaft Europas, bei der er seine gesamten Trauben ablieferte, bis er im Alter von 28 Jahren zusammen mit seiner Frau Bärbel 1987 beschloß, unabhängig zu werden. Seine Spätburgunder zogen schnell die Aufmerksamkeit auf sich. 1993 war sein Spätburgunder »R« (für Reserve) plötzlich der höchstbewertete deutsche Wein in einer großen Blindprobe von Weinen dieser Rebsorte aus dem Jahrgang 1991 im »Hotel Krone« in Assmannshausen im Rheingau. 1991 war für Rotwein in Deutschland ein eher schwaches Jahr, und viele dieser Weine schmeckten fade und hohl. Jeder, der gehört hatte, Deutschland erzeuge auf einmal ernstzunehmende Rotweine, und der dann diese Weine zum Probieren bekam, hätte nur den Kopf geschüttelt. Dennoch, Bernhard Hubers 1991 »R« war tieffarbig, mächtig und jedem anderen deutschen Rotwein dieses Jahrgangs aus Deutschland weit überlegen. Als die Ergebnisse der »Krone«-Verkostung verkündet wurden, waren alle Anwesenden völlig überrascht. Jedermann in der Weinszene fragte sich während der folgenden Wochen nur noch: »Wer ist Bernhard Huber?«

Der Mensch selber ist gar nicht, wie die Leute ihn sich vorstellten. Sein stilles Selbstvertrauen brachte jemanden dazu, mir zu erzählen, Bernhard Huber mache den Eindruck, als ob er im voraus gewußt habe, daß sein Wein diese Probe gewinnen würde, die ihn aus der Dunkelheit ins Licht treten ließ. In Wirklichkeit war er äußerst überrascht und erfreut. Aber er zeigt solche Gefühle nicht sehr deutlich. Der Presse gefallen junge Winzer, wenn sie bei solchen großen, unerwarteten Erfolgen entweder vollkommen verschüchtert wirken oder in dem plötzlich auf sie gerichteten Scheinwerferlicht eine imposante Figur abgeben. Bernhard Huber paßte in keine dieser beiden Rollen, was vielleicht erklärt, warum bis jetzt in keiner der Wein- oder Gastrozeitschriften ein größerer Artikel über ihn erschienen ist; die Story ist toll, aber das Gesicht paßt nicht in die Stereotypen. Genau das brachte mich zu der Frage, wer Bernhard Huber eigentlich ist.

Zum ersten ist er der Vater einer ganz normalen Familie. Wenn man das Haus der Familie mit dem Weingut betritt, das seine Eltern 1966 am Rand von Malterdingen gebaut haben, könnte man genausogut irgendwo anders in Deutschland auf dem Land sein. Nichts an der schlichten modernen Einrichtung fällt besonders auf. Steigt man dann aber die Treppe hinunter in den Keller, wird das Bild von Edelstahltanks und Fässern beherrscht. Jedesmal, wenn ich die Reihe der jungen Huber-Weine in dem unterirdischen Probierraum verkoste, erscheint mir der Keller wie eine Art Labor, in dem fortwährend Experimente in allen Arten von Kellereitechniken laufen. Da er bei Null, ohne jegliche Familientradition angefangen hat, waren Bernhard Hubers erste Weine zwangsläufig von seinen Erfahrungen aus der Winzerlehre und den folgenden

Jahren des Rebanbaus geprägte Experimente, kurz gesagt: Es waren Schüsse ins Dunkel.

Von Natur aus ruhelos und neugierig, reihte Bernhard Huber ein Experiment ans andere, und noch immer ist kein Ende in Sicht. Für interessierte Besucher wird jeder ausgeschenkte Wein von einer detaillierten Beschreibung begleitet, wie er entstanden ist und welche Ideen dahinterstecken. Unterschwellig schwebt jedoch bei jedem Wein die Frage im Raum: »Und wie gut ist dieser Wein, wie geglückt das Experiment?« Die Hubers nehmen alle geäußerten Ansichten genauestens auf. Hier wird nicht aus purer Lust am Herumprobieren experimentiert. Dahinter steht das Verlangen, etwas anderes als die Kollegen zu machen, besonders als die erfolgreichen Weingüter des Kaiserstuhls, der von Malterdingen aus genau auf der anderen Seite der A 5 liegt.

»Unser Weingut ist vollkommen neu, und das gibt uns die Möglichkeit, etwas vollkommen Neues zu machen«, sagte Bernhard Huber während meines ersten Besuchs. »Außerdem treten wir auf diese Weise unseren badischen Kollegen nicht auf die Füße.« Techniken, die zu erfolgreichen Ergebnissen geführt haben, werden beibehalten, während auf Gebieten, wo die Hubers noch nicht zufrieden sind, weiter geforscht wird.

Sie brauchten nur ein paar Jahre, um herauszufinden, welche Methoden beim Spätburgunder die besten Ergebnisse bringen. Der heutige Rotweinstil wurde mit dem 1991 »R« eingeführt, so daß weitere Experimente heute nur noch der Verfeinerung von Details dienen und keine großen Umwälzungen mehr vorgenommen werden. Durch die *Barriques*-Fässer, in denen sie zwei Jahre lang reifen, wirken die Huberschen Rotweine betont rauchig. Dazu kommen satte Brombeer- und Pflaumennoten aus den Trauben. »Eher gehaltvoll als finessenreich« – so beschreiben manche Kritiker diese Weine wegen ihrer jugendlichen Festigkeit. Das ist jedoch keine Laune der Hubers, sondern gehört zum Charakter der Weine. Es ist ebendieser volle Körper, in dem alles ruht, durch den sich die Weine von der Mehrzahl der gut gemachten deutschen Rotweine deutlich abheben. Konzentrierte Aromen dieser Art entstehen nur aus Trauben von optimaler Reife, das heißt aus kleinen Erträgen von älteren Stöcken in einer hervorragenden Lage. Bernhard Huber ist bei weitem nicht der einzige Winzer, der in Deutschland in der Lage ist, derart mächtige, volle Weine zu machen. Und doch ist er in seinem Gebiet der einzige, der dieses Potential erfolgreich in einem wirklich großen Wein verwirklicht hat, dem 1993 Spätburgunder »R«.

Seit dieser Wein gelesen worden ist, haben die Hubers die Möglichkeiten ihres Betriebs für solche Weine im März 1995 noch erweitert, indem sie zusätzlich 3,25 Hektar in den Hecklinger Lagen Schloßberg und Kapellenberg vom Staatlichen Weinbauinstitut in Freiburg ankauften. Es war eine einmalige Chance, einige der steilsten und klimatisch begünstigsten Weinberge in ganz Baden zu erwerben, von denen ein guter Teil bereits mit Spätburgunder bestockt ist. Diese vorteilhaften Umstände verschafften den Hubers in Verbindung mit der Tatsache, daß sie jetzt volle fünf Hektar mit dieser Rebsorte ihr eigen nennen, eine ideale Ausgangsposition, um in Zukunft ansehnliche Mengen solcher Weine zu erzeugen. Unabhängig von der Rebsorte erfordert die Erzeugung von Spitzenweinen immer eine strenge Auslese der besten – beim Spätburgunder der gesündesten – Trauben, und je mehr Traubenmaterial einem Winzer zur Verfügung steht, desto besser sind natürlich auch seine Möglichkeiten.

Die Huberschen Weißweine haben in gleichem Maß Anlaß zu Diskussionen gegeben wie die Rotweine. Auf der einen Seite lehnten manche Kritiker sie mit der Begründung ab, sie schmeckten zu sehr nach den neuen Holzfässern, in denen sie vergoren und ausgebaut werden. Andererseits sind sie auch mit Lob überhäuft worden. Als Bernhard Hubers 1992 Chardonnay »R« als einer von sechsen unter 348 Chardonnays aus 20 Ländern auf dem Wettbewerb »Chardonnay du Monde« in Chaintré im Burgund eine Goldmedaille errang, wiederholte sich der unerwartete Erfolg des Rotweins zwei Jahre zuvor auf dem Gebiet der trockenen Weißweine. Diesmal stellten sich die Franzosen die Frage: »Wer ist Bernhard Huber?«

»Es ist vielleicht schwierig zu glauben, aber diese Sachen sind für unsere Weinbergsarbeiter enorm wichtig«, sagt Bernhard Huber. »Es gab Zeiten, da fanden sie meine Anweisungen verrückt, weil ich von ihnen verlangt habe, Dinge auf eine vollkommen andere Weise zu tun, als es die Norm ist. Wenn aber einer von unseren Weinen einen solchen Erfolg erringt, dann sind sie genauso begeistert wie ich. Und beim nächsten Mal machen sie alles genauso, wie ich es mir vorstelle!«

Es ist nicht überraschend, daß Bernhard Hubers Chardonnay so gut ist. Im Gegensatz zu seinen Kollegen, die fast alle zwangsläufig mit jungen Chardonnay-Reben arbeiten, die noch nicht die optimale Traubenqualität geben können, besitzt er – dank eines historischen Irrtums – Chardonnay-Reben im besten Alter. Der betreffende Weinberg wurde 1954 offiziell mit Weißburgunder-Reben bepflanzt, doch aufgrund der Knappheit an Reben dieser Sorte bei deutschen Rebschulen kamen die Stöcke aus dem Burgund und waren eigentlich Chardonnay. Da die beiden Sorten sehr ähnlich aussehen, wurde der Irrtum erst viele Jahre später entdeckt. Die Hubers konnten die Lage 1991 pachten, und die hier entstehenden Weine sind voll und geschmeidig, ohne die Schwere und Öligkeit, die bei Chardonnay so oft störend wirkt. Sie zeigen an Haselnuß erinnernde Noten wie die besten Weißweine des Burgunds.

In guten Jahrgängen schmeckt auch der »Malterer« eher, als ob er aus dem Burgund und nicht aus dem Breisgau käme. Dies ist um so erstaunlicher, da er ein Verschnitt aus dem wenig bemerkenswerten Freisamer mit Weißburgunder ist. Nur jemand, der so unbelastet von Traditionen und Althergebrachtem ist wie Bernhard Huber, konnte überhaupt auf eine so absurde Idee kommen und sie dann auch noch erfolgreich verwirklichen. Tatsächlich stammt die Idee allerdings aus dem Gebiet selbst und ist daher nicht halb so absurd, wie sie sich im ersten Moment anhört: »Viele der schweren Ruländer alten Stils, die hier noch vor 20 Jahren gemacht wurden, enthielten aller Wahrscheinlichkeit nach etwas Freisamer, und ich dachte, wenn es ihnen zu mehr Kraft verholfen hat, könnte das mit anderen Rebsorten auch funktionieren.« Die Ausstattung ist ebenfalls höchst individuell: ein langer schmaler Streifen von Etikett mit einer Abbildung des Malterer Teppichs aus dem Augustiner-Museum in Freiburg, der sich schlangenförmig um eine hohe gerade Flasche windet.

Wenn die anderen Weißweine der Hubers noch nicht so ungewöhnlich oder bemerkenswert sind wie diese, dann liegt das hauptsächlich daran, daß viele von ihnen noch in der Experimentierphase stecken. Ich bin sicher, daß Bernhard Huber der Ansicht ist, daß ein Winzer, der niemals Risiken eingeht und nie etwas Neues ausprobiert, auch nicht sehr weit kommen wird. Er kann offenbar ohne Probleme mit Weinen leben, die zwar gut sind, die ihn aber doch noch nicht vollkommen zufriedenstellen. Huber ist in der Lage, geduldig auf den nächsten Jahrgang und damit auf die nächste Chance zu warten, etwas besser oder zumindest ein wenig anders machen zu können. Es gibt nicht viele deutsche Winzer, die mit so vielen provisorischen Weinen leben könnten wie er. So aber gibt es die Aussicht, daß er von Zeit zu Zeit für einen weiteren Wein den passenden Stil finden wird, und ich bin mir ganz sicher, daß in den kommenden Jahren immer wieder Leute ganz erstaunt fragen werden: »Wer ist Bernhard Huber?«

Probiernotizen Weingut Bernhard Huber

Chardonnay (ohne Lagenbezeichnung)

1993 QbA trocken »Barrique« 85
Herrliche Frische und Eleganz. Wo gibt es heute solch einen Chablis?

1993 QbA trocken »Barrique – R« 87
Langsam öffnen sich die großen Flügeltüren, und ein prächtiger, hell erleuchteter Saal liegt vor uns.

1994 QbA trocken »Barrique« 81
Butter, Karamel und Rauch, kurz gesagt, fast eine Karikatur eines Chardonnay.

1995 QbA trocken »Barrique« (Fassprobe) 86?
Alles noch festgeschnürt, aber was hier alles drin steckt ...

Der »Malterer« (ohne Lagenbezeichnung)

1992 QbA trocken 82
Ein großer polierter Eichentisch, aber ein wenig zu groß für den Raum, in dem er steht?

1993 QbA trocken 84
Nussig und würzig, ohne laute Noten; Fülle und Kraft, ohne ausladend zu wirken.

1994 QbA trocken (Fassprobe) 83?
Rund und sanft, vielleicht nicht aufregend, aber gut proportioniert.

Spätburgunder Rotwein aus »Grand-Cru«-Lagen

1991 QbA trocken »Barrique – R« 84
Hat seine Kraft mit der Reife abgelegt, trotzdem erstaunlich standfest für den schlechten Jahrgang.

1992 QbA trocken »Barrique – R« 87
Faszinierende Würze, »Süße« und Frische ergeben eine überzeugende Eleganz.

1993 QbA trocken »Barrique« 85
Sich langsam entfaltende Festigkeit, gibt jetzt die reifen Früchte der Geduld preis.

1993 QbA trocken »Barrique-R« 90
Aus der Ferne gesehen, ragt die filigrane Spitze des Freiburger Münsters über alles hinaus. Ein Rotweinmonument, das erst kurz vor der Jahrhundertwende seine wahre Größe zeigen wird. Deutschlands erster großer Pinot Noir!

1994 QbA trocken »Barrique« 83
Ein wenig säuerlich, aber bietet auch viel Zeugs an.

1994 QbA trocken »Barrique – R« 86
Dampft in allen Gassen! Ein erstaunlich kräftiger, ausdrucksstarker Rotwein für 1994.

1995 QbA trocken »Barrique« (Fassprobe) 84?
Keine Bombe, aber was für eine herrliche Kirschnote; geschliffene Festigkeit.

Aus der Garage in die Zukunft
Karl Heinz, Irene und Patrick Johner

Weingut Karl H. Johner
Gartenstraße 20
79235 Bischoffingen
Tel. 07662/6041
Fax 07662/8380

Die Garage war voll mit blinkendem Metall, doch waren es keine Autos oder Motorräder, sondern Edelstahltanks, in denen Karl Heinz Johners Weine gärten und reiften.

»Es wäre schwierig gewesen, eine Baugenehmigung für eine Kellerei zu bekommen, und im Moment haben wir kein Geld«, erklärte er gut gelaunt. Weder die improvisierte Art der Ausrüstung schien ihm etwas auszumachen noch die Tatsache, daß seine eigene Garage nicht groß genug war, um all seine Weine unterzubringen.

»Die 1988er sind noch hier«, sagte er, als wir uns einen Weg durch die Tanks suchten, um zu einer Partie Wein am hinteren Ende der Garage zu gelangen, die er mich unbedingt probieren lassen wollte, »aber sie kommen bald in die *Barrique*-Fässer in einem anderen Keller ein paar Straßen von hier.« Damals waren die kleinen neuen Eichenholzfässer, in denen bis heute jeder seine Weine eine Zeitlang reift, auf die Garagen und Keller diverser Verwandter und Freunde in ganz Bischoffingen, einem kleinen Dorf auf der Westseite des Kaiserstuhls, verteilt. »Vielleicht werde ich die besten Fässer Spätburgunder dieses Jahr separat abfüllen«, sagte er, »aber ich weiß noch nicht, wie wir das nennen sollen.« – »Garage-Reserve«, schlug ich scherzhaft vor. Er blickte mich mit einem breiten, schelmischen Lächeln an: »Das würde uns sicher ins Gespräch bringen, aber eine Garage sieht auf dem Etikett leider nicht so gut aus wie ein Château.«

Damals, Anfang 1989, begannen die Johner-Weine in der verschlafenen deutschen Weinszene für Aufsehen zu sorgen. Das ließ Karl Heinz

Johner und seine Frau Irene hoffen, daß der Sprung ins kalte Wasser einige Jahre zuvor trotz der chaotischen Bedingungen, unter denen sie immer noch arbeiteten, die richtige Entscheidung gewesen war. Mit den Weinen seines zweiten Jahrgangs, 1986, wurde der Name Karl Heinz Johner plötzlich zu einem Begriff, den sich Weinhändler, Sammler und Sommeliers aufgeregt zuflüsterten.

Seit Beginn der achtziger Jahre experimentierten deutsche Winzer mit dem Ausbau von Rot- und Weißweinen in neuen Eichenfässern. Diese sogenannten »*Barrique*-Weine« erregten viel Interesse, weil sie etwas Neues waren und aus Frankreich kamen. Die meisten schmeckten jedoch hart oder bitter, die schlimmsten nach ganzen Sägewerken statt nach Wein. Die 1986 Weiß- und Spätburgunder von Karl Heinz Johner waren anders: voll, harmonisch und äußerst ansprechend. Jeder, der sie verkostete, war beeindruckt; die Fachpresse berichtete in enthusiastischen Tönen, und die Bestellungen rissen nicht ab.

Noch 18 Monate zuvor, als ich die Johner-Weine zum erstenmal in England verkostet hatte, sah alles ganz ungewiß aus. Ich saß mit Karl Heinz Johner auf einer Bank im Hof von Lamberhurst, und er schenkte mir Proben seiner ersten drei Weine ein, Rivaner, Weißburgunder und Spätburgunder aus dem Jahrgang 1985. Er arbeitete damals noch für Lamberhurst Vineyards in Kent, wo er seit 1975 für die Weine verantwortlich war. Wöchentlich pendelte er mit dem Flugzeug zwischen Bischoffingen und Kent, zur Lesezeit sogar noch öfter. Er erzählte, wie er mit seiner Frau die gut drei Hektar Weinberge aus dem Familienbesitz übernommen hatte. Die Entscheidung für eine neue Zukunft?

»Es ist das Äußerste, das ich im Moment bewältigen kann. Irene muß die Arbeit im Weinberg praktisch allein machen, weil ich die ganze Woche hier in England bin.« Diese Situation hatte auch dazu geführt, daß Karl Heinz Johner zwar jede Menge Kontakte in der britischen Weinszene hatte, wo er liebevoll »Tubby« genannt wird, in Deutschland jedoch keinen einzigen Weinhändler oder Journalisten kannte. Folglich hatte er keine andere Wahl, als seine ersten Weine zu bescheidenen Preisen in Großbritannien zu verkaufen. Selbst diese ersten, experimentellen Weine waren indessen interessant, besonders gelungen der Spätburgunder.

Heute ist es kaum zu glauben, daß Karl Heinz Johner seine Zeit damit verbrachte, der gerade entstehenden englischen Weinindustrie zu helfen, Trinkbares zu produzieren, und sich die Abende in seiner kleinen Wohnung auf Lamberhurst an der Orgel vertrieb, während in Deutschland niemand eine Ahnung davon hatte, daß er nicht nur die badischen Weine, sondern die Weine der ganzen Republik revolutionieren sollte. Damals war es keinesfalls sicher, ob die Johners die ersten schwierigen

Jahre überstehen würden und die restlichen sieben Hektar der Familienweinberge übernehmen konnten, wie sie es geplant hatten.

Der Kontrast zwischen diesen bescheidenen Anfängen und dem heutigen Erfolg könnte kaum extremer sein. Neben dem wenig bemerkenswerten Familienhaus der Johners steht jetzt ein neues Weingutsgebäude, das genausowenig deutsch aussieht wie die Johner-Weine schmecken. Es könnte von Kalifornien dorthin gebeamt worden sein: Der große Torbogen und das eher flache Dach dahinter lassen es ein bißchen wie ein spanisches Missionsgebäude aussehen, ähnlich der Robert Mondavi-Winery im Napa Valley. Es ist 1991/92 mit dem Geld aus dem ersten Erfolg ihrer Weine in Deutschland gebaut worden; 1996 kam ein neuer unterirdischer Flügel hinzu. Innen ist das Gebäude nicht weniger erstaunlich als außen. Die Edelstahltanks haben heute in der luftigen Haupthalle jede Menge Platz, und weder der runde Rotweinfaßkeller noch der neue Keller für die Weißweinfässer wirken garagenartig, obwohl dieser neueste Teil groß genug wäre, um einen LKW darin zu parken.

»Ein ziemlicher Fortschritt gegenüber unserer ersten Ausrüstung«, bemerkt Karl Heinz Johner mit einem leisen Lachen, als er mir den neuen Teil des Kellers zeigt. Die neuen Gebäude sind sein Lieblingsspielzeug, aber trotz des scherzhaften Tons ist es ihm damit todernst. Hier beginnt er, genau die Weine zu machen, von denen er vor zehn Jahren zu träumen begann, als er unter derart beengten Bedingungen arbeitete, daß die meisten deutschen Winzer vor Verzweiflung alles hingeschmissen hätten. Die Ursprünge dieser Weine liegen sogar noch weiter zurück, in den Lamberhurst-Tagen, als Freunde in der britischen Weinszene ihm die großen Weine Frankreichs und die aufregenden neuen Weine aus Kalifornien und Australien näherbrachten. Sie waren seine Inspiration, und sie sind es bis heute geblieben.

»Ich denke nicht sehr oft zurück an unsere ersten Weine, weil die aus den letzten Jahrgängen so viel besser sind«, sagt er, als wir den 1996 Chardonnay »SJ« (für Selektion Johner) verkosten, eine Bezeichnung, die er seit dem Jahrgang 1989 für seine allerbesten Weine verwendet. Seit den ersten deutschen Weinen aus dieser Rebsorte vor etwas über zehn Jahren hatte ich meine Zweifel, ob diese edle weiße Rebsorte aus dem Burgund für das deutsche Klima und die Böden hier überhaupt geeignet wäre. Karl Heinz Johners 1989 »SJ«, der als Weißburgunder etikettiert wurde, da der Chardonnay damals in Baden noch verboten war, bildete eine beeindruckende Ausnahme, aber eine einzelne Rose macht bekanntlich noch keinen Sommer. Der mächtige und doch vollkommen ausgewogene 1996 Chardonnay »SJ« ist nun der endgültige Beweis, daß diese Rebsorte zumindest an wenigen Stellen und in den Händen eines begabten Winzers in Deutschland Spitzenweine hervorbringen kann. Es ist der beste Weißwein, den Karl Heinz Johner bis jetzt gemacht hat, und er ist sich dessen wohlbewußt.

Nur wenige Winzer sind in der Lage, ihre eigenen Weine so kritisch zu verkosten wie Karl Heinz Johner. Es ist vollkommen normal für einen Winzer, seine eigenen Weine für die besten zu halten, selbst wenn es die einzigen sind, die er oder sie überhaupt trinkt. Und auch Winzer, die einen Überblick darüber haben, was in ihrem eigenen Gebiet passiert, und die regelmäßig Weine aus anderen Ländern trinken, neigen dazu, ihre Erfahrungen in einer Weise zurechtzubiegen, daß am Schluß ihre eigenen Weine immer etwas Besonderes darstellen. Oft führen sie diesen Beweis vor allem für sich selbst.

Als ich in dem Verkostungsraum im ersten Stock von Karl Heinz Johners neuen Gebäuden sitze, analysiert er sehr genau jeden einzelnen seiner Weine aus früheren Jahrgängen, den er für mich einschenkt. Er ist sich nicht nur bewußt, daß manche von ihnen Schwächen zeigen, sondern hat auch bereits herausgefunden, was dafür verantwortlich ist. Sein Lob für die eigenen Weine ist sparsam und nicht weniger präzise: »Ja, dieser hat sich ganz gut entwickelt, er wirkt soviel seidiger als im vorherigen Jahrgang.« Oder: »Er ist vielleicht nicht groß, aber sehr ansprechend und harmonisch.«

Diese Seite von Karl Heinz Johners Wesen ist mir erst nach und nach bewußt geworden. Als erstes fiel mir an ihm sein jungenhaftes Schmunzeln auf, das selbst für sein rundes Gesicht zu groß zu sein scheint und auf keinem Foto richtig eingefangen wird. Seine analytischen Fähigkeiten zeigten sich so richtig, als er mich mit seinem Sohn Patrick im Frühjahr 1992 eine Woche lang durch die Weingebiete in Kalifornien begleitete. Auf den Weingütern, die wir besuchten, bombardierte er die uns empfangenden Kellermeister und Besitzer mit Fragen und steckte seine Nase in alle möglichen dunklen Ecken, um zu sehen, mit welcher technischen Ausrüstung sie arbeiteten. Manche von ihnen mögen sein Verhalten als lästig empfunden haben, aber er war dabei von einer entwaffnenden Unschuld, und niemand sagte etwas. Ganz im Gegenteil bekam er selbst auf die frechesten Fragen ausführliche Antworten. Er war ganz in seinem Element: Verkosten, Fragen, im Auto auf dem Weg zum nächsten Termin, dann Rekapitulieren seiner Eindrücke und Gedanken. Gelegentlich lenkte ihn das von der Straße ab, und einmal hatten wir es nur seinem unschuldigen Ton und gewinnenden Lächeln zu verdanken, daß wir kein saftiges Bußgeld wegen einer Geschwindigkeitsüberschreitung zahlen mußten.

Irene Johner bleibt nicht immer zu Hause, um sich um Haus und Hof zu kümmern, sondern sie begleitet ihren Mann häufig zu Weinpräsentationen und wichtigen Proben. Sie führt den Betrieb mit ihm gemeinsam und bedient nicht nur das Telefon wie viele andere Winzer-Ehefrauen (oder gelegentlich auch -männer).

»Viele Leute erzählen mir, daß sie nicht mit ihrem Ehepartner zusammen arbeiten könnten«, sagt sie, »aber bei uns klappt das perfekt.« Sie ist zwar offensichtlich nicht entzückt, wenn genau während des Mittagessens eine LKW-Ladung organischen Düngers für die Weinberge in den Hof rollt, hat aber keine Schwierigkeiten, gleichzeitig mit dem LKW-Fahrer zu verhandeln und das Fleisch aufzuschneiden. Zur Zeit fehlt Patrick im Betrieb, da er ein Praktikum im Burgund macht. Ihn interessiert der Anbau und wie die Weine in dem Gebiet gemacht werden, das in den letzten Jahren ganz allmählich die Neue Welt als Vorbild der Johners ersetzt hat.

»Dort werden immer noch die besten Chardonnay und Pinot Noir der Welt gemacht, also ist Patrick dahin gegangen«, sagt Karl Heinz Johner. »1996 kam er für die Lese nach Hause und meinte, daß wir früher als gewohnt lesen sollten, weil es im Burgund auch so gemacht wird. Und es hat sich erwiesen, daß er recht hatte.« Seine Eltern haben ganz offensichtlich kein Problem damit, daß der 23jährige eine sehr aktive Rolle spielt. Wenn er ins Rampenlicht tritt, wird er im Keller nicht mit Improvisationen kämpfen oder in kaltes Wasser springen müssen. Er wird sich aber gut daran erinnern, wie es in den Tagen war, als niemand den Namen seines Vaters gehört oder eine Ahnung davon hatte, welch bemerkenswerte Weine sich in diversen Garagen versteckten.

Die Weine des Weinguts Karl H. Johner

Der einfachste Wein der Johners ist der Rivaner, der genau wie ihre größten und teuersten einige Zeit im kleinen Eichenfaß verbringt. Rivaner ist ein Synonym für die bescheidene Rebsorte Müller-Thurgau, aber der Wein hat so gut wie keine Ähnlichkeit mit typischen Müller-Thurgau-Weinen. Seine Frucht erinnert an reife Äpfel. Er wirkt frisch und geschmeidig – ein idealer Zechwein für alle Tage. In einem guten Jahrgang wie 1996 ist er 80 Punkte wert, in mittleren etwas weniger. Die normale Grauburgunder-Abfüllung kommt von allen Johner-Weinen einem typischen Kaiserstuhl-Wein am nächsten, ist aber weicher als vergleichbare Weine anderer Spitzenerzeuger des Gebiets. Die Rosinennote dieses Weines findet sich auch in dem wesentlich mächtigeren Grauburgunder »SJ«, neben kräutrigen und toastigen Aromen. Der Weißburgunder und Chardonnay ist ein körperreicher und doch eleganter Wein, in dem sich Vanille und Toast aus den kleinen Eichenfässern, in denen er reift, perfekt mit den Zitrus- und exotischen Fruchtaromen aus den Trauben verbindet. Noch besser ist der Chardonnay »SJ«, zugleich imposant und edel. Der normale Spätburgunder ist nicht besonders tieffarbig, duftet und schmeckt aber sehr ansprechend nach Kirschen, ist fein und elegant. Der Spätburgunder »SJ« ist vielleicht zur Zeit der samtigste Rotwein überhaupt in Deutschland; er gleitet über den Gaumen, seine Waldbeernoten wirken zugleich dicht und zart. Bei den Johners gibt es außerdem sehr kleine Mengen an Sauvignon Blanc – dem besten in Deutschland – und einen Dessertwein, »Saint Patrick«. Sämtliche Weine des Gutes werden als deutscher Tafelwein vermarktet.

Probiernotizen Weingut Karl H. Johner

Grauburgunder

1994   TAFELWEIN »SJ«   87
Genau die Menge an Reichhaltigkeit, um den Mund exakt zu füllen.

1995   TAFELWEIN   83
Wie feines Rosinenbrot, weich und cremig, aber auch frisch.

1995   TAFELWEIN »SJ«   88
Ein Garten, in dem Kräuter wachsen und Beeren reifen, eine reiche Ernte.

1996   TAFELWEIN (FASSPROBE)   84?
Sanft und lebendig, ansprechende Direktheit und Nachhaltigkeit.

1996   TAFELWEIN »SJ« (FASSPROBE)   89?
Üppig, satt und großzügig, ohne Schwere.

Weißburgunder und Chardonnay

1994   TAFELWEIN   86
Heimische und exotische Früchte treffen sich in einer Runde und wollen nicht gehen.

1995   TAFELWEIN   85
Ein Seidentuch mit buntem Muster, einmal gefaltet um die Schultern gelegt.

1996   TAFELWEIN (FASSPROBE)   87?
Viel Ausdruck, Charakter und Frische bilden eine vielfältige Komposition.

Chardonnay

1995 TAFELWEIN »SJ« — 88
Ganz gemächlich bewegt sich der großgewachsene, elegante Herr den Boulevard entlang.

1996 TAFELWEIN »SJ« (FASSPROBE) — 90?
Wenn ich an Lauren Bacall denke, dann habe ich ihre große Präsenz, ihre Stärke und ihre stille Tiefe vor Augen; wenn ich Karl Heinz Johners Meisterwerk probiere, denke ich an Lauren Bacall. Der erste große deutsche Wein aus der Chardonnay-Traube!

Spätburgunder-Rotwein

1992 TAFELWEIN »SJ« — 84
Ein wenig schläfrig inzwischen, aber voll und weich und mit warmer Würze.

1993 TAFELWEIN »SJ« — 86
Wie eine rote Rose, die sich in einem kühlen Raum nur langsam und noch nicht ganz geöffnet hat.

1994 TAFELWEIN — 78
Keine schlechte Substanz, aber Rotwein braucht auch Aroma; das fehlt hier etwas.

1995 TAFELWEIN — 80
Leicht, aber charmant und ansprechend; unbedingt jung trinken.

1996 TAFELWEIN (FASSPROBE) — 86?
Fülle und Würze, substanzreich und elegant; sehr gutes Potential.

1996 TAFELWEIN »SJ« (FASSPROBE) — 88?
Langsame Annäherung zwischen Feinheit und Power. Ziel? Vermählung.

Im Schatten des schwarzen Adlers
Fritz Keller

Weingut Franz Keller
Badbergstraße 23
79235 Oberbergen
Tel. 07662/93300
Fax 07662/719

Wir sitzen im holzgetäfelten Gastraum des »Schwarzen Adlers«, des berühmten Gasthofs der Familie Keller in Oberbergen. Franz Keller ist vollkommen damit beschäftigt, eine Gruppe von Männern zu beeindrucken, an deren Tisch er sich gesetzt hat. Sein Sohn Fritz Keller und ich sitzen auf der gegenüberliegenden Seite des Raumes, dessen Beleuchtung offenbar mit dem Senior im Bunde ist. Es kommt mir vor, als werfe er seinen Schatten über die gesamte Länge des Restaurants, so daß er genau auf Fritz Keller fällt. Auf diese Entfernung bin ich mir nicht sicher, ob die Männer ihm überhaupt zuhören, aber ich sehe, daß Fritz Kellers Ohren kein einziges Wort seines Vaters entgeht. Es ist ganz offensichtlich, daß er diese Worte schon vorher gehört hat, viele Male. Franz Keller war der Rebell der deutschen Weinszene, seine Kampagne gegen gesüßte deutsche Weine machte ihn zu einer Cause Célèbre. Gleichzeitig wurden dadurch seine knochentrockenen Weiß- und Rotweine in den siebziger und frühen achtziger Jahren zu den bekanntesten badischen Weinen und zu den am weitesten verbreiteten deutschen Weinen in der gehobenen deutschen Gastronomie. Die Flammen der hitzigen Debatten sind inzwischen längst heruntergebrannt, und Franz Keller ist zur Vaterfigur des »Schwarzen Adlers« und zu einem Grandseigneur der deutschen Wein- und Gastroszene geworden.

Natürlich ist er außerdem der Vater von Fritz, dessen Gesichtsausdruck darauf schließen läßt, daß die Rolle des Sohnes nicht immer einfach ist. Die Blätterteigtasche vor mir – vollgestopft mit Trüffeln – bereitet mir Magenprobleme, aber ein solch starker Mann und Unterhalter als Vater würde mir noch größere Magenprobleme verursachen. Ich nehme einen großen Schluck von Kellers 1993 Weißburgunder »S«, und meinem Magen geht es gleich viel besser. Dann kommt ein wundervolles Gericht vom Zicklein auf den Tisch, und einmal mehr bin ich glücklich, in dieser großartigen Institution der deutschen Gastronomie zu sitzen.

Die Kellers haben ihre Weine immer für den Essenstisch gemacht. Das erklärt sowohl ihren Erfolg in der Gastronomie als auch die Tatsache, daß die Fachpresse dazu neigt, die Weine unterzubewerten. Glücklicherweise studiert Fritz Keller die Sportseiten aller möglichen Zeitungen im Hinblick auf Berichte über den SC Freiburg, den Fußballklub, dessen Vizepräsident er ist, weitaus interessierter als die Weinzeitschriften. Er weiß, daß seine Weine nicht unbedingt den herkömmlichen Vorstellungen entsprechen, und hat damit keine Probleme. Wie er selbst sagt, als wir am Nachmittag eine Auswahl der Weine des Gutes verkosten: »Wenn unsere Weine jung sind, kann die Säure degustativ störend wirken, aber sie ist gastronomisch unheimlich wichtig.«

Daß die Keller-Weine eine »französische« Art haben, ist bereits viele Male gesagt und geschrieben worden und bleibt trotzdem genauso gültig wie zuvor. Fritz Keller mag in manchen Dingen mit seinem Vater nicht übereinstimmen – dieser hat einmal treffend bemerkt: »Wo nicht konstruktiv gestritten wird, da entwickelt sich auch nichts« –, aber in diesem einen Punkt sind sie sich vollkommen einig. Die Kellers orientieren sich seit drei Generationen an der Gastronomie Frankreichs, aber erst Franz Keller hat den Weinen diesen »französischen Touch« gegeben. Das hat nichts mit dem Nachahmen bestimmter französischer Weine zu tun, sondern damit, daß er sich dieselben Ziele, nach denen die führenden Winzer Frankreichs traditionell streben, zu eigen gemacht hat: Jeder Wein sollte die Landschaft widerspiegeln, in der er gewachsen ist, und Eleganz und Harmonie sind wichtiger als Volumen und Körper. Das könnte nicht besser demonstriert werden als in der Verbindung der Keller-Weine mit der bewußt konservativen französisch-badischen Küche des »Schwarzen Adlers«. Hier verkörpern Wein und Speisen in gleichem Maß die Philosophie ihrer Urheber und bilden zusammen eine Einheit, die ich an diesem Abend wieder einmal neu entdecke.

Obwohl Fritz Keller beim Weißwein den gleichen Stil vertritt wie sein Vater, bedeutet das nicht, daß sich auf dem Gut, seit Fritz offiziell 1990 den Ausbau der Weine übernommen hat, nichts verändert hat. Tief in den weichen Lößboden Oberbergens ist 1992 ein neuer Keller gegraben worden, was die Weißweine positiv verändert hat. In den Wintermonaten ist es hier unten unangenehm kalt. In Verbindung mit der Ausbauweise, die den Weinen bei ihrer Entwicklung ohnehin viel Zeit zugesteht, hat das dazu geführt, daß die Weißweine heute mit mehr jugendlicher Frische als früher abgefüllt werden und deshalb langlebiger sind. Die besten Weißweine der Kellers haben immer mehrere Jahre der Flaschenreife benötigt. Bis jetzt habe ich noch keinen einzigen aus der langen Liste ihrer Eigenbauweine im »Schwarzen Adler« probiert, der zu alt gewesen wäre. Fritz Kellers Weine sind heute als junge Weine etwas attraktiver als die seines Vaters in diesem Stadium, aber genau wie die Weine der Vergangenheit wirken sie weder aufdringlich noch überladen.

Keiner von beiden mag bombastische Weine, und Fritz Keller spricht voller Geringschätzung von der »flüssigen Marmelade«, womit er die meisten Rotweine meint, über die die Presse heutzutage in Verzückung gerät. Die Kellers betreiben gleichzeitig eine andere Firma, die französische Spitzenweine importiert, so daß er wohl weiß, wovon er spricht. Es scheint mir, daß er in seiner heftigen Ablehnung dieser Modeerzeugnisse durchaus mit seinem Vater zu vergleichen ist, der in den siebziger Jahren gegen die konfektionierten, in Deutschland weit verbreiteten süßen Weine zu Felde zog.

Von unserer Diskussion über französische Weine gehen wir nahtlos zu Fritz Kellers eigenen Produkten über, was in diesem Haus ganz natürlich erscheint. Seine Begeisterung über die Weine des Jahrgangs 1996, die er zusammen mit dem neuen Kellermeister, Holger Koch, gemacht hat, ist unverkennbar. Unter anderem hat dieser Jahrgang die ersten vollkommen gelungenen Weine aus der Sorte Chardonnay ergeben, der hier 1990 angepflanzt worden ist. »Wir machen eine olympische Disziplin daraus!« sagt Fritz Keller voller Vorfreude auf die Chardonnays der kommenden Jahrgänge. Er ist sich bewußt, daß es eine Weile dauern wird, bevor sie den Weißburgundern, Grauburgundern und Silvanern – den traditionellen Stärken des Gutes – Paroli bieten können. Aber auch hier gibt es neue Entwicklungen: die »Klassik«-Weine.

»Über ein Jahrzehnt haben wir trockene Weißweine in zwei Stilarten erzeugt: einerseits die normalen, im Edelstahl ausgebauten Weine, und andererseits die *Barrique*-Weine, die in neuen Eichenholzfässern vergären und reifen. Ich wollte etwas zwischen diese beiden Pole stellen.« Die Klassik-Weine werden in alten Eichenfässern ausgebaut, die keinen Holzgeschmack mehr an die Weine abgeben, und bleiben ein ganzes Jahr auf der Feinhefe (das Depot toter Hefezellen, das sich nach der Gärung am Faßboden absetzt). Ein 1993 Silvaner war der erste Versuch in diesem Stil, doch bis jetzt ist der 1995 Weißburgunder bei weitem der gelungenste dieser Reihe. Wie der Chardonnay sind auch dies Fritz Kellers Babys.

Seine besten Weißweine bleiben jedoch weiterhin die Weiß- und Grauburgunder, die in *Barrique*-Fässern ausgebaut und als deutscher Tafelwein vermarktet werden, um Verwechslungen mit den Weinen im traditionellen Ausbaustil zu vermeiden. Wir verkosten eine ganze Reihe aus verschiedenen Jahrgängen, darunter mehrere der »S« (für Selektion) Abfüllung und den großartigen 1990 Weißburgunder »A« (für: Außergewöhnlich? Jedenfalls ist er das und überdies 90 Punkte wert!). Einige von Fritz Kellers neuen Weißweinen kommen nahe an diese Leistung heran. Bei den Spätburgundern scheint alles noch ein bißchen hinterherzuhinken; ihnen fehlt meistens das Samtige und Duftige, das die

Spitzenweine dieser Rebsorte kennzeichnet. Fritz Keller weiß das, und er scheut nicht vor Investitionen und harter Arbeit zurück, um Verbesserungen herbeizuführen.

»Die 1996 Rotweine gefallen mir besser als ihre Vorgänger, aber wir müssen was machen. Michel Rolland, einer der führenden Önologen des Bordeaux, macht für uns eine Beratung.« Es wird weder das erste noch das letzte Mal sein, daß die Kellers von den Franzosen lernen. Ich bin mir sicher, daß Fritz Keller beim Rotwein zu den gleichen Erfolgen in der Lage ist wie bei seinen Spitzenweißweinen. Dann braucht er nie wieder über den Schatten seines Vaters nachzudenken.

Die Weine des Weinguts und der Erzeugergemeinschaft Franz Keller

Die Familie Keller betreibt drei voneinander unabhängige Weinbetriebe: ihr Weinimporthaus, das Weingut Franz Keller und eine Erzeugergemeinschaft gleichen Namens. Die einfachsten Keller-Weine stammen von der Erzeugergemeinschaft. Sie sind im allgemeinen ordentlich gemacht, aber oft nicht sonderlich bemerkenswert. Die Weine des Weinguts sind wesentlich besser, deshalb lohnt es sich, auf das Kleingedruckte auf dem Etikett zu achten.

Probiernotizen Weingut Franz Keller/Schwarzer Adler

Weißburgunder (mit und ohne Lagenbezeichnung)

1993 TAFELWEIN »S« 88
Großzügige Einladung zu reizender Eleganz, eine silberne Schale voller reifer gelber Früchte.

1994 TAFELWEIN 81
Eine runde Sache, die rundum zufrieden macht, aber will man nicht auch ein bißchen Aufregung?

1994 TAFELWEIN »S« 84
Ungewöhnlich imposanter Auftakt, aber genauso abrupter Abschied; etwas pompös.

1995 OBERBERGENER PULVERBUCK QbA »KLASSIK« 83
Ein Charmeur, der allmählich seine ernste Seite zeigt.

Weingut Franz Keller

1995	TAFELWEIN	85

Will sich nicht beeilen, verbirgt aber nicht seine Stärken. Wie ein kultivierter junger Franzose.

1996 OBERBERGENER BASSGEIGE QBA TROCKEN (FASSPROBE)   84?
Herrliche, jugendliche Überschwenglichkeit, keine Größe, aber ...

1996 TAFELWEIN TROCKEN (FASSPROBE)   87?
Ebenso cremig wie elegant, perfekt gebändigte Kraft, macht ungeduldig.

Grauburgunder (mit und ohne Lagenbezeichnung)

1993 TAFELWEIN TROCKEN   87
Badische Fülle ohne das Fett, dazu eine Portion britischer Frühstückspeck, ebenfalls ohne das Fett.

1994 TAFELWEIN TROCKEN   82
Das *Barrique*-Faß läßt grüßen mit Vanille und Toast, die Trauben tun etwas »gschamig«.

1995 OBERBERGENER BASSGEIGE QBA TROCKEN   83
Ein Kaiserstuhl-Klassiker – reife Früchte, erfrischende Säure – ruft nach ländlicher Kost.

1995 TAFELWEIN TROCKEN   86
Viel Schmackes und viel Stil, die in den nächsten Jahren noch besser zur Geltung kommen werden.

1996 OBERBERGENER BASSGEIGE SPÄTLESE TROCKEN (FASSPROBE)   88?
Atemberaubende Brillanz; der athletische Sprinter steht angespannt in den Startlöchern.

1996 TAFELWEIN TROCKEN »S« (FASSPROBE)   88?
Schlummernde Power und prägnante Säure, die sich langsam vermählen werden.

In ihrer eigenen Welt
Andreas Laible sen. und Andreas Laible jun.

Weingut Andreas Laible
Am Bühl 6
77770 Durbach
Tel. 0781/41238
Fax 0781/38339

»Wir sind schon wieder ausverkauft«, erklärt Andreas Laible dem älteren Paar, das gerade ins Probierzimmer gekommen ist, mit einem strahlenden Lächeln. »Ich kann Ihnen noch maximal zwölf Flaschen Riesling Kabinett Trocken anbieten, aber das ist auch alles. Geben Sie mir Ihre Adresse, dann schicke ich Ihnen eine Liste, sobald der neue Jahrgang abgefüllt ist.« Er schenkt ihnen von dem einzig verfügbaren Wein einen Probeschluck ein, der ihnen sehr gefällt, bis sie hören, daß er 14,- DM pro Flasche kostet. »Nein, vielen Dank, das ist uns zu teuer«, sagen sie, hinterlassen keine Adresse, steigen in ihren dicken Mercedes und fahren weg.

»Glücklicherweise waren wir nie von dieser Art Kunden abhängig«, sagt Andreas Laible, als er zu mir zurückkommt. Auf dem Tisch hat er für mich eine Verkostung vorbereitet. Ich frage, ob ich nicht doch ein paar Flaschen von anderen Weinen kaufen könnte, aber er bleibt dabei: »Bis auf einige halbe Flaschen für Verkostungen ist wirklich nichts mehr da.« Später zeigt er mir den Keller, und ich kann mich mit eigenen Augen überzeugen, daß selbst für den Eigengebrauch der Familie kaum etwas übrig ist. Die Geschäfte laufen offensichtlich bombig.

Ich hatte eigentlich einige reifere Weine verkosten wollen, drei oder vier Jahre alt, aber auch das ist nicht möglich. Obwohl einige ihrer Weine sehr gut altern können, ist die Familie Laible an reifen oder alten Weinen nicht sonderlich interessiert. Es geht ihnen um den letzten Jahrgang und ein paar Weine aus dem vorherigen – das verkaufen sie, und das trinken sie auch selbst. Aus der Art, wie Junior und Senior meine Fragen beantworten, wird deutlich, daß sie keinen Anlaß dafür sehen, das zu ändern. So sorgfältig ausgeklügelt ihre Arbeit mit den Reben und den jungen Weinen auch ist, sie freuen sich – wie jeder Winzer – über einen leeren Keller, der auf die nächste Lese wartet. Geld gab es nie im Überfluß, und sie sind froh über jeden Verkauf, selbst wenn es sich um die letzten zwölf Flaschen Riesling Kabinett Trocken handelt, ein Wein, den sie unverkennbar auch selbst gerne trinken. Die Laibles sind nicht neugierig darauf, wie ihre Weine sich mit der Reife verändern, sondern nur auf das, was die nächste Ernte bringt.

Aufgrund dieser Situation kann man kaum beurteilen, ob die Laible-Weine früherer Jahrgänge den heutigen vergleichbar waren. Da für mich nichts darauf hindeutet, daß sie anders waren, gehe ich davon aus, daß die Weine, die Andreas Laible sen., nachdem er 1975 den Familienbetrieb übernahm, gemacht hat, denen ähnlich waren, die ich heute verkoste.

Aussagen wie: »Die Müller-Thurgau-Rebe muß die nächsten Jahre aus unseren Weinbergen verschwinden« deuten aber an, daß auch nach 20 Jahren der ständige Prozeß der Vervollkommnung andauert. Selbst wenn die Weine der Vergangenheit nicht ganz so bemerkenswert waren wie die heutigen, ist es erstaunlich, daß die Laibles erst mit dem Jahrgang 1992 die Aufmerksamkeit der Fachpresse auf sich zogen. Die Gründe hierfür sind mannigfaltig, gehen aber auf die Tatsache zurück, daß beinahe alles auf dem Laible-Gut das Werk ihrer eigenen Hände ist.

Andreas Laible sen. hat das Haus der Familie 1969/70 sowie das neue Gebäude für den Traktor und andere Maschinen 1991/92 selbst gebaut. Ihre vier Hektar Weinberge, die den gesamten steilen Hang neben dem Haus einnehmen, müssen ebenfalls beinahe ausschließlich von Hand – Laible-Händen! – bearbeitet werden. Außerdem verkaufen sie größtenteils an Privatkunden, was auch sehr zeitintensiv ist, so daß sie schlicht keine Zeit hatten, hinauszugehen und ihre Weine der Welt zu präsentieren. Viele Jahre lang verließen sie sich darauf, daß die offiziellen Weinprämierungen Werbung genug waren. Andreas Laible sen. erzählt stolz von seinen 10 Bundesehrenpreisen und 16 Landesehrenpreisen, gibt aber zu, daß sie wenig dazu beigetragen haben, den Betrieb über die Grenzen der Ortenau bekannt zu machen, in der der berühmte Weinbauort Durbach liegt.

In dem ländlich eingerichteten Probierzimmer habe ich meine Probleme, mir einen Weg durch das Dickicht der Laible-Weine zu bahnen, weil sie alle denselben Lagennamen tragen: Durbacher Plauelrain. Als Andreas Laible sen. kurz den Raum verläßt, erzählt sein Sohn: »Aus dem Jahrgang 1995 hatten wir ›nur‹ ungefähr 30 Abfüllungen; vorher waren es bis zu 50 aus jedem Jahrgang. Selbst mein Vater ist inzwischen der Meinung, daß das zuviel war.« Kein Wunder, daß ich Orientierungsprobleme habe. Wenigstens tragen die besten trockenen Rieslinge jedes Jahrgangs seit 1994 die zusätzliche Bezeichnung »SL« für Selektion. Diese Weine stammen immer aus einer bestimmten Parzelle mit Rieslingstöcken, die die Familie Laible über Generationen hinweg selbst selektioniert hat, statt aus einem der kommerziell erhältlichen Klone, die seit den letzten Jahrzehnten in vielen Weinbaugebieten rund um den Erdball zu immer weiter standardisierten Weinen führen. Es hört sich an wie Familienchauvinismus, aber Andreas Laible sen. besteht darauf, daß die Weine aus diesen Klonen nie an die Rieslinge aus der »SL«-Parzelle herankommen. Die sechs verschiedenen Rieslinge aus dem Jahrgang 1995, die ich einen nach dem anderen verkoste, bestätigen das ebenso wie die 1994er zuvor.

Als der erste Traminer ausgeschenkt wird, fällt mir auf, daß die Laibles nicht nur die Architektur ihres Anwesens geprägt haben, auch die Weine heben sich stilistisch vollständig von der badischen Norm ab – wahrhaftig eine ganz eigene Welt! Die meisten Erzeuger in Baden sind einem klischeeartigen Image verbunden. »Von der Sonne verwöhnt« heißt der lang etablierte Werbeslogan, und die meisten badischen Weine bestätigen dies; viele schmecken ziemlich schwer und breit, als ob die Trauben zu lange in diesem natürlichen Solarium gelegen hätten. Im schlimmsten Fall schmecken sie langweilig und haben überhaupt nichts Animierendes. Traminer ist eine Rebsorte, die unabhängig vom Standort zur Schwere tendiert. Dennoch wirken die Traminer der Laibles wie alle ihre Weine stets lebendig und anziehend. Ich deute Andreas Laible sen. gegenüber an, daß seine Weine mich an die Finesse und Lebendigkeit von Moselweinen erinnern, und er erwidert: »Neben unseren eigenen gefallen uns diese Weine am besten.« Unverkennbar stellen die Moselweine für die Laibles eine Quelle der Inspiration dar – höchst ungewöhnlich für dieses Gebiet. Es ist für diese Winzerfamilie offenbar nichts Besonderes, ein Vorbild aus dem Norden heranzuziehen, obwohl die meisten ihrer talentierten Kollegen in Baden genau das Gegenteil als Muster haben: die Weine des Südens, deren Hauptmerkmale Kraft und Fülle sind.

Nach mehreren großartigen Traminern kommen wir zur Scheurebe, einer weiteren aus der Mode gekommenen, deshalb jedoch nicht weniger edlen Sorte. Die Laibles stört das nicht im geringsten, und Andreas Laible jun. betont, daß sie daran festhalten werden. Als ich die Beerenauslese verkoste, verstehe ich, weshalb. Sie verkörpert genau das, was die Familie mit ihren Weinen sucht: das Maximum an Aroma mit dem größtmöglichen Charme. Edelsüße Beerenauslesen sind normalerweise so dick, daß einige Schluck mehr als genug sind; doch dieser Wein scheint auf meiner Zunge zu tanzen. Auf der Suche nach einer genaueren Beschreibung entscheide ich, daß es sich hier definitiv nicht um den Tanz der Zuckerfee handelt, sondern eher um einen anmutigen Walzer, bei dem die Tänzer über den Boden zu schweben scheinen. Nach der Probe mache ich einen Spaziergang durch die Weinberge der Laibles, wo mir einmal mehr deutlich wird, wie hart die Arbeit hier sein muß, diesen Hang hinauf und hinunter, der so steil ist, daß es einem schon vom Schauen schwindlig wird. All das wirkt so anstrengend, daß es einem wie ein Wunder vorkommt, daß die Weine so mühelos, ja sogar schwerelos wirken.

Probiernotizen Weingut Andreas Laible

Riesling – Durbacher Plauelrain »Grand Cru«

1994	SPÄTLESE TROCKEN »SL«	88

Vollreife exotische Frucht mit festem Kern, ausgiebigem Saft und frischer Säure.

1995	SPÄTLESE TROCKEN »SL«	86

Ein kleines Stück feiner Seide glänzt auf dem Tisch. Man möchte es, man muß es einfach streicheln ...

1995	SPÄTLESE	82

Etwas mostig. Viele reife Aromen, aber irgendwie fehlt ihnen ein richtiger Kontrapunkt.

1996	SPÄTLESE TROCKEN A.P.-NR. 31 97	86

Wurzelt tief wie eine Rebe; hier findet man sowohl den steinigen Boden als auch die reifen Früchte, die darauf gewachsen sind.

1996	SPÄTLESE TROCKEN »SL«	88

Der Pfirsich ist groß und goldrot, man kann ihn schon vor dem Pflücken riechen.

1996	SPÄTLESE	84

Einfach so die Süße genießen, ohne Ausrede oder Geschmackserklärung.

1996	EISWEIN	90

»Der Name der Rose« ist nicht immer Traminer. Eine außergewöhnliche Riesling-Duftessenz.

Scheurebe – Durbacher Plauelrain »Grand Cru«

1994	AUSLESE	90

Solche schwarzen Johannisbeeren gab es in Großmutters Garten; herrlich erfrischender Geschmack und Erinnerungen.

1994	BEERENAUSLESE	92

Ein wenig unverschämt diese Eleganz, genauso wie die Reichhaltigkeit dieser Aromen!

1995	SPÄTLESE	87

Dunkle Beeren in strahlendem Sonnenschein; die Kraft der ungebändigten Natur.

1996 SPÄTLESE TROCKEN 83
Sehr fest und unzugänglich, im Moment mangelt es an Charme.

1996 SPÄTLESE 86
Frisch und sehr lecker – und was ist dagegen zu sagen? – aber vielleicht doch nicht raffiniert.

1996 AUSLESE 90
Wie Goethe erkannt hat: Ganz ohne den Teufel läuft nichts. Hier verbirgt er sich und seine Kräfte hinter einer Gardine aus Traubensüße. Abwarten oder auf den Boden stampfen.

Traminer – Durbacher Plauelrain »Grand Cru«

1994 SPÄTLESE 88
Rosen riechen, als sei man blind. Ganz tief einatmen!

1994 AUSLESE 91
Die vergessene Noblesse einer edlen Rebsorte, die fast niemand haben will. Warum? Weil die Gegenwart entweder das Coole oder das Korrekte verlangt und wir meistens nicht in der Lage sind, wirklich zu genießen.

1994 BEERENAUSLESE 94
Von der Spitze des Berges stammt nicht nur Andreas Laibles Spitzenwein, sondern gleichzeitig auch die Spitze Badens. Auflisten, was alles hier drin steckt? Schwachsinn! Es genügt zu schreiben, daß seine Schätze reichlich sind und jeder einzelne davon glänzt wie frisch poliert.

1995 AUSLESE 87
Er hat viel zu bieten, und alles paßt, doch gibt es keine Überraschung.

1996 SPÄTLESE TROCKEN 88
Die Gewalt der Rose, der harte Kern ihres Dufts. Ein kompromißlose Schönheit.

1996 AUSLESE 87
Wohlproportionierter runder Körper, weiche Haut, ruhige, sinnliche Bewegungen.

Einfach unbeirrbar
Wolf-Dietrich Salwey

Weingut Salwey
Hauptstraße 2
79235 Oberrotweil
Tel. 07662/384
Fax 07662/6340

Am Ende meiner Verkostung mit Wolf-Dietrich Salwey steht der ganze Tisch voll offener Flaschen. Ich wollte das eigentlich vermeiden und die Probe auf die wichtigsten Weine der letzten Jahrgänge beschränken. Aber Wolf-Dietrich Salwey gehört nicht zu denen, die sich leicht von ihren Absichten und Vorhaben abbringen lassen. Er hatte eine bestimmte Auswahl von Weinen für diesen Anlaß vorgesehen, und diese mußte ich nun auch verkosten, basta.

Seine inneren Ziele sind immer genau definiert, und ihre Umrisse sind ihm vertraut wie die der Hügel um Oberrotweil, auf denen seine Reben wachsen. Dies beruht darauf, daß sich seine Absichten und Ziele seit 1964, als er die Verantwortung für die Weine des Familiengutes übernahm, nicht wesentlich verändert haben. Sie sind im Gegenteil immer klarer geworden; alle Zweifel sind nach und nach verschwunden. Die ältesten trockenen Weißweine, die er mir zeigt, stammen vom Anfang der siebziger Jahre, und sie weisen nicht nur eine für ihr Alter bemerkenswerte Lebendigkeit auf, sondern auch denselben Stil wie die heutigen Weine: körperreich und voller Charakter, dabei knochentrocken und glasklar; die Salwey-Weißweine haben einen unverkennbaren Stil.

Dies ist eine ganz andere Situation als auf manch anderen führenden Weingütern im Kaiserstuhl, wo neue Ausbauideen und Weine aus anderen Ländern in den letzten Jahren bisweilen zu einem Zickzackkurs von einem Weinstil zum anderen geführt haben. Stabilität wie die von Wolf-Dietrich Salwey liefert der Presse vielleicht nicht jedes Jahr eine neue Story, hat aber den Vorteil, daß die Gegebenheiten in Weinberg und Keller optimal auf diesen einen Stil abgestimmt werden können.

Im vergangenen Jahrzehnt hat es zwar einige Höhen und Tiefen gegeben, aber in den letzten Jahrgängen hat Wolf-Dietrich Salwey immer wieder Weine gemacht, die in ihren Bereichen nahe an das Optimum heranreichen. Das bedeutet nicht, daß jeder dieser Weine flüssige Perfektion darstellt – ein Ausdruck, über den der nüchterne Realist Wolf-Dietrich Salwey sicher lachen würde: »Das geht einfach nicht!« – aber jeder dieser Weine hat genau die Eigenschaften, die man von Rebsorte und Prädikat erwartet. In diesem Sinn könnten die Salwey-Weine kaum

»typischer« sein, obgleich sie andererseits vollkommen »untypisch« sind, weil sie weit über dem normalen Qualitätsniveau eines Gebietes stehen, in dem Mittelmäßigkeit die Norm darstellt (wie in jeder Weinbauregion).

Wolf-Dietrich Salwey könnte nicht zu solchen Ergebnissen kommen, wenn er die Weinbergspflege nicht derart fanatisch betreiben würde. »Der Wein sollte den Geschmack der Trauben unmittelbar vor der Lese widerspiegeln, und wenn sie nicht schmecken, kann auch der Wein nicht schmecken.« Die Qualität seiner bemerkenswerten Weine, wie zum Beispiel seiner trockenen Spätlesen aus der Rebsorte Silvaner, hat ihren Ursprung im Weinberg.

Der Silvaner ist die traditionsreichste unter den heute angebauten Sorten des Kaiserstuhls. Wenn man jedoch die eher tristen, wenig anziehenden trockenen Weine probiert, die hier im allgemeinen daraus entstehen, wird verständlich, warum in den letzten Jahrzehnten so viele Silvaner-Reben dem Weißburgunder oder sogar dem einfachen Müller-Thurgau weichen mußten. Es ist bezeichnend für Wolf-Dietrich Salwey, daß er diesen Trend ignoriert, seinen Weg weiter verfolgt und überdies begeisterte Kunden gefunden hat, die seine Einstellung rentabel machen. Als ich ihm erzähle, daß ein Kaiserstuhl-Silvaner normalerweise der letzte Wein ist, den ich in einem Restaurant bestellen würde, bekomme ich eine sehr direkte Antwort: »Viele geben sich mit der Sorte wenig Mühe. Kein Wunder, daß der Wein dann nicht schmeckt.«

Klima und Boden des Kaiserstuhls verleihen jeder der zehn Rebsorten, die Wolf-Dietrich Salwey im Anbau hat, ein unterschiedliches Potential. Die am meisten begünstigte weiße Sorte ist zweifellos der Grauburgunder alias Ruländer, der folglich auch die beeindruckendsten Weine des Gutes hervorbringt. Von aromatischer Opulenz, mächtig und doch perfekt ausgeglichen, sind die besten unter ihnen praktisch die einzigen wahren Spitzenweine, die heutzutage in Deutschland aus dieser Rebsorte erzeugt werden. Wolf-Dietrich Salweys Reaktion auf meine Begeisterung über die Reihe von Grauburgunder- bzw. Ruländer-Weinen ist ganz nüchtern: »Danke, ich bin froh, daß Sie die 1996er so mögen. Mir gefallen sie auch sehr gut.« Ich erwähne nicht, wie unverständlich es mir ist, daß jemand mittelmäßigen italienischen Pinot Grigio solchen Weinen vorzieht. Es hätte unhöflich wirken können, beide im gleichen Atemzug zu nennen. Aber ich bin mir sicher, daß er nur trocken erwidert hätte: »Ich verstehe das auch nicht.«

Wolf-Dietrich Salweys trockene Weißweine aus den verwandten Sorten Weißburgunder und Auxerrois sind oft von ähnlicher Qualität. Der Riesling ist ein anderer Fall. Ich habe einmal durch kritische Worte über seine Rieslinge Wolf-Dietrich Salweys Stolz verletzt, und als wir uns während meines letzten Besuchs den Rieslingen nähern, die er mir zeigen will, wird er sichtlich nervös. Es gibt darunter neben dem letzten Jahrgang auch einige der von mir kritisierten Weine – Wolf-Dietrich Salwey drückt sich nicht vor Problemen, er packt sie lieber direkt an.

Der Kaiserstuhl bietet für den Riesling nicht unbedingt optimale Konditionen, und die meist schwankenden Ergebnisse sind sehr von den Wetterbedingungen abhängig. Wenn die Natur gnädig ist, können sie ganz gut ausfallen, aber in einem zu heißen und zu trockenen Jahr sind es meist langweilige, wenig charaktervolle Weine. In Wolf-Dietrich Salweys Wesen gibt es etwas Störrisches, das ihn an Sorten wie dem Riesling trotz aller Probleme, die ihm die Natur in den Weg legt, festhalten läßt, einen unbeirrbaren Glauben daran, daß er es schaffen kann. Dieses kompromißlose Festhalten an seinen Prinzipien und Grundsätzen steht sowohl hinter seinen Grauburgunder-Meisterwerken als auch hinter den manchmal nicht gerade berauschenden Rieslingen.

Während wir uns in dem angenehmen, aber wenig bemerkenswerten Probierzimmer des Gutes weiter durch die Flaschenreihen auf dem schweren Eichentisch arbeiten, steigt meine Vorfreude. Wolf-Dietrich Salweys Rotweine haben sowohl begeisterte Anhänger als auch überzeugte Kritiker. Wie bei seinen Weißweinen nimmt er wenig Notiz von Moden und Trends und kocht sein eigenes Süppchen. Während zum Beispiel einige seiner Kollegen bei ihren Rotweinen gerne soviel Alkohol wie möglich haben und 13,5° den 13° vorziehen, bleiben die Salwey-Spätburgunder beständig zwischen 12° und 12,5° Alkohol. Die Situation ist ähnlich wie im Bordeaux, wo der Alkoholgehalt der Weine in den letzten 20 Jahren allgemein gestiegen ist und wo nur einige wenige Traditionalisten, wie Pascal Delbeck vom Château Belair in Saint Emilion, entgegen dem allgemeinen Trend ihre Weine nicht immer höher chaptalisieren (die Beigabe von Zucker während der Gärung, um den Alkoholgehalt zu erhöhen).

Die meisten der Salwey-Spätburgunder reifen weiterhin in den in diesem Gebiet für Rotwein üblichen großen Holzfässern. Sie sind im Gegensatz zu den *Barrique*-Fässern, in denen heute der Großteil der besten Kaiserstuhl-Rotweine ausgebaut wird, zu alt, um holzgeprägte Noten an die Weine abzugeben. Für alle, die glauben, daß die letzten Innovationen die Qualität der badischen Rotweine – wie der deutschen Rotweine insgesamt – verbessert haben und daß die neuesten Methoden daher auch die besten sein müssen, scheint jemand wie Wolf-Dietrich Salwey hinterherzuhinken. Besonders in schwierigen Jahrgängen wie 1994 und 1995 zählen seine Rotweine jedoch zur Spitze des Kaiserstuhls. Bei den wenigen Beispielen, die er in neuer Eiche ausgebaut hat, wirken die Weine manchmal etwas gewollt.

Die Spätburgunder-Weißherbst-Weine hingegen sind weithin als die besten roséfarbenen Weine Deutschlands anerkannt. Sie weisen keine

Spur der merkwürdigen Aromen – meistens durch faulige Trauben – auf, die einem so viele dieser Weine nicht nur in Deutschland verleiden. Statt dessen sind sie knochentrocken und glasklar, ohne zu säuerlich zu wirken.

Wolf-Dietrich Salwey beschränkt seine Talente nicht auf Wein, sondern erzeugt auch eine breite Auswahl von Trauben- und Obstbränden. So hervorragend diese auch sind, ich war bei meinem letzten Besuch froh, daß mir für die Verkostung dieser Geistigkeiten keine Zeit mehr blieb, sonst wäre ich wahrscheinlich unter dem Eichentisch geendet. Das wäre vermutlich ganz im Sinne von Wolf-Dietrich Salwey gewesen: Er hat mich einmal zu überzeugen versucht, daß ich für einige Zeit am Kaiserstuhl leben müßte (wie ich es bereits an der Mosel getan hatte), um die Kaiserstuhl-Weine wirklich verstehen und schätzen zu lernen. Es war zwei Uhr morgens im November, und wir standen an der Bar des »Waldhotels Krautkrämer« in Münster in Westfalen. Je länger er sprach, desto dringlicher wurde seine Argumentation. Wie konnte ich meinem sicheren Schicksal entkommen? Schließlich ergab sich eine Möglichkeit, und als ich mich davonschlich, dachte ich an Wolf-Dietrich Salweys großartige 1989 Ruländer Spätlese Trocken aus dem Oberrotweiler Kirchberg (auch 90 Punkte wert!), die an diesem Abend zum Essen serviert worden war. »Nun«, tröstete ich mich, »falls ich je einige Monate oder Jahre in Oberrotweil zubringen muß, kann ich wenigstens solche Spitzenweine trinken.« Wolf-Dietrich Salweys Ideen in dieser Hinsicht haben sich zwar noch nicht verwirklicht, aber das hat mich bis jetzt nicht davon abgehalten, die besten seiner Weine so oft wie möglich zu genießen!

Probiernotizen Weingut Salwey

Weißburgunder – Weine aus diversen Lagen

1993 OBERROTWEILER HENKENBERG KABINETT TROCKEN   79
Ein frischgemähter Rasen, die Frische und das »Grüne«.

1994 OBERROTWEILER HENKENBERG SPÄTLESE TROCKEN   82
Ein harmonischer, gehaltvoller Wein, aber keine große Persönlichkeit.

1995 OBERROTWEILER HENKENBERG KABINETT TROCKEN   80
Angenehme Balance und Leichtigkeit, recht einfach.

1995 OBERROTWEILER KIRCHBERG SPÄTLESE TROCKEN   85
Aus der Küche kommt der Duft von gebackenen Äpfeln, später ihre Saftigkeit.

1996	OBERROTWEILER HENKENBERG KABINETT TROCKEN Beeindruckende Klarheit; nichts steht zwischen den reifen Trauben und uns.	83
1996	OBERROTWEILER KIRCHBERG SPÄTLESE TROCKEN Exotisch, ohne opulent zu wirken; die Blüten werden sich weiter entfalten.	87

Grauburgunder/Ruländer – Weine aus diversen Lagen

1995	OBERROTWEILER HENKENBERG SPÄTLESE TROCKEN Rund und frisch, aber keinesfalls schwer oder säuerlich. Vergiß Pinot Grigio!	84
1995	OBERROTWEILER EICHBERG SPÄTLESE TROCKEN*** Eine Scheibe reifer Ananas, sautiert in Butter, doch keine Spur Süße; läßt nicht los. Der »Grand-Cru«-Lage würdig.	86
1996	OBERROTWEILER HENKENBERG SPÄTLESE TROCKEN Eleganter Essensbegleiter (m) sucht gleichgesinntes Essen (w), Nichtraucher! Chiffre 12/232.	85
1996	OBERROTWEILER HENKENBERG SPÄTLESE TROCKEN ›ALTE REBEN‹ Die unbekannte Duftigkeit und Brillanz des Grauburgunders, viel Potential!	88
1996	OBERROTWEILER EICHBERG SPÄTLESE TROCKEN*** Das Meisterhafte geniert sich nicht vor dem großen Auftritt. Opulenz, Grandeur, präzis aufeinander abgestimmte Feinheiten, kleine Gesten, die viele Worte ersetzen. Ein großer, trockener Wein, wie ihn diese Rebsorte selten hergibt!	90

Spätburgunder-Rotwein – Weine aus diversen Lagen

1992	OBERROTWEILER QBA TROCKEN »RAPPENVERGOREN« Ein körperreicher, sanfter Kerl, der mit sich und der Welt zufrieden ist; noch lebendig.	82
1993	OBERROTWEILER KIRCHBERG SPÄTLESE TROCKEN »RAPPENVERGOREN« Unglaublich kräftig und unglaublich fest; wird er je richtig harmonisch?	83
1994	OBERROTWEILER QBA TROCKEN »RAPPENVERGOREN« Ein rustikaler, aber charaktervoller Bursche, schlägt etwas heftig auf den Tisch.	78

1994	OBERROTWEILER KIRCHBERG SPÄTLESE TROCKEN	81

Altmodisch? Ja, aber dafür fleischig und recht samtig. Ein erstaunlicher Rotwein für 1994!

1995	OBERROTWEILER QBA TROCKEN »RAPPENVERGOREN«	79

Herrliche Fruchtaromen, aber noch eine ziemliche Adstringenz; abwarten, Tee (vorübergehend) trinken.

1995	OBERROTWEILER KIRCHBERG SPÄTLESE TROCKEN	82

Saft und Kraft ohne viel Alkohol oder starke Holzaromen, mmmmh …

Kurzporträts

Weingut Blankenhorn

Basler Straße 2
79418 Schliengen
Tel. 07635/1092, Fax 07635/3856

Die Familie Blankenhorn gehört seit 150 Jahren zu den besten Weißweinerzeugern im Markgräfler Land. Mit der Hilfe ihres neuen Betriebsleiters, Fritz Deutschmann, gelingen Rosemarie Blankenhorn trockene Weißweine mit Frische, Charme und Körper. Selbst der bescheidene Gutedel ergibt charaktervolle Weine von solider bis guter Qualität. Die eleganten trockenen Spätlesen aus den Sorten Weiß- und Grauburgunder gehören zu den besten Weinen des Markgräflerlandes. Lediglich die oft etwas mageren Rotweine überzeugen nicht. Hier ist noch viel zu tun, wenn der Betrieb in der ersten Reihe Badens eine Rolle spielen will.

Weingut Freiherr von Franckenstein

Weingartenstraße 66
77654 Offenburg
Tel. 0781/34973, Fax 0781/36046

Seit der sympathische Hubert Doll 1978 die Leitung dieses Betriebs übernommen hat – seit 1985 hat er es von der Familie Franckenstein gepachtet –, hat er mit großer Beständigkeit gute trockene Rieslinge und Grauburgunder aus den Weinbergslagen um Zell-Weierbach erzeugt. Sie wirken etwas voller und einen Touch weniger elegant als die Weine aus dem nahe gelegenen Durbach. So gut wie das Standardniveau der Weißweine ist – diese Lagen haben durchaus das Potential zu höherer Qualität, wie Hubert Doll in Jahrgängen wie 1983 und 1990 bewiesen hat. Mit einer kompromißloseren Einstellung könnte dieses Qualitätsniveau öfter erreicht werden.

Weingut Freiherr von Gleichenstein

Bahnhofstraße 12
79235 Oberrotweil
Tel. 07662/288, Fax 07662/1856

Hans-Joachim von Gleichenstein und sein Kellermeister Frank Müller haben mit dem gelungenen Jahrgang 1995 bewiesen, daß ihre Entschlossenheit, diesen 350 Jahre alten Betrieb wieder zu einem der führenden Weinerzeuger des Kaiserstuhls aufsteigen zu lassen, vom notwendigen Können zum Erreichen dieses Ziels begleitet wird. Die traditionelle Stärke des Gleichenstein-Gutes liegt in vollen Spätburgunder-Weißherbstweinen (Rosé) und trockenen Weißweinen aus Weiß- und Grauburgunder; sie ragen heute wie vor zehn Jahren aus der Produktion hervor. Die besten unter ihnen verdienen heute Bewertungen von 80 Punkten und mehr, wären aber mit etwas mehr Ausdruck und Eleganz noch besser.

Weingut Albert Heitlinger

Am Mühlberg
76684 Östringen-Tiefenbach
Tel. 07259/1061, Fax 07259/1876

Erhard Heitlinger ist beim Bewerben der Weine seines ausgedehnten Kraichgauer Betriebs (über 30 Hektar) äußerst aktiv, doch reicht ihre Qualität oft nicht an die seines PR-Materials heran. Seine trockenen Weißweine des Jahrgangs 1996 sind entweder holzig, dünn oder sauer – oder eine Kombination daraus. Der prätentiöse »Heitlinger Blanc Grand Etage« ist ein nichtssagender Wein, der Richtung »Nowhere« irrt, anstatt sich zur Grand Etage zu erheben. Bei über 50,- DM pro Flasche ist das eine katastrophale Leistung. Die 1994er Rotweine sind nicht viel besser und entsprechen ebensowenig den durch die Selbstdarstellung des Betriebs geweckten Erwartungen.

Weingut Reichsgraf und Marquis zu Hoensbroech

74918 Angelbachtal-Michelfeld
Tel. 07265/911034, Fax 07265/911035

Rüdiger Reichsgraf und Marquis zu Hoensbroech ist in der Gourmetzeitschrift »Feinschmecker« hoch zu Roß mit dem Gewehr in der Hand abgebildet worden, doch er ist kein Clint Eastwood. Seine Spezialität sind saubere, frische trockene Weißweine aus den Rebsorten Riesling, Weiß- und Grauburgunder. Mit trockenen Weißburgunder-Spätlesen hat sich der begabte Winzer in den achtziger Jahren einen Namen geschaffen. Leider war der 1992er der letzte Sproß dieses Hoensbroech-Geschlechts, der mich wirklich beeindruckt hat. Wenn das Niveau nicht gefallen ist, dann hat der gute Reichsgraf sich von schnelleren Reitern überholen und von jüngeren Cowboys besiegen lassen.

Schloßgut Istein

Im Innerdorf 23
79588 Istein
Tel. 07628/1284, Fax 07628/8632

Der freundliche Albert Soder ist ein wirklicher Profi, und ich habe von diesem Weingut im südlichen Markgräflerland noch nie einen trockenen Weißwein probiert, der nicht mindestens gut gemacht gewesen wäre. Andererseits heben sich nur wenige Weine als bemerkenswert ab. Die 1995 Isteiner Kirchberg Spätburgunder Auslese Trocken jedoch ist ein beeindruckender Rotwein (mit 84 Punkten einer der besten in Baden in diesem schwierigen Jahrgang), der andeutet, daß Albert Soder vielleicht in Zukunft noch einige Überraschungen parat haben wird.

Weingut Kalkbödele

Enggasse 21
79291 Merdingen
Tel. 07668/711113, Fax 07668/94505

Der Betrieb der Gebrüder Mathis im badischen Tuniberg war in den frühen achtziger Jahren einer der ersten in Deutschland, der mit dem Ausbau von Rotweinen in neuen *Barrique*-Fässern experimentierte. Nur wenige dieser Weine haben mich je beeindruckt, die meisten schmeckten einseitig nach Holz. Mit dem 1994 Spätburgunder »Edition« hat Verwalter Tobias Burtsche jedoch gezeigt, daß das Gut heutzutage zu reichhaltigen, harmonischen Rotweinen in der Lage ist, die den besten Rotweinen des nahe gelegenen Kaiserstuhls Paroli bieten können.

Winzergenossenschaft Königschaffhausen

Kiechlinsberger Straße 2
79346 Königschaffhausen
Tel. 07642/1003, Fax 07642/2535

Wenn die badischen Winzergenossenschaften heute einen Ruf als die besten Deutschlands genießen, dann ist das dem unermüdlichen Qualitätsstreben von Leuten wie dem Direktor dieser WG, Willi Merkle, und seinem Kellermeister Helmut Staiblin zu verdanken. Die »Selection«-Abfüllungen von Weiß- und Grauburgunder gehören oft zu den besten trockenen Weißweinen des Kaiserstuhls (stets mindestens 80 Punkte). Die Spätburgunder erscheinen mir ein wenig zu holzbetont, sind aber voller Kraft und zu Recht häufig von der Fachpresse gelobt worden. An der Spitze von allen stehen die edelsüßen Ruländer- und Spätburgunder-Weißherbstweine, von denen die besten 20 Jahre reifen können. Auch die Sekte können hier erstklassig sein. Hut ab vor Willi Merkle und Helmut Staiblin!

Weingut Lämmlin-Schindler

Müllheimer Straße 4
79418 Mauchen
Tel. 07635/440, Fax 07635/436

Das Markgräflerland ist weniger bekannt als der Kaiserstuhl im Norden; nur wenige Weine haben hier für Schlagzeilen gesorgt. Wenn jemand das ändern kann, dann ist es Gerd Schindler. Er meistert nicht nur die für das Gebiet typischen leichten trockenen Weißweine, seine trockenen Weißburgunder- und Grauburgunder-Spätlesen sind konzentrierte Weine mit wunderbarer Harmonie, und die Rotweine aus dem Spätburgunder werden von Jahr zu Jahr besser. Der erste Starwinzer aus dem Markgräflerland? Vielleicht noch nicht ganz, aber es liegt eindeutig in Gerd Schindlers Reichweite.

Weingut Heinrich Männle

Sandelbach 16
77770 Durbach
Tel. 0781/41101, Fax 0781/440105

»Rotwein-Männle« nennen ihn die Einheimischen, um ihn von anderen weinmachenden Mitgliedern der weitverzweigten Durbacher Familie zu unterscheiden. Spätburgunder-Rotwein war hier immer das wichtigste Erzeugnis, und mindestens seit Mitte der achtziger Jahre ist der Qualitätsstandard immer gut gewesen. Die trockenen und restsüßen Weißweine aus Riesling, Scheurebe und Gewürztraminer sind jedoch ebenfalls interessant. Ich habe aus diesem Haus noch keinen enttäuschenden Wein probiert, und das ist in sich allein bereits eine starke Empfehlung.

Weingut Gebrüder Müller

Richard-Müller-Straße 5
79206 Breisach
Tel. 07667/511, Fax 07667/6581

Verwirrenderweise erscheint auf den Etiketten dieses Weinguts der Name des Gründers Johann Baptiste Hau in den größten Buchstaben; Besitzer ist jedoch Peter Bercher, ein Bruder von Rainer und Eckhardt Bercher in Burkheim. Das ist schade, da die Rotweine durchaus Beachtung verdienen. Unter ihnen ist auch ein Cabernet-Merlot, der zu den besten Rotweinen im internationalen Stil in Deutschland gehört, und manche guten Spätburgunder aus der berühmten Lage Ihringer Winklerberg. Die Weißweine, die ich bis jetzt verkostet habe, sind zwar nicht schlecht, reichen aber keinesfalls an die Rotweine heran.

Weingut Schloß Neuweier

Mauerbergstraße 21
76534 Neuweier
Tel. 07223/96770, Fax 07223/60864

Seit Gisela Joos dieses Weingut 1992 gekauft und Alexander Spinner zum Verwalter ernannt hat, haben sie sich schnell ein Ansehen als einer der besten Riesling-Erzeuger in der badischen Ortenau geschaffen. Die Weine des Jahrgangs 1993 waren exzellent, das Niveau in den folgenden Jahren stets gut. Gisela Joos und Alexander Spinner ist bereits das Wunder gelungen, das vormals verfallene Schloß und seine Weine aus dem Dornröschenschlaf zu erwecken. Hoffentlich besitzen sie die notwendige Courage und Entschlossenheit für den nächsten großen Schritt: Ihre Weinberge sind eindeutig zu trockenen Rieslingen in der Lage, die der großartigen Architektur des Schlosses in nichts nachstehen.

Weingut Schloß Ortenberg

Am Sankt Andreas 1
77799 Ortenberg
Tel. 0781/93430, Fax 0781/934320

In den neunziger Jahren sind Betriebsleiter Winfried Köninger eine Reihe charaktervoller trockener und restsüßer Rieslinge aus den Weinbergsterrassen der hervorragenden Lage Schloßberg unter dem bombastischen »Schloß« aus dem 19. Jahrhundert gelungen. Dies ist ganz eindeutig ein Betrieb, der zu großen Dingen fähig ist, selbst wenn das volle Potential in den letzten Jahren scheinbar nur vereinzelt verwirklicht worden ist. Lohnt sich, im Auge zu behalten!

Weingut Schloß Staufenberg

77770 Durbach
Tel. 0781/42778, Fax 0781/440578

Die ersten Riesling-Reben Badens sind hier 1776 gepflanzt worden, und das Schloß selber geht aufs Mittelalter zurück. Geschichte allein genügt jedoch nicht, um das Ansehen eines Weinguts zu erhalten. Die letzten beeindruckenden Weine, die ich von Schloß Staufenberg verkostet habe, waren die 1990er (sehr gute Rieslinge und großartiger Spätburgunder Weißherbst), seitdem ist mir nichts Überzeugendes mehr begegnet. Einige Weine waren sogar mittelmäßig und wirkten rustikal. Was läuft hier schief?

Weingut Reinhold und Cornelia Schneider

Königschaffhauser Straße 2
79346 Endingen
Tel. 07642/5278, Fax 07642/2091

Es gibt keinerlei Zweifel daran, daß die Schneiders saubere, korrekte Weine machen, und so ist es nicht ohne Grund, daß sie seit ihrem Austritt aus der örtlichen Genossenschaft einen guten Ruf genießen. Trotzdem scheinen mir diese Weine nicht unbedingt viel Charakter oder Eigenständigkeit zu besitzen. Die vor kurzem geschaffene Weißweincuvée »Philipp« ist dafür stellvertretend: langweilig und fade. Die Spätburgunder-Rotweine sind nicht schlecht, zeigen für den Kaiserstuhl jedoch kein besonders hohes Qualitätsniveau.

Weingut Seeger

Rohrbacher Straße 101
69181 Leimen
Tel. 06224/721, Fax 06224/78363

Thomas Seeger wird sicher enttäuscht sein, daß seinem Betrieb hier nur eine kurze Beschreibung zuteil wird. Wenige Winzer in Baden haben in den letzten Jahren mit soviel Hingabe wie er an der Verbesserung ihrer Rotweine gearbeitet. Diese Anstrengungen haben bereits beträchtliche Ergebnisse gezeigt, vor allem der 1994 »Anna«, eine zugegebenermaßen mächtige, aber sehr harmonische Cuvée von Spätburgunder und Portugieser (83 Punkte). Wenn Thomas Seeger zu solchen Leistungen mit einer gewissen Regelmäßigkeit in der Lage ist, wird er bald nicht nur zu Badens, sondern auch Deutschlands besten Rotweinerzeugern gehören. Seine in *Barriques* ausgebauten trockenen Weiß- und Grauburgunder sind allerdings Geschmackssache, da sie sehr stark vom neuen Holz geprägt sind. Die Rieslinge sind oft schlichtweg enttäuschend; es ist bedauerlich, wenn ein Weinproduzent mit dem Ehrgeiz und Können von Thomas Seegers eine 1995er trockene Riesling-Spätlese »Selektion« nennt, die mit gutem Willen als einfacher Landwein QbA zu betrachten ist (65 Punkte).

Weingut Stigler

Bachenstraße 29
79241 Ihringen
Tel. 07668/297, Fax 07668/94120

Andreas und Regina Stigler gehören zu Deutschlands charmantesten Winzerpaaren, und kein anderes Familienweingut in Deutschland verschickt Preislisten und PR-Material von vergleichbarem Stil und Geschmack. Weinqualität bleibt trotzdem Weinqualität. Der konservative Stigler-Weinstil der achtziger Jahre, als Andreas Stiglers Vater Rudolf den Betrieb führte, ist beibehalten worden – überraschend angesichts der modernen Ausstattung –, doch seine rigorosen Qualitätsanforderungen werden heutzutage nicht immer aufrechterhalten. Es gibt hier immer noch gute und gelegentlich auch hervorragende Weine, aber unter dem großen Angebot trifft man ebensooft auf Enttäuschungen. Zur Zeit wäre es nur allzu einfach, diesen Betrieb mit dem Spruch »Großartiges Marketing, schade für die Weine« abzutun, doch ich bin sicher, daß das keinesfalls den Grundsätzen der Stiglers entspricht.

Gräflich Wolff Metternich'sches Weingut

Grohl 26
77770 Durbach
Tel. 0781/42779, Fax 0781/42553

Bis vor einigen Jahren kamen von diesem Betrieb die besten Weine der Ortenau, und das Weingut gehörte eindeutig zu den besten Erzeugern Badens. Die trockenen Rieslinge und die restsüßen Scheureben aus dem Jahrgang 1990 waren die besten Weine dieser Art, die ich je in diesem Gebiet verkostet habe. Seitdem habe ich nichts von Wolff Metternich probiert, das diesem Niveau entsprochen hätte. Die neuen Besitzer des Betriebs, die Familie Hurrle, sind sich vielleicht nicht bewußt, wieviel harte Arbeit notwendig ist, um bei mehr als 30 Hektar einen solchen Standard aufrechtzuerhalten – um so mehr jedoch ihr begabter Verwalter Ottmar Schilli. Wo sind die großen Weine?

3. Kapitel

FRANKEN:
»HÜBSCHE« BOCKSBEUTEL –
DOCH SELTEN FLASCHENGEIST

Selbst heute noch halten viele Leute die pummeligen Bocksbeutel-Flaschen offenbar für besonders attraktiv. Ich habe das nie so richtig verstanden; wenn man auch nur einen Moment lang über den Namen nachdenkt, wird es schwierig, sich in dieser Flasche eine ansprechende Flüssigkeit vorzustellen. Die Tatsache, daß die Form von billigen Markenweinen in entfernten Ländern wie Portugal oder Südafrika entlehnt wurde, führt zu weiteren negativen Assoziationen. Nur wenn man die zweieinhalb Jahrhunderte alte Tradition für diese Flaschenform berücksichtigt, erhält sie ihre volle Bedeutung und Wirkung.

Dabei hatte Franken über lange Zeit in Deutschland einen besseren Stand als alle anderen deutschen Anbaugebiete. Die einzigen bayerischen Weinberge besaßen die Loyalität vieler heimatverbundener bayerischer Weintrinker. Der Ruf Frankens als einziger deutscher Weinbauregion mit wirklich – »fränkisch«! – trockenen Weinen führte außerdem dazu, daß alles, was aus dem Pummelchen kam, salonfähig war, während die meisten deutschen Weine in der feinen Gesellschaft als vollkommen unakzeptabel galten. Gerechterweise muß hinzugefügt werden, daß ein Großteil der bekanntesten Betriebe in den siebziger und bis in die achtziger Jahre hinein hervorragende trockene und edelsüße Weine erzeugt hat. Aber die Welt steht nicht still, und die goldene Zeit des Frankenweins ist zweifelsohne vorüber. Die jüngere Generation von Weintrinkern in Bayern sieht nicht ein, warum sie sich auf die »eigenen« Weine beschränken sollte. Langsam, aber sicher werden in ganz Deutschland auch die Weine anderer deutscher Anbaugebiete wieder gesellschaftsfähig. Die Sonderstellung Frankens ist verlorengegangen.

Die fränkischen Probleme haben jedoch noch weitere Ursachen. Viele der angesehensten Weinerzeuger des Gebietes haben während der achtziger und frühen neunziger Jahre buchstäblich im Stehen geschlafen. Bei einem nach dem anderen ließ die Qualität der Weine nach. Weil das aber keine unmittelbare Auswirkung auf die Verkaufszahlen hatte, nahmen die Besitzer und Direktoren keine Notiz davon, geschweige denn, daß sie sich Sorgen machten. Die sture Art, mit der einige von ihnen aufgetreten sind oder auch bisweilen immer noch auftreten, macht ihre Einstellung deutlich: »Wir haben eine jahrhundertealte Tradition. Unsere Weine waren immer gut, und deshalb sind sie es auch weiterhin.« Unabhängig von allen anderen Bedingungen ist eine derartige Selbstzufriedenheit der Anfang vom Ende jedes Weinerzeugers. Glücklicherweise haben sinkende Verkaufszahlen und/oder scharfe Kritik von seiten der Fachpresse in den meisten Fällen die Alarmsirenen zum Schrillen gebracht. Von der Erkenntnis, daß es überhaupt ein Problem gibt, bis zu dem Punkt, an dem ein Erzeuger wieder an der Spitze mitspielt, ist es oft ein langer, mühseliger Weg – auf dem sich viele der Betriebe des Gebietes gegenwärtig befinden.

Zusätzlich leidet das Gebiet immer noch an den Folgen der hektischen Rebanpflanzungen in den sechziger und siebziger Jahren, als, wie in manchen anderen deutschen Anbaugebieten, zahlreiche minderwertige neue Sorten in den fränkischen Weinbergen Fuß faßten. Die edlen Rebsorten gelangen im kontinentalen Klima Frankens nur in den Spitzenlagen des Maintals und den Hängen des Steigerwaldes wirklich zu voller Reife, während die sogenannten Neuzüchtungen auch unter härteren Bedingungen befriedigende Zuckergrade bringen. Der traditionelle Silvaner nimmt heute nur noch 20 Prozent der gut 6000 Hektar großen fränkischen Anbaufläche ein, der Riesling lediglich 3,75 Prozent. Dennoch entstehen aus diesen Sorten weiterhin die besten trockenen Weißweine des Gebietes. Zusammen mit dem Rieslaner (eine Kreuzung aus den beiden Sorten) zeichnen Silvaner und Riesling auch für die besten fränkischen edelsüßen Weine verantwortlich. In dieser Kategorie hat Franken immer noch eine Reihe beeindruckender Weine zu bieten, während es bei den trockenen Weißweinen weiterhin etwas deprimierend aussieht. Die letzten fünf Jahrgänge haben nur zwei trockene Frankenweine hervorgebracht, die die Bezeichnung »Spitzenklasse« verdienen, und beide stammen von ein und demselben Erzeuger. Obwohl eine gute Handvoll von Betrieben ausreichende Leistungen für ein längeres Porträt in diesem Buch gezeigt haben, ändert dies nichts an der Tatsache, daß Franken heute weit davon entfernt ist, sein volles Potential zu verwirklichen.

Die Jahrgänge

1996
Der zweite unterdurchschnittliche Jahrgang hintereinander für Franken. Abgesehen von den absoluten Spitzenbetrieben, sind die Weine schwach und ruppig und sollten gemieden werden.

1995
Die meisten der fränkischen Winzer werden 1995 gerne möglichst bald vergessen. Den führenden Erzeugern sind allerdings einige ansprechende leichte trockene Weine gelungen.

1994
Ein sehr guter Jahrgang für trockene Weißweine; sehr elegante, mittelschwere Weine, die bis zur Jahrhundertwende angenehm zu trinken sein werden. Für edelsüße Weine war 1994 ein großer Jahrgang, und sie besitzen ein enormes Alterungspotential.

1993
Ein herausragender Jahrgang für Frankens führende Winzer, doch abgesehen von diesen Häusern, waren viele trockene Weine alkoholisch und schwer. Kein besonderer Jahrgang für Dessertweine.

1992
Die trockenen Weine dieses Jahrgangs sind äußerst ansprechend, charaktervoll, von weicher Harmonie und inzwischen voll ausgereift. Sie sollten vor der Jahrhundertwende getrunken werden.

1991
Ein durchschnittlicher Jahrgang mit ziemlich einfachen, sauren Weinen, die ihre beste Zeit bereits hinter sich haben.

1990
Ein herausragender Jahrgang, dessen beste trockene Weine immer noch viele Jahre vor sich haben. Die besten edelsüßen Weine haben ihren Höhepunkt noch nicht erreicht und Jahrzehnte vor sich.

Fürstlich beherrschtes Chaos
Paul und Monika Fürst

Weingut Rudolf Fürst
Hohenlindenweg 46
63927 Bürgstadt
Tel. 09371/8642
Fax 09371/69230

Wollte jemand beweisen, daß Winzer keinesfalls immer zum lustigen Bauernvolk mit derbem Schuhwerk gehören, sondern intelligente, kultivierte Menschen sein können, gäbe es kaum ein besseres Beispiel als Paul Fürst und seine Frau Monika. Eine Debatte mit dem Chefredakteur des FAZ-Magazins bereitet Paul Fürst ebensowenig Schwierigkeiten wie die Anwesenheit einer Fernsehkamera, wenn er seine Weine vorstellt. Seine eigene kultivierte Art spiegelt sich in seinen Weinen wider, und – wie er selbst – sind sie bestens geeignet, um mit dem Vorurteil aufzuräumen, deutscher Wein und deutsche Winzer seien langweilig und durchschnittlich. Selbst einer trübsinnigen, erzkonservativen Tante könnte man Paul Fürst vorstellen, und sie wäre entzückt: »Was für ein netter Mensch, so charmant und klug«, würde sie wahrscheinlich sagen. »Wann werden wir ihn wiedersehen?«

Aber allzu wohlerzogen und ordentlich ist Paul Fürst nun doch wieder nicht, wie ich kürzlich feststellen konnte. Als ich im Gespräch den Namen eines Marketing-Professors an einer der führenden deutschen Weinbauschulen erwähnte, brach er plötzlich in eine wahre Tirade gegen den neuen Kult des Marketings und seine führenden Gurus in der Weinbranche aus, zu denen dieser Professor zweifellos gehört. »Das einzig wirklich Wichtige ist, gute Weine zu machen«, sagte er. »Natürlich sollte das Etikett nicht gerade häßlich sein usw., aber das ist wirklich zweitrangig.« Viele Leute finden die Etiketten von Weinen wie Château Pétrus in Bordeaux, dem Chambertin von Armand Rousseau aus dem Burgund oder den Smaragdweinen von Franz Hirtzberger aus der Wachau häßlich oder geschmacklos, und dennoch gehören sie zu den erfolgreichsten und gefragtesten Weinen der Welt. Ihr Erfolg basiert auf außergewöhnlicher Qualität und limitierten Mengen – und nicht auf modernem Marketing.

Paul Fürst erzählte mir, wie dieser Professor mit seinen Studenten das Weingut besucht hatte. »Leider hatte ich an diesem Tag einen wichtigen Termin, so daß Monika sie herumführen und die Probe leiten mußte. Normalerweise würde ich das nie tun, aber in diesem Fall habe ich ihr einige Instruktionen gegeben.« Während der Verkostung fragte einer der

Studenten nach einer Preisliste. Monika Fürst gab ihm eine Liste, auf der über fast alle Weine das Wort »ausverkauft« gestempelt war. Auf die Frage des Studenten, welche Art von Marketing zu diesem Erfolg geführt habe, erwiderte sie wie abgesprochen: »Chaos-Marketing.« Das Gesicht des Professors verzog sich plötzlich schmerzhaft, und er drängte die Gruppe zum schnellen Aufbruch.

Ganz offensichtlich ist Paul Fürst nicht gewillt, sich mit Dummköpfen herumzuärgern, und er macht aus seiner Einstellung keinen Hehl. Er ist fest davon überzeugt, daß der Wein im Glas gefallen oder begeistern muß, sonst ist alles andere überflüssiges Brimborium. Auf der anderen Seite haben die Fürsts ein sehr ausgeprägtes Gefühl für Design, was in jeder Ecke ihres Hauses seinen Ausdruck findet. Obwohl sie bei der Bezeichnung »Designer-Weine« eine Grimasse schneiden würden, könnte man durchaus sagen, daß ihre Weine ebenso klar und harmonisch wirken wie Architektur und Ausstattung von Gut und Haus. Obwohl die Lage Bürgstadter Centgrafenberg, in der der gesamte Besitz der Fürsts liegt, für fränkische Verhältnisse ungewöhnlich aromatische, blumige Weine hervorbringt, kann man die Produkte des Fürstschen Kellers nie als extrovertiert oder parfümiert bezeichnen; sie zeigen immer eine bestechend klare Linie.

Vielleicht sind die Weine deshalb der perfekte Ausdruck ihrer eigenen Persönlichkeiten, weil die Fürsts das Gut genau nach ihren Vorstellungen gestalten und damit sehr jung beginnen konnten. 1975 – Paul Fürst war mitten in seinem Studium an der Geisenheimer Weinbauschule – starb sein Vater Rudolf. Von einem auf den anderen Tag mußte der 21jährige die Führung des Gutes übernehmen. Um nicht länger mit den beengten Kellerräumlichkeiten des Familienhauses in Bürgstadt kämpfen zu müssen, bauten Monika und Paul Fürst 1980 ein neues Anwesen in den Weinbergen am äußersten Rand der Stadt. Der herrliche Blick von der Terrasse über das Miltenberger Becken beeindruckt jeden Besucher. Bestimmt können sich auch die Bewohner des Hauses seiner Wirkung nicht entziehen. Licht, Raum und Luft strahlen enorme Weite und »Freiheit« aus, und das großräumige, aufgeräumte, aber nicht sterile Haus schränkt diesen Eindruck in keiner Weise ein.

Als die Fürsts auf ihr neues Anwesen zogen, hatte Paul Fürst gerade die ersten gelungenen Weißweine in dem Stil abgefüllt, an dem er seit seiner Rückkehr auf das Gut gearbeitet hatte: die Weine des Jahrgangs 1979. Dies war jedoch erst der Anfang seiner Entwicklung als Weinmacher, das erste der vielen Ziele, die er sich seitdem gesetzt hat. »Ich finde Herausforderungen wirklich aufregend«, sagt er, »selbst wenn das bedeutet, ein paar Jahre mit Weinen zu leben, die noch weit von meinen Vorstellungen entfernt sind. Das Leben ist so für mich einfacher, als wenn alles glatt und ruhig läuft.«

Als die Rieslinge seinen Vorstellungen entsprachen, wandte Paul Fürst sich der nächsten Herausforderung zu – dem Rotwein. Die Familie hat schon immer Spätburgunder-Rotweine erzeugt, eine der traditionellen Spezialitäten im äußeren, westlichsten Teil Frankens. Ihre Weine waren wesentlich besser als die blassen, dünnen, sauren Flüssigkeiten, die in Deutschland während der sechziger und siebziger Jahre häufig unter der Bezeichnung »Rotwein« angeboten wurden. Dennoch waren sie sicher keine ernstzunehmende Konkurrenz für die Rotweine aus dem Burgund, dem Ursprung der Rebsorte. Mitte der achtziger Jahre änderte sich das allmählich. Paul Fürst begann mit neuen Ausbaumethoden und der Lagerung seiner Rotweine in kleinen neuen Eichenholzfässern zu experimentieren, wie es für die besten burgundischen Rotweine üblich ist.

1990 war seine Spätburgunder Spätlese Trocken einer der bahnbrechenden Weine, die den deutschen Rotwein als ernstzunehmende Kategorie etablierten. Ich werde nie vergessen, wie ich diesen Wein zum erstenmal probierte. Dr. Carl von Schubert vom Weingut Maximin Grünhaus an der Ruwer servierte ihn mir »blind« zum Mittagessen. Ich dachte, es handele sich um einen Wein aus der Gegend um Beaune in der Côte d'Or im Burgund. Der Wein wirkt heute immer noch fast jugendlich, so daß er wahrscheinlich bis in die ersten Jahre des nächsten Jahrhunderts in guter Form bleiben wird. Die meisten der altmodischen deutschen Rotweine schmecken bereits ein oder zwei Jahre nach der Abfüllung leblos und müde. Das erstaunlichste ist, daß Paul Fürst für radikale Veränderungen in der Rotweinerzeugung eintritt, obwohl er in einem Gebiet sitzt, das traditionell mit Weißwein verbunden wird. Dies sagt alles über die Stärke seines persönlichen Ehrgeizes.

Paul Fürst gab sich mit diesem Erfolg nicht zufrieden. Es folgten der Bau eines besonderen Faßkellers, Studienreisen ins Burgund und weitere Verfeinerungen seiner Methoden. Obwohl der Jahrgang 1994 keine Rotweine von vergleichbarem Körper und ähnlicher Fülle wie 1990 ergab, war er für Paul Fürst ein weiterer Meilenstein. Die 1994er sind die würzigsten, seidigsten und »süßesten« Rotweine, die er bis jetzt gemacht hat. Dichte Würzaromen, Seidigkeit und der Eindruck von Süße ohne jeglichen Restzucker im Wein – das alles sind auch wichtige Merkmale erstklassiger roter Burgunder.

Trotz dieser Eigenschaften bleiben die Weine schlank, was für die Fürst-Rotweine immer typisch gewesen ist. Sie beeindrucken eher durch ihre Eleganz und die feinen Aromen statt durch schiere Kraft und Volumen wie manche Rotweine Südbadens. Es sind keine Kopien der burgundischen Weine. Noch weniger versucht Paul Fürst, die Weine von Konkurrenten oder Kollegen aus anderen Teilen Deutschlands nachzuahmen. Um zwischen den im neuen Stil und den traditionell ausgebauten Rotweinen zu unterscheiden, werden die einen in Burgunderflaschen und die anderen in Bocksbeutel abgefüllt.

Der wachsende Ehrgeiz auf dem Gebiet der Rotweine hat indirekt zu weiteren bemerkenswerten Weinen geführt. Die Verwendung von edelfaulen Trauben bei der Rotweinerzeugung ist immer ein Fehler, weil sie Farbe und Alterungspotential des Weines deutlich schmälern. Die Fürsts sortieren diese Trauben daher bei der Lese rigoros aus. Seit dem Jahrgang 1993 haben sie versucht, die stark geschrumpften, edelfaulen Beeren dabei nochmals auszusondern. Bis jetzt bestand das Ergebnis in zwei außergewöhnlichen roséfarbenen Trockenbeerenauslesen.

»Natürlich gibt es auch Trauben, die einfach verfault sind, und die muß man einfach wegschmeißen. Es ist anstrengend, weil man die ganze Zeit aufpassen muß, daß die Lesehelfer ja das Richtige machen, aber es lohnt sich.« Auf diese Weine konzentriert Paul Fürst offensichtlich seit neuestem seinen Ehrgeiz, und die ersten Erfolge haben ihn nur noch angefeuert. Am anderen Ende des Geschmacksspektrums stehen seine trockenen Spätburgunder Weißherbst-Weine, aus Trauben, die für Rotwein nicht reif genug waren: leicht, sehr frisch und fruchtig. Für »Nebenprodukte« sind sie äußerst gelungen.

Paul Fürst ist indessen nicht der Typ, der sich auf eine einzige Aufgabe beschränken könnte. Eins führt oft zum anderen, und in Gedanken sucht er nach immer neuen Wegen, die irgendwann später erforscht werden könnten. Obwohl seine Reisen ins Burgund vor allem dazu gedacht waren, Erfahrungen im Bereich Rotwein zu sammeln, gaben sie ihm gleichzeitig neue Anstöße für einen seiner Weißweine, den Weißburgunder. Mit dem Jahrgang 1993 traf er die Entscheidung, einen vollkommen neuen Ausbau im burgundischen Stil zu versuchen, d.h. Gärung und Reife in kleinen neuen Eichenholzfässern. Der Wein spaltete die deutsche Weinszene in zwei entgegengesetzte Lager.

Paul Fürst würde es sicher abstreiten, und es zeigt sich nur gelegentlich und unauffällig, doch an ihm ist etwas Geniales. Das macht ihn stark und empfindlich zugleich. Zufällig traf ich ihn in der Pfalz einen Tag nachdem der »Gault Millau Weinguide Deutschland 1995« auf den Markt gekommen war. Es war ein sonniger Tag im Frühherbst, und die Teilnehmer einer Verkostung deutscher Rotweine versammelten sich nach und nach im Hof eines bekannten Hotel-Restaurants. Das Gespräch drehte sich um den gerade erschienenen Weinführer, und die Beurteilungen der beiden Autoren Armin Diel und Joel Payne wurden heiß diskutiert. Als Paul Fürst erschien, war er gut gelaunt und antwortete auf meine Frage: Nein, er habe den neuen »Gault Millau« noch nicht gesehen. In der Überzeugung, daß er die Kritik sicher leicht wegstecken würde, erzählte ich ihm, was Diel und Payne über seine 1993er

Weißweine, unter anderem den Weißburgunder, geschrieben hatten. Einen Augenblick lang sah er vollkommen abwesend aus, dann taumelte er langsam und verwirrt, bis er sich schließlich auf eine Holzbank fallen ließ. Es sah aus, als hätte ihn ein Pfeil geradewegs in die Seite getroffen.

Als ich die Fürsts vor kurzem besuchte, erinnerte ich ihn an diesen Vorfall. »Ja, ich entsinne mich gut. So viele unserer Kunden waren hin und weg von diesem Wein, und ich denke immer noch, daß es einer der besten ist, die ich je gemacht habe. Ich war vollkommen perplex, als du mir erzählt hast, was Diel und Payne geschrieben hatten.« Seine Antwort kam ohne Zögern, und seine Worte zeigten, welche Bedeutung der Zwischenfall für ihn immer noch hatte. Er stellte vielleicht den Moment der Erkenntnis dar, daß auch wenn man selbst sicher ist, dem Ziel nahe zu sein, für die Welt noch lange kein Grund besteht, diese Ansicht zu teilen.

Wir fuhren durch die Weinberge des Centgrafenbergs, und Paul Fürst zeigte mir wichtige Merkmale der Landschaft und erläuterte mir die Besonderheiten seiner Parzellen. »All diese Häuser wurden während der sechziger und siebziger Jahre auf den besten Weinbergen von Bürgstadt gebaut. Wir haben hier aber immer noch eine kleine Rebanlage und ernten dort oft unsere besten Riesling-Trauben.« Die Stöcke stehen auf einer der letzten überlebenden ursprünglichen, sehr schmalen Terrassen des Centgrafenbergs, und wegen der verstärkten Bautätigkeit während der letzten Jahre sehen sie aus, als ob sie mitten in einem Vorort wüchsen. Ein Teil der Trauben für den 1995 Riesling Kabinett, ein erstaunlicher Wein für diesen äußerst schwierigen Jahrgang in Franken, stammt aus dieser Parzelle. Es ist ein Wein in einem neuen Stil, da Paul Fürst einige Verfeinerungen am Ausbau der traditionellen Weißweine vorgenommen hat. Der Kreis hat sich geschlossen, und er ist wieder bei seiner ersten Herausforderung gelandet. »Wir waren zu puristisch und die Weißweine manchmal zu extrem. Harmonie das wichtigste.«

Und aufs neue wird das Chaos-Marketing dazu führen, daß viele Weine auf der Preisliste im Handumdrehen den Stempel »Ausverkauft« tragen.

Probiernotizen Weingut Rudolf Fürst

Riesling – Bürgstadter Centgrafenberg »Grand Cru«

1992 SPÄTLESE TROCKEN 83
In sich ruhende Rundheit. Alles paßt, aber nichts regt auf; staubig trocken.

1993 Spätlese trocken 87
Die Lebendigkeit der Jugend und die diskrete Würze der Reife.

1993 Spätlese 90
Ausdrucksstark und saftig: die fränkische Verführung ganz in Weiß. Weder fränkisch trocken noch deutsch süß, jedoch von ganz eigenständiger Harmonie.

1994 Spätlese trocken 88
Baumblüte am Main. Überschwenglichkeit, aber auch eine passende Festigkeit dazu.

1995 Kabinett trocken 85
Ein Miniatur-Meisterwerk, perfekt proportioniert und äußerst charmant.

1995 Spätlese trocken 82
Viel von allem, nur noch keine richtige Harmonie; wohin?

Weißer Burgunder – Bürgstadter Centgrafenberg »Grand Cru«

1993 Spätlese trocken (Barrique) 89
Hinreißende Opulenz und Aromareichtum; nichts für die Prüden unter uns!

1994 Spätlese trocken (Barrique) 87
Etwas weniger unverschämt sinnlich als der '93er, dafür um so eleganter.

1995 QbA trocken (Barrique) 84
Ein Katastrophenjahrgang, aber in dieser kleinen, heilen Welt stimmt alles.

Spätburgunder – Bürgstadter Centgrafenberg »Grand Cru«

1993 Rotwein Spätlese trocken 85
Viel Power und »süße« dunkle Früchte, es fehlt nur ein wenig Schliff.

1993 Rotwein Auslese trocken 82
Große Körper ohne große Tiefe und ein recht harter Nachgeschmack.

1993 Frühburgunder Rotwein Auslese trocken 88
Enorm in Saft und Kraft, die dunklen Pflaumen lassen grüßen, seidige Nachhaltigkeit.

| 1993 | WEISSHERBST TROCKENBEERENAUSLESE | 93 |

Großmutter backt einen Kuchen mit vielen Rosinen, und es duftet so gut in der Küche!

| 1994 | ROTWEIN SPÄTLESE TROCKEN »R« | 87 |

Parfüm, Schmelz und Seide, als wären wir im Burgund.

| 1994 | WEISSHERBST TROCKENBEERENAUSLESE | 95 |

Edelsüße im wahrsten Sinne des Wortes. Übernatürliche Geschmacksdichte und Brillanz machen ihn zu dem größten Roséwein, den ich je probiert habe. Hut ab vor diesem Ausnahmewein!

Visionär und Gentleman
Horst Kolesch und sein Team

Weingut Juliusspital
Klinikstraße 5
97070 Würzburg
Tel. 09 31/3 93 14 00
Fax 09 31/3 93 14 14

Nicht zum ersten Mal stelle ich mir die Frage: »Wer ist Horst Kolesch?« Auf den ersten Blick ist die Antwort einfach: Horst Kolesch ist der Direktor des Weingutes Juliusspital, und zwar seit 1986. Seit Anfang der neunziger Jahre ist es das führende Weingut Frankens. Niemand sonst hat so viele bemerkenswerte Frankenweine in dieser Zeit erzeugt wie das Weingut Juliusspital. Aber wer ist Horst Kolesch wirklich? Diese Frage ist schon schwieriger zu beantworten, weil sich dieser Mann mit seiner Stelle oder vielmehr den Anforderungen seiner Position fast völlig identifiziert hat. Kaum ein anderer deutscher Weingutsdirektor nimmt seine Verantwortung und seine Pflichten so ernst wie Horst Kolesch, und niemand findet es in gleichem Maße wie er befriedigend, ihnen nachzukommen. Was er nüchtern als »die Umsetzung der Theorie in die Praxis« bezeichnet, ist eine ständige, alles beanspruchende Herausforderung.

Wenn man die Büros und Probierräume des Weingutes Juliusspital heute betritt, sieht alles fast genauso aus wie 1986, als Horst Kolesch die Leitung übernahm. Viele der Angestellten von damals sind noch da, und in den Kellern sind zwar Verbesserungen vorgenommen worden, aber nichts hat sich deutlich verändert. Bei den Weinen jedoch hat sich im letzten Jahrzehnt Erstaunliches getan, und damit machte auch das Ansehen des Gutes einen beachtlichen Sprung nach vorne.

Den Juliusspital-Weinen hat es nie an Substanz oder Charakter gemangelt. Immer schon machte sich der ausgedehnte Weinbergsbesitz des Gutes in den Spitzenlagen von Würzburg, Randersacker und Iphofen in den fertigen Weinen qualitätsmäßig deutlich bemerkbar. Und doch, vor zehn Jahren fehlten den Weinen genau die Eigenschaften, die sie heute so hervorstechen lassen: Eleganz, Frische und ein feines Bouquet. »Egal wie dicht und kraftvoll unsere Weine sind – und in einem guten Jahrgang ist 13° natürlicher Alkohol keine Seltenheit bei uns –, müssen unsere Weine immer noch animieren«, sagte Horst Kolesch, als ich seine Kraftprotze des hervorragenden Jahrgangs 1993 zum ersten Mal verkostete, und seine Beschreibung traf den Nagel auf den Kopf.

Wenn Horst Kolesch seinem Ehrgeiz nicht zwei klare Ziele gesteckt hätte, als er zum Juliusspital kam – einerseits die Vision der zukünftigen Weine und andererseits die Vorstellung, wie ein 115-Hektar-Betrieb geführt werden sollte –, dann wäre er vielleicht gescheitert, denn das erstere ist nur durch das letztere möglich geworden. »Viele meiner Kollegen sagen, daß ein Weingut heute nicht größer als 10 bis 15 Hektar sein darf, wenn man Spitzenweine machen und rentabel arbeiten will. Ich bin damals mit der felsenfesten Überzeugung hierher gekommen, daß diese Auffassung falsch ist. Aber mir war auch klar, wie schwierig es werden würde, diese Ziele mit einem Betrieb zu erreichen, der zehnmal so groß ist«, erzählte er mir vor kurzem. Wenn man bedenkt, daß Horst Koleschs Familie in Iphofen gerade mal zwei Hektar bearbeitet, wirkt diese Überzeugung noch frappanter, da sie offensichtlich nicht auf direkter praktischer Erfahrung beruhte, sondern nur das Ergebnis seiner Überlegungen war.

Vielleicht ist es gerade diese Kombination aus einem fanatischen Qualitätsstreben und einem sehr deutlich ausgeprägten Sinn für das Wirtschaftliche, die so vielen großen – und oft berühmten – deutschen Weingütern abgeht. Aber eines ohne das andere hat fatale Folgen: entweder gute Weine und ein ständig steigender Schuldenberg oder die kosteneffiziente Produktion mittelmäßiger Weine, die sich nicht verkaufen. Beides führt letztendlich zum Bankrott – ob in großem Stil oder sang- und klanglos.

Horst Kolesch würde als erster darauf hinweisen, daß der Erfolg des Juliusspitals nicht auf ihn allein zurückgeht, sondern in gleichem Maße auf seine wichtigsten Angestellten: die Kellermeister Friedrich Franz und Benedikt Then sowie den Verkaufsleiter Wolfgang Apel. Sie anzuleiten und zu motivieren gehörte zu seinen vorrangigsten Aufgaben.

Das Juliusspital wurde 1576 von dem Würzburger Kurfürsten Julius Echter von Mespelbrunn gegründet, einem brutalen Herrscher, dem es Hexenverbrennungen besonders angetan hatten. Der imposante Komplex von Renaissance- und Barockgebäuden ist seit der fast vollständigen Zerstörung 1945 hingebungsvoll wiederaufgebaut worden. In Kürze wird das Gut in historische Räumlichkeiten umziehen, die zur Zeit restauriert werden. Ohne den wirtschaftlichen Erfolg der letzten Jahre wäre dies sicher nicht möglich gewesen. Und es wird wiederum gut fürs Geschäft sein, was auf einem Weingut wie dem Juliusspital bedeutet, daß es sich auch positiv auf die Weinqualität auswirken wird.

Horst Kolesch ist sich der Qualität seiner Weine wohlbewußt; er hat oft Gelegenheit, die Weine vieler seiner Kollegen zu verkosten – deutsche wie ausländische. Auf meine Frage, welche Befriedigung ihm das Lob der Presse bereite – ein reichliches und überschwengliches Lob in den letzten Jahren –, antwortete er: »Oh, mindestens ... 30 Prozent.« Für ihn besteht die eine Hälfte des Vergnügens darin, zu sehen, wie gut jetzt alles im Betrieb läuft, und die andere in der Anerkennung, die die Weine in der Presse gefunden haben, sowie in dem Erfolg bei der Gastronomie und den Privatkunden. Trotz allem ist der Weinmacher und Geschäftsmann Horst Kolesch durch und durch ein Gentleman geblieben. Am Ende meines letzten Besuchs verabschiedete er mich mit den Worten: »Ich bin sicher, daß du bei meinen Kollegen hier in Würzburg einige ebenso gute Weine finden wirst.« Das war ganz aufrichtig gemeint. Für Horst Kolesch wäre ein Triumph ohne »Fair play« nichts wert.

Die Weine des Juliusspitals

Die größte Stärke des Weinguts Juliusspital liegt in der großen Zahl an guten Weinen, die hier erzeugt werden. Bei der langen Liste fällt die Entscheidung, wo man überhaupt anfangen soll, auf den ersten Blick nicht leicht. Die Mehrheit der besten Weine basieren jedoch auf drei Rebsorten: Riesling, Silvaner und Rieslaner. Sie stammen fast alle aus einer der beiden absoluten Spitzenlagen des Gebiets: dem Würzburger Stein und dem Iphöfer Julius-Echter-Berg. Unabhängig von der Rebsorte bringt der Julius-Echter-Berg kraftvolle, opulente Weine hervor. Die Stein-Weine zeigen eine wunderbare Eleganz und betonte mineralische Würzigkeit. Die trockenen Spätlesen beider Lagen leben oft zehn Jahre und länger, während die edelsüßen Weine Jahrzehnte halten können.

Probiernotizen Weingut Juliusspital

Riesling – Weine aus diversen »Grand-Cru«-Lagen

1992 WÜRZBURGER STEIN SPÄTLESE TROCKEN 87
Ein Musterbeispiel von Harmonie eines reifen Weines.

1992 IPHÖFER JULIUS-ECHTER-BERG SPÄTLESE TROCKEN 83
Die Wucht übertönt den Charakter, ein wenig schwer und plump.

1993 WÜRZBURGER STEIN SPÄTLESE TROCKEN 88
Auf einem festen Fundament steht die imposante Fassade des Juliusspitals.

1993 WÜRZBURGER STEIN TROCKENBEERENAUSLESE 93
Trotz seiner Üppigkeit und Power bewegt sich der große Herr leichtfüßig. Ein edelsüßer Spitzenwein ganz am Anfang seines langen Lebens.

1993 IPHÖFER JULIUS-ECHTER-BERG SPÄTLESE TROCKEN 90
Der souveräne Prachtriesling des Jahrgangs legt allmählich seine Mächtigkeit ab und entblößt seine grazilen Gliedmaßen. Jetzt? Gemach, gemach!

1994 WÜRZBURGER STEIN SPÄTLESE TROCKEN 88
Der aristokratische Charme und die Würde des Steins.

1994 WÜRZBURGER STEIN TROCKENBEERENAUSLESE 97
Die Großzügigkeit der Residenz, die mächtigen Perspektiven des Treppenhauses, die filigrane Herrlichkeit des Weißen Saals und die Grandeur des Kaisersaals vereinen sich in flüssiger Form. Ein Jahrhundertwein!

1994 IPHÖFER JULIUS-ECHTER-BERG SPÄTLESE TROCKEN 88
Hinter klassischer Eleganz verbergen sich geologische Tiefen.

1995 WÜRZBURGER STEIN KABINETT TROCKEN 82
Ein bescheidener Auftakt, aber makellos und geschliffen.

1995 IPHÖFER JULIUS-ECHTER-BERG KABINETT TROCKEN 65
Ein seltener Fehlschlag: rustikal, hart und klebrig.

Silvaner – Weine aus diversen »Grand-Cru«-Lagen

1993 WÜRZBURGER STEIN SPÄTLESE TROCKEN 89
Der weiße Rabe; ein kraftvoller Silvaner mit Eleganz und Finesse.

1993	IPHÖFER JULIUS-ECHTER-BERG TROCKENBEERENAUSLESE	91

Ein wenig wuchtig, gleichzeitig aber auch die verführerischen Aromen erstklassiger französischer Pâtisserie und delikate Frische im Nachhall.

1993   IPHÖFER KRONSBERG SPÄTLESE TROCKEN   90
Die mächtige Monumentalität der Marienburg und die zeitlose Stille der Marienkirche finden ihre Parallelen in einem großen trockenen Wein, der jetzt anfängt, sich zu entfalten.

1994   WÜRZBURGER STEIN SPÄTLESE TROCKEN   85
Trotz beachtlicher Dimensionen erfreuliche Schlichtheit.

1994   WÜRZBURGER ABTSLEITE TROCKENBEERENAUSLESE   95
Die faszinierende Würze und noble Süße von Waldhonig vereinen sich mit der pikanten Säure von reifen, exotischen Früchten in einem grandiosen Silvaner. Mit diesem Wein im Keller hat man einen guten Grund, alt zu werden.

1994   IPHÖFER JULIUS-ECHTER-BERG KABINETT TROCKEN   82
Die erfrischenden, grünen Früchte des Sommers: Stachelbeeren und Renekloden.

1994   WÜRZBURGER STEIN KABINETT TROCKEN   85
Unter den blühenden Linden steht ein Klassiker.

1995   IPHÖFER JULIUS-ECHTER-BERG KABINETT TROCKEN   83
Nicht groß, doch die ansprechende Frische und Harmonie rufen zum Glas.

Die überraschende Wahrheit in Hans Rucks Weinen
Hans Ruck

Weingut Johann Ruck
Marktplatz 19
97346 Iphofen
Tel. 09323/3316
Fax 09323/5035

Draußen tobte ein Schneesturm. Die schweren Vorhänge waren zugezogen, damit die Kälte nicht hereindringen konnte. Hans Rucks Büro wirkte dadurch so heimelig, daß ich mich an Winterabende im Haus meiner Großeltern erinnerte, als ich noch ein kleines Kind war. Eine ungewöhnliche Atmosphäre für eine Weinprobe, eine Szene wie aus einem

Luis-Buñuel-Film, aber auf alle Fälle hatten wir hier unsere Ruhe. Ich saß über eine Reihe von Weinen gebeugt und studierte sie sorgfältig. Es war schwierig, die Farbe der Weine in diesem gedämpften Licht richtig einzuschätzen, aber ihre dichten Aromen übertönten mühelos die im Raum schwebenden Gerüche von Holztäfelung, Polstern und Akten. Dennoch hatte ich den Eindruck, daß ich, wenn ich meine Nase nicht weit genug in die Gläser steckte, um auch die feinsten Duftnuancen einzufangen, riechen würde, in welchem Schrank die Kontoauszüge abgeheftet waren. Aus fernen Ecken des Hauses waren Schritte zu hören; jemand spielte Klavier: oben Familienleben, unten das Leben des Weins.

Aus irgendeinem Grund hatte ich Hans Ruck nie zuvor nach der Geschichte seiner Familie gefragt. Vielleicht hatte ich wieder eine der üblichen Erzählungen erwartet, die in Prospekten unter dem Begriff »Weinbau seit drei Jahrhunderten« zusammengefaßt werden. Mit einigem Erstaunen hörte ich nun zu, wie er mir von seinem frühesten bedeutenden Vorfahr, Sigibato von Rucken, Graf von Tübingen (1020–1087), erzählte, dessen Name sich von der Burg herleitet, die er zwischen 1050 und 1060 auf dem Berg Rucken in der Nähe von Blaubeuren gebaut hatte. Hans Rucks Zweig der Familie ist seit 1893 in Iphofen ansässig. Da ich selbst aus einer Familie stamme, die keinen einzigen Zweig länger als ein Jahrhundert zurückverfolgen kann, beeindruckt mich diese Art von Vergangenheit in gleichem Maße, wie sie mir angst macht. So interessant es auch wäre, die eigene Herkunft genau zu kennen, bin ich doch froh, daß sich in meinen Gedanken nicht so viele Vorfahren herumtreiben.

Hans Ruck scheint jedoch nicht unter der Last seiner Familiengeschichte zu leiden. Er schenkte seelenruhig die nächsten Weine des Jahrgangs 1995 aus, mit dem wir begonnen hatten. »Die Lese war 1996 mindestens so schwierig wie 1995«, sagte er mit einem leichten Seufzer, »wir hoffen sehr, daß 1997 uns weniger Probleme bereiten wird als die letzten Jahre.« Es war Ende November 1996, die Lese war erst seit ein paar Wochen beendet, doch Hans Ruck sah schon der nächsten entgegen. Ich fragte ihn nach der Art der Probleme: »Nun, der Regen war natürlich furchtbar, aber die Füchse und das Wild haben noch dazu die besten Trauben weggefressen. Hier geht es zu wie im Tierpark Hellabrunn in München!«

Hans Ruck gehört nicht zu der Art von Winzern, die anmaßende Behauptungen über ihre eigenen Weine von sich geben – eher das Gegenteil. Er hat oft seiner persönlichen Vorliebe für den einen oder anderen Wein Ausdruck gegeben, jedoch in meiner Gegenwart nie einen einzigen tatsächlich gelobt. Während ich in seinem Büro sitze und seinen bedächtigen Kommentaren zu den Weinen des Jahrgangs 1995 zuhöre, kommt es mir vor, als sei diese Zurückhaltung und Ablehnung des Eigenlobs das eigentlich Aristokratische an seiner Person. Wenn nur alle Aristokraten in der deutschen Weinszene so wären! Manche von ihnen haben offenbar das Gefühl, daß ihre zahlreichen Vorfahren sie über die normalen Sterblichen erheben und daß ihre Weine daher automatisch auch etwas Besseres sein müssen.

Beim letzten Mal hatte ich Hans Rucks Weine in der nüchternen Umgebung einer modernen Küche verkostet, ohne Gemütlichkeit und Geschichte, und doch waren mir die gleichen Dinge aufgefallen wie jetzt in diesem weichen Sessel. Obwohl die trockenen Silvaner und Rieslinge, die über zwei Drittel der Produktion des Gutes ausmachen, stets blitzsauber und charaktervoll, manchmal sogar beeindruckend sind, erzeugt Hans Ruck seine bemerkenswertesten Weine aus Rebsorten, die für Franken völlig untypisch sind. Grauburgunder ist in Baden oder der südlichen Pfalz weit verbreitet, aber in Franken ist er eine Rarität. Hans Ruck baut die Weine dieser Sorte in sehr ähnlichem Stil aus, wie es in Baden üblich ist. Das Ergebnis ist jedoch ein völlig anderes: wesentlich schlanker, bei einem Alkoholgehalt, der leicht mit allen badischen Weinen mithalten kann (oft 14° und mehr natürlicher Alkohol). Seine 35 Jahre alten Grauburgunder-Stöcke in der Rödelseer Schwanleite bringen bei weitem die besten Weine dieser Sorte in Franken hervor, sind aber nicht einfach in der Pflege, weil die Reihen sehr eng gepflanzt sind. »Ich schicke immer unseren schmalsten Traktor. Wenn er wegfährt, bete ich, daß nichts schiefgeht, und singe Dankeshymnen, wenn er heil zurückkommt«, erzählte er mir, als wir die imposanten trockenen Spätlesen der Jahrgänge 1993 und 1994 verkosteten.

Die inoffizielle »Heimat« der Huxelrebe ist das rheinhessische Hügelland. In Franken wird die Sorte so selten angebaut, daß selbst einige Weinbauexperten mir nichts über die Ergebnisse im eher kontinentalen Klima des Steigerwaldes sagen konnten. Wider Erwarten hat die Huxelrebe hier aber eine Reihe großartiger edelsüßer Weine hervorgebracht, die fast alles aus Rheinhessen in den Schatten stellen. Warum die Resultate auf dem steinigen Kalk- und Gipsboden des Iphöfer Kalb selbst in sehr schwierigen Jahren wie 1995 so gut sind, kann ich ebensowenig wie Hans Ruck erklären. Als ich einen ersten Schluck dieses extremen, außerordentlichen Weines nahm, fühlte ich mich, als ob meine Zunge plötzlich wie vom Blitz getroffen, so vibrierte alles in mir. Einen Moment lang starrte Hans Ruck mich an, beängstigt von meiner Reaktion. Dann lächelte er, weil ihm klar wurde, daß ich nicht aus Schmerz, sondern aus freudiger Verzückung mein Gesicht verzogen hatte. Der Wein war eine Überraschung im positivsten Sinne. Nicht immer äußert sich die Wahrheit in den Ruck-Weinen derart dramatisch. Aber wenn sie Überraschungen bereiten, dann sind es immer freudige.

Probiernotizen Weingut Johann Ruck

Grauburgunder – Rödelseer Schwanleite

1993 SPÄTLESE TROCKEN 89
Gebündelte Power und strahlende Eleganz; vergiß Baden! Noch richtig jung.

1994 SPÄTLESE TROCKEN 87
Ein »Tischwein« im besten Sinne des Wortes. Wo ist mein Seeteufel?

1995 SPÄTLESE TROCKEN 83
Ein ungeschliffener Edelstein, wenn auch vielleicht nicht unbedingt ein Diamant; abwarten, Tee trinken.

Rieslaner – Iphöfer Julius-Echter-Berg »Grand Cru«

1993 SPÄTLESE TROCKEN 85
Wuchtig, aber keinesfalls übermächtig; reif, aber keinesfalls alt.

1994 AUSLESE 88
Eine gestandene Frau mit Schönheit und Korpulenz.

1995 SPÄTLESE 85
Eine Raubkatze, die langsam gebändigt werden muß. Vorsicht! Scharfe Krallen.

Huxelrebe – Iphöfer Kalb

1992 EISWEIN 93
Eine wilde Orchidee! Exotische Exzesse, die zu gefährlichen Leidenschaften verführen könnten. Fast zuviel des Guten, aber wer will nicht manchmal zu viel?

1993 BEERENAUSLESE 87
Muskulös und satt, doch führt ein wenig Bitterkeit zu leichter Dissonanz.

1994 BEERENAUSLESE »DOLCE VITA« 88
Leider verbrachte dieser Wein ein Jahr im *Barrique*, was seine Brillanz ein wenig beeinträchtigt hat, trotzdem cremig, konzentriert und köstlich.

1995 AUSLESE 90
Ein Feuerwerk von Zitrusaromen und ein elektrisierendes Süße-Säure-Spiel: atemberaubend!

Kinder der Moderne
Karl Schmitt

Weingut Schmitt's Kinder
Am Sonnenstuhl
97236 Randersacker
Tel. 0931/705 91 97
Fax 0931/705 91 98

Was den Wein betrifft, hat die Moderne einen schlechten Ruf, ganz anders als bei Autos oder der Architektur. Wenn ein Winzer die neueste Technik anwendet und seine Weine ausschließlich in Edelstahltanks ausbaut, dann versteckt er diesen Vorgang meist hinter einer alten Kellertür, stellt sich vor dieselbe und spricht laut und ausführlich über die Traditionen, an die er zwar nicht mehr glaubt, die aber zu den Vorstellungen seiner Besucher passen. Das bedeutet heute »Weinromantik«: eine Fassade von Holzfässern und Gewölbekellern, hinter denen sich die Realität aus Beton und Stahl verbirgt. Das ist nicht nur ein treffendes Bild – auf manchen deutschen Weingütern gibt es wirklich einen Teil des Kellers, der aussieht wie eine Filmkulisse, die auf den Regisseur, den Kameramann und die ganze Mannschaft wartet, während ein anderer – nüchterner – Teil der Produktion tatsächlich dient. Das einzige, was noch fehlt, sind falsche Spinnweben und Staub aus der Sprühdose – oder Steven Spielberg, der an einem neuen Film über »ET« arbeitet (in diesem Fall die Abkürzung für »entsetzliche Täuschung«).

Karl Schmitt aber ist stolz auf seinen höchst modernen Keller und zeigt ihn gern den Besuchern. Damit stellt er die große Ausnahme dar: der sich ganz offen zur Moderne bekennende Winzer. Nicht nur arbeitet er problemlos mit einer Technik, die früheren Winzergenerationen nicht zur Verfügung stand, sondern er vertritt auch einen Weinstil, den es vor wenigen Jahrzehnten noch gar nicht gab. Trotzdem ist an seinen Weißweinen nichts Technisches oder Oberflächliches. Sein Ziel sind Weine mit einer Brillanz, die ganz und gar zu unserer Epoche gehört, jedoch nicht auf Kosten jenes Charakters, den Weinberg und Wetterbedingungen heute wie in vergangenen Jahrhunderten den Weinen aufzuprägen vermögen.

Als der Zweig der Schmitt-Familie, zu dem Karl Schmitt gehört, aus den alten beengten Räumlichkeiten mitten in Randersacker in das neue Haus und Weingut am Fuß der Spitzenlage des Ortes, dem Sonnenstuhl, umzog, wurde die traditionelle Vergangenheit nicht abgeschrieben oder aufgegeben. Karl Schmitt hatte aber durch diesen Neubeginn die Möglichkeit, wählerisch zu sein und nur die Ideen und Methoden mitzunehmen, die für ihn wirklich von Wert waren. Das hat sich bewährt: Ohne Probleme haben sich die alten und neuen Elemente zu seinem eigenständigen Stil von Frankenwein verbunden. Eine Handvoll Fotos, alte Weingläser und Kellerutensilien sind in einigen Glasvitrinen ausgestellt und dokumentieren symbolisch die Familientradition.

Eine der wichtigsten Traditionen, die Karl Schmitt aus Randersacker mitgebracht hat, ist die Vorliebe seines Vaters für Weißweine mit natürlicher Restsüße. Franken ist generell für seine trockenen Weine bekannt. Auch als die süße Weinwelle in den späten sechziger und siebziger Jahren durch die deutschen Anbaugebiete rollte, war man hier bei diesem Stil geblieben. Dieses etwas vereinfachte Bild spiegelt die Realität aber nur zum Teil wider. Für die Winzer in manchen Anbaugebieten, zum Beispiel Mosel-Saar-Ruwer, war es ein Durchbruch, den Gehalt der Weine an natürlicher Restsüße nach der Gärung technisch kontrollieren zu können. Auf der anderen Seite übte diese Entwicklung in anderen Gebieten, wie etwa Baden, einen überwiegend schädlichen Einfluß aus, der wertvolle Weinbautraditionen zerstört hat. Dennoch war und ist es in jedem Anbaugebiet möglich, Winzer zu finden, die Weine mit einer fein abgestimmten, harmonischen Süße machen, und andere, deren Süßweine man für verdünnte Marmelade halten könnte. Mit seinen hervorragenden nicht-trockenen Weinen paßt Karl Schmitt vielleicht nicht in das Standardbild des fränkischen Winzers und des Frankenweines. Wenn man aber den Menschen und seine Arbeit unvoreingenommen beurteilt, wird rasch deutlich, daß er zur Spitze der Region gehört.

Das Hauptargument für die ablehnende Haltung mancher Kritiker gegenüber den Weinen von Karl Schmitt lautet, daß Frankenwein trocken sein muß, daß diese Weine daher die Leute nur verwirren. Man könne sie nur schwer verkaufen, da sie ganz »untypisch« für das Gebiet seien. Als ich Karl Schmitt bei meinem ersten Besuch auf dem Gut danach fragte, war ich erstaunt über seine Antwort: »Also, im Moment sind wir so gut wie ausverkauft.« Und als er mir seine Meinung zu diesem Thema mitteilte, erinnerte ich mich an eine Aussage von F. X. Pichler aus Loiben in der Wachau, einem der Spitzenwinzer Österreichs, dessen Weine vollkommen anders als die von Karl Schmitt sind: »Wenn man große Weine macht, klopft früher oder später die ganze Welt an die Tür. Marketing kann Qualität nicht ersetzen.«

Karl Schmitt hat zwar nicht die ganze Welt vor der Tür, aber die zahlreichen und treuen Kunden reißen ihm so gut wie alles aus den Händen, was er ihnen bieten kann. Offensichtlich – und glücklicherweise – gibt es viele Leute, denen die Qualität der Schmitt's-Kinder-Weine wichtiger ist als irgendwelche Klischeevorstellungen.

Für Karl Schmitt geht es beim Weinmachen vor allem um einen eigenständigen Stil und die bestmögliche Harmonie seiner Weine. Das recht kontinentale Klima in Franken führt zu enormen Schwankungen beim Reifegrad der Trauben von einem Jahr zum anderen und somit auch zu großen Sprüngen beim Alkoholgehalt der fertigen Weine. Frankenweine aus unterdurchschnittlichen Jahrgängen können dünn und mager wirken, aber in Jahren mit einer günstig verlaufenden Vegetationsperiode wie 1993 können sie auch wuchtig bis zum Extrem sein. Dann ist ein Alkoholgehalt von 13° fast normal und 14° nicht selten. Wenn solche Weine knochentrocken ausgebaut werden, wie es in Franken Tradition ist, schmecken sie schnell schwer oder brandig, das heißt unharmonisch. Karl Schmitts 1993 Riesling Spätlese aus der hervorragenden Lage Randersackerer Pfülben, um ein Beispiel zu nennen, hat volle 13,2° Alkohol; es ist ein wunderschön balancierter Wein, der nahezu trocken schmeckt und trotz eines kleinen Hauchs unvergorener Süße der Trauben zu einem gehaltvollen Essen, zum Beispiel einer Gans, phantastisch paßt. Wäre dieser Wein jedoch, wie es manche puritanische Weintrinker verlangen, weit genug vergoren, um das Wort »trocken« auf dem Etikett zu erlauben, hätte er 14° Alkohol und wäre ein schwerer, ermüdender Wein. Was wollen wir – Fetischismus für bestimmte Bezeichnungen oder wohlschmeckende Weine?

Viele der besten unter den Weinen von Karl Schmitt besitzen nicht nur etwas natürliche Restsüße, sondern stammen auch aus unmodischen Rebsorten wie dem Bacchus oder obskuren wie dem Rieslaner. Bacchus ist in Franken ziemlich verbreitet. Leider zeigen die Weine nur allzuoft eine an Orangenschale und Kümmel erinnernde strenge Note, die alles andere als anziehend wirkt. Bei Karl Schmitt ist der Bacchus ein wirklich toller Wein voller Fruchtaromen; vor allem Düfte nach schwarzen Johannisbeeren, Grapefruit und tropischen Früchten entströmen dem Glas, und der Wein schmeckt sehr saftig und doch absolut klar.

Das Schicksal des Rieslaners ist ebenfalls ein trauriges, da er meistens nur den Weinfreaks bekannt ist. Im allgemeinen bringt er aber Karl Schmitts beeindruckendste und bemerkenswerteste Weine hervor. »Sie sind meistens sogar besser als die Rieslinge«, sagt er, »aufregender!« Rieslaner können leicht wie göttliche Blitzschläge wirken, zu feurig für normale Sterbliche. Die Herausforderung besteht darin, aus ihnen Weine zu machen, die explosive Dichte und Finesse, Drama und Noblesse in sich vereinen. Genau das gelingt Karl Schmitt bei seinen Weinen.

Meine letzte Probe in dem geräumigen, luftigen Probierzimmer des Gutes mit Blick über das Maintal endete mit einigen solcher Weine. Erst als ich das letzte Glas Rieslaner abstellte, bemerkte ich, daß in der Zwischenzeit ein gewaltiger Schneesturm eingesetzt hatte. Mit einer Flasche dieser Weine kann man die Welt vergessen. Alle Kategorien, Definitionen und Theorien lösen sich auf in einem solchen Zaubertrank.

Probiernotizen Weingut Schmitt's Kinder

Riesling – Randersackerer Pfülben »Grand Cru«

1993 SPÄTLESE 88
Die Saftigkeit eines vollreifen Pfirsichs; viel, sehr viel Wein!

1994 KABINETT 83
Nach dem charmanten Auftritt ein herber Nachklang, etwas gespalten.

1994 BEERENAUSLESE 94
Das Filigrane von feinster Seidenspitze und die Brillanz eines perfekt geschliffenen Edelsteins, wie man sie äußerst selten in Frankenweinen antrifft. Heute, in zehn oder in zwanzig Jahren ein grandioser Riesling! Wer hat etwas gegen Spitze, Diamanten oder Edelsüße?

1995 KABINETT TROCKEN 77
Recht bescheiden, aber ansprechende Pikanz und Spritzigkeit.

Rieslaner – Randersackerer Sonnenstuhl »Grand Cru«

1992 BEERENAUSLESE 95
Wucht und Wonne, enorme Ausdrucksstärke und trotzdem delikat, einfach traumhaft mit Crème Brûlée oder Früchtekompott. Nein danke, es ist nicht notwendig, nein, ich brauche keinen Château d'Yquem, wenn es solch einen Wein gibt ...

1993 SPÄTLESE 90
Wenn die Aprikose eine Seele besitzt, ist sie in diesem Prachtwein zu finden. Mit Andacht trinken oder mit einer Geliebten – ganz nach Geschmack und Laune schlürfen.

1994 AUSLESE 88
Seine Wahnsinnssäure wirft ihn etwas aus der Bahn. Er wird lange brauchen, um eine Harmonie zu erreichen, aber hier steckt enorm viel dahinter.

1995 KABINETT 83
Aus meinem Bett kann ich schon eine aufgeschnittene rosa Grapefruit auf dem Frühstückstablett riechen.

Silvaner – Weine aus diversen Lagen

1993	RANDERSACKERER MARSBERG SPÄTLESE	82

Zweifelsohne ein guter Wein, aber ein wenig schwerfällig und ermüdend.

1994	RANDERSACKERER PFÜLBEN KABINETT TROCKEN	83

Alles in Ordnung, wo ist der Spargel? Dieser Kerl schreit danach.

1994	RANDERSACKERER SONNENSTUHL SPÄTLESE TROCKEN	84

Die Butter- und Karamelnoten von reifen Silvanertrauben.

1994	RANDERSACKERER MARSBERG SPÄTLESE	88

Die alten Apfelsorten sind immer noch die besten, nur selten zu finden.

1994	RANDERSACKERER PFÜLBEN BEERENAUSLESE	93

Pump up the volume! Viel von allem – Power, Fülle, Edelsüße und pikante Säure – doch keine Spur zuviel von irgend etwas. Noch zu jung, aber was am Gaumen bleibt, läßt seine Noblesse erahnen.

1995	RANDERSACKERER SONNENSTUHL KABINETT TROCKEN	76

Schlicht und einfach, ein gelungener Alltagswein.

Reinkarnation
Bruno Schmitt

In memoriam Robert Schmitt

Robert Schmitt ist nie davor zurückgeschreckt, seine Ansichten deutlich zu äußern, selbst wenn vorauszusehen war, daß er damit allein stehen würde. Er nahm die Welt nicht so todernst, daß die Ablehnung seiner Meinung durch die überragende Mehrheit ihm Grund zur Sorge gewesen wäre. Er war zufrieden, solange er seinen eigenen Weg ohne Hindernisse gehen konnte. Wegen seines Humors und der Gründlichkeit, mit der er seine Ziele verfolgte, wurde er von vielen sehr geschätzt, nicht zuletzt von den treuen Kunden, die Jahr um Jahr seine klassischen trockenen Frankenweine kauften. Obwohl wir während unseres einzigen Treffens nicht unbedingt einer Meinung waren, konnte ich ihn als Menschen wegen seiner wachen Intelligenz und moralischen Stärke nur bewundern. Mit großer Betroffenheit erfuhr ich im Herbst 1994 von seinem Tod.

Weingut Robert Schmitt
Maingasse 13
97236 Randersacker
Tel. 0931/708351
Fax 0931/708352

Im Januar 1995 trat Robert Schmitts Nachfolger Bruno Schmitt bei einer Frankenwein-Präsentation in Berlin aus dem mächtigen Schatten seines Patenonkels. Er sagte wenig, brachte aber eine außergewöhnliche Beerenauslese mit, ein Wein, dessen Erzeugung Robert Schmitt nie in Erwägung gezogen hätte. Wie würde die Zukunft des Weinguts Robert Schmitt aussehen?

»Ursprünglich wollte ich Kfz-Mechaniker werden. Dann begann ich eine Ausbildung bei der Polizei, aber Onkel Robert hatte andere Vorstellungen, und 1980 fragte er mich, ob ich sein Nachfolger werden wolle«, beschrieb Bruno Schmitt seinen Werdegang. Wir fuhren gerade durch den Randersackerer Pfülben, zweifellos eine der Spitzenweinbergslagen oder *Grand Crus* in Franken. Trotz des eisigen Novemberwetters hielten wir kurz an und stiegen aus, um die Aussicht zu bewundern. Von der Straße, auf der wir uns befanden, fallen die Weinberge steil zum Ufer des Mains ab. Bruno Schmitt zeigte mir die anderen guten Lagen von Randersacker, vor allem den beeindruckenden, aber weniger steilen Hang des Sonnenstuhls und die besten Partien des Marsbergs.

Vielleicht hat das eine nichts mit dem anderen zu tun, aber in diesem Moment hatte ich den Eindruck, daß diese steilen Hänge eine Rolle gespielt haben bei Bruno Schmitts Entschluß, seine ursprünglichen Pläne zu vergessen und sich für den Wein zu entscheiden. Dieser Entschluß wirkt um so erstaunlicher, als seine Kindheitserinnerungen an den Weinbau nicht gerade angenehm sind: »Ich komme vom Weingut Paul Schmitt in Randersacker, und als Kind mußte ich oft Flaschen spülen oder meinen Eltern in den Weinbergen helfen. Ich habe das alles gehaßt, und meine Einstellung zum Weinbau-Alltag hat sich erst sehr viel später geändert.« Dann aber begann seine Leidenschaft für diese Steilhänge, die soviel Mühe bei der Bearbeitung kosten.

Wie stark Bruno Schmitts idealistischer Zug auch sein mag, gleichzeitig ist er durch und durch Realist und hält seine Gefühle und seine Feststellungen klar getrennt. »Ich bin sicher, daß der Pfülben die beste Lage in Randersacker ist«, sagte er, als wir wieder ins Auto stiegen, »aber die Flurbereinigung der Weinberge hat eine Zeitlang alles durcheinandergebracht. Als erste der Spitzenlagen wurde der Sonnenstuhl flurbereinigt, und die Reben dort kommen jetzt in ihr bestes Alter. Im Pfülben sind die Stöcke immer noch zu jung, um regelmäßig optimale Ergebnisse zu bringen. Die Folge davon ist ein vorübergehender Nachteil für die Pfülben-Weine, die deshalb oft weniger beeindruckend als die aus dem Sonnenstuhl wirken. Logischerweise wird sich das aber in fünf Jahren oder etwas länger wieder umkehren.«

Randersacker ist einer der schönsten Weinorte nicht nur Frankens, sondern ganz Deutschlands. Die engen kopfsteingepflasterten Straßen sind von Häusern gesäumt, von denen manche aus dem 16. Jahrhundert stammen. Eines der prächtigsten Gebäude aus dem Jahr 1568 beherbergt das Weingut Robert Schmitt.

Hier erfuhr ich, daß Bruno Schmitts Ansichten mindestens ebenso kompromißlos sind, wie die seines Onkels Robert es waren. »Heute wollen die meisten Leute die Weine so jung wie möglich trinken. Das hat dazu geführt, daß die meisten Winzer ihre Kellerwirtschaft geändert haben, um diesen Erwartungen zu entsprechen. Dadurch wurde dieser Trend noch verstärkt – ein Teufelskreis. Das Problem ist, daß die kellerwirtschaftlichen Methoden, die eingesetzt werden, um den Wein schon nach einigen Monaten trinkbar zu machen, ihn auch allen wirklichen Charakters berauben. Deshalb gibt es Weintrinker, die nie »echten« Wein erlebt haben.« Wir waren erst beim dritten Wein der Verkostung, als diese sehr bestimmt geäußerte Auffassung mich aus meinen Gedanken riß ... nie erleben? Nie im Leben?

Manchmal ist es wichtig, unterbrochen zu werden. Manchmal entstehen die richtigen Gedanken erst durch solche Unterbrechungen, und in diesem Fall traf das sicher zu. Bruno Schmitts Weine sind vielleicht in noch höherem Maße »echte« Weine als die seines Patenonkels. Sie machen keinerlei Zugeständnisse an Mode oder Ungeduld, was bereits seit langem die erklärte Philosophie des Gutes war. Außerdem sind diese Weine das direkte Ergebnis des Strebens nach größtmöglichem Ausdruck aus Rebsorte, Lage und Jahrgang. Beides hat nichts mit den Launen des Augenblicks und schneller Befriedigung zu tun. Kein Wunder, daß die Weine zwar manche Weintrinker kaltlassen, andererseits aber auch eine fanatische Anhängerschaft besitzen.

Das Betrübliche an dieser Situation ist einerseits, daß die Schmitts zuwenig Zeit haben, um ihre Weine bekannt zu machen, und daß andererseits manche deutsche Kritiker – »Auch Opfer dieser Besessenheit von jungen Weinen«, sagt Bruno Schmitt – nicht mehr in der Lage sind, »echte« Weine zu verstehen. Folglich sind sich viele Weintrinker gar nicht bewußt, welch ein Genuß ihnen entgeht. Aber warum sollte das beim Wein anders sein als in der Kunst, Musik oder Literatur. Viele der größten Talente werden erst Jahre oder gar Jahrzehnte nachdem sie ihre Meisterwerke geschaffen haben, endlich »entdeckt«. Bruno Schmitt sieht das alles gelassen und ist glücklich, solange er und seine Frau die

Möglichkeit haben, den bei der Übernahme von Robert Schmitt eingeschlagenen Weg weiterzuverfolgen.

»Schon vor der Übernahme waren wir entschlossen, Onkel Roberts Werk nicht nur fortzusetzen, sondern es einen Schritt weiterzuführen, noch gründlicher vorzugehen«, erzählt mir Bruno Schmitt. »Deshalb arbeiten wir mit noch kleineren Erträgen als er früher. Unser Motto ist: Je niedriger der Ertrag, desto besser der Wein. In Jahren wie 1995, wenn die Ernte klein ausfällt, bedeutet dies, daß wir wirklich nur sehr wenig Wein haben. Das führt zwar auch zu Problemen, aber wir bleiben bei unserer Auffassung.« In anderer Hinsicht hat Bruno Schmitt indessen auf dem Weingut revolutionäre Veränderungen eingeführt; ein Beispiel ist die schon erwähnte 1994 Beerenauslese, die ich in Berlin verkostet hatte.

»Das ist der Gedenkwein für Onkel Robert«, sagt Bruno Schmitt, als er einen Probierschluck für mich ausschenkt. Wie bei allen Robert-Schmitt-Weinen ist die gesamte Süße auch in diesem Wein 100 Prozent natürlich. Robert Schmitts primäres Ziel war – und es ist auch der seines Neffen –, vollkommen trockene Weine herzustellen. Mit einer einzigen Ausnahme, und zwar wenn die Hefe nicht in der Lage ist, den gesamten Zucker der Trauben in Alkohol umzuwandeln. Bei diesem Wein war der Zuckergehalt der edelfaulen Beeren extrem, so daß die nach dem Ende der alkoholischen Gärung verbleibende Restsüße ungewöhnlich hoch ist. Trotzdem ist der Zucker nicht das Wichtigste an diesem Wein, ganz im Gegenteil. Bedeutender ist der Reichtum an Gewürzaromen, die aus dem Glas strömen, und die atemberaubende Geschmacksdichte. Dies ist ein sehr gewagter und doch außergewöhnlich gelungener Balanceakt zwischen cremiger Fülle und beinahe trocken wirkendem Nachhall. Obwohl er wesentlich süßer ist als alles, was Robert Schmitt je gemacht hat, ist dieser Wein unverkennbar ein Weingut-Robert-Schmitt-Produkt und von ganz anderem Stil als all die anderen Beeren- und Trockenbeerenauslesen, die in Franken in letzter Zeit entstanden sind.

Bruno Schmitt hatte seinen Onkel vor dem Lesen dieses Weines um Erlaubnis gefragt. »Wir hatten noch nie zuvor auf diesem Gut solche Botrytis-befallene Trauben ausgelesen, aber Onkel Robert meinte, wenn ich es für richtig hielte, sollten wir es tun. Als er starb, gärte der Wein noch.«

Bruno Schmitts Randersackerer Weine

Bruno Schmitt hat von seinem Onkel eine breite Palette an Rebsorten geerbt, und mit den Beschreibungen aller Weine ließe sich ein kleines Buch füllen. Die folgenden Bemerkungen beziehen sich daher lediglich auf die drei Rebsorten, für die das Gut bekannt ist: Riesling, Silvaner und eines der Ergebnisse ihrer Kreuzung, den Rieslaner.

Die Weine aus dem Pfülben sind sehr mineralisch und brauchen oft viele Jahre, um die Fülle ihrer kraftvollen Aromen zu entwickeln. Die Sonnenstuhl-Weine wirken fruchtiger und charmanter, besitzen aber ebenfalls eine Menge Substanz.

Probiernotizen Weingut Robert Schmitt

Riesling – Weine aus diversen »Grand-Cru«-Lagen

1992 RANDERSACKERER SONNENSTUHL SPÄTLESE TROCKEN 87
Ein echter Frankenriesling, den man jetzt und in diesem Leben genießen kann.

1993 RANDERSACKERER SONNENSTUHL SPÄTLESE TROCKEN 88
»Ich muß aufhören, den einen *gegen* den anderen zu verkosten«, sagt Bruno Schmitt. Trotzdem, dieser kraftvolle Wein hat ein wenig mehr Eleganz als der '93er Pfülben.

1993 RANDERSACKERER PFÜLBEN SPÄTLESE TROCKEN 89
Ein wahrer Kraftprotz, unruhig und unfertig; in einigen Jahren bestimmt für große Überraschungen gut.

1994 RANDERSACKERER SONNENSTUHL KABINETT TROCKEN 85
Wer sagt, Bruno Schmitts Weine hätten keinen Charme? Ein wahrer Charmeur!

1994 RANDERSACKERER PFÜLBEN SPÄTLESE TROCKEN 82
Etwas unschlüssig, vielleicht durcheinander, aber doch kein Held.

1995 RANDERSACKERER SONNENSTUHL KABINETT TROCKEN 83
Ein schlanker, sehniger Langstreckenläufer startet auf seinem langen Weg.

Rieslaner – Randersackerer Sonnenstuhl »Grand Cru«

1993 AUSLESE TROCKEN 86
Ein Wein am Rande des Zusammenbruchs oder Brunos blühendes Geheimnis?

1994 SPÄTLESE 90
Zugleich mächtig und fein, auch trocken: den Schweinebraten ins Rohr schieben!

1994 BEERENAUSLESE 93
Schließ die Tür ab, häng das Telefon ab, und mach die kleine Flasche ohne Grund, Anlaß oder Entschuldigung auf. Der Aprikosenton wird in zehn oder zwanzig Jahren noch dasein, aber warum sollte man so lange warten?

1995 SPÄTLESE 87
Ein würdiger Nachfolger zum '94er, stoffig und frisch; diesmal Geduld üben.

Silvaner – Randersackerer Sonnenstuhl »Grand Cru«

1993 SPÄTLESE TROCKEN 86
Üppig und »fett«, ein fast monumentaler Silvaner der alten Schule!

1994 SPÄTLESE TROCKEN 88
Heimlich stibitzte kandierte Früchte aus meiner Mutter Küche, Crescendo-Finale.

1995 KABINETT TROCKEN 80
Der Reiz des reifen grünen Apfels, der klassische Silvaner im Kleinformat.

Der Gedenkwein für Robert Schmitt

1994 BEERENAUSLESE (OHNE REBSORTENANGABE) 96
So konsequent war der Ausbau dieses gewaltigen Weines, daß er noch wild und ungestüm wirkt, ein sicheres Zeichen für seine große Zukunft. Lange, lange wird er uns an Robert Schmitt und seine Konsequenz erinnern.

Wirsching on a Star
Dr. Heinrich Wirsching, Dr. Uwe Matheus und Armin Huth

Weingut Hans Wirsching
Ludwigstraße 16
97346 Iphofen
Tel. 09323/3033
Fax 09323/3090

Mit seinen 63 Hektar Weinbergen rund um den Ort Iphofen im Steigerwald ist Dr. Heinrich Wirschings Betrieb eines der größten deutschen

Weingüter in Privatbesitz. Trotz eines äußerst professionellen Teams von Mitarbeitern reist er regelmäßig weite Strecken, um die Weine seines Gutes persönlich zu präsentieren. Einmal traf ich ihn und seine Frau per Zufall im Keller eines großen Weinhändlers in Chicago. Bei meinem letzten Besuch auf dem Weingut Ende 1996 war er wieder einmal unterwegs, und ich habe seinen Charme, seinen Humor und seine Offenheit sehr vermißt. Allerdings glaube ich nicht, daß es meine Eindrücke von den – zu diesem Zeitpunkt – jüngsten Weine des Gutes, den 1995ern, beeinflußt hätte, wenn er dagewesen wäre.

Ich saß in einem der wunderschön restaurierten Verkostungsräume im ältesten Teil des ausgedehnten Gebäudekomplexes und versuchte vergeblich, in den vier 1995 Kabinettweinen, den besten Weinen des Betriebs aus diesem Jahrgang, etwas Bemerkenswertes zu entdecken. Sie mögen nicht schlecht sein, aber in Anbetracht des hohen Ansehens des Gutes sind sie eine schwache Leistung. Doch ein Weingut und die Menschen, die dort arbeiten, müssen anhand einer Reihe von Jahrgängen beurteilt werden und nicht nach den Weinen aus einem einzigen Jahr. Das Weingut Hans Wirsching verdient seinen Platz unter den führenden Weinerzeugern Deutschlands wegen der Qualität seiner besten Weine aus den drei vorhergehenden Jahrgängen, die ich verkostet habe.

Erfolg stellt für ein Weingut eine besondere Art von Problem dar, und der Wirsching-Betrieb hat viele Jahre lang großen Erfolg gehabt. Die Ursprünge gehen zurück bis in die Jahre unmittelbar nach der Gründung der Bundesrepublik, als die Wirschings dazu übergingen, ihre Weine nicht mehr im Faß zu verkaufen, sondern in Flaschen abzufüllen und unter ihrem eigenen Etikett zu verkaufen. Die hohe Qualität ihrer Weine nicht nur über Jahre, sondern Jahrzehnte hinweg verschaffte ihnen einen hervorragenden Ruf. Die Arbeit von Kellermeister Werner Probst setzte dem das I-Tüpfelchen auf, und seit dem Jahrgang 1988 hat der Betrieb zweifellos die größten trockenen Frankenweine der neueren Zeit erzeugt. Die Wirsching-Weine dieser Periode waren nicht nur körperreich und voller Charakter, sondern hatten gleichzeitig eine Anmut und eine Eleganz, durch die sie sich deutlich von der Masse rustikaler, trister Frankenweine abhoben. Einem solchen Ruf auf Dauer gerecht zu werden ist nicht einfach, besonders wenn die Natur beim Wetter nicht ideale Bedingungen für Spitzenweine gewährt wie in den exzellenten Jahrgängen 1988, 1990 oder 1993.

Da Dr. Wirsching verhindert war, verkostete ich die besten und interessantesten Weine des Gutes aus den letzten vier Jahrgängen mit Dr. Uwe Matheus, seiner rechten Hand, und mit Verkaufsdirektor Armin Huth. Es ist ein Zeichen von Professionalität, daß diese beiden die Weine, von denen sie monatelang nicht probiert hatten, mit einer ganz offenen Einstellung verkosteten und neugierig waren, wie sich die Gesichter der vertrauten Freunde während des letzten Treffens verändert hatten. Die Spannung, die bei den 1995ern in der Luft gelegen hatte, verflog, als wir zu den gelungeneren und beeindruckenderen Weinen der vorhergehenden Jahre übergingen. Aber ich bin nicht sicher, ob die Höhen und Tiefen, die mir auffielen, für sie genauso deutlich wurden.

Wenn ich versuche, meine Eindrücke aus dieser Probe und der Verkostung anderer Wirsching-Weine in den vergangenen Jahren zusammenzufassen, muß ich sagen, daß das Weingut Wirsching in den letzten Jahren zwar einige exzellente Weine hervorgebracht hat, daß man aber mindestens eine gute Spätlese kaufen muß, um das festzustellen. Nur wenige unter den Kabinettweinen und noch weniger QbA-Weine oder gar die Literqualitäten heben sich von den Weinen vieler anderer kompetent betriebener Weingüter in Franken ab. Die Diskrepanz zwischen den besten und den einfachsten Weinen des Gutes ist beträchtlich. Angesichts der Preise für die Kabinettweine sind diese wirklich etwas enttäuschend. Ohne die unten beschriebenen besten trockenen Rieslinge und Silvaner verdiente das Weingut Hans Wirsching nicht unbedingt die ihm hier gewidmete Aufmerksamkeit.

Probiernotizen Weingut Hans Wirsching

Riesling – Iphöfer Julius-Echter-Berg »Grand Cru«

1992 Spätlese trocken 86
Voll, rund und feingliedrig zugleich; jetzt in seiner besten, reifen Form.

1993 Spätlese trocken »S« 88
Kündigt sich als großer Wein an, dann läßt die Finesse etwas zu wünschen übrig.

1993 Beerenauslese 91
Trotz viel Alkohol ein cremiger, seidiger Wein mit nachhaltigem Pfirsichton. Kein Dessertwein – wo ist die Entenleberterrine? – aber doch ein großer Wein.

1994 Kabinett trocken 79
Er hat viel Charakter, doch mir ist er etwas zu bitter und reizt mich nicht zum Trinken.

1994 Spätlese trocken 87
Rasse und Eleganz, wie man sie von Wirsching erwartet.

| 1995 | KABINETT TROCKEN | 78 |

Der wohl gelungenste '95er Wein im Hause, aber keinesfalls überzeugend.

Silvaner – Iphöfer Julius-Echter-Berg »Grand Cru«

| 1992 | SPÄTLESE TROCKEN | 85 |

Jetzt auf den Tisch damit; ein Gaumenschmeichler, der nach Fleisch schreit.

| 1993 | SPÄTLESE TROCKEN »S« | 83 |

Ein massiver, bombastischer Wein für Weinfreaks, aber nichts für Normalsterbliche.

| 1994 | SPÄTLESE TROCKEN »S« | 85 |

Füllig – aber frisch, saftig – aber herb, ein Bilderbuch-Silvaner der modernen Art.

| 1994 | AUSLESE | 86 |

Die heiße Pfanne mit Karamel raucht ein wenig, doch brennt nichts an.

| 1995 | KABINETT TROCKEN | 75 |

So rustikal wie die fränkische Küche, wenn, dann zu blauen Zipfeln.

Kurzporträts

Weingut Bürgerspital zum Heiligen Geist

Theaterstraße 19
97070 Würzburg
Tel. 0931/35030, Fax 0931/3503444

Ich habe einmal in einem anderen Buch kritische Worte über die Qualität der Weine des Bürgerspitals geschrieben. Während meines letzten Besuchs in Würzburg saß ich Direktor Rudolf Frieß in seinem Büro gegenüber. Auf einem Tisch zwischen uns thronte unübersehbar eine von einem Bürgerspital-Wein in London gewonnene Trophäe der »International Wine and Spirit Competition«, wie um zu sagen: »Sehen Sie, Herr Pigott, Ihre Landsleute verstehen unsere Weine viel besser als Sie!« Bei der anschließenden Probe präsentierten sich die trockenen Weine zwar von ordentlicher und gelegentlich guter Qualität, aber kein einziger begeisterte mich wirklich. Außer einigen edelsüßen Beerenauslesen und Trockenbeerenauslesen habe ich aus diesem Haus seit dem Jahrgang 1990 nichts verkostet, das mir als groß erschienen wäre. Woran mangelt es hier? An Entschlossenheit, Selbstkritik, Genauigkeit?

Fürstlich Castellsches Domänenamt

Schloßplatz 5
97335 Castell
Tel. 09325/60170, Fax 09325/60185

Trockene Frankenweine werden oft als erdig beschrieben. Wenn man diese Note mag, ist man hier an der richtigen Adresse; hier schmecken die Weine manchmal, als ob tatsächlich Erde in der Flasche sei. Als ich das Weingut im Herbst 1992 besuchte, zeigte man mir einige Versuchsweine, die weitaus aromatischer und ansprechender als der Durchschnitt wirkten. Leider scheinen diese Versuche nicht zu den erhofften weitreichenden Fortschritten geführt zu haben. Ich kann mich daran erinnern, vor zehn Jahren Kabinett und Spätlesen aus den guten Jahrgängen der siebziger und frühen achtziger Jahre verkostet zu haben, die wesentlich besser waren als die heutigen Weine. Sind meine Erinnerungen von Nostalgie und der »guten alten Zeit« beeinflußt, oder trifft meine Ansicht zu, daß die Weine dieses Betriebs heute nicht mehr so aristokratisch sind wie früher?

Weingut Martin Göbel

Friedhofstraße 9
97236 Randersacker
Tel. und Fax 0931/709380

Der stets gutgelaunte Hubert Göbel scheint in seinen Weinbergen beinahe jede in Franken angebaute Rebsorte gepflanzt zu haben, darunter auch wenig edle Spielarten wie die Albalonga; ein wahrer Krämerladen. Auch im Keller regiert hier das Chaos. Das hält ihn jedoch nicht davon ab, teils hervorragende Weine zu machen. In einem guten Jahrgang zeigen seine trockenen Rieslinge und Silvaner viel Charakter und Saftigkeit, und die edelsüßen Auslesen, Beerenauslesen und Trockenbeerenauslesen aus der Sorte Rieslaner können durchaus spektakulär ausfallen (über 90 Punkte). Unabhängig von der Stilart stellen Hubert Göbels Weine ein sehr gutes Preis-Leistungs-Verhältnis dar.

Weingut Fürst Löwenstein

Rathausgasse 5
97892 Kreuzwertheim
Tel. und Fax 09342/92350

Das Weingut erzeugt aus dem beträchtlichen Besitz im steilen Homburger Kallmuth, der Spitzenlage in diesem Abschnitt des Maintals, bewußt »altmodische« trockene Rieslinge und Silvaner. Gegenwärtig gehören sie zwar nicht unbedingt zum Besten, was Franken zu bieten hat, verkörpern aber stets auf authentische Art diese außergewöhnliche Lage. Mit dem neuen Verwalter Robert Haller begann 1995 eine neue Ära für das Weingut. Die nächsten Jahrgänge werden zeigen, ob er den Ruhm vergangener Zeiten wiederauferstehen lassen kann.

Weingut Gerhard Roth

Büttnergasse 11
97335 Wiesenbronn
Tel. 09325/373, Fax 09325/528

Vor zehn Jahren gelangen Gerhard Roth bereits Rotweine, die zu den besten Frankens gehörten. Auf diesem Feld hat er seitdem eher geringe Fortschritte gemacht, während er bei den Weißweinen Siebenmeilenstiefel angelegt hat. Besonders seine trockenen Silvaner und Rieslinge können den Spitzenbetrieben des Steigerwalds jetzt nahezu Paroli bieten. Ein vielversprechender Winzer.

Weingut Horst Sauer

Bocksbeutelstraße 14
97332 Escherndorf
Tel. 09381/4364, Fax 09381/6843

Seit er 1977 aus der Winzergenossenschaft ausgetreten ist und sich selbständig gemacht hat, hat Horst Sauer sich mit sehr beständigen Leistungen einen Ruf für trockene Rieslinge und Silvaner geschaffen, die zugleich frisch, aromatisch und charaktervoll wirken. Sie stellen einige der schlafenden Riesen der fränkischen Weinbranche in den Schatten.

Weinbau Egon Schäffer

Astheimer Straße 17
97332 Escherndorf
Tel. 09381/9350, Fax 09381/4834

Trinkt oder verkostet man Weine wie Egon Schäffers saftige, kraftvolle 1993 Silvaner Spätlese trocken oder seine charaktervolle 1994 Riesling Spätlese trocken aus der »Grand-Cru«-Lage Escherndorfer Lump (beide 87 Punkte), wird man sich fragen, warum dieser Winzer in diesem Buch nicht ausführlicher behandelt wird. Diese Weine gehören ohne Zweifel zu den besten trockenen Frankenweinen ihrer jeweiligen Jahrgänge, und selbst in schwierigen Jahrgängen sind Egon Schäffers Weine immer von mindestens ordentlicher Qualität. Der sehr eigenständige Ausbaustil, den er seit der Übernahme des Betriebes von seinem Vater 1988 verfolgt, ist gleichermaßen lobenswert zu erwähnen; er läßt den Weinen in den alten Fässern Zeit und füllt sie erst kurz vor der nächsten Lese ab. Dennoch scheint mir, daß es den Weinen ein wenig an Finesse mangelt. Angesichts der bescheidenen 3,4 Hektar Weinberge, die ihm zur Verfügung stehen, sind Egon Schäffers Leistungen bereits beträchtlich, doch es bleibt die Frage offen, ob dieser engagierte, zurückhaltende Mann auch zu wirklich großen trockenen Frankenweinen in der Lage ist.

Staatlicher Hofkeller

Residenzplatz 3
97070 Würzburg
Tel. 0931/3050921, Fax 0931/3050933

Bis in die frühen neunziger Jahre wirkten die Weine dieses berühmten Betriebes vor dem grandiosen Hintergrund der Keller der Würzburger Residenz recht peinlich. Angesichts der Tatsache, daß zum 150-Hektar-Besitz dieses staatseigenen Weingutes bedeutende Flächen in vielen Spitzenlagen gehören, waren seine Leistungen erbärmlich. Der neue Direktor Dr. Rowald Hepp hat jedoch sowohl bei Qualität als auch Stil der Weine drastische Veränderungen herbeigeführt. Die trockenen Rieslinge und Silvaner aus den Jahrgängen 1995 und 1996 präsentieren sich rassig und von betont mineralischem Charakter; erfreulicherweise keine Spur mehr von den alten Weinen, die schwer, flach und meist langweilig wirkten. Der Staatliche Hofkeller ist ganz offensichtlich dabei, sich in die

Reihe der fränkischen Spitzenbetriebe hinaufzuarbeiten. Es erscheint als sehr wahrscheinlich, daß Dr. Rowald Hepp in kurzer Zeit wirklich große Frankenweine machen wird, und ich warte mit Vorfreude auf den Tag, an dem ich diese zum ersten Mal verkosten kann!

Weingut Josef Störrlein

Schulstraße 14
97236 Randersacker
Tel. 0931/708281, Fax 0931/701155

Obwohl ich von dem von Armin Störrlein 1970 gegründeten Betrieb noch keine erstklassigen Weine verkostet habe, war alles bis jetzt sehr sauber und gut gemacht. Besonders die trockenen Silvaner zeigen etwas Feines, das man bei dieser Rebsorte oft vermißt. Die Fähigkeiten liegen hier deutlich über dem fränkischen Durchschnitt.

Weingut Zehnthof – Theo Luckert

Kettengasse 35
97320 Sulzfeld
Tel. 0321/6536, Fax 09321/5077

Dieser Betrieb ist vor allem mit seinen opulenten edelsüßen Weinen bekannt geworden. Die trockenen Silvaner, Rieslinge und Weißburgunder heben sich zwar nicht in gleichem Maß von der Masse der fränkischen Weine ab, sind aber gut gemacht und von zuverlässiger Qualität.

4. Kapitel

HESSISCHE BERGSTRASSE: IM OSTEN NICHTS NEUES

Die winzige Hessische Bergstraße liegt an den günstig gelegenen Hängen unterhalb des Odenwalds östlich des Rheins und gehört zu Europas bezauberndsten Weinbaugebieten. Sie profitiert außerdem von der Nähe zu den Ballungsgebieten im Rhein-Main-Raum, so daß es wegen der vielen Tagesausflügler kaum Absatzprobleme gibt. Wenn man hier allerdings statt nach Frühlingsblüten oder Herbstfarben nach großen Weinen sucht, sieht es nicht so herrlich aus. Abgesehen von ein oder zwei hervorragenden, in winzigen Mengen erzeugten Eisweinen gibt es nichts wirklich Herausragendes. Das Gebiet sollte sich vielleicht die Rheinfront in Rheinhessen zum Vorbild nehmen, die auf der westlichen Seite des Rheintals liegt. Auch hier gibt es nur einige hundert Hektar Weinberg und eine Handvoll Spitzenlagen, aber von der Rheinfront kommen zur Zeit einige der aufregendsten Weine Deutschlands, während sich hier im Osten des Rheintals nichts zu rühren scheint. Wenn die Winzer an der Hessischen Bergstraße noch für etwas anderes bekannt werden wollen, als daß sie die Tagesausflügler nett anlächeln, dann müssen sie sich kräftig ins Zeug legen.

Die Jahrgänge

1996
Schlanke, sehr säurebetonte Weine. Wieder gibt es einige beeindruckende Eisweine.

1995
Leichte, eher säuerliche und alles in allem wenig bemerkenswerte Weine.

1994
Ein mittlerer bis guter Jahrgang, doch gab es kaum etwas Aufregendes.

1993
Der letzte wirklich gute Jahrgang, in den besten Fällen Weine mit Substanz und Eleganz.

1992
Ein sehr guter, aber unterschätzter Jahrgang, dessen beste Weine sich durch reife Aromen und Harmonie auszeichneten.

1991
Ein unterdurchschnittliches Jahr, das ziemlich schwache, wenig ansprechende Weine ergab.

1990
Ein hervorragendes Jahr, doch wurde dieses Potential nur von wenigen Winzern voll ausgeschöpft.

Kurzporträt

Domäne Bensheim

Grieselstraße 34-36
64625 Bensheim
Tel. 06251/3107, Fax 06251/65706

Ich kann mir das enttäuschte Gesicht von Heinrich Hillenbrand vorstellen, wenn er sieht, daß der Betrieb, dem er als Direktor beinahe sein ganzes Leben gewidmet hat, in diesem Buch nur einen kurzen Eintrag erhält. Das bedeutet indessen nicht, daß die Weine dieses Staatsweingutes plötzlich schlecht geworden sind, sondern vielmehr, daß ich unter den vielen guten Weinen in den letzten Jahren hier zu wenige herausragende gefunden habe, um den Betrieb zu den Spitzenerzeugern Deutschlands zu rechnen. Die Beerenauslesen und Eisweine, die hier regelmäßig erzeugt werden, können sich zweifellos mit den Spitzenweinen anderer führender Betriebe am Rhein messen, aber sie machen nur kleine Mengen aus. Angesichts der über 30 Hektar Weinberge mit Besitz in Spitzenlagen wie dem Heppenheimer Steinkopf und der Bensheimer Kalkgasse sollten ebenso regelmäßig hervorragende Kabinett und Spätlesen möglich sein, und genau solche fehlen gegenwärtig.

5. Kapitel

MITTELRHEIN: GRAND CANYON DES RIESLINGS

Dieses Anbaugebiet in der Rheinschlucht zwischen Bingen und Bonn ist nicht nur von malerischer Schönheit, es weist gleichzeitig eine im Verhältnis zu seinen 600 Hektar Weinbergen beeindruckend hohe Zahl an hervorragenden Lagen auf. Trotz der Bürde eines wenig inspirierenden Namens und trotz der Heimsuche durch Touristenhorden auf der Suche nach billigen Vergnügen und billigem Wein werden hier Weine erzeugt, die manche berühmten Güter im Rheingau als schwach und überteuert entlarven. Beim Riesling, egal ob trocken oder mit natürlicher Restsüße, bietet der Mittelrhein oft das beste Preis-Leistungs-Verhältnis in ganz Deutschland. Manchmal sind die Preise einfach unglaublich: So kostet zum Beispiel keine einzige Riesling Spätlese aus dem Bopparder Hamm mehr als 10,- DM! Das zieht natürlich immer neue Kunden an, aber wenn solche preislichen Schallmauern nicht durchbrochen werden, setzen sie der Entwicklung hier deutliche Grenzen.

Es überrascht nicht, daß die besten Weine des Mittelrheins aus Bacharach an der südlichen Spitze des Gebiets kommen. Die etwas höheren, aber immer noch günstigen Preise ermöglichen den dortigen Winzern mengenmäßig kleine Erträge, die zu charaktervollen Weinen führen, die nicht nur in jugendlicher Frische, sondern auch nach Jahren der Flaschenreife zu beeindrucken vermögen.

Die besten Mittelrhein-Rieslinge sind genauso dramatisch wie die Landschaft, in der sie unter ähnlichen Bedingungen wie erstklassige Mosel-Rieslinge wachsen. Das Rheintal ist ein wenig breiter als das der Mosel – das gilt auch für die Weine. Ansonsten zeigen sie die gleichen überschwenglichen und doch feinen Aromen wie die Mosel-Rieslinge; das sollte nicht überraschen, da ein Großteil der besten Mittelrheinlagen ähnliche Schieferböden wie die der Mosel aufweisen. Am Mittelrhein sind diese Lagen für trockene Weine ebenso geeignet wie für Weine mit etwas natürlicher Restsüße oder edelsüße Weine. Am Mittelrhein gibt es zwar keine großen Flächen mit minderwertigen Rebsorten, aber auch Mittelrhein-Rieslinge sind leider oft enttäuschend. Viele Winzer ernten immer noch zu hohe Erträge, so daß ihre Weine eher nach Säure und Wasser schmecken als nach reifen Trauben oder dem mineralreichen Boden, auf dem die Reben wachsen. Glücklicherweise geht ein guter Teil dieser Weine als Faßware an die Sektindustrie, und der Rest wird von Ausflüglern im Gebiet selbst getrunken, meist in der »aufgesüßten« Version.

Obwohl es manchen angesehenen Mittelrhein-Betrieben in den letzten Jahren nicht immer gelungen ist, regelmäßig hochwertige Weine zu erzeugen, muß man das in Relation sehen zu den zahlreichen Weingütern, bei denen die Qualität beträchtlich gestiegen und der Ehrgeiz zu noch besseren Weinen offenbar vorhanden ist. Wenn diese Tendenz noch einige Jahre anhält, hat der Mittelrhein die Chance zu einer Renaissance, die mit den Entwicklungen im Mosel-Saar-Ruwer-Gebiet während der letzten zehn Jahre vergleichbar wäre. Sicher lohnt es sich, die Geschehnisse hier aufmerksam zu beobachten!

Die Jahrgänge

1996
Im allgemeinen leichtere Weine mit ausgeprägter bis harter Säure. Die wenigen edelsüßen Weine sind jedoch von frappierender Güte.

1995
Nicht ganz so beeindruckend wie ursprünglich erhofft, trotzdem ist es ein guter Jahrgang. Schlanke Weine mit betonter Säure, die wahrscheinlich eine gute Entwicklung vor sich haben und im Norden besser als im Süden des Gebiets ausgefallen sind.

1994
Viele dieser mittelgewichtigen Weine schienen anfangs etwas hart, haben aber doch schnell Harmonie entwickelt. Ein sehr guter Jahrgang mit einigen großen edelsüßen Weinen.

1993
Bei weitem der beste Jahrgang seit 1990; reichhaltige Weine von schöner Harmonie, die immer noch jugendlich schmecken und ein gutes Alterungspotential haben.

1992
Die meisten Weine dieses Jahrgangs waren nichts Besonderes, oft ein wenig zu weich und ein bißchen schwer, und sie haben bereits ihren Höhepunkt erreicht.

1991

Ein mittlerer Jahrgang mit leichten, relativ säurebetonten Weinen, die ihren Höhepunkt größtenteils schon überschritten haben.

1990

Ein großer Jahrgang, der viele Weine mit konzentrierten Aromen und perfekter Balance hervorgebracht hat.

Jedermanns Liebling
Peter und Linde Jost

Weingut Toni Jost-Hahnenhof
Oberstraße 14
55422 Bacharach
Tel. 06743/1216
Fax 06743/1076

Die Türglocke klingelt schon wieder, und ein junges Paar aus Frankfurt erklärt Peter Jost, daß sie sich nicht lange aufhalten wollen, nur etwas Wein kaufen. Als er ihnen die Liste gibt, entschuldigt er sich dafür, daß so viele Weine ausverkauft sind und daß er ihnen auch von anderen nur noch begrenzte Mengen geben kann. Sie treten ein, aber die Tür hat sich kaum hinter ihnen geschlossen, als sie sich schon wieder öffnet: Zwei energiegeladene Töchter der Josts kommen von der Schule nach Hause. Sie schwätzen und kichern ein bißchen mit ihren Freunden draußen, die Tür schließt sich, und sie rennen die Treppe hinauf. In der Weinstube, die heute nur noch als Verkostungsraum genutzt wird, wartet geduldig eine Gruppe von Finnen, für die Peter Jost eine Probe seiner Weine arrangiert hatte. Die Probe ist beendet, sie wollen sich verabschieden und beim Hausherrn bedanken. Das junge Paar kommt weinbeladen mit Peter Jost zurück und bedankt sich überschwenglich bei ihm, daß sie trotz der kargen Bestände fast alles bekommen haben, was sie wollten. Er schließt die Tür hinter ihnen und kehrt zu der Gruppe zurück, entschuldigt sich, daß sie einige Minuten warten mußten. Der Leiter der finnischen Gruppe gibt eine kurze witzige Dankesrede zum besten, Peter Jost erhält ein Stück geräucherten Rentierschinken, es gibt lauten Applaus, und sie gehen ...

Für einen Besucher, der zufällig an einem geschäftigen Tag zur Tür hereinkommt, wirkt es manchmal wie das reine Chaos. Für die Josts aber ist es das Gesicht des Erfolges und daher willkommen, daß so viele

Leute sie alle gleichzeitig kennenlernen und ihre Weine kaufen möchten. Der Erfolg der Josts kommt nicht von ungefähr – er ist voll und ganz ihre eigene Leistung. Das Wort »engagiert« reicht nicht aus, um die scheinbar unbegrenzte Zeit und Energie zu beschreiben, die sie für die Erzeugung, Präsentation und den Verkauf ihrer Weine aufwenden. Trotz ihres totalen Engagements wirkt gar nichts verkrampft. Natürlich führt ein Leben in diesem Tempo von Zeit zu Zeit zwangsläufig zu frustrierenden oder schwierigen Situationen, aber Peter Jost und seine Frau Linde haben stets einen solchen Schwung, daß niemand je ein Problem bemerkt, egal wie voll das Haus auch ist. Das verleiht den beiden einen unwiderstehlichen Charme. Wenn man sie beobachtet, wird klar, daß sie diesen dauernden Einsatz nicht zeigen könnten, wenn sie das, was sie tun, nicht so gern und von Herzen täten. Zusammen mit ihren mannigfaltigen Fähigkeiten und den hervorragenden Weinbergen in ihrem Besitz macht das ihren Betrieb zum erfolgreichsten Weingut nicht nur in Bacharach, sondern im gesamten Mittelrhein-Gebiet.

Bacharach liegt am linken Rheinufer, kurz nachdem sich der Fluß, von Rüdesheim und Bingen kommend, nach Norden wendet. Mit ihren zahlreichen Fachwerkhäusern und beeindruckenden Überresten mittelalterlicher Festungsanlagen ist die Stadt unter vielen Aspekten typisch für diesen Abschnitt des Rheins: einer von vielen Orten, die mit genau den gleichen Worten beschrieben werden könnten. Ist es Zufall, daß hier weit mehr als anderswo am Mittelrhein Weine erzeugt werden, die auf ein anspruchsvolles internationales Publikum ausgerichtet sind und nicht auf die Touristen, die herbeiströmen, um die malerische Landschaft der Rheinschlucht mit den alten Städtchen, Burgen und Weinbergen zu bewundern? Als ich mit Peter Jost über die Geschichte Bacharachs ins Gespräch kam, erschien es mir nicht mehr zufällig.

Es war ein verregneter Morgen im Frühling, als er mich an einer öden Bushaltestelle in Rheinböllen abholte. Als wir vom Hunsrück hinunter das Münzbachtal entlang nach Bacharach fuhren, zeigte er mir eine enge, durch den Wald geschnittene Straße, die aus römischer Zeit stammt und diesen Teil des Rheins mit Trier verband. Als wir durch den Torbogen des Weingutes fuhren, war Peter Jost beim 17. Jahrhundert angelangt, als Bacharach das Zentrum des Rheingauer Weinhandels war. Die französische Besatzung während des Pfälzischen Erbfolgekriegs hatte nicht nur negative Auswirkungen, sondern brachte Bacharachs Winzer auch endgültig vom Rotwein ab und zur Weißweinerzeugung hin. Auch die Leistungen der Josts haben historische Fundamente. Der zweite Teil ihres Betriebsnamens – Hahnenhof – leitet sich von der Bacharacher Lage Hahn her, ohne Zweifel die Spitzenlage von Bacharach, deren bester Teil seit fünf Generationen im Besitz der Familie ist.

Die Weine des Bacharacher Hahn waren es auch, die mich zum ersten Mal hierher brachten, und die so viele Besucher in das eher etwas unscheinbar wirkende Haus der Josts in der kopfsteingepflasterten Oberstraße ziehen. Wie viele große Weine sind sie nicht typisch für ihr Gebiet. Im Vergleich zu den leichten, oft säuerlich wirkenden Rieslingen, die hier die Norm darstellen, besitzen sie eine ganze Zusatzdimension an Aroma und Schmelz. Es sind in so starkem Maß Hahn-Weine und so wenig Mittelrheinweine, daß selbst Fachleute manchmal irregeführt werden. Die Weine verbinden Fülle mit einer Eleganz, die eher an die besten Lagen des Rheingaus am anderen Flußufer erinnert – ein Vergleich, den die Josts leicht anstellen können, da sie nicht nur sieben Hektar Weinberge um Bacharach herum besitzen, sondern auch etwas über drei Hektar in Walluf im Rheingau.

Einmal fuhr ich mit Peter Jost in den Hahn, einer für sich allein am nördlichen Rand von Bacharach gelegenen Insel von Reben. Von den mächtigen Terrassen hier hat man einen schwindelerregenden Blick über den Rhein und die vorbeiziehenden Schiffe. Abgesehen vom Wind und dem gelegentlich heraufschallenden Tuten von Schiff oder Zug herrscht hier oben feierliche Stille: das krasse Gegenteil zu dem geschäftigen Betrieb im Haus der Josts. Dort ist es durch die dicken Mauern selbst im Hochsommer angenehm kühl, während ich mich hier oben im Hahn schon nach wenigen Minuten meiner Jacke entledigte. Peter Jost hat seine Weinberge genauso effizient und logisch organisiert wie den Betrieb zu Hause, und er erklärte mir diese Logik mit großem Enthusiasmus. Alles ist exakt so, wie er es haben möchte, oder zumindest fast alles, und selbst da weiß er genau, welche kleinen Verbesserungen noch vorzunehmen sind. Es gibt in ihm keinen Zweifel.

Linde Jost hat eine ganz andere Vergangenheit als ihr Mann. Sie war ursprünglich als Journalistin für die »Frankfurter Allgemeine Zeitung« tätig. Im Wesen ist sie ihm jedoch sehr eng verwandt. Wie er arbeitet sie nicht nur hart, sondern ist auch eine großartige Organisatorin, die keinen Gedanken darauf verschwendet, daß ihre wohldurchdachten Pläne schiefgehen könnten. Man kann sich kaum vorstellen, daß sie je mit nur einer einzigen Aufgabe zufrieden ist oder daß nicht alles zumindest pünktlich und vollständig erledigt wird. Ihr Selbstvertrauen ist mindestens so groß wie das ihres Mannes. Obwohl sie nicht so direkt wie er an der Weinbergs- und Kellerarbeit beteiligt ist, weiß er, daß sie an seiner Stelle alles ganz genauso machen würde.

Selbstvertrauen ist ein zweischneidiges Schwert, und im Fall der Josts schneidet es auf beiden Seiten. Zusammen mit ihrem Erbe, den Weinbergen, und ihrem großen Talent ist es der Grund dafür, daß sie so rasch zu großer Bekanntheit aufstiegen. Sie wissen sehr wohl, daß ihre Arbeitsweise in Weinberg und Keller durch und durch überlegt ist und sich im Laufe der Zeit bewährt hat, und sie haben nicht nur den kommerziellen Erfolg im Blick. Ihre Weine sind schnell ausverkauft und werden von unzähligen Weintrinkern mit großer Begeisterung aufgenommen. Das ist genau das, was die Josts wollen, und sie sind sehr glücklich damit. Es kommt tatsächlich selten vor, daß ein Jost-Wein nicht schon bald nach der Abfüllung freundlich wirkt und angenehm zu trinken ist. Darunter sind aber auch Weine, die durch die Flaschenreife nicht besonders gewinnen, im Gegensatz zu vielen der in diesem Buch beschriebenen Weine. Hin und wieder wirkt ein Jost-Wein etwas brav; in diesen Fällen haben die Josts seine Schwächen nicht gleich erkannt – so stark ist ihr Glaube an das, was sie tun. An den Josts ist nichts Sprunghaftes oder auch Zweifelndes wie bei manchen anderen Winzern. Sie bemühen sich, immer bessere Weine zu erzeugen, doch diese Anstrengungen bleiben in dem ihnen seit langem vertrauten Rahmen.

Peter Jost stellt für seine Bacharacher Kollegen eine wichtige Persönlichkeit dar, weil ihm der Umgang mit wichtigen Besuchern – seien es nun deutsche Politiker oder ausländische Journalisten – im Gegensatz zu ihnen keine Schwierigkeiten bereitet. Sein ausgeprägter Sinn für Fairneß führt dazu, daß er in der Öffentlichkeit nur Lobesworte für seine Kollegen und ihre Weine findet; gleichzeitig vermeidet er es jedoch, überzogene Erwartungen zu wecken. Das macht Peter Jost, der sich sehr stark mit Bacharach identifiziert, zu einem idealen inoffiziellen Prinzipal der Stadt – eine Situation, mit der sowohl er als auch seine Kollegen zufrieden sind. Allerdings führt es dazu, daß er von dem Wein-Geschehen weit außerhalb der Stadtgrenzen wenig sieht und probiert. Die seltenen Gelegenheiten hierfür, sei es auch nur bei seinem alten Freund Fritz Hasselbach vom Weingut Gunderloch im relativ nahen rheinhessischen Nackenheim, haben sich oft als grundlegende Impulse erwiesen. Er gewann neue Eindrücke und Ideen, die sein seit langem etabliertes System von Prinzipien und Methoden in Frage gestellt haben. Dadurch sind bereits einige positive Veränderungen bei den Jost-Weinen zustande gekommen, doch bleibe ich bei meiner Meinung, daß sie keinesfalls das Optimum schon erreicht haben.

Das läßt sich nicht in irgendwelchen analytischen Maßstäben messen, sondern darin, wie sich die Weine im Vergleich mit den Spitzenweinen der Welt präsentieren. Ich frage mich, ob Peter und Linde Jost zwischen Terminen, überraschenden Besuchern und familiären Pflichten je die Zeit gefunden haben, in aller Ruhe solche Vergleiche anzustellen. Vielleicht würde es ihnen helfen, auf die besten Weine des Mittelrheins das letzte I-Tüpfelchen zu setzen, dessen Fehlen ihnen vorher vielleicht nicht bewußt war.

Die Rieslinge des Weingutes Toni Jost-Hahnenhof

Die Rheingauer Weine der Josts aus den Wallufer Weinbergen werden generell trocken ausgebaut und stellen typische Beispiele für dieses Gebiet dar. Ihre einfachsten Mittelrhein-Weine werden lediglich mit dem Gutsnamen oder als »Bacharacher« vermarktet und entsprechen durchschnittlichen Erwartungen. Die Weine unter der Großlagenbezeichnung Bacharacher Schloß Stahleck stammen eigentlich aus der Lage Oberdiebacher Fürstenberg und wirken blumiger und verspielter als die Bacharacher Weine. Die Hahn-Weine sind – ob trocken oder mit natürlicher Restsüße – die saftigsten und reichhaltigsten des Gutes.

Probiernotizen Weingut Toni Jost-Hahnenhof

Riesling – Bacharacher Hahn »Grand Cru«

1993	SPÄTLESE TROCKEN	84
	Ein großgewachsener Schönling, der allmählich die ersten kleinen Falten kriegt.	
1993	AUSLESE HALBTROCKEN	89
	Immer noch ein Gaumenschmeichler durch und durch.	
1993	AUSLESE »GOLDKAPSEL«	90
	Reichtum ohne jeglichen Prunk oder jegliche Schwere; ein delikater Süßwein.	
1993	BEERENAUSLESE	92
	Der Glanz und Duft von flüssigem Akazienhonig; sehr fein und sehr lecker.	
1993	TROCKENBEERENAUSLESE	93
	Die Erotik der Exotik, ein unmißverständliches, vielversprechendes Flüstern.	
1994	SPÄTLESE TROCKEN	82
	Fast ein wenig überladen, droht auf den fetten Hintern zu fallen.	
1994	SPÄTLESE HALBTROCKEN	85
	Viel Fleisch auf den Knochen, und doch nicht aufgeblasen.	

Weingut Dr. Randolf Kauer 173

1994	TROCKENBEERENAUSLESE	94

Genauso pikant wie opulent, genauso fest wie elegant, genauso, wie Peter Jost ihn haben wollte. Entweder jetzt den Korken ziehen oder in 20 Jahren.

1995	SPÄTLESE TROCKEN	83

Bescheidene Ausmaße im Vergleich zu seinen Vorgängern, aber auch ein wenig wahre Eleganz.

1995	SPÄTLESE	87

Außergewöhnliche Feinheit und Geschlossenheit für den schwierigen Jahrgang.

1996	SPÄTLESE TROCKEN (FASSPROBE)	85

Das Wagnis gelingt. Mit der Zeit wird die innere Harmonie zum Vorschein kommen.

1996	AUSLESE (FASSPROBE)	87

Steht ganz stramm. Wann kommt die erste Bewegung, und wohin geht der erste Schritt?

1996	BEERENAUSLESE (FASSPROBE)	93

Aufregend, berührend, herausfordernd, wie ein scharfer Blick durch eine Menschenmenge, der sein Ziel trifft. Ein blutjunger Wein.

1996	TROCKENBEERENAUSLESE (FASSPROBE)	96

Als ob man Honig zum ersten Mal riecht, atemberaubende Brillanz und schwindelerregender Facettenreichtum, aber nicht für Ungeduldige – am besten erst im nächsten Jahrtausend!

Der Bonsai von Bacharach
Dr. Randolf Kauer

Weingut Dr. Randolf Kauer
Mainzer Straße 87
55422 Bacharach
Tel. 06743/2272
Fax 06743/1413

Der Raum, in dem ich stand, glich der Krypta in einem Dom, deren Finsternis nur von zwei Schweinwerfern durchschnitten wurde. Die kleine Reihe von Holzfässern sah in der Ecke des großen Kreuzgewölbekellers vollkommen verloren aus. »Es ist ein Anfang«, bemerkte Randolf Kauer mit einer Zuversicht, die an dieser Stelle fast etwas übertrieben wirkte. »Zumindest reichen sie auf alle Fälle für die Ernte dieses Jahres.« Seit ich Randolf Kauer im Frühjahr 1992 kennenlernte, scheint er fortwährend »am Anfang zu stehen«. Sein Gut ist schnell über die ursprünglichen 0,8 Hektar hinausgewachsen, aber selbst mit 2 Hektar gehört es noch zu den kleinsten Spitzengütern in Deutschland. Er bezeichnet es spaßeshalber als »Bonsai-Kellerei statt Weingroßkellerei«. Dies ist eine ironische Anspielung auf die Worte »Weingroßkellerei Joh. Wilh. Wasum«, die in großen weißen Lettern auf einer Seite des neuen Hauses der Kauers stehen.

Im Frühjahr 1996 sind Randolf und Martina Kauer mit ihren Kindern aus einem Häuschen im Steeger Tal, das von Bacharach in den Hunsrück hoch führt, hierher umgezogen. Gleichzeitig haben sie auch ihr Weingut aus einem gemieteten Keller in eines der beeindruckenden Schiefergebäude verlegt, das früher die »Weingroßkellerei Joh. Wilh. Wasum« beherbergte.

Diese neuen Räumlichkeiten sind für Randolf Kauer wirklich überdimensional, und viele Kollegen, die sich in engen Kellern abmühen, müssen beim Anblick dieses unterirdischen Reiches vor Neid schier erblassen. Die erstklassigen trockenen Rieslinge aus den steilen Lagen Bacharachs, die er seit dem Jahrgang 1992 macht, wirken in dieser phantastischen Umgebung keineswegs deplaziert. Die schlaksige Figur von Randolf Kauer allerdings vermittelt vor der imposanten Schieferfassade der Gebäude fast den gleichen Eindruck wie die Reihe verlorener Fässer im Keller. Er hat sich noch nicht an die großzügigen Räumlichkeiten gewöhnt. Aber, wie er es im Keller ausdrückte, »es ist ein Anfang«.

Es wäre einfach, Randolf Kauer in irgendeine Schublade zu stecken. Er ist sicher sowohl »Hobbywinzer« als auch »Ökowinzer« und in seinem Alter bestimmt auch noch »Jungwinzer« – eine Kategorie, bei der die Altersgrenze sich der für Rockmusiker anzunähern scheint. Seine Doktorarbeit über ökologischen Weinbau und der damit verbundene Titel bedeuten, daß er zweifellos ein »Wein-Wissenschaftler« ist, und sein Job an der Forschungsanstalt Geisenheim könnte zu der nicht ganz korrekten Beschreibung »Wein-Professor« verleiten. Auf den ersten Blick scheinen diese Schuhe alle zu passen, und doch ist das daraus entstehende Bild eher ein Witz.

Etwas, das ich mir in Verbindung mit Randolf Kauer überhaupt nicht vorstellen kann, ist Ungeduld. Die meisten Winzer seines Alters wären an seiner Stelle bei dem mühsamen Aufbau des Weingutes schon lange vor Frust übergekocht. Sein Grundprinzip beim Weinmachen – »das Wichtigste ist der Wein im Glas« – ist nicht gerade typisch für die heutige Generation deutscher Weinwissenschaftler. Und doch erinnert die bedächtige Art, mit der er das Gut in Hunderten von kleinen Schritten auf das noch weit entfernte Ziel hinlenkt, stark an einen Wissenschaftler, der über Jahre hinweg eine Vielzahl von Experimenten um eine wichtige neue Theorie zu prüfen vornimmt. So ernst es Randolf Kauer mit der Weinbergspflege und dem Ausbau der Weine auch ist, diese letzten Jahre stellen doch auch eine Reihe von Experimenten dar, durch die er seine in den achtziger Jahren versuchsartig entwickelten Ideen weiter verfeinert hat. Endgültig bewiesen haben diese Experimente unter anderem, daß ökologischer Weinbau – solange er mit einem klaren Verständnis dafür unternommen wird, was für das Wachstum der Reben und die Entwicklung der Trauben notwendig ist, und nicht als Ausdruck dogmatischer Prinzipien oder als Ausrede für Faulheit und Schlampigkeit – zu absolut vergleichbaren Ergebnissen führen kann wie der qualitätsorientierte konventionelle Weinbau.

Für Randolf Kauer gibt es nur einen kleinen Unterschied zwischen den Methoden vieler streng qualitätsorientierter Winzer und denen ihrer ökologischen Kollegen – von denen manche ebenfalls zu den Spitzenwinzern gehören. Die große Kluft tut sich vielmehr zwischen den Spitzenwinzern und jenen Erzeugern auf, die sich der Massenproduktion verschrieben haben. Massenproduktion erfordert den Einsatz chemischer Düngemittel und die regelmäßige Anwendung von Herbiziden, um den Unkrautwuchs unter Kontrolle zu halten, zwei Dinge, die sowohl Randolf Kauer als auch viele seiner nicht-ökologischen Kollegen strikt ablehnen. Doch ist er kein Fanatiker. Für ihn ist es viel wichtiger, die Mehrheit der Winzer dazu zu bringen, weniger Chemie einzusetzen, als eine kleine Zahl zum ökologischen Weinbau zu bekehren.

Seine Ansichten in dieser Frage sind typisch für seine pragmatische Einstellung. Die Lösung der praktischen Probleme steht für Randolf Kauer immer im Mittelpunkt. Deshalb ist der Beweis einer These eher ein Mittel als ein Ziel an sich. Was ihn unter den deutschen »Weinwissenschaftlern« hervorhebt, ist diese nüchterne, praktische Sicht der Dinge, die mit einer sehr klaren Vorstellung von Weinqualität gepaart ist. Es gibt nichts – außer seiner Frau und den Kindern – dem er sich mehr verpflichtet fühlt. Er ist aber auch kein Missionar. Dafür ist ihm die Sache viel zu wichtig. Er bringt dieses Thema nur zur Sprache, wenn er das Gefühl hat, daß sein Gegenüber dafür aufnahmebereit ist.

Es war eines der Hauptthemen, als ich ihm letztes Mal in Bacharach gegenübersaß. »Die Weinwelt ist manchmal sehr merkwürdig«, grübelte er in ironischem Ton. »Viel zu viele Leute denken offenbar nicht viel über den Geschmack des Weins nach und haben deshalb gar keine Vorstellung davon.« Wir hatten gerade seine vor kurzem abgefüllten Weine des Jahrgangs 1995 verkostet, mit denen er ernsthafte Schwierigkeiten erlebt hatte. Nicht etwa beim Ausbau, sondern bei der Qualitätsweinprüfung, wo viele der Weine als »nicht typisch für Spätlese« oder einfach »fehlerhaft« abgelehnt worden waren. Martina Kauer schüttelte voller Verzweiflung den Kopf, als ihr Mann diese Geschichte erzählte.

Einer von Randolf Kauers beiden trockenen Riesling-Qualitätsweinen war sicherlich etwas unzugänglich, als wir ihn verkosteten, aber von Fehler konnte keine Rede sein. Das »Problem« lag darin, daß der Wein bis weit in den auf die Lese folgenden Frühling hinein gegoren hatte, anstatt dafür nur einige Wochen zu brauchen, wie der andere trockene Riesling-Qualitätswein und wie es am Mittelrhein die Norm ist. Beide Weine stammten aus dem gleichen Traubenmaterial, das bei gleicher Reife aus ein und derselben Lage zur gleichen Zeit gelesen worden ist. Der langsamer vergorene Wein roch immer noch ziemlich stark nach Hefe, wirkte aber gleichzeitig auch voller und harmonischer als sein Gegenpart. Das heftige Aroma verschwand langsam, als der Wein einige Zeit im Glas stand, und es gab weder für Randolf Kauer noch mich einen Zweifel daran, welcher Wein der beiden eindeutig der bessere war. »Aufgrund dieses Vergleichs – und jeder außer den A.P.-Nummer-Prüfern stimmt mir zu – werde ich ab dem nächsten Jahrgang alles tun, um die Gärung aller Weine so weit wie möglich auszudehnen«, sagte Randolf Kauer, »aber das wird mir eine Menge Probleme mit den Amtliche-Prüfnummer-Leuten bereiten.« Er klang ein bißchen verdrossen, aber dennoch bestimmt.

Wir schlossen den Abend mit einer Verkostung seiner besten Rieslinge seit dem Jahrgang 1991 ab, die Randolf Kauer bedeutend weniger nüchtern machten, als ich ihn bisher dargestellt habe. Die 1992 Riesling Spätlese halbtrocken aus dem Bacharacher Kloster Fürstental gefiel uns so gut, daß wir alle drei vom Probieren zum Trinken übergingen und die Flasche schnell geleert war. Randolf Kauers Gesicht strahlte vor Zufriedenheit. Vor Jahren hatte ich geschrieben, daß dies der beste Wein des Jahrgangs am ganzen Mittelrhein sei, woraufhin Randolf Kauer von seinen Gebietskollegen allmählich ernster genommen wurde; heute ist sein Verhältnis zu den meisten sehr offen und freundlich. Meine Worte hatten jedoch auch in ihm selber eine Saite zum Schwingen gebracht. Der Außenseiter, der Hobbywinzer, der »Kleine« aus Bacharach hatte mit seinen paar Fässern, seinen verrückten Ideen und ein paar tausend Flaschen Wein jährlich die etablierte Elite einmal in den Schatten gestellt. Es war, als ob ein Teenager mit einem Chemiekasten ein Expertenteam bei einer wichtigen neuen Entdeckung geschlagen hatte. Seine Freude war riesig.

Bis jetzt haben ihm die wenigen Weine in jedem Jahrgang ausgereicht. Alles zusammen war rentabel, er und seine Familie hatten ein Auskommen und einen großen Coup wie der 1992er lag im Bereich des Möglichen. Zweifellos fand er aber auch Gefallen daran, daß ich geschrieben hatte, ich könne mir vorstellen, daß er um die Jahrhundertwende Bacharachs Winzer Nummer 1 sei. Dieses Lob bedeutet jedoch eine Herausforderung. Randolf Kauer ist sich wohl bewußt, daß das Streben nach der Nummer 1 in Bacharach auch bedeutet, in der ersten Liga der deutschen und europäischen Spitzenwinzer mitzuspielen. Dies ist eine Herausforderung, die er – typisch für ihn – unter praktischen Gesichtspunkten sieht. Ihm ist klar, daß eines der dringlichsten Erfordernisse dafür eine gewisse Mindestfläche an Weinbergen ist.

Andernfalls hat man als Winzer in einem weniger guten Jahrgang nicht genug Spielraum. Spitzenweingüter müssen jedes Jahr begeisternde Weine erzeugen, was voraussetzt, daß Weine, die den Erwartungen nicht entsprechen, abgestuft (ein als Spätlese geernteter Wein könnte z.B. als einfacher Qualitätswein verkauft werden) oder als Faßwein verkauft werden, wenn etwas schiefgegangen sein sollte. Daß »etwas schiefgeht« mag mit der Vorstellung eines Spitzenwinzers unvereinbar erscheinen – bei Perfektionisten mit jahrelanger Erfahrung kann doch wohl nichts schiefgehen? –, aber die Art von Traubenlese, aus denen Spitzenweine entstehen, bedeutet auch, große Risiken einzugehen. Jeder Spitzenwinzer weiß die eine oder andere Geschichte zu erzählen, wie er oder sie gerade die Trauben verloren haben, aus denen sie den besten Wein des Jahrgangs zu machen gedachten. 1996 wurden Randolf Kauer die besten Trauben von Wildschweinen weggefressen!

Die Entscheidung der Kauers, das Wasum-Anwesen und die damit verbundenen Weinberge zu kaufen, war gleichzeitig die Entscheidung für etwas Neues, weil sie damit die Welt der Hobbywinzer verlassen hatten. Das experimentelle Stadium ist vorbei, und ein paar beeindruckende Weine sind nicht mehr genug. Zwei Hektar Weinberge sind das absolute Minimum für Randolf Kauer, wenn er in der ersten Weinliga Deutschlands und Europas mitspielen will. »Wir müssen langsam wachsen, es geht nicht anders«, meinte er noch, bevor er an diesem Abend ins Bett verschwand, um wenigstens ein paar Stunden Schlaf zu bekommen. Am nächsten Morgen flog er nach Rumänien, wo er einige Wochen als Berater tätig war. Er hat keine andere Wahl, als zu versuchen, aus dem erforderlichen Minimum an Weinbergen Weine mit dem Maximum dessen zu ernten, was die Natur ihm zu geben bereit ist.

Die Weine aus den letzten, schwierigen Jahrgängen sind Grund genug für die Annahme, daß Randolf Kauer nur wenige Jahre brauchen wird, um seinem Ziel zumindest näher zu kommen. Wenn man einen Bonsai auspflanzt, entwickelt er sich allmählich zu einem großen Baum. Man braucht nur Geduld, und davon hat Randolf Kauer genug.

Probiernotizen Dr. Randolph Kauer

Riesling – Weine aus diversen Lagen

1992 BACHARACHER KLOSTER FÜRSTENTAL SPÄTLESE HALBTROCKEN 90
Ein kleines makelloses Taschentuch aus feinster Spitze und Seide. Immer noch richtig frisch.

1993 BACHARACHER KLOSTER FÜRSTENTAL SPÄTLESE HALBTROCKEN 89
Kraft ohne jegliche Spur von Verlegenheit oder Scheu. Viel Entwicklungspotential.

1993 BACHARACHER KLOSTER FÜRSTENTAL AUSLESE 90
Der Sommer ist auf einmal da, und Blüten und Früchte schießen förmlich aus der Erde, als ob sie nur auf ein Signal gewartet hätten.

1994 BACHARACHER KLOSTER FÜRSTENTAL KABINETT HALBTROCKEN 80
Ein schlanker, äußerst vitaler Körper bewegt sich, als ob es keine Schwerkraft gäbe.

1994 BACHARACHER KLOSTER FÜRSTENTAL SPÄTLESE HALBTROCKEN 86
Verlangt viel und gibt viel her; fordernde Rasse, die uns auf Aufgeschlossenheit prüft.

1995 BACHARACHER WOLFSHÖHLE KABINETT TROCKEN 81
Der einsame Wolf schnappt eine kleine, aber leckere Beute mit magerem Fleisch.

1995 BACHARACHER KLOSTER FÜRSTENTAL KABINETT HALBTROCKEN 83
Schiefer verwittert zum Ton, der sich wiederum in Wein verwandelt.

1996 BACHARACHER WOLFSHÖHLE KABINETT HALBTROCKEN 80
Das wahre zwiespältige Gesicht eines durchwachsenen Jahres: Charakter und etwas Härte.

1996 BACHARACHER KLOSTER FÜRSTENTAL SPÄTLESE HALBTROCKEN
Sämtliche Trauben für diesen Wein sind unmittelbar vor dem geplanten Lesetermin von Wildschweinen genossen worden.

Mit dem Wein verheiratet
Jörg und Anne Lanius

Weingut Lanius-Knab
Mainzer Straße 38
55430 Oberwesel
Tel. 06744/8104
Fax 06744/1537

Die Bewegungen von Anne Lanius sind schnell und präzise, jedoch nicht hastig, als sie Weingläser, einen Krug, eine volle Flasche Mineralwasser und einen kleinen Korb mit Brot vor mir auf den Tisch stellt. Etwas daran wirkt geübt, ohne einen mechanischen oder theatralischen Eindruck zu erwecken, obwohl sie all dies bereits Hunderte von Malen getan haben muß. Sie setzt sich und wendet sich mir mit einem Ausdruck ruhigen Vertrauens zu, während ihr Mann Jörg, dessen Lächeln von nervöser Anspannung gekennzeichnet ist, fragt: »Sollen wir anfangen?« Ich nicke, er greift schnell nach dem Korkenzieher und öffnet die erste Flasche.

Der erste Wein der Verkostung zeigt das ansprechende Pfirsicharoma reifer Riesling-Trauben, ist aber eher leichtgewichtig. Er verblaßt schnell und hinterläßt an meinem Gaumen einen etwas verwischten Eindruck, nachdem ich ihn ausgespuckt habe. Es ist eine trockene Riesling-Spätlese aus dem Jahrgang 1992. Verglichen mit den konzentrierten, rassigen jungen Weinen des 1995er Jahrgangs vom Weingut Lanius-Knab, die ich einige Monate zuvor auf einer Fachmesse verkostet habe, ist dies ein recht einfacher Wein. Als wir aber von den älteren Weinen zu den jüngeren Weinen kommen, wird meine Begeisterung immer größer, und ich spucke viel zu wenig und schlucke viel zuviel, als ich angesichts der Tatsache sollte, daß dies nicht die letzte Verkostung des Tages ist; meine Liebe zu gutem Wein, meine »Trinkexzesse«.

Mit nur drei Jahrgängen sind Anne und Jörg Lanius mit ihrem Weingut aus der Anonymität in die Reihen der führenden Weinerzeuger des Mittelrheins eingezogen. Ruhm und Berühmtheit sind indes noch in weiter Ferne, und der Blick über den Rhein aus dem Fenster des Probierzimmers wird noch nicht durch schlangestehende Kunden und ihre Autos verdeckt.

»Während meiner Lehre zur Hotelfachfrau habe ich Wein gehaßt«, erzählt Anne Lanius ganz fröhlich, als ich mich erkundige, was sie getan hat, bevor sie Jörg heiratete und das Gut mit ihm 1992 übernahm. »Es war alles so theoretisch und kompliziert, so viel zu merken. Aber als ich Jörg traf, wurde es ganz anders.« Sie lernten sich 1990 kennen, als sie Restaurantleiterin im Hotel Schönburg hoch über den Dächern von

Oberwesel war. Damals hatte sie bereits begonnen, sich für Wein zu interessieren. Jörg Lanius arbeitete auf dem Familienweingut, war sich aber nicht sicher, ob er in Oberwesel bleiben sollte oder ganz woanders hingehen sollte, in eine andere Stadt oder auf einen anderen Kontinent. Innerlich hing er zwischen der Ferne und der unmittelbaren Nähe.

Die Unsicherheit war nicht zu Ende, als die beiden sich gefunden hatten. Sie brauchten fast zwei Jahre, um ihre schicksalträchtigen Entscheidungen zu treffen. Von dem Moment an jedoch, als sie beschlossen, nicht nur zu heiraten, sondern auch das Weingut Lanius-Knab zu übernehmen, ging alles sehr schnell. Sie tätigten gleich am Anfang eine beträchtliche Investition und kauften ein imposantes rotes Backsteinhaus aus dem Jahre 1879 am Rande von Oberwesel nahe am Rheinufer. »Im Rückblick und angesichts der Alternativen, die wir damals hatten, bin ich mir sicher, daß wir genau das Richtige getan haben«, meint Anne Lanius. Es ist ihr eigenes kleines Reich, wo sie sich ungestört um Kinder und Weine kümmern können.

Anne Lanius muß uns für den Rest der Probe allein lassen, da mein Besuch in die Zeit des Oberweseler Weinfestes fällt, auf dem das Weingut mit einem Stand vertreten ist. Eine beachtliche Menschenmenge hat sich dort bis in die frühen Morgenstunden nur allzu wohl gefühlt, und weder Anne noch Jörg Lanius hatten in der Nacht vor meiner Ankunft mehr als ein paar Stunden geschlafen. Anne Lanius scheint diese Art Leben, in dem viele verschiedene Aufgaben und Verpflichtungen miteinander in Einklang gebracht werden müssen, keine Probleme zu bereiten. Bereits ihr Gang drückt aus, daß sie nicht zu den zögerlichen oder zaudernden Menschen gehört, sondern es vorzieht, Schwierigkeiten direkt anzugehen. Ihre schnellen, sicheren Schritte scheinen zu sagen, »Besser dem Teufel ins Auge schauen, als den Blick abzuwenden und zu warten, bis er dich von hinten angreift!« Scheinbar hat der Teufel diese Körpersprache verstanden; hier ist er jedenfalls nirgendwo anzutreffen. Sie hat Jörg Lanius das Selbstvertrauen gegeben, das die vielen schwierigen Entscheidungen seit 1992 ermöglicht hat, die ihrerseits zu den immer besseren Weinen geführt haben.

All die Veränderungen der letzten Jahre waren auf dasselbe Ziel ausgerichtet, dem wir uns bei unserer Verkostung auch durch die Jahrgänge nähern: dem 1995er im Glas und dem 1996er, der noch an den Stöcken reift. Auf diesem Weg sind viele der Methoden, die Jörg Lanius von seinem Vater gelernt hatte, aufgegeben worden. Seit dem Jahrgang 1993 werden die Weine alle in Tanks, statt in Fässern vergoren. »So schmecken sie frischer ... einige Monate Faßreife nach der Gärung ist ausreichend Zeit im Holz«, meint er. Weniger auffällig für Besucher sind die Veränderungen im Weinberg, wo keine Herbizide mehr eingesetzt werden, und das Unkraut im Sommer in regelmäßigen Abständen gemäht, aber sonst nicht kontrolliert wird. Das ist sicher der Grund dafür, daß die Erträge aus den fünf Hektar des Weingutes bedeutend zurückgegangen sind und daß die Weine im gleichen Zuge ausdrucksstärker und individueller geworden sind. Diese Veränderungen ermöglichen es den steinigen Schieferböden in Engehöll, in denen die Weingärten des Gutes liegen, sich in den neuen Lanius-Knab-Weinen deutlich bemerkbar zu machen: Es sind die Mineralien aus diesen Böden, die den Weinen Charakter verleihen.

Jetzt, wo wir allein sind, fällt es mir auf, daß Jörg Lanius in dem Verkostungsraum erstaunlich wenig Platz einnimmt, obwohl der Raum nicht sehr groß und Jörg Lanius wirklich kein Zwerg ist. Wenn ich meinen Blick nach links wende, so daß ich ihn nicht richtig sehe, könnte er genausogut gar nicht da sein. Er sitzt anscheinend ganz in sich zurückgezogen auf seinem Stuhl, in Erwartung dessen, was auch immer geschehen wird, geduldig wartend. Weder knabbert er an den Fingernägeln, noch verfolgt er meine Reaktionen mit Adleraugen. Das Gesamtbild ist jetzt fast ein Stilleben in gedämpften Farben. In der rechten Ecke sitzt eine männliche Figur – Jörg Lanius – offensichtlich mit den Gegenständen im Vordergrund des Bildes beschäftigt: ein Tisch, auf dem eine Reihe halbvoller Weinflaschen und Gläser steht, ein Krug, eine halbleere Mineralwasserflasche und ein kleiner Korb mit ein paar Stück Brot. Ein wenig entfernt vom Tisch unten links ragen zwei kleine »Hügel« ins Bild – meine Knie.

Ich wende mich wieder meinem Glas zu, und als ich meine Nase hineinstecke, um die subtilen mineralischen Aromen einzuatmen, wirbeln Dutzende von Empfindungen über Jörg Lanius' Gesicht. Als ich ihm sage, wie sehr mich die trockene 1995 Riesling-Spätlese beeindruckt, verdichtet sich das Wirbeln zu einem breiten Lächeln. Der wirtschaftliche Erfolg des Weingut Lanius-Knab als Unternehmen ist für ihn natürlich wesentlich, weil damit die Zukunft seiner Familie sichergestellt ist. Aber das Wichtigste ist ihm, daß seine Weine bei den Leuten einen positiven Eindruck wecken, daß sie sie dann mitnehmen möchten, und zu Hause Vergnügen daran haben und deshalb wiederkommen. Es ist ein glücklicher Zufall, daß dieser Wunsch so gut in die praktischen Erfordernisse des täglichen Arbeitsablaufs paßt.

Ich erinnere mich an Anne Lanius' Worte, als ihr Mann ein kleines Glas der 1995 Riesling Trockenbeerenauslese mit einer solchen Sorgfalt ausschenkt, daß es klar ist, wieviel Mühe ihn dieser Wein gekostet hat: »Es ist wirklich spannend zu sehen, was bei jeder Lese herauskommt, wie die Weine eines Jahrgangs sich entwickeln, genauso spannend wie die Frage, was aus unseren Töchtern Franziska und Johanna wird.«

Diese flüssige »Tochter« ist schon jetzt ganz erstaunlich, aber ich bin auch sehr gespannt auf ihre Zukunft.

Die Engehöller Weinberge, aus denen sie stammt, sind alles andere als berühmt. Der Name Engehöller Bernstein – deutlich der beste unter ihnen – war nur wenigen Fachleuten ein Begriff, bevor Anne und Jörg Lanius mit ihren Weinen die Aufmerksamkeit auf diese Lage lenkten. Niemand kann für sich in Anspruch nehmen, er habe schon immer gewußt, daß von diesen Stöcken eines Tages solche Weine gemacht würden. Die Lanius-Knab-Weine aus den Jahrgängen 1994 und 1995 sind die besten und interessantesten Überraschungen am Mittelrhein seit vielen Jahren. Das ist jedoch nur ein Anfang. Während ich meinen Kugelschreiber und die Notizen einpacke und Jörg Lanius dafür danke, daß er mir soviel Zeit gewidmet hat, denke ich mir, daß es eigentlich ein eher kurzer Moment war, verglichen mit der Zeit, die ich voraussichtlich in den kommenden Jahren an diesem Tisch mit den zukünftigen Lanius-Knab-Weinen verbringen werde. Ich bin sicher, daß Anne und Jörg Lanius samt ihren Weinen noch weit bemerkenswerter werden, als sie es jetzt schon sind. Auf jeden Fall freue ich mich schon auf das nächste Mal, wenn Jörg Lanius mich fragt: »Sollen wir anfangen?«

Probiernotizen Weingut Lanius-Knab

Riesling – Weine aus diversen Lagen

1994 ENGEHÖLLER BERNSTEIN SPÄTLESE TROCKEN 85
Der frische Geruch eines Gartens nach dem Regen, die dunkle Erde.

1994 ENGEHÖLLER BERNSTEIN AUSLESE 87
Pfirsich und Himbeeren für sich, bevor Escoffier ihnen zu neuem Glanz verholfen hat.

1994 ENGEHÖLLER BERNSTEIN TROCKENBEERENAUSLESE 91
Ein schlanker Schönling mit nobler Haltung, der sich voller Gelassenheit bewegt.

1995 ENGEHÖLLER BERNSTEIN SPÄTLESE TROCKEN 84
Wer sucht, der findet. Was langsam aufgeht, kann lange halten.

1995 ENGEHÖLLER BERNSTEIN SPÄTLESE HALBTROCKEN 87
Vor der Mittagshitze die reifen Beeren pflücken. Ihre unaufdringliche Süße.

1995	ENGEHÖLLER BERNSTEIN AUSLESE	89

Rosen und Rosinen, hell und dunkel, weich und fest ...

1995 ENGEHÖLLER GOLDEMUND EISWEIN 93
Eine unverschämte Opulenz, doch in sich schlüssig anstatt überdreht.

1995 ENGEHÖLLER GOLDEMUND TROCKENBEERENAUSLESE 95
Durch ein Fernrohr blickt man auf einen unglaublich weit entfernten, strahlenden Stern, der fast zu hell für das menschliche Auge ist: ein Riesling Supernova.

1996 ENGEHÖLLER BERNSTEIN SPÄTLESE TROCKEN 85
Pointiert – aber geschliffen, ein unverwechselbarer Edelstein.

1996 ENGEHÖLLER BERNSTEIN SPÄTLESE 87
Eine Knospe, die sich sehr langsam öffnen wird, aber was für eine Farbe schon jetzt!

1996 ENGEHÖLLER BERNSTEIN AUSLESE 90
Schlanker, perfekt proportionierter Körper im durchsichtigen Kleid.

1996 ENGEHÖLLER BERNSTEIN BEERENAUSLESE 93
Spannung – ununterbrochen, vom ersten Moment bis zum fast ewig währenden Abschied.

1996 ENGEHÖLLER GOLDEMUND EISWEIN 96
Das Erhabene der Rheinschlucht in gesteigerter, flüssiger Form. Hut ab!

Kurzporträts

Weingut Fritz Bastian

Zum Grünen Baum, Oberstraße 63
55422 Bacharach
Tel. 06743/1208, Fax 06743/2837

Fritz Bastian ist ein Winzer mit Leib und Seele, wie man ihn heute nur selten trifft. Er ist am glücklichsten in seinen Weinbergen, besonders dem auf der Insel Heyles'en Werth im Rhein gelegenen, weit weg vom Trubel des Weltgeschehens. Seine Weine waren immer gut gemacht und nie ohne Charakter, brillierten aber nur selten. Als sein Sohn Friedrich

Bastian begann, mit ihm zu arbeiten, führte das zu Rieslingen von einer klassischen Eleganz. Wie der der Musik, die seine große Leidenschaft ist. Den hervorragenden 1991ern und '92ern folgten jedoch eine Reihe enttäuschender Jahrgänge mit entweder schwer oder einfach und herb wirkenden Weinen. Wann werden die Weine dieses Betriebs anfangen zu singen, so wie es Friedrich Bastian kann, und die Zuhörer mit Erstaunen erfüllen?

Weingut Mades

Borbachstraße 35–36
55422 Bacharach-Steeg
Tel. 06743/1449, Fax 06743/3124

Deutschland und der Mittelrhein brauchen mehr Winzer wie den engagierten, gut gelaunten Helmut Mades. Ob trocken oder mit natürlicher Restsüße, seine Rieslinge sind immer ansprechend, substanzreich und harmonisch. Selbst in dem schwierigen Jahrgang 1996 gelang ihm eine solide Kollektion von Weinen ohne einen einzigen Ausrutscher. In Jahren, in denen die Sonne wohlwollend auf den Mittelrhein scheint wie 1993 und '94, können seine besten Spätlesen und Auslesen von herausragender Qualität sein (über 85 Punkte). Das einzige, das hier fehlt, ist die Brillanz großer Mittelrhein-Rieslinge. Doch denke ich, daß auch das in Helmut Mades' Reichweite liegen müßte.

Weingut Heinrich Müller

Mainzer Straße 45
56322 Spay
Tel. 02628/8741, Fax 02628/3363

Vor einigen Jahren lagen die Weine aus Boppard weit hinter denen aus Bacharach zurück, und nur wenige Rieslinge aus dem riesigen Amphitheater von Reben, das den Bopparder Hamm bildet, verkörperten in vollem Ausmaß das enorme Qualitätspotential dieser Spitzenlage. Das erste Zeichen, daß die Dinge sich änderten, waren die Weine des Jahrgangs 1994 vom Weingut Heinrich Müller. Dahinter steckt Matthias Müller, Jahrgang 1963, ein begabter junger Winzer, von dem wir sicher noch viel mehr hören werden. Das Rezept für größeren Erfolg ist meiner Meinung nach einfach: die Erträge in den besten Lagen um ein

Drittel herunterschrauben und die Trauben streng selektiv lesen. Allerdings wäre das bei der gegenwärtigen Preisstruktur (Riesling-Spätlese für 8,– DM bis 9,– DM) vollkommen unwirtschaftlich.

Weingut August Perll

Oberstraße 81
56154 Boppard
Tel. 06742/3906, Fax 06742/81726

»Dieser Wein muß von Fritz Haag sein«, sagte Christian Leve, der Geschäftsführer des Kölner Weinhandelunternehmens FUB zu mir. Er saß während einer Blindverkostung von Riesling-Spätlesen mit natürlicher Restsüße aus dem Jahrgang 1995 neben mir. Es könnte kaum ein größeres Kompliment für Kellermeister Thomas Perll geben, als daß solch ein erfahrener Fachmann seinen Wein aus dem Bopparder Hamm Ohlenberg einem der Spitzenwinzer der Mosel zuordnete. Nicht alle seine Weine hatten dieses Niveau, aber angesichts der Tatsache, daß Thomas Perll bei diesem kleinen Meisterstück erst 26 Jahre alt war, kann man das auch kaum erwarten. Hier könnten in den nächsten Jahren durchaus große Weine entstehen.

Weingut Walter Perll

Ablaßgasse 11
56154 Boppard
Tel. 06742/3671, Fax 06742/3023

Viele Jahre lang war Walter Perll der zuverlässigste Weinproduzent in Boppard. Heute wie vor zehn Jahren freue ich mich stets, einem seiner Rieslinge zu begegnen. Das kitschige Etikett kann man übersehen, weil die Weine dahinter nur selten enttäuschen, und die Spätlesen mit natürlicher Restsüße sind meist elegant und machen viel Vergnügen. Hier gibt es keine Kompromisse mit neumodischen Ausbau-Ideen, und jeder Wein ist ein eigenständiges Individuum. Walter Perll muß jedoch die junge Generation im Ort im Auge behalten (siehe oben), wenn er in Boppard weiter mit an der Spitze stehen will!

Weingut Ratzenberger

Blücherstraße 167
55422 Bacharach-Steeg
Tel. 06743/1337, Fax 06743/2842

25 Jahre lang, bis in die frühen neunziger Jahre, hat Jochen Ratzenberger urtypische Mittelrhein-Rieslinge gemacht. Das Alterungspotential dieser Weine ist erstaunlich: Eine vor kurzem getrunkene 1945 Riesling Spätlese schmeckte immer noch wunderbar. Leider begann mit den Weinen des Jahrgangs 1992 eine Reihe von Enttäuschungen. Plötzlich fehlte den Weinen genau die bemerkenswerte Rasse und der betont mineralische Charakter, die sie zuvor ausgezeichnet hatten. Selbst die zwei hochgelobten 1994 Riesling Trockenbeerenauslesen beeindruckten mich überhaupt nicht. Vielleicht war Jochen Ratzenberger jun., der von seinem Vater die Verantwortung für den Keller übertragen bekommen hatte, noch nicht erfahren genug für diese Aufgabe. Die Weine des Jahrgangs 1996 sind zwar nicht herausragend, lassen aber eine begrüßenswerte Rückbesinnung auf den traditionellen Stil des Gutes erkennen. Nicht zu übersehen ist Ratzenbergers Riesling Sekt, der beste Schaumwein des Gebietes.

Weingut Adolf Weingart

Mainzer Straße 32
56322 Spay
Tel. 02628/8735, Fax 02628/2835

Tiefstpreise in Verbindung mit professioneller Kellerarbeit machen dieses Weingut zu einer Fundgrube für preisgünstige Mittelrhein-Rieslinge. Dem engagierten und bescheidenen Winzerpaar Adolf und Helga Weingart gelingen in guten Jahrgängen auch exzellente edelsüße Auslesen und Beerenauslesen. Ihr trockener Grauburgunder kann für diesen nördlichen Standort beeindruckend voll wirken. Ich habe hier jedoch auch schon eher einfache trockene Weine probiert, die wenig mehr als sauber und korrekt waren.

6. Kapitel

MOSEL–SAAR–RUWER:
DIE UNÜBERTREFFLICHE LEICHTIGKEIT
DES WEINS

Kein anderer Spitzenwein besitzt eine Leichtigkeit, die sich mit der der besten Mosel-Saar-Ruwer-Rieslinge vergleichen könnte. Obwohl diese Weine zu den dichtesten und ausdrucksvollsten in Deutschland gehören, sind sie stets von einer Feinheit, die man zart nennen könnte und die sie von anderen Weinen abhebt. Auch wenn es möglich ist, in den Tälern der Mosel und ihrer Seitenflüsse Ruwer und Saar ordentliche trockene Rieslinge zu erzeugen, sind herausragende trockene Weine, die sich mit den Spitzenprodukten aus weiter südlich und östlich gelegenen Gebieten vergleichen könnten, eher die Ausnahme. Die Stärke der Mosel liegt mehr in Weinen mit einer gewissen natürlichen Restsüße aus den Trauben (das heißt, die Gärung hat aufgehört, bevor die Hefe den gesamten Traubenzucker zu Alkohol umgewandelt hat). Diese Süße harmonisiert die für die Rieslinge des Gebiets typische Säure, läßt sie belebend anstatt spitz erscheinen und unterstreicht die Aromen der Weine. In den Händen eines begabten Winzers entstehen so Weine, die gleichzeitig erfrischend und faszinierend wirken. Wenn einem solchen Winzer eine Spitzenlage zur Verfügung steht, kann er Weine mit Grandeur und Delikatesse erzeugen, die zu den größten und langlebigsten Weinen der Welt gehören.

Wie im Burgund in Frankreich erstrecken sich die Weinberge des Mosel-Saar-Ruwer-Gebietes über einen schmalen Streifen imposanter Berghänge in einer ansonsten wenig bemerkenswerten Landschaft. Mosel, Saar und Ruwer haben sich tief in die rauhen, für den Weinbau gänzlich ungeeigneten Höhen von Hunsrück und Eifel eingegraben. Nur das besonders günstige Klima ermöglicht hier die Kultur von Weinreben – was schon die Römer wußten, die viele der besten Lagen des Gebietes ursprünglich angelegt haben. Die Devonschieferböden und die intensive Sonneneinstrahlung der Steilhänge sind für den Riesling bestens geeignet. Wie im Burgund, führten auch hier die Erbgesetze des »Code Napoléon« zu einer Aufsplitterung der Weinberge in immer kleinere Parzellen, so daß manche der besten Betriebe bis zu hundert verschiedene Rebparzellen besitzen, die über eine Reihe von Ortschaften verstreut sind. Typisch für beide Gebiete ist auch ein gewisser Fetischismus für den Boden: Jeder Winzer ist davon überzeugt, daß seine Parzelle in einer bestimmten Lage etwas ganz besonderes darstellt. Manchmal trifft das sogar zu, weil sowohl an Mosel, Saar und Ruwer als auch im Burgund die kleinsten Unterschiede in Ausrichtung und Boden großen Einfluß auf die entsprechenden Weine haben.

Man könnte sagen, daß der Unterschied zwischen den beiden Gebieten darin besteht, daß im Burgund viele Lagen von Steinmauern umgeben sind, den sogenannten *Clos*, während sich die Mauern an der Mosel in den Köpfen der Winzer befinden. In keinem anderen der 13 deutschen Anbaugebiete sind die Winzer dickköpfiger, und nirgendwo sonst stehen sie sich selbst so oft im Weg. Aber dieser hartnäckige Zug im moselanischen Charakter ist auch der Grund für den an Fanatismus grenzenden Einsatz und die Eigenständigkeit vieler Winzer, deren Weinen das Gebiet den kometenhaften Anstieg seines Rufes in den letzten Jahren zu verdanken hat. Obwohl es immer noch zu viel minderwertigen Moselwein gibt, der dem Klischeebild der »Trinkmarmelade« entspricht, hat der Erfolg der führenden Winzer viele ihrer Nachbarn dazu gebracht, ihnen nachzueifern. Die Anzahl der Winzer mit empfehlenswerten Weinen ist heute wesentlich höher als noch vor zehn Jahren.

Das erste und größte Problem an der Mosel ist ein finanzielles. Anders als im Burgund akzeptiert der Markt nur selten die erforderlichen Preise, die den Winzern die kleinen Erträge, die für Spitzenqualität unerläßlich sind, ermöglichen. Und die Kosten für die Weinbergspflege in den Spitzenlagen liegen hier ein Vielfaches höher als in den meisten anderen Weinbergen in Deutschland oder Burgund, da die steilen Hänge meist Handarbeit erfordern. Wenn er wirklich erstklassige Qualität bieten soll, muß ein Riesling von Spätlese-Niveau aus einer exzellenten Mosel-Saar-Ruwer-Lage mindestens 20,- DM kosten. Aber solch einen Preis können derzeit nur wenige der führenden Betriebe des Gebietes durchsetzen. Wenn die positive Entwicklung der letzten Jahre andauern soll, muß sich das ändern, sonst können viele Erzeuger ihren Qualitätsanspruch nicht mehr mit dem langfristigen wirtschaftlichen Denken unter einen Hut bringen.

Das andere Problem der Mosel-Saar-Ruwer-Weine besteht darin, daß sie meist zu jung getrunken und auch zu jung beurteilt werden. Im allgemeinen werden sie sechs Monate nach der Lese abgefüllt und wegen der kommerziellen Zwänge auch bald darauf auf den Markt gebracht. Viele Weintrinker glauben offenbar, daß die Weine dann auch sofort getrunken werden müssen. Mosel-Saar-Ruwer-Weine schmecken in ihrer Jugend zwar oft köstlich, aber wenn sie nur in diesem Stadium genossen werden, kommen viele ihrer bemerkenswerten Eigenschaften nie zur Geltung, und deshalb weiß auch kaum jemand davon. Viele Winzer sind schon dazu übergegangen, ihre Weine bewußt so auszubauen, daß sie bereits im Alter von sechs Monaten glänzen. Dadurch wird aber leider das Alterungspotential der Weine erheblich eingeschränkt. Wenn die Kritiker jedoch daran festhalten, die Mosel-Saar-Ruwer-Weine nur in diesem Stadium zu verkosten, werden sich solche »Blender« immer weiter verbreiten – und klassische Rieslinge zunehmend seltener zu finden sein.

Die drei Flußtäler des Gebietes unterscheiden sich in ihrem Charakter und den Weinen deutlich voneinander. Die Saar ist das offenste Tal, mit Wäldern, Obstbau und Wiesen zwischen den steilen Weinhängen. Das Klima ist hier am kühlsten, und Saar-Rieslinge aus schlechten Jahrgängen können recht hart und sauer sein: Die Beschreibung »stahlig« scheint eigens für sie geschaffen. Die Weinschriftsteller aus dem vorigen Jahrhundert und die zeitgenössischen sind sich darin einig, daß die Weine aus diesem pittoresken Tal in großen Jahrgängen eine unübertroffene Brillanz besitzen. Die Rieslinge der Ruwer sind ebenfalls säurebetont, haben aber etwas mehr Körper und sind aromatischer als die manchmal etwas zurückhaltend wirkenden Saarweine. Sie eignen sich daher besser für den Ausbau im trockenen Stil als die Saarweine. Die Rieslinge der Mittelmosel dagegen verbinden aromatischen Charme mit Fülle und Eleganz. In den letzten Jahrzehnten wurden hier großflächig neue Lagen mit minderwertigen Rebsorten angelegt – lediglich 54 Prozent der 12460 Hektar Anbaufläche an Mosel, Saar und Ruwer sind mit Riesling-Reben bestockt! – und die hier produzierten Weine sind selten interessant. Die Terrassenmosel, einst unter der Bezeichnung Untermosel bekannt, bringt die vollsten und muskulösesten Weine des Gebietes hervor, die sich besonders für den Ausbau im trockenen Stil eignen. Auf den Muschelkalkböden der Obermosel herrscht hingegen der Elbling vor, gewissermaßen ein Kulturdenkmal aus römischer Zeit, dessen Weine jedoch nicht unbedingt dem Glanz und Ruhm des Römischen Reichs entsprechen.

Die Jahrgänge

1996

Ein sehr guter Jahrgang für die führenden Winzer in allen Teilen des Gebietes. Die besten restsüßen Weine sind den '95ern ähnlich, wenn auch etwas leichter. Leider sind viele trockene Weine dünne Säuerlinge!

1995
Der beste Jahrgang des Mosel-Saar-Ruwer-Gebietes seit dem großen Jahr 1990. Die kleine Ernte ergab ausdrucksstarke Weine mit einer brillanten, harmonischen Säure. Die gelungensten unter ihnen besitzen ein hervorragendes Alterungspotential.

1994
Ein sehr guter, aber etwas überschätzter Jahrgang von mittelgewichtigen Weinen, die in ihrer Jugend äußerst charmant wirkten. Mit der Reife werden die mangelnde Substanz und Harmonie vieler Weine immer offensichtlicher.

1993
Ein hervorragendes Jahr mit reichhaltigen, charaktervollen Weinen. Die besten werden erst Anfang des 21. Jahrhunderts zu voller Reife gelangen und Jahrzehnte leben. Ein hervorragendes Jahr für trockene Weine.

1992
Ein schnell reifender Jahrgang, dessen ziemlich weiche, aber aromatische Weine sich jetzt und während der nächsten Jahre gut trinken. Leider sind die guten Weine in einer kleinen Minderheit und der Rest nichtssagend.

1991
Ein gutes Jahr für Saar und Ruwer, aber nur knapp über dem Durchschnitt für die Mosel. Viele Weine sind zu mager und kantig, während die besten schlank und fest wirken. Ein schreckliches Jahr für trockene Weine!

1990
Ein wahrhaft großer Jahrgang für das gesamte Gebiet. Die Weine werden hier im Buch nur beschrieben, wenn sie noch nicht auf den Markt gebracht worden sind.

Die wahre Alternative
Clemens Busch

Weingut Clemens Busch
Im Wingert 39
56862 Pünderich
Tel. 06542/22180
Fax 06542/1625

Es war ein warmer Abend im Sommer 1987, als ich Clemens Busch kennenlernte. Bekannte aus der Ökoweinszene des Gebiets, zu der allerlei exzentrische Gestalten gehören, hatten mich mit nach Pünderich zum Weinfest genommen. Nachdem wir ein paar triste, äußerst einfache Weine gekostet und mit unseren scharfen Zungen kräftig darüber hergezogen hatten, suchten wir uns einen Platz beim »Busch'schen Ausschank«. Das war der eigentliche Grund unseres Besuchs in Pünderich – wir wollten zu Busch und taten das deutlich kund. Ich hatte zwar einen Schwips, aber mir wurde schnell klar, daß diese Weine bei weitem die besten waren, die wir an jenem Abend vorgesetzt bekamen. Obwohl er kaum den Bestellungen und Wünschen, die ihm von allen Seiten entgegenflogen, nachkommen konnte, brachte uns »Clemi« ein paar Extraweine, die auf dem Fest nicht im offiziellen Angebot waren. Der beste war ein trockener Riesling aus dem Jahrgang 1986, in dem es nach Mosel, Saar und Ruwer sehr schwierig gewesen war, gute trockene Weine zu erzeugen. Aber die Weine von Clemens Busch waren nicht nur absolut sauber und korrekt, sie schmeckten auch ganz anders als alles, was ich bis dahin an der Mosel probiert hatte. Damals war ich noch nicht so erfahren als Verkoster, und es fiel mir schwer, meine Empfindungen in Worte zu fassen, aber dennoch spürte ich, daß dieser Winzer eine Entdeckung war, eine neue Facette in einem Gebiet, das allmählich anfing, mich zu faszinieren.

Daß ich von der Mosel so beeindruckt war, hatte wenig mit der großartigen Landschaft oder dem Charme der vielen historischen Städte und Dörfer zu tun. Die Moselaner hier waren sicher ganz anders als alle Menschen, die ich je in London getroffen hatte, aber das hatte seine Licht- und Schattenseiten. Es waren Weine wie die von Clemens Busch und die Persönlichkeiten der verantwortlichen Winzer, die mich wie ein Magnet zu diesem Gebiet hinzogen.

Sechs Jahre zuvor hatte ich die ersten deutschen Spitzenweine probiert, Rheingauer Rieslinge. Auf meiner ersten Rheingau-Reise war ich einer Reihe von guten Weinen begegnet, aber es gab doch wenig positive Überraschungen. Damals war ich mir dessen nicht bewußt, aber die Probleme, die sich in den letzten Jahren in diesem Gebiet immer deutlicher bemerkbar gemacht haben, kündigten sich zu diesem Zeitpunkt bereits an. Sicher habe ich damals interessante Weine und Winzer übersehen, aber das läßt sich von jedem Gebiet sagen, wo ich gewesen bin.

Bei der Mosel war das von Anfang an anders. Auch hier gab es jede Menge minderwertiger Weine, und die verhängnisvolle Kombination eines schwammigen Weingesetzes mit kurzsichtigen Weinbauern und profitgierigen Großkellereien hatte hier wie auch sonst in Deutschland katastrophale Folgen. Trotzdem waren die Dinge hier noch im Fluß, während im Rheingau alles im Schlamm steckengeblieben zu sein schien. An der Mosel gab und gibt es sehr viele Individualisten, die ihren eigenen Weg gehen. Nur wenige unter den Winzern, denen ich Mitte der achtziger Jahre begegnete, erzeugten damals erstklassige Weine, aber viele machten den Eindruck, als wären sie dazu fähig.

Clemens Busch gehörte eindeutig zu dieser Kategorie. In den folgenden Jahren haben die talentierten Mitglieder dieser »Gruppe« ihre Ideen und ihr Können beharrlich weiter entwickelt, und einige von ihnen gehören inzwischen zu Deutschlands führenden Winzern. Meist wird jedoch übersehen, daß ihre Weine – nicht zuletzt durch diesen Entwicklungsprozeß – immer unterschiedlicher geworden sind. Gemeinsam ist diesen Winzern aber, daß sie äußerst eigenständige, ausdrucksstarke Weine erzeugen, die alle einen sehr starken Charakter der Weinbergslage zeigen, in der sie gewachsen sind.

Damals fiel es mir nicht ein, aber genau das hatte ich im Rheingau gesucht und nur selten gefunden. In allen Büchern über den deutschen Wein, die ich gierig verschlang, stand, daß ein Wein aus Rüdesheim anders schmecken sollte als einer aus Hochheim, der sich wiederum deutlich von einem aus Erbach oder Johannisberg unterscheiden sollte. Meine schwindenden Illusionen über den Rheingau hatten nicht nur mit den enttäuschenden Weinen zu tun, von denen nicht wenige berühmte Namen auf dem Etikett trugen, sondern auch damit, daß die besten unter ihnen fast gleich schmeckten. Obwohl ich es damals nicht so klar hätte formulieren können und es in den Weinen auch noch nicht so sehr zum Ausdruck kam wie heute – was mich an Weinen von Moselwinzern wie Clemens Busch derart anzog, war ihr einzigartiger Lagencharakter. Schon damals unterschieden sich die Weine deutlich voneinander. Sie waren nicht austauschbar und besaßen Eigenschaften, die andernorts nicht kopiert werden konnten.

Als ich Clemens Busch kennenlernte, war er ein aktives Mitglied von »Oinos«, einer Gruppe von Ökowinzern im Mosel-Saar-Ruwer-Gebiet. Mit seinen langen Haaren und dem Bart schien Clemens Busch gut zum »Oinos«-Bund zu passen. »Es ist wahr, wir sind ein ziemlich bunter Haufen«, bemerkte ein anderes »Oinos«-Mitglied, Rudi Trossen aus Kinheim-Kindel, einmal mit einem ironischen Unterton. Er wußte, daß ich den kreativen Wahnsinn der Gruppe längst erkannt hatte. Manchmal waren sie wirklich wie verrückt, aber bei anderen Gelegenheiten konnten sie eine Originalität an den Tag legen, die man kaum für möglich gehalten hätte. Einmal veranstalteten sie eine Sektprobe, bei der der »Oinos« Winzer Uli Treitz und ein Kabarettist zusammen auftraten. Uli Treitz beschrieb den gerade eingeschenkten Sekt, jeweils gefolgt von einem Monolog seines Partners über ein Thema, das in keinerlei Beziehung dazu stand, unter anderem der Sicherheitsbesessenheit der Deutschen. Dann tauschten die beiden die Kleidung und parodierten sich gegenseitig. Wir kamen fast um vor Lachen.

Clemens Busch gehörte nicht zu den Haupt-Organisatoren solcher Veranstaltungen, weil er zu sehr mit seinen Weinen beschäftigt war. Es waren die besten unter den »Oinos«-Erzeugnissen, obwohl er manchen seiner Kollegen – wie zum Beispiel Rudi Trossen, der auch weiterhin gute Weine macht –, noch nicht weit voraus war. Erst in den Jahrgängen 1989 und 1990 erzeugte Clemens Busch Weine, die sich von denen seiner Freunde deutlich abhoben. Sie gehören zu den besten trockenen Rieslingen, die es im Gebiet in diesen Jahren gab, und sie schmecken bis zum heutigen Tag sehr gut. Mit den Weinen der Jahrgänge 1992, 1994 und 1995 hat Clemens Busch endgültig bewiesen, daß er einer der wenigen Mosel-Saar-Ruwer-Winzer ist, die in der Lage sind, regelmäßig hochwertige trockene Weine zu erzeugen. Heute steht Clemens Busch in diesem eher unbekannten Teil des Moselgebietes ziemlich alleine da: Er ist der einzige Winzer, der wirklich erstklassige Weine macht.

Viele Gesichter sind schön, aber nicht alle würde man auch hübsch nennen. Die eindringlichsten Gesichter, an die ich mich erinnern kann, zeigten alle etwas Strenges, gepaart mit Zügen, die jeder attraktiv gefunden hätte. Schönheit und Strenge sind untrennbar: Die Spannung zwischen beidem führt zu einer weit größeren Anziehungskraft als der einseitige Reiz eines lediglich hübschen Gesichts ohne markante Eigenheiten. Selbstverständlich gilt das nicht nur für Gesichter, und es gibt genug Leute, die mit dem zufrieden sind, sogar sich nach dem verzehren, was ich als oberflächlich hübsch ablehnen würde. Jeder hat Männer kennengelernt, denen die Brüste einer Frau wichtiger waren als alles andere, was an Frauen schön sein kann. Für diese Männer können diese weiblichen Attribute gar nicht groß genug sein, was mir ziemlich peinlich vorkommt.

So anormal das auch klingen mag, mit den Weinen ist es genau das gleiche. Für manche Weintrinker kann der Wein kaum fett, lasch oder unverblümt genug sein. Solchen Menschen sind Clemens Buschs Weine nicht zu empfehlen. Sie wären ebenso enttäuscht und schockiert wie ein »Brustmann«, der sich plötzlich mit Kate Moss im Bett wiederfände. Die Schönheit der Busch-Weine hat immer auch ein Element der Strenge – obwohl es an ihnen nichts Überhebliches gibt wie an der eigentümlichen Schönheit von Kate Moss.

Die Strenge eines menschlichen Gesichts hat viel mit dem Knochenbau zu tun – in Mosel-Rieslingen beruht sie größtenteils auf der Säure. Ein Mosel-Riesling ohne Säure ist genauso uninteressant wie ein verfettetes Gesicht, bei dem der Knochenbau nicht mehr zu erkennen ist. Andersherum wirkt ein Kopf, der nur aus Haut und Knochen besteht, ebenso wenig anziehend wie ein Mosel-Riesling, der ausschließlich nach Säure schmeckt. Manche mögen mehr Fleisch auf den Knochen vorziehen, aber Clemens Buschs Weine besitzen mehr als genug Substanz, um ihre betonte Säurestruktur zu umhüllen. Wenn sie erst ein oder zwei Jahre alt sind, wirken sie vielleicht nicht auf so direkte Art attraktiv wie manch andere trockene Mosel-Rieslinge, aber ihre Schönheit beruht eben nicht auf der ersten jugendlichen Blüte – und dem damit einhergehenden Babyspeck. Während andere Weine, die in ihrer Jugend eingängiger erschienen, bereits beginnen, sich nach dem zweiten Jahr auf der Flasche zu verabschieden, stehen die Busch-Weine erst am Anfang ihres besten Alters. Nimmt man diese Zahlen mal zehn, könnte man das gleiche über Gesichter sagen; die Menschen, die mit vierzig oder fünfzig Jahren am attraktivsten wirken, waren in ihrer Jugend nicht immer große Schönheiten.

In Deutschland werden Scherz und Ernst landläufig als unvereinbar angesehen; ersterer dient ausschließlich der Unterhaltung und Erholung, während letzterer mit Pflichten und Verantwortung zu tun hat. Clemens Busch ist die lebende Widerlegung dieses deutschen Vorurteils, und man kann das erkennen, wenn man sein Gesicht betrachtet. Seine Falten kommen vom Lächeln und Lachen und nicht von der ernsten Miene oder sogar schlechten Laune, die so viele Menschen – darunter viele Winzer – häufig aufsetzen, wenn es an die »Arbeit« geht. Wenn Clemens Busch Wein verkostet, wie konzentriert auch immer er dabei ist, bleibt sein Gesichtsausdruck immer vollkommen entspannt, als ob er sich innerlich in einem bequemen Sessel zurücklehnen und den Wein wie eine Welle über sich hinwegfließen lassen würde. Diese Verbindung von Bedachtsamkeit, Beherrschung und Sinnlichkeit trifft man unter Winzern sehr selten. Clemens Busch möchte, daß seine Weine langsam zu ihm kommen. Er verlangt nicht, daß sie ihm bei der ersten möglichen Verkostung, gleich nach der Gärung, gefallen. Dieser Einstellung verdanken seine Weine ihren kühlen Charme ebensosehr wie den Hängen der Pündericher Marienburg gegenüber dem Dorf auf der anderen Seite der Mosel.

Die Art von Clemens Buschs Beziehung zu seinen Weinen tritt am deutlichsten zutage, wenn man die jungen Weine in den Gewölbekellern des Gutes am Dorfrand verkostet. Er vermittelt den Eindruck, daß seine Weine alle Zeit der Welt zum Reifen haben. Die Erwartungen der Leute, bei denen die Aufmerksamkeitsspanne auf den kurzen Moment des Zappens von einem Fernsehsender zum nächsten zusammengeschrumpft ist, spielen überhaupt keine Rolle. Es geht ihm um die Dinge, die sich von selbst und mit der ihnen eigenen Geschwindigkeit entwickeln, weil nur von ihnen etwas wirklich Eigenständiges zu erwarten ist. Er möchte, daß jeder Wein etwas Eigenständiges hat. Er ist sich aber bewußt, daß er das nicht fordern darf. Es wäre der sicherste Weg, um genau das zu zerstören, nach dem er trachtet. Er betreibt ökologischen Weinbau in einem völlig anderen Sinn als dem landläufigen, und einem, der vielleicht viel tiefer und wichtiger ist.

Wenn Talente wie Clemens Busch mehr Anerkennung erfahren würden, gäbe es auch mehr Weine dieser Art. Seine Einstellung und seine erstaunliche Immunität gegenüber Kritik von seiten der Menschen, die seine Weine nicht verstehen, sind der Ausdruck einer ungewöhnlichen inneren Stärke. Andere Winzer mit weniger Selbstvertrauen würden eine ähnliche Richtung einschlagen, wenn sie denn mehr Aussicht auf Erfolg verspräche. In den letzten Jahren – wie schon vor 30 Jahren – waren es eher vordergründig hübsche Moselweine, die in der Presse und dadurch auch bei den Konsumenten Erfolg hatten. Aber Claudia Schiffer ist schließlich heute genauso populär wie Brigitte Bardot vor 30 Jahren – die ungeduldige Masse hat sich immer vom Offenkundigen angezogen gefühlt.

Die Rieslinge des Weinguts Clemens Busch

Clemens Buschs Rieslinge stammen aus lediglich zwei Lagen: dem Nonnengarten und der Marienburg von Pünderich. Die Nonnengarten-Weine wirken duftiger und unterscheiden sich durch ihre betonte Würze deutlich von den klassisch eleganten Marienburg-Weinen. Letztere benötigen eine längere Zeit der Reife nach der Abfüllung, um sich von ihrer besten Seite zu zeigen, meistens zwei oder drei Jahre. Die besten trockenen Weine aus der Marienburg sind nach zehn Jahren noch in guter Form; die halbtrockenen Weine können wesentlich länger leben.

Probiernotizen Weingut Clemens Busch

Riesling – Pündericher Marienburg »Grand Cru«

1993	SPÄTLESE TROCKEN***	87

Mundfüllende Schwerelosigkeit, transparente Dichte, durch die der Glanz der Mineralien zu erkennen ist.

1993 AUSLESE TROCKEN 87
Prächtiges Bauwerk mit tiefen Fundamenten, das sich seiner Vollendung nähert.

1994 SPÄTLESE TROCKEN** 84
Reifender Charme und feine Duftigkeit. Solch ein Genuß macht unbeschwert.

1994 SPÄTLESE TROCKEN*** 86
Gibt sich als Rheingauer und braucht sich für die »Anmaßung« nicht zu entschuldigen.

1994 AUSLESE TROCKEN 88
Wer hat genug Zeit für so viel Würze; die Zeit, um so viel Würze sinnlich zu erforschen?

1995 SPÄTLESE TROCKEN** 85
»Fruchtig« klingt süß und oberflächlich, doch hier ist es das Gegenteil: trocken und tief.

1995 SPÄTLESE TROCKEN*** 88
Eine neue Definition der Eleganz, bei der die Kraft auch ausreichend berücksichtigt ist.

1995 AUSLESE TROCKEN*** 90
Ohne die geringsten Zugeständnisse an Mode, Kommerz oder Korrektheit. Ein unverschämter Charakter, dem es an nichts fehlt.

1995 AUSLESE HALBTROCKEN 89
Nach diesem Wein braucht man keine Weinbergpfirsiche zu kosten, um zu wissen, wie sie schmecken.

1995 AUSLESE 90
Ungewöhnliche Harmonie – weder trocken noch richtig süß – und ebenso ungewöhnliche Power, die im Moment noch ungestüm nach Entladung drängt. Braucht Zeit, um sich zu beruhigen.

1996 SPÄTLESE TROCKEN** 83
Angenehme Festigkeit, viel Charakter ohne harte Kanten. Die schöne Kate Moss?

1996 SPÄTLESE TROCKEN*** 86
Die Aprikose geniert sich nicht, ihre nackte Haut zu zeigen und leitet ein Crescendo-Finale ein.

1996 SPÄTLESE HALBTROCKEN 85
Einladende aromatische Frische, ohne Bruch bis zum anhaltenden, sanften Abschied.

1996 AUSLESE TROCKEN 87
Erstaunliches Phänomen: tropische Überschwenglichkeit im Moseltal, doch ohne die Hitze.

Meister, nicht Helden
Hans-Leo und Hilde Christoffel

Weingut Joh. Jos. Christoffel Erben
Schanzstraße 2
54539 Ürzig
Tel. 06532/2176
Fax 06532/1471

Die Welt liebt Helden heute ebenso wie vor Jahrhunderten oder Jahrtausenden zuvor. Wer keine heldenhaften Eigenschaften besitzt, wird leicht übersehen. Das gilt in der Weinwelt genauso wie in Politik, Kunst oder Musik. Wer Talent hat, aber unauffällig aussieht, dessen Kampf um Anerkennung dauert länger – und ist so eigentlich heldenhafter!

Hans-Leo Christoffel, der ganze 2,2 Hektar an Weinbergen rund um das Moselweindorf Ürzig sein eigen nennt, hat überhaupt nichts von einem konventionellen Helden. Als ich ihn das erste Mal im Herbst 1988 besuchte, dachte ich: Was für ein unglaublich netter Kerl, und was für wundervolle Weine er macht. Warum weiß niemand davon? Die Antwort ist, daß die meisten Christoffel-Kunden ihren Weg sehr wohl kennen, und deshalb nie etwas getan wurde, um die Geschäfte anzukurbeln oder das Weingut und seine Weine bekannter zu machen. Außerdem würden Hans-Leo Christoffel und seine Frau Hilde sich für einen Lifestyle-Artikel gar nicht eignen; sie erscheinen zu »normal«, um den engstirnigen Vorstellungen der meisten Journalisten zu entsprechen.

Der Christoffel-Betrieb liegt ganz versteckt abseits der Hauptstraßen von Ürzig nahe dem Moselufer, und ohne nähere Angaben ist er schwierig zu finden. Das mühevoll restaurierte Fachwerkhaus aus dem späten 17. Jahrhundert befindet sich in einer engen Straße und ist damit leicht zu übersehen. In Ürzig gibt es weitaus imposantere Häuser, sowohl aus der Zeit vor Napoleon (siehe Weingut Mönchhof) als auch aus der Blütezeit der Mosel im späten 19. und frühen 20. Jahrhundert. In einer Zeit der hohen Weinpreise garantierten die herausragenden Lagen von Ürzig – mit dem wärmsten Mikroklima der gesamten Mittelmosel und dem außergewöhnlichen rotliegenden Boden – ein beträchtliches Einkommen, das seinen Ausdruck in architektonischem Reichtum fand. Die Christoffels haben sieben Jahre für die Renovierung ihres Hauses gebraucht. Die unablässige Hingabe, mit der sie ihr Ziel verfolgen, die Aufmerksamkeit, die sie in dieser langen Zeit jedem noch so kleinen Detail gewidmet haben, sind für Hans-Leo Christoffel charakteristisch. Er ist kein Mann der großen Volksreden, schon der Gedanke daran ist ihm wahrscheinlich unangenehm. Seine Stärke liegt außerhalb des Rampenlichts, in seiner Beharrlichkeit über Monate und Jahre hinweg.

Genau so entstehen die Joh. Jos. Christoffel-Weine: mit der größten Aufmerksamkeit für das kleinste Detail bei der Weinbergspflege, der Lese und der Kellerarbeit. Alles liegt ausschließlich in Hans-Leo und Hilde Christoffels Händen. Nur während der Lese berühren andere Hände ihre Reben und Trauben, nur dann sind die Aufgaben zu umfangreich und zu dringend, um sie allein bewältigen zu können.

In dem kleinen Keller unter ihrem Haus ist es das gleiche. Jedes Faß Wein – und alles wird hier noch in den traditionellen 1000 Liter-»Fuder«-Fässern vergoren und ausgebaut, die im Gebiet seit mindestens 1600 Jahren üblich sind –, jedes Faß Wein wird als Individuum behandelt. Präzision und Geduld kommen in der leuchtenden Klarheit der Joh. Jos. Christoffel-Rieslinge aus den großen Lagen Ürziger Würzgarten und Erdener Treppchen zum Ausdruck. Ihre aromatische Finesse läßt einen an Frühlingsblumen, Sommerlandschaften, Herbstfrüchte und die Stille des Winters denken. Es ist ein Charme, der sich ganz langsam über viele Jahre hinweg in die volle, ruhige Harmonie der Reife verwandelt.

Es wäre ein großer Fehler anzunehmen, daß Hans-Leo Christoffel nichts zu sagen hat, nur weil er kein Mensch der großen Gesten ist. Er meidet zwar das Rampenlicht, keineswegs aber das Lob oder den Erfolg. Er rennt ihm nur nicht hinterher. In den vertrauten vier Wänden seines eigenen Hauses spricht er klare Worte und zeigt, was für ein aufmerksamer Beobachter der Mosel-Weinszene mit all ihren Eigenarten und Absurditäten er ist. Wenn seine Weine verkostet werden, stehen sie jedoch stets im Vordergrund. Ganz ruhig hört er den Kommentaren jedes Besuchers zu und wägt sie gegen zuvor Gehörtes ab. Hans-Leo Christoffel hat seine eigene Meinung darüber, welches seine besten Weine sind, aber die Bedächtigkeit, mit der er diese Ansichten kundtut, macht deutlich, daß es sich nie um etwas Endgültiges handelt. Wenn er auf Weine älterer Jahrgänge zurückschaut, dann immer mit einem kritischen Blick. Von dem Jahrgang 1986 zum Beispiel spricht er ein wenig abfällig: Die Weine haben nicht ganz das gehalten, was er sich von ihnen erhofft hatte. Die Art seiner Kritik macht deutlich, daß dies eine Lehre war, aus der er soviel wie möglich zu lernen versucht hat, ein Prozeß, der bereits 1958 einsetzte, als er den Betrieb von seinem Vater übernahm.

Es könnte bei einem Winzer arrogant wirken, wenn er sich über die Weine von Kollegen lustig macht. Aber wenn Hans-Leo Christoffel kritisch über andere Weine spricht, habe ich noch nie den Eindruck gehabt, er sei überheblich. Er dehnt den Prozeß der Selbstkritik lediglich auf andere aus, und seine Einstellung dabei ist immer: »Wenn das meine Weine wären, würde ich so über sie denken.« Wenn er lächelt oder lacht, dann ist das ein Ausdruck der Erleichterung, daß seine Weine nicht so sind wie die seiner weniger begabten Kollegen. »Wenn ich mir vorstelle, ich müßte meinen Kunden solche Weine anbieten«, sagte er einmal zu mir mit Entsetzen in der Stimme, »ich könnte es nicht!« Die Christoffels versuchen in keiner Weise, Kunden direkt anzuziehen oder zu binden. Aber sie wissen auch, daß die Kunden mit Erwartungen wiederkommen, die nicht enttäuscht werden dürfen. Sonst fände die Enttäuschung vieler Kunden nicht irgendwo, sondern hier direkt vor ihren Augen im Probierzimmer ihres Hauses statt – eine Horrorvision für beide Christoffels. Er ist immer erleichtert, wenn die Gesichter seiner Besucher vor Vergnügen strahlen, statt sich in die Länge zu ziehen. Wenn er sich diese Reaktion in den Probierzimmern von weniger begabten Kollegen vorstelle, findet er das bedauerlich, sowohl für die Winzer als auch für das ihnen gemeinsame Gebiet.

Die Weine der Christoffels beruhen zwar alle auf einem sorgfältig durchdachten und erprobten Rahmen aus bestimmten Ansichten und Methoden, aber das bedeutet nicht, daß ihre Weine alle gleich wären, ganz im Gegenteil. Im allgemeinen wird jedes Faß in ihrem Keller einzeln abgefüllt, weil es ein eigenständiges Wesen darstellt, mit ganz eigenen Aromen und einer speziellen Balance aller Inhaltsstoffe. Während das eine in der Nase besonders deutlich an Erdbeeren erinnert, duftet ein anderes stark nach kleinen Apfelbananen – beides typische Aromen für die Joh. Jos. Christoffel-Weine aus dem Würzgarten. Ein Wein hat vielleicht eine Säure, die im ersten Moment, wenn er die Zungenspitze berührt, deutlich spürbar ist, während ein anderer zuerst saftig und cremig wirkt und erst im Nachhall seine Frische zeigt. Dies sind keine Zufälligkeiten, sondern der Ausdruck der Unterschiede einzelner Parzellen von Reben und unterschiedlicher Reifegrade der Trauben. Es ist eine detaillierte Biographie der Trauben, die alles wiedergibt, was sie während des Reifens im Weinberg erlebt haben. Es sind die Spiegelbilder von Wind, Sonne, Regen und Stein im Wein. Diese Weine mit ihren individuellen Charakterzügen zu verschneiden, das heißt zu mischen, würde für Hans-Leo Christoffel bedeuten, die Aromen und das besondere Gleichgewicht der einzelnen Merkmale ihrer Klarheit und Schärfe zu berauben. Deshalb läßt er sie alle so, wie sie entstehen, jedes Faß für sich. Obwohl er hart arbeitet, um der Natur das Beste zu entlocken, beläßt er das Erzeugnis der Natur im Endstadium, so wie es ist. Seine Absichten sind wichtig – ohne sie würden die Weine nicht entstehen –, aber zum Schluß akzeptiert er, was ihm geschenkt wird. Mir erscheint das besser als alles, was gemeinhin als heldenhaft angesehen wird. Wir hatten im letzten Jahrhundert mehr als genug solcher klischeehafter Helden.

Hans-Leo Christoffels Rieslinge

Alle Joh. Jos. Christoffel-Rieslinge stammen aus den beiden Lagen Erdener Treppchen und Ürziger Würzgarten und werden ausschließlich unter diesen Bezeichnungen verkauft. Im Treppchen ist der Besitz der Christoffels wesentlich kleiner; die Weine sind zurückhaltender im Duft als die aus dem Würzgarten, elegant und rassig. Am bekanntesten ist Hans-Leo Christoffel zu Recht für seine Rieslinge aus dem Ürziger Würzgarten, die durch ihr ganzes Kaleidoskop von Aromen und ihre Finesse zu den besten Weinen der Mittelmosel zählen. Die folgenden Verkostungsnotizen beziehen sich ausschließlich auf diese Weine.

Probiernotizen Weingut Joh. Jos. Christoffel Erben

Riesling – Ürziger Würzgarten »Grand Cru«

1993 SPÄTLESE   85
Ein filigranes Gebilde, das mit klareren Konturen noch beeindruckender wäre.

1993 AUSLESE TROCKEN   84
Die Würze des Gartens und die Festigkeit der Felsen.

Weingut Joh. Jos. Christoffel Erben

1993	AUSLESE**	90

Was für aromatische, süße wilde Erdbeeren aus diesen Bergen stammen!

1993	AUSLESE**** (VERSTEIGERUNGSWEIN)	92

Ein großes Geheimnis, das sich erst in etlichen Jahren offenbaren wird. Geduld bewahren!

1993	EISWEIN	95

Die Opulenz hat vielleicht ihre Grenzen, doch hier sind sie nicht zu erkennen. Wer sehnt sich nicht manchmal danach, das Unendliche zu spüren?

1994	SPÄTLESE	86

Typisch im besten Sinne des Wortes, genau das, worauf man hofft: Charakter, Lebendigkeit.

1994	AUSLESE TROCKEN	86

Ein Kraftprotz unter den trockenen Moselweinen, doch kein Kraft»klotz«.

1994	AUSLESE****	90

Eine hohe, elegante Säule, die unzählige, gute Weine des Jahrgangs überragt.

1994	AUSLESE***** (VERSTEIGERUNGSWEIN)	91

Kein großer Paukenschlag, doch satt, cremig und subtil zugleich.

1994	BEERENAUSLESE	93

Die unterschiedlichsten getrockneten Früchte im Kolonialwarengeschäft ... alle auf einmal.

1995	SPÄTLESE TROCKEN	84

Eine Flasche zum Verplaudern, unauffällig, aber immer mit etwas Neuem zum Erzählen.

1995	SPÄTLESE	90

Mosel-Brillanz: Rasse, überschwengliche Duftigkeit, die Klarheit von Bergwasser.

1995	AUSLESE**	90

Ein graziler Tanz von Fruchtaromen und Säure vollzieht sich auf der Zunge.

1995	AUSLESE***	92

Eine ernste Angelegenheit; geologische Tiefen kommen zum Vorschein. Viel Entwicklungspotential.

1995 Auslese »Goldkapsel« (Versteigerungswein) 93
Die exotische Verführung ohne Komplikation – keine Farce, doch auch nicht humorlos.

1996 Spätlese trocken 83
Eine schlanke, aber durchaus anmutende Erfrischung.

1996 Spätlese 88
Beispielhafte »Würze« und »pikante Säure« bilden gemeinsam ein richtiges Original.

1996 Auslese*** 90
Muskulös und bestimmt in seinen Bewegungen, ein Langläufer mit Durchhaltevermögen.

1996 Auslese »Goldkapsel« (Versteigerungswein) 91
Besticht durch Feinheit und Delikatesse, dennoch alles andere als ein Leichtgewicht.

1996 Eiswein 95
Burn, baby, burn! So unwahrscheinlich es jetzt erscheint: Dieses »Feuer« wird ganz langsam – zehn Jahre, zwanzig Jahre – etwas Filigranes bekommen. Man muß nur warten ...

Eiserner Händedruck und Entschlossenheit
Wilhelm Haag

Weingut Fritz Haag
Dusemonder Straße 44
54472 Braunberg
Tel. 06534/1410
Fax 06534/1347

Meine Begeisterung kannte keine Grenzen: Ein bemerkenswerter Wein folgte dem anderen, einer besser als der andere. Wie konnte ich diese Weine nur bis jetzt nicht gekannt haben? Sie waren ebenso klar wie auch ausdrucksvoll, daß sie förmlich nach Aufmerksamkeit schrien, und ich war so taub oder dumm gewesen, daß ich sie bis jetzt nicht gehört hatte. Ebensowenig konnte ich es mir verzeihen, daß ich den nicht weniger ausdrucksvollen Menschen neben mir nicht schon viel früher kennengelernt hatte, den Winzer Wilhelm Haag. In den kommenden Jahren sollte sein eiserner Händedruck der Auftakt zu vielen beeindruckenden Verkostungen und anregenden Gesprächen werden. In diesem Moment jedoch stand ich vor dem Holztisch mit den Weinen und murmelte einige lahme Lobesworte. Es war im Mai 1986, und dies waren die jungen, noch etwas rauhen Weine des Jahrgangs 1985. Als ich aber zum letzten Wein in der Reihe kam, der Beerenauslese aus der Lage Brauneberger Juffer-Sonnenuhr, hatte ich überhaupt keine Schwierigkeiten, die richtigen Worte zu finden. Dieser Wein hob die Qualitäten der Vorgänger in eine andere Dimension der Intensität. »Ein sehr großer Wein!« schrieb ich und sagte es mehrere Male laut, wie um zu unterstreichen, was ich geschrieben hatte.

Jetzt wußte ich, warum ich gleich im ersten Augenblick den Eindruck gehabt hatte, daß Wilhelm Haag unter enormem Druck stand.

Ich hatte nur einen kurzen Moment gebraucht, um meine paar Sachen zusammenzupacken, als er mich bei einem Kollegen abholte. Aber bereits da war mir aufgefallen, daß sein Gesicht zwar nicht das eines jungen Mannes war, aber doch von außerordentlicher Lebendigkeit. Die Falten darin sprachen nicht von Müdigkeit, sondern waren von einer eisernen Entschlossenheit geprägt.

Am Ende meiner ersten Verkostung beim Weingut Fritz Haag war es nun offensichtlich, daß Wilhelm Haag von inneren Kräften angetrieben wird, die genauso konzentriert sind wie seine Weine es waren. Später sollte mir auch klar werden, daß umgekehrt die Kraft der Weine in gleichem Maße von Wilhelm Haags Entschlossenheit abhängt wie von all dem, mit dem die Natur sie ausgestattet hat. Nirgends gibt es ein deutlicheres Beispiel dafür, daß große Weine nicht nur auf dem natürlichen Potential einer großen Lage beruhen, sondern auch auf der Vision und dem Walten eines großen Winzers.

Von der Auffahrt und aus den Fenstern des modernen Hauses von Wilhelm und Ilse Haag am Rande von Brauneberg blickt man direkt auf die monumentale braungraue, von Reben bedeckte Schiefermasse auf der anderen Seite der Mosel, den Brauneberg. Das Dorf selber hieß bis 1925 Dusemond und nahm dann den Namen der berühmten Lage an. Kurz vor und während der Lese habe ich Wilhelm Haag oft am Fenster stehen und nervös die Entwicklung des Wetters beobachten sehen. Sein Blick geht immer in die Richtung des Brauneberg, als ob es möglich wäre, mit bloßem Auge den Zustand der Trauben zu erkennen, die auf den zwei Kilometer entfernten Hängen reifen. Wilhelm Haag hat einen Adlerblick, ob er seinem Gesprächspartner in die Augen sieht oder zu seinen Rebstöcken hinüberschaut, aber natürlich kann auch er die Trauben nicht aus dieser Entfernung erkennen. Durch seine Verbundenheit mit seinen Weinbergen jedoch fühlt er sich ihnen so nahe, als ob sie in dem liebevoll gepflegten Garten um das Haagsche Haus stünden.

Nüchtern betrachtet ist es ganz logisch, daß für Wilhelm Haag die Reben auf dem Brauneberg an erster Stelle stehen. Der Ruf des Weinguts Fritz Haag als einem der führenden Weingüter Deutschlands basiert ganz und gar auf den Brauneberger Weinen, obwohl die Familie auch Weinberge in Bürgen, Veldenz und Graach besitzt. Die Erhaltung dieses Rufs hängt daher in erster Linie davon ab, was er dort ernten kann. Und doch wurde mir später, als ich Wilhelm Haag besser kennenlernte, allmählich klar, daß hinter dieser engen Beziehung zum Brauneberg noch sehr viel mehr steckt.

Die Lagen des Braunebergs, von denen die wichtigsten die Juffer und die Juffer-Sonnenuhr sind, hatten bereits eine lange und ruhmreiche Geschichte hinter sich, als Wilhelm Haag 1937 geboren wurde. Der Ruf der Brauneberg-Weine hat – wie der der Mosel-Saar-Ruwer-Weine überhaupt – im Laufe der Jahrzehnte und Jahrhunderte Höhen und Tiefen erlebt – es ging auf und ab wie in einem Paternoster. Nach dem großen Erfolg Anfang des 19. Jahrhunderts fiel die Mosel nach der Gründung des Zollvereins im Jahre 1828 hinter den Rheingau zurück. Enorme Anstrengungen der ansässigen Winzer seit den sechziger Jahren des vorherigen Jahrhunderts brachten das Renommee ihrer Weine jedoch langsam wieder nach oben. Während der letzten Jahrzehnte des 19. Jahrhunderts standen die Mosel-Saar-Ruwer-Weine international in höchstem Ansehen, und der Brauneberger war der gesuchteste unter ihnen. Sein starker mineralischer Charakter und eine seltene Harmonie waren der Grund, warum Fontane und seine Generation diesem Wein außerordentlich zugetan waren. Dann aber wurden die Brauneberger wiederum von den anderen Moselweinen, vor allem denen aus der Wehlener Sonnenuhr überschattet, und das Ansehen des Gebietes insgesamt war durch die zunehmende Produktion von einfachsten, einseitig süßen Weinen im Abnehmen begriffen. Das war die Lage, als Wilhelm Haar 1965 das Weingut der Familie übernahm. Von Anfang an war es sein Ziel, Weine zu erzeugen, die den Namen Haag berühmt machen und somit dem Brauneberg wieder zu seinem einstigen Rang verhelfen sollten. Im Probierzimmer gibt es ein Foto seines Vaters inmitten einer Gruppe von Arbeitern am Fuße des Braunebergs während der Lese 1929 und alte Flaschen wie den 1934 Brauneberger vom Haagschen Weingut. Diese Dinge waren wichtige Erinnerungsstücke an die vergangene Brauneberger Herrlichkeit und sind es bis heute.

Ich bezweifle, daß Wilhelm Haag ohne das Bewußtsein dieser Vergangenheit von seiner frühesten Jugend an denselben Weg eingeschlagen hätte. Ilse Haag erzählte mir einmal von ihrer ersten gemeinsamen Lese 1965: »Wir ernteten die Trauben im Schnee, es gab wenig Wein, und der war schlecht. Es war ein furchtbar harter Anfang.« Die Erinnerung daran ist immer noch schmerzhaft. Vor 1969 sollte kein Jahrgang kommen, von dem Wilhelm Haag wirklich angetan war, und die Berühmtheit ließ noch mehr als ein Jahrzehnt länger auf sich warten. Dann aber war es soweit: Ihre Weine aus den Jahrgängen 1979, 1983 und 1985 riefen wahre Begeisterungsstürme hervor. Der Höhepunkt war im September 1992 erreicht, als ihre 1989 Riesling Trockenbeerenauslese aus der Brauneberger Juffer-Sonnenuhr auf der Trierer Versteigerung des Großen Rings (Mosel-Saar-Ruwer VDP) einen Preis von 1540,- DM pro Flasche erzielte, damals ein Weltrekord für einen jungen Wein.

Der Weg dahin war lang und mühsam, aber Wilhelm Haags Glaube an den Brauneberg und sich selbst war stärker als alle Probleme, die sich ihm und seiner Frau in den Weg stellten. In einer Ecke des Büros hängt eine Sammlung von Fotos, eine unbeabsichtigte Dokumentation dieses Weges. Die Schnappschüsse zeigen Verkostungen der Haag-Weine zu Hause und auf Reisen. Auf jedem Bild strahlen Ilse und Wilhelm Haag Freude über die Begeisterung aus, die ihre Weine hervorrufen. Man kann auch verfolgen, wie dieses Vergnügen ihre Entschlossenheit über die Jahre hinweg bestärkt hat. Was zuerst in weiter Ferne gewesen sein muß, vielleicht unerreichbar erschien, kam immer näher, bis sie es endlich in den Händen hielten.

Ich mußte nur einige Monate bis zu meinem zweiten Besuch beim Weingut Fritz Haag warten. Der offizielle Grund meines Kommens bestand darin, einen Überblick über die Weine des Gutes aus den Jahrgängen vor 1985 zu bekommen. Eigentlich mußte ich einfach zurück. Als Wilhelm Haag mich die wenigen Kilometer nach Brauneberg fuhr, erwähnte ich, daß mir Wein-Proben nicht gefielen, die fast nur aus Spät- und Auslesen bestehen. Dies sei ja nur die Spitze der Qualitätspyramide, deren Basis, die Qualitäts- und Kabinettweine, man so übersehe. Er sah ein bißchen nervös aus, sagte aber keinen Ton. Die Verkostung, die er für mich vorbereitet hatte, setzte sich aus zwei Dutzend Weinen zusammen, darunter nur fünf Qualitäts- und Kabinettweine.

Die Weine, von den Qualitätsweinen bis zur besten Auslese, bestätigten alle meine Eindrücke aus der ersten Verkostung. Was ich im Auto gesagt hatte, ist mir heute noch peinlich. Zu meinem Glück wird dieses Gefühl überlagert von der Erinnerung an die Weine und Wilhelm Haags Blick in ein Glas seiner 1976 Auslese »Lange Goldkapsel« aus der Brauneberger Juffer. Er erinnerte mich an den Ausdruck auf dem Gesicht meines Großvaters, wenn er eine Pflanze in seinem Garten oder seinem Gewächshaus bewunderte, die besonders gut gediehen waren. Es waren Blicke, in denen sich Befriedigung mit Zärtlichkeit vermischte, vollkommene Versunkenheit, ein Moment der Träumerei, ganz weit weg von den Ärgernissen, der Hektik und den klaren Absichten des Alltags.

Viele Proben folgten diesen ersten beiden, und ich kannte die Haag-Weine allmählich so gut, daß Wilhelm Haag mir ältere Weine stets verdeckt zum Probieren gab und darauf bestand, daß ich nicht nur den Jahrgang, sondern auch die Faßnummer (jedes Faß wird normalerweise separat abgefüllt) herausfinden mußte. Diese Eindrücke, zusammen mit denen eher analytischer Proben der Jungweine, gehören zu meinen lebendigsten Erinnerungen dieser Jahre.

Nicht zuletzt waren es auch diese Erlebnisse, die mich magnetisch zur Mosel hinzogen, als ich 1988 beschloß, London zu verlassen. In den folgenden Jahren ließ ich auf dem Schreibtisch meiner Wohnung in Kues oft alles stehen und liegen, um das schöne Wetter auszunutzen und am Fluß entlang zu den Haags zu radeln. Ganz weit weg, doch auch sehr nah. Immer waren sie bereit, ihre Arbeit für einen Moment zu unterbrechen. Manchmal blieb ich länger und wurde zu einer Verkostung eingeladen. Im Gegenzug brachte ich viele Kollegen und Freunde mit.

Es war das Gegenteil dessen, was die Kritiker anstreben, die sich von den Schriftstellern, Künstlern, Köchen oder Filmemachern, deren Werke sie analysieren und beurteilen, bewußt distanziert halten. Ich habe dieser Einstellung schon immer mißtrauisch gegenübergestanden. Wie kann ein Kritiker etwas über die Materie seines Schreibens erfahren, wenn er sich nicht in die Arbeiten der zeitgenössischen Meister vertieft? Warum sollte die Situation eines Kritikers anders sein als die eines Menschen, der auf einem bestimmten Gebiet arbeiten möchte?

Wilhelm Haag würde mir sicher zustimmen, daß es – wie wichtig theoretisches Wissen auch ist –, keinen Ersatz dafür gibt, sich selbst auf praktische Art und Weise in eine Materie zu vertiefen. Neben dem Besuch der eher auf die Theorie ausgerichteten Geisenheimer Weinbauschule haben beide Söhne der Haags, Thomas (siehe Schloß Lieser) und Oliver, aus ebendiesem Grund auf einer Reihe anderer Weingüter gearbeitet.

Heute lebe ich in Berlin und kann nicht mehr von meinem Schreibtisch in einer halben Stunde nach Brauneberg hinüberradeln. Also rufe ich Wilhelm Haag an, weil ich ein paar Fragen habe, auch, um zu hören, wie es bei der 1996er Lese aussieht. Er fragt, wie es mir geht. Ich sage, nicht so gut, Ärgernisse, Hektik ... Er meint, ich bräuchte ein Glas guten Moselwein, und er meint es ernst. So gehe ich, hole eine Flasche seines Weines aus dem Keller und öffne sie. Die Stapel auf dem Schreibtisch und die tausend Vorhaben, über die ich mir den Kopf zerbreche, entschwinden, und ich konzentriere mich auf die Eindrücke, die der Wein in meinem Mund hervorruft. Ich kann sie aber nicht vollkommen von meinen Erinnerungen an Wilhelm Haag trennen: Ich bin zugleich dort und ganz weit weg in Berlin. Vielleicht ein guter Ausgangspunkt, um mir selbst die Frage zu stellen, was Wilhelm Haag bis heute erreicht hat.

Im Juni 1997 ist Wilhelm Haag 60 geworden, ein Anlaß, den er mit einer Reihe von Flaschen seiner Lieblingsweine, keineswegs nur Haag- oder Moselweine, mit vielen seiner engsten Freunde ausgekostet hat. Es gibt nicht viel, was er mehr genießt als diese Art des Feierns. Dennoch bin ich sicher, daß es für ihn auch eine Zeit der Besinnung und Erinnerung war, da er nicht zu denen gehört, die nur in der Gegenwart leben und Vergangenes abhaken und vergessen. Die Frage nach dem Erreichten hat er sich vor kurzem sicher noch eindringlicher gestellt, als es mir möglich ist.

Der einfachste Teil der Antwort ist der allgemeine: Er hat sehr viel für das Gebiet im ganzen getan. Es ist ihm nicht nur gelungen, das Ansehen von Brauneberg wiederzubeleben, als Vorsitzender des Großen Rings (Mosel-Saar-Ruwer VDP) hat er außerdem seit 1985 auch eine führende Rolle dabei gespielt, den Ruf des gesamten Gebiets international nicht nur wiederherzustellen, sondern erheblich zu steigern. Wenn Weinkritiker, -händler und -liebhaber heute weltweit Mosel-Saar-Ruwer als führendes Weinbaugebiet in Deutschland und die von dort stammenden Rieslinge als die besten deutschen Weine betrachten, dann ist dies zu einem nicht geringen Teil den unermüdlichen Anstrengungen von Wilhelm Haag zuzuschreiben. Die Vehemenz, mit der er das Leitmotiv »Qualität, Qualität und nochmals Qualität« vertritt, hat reiche Früchte für das ganze Mosel-Saar-Ruwer-Gebiet getragen.

Aber auch der Erfolg seines eigenen Guts ist höchst bemerkenswert. Bei mehreren aufeinanderfolgenden, mengenmäßig kleinen Ernten wie Mitte der neunziger Jahre sind die Haags regelmäßig ausverkauft.

Die Qualität des heute Erzeugten ist dagegen eine etwas kompliziertere Frage. Der Text in einem Gutsprospekt, das Wilhelm Haag mir kurz nach unserem ersten Treffen gab, endet mit dem Satz: »In den letzten Jahren waren 1971, 1975, 1976, 1979, 1983 und 1985 auf unserem Gut große Jahrgänge.« Diese Reihe muß heute sicherlich erweitert werden, um 1988 und 1990 mit einzuschließen. Seitdem hat Wilhelm Haag zweifellos in fast jedem Jahrgang einige bemerkenswerte Weine geerntet. Nicht ohne Grund hat sich die Weinpresse vor Lob schier überschlagen: »besser«, »bester«, »noch besser« kam von vielen Weinkritikern. So sehr Wilhelm Haag das höchste Lob für sein kompromißloses Engagement für Qualität verdient, kann ich meinen Kollegen jedoch nicht ganz vorbehaltlos zustimmen und alle seine Weine der letzten Jahre loben, als ob sie sämtlich an erster Stelle unter Gleichgestellten stünden. Manche Fritz-Haag-Weine (vor allem Kabinett und Spätlese) der letzten Jahrgänge waren etwas leicht und einfach im Vergleich zu den bemerkenswerten Weinen, die das Gut in den siebziger und bis Ende der achtziger Jahre hervorgebracht hat.

Vor kurzem deutete sich bei einer Verkostung auf dem Gut eine mögliche Erklärung an. Zum ersten Mal zeigte mir Wilhelm Haag einen

Riesling Kabinett mit natürlicher Restsüße aus der Lage Brauneberger Juffer. Er erzählte, daß er in der Juffer kurz vor der 1995er Lese eine neue Parzelle kaufen konnte, und dieser Wein daher stammte. Er schmeckte ganz anders und weitaus weniger interessant als alles andere auf dem Tisch. Als ich diese Meinung äußerte, erklärte Wilhelm Haag sofort, daß er aufgrund des Zeitpunkts des Kaufs nur wenig Einfluß auf die Pflege der Reben nehmen konnte. Das ist ein entscheidender Faktor, der nicht nur die Qualität der Weine bestimmt, sondern auch ihren Charakter. Zögernd gab Wilhelm Haag zu, daß dieser Wein weder ganz dem Haag-Stil entsprach, noch in der Qualität mit seinen anderen 1995er Weinen vergleichbar war.

Seit über einem Jahrzehnt gehen die Weinberge des Braunebergs durch eine Flurbereinigung, deren langfristige Vorteile enorm sind. Anstelle von über hundert Parzellen in der Juffer und der Juffer-Sonnenuhr hat Wilhelm Haag nun nur noch acht. Die Flurbereinigung machte es jedoch erforderlich, fast alle Stöcke neu zu pflanzen, so daß der größte Teil von Wilhelm Haags Lagen zur Zeit mit jungen Reben bestückt ist. Unabhängig vom Qualitätsstreben eines Winzers geben junge Reben selten Weine von vergleichbarem Gehalt oder Charakter wie alte.

Das ist sicher die Erklärung für den ein oder anderen leider enttäuschenden Haag-Wein der letzten Jahrgänge. Sie sind eine unvermeidbare Folge der Flurbereinigung, deren Einfluß auf die Weine des Gutes mit dem Altern der Reben verschwinden wird. Wilhelm Haag wird es hoffentlich erleben, daß seine neuen Rebstöcke das Alter erreichen, in dem sie wieder solche Jahrgangskollektionen ermöglichen, wie diejenige, die ich bei meinem ersten Besuch 1986 vorfand: jeder Wein von tiefer Ausdruckskraft und ungeheurer Lebendigkeit. Sicher ist es, daß eines Tages einer der Haagschen Söhne das Weingut Fritz Haag übernehmen und es zusammen mit dem Brauneberg zu weiterem Ruhm bringen wird.

Probiernotizen Weingut Fritz Haag

Riesling – Brauneberger Juffer-Sonnenuhr »Grand Cru«

1993 SPÄTLESE 86
Ein ganz raffinierter Charmeur, aber ein wenig Bluff ist dabei; bereits in bester Form.

1993 SPÄTLESE (VERSTEIGERUNGSWEIN) 90
Ein Haag-Klassiker, strahlende Eleganz, Stärke und Leichtigkeit zugleich, noch richtig jung.

Weingut Fritz Haag

1993	AUSLESE A.P.-NR. 6	90

Die Frische von Zitrusfrüchten und Minze, die Cremigkeit eines großen Brauenebergers.

1993 AUSLESE »GOLDKAPSEL« (VERSTEIGERUNGSWEIN) 93
Barock in seiner schlichtesten Form, großzügig, ohne übertrieben zu wirken.

1993 AUSLESE »LANGE GOLDKAPSEL« (VERSTEIGERUNGSWEIN) 94
Opulent und mächtig, bewegt sich allmählich in Richtung perfekter Ausgeglichenheit.

1994 SPÄTLESE TROCKEN 83
Glasklar, frisch und geschliffen, doch nicht viel Charakter.

1994 SPÄTLESE 87
Mit schnellem, leichtfüßigen Gang schreitet er ganz geradlinig vorwärts.

1994 SPÄTLESE (VERSTEIGERUNGSWEIN) 88
Mit ihm kann man sich in aller Ruhe befassen, auch nächstes oder übernächstes Jahr ...

1994 AUSLESE »GOLDKAPSEL« (VERSTEIGERUNGSWEIN) 92
Langsam geht es weniger wild zu, fulminante Säure und hochreife Frucht versöhnen sich.

1994 BEERENAUSLESE (VERSTEIGERUNGSWEIN) 95
Von einem Wein wie diesem kann man lernen, was »Facettenreichtum« bei Wein wirklich bedeutet und wie beschwingt geschmackliche »Konzentration« an der Mosel wirken kann.

1994 TROCKENBEERENAUSLESE (VERSTEIGERUNGSWEIN) 97
Alles ist noch ganz fest eingebunden, gekettet an einen felsenfesten Kern. Geduld wird sich auszahlen, nur muß man hier ziemlich viel davon aufbringen, bevor das große Los gezogen werden kann. Ein äußerst grazilier Riese.

1995 SPÄTLESE TROCKEN 84
Duftet stark nach schwarzen Johannisbeerblättern, schlank und unauffällig.

1995 SPÄTLESE 87
Volle Reife gibt sich zurückhaltend, nach vorn drängende Rasse will sich zeigen.

1995 SPÄTLESE (VERSTEIGERUNGSWEIN) 90
In sich komplett und schlüssig, Feinheit und Power bilden eine unzertrennliche Einheit.

1995	AUSLESE »GOLDKAPSEL« A.P.-NR. 09 96	92

Hebt ein wenig vom Boden ab und schwebt in der Luft, trotz seiner beachtlichen Substanz.

1995	AUSLESE »LANGE GOLDKAPSEL« (VERSTEIGERUNGSWEIN)	94

Die Überreife der Riesling-Traube von ihrer schönsten Seite, trotz viel Süße glasklar.

1995	BEERENAUSLESE (VERSTEIGERUNGSWEIN)	97

Wo kann man Bananen mit einem solchen Duft kaufen? Ein Riesling-Denkmal mit gewaltigen Ausmaßen, dennoch von perfekter Symmetrie. Alles stimmt in dieser Essenz des Moselweins!

1996	SPÄTLESE TROCKEN	82

Kein Held, aber reife Fruchtaromen und keine zu betonte Rasse.

1996	SPÄTLESE	85

Der Schieferstein kommt deutlich zum Ausdruck, pikante Frische, recht fein.

1996	AUSLESE	87

Ein bißchen leicht und süß, doch man entdeckt viele feine Nuancen.

[Wilhelm Haag weigerte sich leider, mir seine 1996er Versteigerungsweine vor Redaktionsschluß zu zeigen. Ich hätte sie gerne hier beschrieben.]

Stimmen aus dem Goldtröpfchen
Theo Haart

Weingut Reinhold Haart
Ausoniusufer 18
54498 Piesport
Tel. 06507/2015
Fax 06507/5909

»Der schlimmste Moment während meiner politischen Kampagne für die Piesporter Weine war, als ich mich plötzlich selbst genauso reden hörte wie meine Gegner«, erzählte mir Theo Haart vor kurzem. »Da habe ich mich entschieden, aufzugeben und mich nur noch auf meine eigenen Weine zu konzentrieren.« Es war, als ob er die Gefahr gespürt hätte, allmählich zu jemand anderem zu werden und so den Kontakt zu dem zu verlieren, was ihm am allerwichtigsten ist: die großen Traditionen von Piesport und die bemerkenswerten Rieslinge, die er dort mit der Hilfe seiner Frau Edith erzeugt.

Ein anderer als Theo Haart hätte sich vielleicht geschlagen gefühlt. Piesport hat eines der schlimmsten Probleme aufgehalst bekommen, die das deutsche Weingesetz von 1971 geschaffen hat. Das Piesporter Goldtröpfchen ist eine Spitzenweinbergslage in Deutschland, jedoch erscheint der Name des Ortes auch in der Großlagenbezeichnung Piesporter Michelsberg. Das bedeutet, daß aus dem Goldtröpfchen mit die besten Rieslinge weltweit kommen, während unter der Michelsberg-Bezeichnung große Mengen von einfachem und minderwertigem Wein auf den Markt gepumpt werden, heute etwa 15 Mio. Liter jährlich, früher bis zu 20 Mio. Liter! Theo Haart hat x Jahre dafür gekämpft, diesem legalisierten Betrug ein Ende zu setzen, und das Handtuch erst geworfen, als ihm klar wurde, daß die mit der bestehenden Situation verbundenen kommerziellen Interessen einen weit größeren politischen Einfluß hatten als die Handvoll Piesporter Winzer, die sich der Qualität verpflichtet fühlen.

Fazit ist, daß die Großkellereien, die den Großteil der Moselweine vermarkten, weiterhin den guten Namen von Piesport ausschlachten. Selbst die Weine aus Rivenich, einem Dorf, dessen Weinberge inmitten von Eifel-Wäldern liegen, dürfen als Piesporter Michelsberg verkauft werden. Schon der Gedanke an den Geschmack der sauren, unreifen Trauben, gewachsen in dem unwirtlichen Klima der Eifel, ist unangenehm. Nicht weniger bizarr ist die Tatsache, daß viele der Rebflächen innerhalb der Grenzen des Michelsberg flach wie ein Pfannkuchen sind; es gibt gar keinen Michels-»Berg«! Das ist typisch für die Fantasiewelt, die durch das deutsche Weingesetz geschaffen wurde: Das meiste auf dem Etikett hört sich nicht nur an wie aus einem Märchen, es hat auch ebensowenig mit der Wirklichkeit zu tun. Aber wer sich den ganzen Tag mit Märchenwelten beschäftigt, ist am Schluß unfähig, die Wirklichkeit zu erkennen. Deshalb leben die Funktionäre der deutschen Weinbranche weiterhin in ihren Wolkenkuckucksheimen, anstatt die Branche in Bahnen zu lenken, die langfristigen Erfolg versprechen. Sie bekommen ihr dickes Gehalt, doch für die meisten Winzer geht alles langsam, aber sicher weiter bergab: eine Tragödie!

Dies wäre wahrhaftig Grund genug zu verzweifeln, aber Theo Haart gab nicht auf, als er sich 1988 aus der Politik zurückzog. Statt dessen hat er seit dem Jahrgang 1988 eine Reihe von immer beeindruckenderen Rieslingen aus dem Goldtröpfchen gemacht, die sein Weingut innerhalb kürzester Zeit zu internationaler Berühmtheit gebracht haben. In Japan, Amerika, Großbritannien und der Schweiz sowie in Deutschland werden seine Weine von Kennern sehr geschätzt. Auf diese Art ist der Ruf Piesports und des Goldtröpfchens für Spitzenweine in den letzten Jahren schon dramatisch gestiegen: Theo Haarts Weine haben seine politische Kapitulation in einen unverhofften Triumph verwandelt.

»Ich hätte nie solche Weine machen können, wenn wir unsere Steilhänge im Goldtröpfchen gegen die flachen Lagen, in denen das meiste der Michelsberg-Weine wächst, hätten tauschen müssen«, hat er wiederholt zu mir gesagt. Der kleine Anteil Flachlagen in seinem Besitz demonstriert das jedes Jahr aufs neue: Daraus stammt regelmäßig der einzige uninteressante Wein des Haartschen Kellers. Seine Worte machen klar, daß der Erfolg der Weine zwar ein persönlicher ist, daß die Ehre aber genauso dem Goldtröpfchen gebührt. Das 65 Hektar große Reben-Amphitheater dieser Lage hat über die Ungerechtigkeiten eines scheindemokratischen Weingesetzes und die Gleichgültigkeit seiner toten Paragraphen gegenüber Deutschlands großen Weintraditionen den Sieg davongetragen.

Das erste, was einem auffällt, wenn man ihn kennenlernt, ist Theo Haarts zurückhaltende Art. Bei Erstbesuchern ist er immer höflich, sagt aber nur wenig, bis er die Reaktionen gegenüber den Weinen auf dem Tisch gesehen hat. Man kann an seiner Konzentration bei der Verkostung des ersten Weins erkennen, daß dies ein Moment der Bewährung ist. Wenn die Reaktion der Besucher ehrlich und überlegt ist, dann zeigt sich Theo Haart zunehmend offener, und aus der Reaktion entsteht eine Diskussion.

Man könnte daraus schließen, daß er ein ziemlich schüchterner Mensch ist, oder sogar ein ängstlicher, wenn die ganze Welt zu ihm nach Piesport kommt – und das tut sie! –, doch dieser Schein trügt. Es handelt sich eher um Vorsicht als um Schüchternheit. Jeder, der Theo Haart in London, Tokio oder New York kennengelernt hat, kann bezeugen, daß er die große weite Welt genießt und von ihr fasziniert ist. In Tokio zieht er ein traditionelles japanisches Frühstück einem westlichen vor, in London will er die interessantesten Restaurants sehen und in New York Teil der Stadt sein, die niemals schläft.

Die Kluft zwischen einem Ort wie »El Teddy's Bar« im Tribeca-District von Manhattan und dem Haus der Haarts an der Mosel zu Füßen der Goldtröpfchen-Weinberge ist sicher extrem tief. Haus und Weingut der Familie stammen aus der Zeit um die Jahrhundertwende und liegen nur einige Meter von der rekonstruierten römischen Weinkelter entfernt, deren Überreste vor zehn Jahren im Goldtröpfchen entdeckt wurden. Der Kontrast zwischen diesem Haus und »El Teddy's«, dessen Dach eine Nachbildung von Kopf und Krone der Freiheitsstatue in Originalgröße ziert, grenzt ans Surreale. Und doch fühlt sich Theo Haart hier wie dort zu Hause und findet gerade die Sprünge zwischen diesen verschiedenen Welten sehr aufregend. Das eine läßt ihn das andere schätzen: Wegen dieser Kontraste kann er Piesport um so deutlicher sehen, wie es ist, und die Sicherheit seines Piesporter Zuhauses ermöglicht es ihm, andere Kontinente zu bereisen, ohne die Orientierung zu verlieren.

Auf den ersten Blick ist Theo Haart der Prototyp des erfolgreichen jungen Winzers. Er fühlt sich in einem Pullover wohler als mit Jackett und Krawatte, und ist immer froh, wenn seine Besucher auch nicht zu viel Wert auf die Etikette legen. Die Haarts sind tüchtig und gut organisiert. Sowohl Theo als auch Edith Haart genießen den Erfolg und das Lob. Trotzdem spürt man schnell ihre Abneigung gegen das Rampenlicht; das sicherste Zeichen, daß das »Jungwinzer«-Klischee auf sie gar nicht zutrifft.

Ebensowenig wie Medienstars sind die Haarts Technokraten: »Es ist schockierend, daß der deutsche Wein zu einem sterilen Produkt verkommen ist, das nichts mehr mit Kultur zu tun hat, nur noch mit Busineß. Kein Wunder, daß so viele deutsche Winzer Schwierigkeiten haben, ihre Weine zu verkaufen.« Er weist jedoch darauf hin, daß er nicht der einzige ist, der den entgegengesetzten Weg eingeschlagen hat, und daß es glücklicherweise an der Mosel viele Kollegen gibt, die ähnlich denken und arbeiten wie er.

Der oberste Grundsatz Theo Haarts lautet: Man kann zwar eine Menge aus den Erfolgen und Fehlschlägen anderer lernen, aber man muß doch seinen eigenen Weg gehen. Und dieser Weg muß sich nach den von der Natur und den Traditionen vorgegebenen Möglichkeiten richten. Theo Haarts Weine sind zwar international erfolgreich, doch sind es alles andere als »internationale« Weine, die auf einen internationalen Mode-Geschmack oder den Modetrend des Augenblicks getrimmt wären. Der Stil seiner Weine stellt eine verfeinerte Version der Traditionen der Mosel und seiner Familie dar. Wenn man Weine seines Vaters Reinhold aus den sechziger Jahren probiert, fällt einem sofort auf, wie sehr der heutige Stil der Haart-Weine von diesen beeinflußt ist.

Der Charakter der Weine Theo Haarts entspringt andererseits aus den großartigen Piesporter Lagen. Gesetzt den Fall, man würde sein Gut an einen anderen Ort beamen, zum Beispiel einen anderen Teil des Mosel-Saar-Ruwer-Gebiets, und die Weinberge gegen ähnlich gute austauschen, dann würden seine Weine zwar einen ähnlichen Stil zeigen, aber doch vollkommen andere Aromen und eine etwas andere Harmonie. Was die Weine des Piesporter Goldtröpfchen von anderen Mosel-Rieslingen unterscheidet, ist ihre barocke Pracht. Nicht der betonte Cassis-

Geschmack, den sie oft aufweisen, ist einzigartig – diesen trifft man auch bei Weinen aus Graach an der Mittelmosel, Kasel an der Ruwer und manchen Rieslingen aus anderen deutschen Gebieten an. Nirgends aber ist dieses Aroma von so vielen anderen reifen Früchten – Pfirsich, Aprikose, Zitrusfrüchte, Ananas – durchdrungen wie bei dem prunkvollen Duft-Feuerwerk der Goldtröpfchen-Weine. Manch einer mag diese Fruchtexplosion als zu heftig empfinden, aber diese Üppigkeit ist weder ein Bluff noch eine hohle Fassade. Dahinter liegt eine Struktur, die genauso solide und robust ist wie bei einem Bauwerk aus der Barockzeit. Das gilt zumindest für die Weine von Theo Haart.

Zu Beginn des Jahres 1992 war ich auf dem Weingut Reinhold Haart, um die rohen, jungen Weine des Jahrgangs 1991 – ein recht enttäuschender Jahrgang für die Mosel im allgemeinen, doch ein sehr guter für Theo Haart – zu probieren, als einer seiner bekanntesten und erfolgreichsten Kollegen auftauchte. Theo Haart lud den Besucher ein, mit uns zu verkosten. Der selbstsichere Kollege war besonders von der Klarheit und Frische der leichtesten Weine auf dem Tisch angetan. Die Weine jedoch, die mir am besten gefallen hatten und die auch Theo Haarts Favoriten waren, tat er als zu körperreich und zu kräftig ab. »Nein, das kann auf keinen Fall ein Kabinett sein, der Wein ist zu voll ... du mußt das als Spätlese verkaufen«, war der Ratschlag, der dann später stillschweigend ignoriert wurde. Die vielen Lobesworte, mit denen Theo Haarts 1991er Weine von allen Seiten bedacht wurden, bewiesen, daß er zu Recht an seinen hohen Maßstäben festgehalten hatte und weiter festhält.

Wie trist, leblos und kleinkariert schmecken dagegen die deutschen Weine, die nach den törichten Richtlinien der Gesetze und aus rein wirtschaftlichen Überlegungen entstehen. Weine wie die typischen Piesporter Michelsberg-Produkte sind seelenlose Schatten der deutschen Weintraditionen und nicht ihre neueste Inkarnation. Sie haben so wenig Charakter, daß sie von irgendwoher kommen könnten, oder auch von nirgendwoher. Wenn man nicht wüßte, daß sie einst in Traubenform existiert haben, könnte man annehmen, sie seien »in vitro« entstanden, anstatt auf Erde zu wachsen.

Der Verlust einer tiefergehenden Beziehung zwischen den Winzern und dem Land, das sie bearbeiten, ist in der deutschen Weinbranche mit dem Verlust des Traditionsbewußtseins einhergegangen. Ursprüngliche Traditionen sind fast nicht mehr zu finden, Nachahmungen dagegen überall. Nahezu alle Orientierungspunkte, nach denen sich ein Winzer früher ganz selbstverständlich richten konnte, sind verlorengegangen: Der Kompaß zeigt nicht mehr nach Norden, sondern dreht sich wild im Kreis. Kein Arbeitsgang und kein Produkt haben mehr Bedeutung, weil alles untereinander austauschbar ist; alles ist gleichwertig oder von gleicher Wertlosigkeit. Das wäre zumindest das Schicksal des deutschen Weines ohne Winzer wie Theo Haart. Für ihn hat der Verfall der deutschen Weinkultur während der letzten Jahrzehnte in keiner Weise die fundamentale Bedeutung des Bodens und der damit verbundenen Traditionen verändert.

Die Piesporter Weine mögen im Vergleich zu anderen politischen und kulturellen Themen von untergeordneter Wichtigkeit sein. Die Spitzenlagen des Ortes stellen nicht einmal ein Tausendstel der deutschen Rebfläche dar, und die gesamte deutsche Weinbranche ist winzig im Vergleich zu vielen anderen Wirtschaftszweigen. Aber die Bedeutung der Piesporter Weine läßt sich nicht in Hektar oder Hektoliter messen. »Dieser Wein ist sehr extrovertiert, doch in seinem Herzen liegt ein stilles Geheimnis«, sagte mein Landsmann und Kollege Hugh Johnson einmal von einem Piesporter Goldtröpfchen Riesling vom Weingut Reinhold Haart. Seine Worte würden einem typischen deutschen Weinfunktionär sicher Lachsalven entlocken, aber sie deuten genau das an, was auf dem Spiel steht: die analytisch nicht meßbaren Eigenschaften, die einen großen Wein von einem banalen Alltagswein unterscheiden.

Die Bewegungen der Hand eines Schriftstellers sind unbedeutend gegenüber denen einer Armee, und doch können sie die Welt genauso tiefgreifend verändern. Die Weine von jemand wie Theo Haart können Menschen in ebenso tiefes Erstaunen versetzen und inspirieren wie ein großes literarisches Werk. Sie haben keine Sprache, und doch sind sie nicht inhaltslos. Ihre leisen »Stimmen« sind deutlich vernehmbar, wenn man sich ihnen offen nähert. Sie sind die Stimmen aus dem Goldtröpfchen.

Probiernotizen Weingut Reinhold Haart

Riesling – Piesporter Goldtröpfchen »Grand Cru«

1993 SPÄTLESE 90
Die Vielfältigkeit der Natur im Juni, wenn alles noch saftig grün ist. Fast freche Frische.

1993 AUSLESE 90
Immer noch eine Knospe, trotzdem eine Andeutung von der kommenden Üppigkeit.

1993 AUSLESE »GOLDKAPSEL« (VERSTEIGERUNGSWEIN) 94
Exotische Früchte, wie sie nur in den Tropen zu erleben sind. Wann geht mein Flieger?

1993	TROCKENBEERENAUSLESE (VERSTEIGERUNGSWEIN)	98

Gab es so etwas schon während der 1600 Jahre langen Geschichte des Piesporter Weines? Wird es eines Tages sogar übertroffen? Auf jeden Fall stellt dieser Wein ein gewaltiges Monument mit korinthischen Säulen und Pediment der Piesporter Weinkultur dar! Große Zukunft.

1994	SPÄTLESE	89

Die Eleganz läßt sich nicht kleinkriegen, verlangt aber noch etwas Geduld.

1994	AUSLESE	90

Herrliche Brillanz stellt ein genaues Gegengewicht zur Reichhaltigkeit dar.

1994	AUSLESE (VERSTEIGERUNGSWEIN)	92

Ich bekenne mich zur Aprikosensucht, vor allem in dieser konzentrierten Form.

1994	BEERENAUSLESE (VERSTEIGERUNGSWEIN)	96

Das atemberaubende Panorama des Piesporter Goldtröpfchens, wie Ausonius es beschrieben hat, oder einfach eine unvergeßliche Überwältigung der Sinne.

1995	SPÄTLESE	88

Ein seidiger Gaumenschmeichler mit üppigen Aromen, Vorsicht bei der »Einfahrt« des Weines!

1995	AUSLESE	91

Ein englischer Garten im Hochsommer; Geißblattduft und ein kleiner baumgereifter Pfirsich.

1995	AUSLESE »GOLDKAPSEL« (VERSTEIGERUNGSWEIN)	95

Vergiß die Welt. Laß alles fallen, und genieße dieses Elixier zu zweit ... Welt? Wo? Welche?

1995	BEERENAUSLESE	96

Die Monumentalität der römischen Basilika zu Trier, für das nächste Jahrtausend!

1996	SPÄTLESE	87

Bilderbuch-Cassisduft des Goldtröpfchens, viel jugendliche Energie und Elan.

1996	AUSLESE	90

Einer der seltenen 1996er dieser Art an der Mosel: ein Klassiker ohne jeglichen Makel.

1996 Beerenauslese 94
Kraft und Festigkeit aus dem tiefen Boden des Goldtröpfchens, vereint mit dem Schmelz von Edelfäule. Wieder ein Wein für das nächste Jahrtausend.

Riesling Spätlese trocken

1993 Wintricher Ohligsberg 91
Ungewöhnliche Großzügigkeit für einen trockenen Moselwein, vereint mit der gewöhnlichen Lebendigkeit und Finesse eines Haart-Rieslings.

1994 Piesporter Goldtröpfchen 88
Keine Andeutung von schmal, sondern großzügig und harmonisch.

1995 Spätlese (ohne Lagenbezeichnung) 86
Viel Charme, ausgeprägte Kirschnote (wie auf dem Markt!), die Rasse der Mosel.

1996 Spätlese (ohne Lagenbezeichnung) 85
Verspätete Ankunft, aber wenn er eintrifft, wird er viel – Säure sowie Ausdruck – mit sich bringen.

Der Philosoph aus den Terrassen
Reinhold Löwenstein

Weingut Heymann-Löwenstein
Bahnhofstraße 10
56333 Winningen
Tel. 02606/19 19
Fax 02606/19 09

»Exkommunist wird zum Kapitalisten« ... »Rebellenwinzer erzürnt Kollegen« ... »Kellermeister fährt mit Schlauchboot durch den Gewölbekeller« ... »Schwarzes Schaf der Terrassen« ... Reinhard Löwenstein ist der Traum jedes Schlagzeilenschreibers, eine Persönlichkeit, allzeit bereit für das Spotlight der Medien. Eine Mischung aus Philosoph, Junge vom Land, One-Man-Show, Weinfreak, Unternehmer und Kaufmann, einzigartig in der deutschen Weinszene; den Lesern der Fachpresse vertraut und ein Phänomen in Winningen und Umgebung, einer Region, die früher »Untermosel« hieß, bis Reinhard Löwenstein sie 1994 geschickt in »Terrassenmosel« umtaufte. In den letzten Jahren hat er allmählich die

Aufmerksamkeit einer breiteren Öffentlichkeit auf sich gezogen. Weinhändler, Journalisten und Konsumenten weit über die Grenzen Deutschlands hinaus, die vorher davon überzeugt waren, daß die Weine aus dieser Gegend lediglich die armen Verwandten der Mittelmosel seien, begannen nun, großes Interesse zu zeigen.

»Wie macht er das nur?« fragen sich viele seiner Winzerkollegen mit ebenso viel Staunen wie Neid, wenn sie sein Gesicht schon wieder in der Presse sehen. Die intelligenteren weisen darauf hin, daß Reinhard Löwenstein zu den ersten gehörte, die Anfang der achtziger Jahre, als unter der deutschen Winzerschaft der Begriff »Marketing« herumgeisterte, dieses neue Gebiet eingehend erforschten. 1985 führte er für seine Weine neue Etiketten ein, die ganz offensichtlich von jemandem kreiert worden waren, der sich »Designer« und nicht »Graphiker« nannte. Auch die Gründung seines Weinguts zusammen mit seiner Frau Cornelia Heymann 1980 in Lehmen und der Umzug des Betriebs 1983 nach Winningen ist als »Design« ausgelegt worden; ein wohl überlegter und bewußter Bruch mit der Kommerzialisierung und dem für die Weinwirtschaft der Mosel in den vorherigen Jahrzehnten typischen Kitsch zugunsten eines vollkommen neuen Weinstils und Erscheinungsbilds. Diese Interpretation erscheint plausibel, ist aber an sich falsch. Es war sowohl Idealismus – Weingüter an der Mosel wurden eher aufgelöst als neu gegründet, weil die alten Winzer keine Nachfolger finden – als auch Pragmatismus, um den Konflikt zu vermeiden, der sich unweigerlich bei der Zusammenarbeit mit seinem Vater auf dem Familienweingut ergeben hätte, der Reinhard Löwenstein zu diesen Schritten veranlaßte.

Die beste Antwort geben aber die Weine von Reinhard Löwenstein selbst. Sie haben sich immer von der breiten Masse abgehoben, und in den achtziger und frühen neunziger Jahren hat er viele gute trockene Rieslinge gemacht, die ihm von der Fachpresse wie auch von seinen Kunden gleichermaßen viel Lob eingetragen haben. Von Anfang an war der Stil der Weine nicht als normal oder gängig zu bezeichnen. Der erste Durchbruch kam, als einer seiner Weine in einer internationalen Blindverkostung der österreichischen Weinzeitschrift »Vinaria« von Rieslingen des Jahrgangs 1985 den ersten Platz errang. Seine Weine machen fast noch mehr Schlagzeilen als er selbst: 1992 war es der »dickste« Eiswein, der je im Gebiet erzeugt wurde und 1994 seine Riesling Trockenbeerenauslese, die mit 560,- DM für die Terrassenmosel einen neuen Rekordpreis erzielte, um nur zwei Beispiele zu nennen.

Sowohl Reinhard Löwenstein als auch seinen Weinen ist die Stärke von Spätentwicklern eigen. In einer Welt, in der die Wunderkinder so jung wie möglich sein müssen, haben Spätentwickler, ganz gleich, ob es sich um Schriftsteller, Künstler, Musiker oder Weinmacher handelt, einen schweren Stand. Aber sie haben auch den Vorteil, daß sie viele Jahre des Nachdenkens, der Entwicklung und der Erfahrungen mit der praktischen Umsetzung ihrer Ideen hinter sich haben, bevor sie sich dem Erfolg, der Publicity und dem Ruhm ausgesetzt sehen. Im Gegensatz zu den Wunderkindern stößt man bei Spätentwicklern nur ganz selten auf ein Burn-out-Syndrom, sie verfolgen unermüdlich ihren Weg. Auf sie trifft der Satz »Was uns nicht umbringt, macht uns nur härter« sicherlich zu. Nicht weniger charakteristisch für diesen Menschentyp ist die Neigung, gegen alle Konventionen neue Wege einzuschlagen. Oft wird ihnen bereits sehr früh klar, was sie wollen, doch brauchen sie Jahre oder Jahrzehnte, um das, was ihrer Umgebung wie ein Traum erscheint, zu verwirklichen.

Beides trifft auf Reinhard Löwenstein zu. Bereits sehr früh, um die Zeit der Gründung des Weinguts, wußte er, daß er vorwiegend trockene Weine machen wollte, die den Vergleich mit den besten Weinen nicht nur Deutschlands, sondern auch anderer Länder nicht scheuen mußten. Als ich ihn das erste Mal traf, erzählte er voller Begeisterung von den Rieslingen der Wachau in Österreich. Inzwischen erstreckt sich sein Interesse an ausländischen Weinen bis nach Australien. Der Trend zu trockenen Weinen, der damals in Deutschland einsetzte, hatte an der Mosel anfangs wenig Einfluß, hauptsächlich deshalb, weil viele Winzer lange Zeit gute Geschäfte mit süßen Weinen – viele katastrophal, einige sensationell – gemacht hatten.

Einige abenteuerlustigere Winzer mußten entdecken, wie schwierig es ist, hier gute trockene Rieslinge zu erzeugen. Das Klima ist wesentlich kühler als in den südlicheren Gebieten wie zum Beispiel der Pfalz, und die steinigen Schieferböden ergeben Weine mit betonter Säure, die ohne die Süße der Traube als Gegengewicht oft spitz schmeckt. Die trockenen Moselweine aus dieser Zeit konnten gegenüber der Konkurrenz aus den südlicheren Gebieten Deutschlands selten bestehen, geschweige denn gegenüber der aus anderen Ländern. Trotzdem verkauften sie sich gut, da sehr schlanke, trockene Weine mit betonter Säure unter jüngeren Weintrinkern damals »Mega-in« waren. Den meisten Moselwinzern genügte das, um auf den fahrenden Zug aufzuspringen. Sie sahen keine Notwendigkeit, ihre Weine mit denen aus anderen Gebieten oder Ländern zu vergleichen, und wenn sie es taten, dann wurde alles, was ihnen nicht vertraut war, ohnehin von vornherein verurteilt.

Reinhard Löwenstein hat sich zwar neben der Erzeugung von großen trockenen Weinen an der Mosel weitere Ziele gesetzt, aber 20 Jahre lang galt ihnen doch sein Hauptengagement. Trotz einiger sehr guter Weine in den Jahrgängen zuvor hat er erst mit den großartigen Rieslingen der Jahrgänge 1994, '95 und '96 sein Ziel erstmals vollständig erreicht. In den 15 Jahren, die er dafür brauchte, hat er mit allen möglichen neuen Methoden experimentiert. Oft hat er als erster im Gebiet oder sogar in Deutschland Innovationen aus anderen Ländern aufgegriffen. Für jede einzelne gab es einen wohl überlegten Grund, sie auszuprobieren, doch war die Theorie nie wichtiger als die Praxis. Ausschlaggebend dafür, ob ein Experiment langfristig in die Praxis übernommen wurde, war immer der fertige Wein im Glas. In manchen Fällen warf er Prinzipien, die er lange Zeit vertreten hatte, ohne Zögern über Bord, weil sie in der harten Schule der Realität versagt hatten. Das Ziel war das Wichtigste, nicht bestimmte Methoden, Traditionen oder Dogmen.

Neben Geruch und Geschmack der Weine waren ihm auch ökologische, gesundheitliche und philosophische Gesichtspunkte sehr wichtig. Reinhard Löwensteins Ansichten waren ebenso von französischen Gegenwartsphilosophen inspiriert wie von den neuesten Entwicklungen auf dem dortigen Weinsektor. Dies verursachte unter den Kollegen manches Kopfschütteln. Trotz der langen Zeit und den Anstrengungen auf dem Weg zu seinem Ziel war der Hohn von Kollegen nie mehr als ein vorübergehendes Ärgernis für ihn. Oft hat er es regelrecht genossen, wenn er einen empfindlichen Nerv getroffen und den Grund für eine hitzige Debatte geliefert hatte. So zum Beispiel als er 1987 entschied, sämtliche trockenen Weine unter der schlichten Bezeichnung »QbA« zu vermarkten, um ihren Alkoholgehalt auf 12° erhöhen zu können. Im Gegensatz zu Frankreich, wo dies nur bei Weinen der »Appellation Contrôlée« gestattet ist, darf in Deutschland nur Tafelwein oder Q(ualitätsweinen) b(estimmter) A(nbaugebiete)-Weinen vor oder während der Gärung Zucker zugesetzt werden, um den Alkoholgehalt des fertigen Weins zu erhöhen. Bei Prädikatsweinen (Kabinett, Spätlese etc.) ist diese Methode strengstens verboten. Reinhard Löwenstein hielt das aber für wesentlich, wenn seine Weine mit der internationalen Konkurrenz mithalten sollten. Es brachte ihn jedoch auf Kollisionskurs zur Mehrheit seiner Gebietskollegen.

Woher die Willensstärke kommt, mit der er seit vielen Jahren entgegen allen Konventionen seinen eigenen Weg geht, ist nicht einfach auszumachen. Sie zeigte sich spätestens bei seinem Interesse am Kommunismus in den siebziger Jahren und seinem Aufenthalt in Kuba 1974. Die deutschen Kommunisten hatten ihm in ihrer Engstirnigkeit schnell manche Illusion genommen. Vielleicht ist Reinhard Löwensteins Begeisterung für den Kommunismus ein typischer Ausdruck jugendlicher Rebellion, seine Rückkehr an die Mosel nach dem Landwirtschaftsstudium in Gießen ein zur Vernunft kommen und das beeindruckende Gebäude des Weinguts im Art Nouveau-Stil in der Winninger Bahnhofstraße ein Zeichen wirtschaftlichen Erfolgs – also alles in allem ein vertrautes Schema. Vielleicht ist aber auch ein Ziel allmählich von einem anderen abgelöst worden, von einer besseren Welt zu besseren Weinen, aber die Entschlossenheit, eine Idee zu verwirklichen und die »kämpferische« Einstellung blieben dieselben. Zweifelsohne hat er gegen Ende seiner kommunistischen Phase entdeckt, daß es ihm keine Probleme verursacht, abseits von der Masse zu stehen, und daß er mit Kritik und Spott von dieser Masse leicht fertigwerden kann.

Reinhard Löwensteins Vorgehen bei Verteidigung und Angriff ist eine Mischung aus intellektueller Logik und Humor. Auf diese Weise sind seine Preislisten mit ihren polemischen Texten vielleicht die einzigen, die in ganz Deutschland mit wahrem Interesse gelesen werden. Die gleichen Prinzipien haben zu einigen seiner gelungensten Einfälle für die Medien geführt. So präsentierte er sich zum Beispiel während des »Jahrhunderthochwassers« im Dezember 1993, als sein großer Keller zu zwei Dritteln voll Wasser stand, den Kameras in einem gelben Schlauchboot. Anstatt sich vor Verzweiflung über die Fluten die Haare zu raufen wie viele seiner Kollegen, zog er in der weisen Erkenntnis, daß man sowieso nichts tun konnte, seinen besten Anzug an, lehnte sich zurück und rauchte eine Zigarre. Das Gesamte war nicht nur ein großartiger Witz, sondern es versinnbildlicht auch seine Einstellung zum Leben.

Seine Kampagne für die Klassifizierung der besten Mosel-Saar-Ruwer-Lagen verfolgt Reinhard Löwenstein mit der für ihn charakteristischen Beharrlichkeit, gleichzeitig aber auch so ernsthaft, wie ich es bei ihm noch nicht erlebt habe. Das Thema Weinbergslagen-Klassifizierung interessiert ihn seit Mitte der achtziger Jahre. Bereits damals war es eines der wesentlichen Elemente der Weinphilosophie, die er zu dieser Zeit entwickelte. Manche halten den Begriff »Weinphilosophie« für eine anmaßende Umschreibung für »Weinstil«. Sicher trifft das weitgehend zu – oft ist es sowieso nur Marketing oder Mode. Ein Winzer entdeckt einen angeblichen neuen Trend und kopiert treuherzig Methoden und Stil eines erfolgreichen Praktikers.

Reinhard Löwenstein aber hat nicht nur einen neuen Weinstil entwikkelt, sondern ein ganzes Rahmenwerk von bahnbrechenden Ideen, die damit engstens verbunden sind. Als er 1987 ein internes Klassifizierungssystem für seine eigenen Weine einführte, war das revolutionär. Seitdem werden nur die gelungensten seiner Weine aus seinen besten Lagen, dem Röttgen und dem Uhlen in Winningen, unter den Lagennamen vermarktet, die restlichen Weine unter dem Namen des Gutes und der jeweiligen Rebsorte. Inzwischen verfolgt eine ständig wachsende Zahl von Winzern in ganz Deutschland diese Politik. Für manche ist es nur eine Frage des Stils der Etiketten, aber für andere ist es eine grundlegende Weltanschauung, die jeden Aspekt ihrer Arbeit beeinflußt: »Weinphilosophie« eben.

Die Weinbergslagen-Klassifizierung beruht darauf, daß Weine aus verschiedenen Lagen sich nicht nur qualitativ unterscheiden, sondern daß jeder für sich einen eigenständigen Charakter besitzt. Die Deutlichkeit, mit der dieser Charakter zum Ausdruck kommt, hängt von natürlichen und menschlichen Faktoren ab: dem Wetter und den Anbau-, Lese- und Kellermethoden. Nach Reinhard Löwenstein beweisen Geschichte und Erfahrung zweifelsfrei, daß bestimmte Lagen regelmäßig unverwechselbare Weine hervorbringen, wenn ein Winzer richtig arbeitet. Im Sommer 1995 veröffentlichte er privat eine Faksimile-Ausgabe der Weinbergslagen-Klassifizierungskarte von 1897 der Mosel für den Regierungsbezirk Koblenz, das heißt für die Terrassenmosel. Damit ging er einen entscheidenden Schritt weiter als andere Verfechter einer Klassifizierung unter den deutschen Winzern. Mit der Veröffentlichung bekannte er Farbe im wahrsten Sinn des Wortes: Er hißte auf seinem Anwesen eine Flagge in den drei Schattierungen des Rostbrauns, mit dem die Königlich Preußischen Inspektoren die großen, guten und mittelmäßigen Lagen gekennzeichnet hatten. Diese Haltung bietet politischen Sprengstoff: Sie ist ein direkter Angriff auf das bundesdeutsche Weingesetz, dessen Grundprinzip darin besteht, daß die Weine nach dem Zuckergehalt der Trauben bei der Lese eingestuft werden und nicht nach dem Standort der Reben.

Bei einem Winzer, dessen politische Wurzeln extrem links liegen und der jetzt die Einführung eines Systems vertritt, das die Gleichmacherei – »Scheindemokratie« laut Reinhard Löwenstein – des deutschen Weingesetzes umkehren soll, könnte man das als 180-Grad-Wende interpretieren. Dieser Schritt hängt jedoch mit seiner Zukunftsvision von der Weinwirtschaft in seinem Gebiet zusammen. Für ihn war die Präsentation der Karte von 1897 nicht eine willkommene Möglichkeit für Schlagzeilen und Fotoaufnahmen, sondern ein weiterer Schritt auf dem Weg in eine bessere Zukunft für die Terrassenmosel und für das ganze Gebiet. Er ist davon überzeugt, daß mittel- und langfristig das Schicksal der Mosel-Saar-Ruwer-Winzer in ihrer Gesamtheit durch eine Weinbergslagen-Klassifizierung wesentlich verbessert würde.

Hier findet sich wieder die gleiche Kombination von Idealismus und Pragmatismus, mit der er auch den eigenen Betrieb aufgebaut hat, nur in größeren Ausmaßen: die gleiche Entschlossenheit, gegen den Strom zu schwimmen. Bei der Lagenklassifizierung hat er gegenwärtig nur wenige ernsthafte Mitstreiter, aber für einen Spätentwickler wie Reinhard Löwenstein stellt das kaum ein Hindernis dar. Er hat bereits bewiesen, daß er weit entfernte Ziele mit großer Entschlossenheit über eine Zeitspanne hinweg verfolgen kann, die die Amtszeiten der Politiker bei weitem überschreitet. Sie wären gut beraten, Reinhard Löwenstein nicht auszulachen, sondern seine Ideen zu studieren. Denn so oder so wird der Philosoph von den Terrassen ihren Weg kreuzen und die Revolution verkünden.

Die Weine vom Weingut Heymann-Löwenstein

Am bekanntesten ist der Betrieb für seine trockenen Rieslinge, von denen die einfachsten als »Heymann-Löwenstein-Riesling« (stets 75 bis 80 Punkte) vermarktet werden. Es sind erfrischende, ansprechende Alltagsweine. Der »Schieferterrassen-Riesling« hat mehr Körper und Substanz und ist für einen trockenen Moselwein äußerst harmonisch (abhängig vom Jahrgang 80 bis 85 Punkte). Die besten und eigenständigsten Weine werden mit ihren Lagennamen, Winninger Röttgen und Winninger Uhlen, auf den Markt gebracht. Die Weine aus dem Röttgen sind charmanter in ihrer Jugend, oft von ausgeprägtem Ananas-Aroma; sie wirken im ganzen etwas weicher als die festeren Rieslinge aus dem Uhlen. In den letzten Jahren hat Reinhard Löwenstein auch einige großartige Dessertweine aus beiden Lagen geerntet, von denen die aus dem Uhlen die größten Weine sind, die je an der Terrassenmosel erzeugt worden sind.

Probiernotizen Weingut Heymann-Löwenstein

Riesling aus diversen »Grand-Cru«-Lagen

1992   WINNINGER UHLEN QBA TROCKEN   85
Feine Weichheit, die immer noch freigebig Streicheleinheiten verteilt.

1993   WINNINGER UHLEN QBA TROCKEN   84
Zwischen den Stühlen von Jugend und Reife, voll und muskulös; es fehlt etwas Finesse.

1993   AUSLESE »U« (WINNINGER UHLEN)   86
Außergewöhnliche Aromen – Lakritz, Zitrusschale – gepaart mit einer außergewöhnlichen Harmonie – weder trocken noch süß.

1994   WINNINGER UHLEN QBA TROCKEN   87
Eigenwillig und eindrucksvoll, Grapefruitnote wie beim Frühstück, nachhaltig und jugendlich.

1994 WINNINGER UHLEN TROCKENBEERENAUSLESE 97
Born to be wild! Ein unverschämtes »Monster« von gewaltigem Ausmaß mit ungeheuer dichtem Geschmack nach allerlei getrockneten Früchten und mit fast unbegrenzten Zukunftsperspektiven. Der größte Wein, der je an der Terrassenmosel produziert wurde?

1995 WINNINGER RÖTTGEN QBA TROCKEN 88
Ein exotischer Verführer ohne Skrupel, unverkennbar der Rauch seiner Zigarre!

1995 WINNINGER UHLEN QBA TROCKEN 90
Muskulös und perfekt proportioniert zugleich – wie altgriechische Helden und Götter.

1995 WINNINGER UHLEN RIESLING AUSLESE 91
Diskreter Auftakt leitet zur imposanten Erscheinung ohne Zurückhaltung.

1995 WINNINGER UHLEN AUSLESE »GOLDKAPSEL« 93
Fast unglaubliche Versprechen im Duft, die doch im Mund vollständig gehalten werden; Tiefe mit Brillanz und Leichtigkeit.

1996 WINNINGER RÖTTGEN QBA TROCKEN 85
Ein prächtig bunter Blumenstrauß, bei dem alle Farben und Formen zueinander passen.

1996 WINNINGER UHLEN QBA TROCKEN 87
Die jugendliche Überschwenglichkeit überdeckt keineswegs seine aristokratischen Züge.

1996 WINNINGER UHLEN TROCKENBEERENAUSLESE 95
Die Jahre verlieren völlig an Bedeutung angesichts solch eines »Unsterblichen«. In einem Jahrzehnt wird dieses Monument fast genauso dastehen wie heute. Erst danach wird dieser Wein ein wenig Patina ansetzen und uns Menschen etwas näherkommen.

Kleinadel macht große Weine
Eberhard von Kunow

Weingut von Hövel
Agritiusstraße 56
54329 Oberemmel
Tel. 06501/15384
Fax 06501/18498

Als wir an diesem kalten Februarnachmittag in die Auffahrt des Weingutes von Hövel bei der Oberemmeler Kirche einbogen, fiel uns Eberhard von Kunows Gestalt sofort ins Auge. Wir hätten blind sein müssen, um ihn in seiner knallroten Jacke, dem Karnevalsabzeichen um den Hals und der goldroten Papierkrone auf dem Kopf zu übersehen; der Prinz des Tages. Wir stiegen aus und gingen auf ihn zu. Er stand dort ein wenig schwankend, bevor er auf uns zutaumelte: »Stuart, wundervoll dich zu sehen, Hanno Zilliken, großartig, daß du auch da bist«, stotterte er, während er unsere Hände überschwenglich schüttelte. »Warum trinken wir nicht ein, zwei Glas zusammen? Kommt mit!« Wir hatten keine andere Wahl, als ihm in den mittelalterlichen Gewölbekeller des Gutes – Dunkelheit, Zeitlosigkeit – zu folgen, durch die Gänge zwischen den hölzernen Fuderfässern in das innere Heiligtum, die Schatzkammer, wo die guten alten Weine lagern. Er zog eine Flasche nach der anderen aus dem Regal. Wir versuchten zu protestieren, doch er fegte unsere Einwände weg, als ob sie Staub auf seinen roten Ärmeln seien. »Unsinn, Unsinn. Wozu ist Wein da, wenn nicht zum Trinken!« Als wir ins Haus kamen, war er mit dem Korkenzieher zugange, bevor wir auch nur einen Versuch unternehmen konnten, ihn ein wenig zu bremsen. Uns blieb nur noch übrig, hastig nach den Korken zu greifen, wie sie so einer nach dem anderen aus den Flaschen flogen, um herauszufinden, was in den staubbedeckten, unetikettierten Flaschen überhaupt steckte. Hanno Zilliken flüsterte mir zu, er würde noch eine Weile bleiben. Um zu sehen, was passieren würde? als Unterstützung beim Trinken der Weine? Um mir zu helfen, wenn die Dinge vollkommen außer Kontrolle gerieten? – Ich weiß es immer noch nicht. »Prost«, sagte Eberhard von Kunow wonnig. In Situationen wie diesen lächelt nicht nur sein Mund, sondern der ganze runde Kopf und der stattliche Körper darunter.

Der erste Wein war eine traumhafte 1976 Riesling Auslese aus der Oberemmeler Hütte, der Alleinbesitzlage des Gutes. Es folgten 1971, 1969, 1964 und 1959 des gleichen Weines. Ich war eigentlich gekommen, um die Weine des letzten Jahrgangs zu verkosten, aber das mußte man jetzt wohl gänzlich vergessen. Nach dem zweiten Glas Wein hatte ich die ungeschliffenen, rauhen Jungweine abgehakt. Wir brauchten mehrere Stunden, um die nötige Willenskraft dafür zu finden, und da waren die Flaschen ohnehin fast leer. Eberhard von Kunow hatte recht: Wozu ist Wein da, wenn nicht zum Trinken?

Nun, nicht jede Probe beim Weingut von Hövel ist eine Karnevalsveranstaltung, aber todernst sind die Verkostungen nur, wenn die Besucher ausdrücklich darauf bestehen. Eberhard von Kunow gehört nicht zu der Art von Winzern, die ihre Worte sorgfältig abwägen, um auf jeden potentiellen Kunden den richtigen Eindruck zu machen. Ohne in irgendeiner Weise vorzuschreiben, was andere trinken sollten, stellt er seine eigene Meinung immer ganz deutlich dar. »Ich mache meine Weine in diesem Stil, weil ich sie gerne so trinke«, ist eine typische Antwort auf die ihm oft gestellte Frage, warum er nicht mehr trockene Weine mache. Die Saar ist zu Recht für Weine mit hoher natürlicher Säure bekannt, und dies macht die Erzeugung von guten trockenen Weinen schwierig. Da es Eberhard von Kunow ohnehin an Begeisterung für die Resultate mangelt, macht er gerade das notwendige Minimum, um den Durst seiner »Trocken«-Kunden zu stillen. Zu seiner großen Überraschung sind diese Weine in den letzten Jahren in einer Reihe von Blindverkostungen weit vorne plaziert worden. Dies hatte er sicher nicht erwartet, als er ihnen eher widerwillig zum Leben verhalf.

Eberhard von Kunows wirkliche »Schwäche« sind seine Rieslinge mit natürlicher Restsüße. Seine außer Kontrolle geratene Begeisterung an dem Tag, als Hanno Zilliken mich begleitet hatte, um den neuen Jahrgang auf dem Weingut von Hövel zu verkosten, hatte ihren Ursprung sicher auch in einem Wein oder mehreren Weinen dieser Art. Solche Weine werden indessen oft einfach deshalb abgelehnt, weil sie nicht die Bezeichnung »trocken« auf dem Etikett tragen. Hinter dieser Ablehnung stehen häufig bestimmte Gedanken: Der Wein ist nicht trocken, deshalb ist er süß, und alles Süße ist verdächtig, weil es nicht natürlich ist. Dieselben Leute, die diesem Vorurteil huldigen, trinken oft sehr gerne Bordeaux, obwohl diesen Weinen meist während der Gärung Zucker zugefügt wird, um den Alkoholgehalt zu erhöhen (Chaptalisierung), und sie in neuen Eichenholzfässern ausgebaut werden – beides Praktiken, die man wohl kaum »natürlich« nennen kann. Aber was bedeutet »natürlich« überhaupt? Die Süße der von Hövel-Weine ist sicher natürlich in dem Sinne, daß sie zu 100 Prozent aus den Trauben stammt und nicht später hinzugefügt worden ist. Die von Kunows sind wirkliche Pragmatiker in ihren Trinkgewohnheiten und trinken, was ihnen schmeckt und vertrauenswürdig erscheint. Eberhard von Kunow und seine Frau Hildegard öffnen regelmäßig eine Flasche Rotwein zum Abendessen, doch danach meistens eine Spätlese aus ihrem eigenen Keller. Sie haben daran genauso viel Spaß wie an den erlesensten roten Bordeaux-Weinen oder an den einfacheren Rotweinen aus der Provence, die sie bei Sommerurlauben im Süden Frankreichs kennen- und liebengelernt haben. Ohne Zeremonie kommen die Flaschen eine nach der anderen auf den Tisch und werden nacheinander mit Liebe und Freude geleert: Wozu ist Wein da, wenn nicht zum Trinken?

Eberhard von Kunow hat immer wunderbare Rieslinge in diesem Stil gemacht. Ich erinnere mich an die Verkostung der Jahrgänge 1984 und 1985 bei meinem ersten Besuch. Die Flaschen standen in einer langen Reihe auf einem Tisch im eisigkalten Flur des Gutshauses. Wir zitterten uns von einem hervorragenden Wein zum nächsten, und selbst die Weine des sonst katastrophalen Jahrgangs 1984 wärmten unsere Herzen, wenn auch nicht unsere Hände und Füße. Obwohl die Weine allgemein gelobt wurden, gehört 1985 nicht zu den Jahrgängen, an denen Eberhard von Kunow heute großen Gefallen findet: »... werden sie je so harmonisch, daß man eine ganze Flasche trinken möchte? Ich finde, sie haben einfach zuviel Säure.« Vielleicht würde er kalte Füße bekommen, wenn ich nach einer Flasche 1985er Spätlese fragen würde? Die Weine der letzten Jahrgänge auf dem Gut würden keinesfalls eine solche Reaktion bei ihm hervorrufen. Obwohl Eberhard von Kunow gerne den Eindruck vermittelt, er tue überhaupt nichts Außergewöhnliches im Keller – er erinnert mich dabei an Andy Warhol, der immer seine eigene Fernsehserie haben wollte mit dem Titel »Nothing Special« (Nichts Besonderes) – und es habe sich, seit er seit 1973 für die Weine verantwortlich ist, auch nichts verändert, haben die von Hövel-Weine doch in der letzten Zeit einen unerwarteten Wandel durchgemacht.

Im April 1994 war ich beim von Hövel-Stand auf einer der wichtigsten jährlichen Präsentationen deutschen Weins beim Verkosten. Mit wachsendem Erstaunen arbeitete ich mich durch die Weine, während Eberhard von Kunow mir ungewohnt ruhig gegenüberstand, einen nach dem anderen ausschenkte und mich dabei so scharf beobachtete, wie ich es noch nie bei ihm erlebt hatte. Warum diese unbekannten, erwartungsvollen Augen? fragte ich mich, und dann verkostete ich den letzten Wein. Da ich an diesem Tag noch jede Menge anderer Weine vor mir hatte, murmelte ich »sehr schön« und verschwand ostentativ zum nächsten Stand, um nicht in ein langes Gespräch verwickelt zu werden.

Später am Tag hing ich, um möglichst lange zu verschnaufen, über einem Glas Mineralwasser mit einer erschöpften, leicht ärgerlichen Miene, die ich in solchen Situationen selbst dann aufsetze, wenn es mir eigentlich ganz gut geht, was sich als ziemlich effektiv erwiesen hat, um sich die Quasseltüten vom Leibe zu halten. Eberhard von Kunow sah mich und kam sofort zu mir herüber mit einer ernsten Miene, mit einem beinahe ängstlichen Gesichtsausdruck. So hatte ich ihn noch nie zuvor gesehen. »Was denkst du wirklich?« platzte es aus ihm heraus. »... die besten Jungweine, die du mir je gezeigt hast«, antwortete ich ebenso wie aus der Pistole geschossen. Das Ängstliche war aus seinem Gesichtsausdruck verschwunden, aber seine Miene war immer noch todernst. »Wie hast du das bloß gemacht?« fragte ich. »Man muß die Menge reduzieren, um wirkliche Qualität zu erzielen«, war seine Antwort.

Mir kam eine Probe der jungen Weine des Jahrgangs 1992 im Garten des Weinguts im vorhergehenden Sommer in den Sinn. So gut wie sie waren, gab es an ihnen doch nichts Aufregendes. Der Kontrast zwischen ihnen und den bemerkenswerten 1993ern war dramatisch. Die darauffolgenden Jahrgänge haben bestätigt, daß das Gut nun hinter Egon Müller-Scharzhof die Nummer zwei an der Saar ist. Ich bin sicher, daß Eberhard von Kunow bei diesen Worten lächeln wird. Nummer eins interessiert ihn nicht, weil er nicht verrückt auf die Art von edelsüßen Beeren- und Trockenbeerenauslesen ist, mit denen Egon Müller regelmäßig Schlagzeilen macht. Um Egon Müller Paroli zu bieten oder ihn gar auszustechen, müßte er sich auch sehr intensiv mit der Erzeugung solcher Weine befassen.

»Ich ziehe Weine ohne den Geschmack von Edelfäule vor, und ohne Edelfäule kann man keine wirkliche Beerenauslese und schon gar keine Trockenbeerenauslese machen. Deshalb mache ich diese Weine nur in Jahrgängen, in denen es wirklich eine Menge Botrytis gibt, weil meine Kunden ein paar solcher Weine erwarten.« Diese Entscheidung ist typisch für ihn, typisch für den Vorrang, den er seinem eigenen Geschmack einräumt. Wie er mir einmal sagte, »wenn ich den Wein nicht selber trinken möchte, wie soll ich dann jemand anderes davon überzeugen?«

Die Oberemmeler-Hütte-Weine vom Weingut von Hövel

Obwohl Eberhard von Kunow eine große Fläche in der berühmten Lage Scharzhofberg besitzt, kommen die besten Weine bei ihm meistens aus seiner 5,2 Hektar-Alleinbesitzlage Oberemmeler Hütte. Sie bringt Weine mit einer Rasse hervor, die die volle Frucht stets perfekt ausgewogen erscheinen läßt. Die Aromen sind hier feinnervig und dicht; in guten Jahrgängen sind Anklänge exotischer Früchte neben mineralischen Noten. Sie machen zwar auch im Jahr nach der Lese schon Spaß, besitzen aber ein ausgezeichnetes Alterungspotential. Eine Spätlese erreicht ihren Höhepunkt gewöhnlich nach sieben bis zehn Jahren, hält aber noch viel länger.

Probiernotizen Weingut von Hövel

Riesling – Oberemmeler Hütte »Grand Cru«

1993 SPÄTLESE 89
Ungewöhnlich freundlich für einen Saarwein, und was für ein Charakter offenbart sich hier.

1993 SPÄTLESE (VERSTEIGERUNGSWEIN) 91
Unwiderstehliche Anziehungskraft und perfekte Ausgeglichenheit, ein Süchtigmacher.

1993 AUSLESE (VERSTEIGERUNGSWEIN) 92
Die Geheimnisse der Früchte offenbaren sich allmählich im Glas, der Schatz ist bei weitem noch nicht leer.

1993 AUSLESE »GOLDKAPSEL« (VERSTEIGERUNGSWEIN) 94
Ein sattes Konzentrat, aber alles andere als ein »Graf Kotz«. Nach seinem fast pompösen Auftakt zieht er sich äußerst elegant aus der Affäre.

1994 SPÄTLESE 88
Die herrliche Verspieltheit des Frühlings ohne eine Spur von Flüchtigkeit. Noch sehr frisch.

1994 SPÄTLESE (VERSTEIGERUNGSWEIN) 90
Ausgesprochen animierend, Vitalität und Ausdruck lassen sich gar nicht trennen.

1994 AUSLESE (VERSTEIGERUNGSWEIN) 92
Ein Rokokopalast: die berauschende Aneinanderreihung seiner unzähligen Säle.

1995 SPÄTLESE 89
Stilvoll, charaktervoll und aufrichtig; »Kleinadel« im positiven Sinne des Wortes.

1995 SPÄTLESE (VERSTEIGERUNGSWEIN) 92
Ein großer Künstler verliert die Fassung und schafft dabei einen großen Wurf. Unverschämt und unverschämt gut, eine Edelhure ganz in Weiß, provokant und diskret zugleich.

1995 AUSLESE »GOLDKAPSEL« (VERSTEIGERUNGSWEIN) 93
Schönheit in einer üppigen Version; braucht Zeit, um zur vollen Harmonie zu gelangen.

| 1995 | EISWEIN | 93 |

Ganz viele exotische Früchte, Blüten, fast erdrückende Luft – ausgeglichen von einer nördlichen Frische – und damit klassisch Saar.

| 1996 | KABINETT | 85 |

Keine falsche Bescheidenheit, sondern eine elegante Lösung mit viel Charme.

Herrn Geibens Gespür für Wein
Peter Geiben

Weingut Karlsmühle und Weingut Patheiger
Im Mühlengrund 1
54318 Mertesdorf
Tel. 0651/5123
Fax 0651/52030

Als ich an der Rezeption des »Hotels Karlsmühle« läutete, wurde mir freundlich mitgeteilt, ich solle mir keine Sorgen machen, Herr Geiben sei sofort wieder da. Ich ging zurück in den Hof, wo mein britischer Kollege geduldig wartete. Obwohl er nichts sagte, konnte ich sehen, daß der Hof des Hotels und Weinguts »Karlsmühle«, das trotz des Umbaus in den letzten Jahren ein Gefühl der Zeitlosigkeit vermittelt, ihm sehr gefiel. Dann wurde die Stille unterbrochen, als ein Trooper in den Hof einbog und mit quietschenden Bremsen vor uns anhielt. Die stämmige Figur von Peter Geiben war hinter dem Steuer unverkennbar. Noch bevor das Fahrzeug wirklich still stand, sprang er mit einer Bewegung heraus, die an einen sich aus dem Cockpit schwingenden Piloten erinnerte. Sein kariertes Hemd hing wie oftmals aus der Hose, und seine Füße steckten in dreckverkrusteten Stiefeln. Der herzlichen Begrüßung folgte eine überschwengliche Entschuldigung für sein Zuspätkommen und die Bitte, noch eine Minute Geduld zu haben. Mein Kollege war so verdutzt von der Erscheinung des Winzers, daß er kein Wort herausbrachte. Es dauerte indessen wirklich nicht einmal eine Minute, bis Peter Geiben wieder auftauchte, noch damit beschäftigt, sein frisches rotes Seidenhemd zuzuknöpfen, gegen das er das karierte ausgetauscht hatte. Wir folgten ihm in den unterirdischen Probierkeller des Gutes, und die Augen meines Kollegen waren so groß wie Untertassen.

Als wir uns hinsetzten, nahm Peter Geiben ungefähr ein Dutzend Flaschen aus einem Kühlschrank, der in einer Ecke des Kellers stand. Der Keller war gerade erst fertig geworden, und der Kühlschrank war neu.

Der Kontrast zwischen dem sorgfältig restaurierten Gewölbeschieferkeller und dem nicht nur akustisch ziemlich lauten Kühlschrank, auf dem groß und deutlich das rote Coca-Cola-Logo prangte, hätte kaum krasser sein können. Dann wurden langstielige Probiergläser vor uns hingestellt und der erste Wein eingeschenkt. Es war die 1990 Riesling Auslese trocken aus Peter Geibens Lorenzhöfer Alleinbesitzlage. Mein Kollege, der kein großer Fan trockener Moselweine ist, zeigte sich von diesem Wein äußerst beeindruckt: »Wenn sie nur alle so wären!« Mit seiner Fliege, dem untadeligen Anzug, seinem Master of Wine-Titel und seiner kultivierten Art machte er die Szene komplett – eine surrealistische Assemblage.

Peter Geiben wird bei dieser Beschreibung nur mit den Schultern zukken und fragen, was ich eigentlich meine. Für ihn gehört das alles zum Arbeitsalltag. »So ist es eben bei uns!« sagt er oft mit einem breiten Grinsen. Zweifellos gibt es manche Leute, deren Nerven das nicht aushalten. Trotzdem scheint es genug Menschen zu geben, denen es an diesem Ort gefällt, wo man bis vor kurzem auf sein Stück Kuchen aufpassen mußte, wenn man auf der Terrasse beim Kaffeetrinken saß, da es sonst von »Susi«, einem zahmen Wildschwein, vom Teller gefressen wurde. Der Umstand, daß ein solcher Vorfall Peter Geibens oft geäußerter Auffassung: »Wir brauchen die Natur, aber die Natur braucht uns nicht«, widerspricht, gehört zu dem kreativen Chaos, das Peter Geiben und sein Anwesen auszeichnet.

Durch diese Beschreibung könnte leicht der Eindruck entstehen, daß Peter Geibens Weine genauso exzentrisch seien, wie er selbst von vielen gesehen wird – eine Auffassung, hinter der sich nur allzu oft kleinbürgerliche Spießigkeit verbirgt. Das ist aber keineswegs der Fall: Seine Weine sind klassische Ruwer-Rieslinge von großer Klarheit und Lebendigkeit. Das kühle Klima an diesem Nebenfluß der Mosel nahe bei Trier führt dazu, daß manche seiner einfacheren trockenen Weine (Qualitäts- und Kabinettweine) sehr schlank und säurebetont wirken. Aber Peter Geibens edelsüße Auslesen zeigen im allgemeinen ein üppiges Bouquet voller exotischer Fruchtaromen und eine Fülle, die mit einer brillanten Säure einhergeht. Weine dieser Art aus dem Jahrgang 1989 haben das Weingut förmlich in die Öffentlichkeit hineinkatapultiert. Ich habe einen ganzen Stapel Notizen von Verkostungen dieser Weine aus Frühjahr und Sommer 1990, die, an eine Frau gerichtet, sicher als Beweis für eine Liebesaffäre durchgehen würden. Seitdem haben Peter Geibens hervorragende 1990er, schöne 1991er, 1992er, 1993er und 1994er und bemerkenswerte 1995er seinen Namen immer weiter bekannt gemacht.

Durch diesen Erfolg war er in der Lage, seinem Besitz ein zweites Weingut hinzuzufügen: 1994 kaufte er das kleine Gut Patheiger. Die Patheiger-Weine werden zwar im selben Keller ausgebaut wie die des

Weinguts Karlsmühle, trotzdem aber separat gehalten und unter ihrem eigenen Namen verkauft. Der Faßkeller unter dem Lorenzhof etwa 100 Meter vor der Karlsmühle sieht genauso unordentlich und unkonventionell aus wie Peter Geiben selbst und kann Menschen mit empfindlichen Mägen nicht unbedingt empfohlen werden. Die vom Vater geerbten Holzfässer sind hier schon lange zusammen mit manchen der gleichfalls überlieferten Weisheiten in eine Ecke beiseite geschoben worden. Egal wie chaotisch oder sogar dreckig es aussehen mag: Peter Geiben ist ein Sauberkeitsfanatiker, zumindest bei allem, was mit dem Wein in Berührung kommt.

Auch in den Weinbergen ist alles förmlich auf den Kopf gestellt worden. Es fehlte eigentlich nur noch, daß die Stöcke die Blätter in den Boden und die Wurzeln in die Luft streckten! Die Experimente mit ungewöhnlichen Erziehungsmethoden haben nicht immer zu idealen Ergebnissen geführt, aber das gehört zum Wesen des Experimentierens. Niemand in diesem Gebiet hat mehr praktische Forschung betrieben als Peter Geiben. Aber mit einem Hotel, Restaurant, Café und zwei Weingütern hat er keine Zeit für überflüssige Arbeiten. Was nicht funktioniert, wird schnellstens aufgegeben, zugunsten des Bewährten oder anderer Möglichkeiten, die ausprobiert werden müssen. Aus diesem Grund, und weil er glaubt, daß dies das Beste für die Reben und den Wein ist, lautet sein oberster Grundsatz in Weinberg und Keller, sowenig wie möglich zu tun. Er greift nur ein, wo es ihm unerläßlich erscheint, ansonsten nimmt die Natur ihren Lauf. In Verbindung mit den exzellenten Weinbergs-Lagen liegt hierin zweifellos der Grund, warum Peter Geibens Weine so ausdrucksstark sind.

Seine Aktivitäten stellen indessen nur das letzte Kapitel in der langen Geschichte der »Karlsmühle« dar. Sie geht zurück bis ins vierte Jahrhundert nach Christus, als an diesem Ort eine Steinmühle stand und von hier das Baumaterial für die imposanten Bauwerke in Trier kam. So beschreibt es der Dichter Ausonius in seinem Werk »Mosella« aus dem Jahr 371 n.Chr. Mit hoher Wahrscheinlichkeit gab es in dieser Gegend bereits damals Weinberge. Der älteste Teil der heutigen Karlsmühle ist um die 600 Jahre alt, wenngleich die Familie Geiben hier erst seit 1803 ansässig ist. Peter Geiben ist seit 1978 für die Weine verantwortlich. Doch erst die Weine des Jahrgangs 1987 traten aus der breiten Masse der ordentlich gemachten Weine heraus, wie sie von den vielen kleinen Familienweingütern an der Mosel erzeugt werden.

Aus Unzufriedenheit über die Weine, die er bis dahin gemacht hatte, unternahm er die Schritte in Weinberg und Keller, die zu den heutigen bemerkenswerten Weinen geführt haben. Kennt man Peter Geiben persönlich, erscheint er einem durch und durch gutmütig. Wenn man an den Staub denkt, der friedlich in manchen dunklen Ecken des »Hotels Karlsmühle« liegt, kann man sich kaum vorstellen, daß dieser Mann je mit etwas wirklich unzufrieden sein konnte, das nicht schlecht war – alles, was ich von dem Gut probiert habe, waren immer ansprechende Weine. Doch »ansprechend« war ihm nicht genug. Sein Gespür für den Wein hat ihm gesagt, daß mehr möglich sein müsse.

An einem Winterabend, kurz nachdem wir uns kennengelernt hatten, holte mich Peter Geiben bei einem Kollegen an der Saar zu einer Verkostung der Karlsmühle-Weine ab. Als wir durch die Hügel südlich von Trier fuhren, unterbrach er wiederholt unser Gespräch, um mir Tiere zu zeigen, die ich vorher überhaupt nicht bemerkt hatte. Seine scharfen Jäger-Augen tasteten fortwährend die Felder und Wälder rechts und links der Straße ab und registrierten vieles, was mir nur Teil der Dunkelheit blieb. Für mich hatte Jagd immer Leute in roten Jacken auf Pferden bedeutet, die hinter Füchsen her waren: was wir in England so treffend »blood sport«, Blutsport nennen, eine brutale Form der Unterhaltung für die Upper Classes. So sehr sich Peter Geibens Interesse an der Jagd um das Erlegen von Tieren dreht – die er essen oder im Restaurant servieren kann –, es hängt doch auch untrennbar mit seiner tiefen Bindung an das, was wir »Natur« nennen, zusammen. Es scheint mir, daß an dieser Einstellung zur Jagd etwas Ursprüngliches ist, eine Verbundenheit mit der »Natur«, die seit Jahrhunderten, vielleicht Jahrtausenden, in denen Pfeil und Bogen dem Gewehr weichen mußten, unverändert geblieben ist.

Die Geschichte des Weinbaus reicht nicht ganz so weit zurück wie die der Jagd, läßt sich aber an der Mosel doch mindestens 1 600 Jahre zurückverfolgen. Wie auf vielen Gebieten, hat der mit der Industrialisierung verbundene technische Fortschritt auch das Winzerleben grundlegend verändert. Viele Winzer übernahmen die neuen Methoden bereitwillig, ohne die damit einhergehenden umfassenden Veränderungen für ihr Leben und ihre Weine zu bedenken. Die Vorstellung, daß das Winzerleben heute genauso ist, wie es immer war, ist romantische Träumerei. Aus verschiedenen Gründen kam die Industrialisierung in der deutschen Weinbranche erst nach 1945 richtig zum Tragen. Dies bedeutete leider, daß ein großer Teil nicht nur des Wissens auf diesem Gebiet, sondern auch des Gefühls für die Weine, das man nicht einfach in Worte fassen kann, mit der letzten Generation unterging, die nach den alten Methoden gearbeitet hatte. Dieser Verlust hat in Verbindung mit den soziopolitischen Entwicklungen der letzten Jahrzehnte zur Krise in der deutschen Weinbranche geführt.

Mit Peter Geiben Wein zu probieren, ob seine eigenen oder die anderer Winzer, Rebsorten oder Gebiete, ist immer wieder faszinierend. Im Sommer 1993 saß ich auf der Terrasse der »Karlsmühle« und trank eine

Flasche Rheingauer Wein mit ihm. Seine Beschreibung des Weines war perfekt. Er hat diese Fähigkeit sicher nicht während seiner Winzerlehre erworben. Vielleicht liegen die Wurzeln dafür in seiner Erziehung, auf alle Fälle ist sein Gespür für Wein ungewöhnlich und auffällig stark entwickelt. Die Vorstellung, daß die Intuition für Wein mit der Mechanisierung verloren gegangen ist, mag wie Schwärmerei erscheinen. Wenn Peter Geiben über Wein spricht, ist daran jedoch etwas genauso »Ursprüngliches« wie in seinem Verhältnis zu Tieren und Pflanzen. Das war es, was zu seiner Unzufriedenheit mit den früheren »Karlsmühle«-Weinen geführt hat: Er schmeckte ihre Schwächen wieder und wieder, bis er seinem Verlangen nach Weinen von einer Qualität, die seinem Gespür nach möglich war, nachgeben mußte.

Die Karlsmühle- und Patheiger-Weine

Die zwei Güter haben Besitz in drei Lagen. Der größte Teil davon ist die sieben Hektar große Alleinbesitzlage Lorenzhöfer, die ausschließlich unter dem Karlsmühle-Etikett vermarktet wird. Sie erhebt sich beinahe wie eine Wand hinter dem Lorenzhof, unter dem die Keller des Gutes sich befinden. Die von hier stammenden Weine sind die schlanksten, die Peter Geiben erzeugt, bei ihnen ist die Säure am stärksten. Die besten unter ihnen zeigen dichte Fruchtaromen, die stark an Pfirsiche oder Aprikosen erinnern. Neben den Lorenzhöfer Weinbergen liegen die etwas weniger steilen Hänge des Kaseler Nies'chen, das unter beiden Gutsnamen erscheint. Der etwas schwerere, tiefe Boden dieser Lage führt zu volleren Weinen von etwas erdigem Charakter. Das schwarze Johannisbeer-Aroma, das sich durch sämtliche Weine von Peter Geiben zieht, tritt am deutlichsten in den Rieslingen aus der Lage Kaseler Kehrnagel zutage. Dennoch sind sie nicht übertrieben, sondern die elegantesten unter seinen Weinen. Selbst die einfachsten Weine in der Literflasche verdienen indessen selten weniger als 75 Punkte – eine beeindruckende Leistung.

Probiernotizen Weingut Karlsmühle/Weingut Patheiger

Riesling – Weingut Karlsmühle

1993 LORENZHÖFER FELSLAY SPÄTLESE HALBTROCKEN 86
Spannend und energiegeladen, sehr ausgeprägte Säure, kein Wein für Weicheier!

Weingut Karlsmühle und Weingut Patheiger 235

1993 LORENZHÖFER AUSLESE »GOLDKAPSEL« 91
Unter der schmelzigen Oberfläche schlummert eine ungebändigte Kraft. Abwarten.

1994 LORENZHÖFER SPÄTLESE HALBTROCKEN 83
Ein poliertes, geschliffenes Messer, das zähes Fleisch wie Butter schneidet.

1994 LORENZHÖFER AUSLESE »GOLDKAPSEL« 90
Die Umrisse eines Seidentuchs, um einen schlanken Körper gewickelt.

1995 LORENZHÖFER SPÄTLESE TROCKEN 85
Mineralien aus einer tiefen Grube glänzen und funkeln zum ersten Mal in der Sonne.

1995 KASELER NIES'CHEN SPÄTLESE 89
Ein junges Mädchen, das sich ohne Nachäfferei bereits wie eine elegante Frau bewegt. Ein eindeutiger Beweis dafür, daß die Lage ein wahrer »Grand Cru« ist.

1995 LORENZHÖFER AUSLESE »LANGE GOLDKAPSEL« 93
Die pikante Brillanz der Ruwer in Reinform, schreit aber nach vielen Jahren Reife auf der Flasche.

1995 LORENZHÖFER EISWEIN 93
Viel von allem auf einmal, Fülle und Süße, aber auch Lebendigkeit und Finesse, und alles kennt seinen richtigen Platz im Bild.

1996 LORENZHÖFER SPÄTLESE 88
Opulent für einen Geiben-Wein, aber trotz der tollen Frucht ein wenig gespalten.

1996 KASELER NIES'CHEN EISWEIN 95
Viel Gutes tut gut, aber zu viel des Guten? Das interessiert diesen monumentalen Eiswein gar nicht. In seiner vollen Pracht und Korpulenz steht er stramm und guckt weit in die Ferne.

1996 LORENZHÖFER EISWEIN 96
Die Mächtigkeit eines Sonnenkönigs, der sich vor nichts zurückhält und sich nicht scheut, seine wahre Erbarmungslosigkeit zu zeigen. Wer will sich diesem göttlichen Wein opfern?

Riesling aus »Grand-Cru«-Lagen – Weingut Patheiger

1994   KASELER KEHRNAGEL SPÄTLESE TROCKEN   84
Langsam nähert er sich seinem Ziel – Harmonie; obwohl die Säure immer noch die Bremse zieht.

1994   KASELER KEHRNAGEL AUSLESE »GOLDKAPSEL«   92
Ein Geiben-Meisterwerk wie die grandiosen 1989er Auslesen, eine fast übernatürliche Saftigkeit, reichhaltig und doch unglaublich fein. Grund zum Feiern. Wo ist die nächste Flasche?

1995   KASELER KEHRNAGEL SPÄTLESE HALBTROCKEN   88
Escoffiers Pfirsich Melba ohne die unzähligen Kalorien!

1995   KASELER KEHRNAGEL AUSLESE »LANGE GOLDKAPSEL«   95
Unter rustikalen Verhältnissen wächst ein nobler Wein heran, bei dem alles Nötige vorhanden ist – und noch mehr! Und alles ist perfekt aufeinander abgestimmt.

1995   KASELER KEHRNAGEL EISWEIN   96
Wie die Auslese »Lange Goldkapsel«, nur noch stärker und feiner.

1996   KASELER NIES'CHEN SPÄTLESE TROCKEN   82
Feine Aromen umkleiden ein strenges Gerüst, wird das je elegant wirken?

1996   KASELER KEHRNAGEL KABINETT   85
Der herrliche Zusammenklang der Instrumente, wenn Mozart gut gespielt wird.

Wiederauferstehung an der Ruwer
Christoph Tyrell und Ludwig Breiling

Weingut Karthäuserhof
54292 Eitelsbach
Tel. 0651/5121
Fax 0651/53357

»Sagenhaft ... ich könnte die ganze Flasche leeren«, schwärmte Christoph Tyrell über den Rotwein im zweiten Glas von rechts in der Reihe, die vor jedem von uns auf dem Tisch des Probierzimmers im Karthäuserhof stand. Er hatte genau meine Gedanken ausgesprochen, und ich bin sicher, daß wir nicht als einzige am Tisch so dachten. Obwohl wir mit einer Blindprobe der Pauillac-Weine des Bordeaux aus dem Jahrgang 1986 »objektives Weinverkosten« spielten, war doch jeder um den zweckentfremdeten Billardtisch auch mit der vollkommen unwissenschaftlichen Absicht gekommen, ein paar große Rotweine zu genießen. Der Wein, der Christoph Tyrells Lobesworte ausgelöst hatte, Château Clerc-Milon, war vielleicht nicht der größte auf dem Tisch – dort standen unter anderem Mouton-Rothschild, Lafite und Pichon-Lalande –, aber in diesem Moment schmeckte er einfach am köstlichsten. Dies machte Christoph Tyrells Worte noch sympathischer, er schien damit auch zu sagen: Wen kümmert es, welcher von diesen Weinen in 20 Jahren am besten schmecken wird? Köstlich ist köstlich.

Wenn ich im Frühling die jungen Weine des Karthäuserhofes verkoste, dann geschieht das in genau diesem Raum. Die blau-weißen Delfter Kacheln verleihen ihm eine Kühle, die ganz unabhängig von der Tatsache zu spüren ist, daß der Raum auch nach Norden liegt und kein direktes Sonnenlicht bekommt. Die Wärme kommt aus anderen Quellen. Das Bild aus farbigem Glas mit zwei betrunkenen Soldaten im Stil des 17. Jahrhunderts, die in ihren Stühlen vor einem Tisch hängen, auf dem noch die Reste eines eindeutig mit reichlichen Mengen an Wein heruntergespülten Mahls zu sehen sind, erinnert mich jedesmal an die Bordeaux-Probe im Sommer 1989. Bei seinen eigenen Weinen ist Christoph Tyrell jedoch zurückhaltender mit Lobesworten. Wenn in ihnen gelegentlich mehr als eine Spur der ungezügelten Begeisterung jener Nacht mitschwingt, dann bei Weinen, die genauso köstlich sind wie damals der 1986 Clerc-Milton. In den letzten Jahren gab es eine ganze Reihe davon, und Christoph Tyrell hat immer häufiger Gelegenheit, über die besten Karthäuserhof-Weine in Begeisterung auszubrechen.

Der Gegensatz zwischen dem impulsiven, begeisterungsfähigen Weingutsbesitzer und seinem ausgeglichenen, introvertierten Kellermeister Ludwig Breiling könnte nicht deutlicher sein als in einem solchen Moment. Normalerweise ist das äußerste bei Ludwig Breiling ein verhaltenes Lächeln oder einige leise Worte zu einem bestimmten Wein. Im Anzug und in einem Hörsaal würde er als Universitätsprofessor völlig überzeugend wirken. Es hört sich oft an, als ob er den Wein eines anderen lobte, mit einer solchen Distanz und in einem derart bedachten Ton beschreibt er die Ergebnisse seiner eigenen Arbeit. Die Weine der letzten Jahrgänge sind der überzeugende Beweis, daß Ludwig Breilings pedantisch genaue Aufmerksamkeit für jedes Detail in Weinberg und Keller und Christoph Tyrells Elan, sein Familienweingut wieder zurück an die Spitze zu bringen, an der es so lange stand, sich perfekt ergänzen.

Vor einem Jahrzehnt ging es im Karthäuserhof nicht um Stolz oder persönliche Ambitionen, sondern darum, den Betrieb vor der drohenden Katastrophe zu retten. Nachdem Christophs Vater, Werner Tyrell – deutscher Weinbaupräsident von 1967 bis 1981 und damit einer der Urheber des deutschen Weingesetzes von 1971 –, im Juni 1985 verurteilt wurde, da er manche seiner Prädikats-Weine während der Gärung illegal aufgezuckert hatte, brachen die Absatzzahlen zusammen. Jahrelang waren auf dem Karthäuserhof Investitionen versäumt und die Weine ungeschickt und nachlässig ausgebaut worden, so daß es vielen an Frische und Eleganz fehlte. Im Frühjahr 1984 begann Christoph Tyrell an den Weinen des Gutes mitzuarbeiten; gleichzeitig wurde Ludwig Breiling als Kellermeister eingestellt. Vom ersten Augenblick an nahmen die beiden radikale Veränderungen vor, um den Karthäuserhof-Weinen die Eigenschaften zurückzugeben, die sie bis in die frühen siebziger Jahre zu den angesehensten Weinen des gesamten Mosel-Saar-Ruwer-Gebiets und damit Deutschlands gemacht hatten.

Kurz nachdem ihm seine Mutter den Besitz überschrieben hatte, berief Christoph Tyrell am 3. Juni 1987 eine Pressekonferenz ein. Obwohl ein auf Strafrecht spezialisierter und an heikle Auftritte vor Gericht gewöhnter Rechtsanwalt, wirkte er sichtlich nervös, als sich die Gäste auf der Terrasse des Gutshauses versammelten. Dunkle Wolken zogen über den Himmel, durch seine Gedanken auch? Seine Feinfühligkeit stand im krassen Gegensatz zur Arroganz seines Vaters. Ausführlich erläuterte er die neue Philosophie für die Führung des Gutes und stellte seine Weine aus dem Jahrgang 1986 vor, die von hervorragender Qualität waren. Das alles brachte ihm rasch die Sympathie vieler anwesenden Journalisten ein. Beim anschließenden Mittagessen riskierte er es, zwei Meisterwerke seines Vaters zu servieren, edelsüße Auslesen aus den Jahrgängen 1966 und 1964 aus der Zeit, bevor er seine eigenen hohen Prinzipien aus den Augen verloren hatte. Es war ein gewagter Schritt, aber von dem Moment an, als der Weinkritiker und Nahewinzer Armin Diel lautes Lob auf die Weine äußerte, waren die begeisterten Schlagzeilen garantiert: Die Rückkehr des Karthäuserhofs zur einstigen Größe hatte begonnen.

Journalisten vereinfachen die Welt sehr gern, sie reduzieren sie zu einem Puppenspiel mit stereotypen Gestalten, die Gut und Böse verkörpern und die den einen Urkampf austragen. Sie stimmen die Bühnenbeleuchtung sorgfältig ab, damit selbst die kleinsten und unglaubwürdigsten Gestalten bedrohliche oder imposante Schatten werfen. Weinjournalisten neigen dazu, das Genie des »Weinmachers« heute als einzigen für große Weine verantwortlichen Faktor darzustellen.

Christoph Tyrells Geschichte aber macht deutlich, daß Weinqualität nicht nur und in direkter Folge von menschlichem Willen oder Talent abhängt. 1987 zerstörte Sauerwurm die Hälfte der Ernte des Gutes, 1991 richteten Frühlingsfröste und 1992 Hagel im Sommer ähnliche Schäden an. Die Häufung dieser Schicksalsschläge muß Christoph Tyrell an den Rand der Verzweiflung gebracht haben; würde er sein Ziel je erreichen? »Das Winzerleben ist hart und anstrengend, und manchmal fordert das seinen Tribut«, sagte er zu mir einige Jahre später, während er sich über einen meiner Artikel beklagte, in dem ich leise Kritik zum Ausdruck gebracht hatte.

Es war ein unangenehmer Moment, da ich gerade zum ersten Mal die sensationellen Karthäuserhof-Weine des Jahrgangs 1993 auf der Jahrgangspräsentation des Großen Rings (Mosel-Saar-Ruwer VDP) im Kurfürstlichen Palais in Trier verkostet hatte. Bei Weinen dieser Qualität gibt es einfach nur eine Geste, voller Bewunderung den Hut zu ziehen. Statt dessen mußte ich mich entschuldigen und verteidigen. Im Rückblick erscheint der Vorfall noch unangenehmer, da nach den wunderbaren 1993ern die ähnlich beeindruckenden 1994er, 1995er und 1996 folgten. In ihrer Gesamtheit stellen diese Weine die Verwirklichung der auf der Pressekonferenz im Juni 1987 geäußerten Vorhaben dar.

Es war nicht das erste Mal, daß ich mich Christoph Tyrell gegenüber in einer peinlichen Situation befand. Als eine amerikanische Zeitschrift einen in Auftrag gegebenen Artikel nicht veröffentlichte, den ich einige Monate nach der Pressekonferenz von 1987 über den Karthäuserhof geschrieben hatte, hatte ich mir auch gewünscht, die Erde würde mich verschlingen: In den Wintermonaten war ich auf den Karthäuserhof zurückgekehrt, um Christoph Tyrell für meinen amerikanischen Arbeitgeber zu interviewen. Er sprach offen über die schwierigen Tage, die seiner Übernahme des Betriebes vorausgingen, und die Probleme, denen er sich gegenübergestellt sah. Während der vorangegangenen Monate hatte er über all das bewußt geschwiegen, und er schien erleichtert, nun endlich darüber reden zu können. Am deutlichsten erinnere ich mich jedoch an etwas, das auch auf den an diesem Tag entstandenen Fotos zum Ausdruck kommt: an den optimistischen Ausdruck auf Christoph Tyrells Gesicht. Die 1986er Weine, die wir an diesem Wintertag nochmals verkosteten, schienen dasselbe auszustrahlen. »Wartet nur ab, was noch kommen wird!« Der Jahrgang 1993 hatte gezeigt, daß der Optimismus berechtigt gewesen war, aber als ich vor dem Kurfürstlichen Palais vor Christoph Tyrell meine Worte der Erklärung murmelte, schienen die Manuskript-Seiten des ungedruckten Artikels wie eine Anklage vor meinen Augen zu hängen.

Unter den vor nunmehr zehn Jahren entstandenen Aufnahmen ist eine mit dem seltenen Paradiesvogel: Ludwig Breiling mit einem strahlenden Lächeln. Ich habe es wieder gesehen, nur hatte ich bei meinem letzten Besuch auf dem Karthäuserhof im Juni 1996 keinen Fotoapparat bei mir. Der Grund für Breilings Lächeln war ein Kommentar seines Chefs, der darauf gewartet hatte, daß ich mit dem Verkosten der trockenen Weine des Jahrgangs 1995 fertig wurde und zu den Weinen mit natürlicher Restsüße übergehen würde, um zu bemerken: »Für die Deutschen klingt trocken gesund, und lieblich oder restsüß wie eine Herzattacke!« Ich lachte, holte Luft und wandte mich wieder den Weinen zu. Christoph Tyrell nahm erneut seine erwartungsvolle Haltung ein, an den Tisch gelehnt, mit einem Lächeln auf dem rosig schimmernden Gesicht. Seine restsüßen Rieslinge des Jahrgangs 1995 verursachten überhaupt keine Herzattacke, sondern schmeckten, als ob der strahlende Sommertag, der den gerade renovierten Karthäuserhof im Eitelsbachtal umgab, irgendwie durch die offenen Fenster geschlüpft wäre und sich in den Gläsern vor uns niedergelassen hätte. Die weißen Wattewolken und die blaue Weite schienen zusammen mit den ersten Rosen im Garten auf meiner Zunge zu tanzen, als ob ein lang vergessener Kindertraum mich plötzlich überfallen hätte. Ich fragte mich, ob die Karthäusermönche, die diese Weinberge seit 1335 nach der Übertragung des Gutes durch Kurfürst Balduin von Luxemburg bis zum Verkauf an die Familie Tyrell im Jahre 1811 bewirtschafteten, je Weine wie diese gemacht hatten. Hatten sie je an solch einem Sommertag solch einen Wein probieren können? Mit den ihnen zur Verfügung stehenden, wahrscheinlich ziemlich primitiven Mitteln, war ihnen solches Qualitätsniveau bestimmt selten gelungen. Plötzlich wünschte ich, sie könnten mit uns verkosten und die außergewöhnlichen Düfte riechen, die aus den Gläsern vor uns strömten. Herzattacke? Keiner von uns ist hingefallen. Die Weine wirkten eher wie ein Zaubertrank, der die Toten sich aus ihren Gräbern erheben lassen könnte. Ludwig Breilings Lächeln war verschwunden, und er wartete leidenschaftslos auf meine Kommentare. Also wandte ich mich nochmals den ernsten Aufgaben zu.

»Das Schlimmste ist die ständige Abhängigkeit von der Natur«, bemerkte Christoph Tyrell plötzlich in feierlichem Ton und erinnerte mich damit an unser Gespräch vor dem Kurfürstlichen Palais beinahe zwei Jahre zuvor. Wie üblich in solchen Situationen, in denen genau die richtigen Worte so viel bedeuten würden, fiel mir gar nichts ein. Vielleicht bin ich als Journalist, der von den Launen der Chefredakteure, die Artikel bestellen und dann doch nicht drucken, abhängig ist, zu weit von den Sorgen und Ängsten entfernt, mit denen Winzer aufgrund der Unvorhersehbarkeit der Natur konfrontiert sind. Zumindest jetzt aber habe ich eine Antwort für Christoph Tyrell: Aufgrund der Weine der letzten Jahre, so glaube ich, können nur die Unwägbarkeiten der Natur ihn und Ludwig Breiling zukünftig davon abhalten, herausragenden Wein zu machen. Egal ob trocken oder mit natürlicher Restsüße – Weine wie diese sollten jeden davon überzeugen, daß sagenhafte Rieslinge ganz und gar nicht zu Herzattacken führen. Im Gegenteil, eine ganze Flasche davon kann einem »zur Wiederauferstehung« verhelfen.

Die Rieslinge des Karthäuserhofes

Unter der steinigen obersten Bodenschicht der Lage Eitelsbacher Karthäuserhof, die sich im Alleinbesitz des Weingutes befindet, verbirgt sich ein Gesteinstyp, der sich von dem für das Mosel-Saar-Ruwer-Gebiet so typischen grauen Schiefer deutlich abhebt. Es handelt sich hier – wie auch in anderen Spitzenlagen, zum Beispiel dem Ürziger Würzgarten und dem Erdener Treppchen an der Mittelmosel – um stark eisenhaltiges Rotliegendes. Der Name Eitelsbach leitet sich von »Eisenbach« ab. Er macht deutlich, daß man diese Besonderheit schon sehr früh erkannt hat. Der Boden führt zu Weinen mit geradezu überschwenglich wirkenden Aromen: Apfel, schwarze Johannisbeeren, Erdbeeren, reife Stachelbeeren, Pfirsich, Grapefruit und Maracuja kommen alle in den Rieslingen des Karthäuserhofes gelegentlich vor. Sie verbinden sich mit einer pikanten Säure, die in der Jugend etwas scharf wirken kann, sich aber mit zunehmender Reife schnell harmonisiert. Die besten trockenen Weine der letzten Jahrgänge haben ein Alterungspotential von nahezu zehn Jahren. Die Spitzen-Spät- und Auslesen mit natürlicher Restsüße haben ein Vielfaches dieser Zeitspanne vor sich.

Probiernotizen Weingut Karthäuserhof

Riesling – Eitelsbacher Karthäuserhofberg »Grand Cru«

1993 SPÄTLESE TROCKEN 88
Die Weichheit der Pfirsichhaut und die Saftigkeit seines Fleisches.

1993 AUSLESE TROCKEN 89
Wo findet man Stachelbeeren, die so reif sind? Im imposanten Karthäuserhofberg!

1993 SPÄTLESE 90
Die Fruchtaromen springen förmlich aus dem Glas, immer noch ein wenig wild, aber bei Ruwer-Rieslingen ist solch eine lange Pubertät immer vielversprechend.

1993 AUSLESE »GOLDKAPSEL« (VERSTEIGERUNGSWEIN) 92
Eine delikate exotische Blume, die nur einmal auf einem bestimmten Berg gewachsen ist.

1993 AUSLESE »LANGE GOLDKAPSEL« (VERSTEIGERUNGSWEIN) 94
Die Verführung, ungeniert sinnliche Bewegungen; straff, dicht und subtil zugleich.

1993 EISWEIN NR. 37 (VERSTEIGERUNGSWEIN) 93
Kein Gigant, aber was für ein delikater Duft nach rosa Grapefruit.

1994 SPÄTLESE TROCKEN 86
Die herrlichen frischen Früchte, gerade im Garten gepflückt, dazu der steinige Nachgeschmack.

1994 AUSLESE TROCKEN 87
Noch aromatischer als sein »kleiner Bruder«, Säure, die zum Gaumentanz einlädt.

1994 SPÄTLESE 88
Wer kann diesem natürlichen Charme den Rücken zukehren? Nur jemand ohne Herz.

1994 AUSLESE »GOLDKAPSEL« (VERSTEIGERUNGSWEIN) 90
Kein heldenhaftes Posieren, zeigt Stil und eine ungezwungene Eleganz.

1994 AUSLESE »LANGE GOLDKAPSEL« (VERSTEIGERUNGSWEIN) 91
Eine lückenlose Kette saftiger Früchte von der Zungenspitze bis ganz weit hinten.

1995 SPÄTLESE TROCKEN 88
Ruwer-Rasse von ihrer schönsten Seite: mit ihrer schlanken jugendlichen Silhouette.

1995 AUSLESE TROCKEN 87
Beeindruckende Power, aber die Säure ist ein wenig streng (oder beurteile ich zu voreilig?).

1995 SPÄTLESE 90
Aus dem Herz für das Herz; die traubige Magie des Ruwer-Rieslings.

1995 AUSLESE »GOLDKAPSEL« (VERSTEIGERUNGSWEIN) 92
Die Duftigkeit von Blütenhonig ohne seine Schwere; kristallklar wie Bergwasser.

1995	AUSLESE »LANGE GOLDKAPSEL« (VERSTEIGERUNGSWEIN)	95

Die ganze Welt der Früchte, von den kleinsten Beeren bis zu den tropischen Riesen, meldet sich; alles vollreif und topfrisch.

1995 EISWEIN NR. 33 (VERSTEIGERUNGSWEIN) 96
Umarmt ohne Vorbehalt; ein junger Eiswein mit großer Brillanz, aber ohne heißes Temperament.

1996 SPÄTLESE TROCKEN 83
Streng gesehen eine strenge Angelegenheit; doch langsam zeigt sich Hingabebereitschaft.
Unruhe auf hoher See, aber die Wellen werden sich glätten und dann glänzen.

1996 *Spätlese* 86
Die pikante Seite des Ruwerweins, sehr fordernde Rasse, die sich erst noch beruhigen muß.

1996 AUSLESE 87
Ein langer Flur mit vielen verschlossenen Türen, dadurch noch etwas verwirrend.

Kein »poor little rich girl«
Annegret Reh-Gartner und Gerhard Gartner

Weingut Reichsgraf von Kesselstatt
Liebfrauenstraße 9–10
54290 Trier
Tel. 0651/75101
Fax 0651/73316

Bedeutend später, als ich gehofft hatte, traf ich beim Palais Kesselstatt ein, einem Rokoko-Bauwerk aus rotem Sandstein in einer der engen Straßen in der Nähe des monumentalen Trierer Doms, das den Hauptsitz des Weingutes Reichsgraf von Kesselstatt beherbergt. Es war am Nachmittag eines schönen Frühlingstages Ende März 1990, und ich war gekommen, um die jungen Weine des Betriebs aus dem Jahrgang 1989 zum ersten Mal zu verkosten. In der Befürchtung, daß die Probeflaschen mancher Weine vielleicht schon leer sein würden, rannte ich die imposante Steintreppe der gläsernen Eingangshalle in den ersten Stock hinauf. Annegret Reh hieß mich freundlich willkommen und wies mich darauf hin, daß zwei Weine zwar bereits ausverkauft seien, daß aber noch alle zur Verkostung bereit ständen. Zu meiner Freude stellte ich fest, daß die meisten Gäste bereits wieder gegangen waren. Ich hatte die Weine so gut wie für mich allein, keine lästigen Unterbrechungen würden mich stören. Während ich einen nach dem anderen der 47 Weine verkostete, die in einer langen Reihe rund um den gesamten Raum standen, wurde es draußen allmählich dunkel. Das elektrische Licht im Verkostungsraum ließ den nahenden Abend trüber erscheinen, als er eigentlich war. Die Weine schimmerten grünlich-golden in den hochstieligen Probiergläsern, doch in meinen Gedanken leuchteten sie noch heller. Es war eine hinreißende Kollektion, die ich die ganze Nacht lang hätte studieren und genießen können, auch nachdem der letzte Mitarbeiter nach Hause gegangen war. Es war der erste große Jahrgang, seit Annegret Reh einige Jahre zuvor begonnen hatte, in dem von ihrer Familie 1978 gekauften Betrieb zu arbeiten. Diese Weine und die des folgenden, noch größeren Jahrgangs 1990 ließen eine Menge Leute plötzlich aufhorchen. Mit ihnen begann Reichsgraf von Kesselstatt sich nicht nur als einer der Mosel-Saar-Ruwer-Spitzenerzeuger zu etablieren, sondern gleichzeitig als eines der wenigen großen deutschen Weingüter, die regelmäßig herausragende Weine hervorbringen.

Die Familie Reh herrscht über ein enormes Imperium von Wein- und Sektfirmen in Deutschland und Frankreich, wovon das Weingut Reichsgraf von Kesselstatt mit seinen 65 Hektar Weinbergen nur einen winzigen Bruchteil darstellt. Schon allein das Ausmaß der Reh-Unternehmen läßt Winzer mit ein paar Hektar die Familie mit Mißtrauen beäugen, und selbst einige der führenden Winzer des Gebietes scheinen es vorzuziehen, sich in sicherer Entfernung von Annegret Reh, inzwischen Reh-Gartner, zu halten. Aus meinem vollkommen unterschiedlichen Blickwinkel habe ich das noch nie verstehen können. Bei unserem ersten Treffen im April 1984 beeindruckte mich ihre Kombination aus Charme und Seriosität. »Charmant, ja, und im Bereich PR wirklich gut, aber keine Geschäftsfrau, und für den Verkauf taugt sie gar nicht«, lautete das mir zugeflüsterte Urteil eines leitenden Angestellten der Reh-Gruppe, während Annegret Reh außer Hörweite war. Inmitten von mißtrauischen Winzern und dummen sexistischen Kommentaren von Arbeitskollegen hatte sie wahrlich keinen leichten Start, um den Kesselstatt-Betrieb während einer allgemeinen Krisenzeit in der deutschen Weinbranche hochzubringen. Sie hat ihr Ziel durch ihr entschlossenes Engagement für den Betrieb erreicht, durch fortwährendes Lernen aus Fehlern und Erfolgen sowie durch die Art von harter Arbeit, zu der Töchter von reichen Vätern angeblich nicht fähig sind.

Viele Leute in der Mosel-Weinszene würden behaupten, daß sie dies ohne die Begabung des Kesselstatt-Kellermeisters Bernward Keiper nie geschafft hätte. Zweifelsohne schätzt Annegret Reh-Gartner ihn und seine Fähigkeiten sehr. Der freundliche, nette Bernward Keiper war indessen schon vor der Übernahme der Familie Reh im Betrieb tätig, und viele der Weine damals waren zwar gut, aber doch nicht mit dem heutigen Standard zu vergleichen. Annegret Reh-Gartner war es, die ihren Vater davon überzeugte, daß der Betrieb neue Kellergebäude bauen müsse, die schließlich 1987 in dem Miniatur-Märchenschloß Marienlay im Ruwertal fertiggestellt wurden. Sie ist es, die alle abschließenden Entscheidungen trifft: bei der eventuellen Zusammenlegung von Fässern zum Abfüllen, oder unter welchem Prädikat jeder Wein vermarktet wird. Als ich die Weine des Jahrgangs 1992 zum ersten Mal im Frühjahr 1993 verkostete, erzählte sie mir zum Beispiel, daß einige Weine ihren Vorstellungen ganz und gar nicht entsprochen hätten und »deshalb nichts anderes übrigblieb, als sie im Faß zu verkaufen, selbst wenn das einen schmerzhaften Verlust bedeutet«. Strikte Entscheidungen wie diese haben zu dem hohen Qualitätsstandard geführt, der den wichtigsten Faktor für den Erfolg des Gutes darstellt, die Tatsache, daß man Kesselstatt-Weine blind kaufen kann und sie immer mindestens gut sind. Diese Strenge bedeutet gleichzeitig für Bernward Keiper einen hohen Maßstab bei seinen Vorgaben. Mit Annegret Reh-Gartners Führung und Hilfe und mit Unterstützung durch den tüchtigen Verwalter des Betriebs, Gert Nußbaum, ist es ihm in den letzten fünf Jahren oft gelungen, den besten Kollegen Paroli zu bieten, ob sie nun Theo Haart, Egon Müller, Willi Schaefer oder Carl von Schubert heißen.

Ich erwähne die Namen gerade dieser Kollegen anstelle von zum Beispiel Haag, Loosen oder Prüm, da ihre Weinberge in denselben oder angrenzenden Lagen der Kesselstatt'schen liegen, und der Vergleich mit ihren Weinen sich daher anbietet. Ende der achtziger Jahre wurden viele Parzellen aus dem Kesselstatt-Besitz verkauft, so daß ihre Weinberge sich letztendlich auf vier Hauptzentren konzentrieren: Kasel an der Ruwer, nahe bei Marienlay, eine Reihe von Lagen an der Saar um den großen Scharzhofberg herum sowie Piesport und Graach an der Mittelmosel. In Graach liegt unter anderem die fünf Hektar große Alleinbesitzlage Josephshof, der lange Zeit seitens Kesselstatt keine besondere Bedeutung beigemessen wurde. Inzwischen wird diesen Weinen jedoch ganz besondere Sorgfalt zuteil, damit sich hinter diesem Namen, den kein anderer Erzeuger anbieten kann, immer etwas Bemerkenswertes verbirgt (siehe die Verkostungsnotizen für die überzeugenden 1993er, 1994er, 1995er und 1996er weiter unten!). Der Konkurrenzkampf mit den Winzerkollegen ist jedoch stets freundschaftlich, und Annegret Reh-Gartner ist die erste, die hervorragende Weine von Kollegen lobt. »An der Saar sind natürlich Egon Müllers Scharzhofberger unser Vorbild«, sagte sie mir vor kurzem in einem Ton, als ob sie gleichzeitig fragt: »Ist etwas anderes überhaupt vorstellbar?« Seit sie an der Saar lebt, haben die Weine dort für sie einen neuen Stellenwert gewonnen.

Gerhard Gartners Beziehung zu Annegret Reh begann, als er als Patron und Küchenchef im Restaurant »Gala« in Aachen, einem der wichtigsten Kesselstatt-Kunden in Deutschlands Spitzengastronomie, war. Das »Gala« war das erste deutsche Restaurant, das vom »Guide Michelin« zwei Sterne erhielt. »Als ich ihn kennenlernte, dachte ich, warum sind die wirklich netten Männer alle schon verheiratet?« hat sie mir einmal erzählt, aber als sie später heirateten, wurde das scheinbar Unmögliche wahr. Ihr Haus in Oberemmel liegt direkt neben dem Weingut von Hövel. Mit seinem bezeichnenden scharfen Humor schildert Eberhard von Kunow vom von Hövel-Betrieb ihre Nachbarschaft so: »Wenn ich auf der Toilette sitze, steht Gerhard Gärtner in seiner Küche nur einen Meter von mir entfernt.« Das Bekochen von Gästen ist jedoch nicht Gerhard Gartners einzige Beschäftigung. Neben Kochkursen und dem Schreiben für Gourmetzeitschriften leistet er einen erheblichen Beitrag zur Präsentation der Weine des Betriebs, die in seinem Herzen einen immer größeren Platz einnehmen. Er gibt einen ganz anderen Botschafter für das Gut ab als seine Frau, da er nicht von der Mosel stammt. Während sie gerne die Charakteristiken jedes einzelnen Weines analysiert, sieht Gerhard Gartner sie vom Standpunkt des genießerischen Konsumierens. So ergänzen sich die beiden beruflich nicht weniger wie privat.

Während viele der größten und berühmtesten deutschen Weingüter in Schwierigkeiten sind oder bemüht, sich nach schlechten Zeiten wieder aufzurappeln, steht Reichsgraf von Kesselstatt seit beinahe einem Jahrzehnt mit an der Spitze der deutschen Weinerzeuger. Die Tendenz geht immer noch weiter nach oben, zu noch besserer Qualität. Annegret Reh-Gartner hat bewiesen, daß es keinen Zweifel an ihren Fähigkeiten geben kann und sie ganz das Gegenteil eines »poor little rich girl« ist.

Die Reichsgraf von Kesselstatt-Rieslinge

Obwohl die Weine des Gutes aus Kasel an der Ruwer am wenigsten bekannt sind, gehören sie oft zu den besten. Sie wirken mit ihren dichten Cassis-, Brombeer- und Pfirsichnoten, für die die Ruwer-Weine berühmt sind, jedoch weniger betonter Säure als Weine anderer führender Erzeuger dieses Gebiets, trocken und mit natürlicher Restsüße gleichermaßen beeindruckend, ansprechend und voller Geschmack. Vollkommen harmonische trockene Saarweine sind eine Rarität, aber Kesselstatt gelingen jedes Jahr einige aus ihren Parzellen im berühmten Scharzhofberg. Die Kabinett und Spätlesen mit natürlicher Restsüße aus dieser Lage sind ebenfalls oft erstklassig. Die kraftvollsten Weine des Betriebs stammen aus den Weinbergen in Piesport und Graach. Der Großteil der Piesport-Weine geht in den Export, lediglich ein Teil landet im »Palais Kesselstatt«, dem trockenen Marken-Riesling des Betriebs von verläßlich hoher Qualität (immer mindestens 80 Punkte). Ob trocken oder mit natürlicher Restsüße, die Josephshöfer Weine aus Graach sind immer reichhaltig und edel und ähneln in Spitzenjahrgängen erstklassigen Rheingauern.

Probiernotizen Weingut Reichsgraf von Kesselstatt

Riesling – Scharzhofberg »Grand Cru«

1933	SPÄTLESE TROCKEN	87
	Die Selbstsicherheit des Aristokraten; hier herrscht durchgehend Eleganz.	
1993	AUSLESE	91
	Hält sich souverän im Thronsaal, trotz der beachtlichen Ausmaße seines Körpers.	
1993	EISWEIN	94
	Eine perfekte Papaya auf feinstem Porzellan wird auf einem Silbertablett angeboten. Dieser Versuchung zu widerstehen kommt einfach nicht in Frage.	
1994	SPÄTLESE TROCKEN	84
	Die Überschwenglichkeit der Jugend ist abgelegt, aber ihre Vitalität bleibt.	
1994	AUSLESE	90
	Vielleicht nicht der Subtilste, aber wer lehnt solch einen Leckerbissen ab? Süße, ja, aber was für eine Duftwolke umgibt diese feine Süße!	
1994	TROCKENBEERENAUSLESE	96
	Man kann ihn so nehmen, wie er ist, aber eigentlich bekommt man wenig, wenn man sich seinen Bedürfnissen – Zeit und nochmals Zeit! – nicht unterwirft. Trotz aller Kraft und Fülle ist er fein, und diese Finesse wird mit der Zeit immer mehr zur Geltung kommen.	

1995 SPÄTLESE TROCKEN 83
Eine Schönheit, die momentan schlecht gelaunt – sprich, etwas sauer – ist; wird langsam, aber sicher zu sich kommen.

1995 AUSLESE 88
Vielleicht geriet ein Löffel Honig zuviel in den Kuchen, aber es war guter Honig ...

1995 EISWEIN 90
Ganz sauber, aber schreit ungeduldig nach Gänsestopfleber und ähnlichen dekadenten Dingen.

1996 SPÄTLESE TROCKEN 83
Ein wenig von der Härte des Schiefersteins prägt die straffe Gestalt.

1996 BEERENAUSLESE 93
Noch gänzlich unausgewogen, doch werden die einzelnen Zweige Anfang des nächsten Jahrhunderts zusammenfinden und eine spannende Einheit bilden.

1996 EISWEIN 97
Die Aromen- und Säurebomben landen mitten im Ziel, und die Geschmacksexplosion schlägt Wellen, die kaum aufzuhören scheinen; enormes Entwicklungspotential.

Riesling – Josephshöfer »Grand Cru«

1993 SPÄTLESE 87
Die wunderschöne Harmonie des Jahrgangs, ungewöhnlich schlank für diese Lage.

1993 AUSLESE 92
Reichhaltige Schätze füllen eine große Vitrine, üppig und delikat zugleich.

1994 SPÄTLESE 89
Ein Berg von reifen Früchten, und unter ihrem eigenen Gewicht fließt der Saft.

1995 KABINETT TROCKEN 87
Frische Grapefruit und die Power des Gesteins bilden ein kleines Meisterwerk.

1995 SPÄTLESE 91
Kraft drückt sich in Würze aus, und Rasse läßt sich in nachhaltiger Brillanz spüren.

1995 Auslese »Lange Goldkapsel« 94
Größe im metaphorischen sowie wahren Sinn des Wortes, enorme Dichte wie weit unter der Erde, wo Diamanten entstehen. Erst im nächsten Jahrhundert in seiner besten Form.

1996 Kabinett trocken 82
Charmanter Duft und erfreuliche Substanz bieten der ausgeprägten Säure durchaus Paroli.

1996 Spätlese 89
Vorne fast üppig und extravagant, aber hinten ganz klar und straff; viel Potential.

1996 Auslese »Lange Goldkapsel« 90
Der Wein knistert förmlich: Vorsicht, Hochspannung!

Jungwinzer und Schloßherr
Thomas Haag

Weingut Schloß Lieser
Am Markt 1
54470 Lieser
Tel. 06531/6431
Fax 06531/1068

Es passiert nicht oft, daß ein deutscher »Jungwinzer« – und mit seinen 30 Jahren gehört Thomas Haag zweifellos in diese Kategorie – vom eigenen Erfolg überrascht wird. Angesichts der schwierigen Zeiten, die die deutsche Weinbranche in den letzten zehn Jahren durchgemacht hat, erfordert es eine gehörige Portion Mut und Entschlossenheit von einem jungen Menschen, unter diesen Umständen ein Weingut zu übernehmen; normalerweise leiden derart entschlossene Menschen auch nicht unter mangelndem Selbstvertrauen. Wenn sie dann Erfolg haben, überrascht es kaum, daß sie darin nicht nur die Bestätigung ihrer Entscheidung sehen und daß ihr Aufwand richtig investiert war, sondern daß sie auch entsprechend stolz auf ihre Leistung sind.

Thomas Haag ist sich seiner Verdienste wohl bewußt: 1992 hat er die Führung des heruntergekommenen Weingutes Schloß Lieser übernommen und es innerhalb von nur fünf Jahren zu einem der angesehensten Güter an der Mosel gemacht. Aufmerksam verfolgt er die Fachpresse, und er hat nicht eine einzige der lobenden Erwähnungen übersehen, die ihm und seinen Weinen in diesen Jahren gewidmet worden sind. Das Erstaunliche aber ist, daß sein Stolz ganz und gar auf der ungeheuren Arbeit und Mühe beruht, die er in dieses Weingut gesteckt hat. Weder bildet er sich – wie viele andere »Jungwinzer« – etwas auf seine Weine ein, noch ist seine Einschätzung von ihrer Qualität überzogen. Eher ist das Gegenteil der Fall.

Am Morgen einer der wenigen heißen Tage im Juni 1996 saß ich mit ihm im Hof inmitten der großzügigen, beinahe mächtigen Schieferbauten, in denen auch das Weingut untergebracht ist. Wir verkosteten 20 von den Rieslingen, die er in den Jahren 1993, 1994 und 1995 gemacht hat. Die Atmosphäre hätte nicht entspannter sein können: Wir saßen im Grünen unter einem Sonnenschirm, und lediglich der Umstand, daß wir den Wein auf das in der Sonne schimmernde Kopfsteinpflaster spuckten, verriet den Ernst der Sache. Viele dieser Weine begeisterten mich; die gelungensten unter ihnen gehören zum Besten, das in diesen drei guten Jahrgängen an der Mosel erzeugt worden ist. Wie gewöhnlich machte ich keine Anstalten, meine Notizen oder Bewertungen der Weine zu verstecken, so daß es schnell klargeworden sein muß, was ich genau von den Weinen hielt. Thomas Haag sah erfreut aus, aber auch ein wenig verblüfft. Als wir über die Weine diskutierten, hatte ich immer mehr den Eindruck, daß er sich über die Anerkennung seiner Arbeit freute, indessen nicht recht wußte, wie er mit dem hohen Lob für seine Weine fertig werden sollte.

Der Sohn von Wilhelm Haag zu sein stellt für Thomas Haag sicher ein zweischneidiges Schwert dar. Auf der einen Seite wurde seine Arbeit dadurch natürlich sehr viel schneller zur Kenntnis genommen, als wenn sein Name Schmidt und er der Sohn des örtlichen Gastwirts gewesen wäre; dann wäre er heute vielleicht immer noch unentdeckt. Auf der anderen Seite werden seine Weine heute genauso wie vor fünf Jahren stets sowohl in der Qualität als auch im Stil mit denen seines Vaters verglichen. Viele haben über ihn geschrieben, es sei gar nicht überraschend, wie gut seine Weine seien – angesichts dieses Vaters. Das ist vielleicht nicht ganz falsch, aber es muß doch ein merkwürdiges Gefühl für ihn sein, ständig mit dem eigenen Vater verglichen zu werden. Manchmal entsteht so sicher der Eindruck, als wäre die reine Energie, die er in die Erzeugung dieser Weine gesteckt hat, sein einziges eigenes Verdienst, als seien alle anderen Ideen und Impulse aus der einen anderen Quelle geflossen. Vielleicht erscheint es ihm auch von Zeit zu Zeit in den späten Abendstunden, als käme der Schatten des eigenen Vaters die wenigen Kilometer von Brauneberg über die Mosel nach Lieser gekrochen und lege sich über Schloß Lieser und ihn.

Keinesfalls hat Wilhelm Haag das beabsichtigt. Er hat zwar alles getan, um seinen ältesten Sohn auf Schloß Lieser zu unterstützen. Gleichzeitig hat er sich aber deutlich auf Distanz gehalten. Es liegt ihm sehr daran, daß die Weine vollkommen das Werk seines Sohnes sind und daß der Ruhm somit auch nur ihm gebührt. Aber wie wir alle trägt Thomas Haag seine ungewählten Verwandtschaften mit sich.

In der Sonne wurde es draußen zu heiß, so daß wir ins Probierzimmer flüchteten. Die rustikale Einrichtung ist ein wenig zu sehr auf »Toskana« getrimmt und wirkt auf eine Weise halbherzig, die man Thomas Haags Weinen aus 1995 keineswegs nicht vorwerfen kann. Der einzige Grund, warum er immer noch ein Insider-Tip und kein gefeierter Star der internationalen Weinszene ist, sind die Imageprobleme des deutschen Weins sowohl »zu Hause« als auch im Ausland. Wenn er in der Toskana anbieten würde, wäre er sicher bekannter und erfolgreicher. Aber da er weiß, wieviele Jahre des harten Kampfes es seinen Vater gekostet hat, um seinen Ruf aufzubauen, scheint ihn das weder zu überraschen noch zu stören. Auf welche Schwierigkeiten er auch immer mit Schloß Lieser gestoßen ist, die Weine verkaufen sich gut. Mit der Gewißheit, daß das Gut kontinuierlich Fortschritte macht und mit der positiven Presse ist er mehr als zufrieden.

Thomas Haag ist glücklich darüber, daß sich die harte Arbeit ausgezahlt und seine Entscheidung für das Gut als richtig erwiesen hat. Das bedeutet jedoch nicht, daß er von Anfang an genau gewußt hätte, welche Art von Weinen er machen wollte, oder daß es seitdem keine Veränderungen gegeben hätte. Die einfachsten Weine des Gutes, ein trockener Riesling-Qualitätswein und ein Riesling Kabinett mit natürlicher Restsüße, die beide ohne Lagenangabe vermarktet werden, sind eigenständige Geschöpfe, die nicht nach Schema »F« entstanden sind. Anders als viele andere trockene Qualitätsweine an der Mosel besitzt der Wein von Thomas Haag nicht die gesetzlich erlaubten knappe 12°, sondern nur 10°, was ihn eleganter erscheinen läßt. Der Riesling Kabinett ist weit weniger süß als die übliche Norm für einen nicht trockenen Wein im Gebiet. Typische Moselwinzer würden das als Dummheit betrachten. »Er ist weder süß noch trocken«, wäre ihr Kommentar, aber gerade durch diese Balance und die lebendige Frucht wirkt dieser Wein so ansprechend.

Völlig zu Recht gründet sich der Ruf des Gutes jedoch auf Thomas Haags Auslesen aus der äußerst steilen, aber noch wenig bekannten Lage Niederberg-Helden. Als ich diese Meisterwerke verkostete – ein Wein hinreißender als der andere – saß er mir so ruhig gegenüber, als sei ich ein Bankangestellter, der ein von ihm ausgefülltes Formular überprüfe. Vielleicht kann er seine Empfindungen auch nur besonders gut verbergen. Auf keinen Fall kann er an meiner Überzeugung gezweifelt haben, daß dies sehr große Weine sind. Keinerlei Schatten, ob real oder irreal, beeinträchtigt ihre rassige Brillanz, nichts entblößt ihre geschmackliche Intensität. Thomas Haag glaubt vielleicht, noch am Anfang zu stehen – und dies ist sicher für einen Winzer eine genauso gesunde Einstellung wie für einen Künstler oder Schriftsteller –, aber diese Leistungen stehen in gar keinem Verhältnis zu der Umgebung, in der sie geschaffen und präsentiert werden.

Die Gebäude, die das Weingut Schloß Lieser beherbergen, liegen direkt neben dem eigentlichen Schloß, einem bombastischen Schieferbau – Entschuldigung – Palast aus der Jahrhundertwende, der die Gutsgebäude zwergenhaft erscheinen läßt. Ebenso übermächtig war der Ruf der Schloß-Lieser-Weine aus den vierziger und fünfziger Jahren, zumindest für jene, die mit der neueren Geschichte des Gebietes vertraut sind. Daneben schien alles, was Thomas Haag zu Beginn hier tat, zu verblassen. Aber das hat sich grundlegend geändert. Seine besten Weine aus den letzten Jahrgängen brauchen keinen Vergleich zu scheuen, auch nicht mit dem Palast, wonach sie benannt sind. Inzwischen stellen sie viele Weine mancher bekannter und hochangesehener Erzeuger des Gebietes in den Schatten. Thomas Haag und Schloß Lieser gehören zur ersten Wein-Riege im Mosel-Saar-Ruwer-Gebiet, somit ganz Deutschlands und der Welt.

Die Rieslinge von Schloß Lieser

Der größte Teil der Produktion wird lediglich unter dem Gutsnamen ohne Lagenangabe vermarktet. Zugleich leicht und charaktervoll, stellen die Weine das beste Preis-Leistungs-Verhältnis dar, das zur Zeit im Mosel-Saar-Ruwer-Gebiet zu finden ist, einem Gebiet, dessen Preisentwicklung den wachsenden internationalen Erfolg während der letzten Jahre widerspiegelt. Der einzige auf den Etiketten angegebene Lagenname ist der des Lieserer Niederberg-Helden, einer Spitzenlage, die in Vergessenheit geraten war, da hier lange Zeit niemand bemerkenswerte Weine erzeugt hat: Nachlässigkeit ruiniert die Weine aus Spitzenlagen ebenso wie die aus mittelmäßigen Weinbergen! Die Helden-Rieslinge weisen verblüffende Ähnlichkeit mit denen aus dem Brauneberg auf, der einen kurzen Spaziergang flußaufwärts liegt. Genau wie sie besitzen sie gleichzeitig Kraft und rassige Eleganz und zeigen oft ein deutliches Vanille-Aroma. Sie sind als junge Weine schon sehr beeindruckend, besitzen aber bei sachgemäßer Lagerung alle das Potential, um mindestens ein Jahrzehnt lang zu reifen.

Probiernotizen Weingut Schloß Lieser

Riesling – Lieserer Niederberg-Helden »Grand Cru«

1993 AUSLESE 90
Mineralische Festigkeit versteckt sich in feinster Sahne.

1993 AUSLESE** 92
Der große Mann betritt den Saal, alle gucken hin und reden weiter. Hinter ihm schreitet eine bezaubernde Frau, und plötzlich gibt es Stille. Die Göttin der Erde steht vor uns.

1994 SPÄTLESE 88
Eine pikante Angelegenheit, die zu großer Freude führt; Leichtigkeit mit ernster Miene.

1994 AUSLESE** 90
Vibrierende Würze, tanzende Mineralien, reizende Spannung, dann ein eleganter Abschied.

1994 TROCKENBEERENAUSLESE 96
»In 100 Jahren wird er immer noch toll schmecken«, sagte mir Thomas Haag, »aber wann sollten solche Weine getrunken werden, jetzt, oder in 10, 20, 100 Jahren?« Dieser brillante Gigant lädt uns sowohl jetzt wie auch in 100 Jahren zum großen Genuß ein.

1995 SPÄTLESE 90
Fängt ein wenig leise an, aber wächst crescendo-artig und will einfach nicht aufhören.

1995 AUSLESE 92
Gardenia- und Pfirsichduft wird von einer brisanten Säure entzündet; es folgt eine wahre Geschmacksexplosion.

1995 AUSLESE*** A.P.-NR. 12 96 95
Majestätische Vermählung von atemberaubender Opulenz und seidiger Eleganz, und die Klarheit von Felsbrunnenwasser. Ein großer Wurf! Enormes Entwicklungspotential.

1996 SPÄTLESE 88
Viele feine Frucht- und Blütennoten umgeben den dichten stahligen Kern.

1996 AUSLESE 90
Eine noch dominante Säure, die den schönen Körper eng in ein Korsett schnürt, aber was für ein wundervoller Körper steckt in diesem Korsett!

1996 AUSLESE*** 92
Die Überreife der Trauben hat sich veredelt und einen Giganten ergeben, aber noch schläft der Riese. Große Geduld wird sich groß auszahlen.

1996 BEERENAUSLESE (FASSPROBE) 94?
In 100 Jahren wird man singen »Forever Young«, aber jetzt ist der Genuß mit Schmerz – ein Peitschenhieb von Säure! – verbunden.

Riesling Spätlese trocken (ohne Lagenbezeichnung)

1994 85
Eine überzeugende Harmonie, bei der Frische und Ausgeglichenheit zusammentreffen.

1995 85
Schlankheit ohne eine Spur von Strenge – die weißen Johannisbeeren lassen grüßen.

1996 84
Viel Stoff und Fülle bändigen die ausgeprägte Säure und verleihen dem Wein eine gute Zukunft.

Löwenherz
Karl Josef Loewen

Weingut Carl Loewen
Matthiasstraße 30
54340 Leiwen
Tel. 06507/3094
Fax 06507/3464

Die unauffällige Kleinstadt Leiwen an der Mosel besteht zum größten Teil aus modernen Ein- und Zweifamilienhäusern. Sie liegt auf der sanft gewölbten Landzunge einer der großen Schleifen, die der Fluß auf seinem Lauf zwischen Trier und Koblenz beschreibt. Um den Ort herum erstrecken sich ausgedehnte Weinberge, die fast alle erst während der letzten Jahrzehnte angelegt worden sind. Sie gehören nicht zu der hervorragenden Weinbergs-Lage Leiwener Laurentiuslay, deren Reben sich an den extrem steilen Felsen auf der anderen Seite des Flusses festklammern. Aus dem Speckgürtel um den Ort ernteten die Leiwener Winzer in den siebziger und achtziger Jahren riesige Mengen von Wein; Wein, der den Namen des Ortes zu einem Synonym für die Massenproduktion billiger Konsumweine machte, die zusammen mit vielen anderen »Massenweinen« dem Ruf Deutschlands als Herkunftsland für hochwertige Weine damals schwer geschadet haben. So wie Leiwen damals bei den »Innovationen« führend war, spielte es jedoch auch eine wichtige Rolle bei der Rückkehr zu Qualität und den klassischen Rebsorten, die in den achtziger Jahren einsetzte.

Der 1985 gegründete Verein der »Leiwener Jungwinzer« hat das jahrhundertealte moseltypische Mißtrauen zwischen Kollegen und Nachbarn im Ort aufgebrochen. Die Mitglieder besuchen einander in den Kellern zu Jungweinproben, sie tauschen Informationen über Anbautechniken und Ausbaumethoden aus und leisten sich gegenseitig moralischen Beistand. Bei den jährlichen Blindproben wählt eine Jury unabhängiger Experten die Weine der »Top Leiwen Selection«. All dies hat den gesunden Wettbewerb zwischen den Winzern des Ortes gefördert, zu einem allgemein höheren Qualitätsniveau geführt und die Aufmerksamkeit auf die Leiwener Laurentiuslay gezogen, deren Potential lange in Vergessenheit geraten war. Trotz einiger Schwachpunkte war diese Entwicklung insgesamt sehr positiv. Schade ist nur, daß keiner der anderen Weinbauorte im Gebiet dem Beispiel der Leiwener richtig gefolgt ist.

Was war aber nun das Charakteristische an den Loewen-Weinen, das sie von Anfang von denen der anderen Leiwener Jungwinzer deutlich unterschied? Was veranlaßte Karl Josef Loewens Kollegen dazu, diese Weine entweder abzulehnen oder demonstrativ zu ignorieren, die mich aber stark anzogen?

Jeder, der seiner Nahrung auch nur ein Mindestmaß an Aufmerksamkeit widmet, sollte in der Lage sein, einen schlechten Wein schnell zu erkennen. Auch gute Weine sind recht einfach zu verstehen. Frische, Harmonie und die ansprechenden Aromen, die ihren Ursprung in reifen Trauben haben, sind nicht zu übersehen. Der Unterschied zwischen guten und großen Weinen ist jedoch gar nicht so leicht festzustellen. Tatsächlich kann man große Weine leicht verkennen, besonders, wenn sie noch zu jung sind. Sie können in ihren ersten Jahren richtige häßliche Entlein sein, bevor sie zu prächtigen Schwänen heranreifen. Man muß entweder mit dem Gespür für große Weine geboren sein – was selten der Fall ist – oder dieses durch die Erfahrung beim Verkosten langsam entwickeln.

Obwohl die ersten Weine, die ich von Karl Josef Loewen probierte, die trockenen 1990er, nicht annähernd so beeindruckend waren wie seine heutigen Weine, deuteten sie doch schon die zukünftige Größe an. Vielleicht ist es doch nicht so überraschend, daß nur wenige seiner Kollegen dies erkannt haben, denn wo kann man in Leiwen große Weine trinken? In dem ganzen Gebiet gibt es nur wenige Restaurants oder Hotels mit einer anständigen Weinkarte, ganz zu schweigen von großen Weinen auf diesen Karten.

Mein erster Besuch bei den Loewens zeichnete sich durch eine alles beherrschende Normalität aus. Abgesehen vom Blick auf die Weinberge hätte das gemütlich eingerichtete Haus auch in einem beliebigen Vorort irgendeiner größeren deutschen Stadt stehen können. Im Mittelpunkt von Karl Josef Lowens Interesse standen damals, wie bei vielen deutschen Winzern, trockene Rieslinge. Er ahnte aber, daß seine Weine mit etwas natürlicher Restsüße noch besser hätten sein können. In diesem Stil werden beinahe alle großen Mosel-Saar-Ruwer-Weine ausgebaut, doch Anfang der neunziger Jahre zeigte Karl Josef Loewen für diese Richtung wenig Enthusiasmus. Das wird verständlicher, wenn man bedenkt, wie schrecklich lieblos gemachte süße Moselweine schmecken können. Er war sich noch nicht darüber im klaren, daß mit den Verbesserungen im Weinberg und im Keller die Weine nicht nur klarer, eleganter und fruchtiger werden, sondern auch an Individualität gewinnen würden. Die noch verhaltenen Aromen, die Karl Josef Loewens Weine des Jahrgangs 1990 bereits von denen seiner Kollegen unterschieden, wurden immer stärker und eigenständiger, je besser die Weine wurden.

Karl Josef Loewen hat einen kompromißlosen Zug in sich und ist kein empfindlicher oder eitler Mensch. Das Unverständnis, auf das er mit den neuen ausdrucksvollen Weinen bei seinen Kollegen und Nachbarn anfänglich stieß, störte ihn nicht allzusehr und warf ihn auch nicht aus der Bahn. Zusammen mit dem Lob von einigen Kritikern und Kunden bestärkte es ihn eher in der Entschlossenheit, weiter seinen eigenen Weg zu gehen. Die Werke eines neuen Künstlers werden anfangs oft verkannt und erst nach mehreren Jahren und wiederholtem Ausstellen vom Publikum überhaupt zur Kenntnis genommen. Dieser Prozeß verlangsamt sich noch, wenn ein Künstler mit seinem Stil gegen den Strom der herrschenden Mode anschwimmt. Genau das passierte Karl Josef Loewen. Fast alle seine Kollegen in Leiwen machten Weine in einem Einheits-Stil: sehr schlanke, trockene, eher neutral wirkende Rieslinge. Mit seinen intensiven, aromatischen Weinen mit natürlicher Restsüße hatte er deshalb anfangs einen schweren Stand, weil sie nicht dem »Leiwener Stil« entsprachen. Inzwischen hat sich das Blatt gewendet, und die ersten unter seinen Kollegen fangen mit Weinen an, die seinen etwas ähnlich sind.

Der Erfolg hat auf dem Weingut Loewen wenig verändert, außer daß er es Karl Josef Loewen ermöglicht hat, 1992 und 1995 Parzellen in der Laurentiuslay dazuzukaufen. Zwar ist inzwischen beinahe die gesamte zum Gut gehörende Fläche mit Riesling bestockt, doch stehen nur knapp die Hälfte davon auf den steilen Schieferlagen, die an der Mosel die Voraussetzung für große Rieslinge bilden. Dies setzt nun, wo der Name des Weingutes immer bekannter wird, deutliche Grenzen in bezug auf die Produktionsmenge. Das Problem besteht darin, daß auch die anderen Leiwener Winzer inzwischen die Eleganz und feinen Aromen der Rieslinge aus der Laurentiuslay schätzen gelernt haben. Wenn Parzellen in dieser Lage zum Verkauf kommen, ist Karl Josef Loewen bei weitem nicht der einzige Interessent. Das macht die Ausdehnung seiner Rebfläche dort schwierig und teuer.

Diese Situation wäre sicher frustierend gewesen, wenn Karl Josef Loewen nicht bereits einige Jahre bevor ich ihn kennenlernte, Flächen in relativ unbekannten Steillagen angekauft hätte. Die wichtigsten darunter sind die Pölicher Held und die Detzemer Maximiner Klosterlay. Namen, die zwar außerhalb des Moseltals unbekannt sind, die aber für steile Weinberge mit steinigen Böden stehen, in denen die Riesling-Rebe regelmäßig hohe Reifegrade erreicht. Seit Anfang der neunziger Jahre ist Karl Josef Loewen ein Verfechter dieser Lagen und erzeugt hieraus sehr gute, eigenständige Weine, die das vorhandene Potential deutlich machen. 1996 hat er eine Parzelle in der Thörnicher Ritsch hinzugefügt, einer großartigen, aber vollkommen in Vergessenheit geratenen Lage, da von diesen terrassierten Hängen seit 20 Jahren niemand mehr bemerkenswerte Weine produziert hat. Sein erster Thörnicher Wein hebt sich deutlich von den anderen Loewen-Weinen ab, er wirkt fester und »steiniger«. Er zeigt eine asketische Schönheit, die in starkem Kontrast zu Charme und Noblesse der Laurentiuslay-Weine steht. Angesichts des beeindruckenden Charakters und der hervorragenden Qualität dieses Weines ist es keine Überraschung, daß Karl Josef Leiwen vorhat, seinen Besitz in dieser Lage bei der nächsten Gelegenheit weiter auszudehnen.

Die Hänge des Moseltals sind mit Reben bedeckt, seit die Römer hier in großem Stil Weinberge anlegten, um den Durst der Trierer zu stillen, damals der größten Stadt nördlich der Alpen. Der Anteil guter und großer Weine ist hier zwar deutlich höher als in vielen anderen Anbaugebieten Deutschlands, aber dennoch ist diese Landschaft in Gefahr. Der immer noch schlechte Ruf der deutschen Weine in ihrem eigenen Land und das besondere Vorurteil vieler Deutscher gegen Moselweine – »Trinkmarmelade« oder »billiges Gesöff« – führt dazu, daß nur die relativ kleine Anzahl von Weingütern, deren Produktion an hochwertigen Weinen sich für den Export eignet, wirklich wirtschaftlich arbeiten können. Viele junge Moselwinzer ziehen es verständlicherweise vor, einen anderen Beruf auszuüben und sich nicht für ein dürftiges Einkommen in den Steilhängen abzurackern. Die erfolgreichen Erzeuger übernehmen, was immer ihnen in den berühmtesten Lagen angeboten wird. Doch in ebenfalls hervorragenden, aber weniger bekannten Lagen werden immer mehr Flächen dem Wildwuchs preisgegeben. Die einzige Hoffnung für diese Weinberge besteht in Winzern wie Karl Josef Loewen, die das dortige Potential erkennen und in der Lage sind, es in gute Weine zu verwandeln. Ohne solche Winzer wird eine Tragödie ihren Lauf nehmen.

All das zusammen läßt Karl Josef Loewen wie einen zur Rettung herbeieilenden Ritter erscheinen, was er weder ist noch sein möchte. Sein Ehrgeiz und Idealismus sind stark, und diesen Eigenschaften steht ein nüchterner Realismus und eine Nachdenklichkeit gegenüber, wie sie unter den jungen Winzern in Leiwen sowie im ganzen Gebiet selten anzutreffen sind. Karl Josef Loewen weiß, daß selbst seine besten Weine noch nicht das mögliche Optimum darstellen, und er weiß auch, wieviel Arbeit noch erforderlich ist, um die hervorragenden Ergebnisse der letzten Jahrgänge zu atemberaubenden zu machen. Ihm ist klar, daß sich im Weinbau in den ersten Jahren mit neuen Ansichten und Vorgehensweisen sprunghafte Fortschritte verwirklichen lassen. Ab einem gewissen Punkt aber sind weitere Steigerungen nur durch ein noch kompromißloseres Vorgehen bei jedem kleinen Detail möglich. Mit der Kompromißlosigkeit steigen die Produktionskosten, und alles zusammen erfordert eine Besessenheit, die von manchen öffentlich belächelt wird.

In gewisser Hinsicht kann Karl Josef Loewen sich glücklich schätzen, daß er nicht nur Weinberge besitzt, die im Anbau sehr kostenintensiv sind, sondern auch solche, die sich maschinell bewirtschaften lassen. Sie liegen in den eher flachen Lagen um den Ort herum. Sicher sind hier keine herausragenden Weine möglich, doch hat Karl Josef Loewen Anbaumethoden entwickelt, um ansprechende, fruchtige, trockene und halbtrockene Alltags-Weine zu erzeugen. Er füllt diese Rieslinge in Literflaschen und verkauft sie zu einem recht bescheidenen Preis, um sie deutlich von seinen besten Weinen zu unterscheiden. Diese soliden Weine haben das kompromißlose Qualitätsstreben ermöglicht, das hinter den großen Weinen steht, die Karl Josef Loewen seit 1992 gemacht hat. Doch weder sie noch seine vielen guten und exzellenten Weinberge oder irgendwelche anderen Faktoren genügen, um seine Meisterwerke ausreichend zu erklären. Karl Josef Loewen hat zweifellos auch von der allgemeinen Entwicklung in Leiwen profitiert, doch vor allem ist er seinem eigenen Herzen gefolgt, und die Weine spiegeln das in aller Deutlichkeit wider.

Die Rieslinge vom Weingut Carl Loewen

Auf die Frage nach seiner besten Lage antwortet Karl Josef Loewen ohne Zögern: »Die Leiwener Laurentiuslay!« Aus ihr kommen nicht nur seine gehaltvollsten, sondern auch seine finessenreichsten Weine, und die

Lage verdient zweifellos, zu den besten in diesem Talabschnitt gezählt zu werden. Lange rangierte die Detzemer Maximiner Klosterlay an zweiter Stelle der internen Gutshierarchie. Der steinige Boden dieser Lage ergibt Weine mit zurückhaltenden Aromen und einer an die Saarweine erinnernden stahligen Säure. Doch ist seit kurzem die Thörnicher Ritsch die Dritte im Bunde, eine selbstbewußte Persönlichkeit mit festem mineralischen Kern. Man muß abwarten, wie die hier wachsenden Weine sich entwickeln werden. Der Großteil der Weine aus dem Leiwener Klostergarten wird trocken oder halbtrocken ausgebaut und in der Literflasche vermarktet; dabei wird stets ein gutes Niveau erreicht. Die Eisweine aus dem besten Teil des Klostergartens – steile Schieferböden – können grandios sein.

Probiernotizen Weingut Carl Loewen

Riesling – Leiwener Laurentiuslay »Grand Cru«

1992 AUSLESE 90
Wenn man in den Pfirsich beißt, fließt der Saft links und rechts herunter, klebt aber nicht.

1993 AUSLESE 92
Äußerlich sitzt man noch auf seinem Platz, wenn man diese große Laurentiuslay trinkt, doch innerlich ist man von dem vielschichtigen Charme und Tiefgang entführt und lange festgehalten worden.

1994 AUSLESE 90
Vielleicht nicht der Feinste seiner Gattung, aber doch reichlich ausgestattet und schlüssig zugleich.

1994 BEERENAUSLESE 93
Üppig und kraftvoll, lehnt er trotzdem jegliche Muskelspiele ab bis zum atemberaubenden Nachgeschmack; braucht bis ins nächste Jahrhundert, um sich zu beruhigen.

1995 SPÄTLESE TROCKEN 83
Ein schlanker, rassiger Riesling, wie Karl Josef Loewen ihn vor fünf Jahren vorgezogen hat. Sicher gut, aber in der Gesellschaft der heutigen Loewen-Weine...

1995 SPÄTLESE*** 90
Auf festem Fundament steht ein großes Haus mit einer eleganten Fassade.

1995 Auslese 93
Ein facettenreiches, perfekt geschliffenes Juwel funkelt in allen möglichen Farben, und manche davon hätte man nie für möglich gehalten.

1996 Spätlese trocken 84
Eine geschlossene Rosenknospe, die schon eine intensive Farbe hat.

1996 Spätlese 90
Die Haltung und Bewegungen einer Frau, die sich in ihren hochhackigen Schuhen vollkommen wohl fühlt.

Riesling – *Detzemer Maximiner Klosterlay*

1993 Spätlese halbtrocken 86
Erfreuliche Ausgeglichenheit auf der trockenen Seite. Wo ist mein gebratener Zander?

1993 Auslese 90
Diskrete Noblesse und schmeichelnde Frische; schmeckt wie ein exzellenter Saarwein.

1994 Spätlese halbtrocken 84
Eine Leichtigkeit, aber aromatisch und charaktervoll. Nicht zu lange warten.

1995 Spätlese halbtrocken 87
Überraschender Duft – Zitronenmelisse und Stachelbeeren – und ungewöhnliche Dichte.

1996 Spätlese halbtrocken 85
Der Glanz des harten Schiefersteins, jedoch auch beschwingt und belebend.

Riesling – *Leiwener Klostergarten*

1992 Eiswein*** 94
Fast raumfüllender Duft wie in einer Pariser Pâtisserie, grandiose Harmonie und atemberaubender Nachgeschmack.

1993 Eiswein*** 92
Geradlinig nach vorne strebend, hochgewachsene Gestalt, diskrete Exotik.

1995 Eiswein*** 94
Getrocknete Früchte von nahezu übernatürlicher Intensität; wirkt fast wie eine kräftige Beerenauslese, bis er sich mit ausgeprägter Pikanz verabschiedet.

1996 Eiswein***   96
Trifft einen wie ein gewaltiger Blitz aus dem Himmel, explosiv und fast brennend dicht, dann folgt ein erschütternder Donner, nachdem man geschluckt hat. Enorme Zukunftsperspektiven.

Leidenschaft
Ernst Loosen

Weingut Dr. Loosen
St. Johannishof
54470 Bernkastel
Tel. 06531/3426
Fax 06531/4248

»Der Ernie Loosen ist ein toller Kerl, aber er hat keine Ahnung vom Weinmachen«, bemerkte einer der führenden Moselwinzer mir gegenüber beiläufig. Einen Moment lang stand ich wie versteinert, mit offenem Mund, und ein Gefühl der Übelkeit stieg in mir hoch. In den vorangegangenen Jahren hatten nur wenige deutsche Weine mich so beeindruckt wie Ernst Loosens Rieslinge. Wenige Weine überhaupt hatten die Nerven berührt, an die sie herangekommen waren. Klischees wie jenes, daß Genies zu Lebzeiten stets verkannt werden, sind eigentlich harmlos, bis die Realität sie plötzlich zu bestätigen scheint – wie in diesem Moment – und die Welt aussieht, als ob sie nur aus diesen stereotypen Karikaturen bestünde und nichts anderes möglich sei. Wo holt man dann Luft?

Zugunsten dieses Winzers muß, obwohl er Ernst Loosen nicht verstanden hat, vermerkt werden, daß nur wenige seiner Kollegen an der Mosel ihn als »tollen Kerl« bezeichnen würden. Die Offenheit, mit der er seine Meinungen kundtut, unabhängig davon, zu wem oder was sie vielleicht im Gegensatz stehen, und der schonungslose Humor, mit dem sie geäußert werden, haben ihm haufenweise Feinde verschafft. Viele seiner Ansichten über Weinbau und Kellerwirtschaft sind für Deutschlands halb verschlafene Weinszene mit ihren oft fossilierten Auffassungen ein harter Schlag ins Gesicht, so daß ein großer Teil des Establishments der Weinbranche zu seinen Gegnern gehört. Diese Situation wird noch durch das hohe Lob verschärft, mit dem die Dr.-Loosen-Weine in den letzten Jahren von vielen Seiten förmlich überschüttet worden sind. Leider stellt eine Mischung von Neid und Haß auf die geneidete Person unter Moselwinzern eher ein typisches Phänomen dar. Die Kombination der Erfolge Ernst Loosens und seine ausgesprochen direkte Art machen ihn zum perfekten Ziel dieser Emotionen. Kein Wunder, daß Moselwinzer diesen Namen meist wie Gift ausspucken: »Der Loosen!«

Als ich Ernst Loosen im Mai 1985 zum erstenmal traf, nahm aber niemand ihn zur Kenntnis, und wenn jemand ihn erwähnte, dann höchstens aufgrund des Chaos, das ihn stets zu umgeben schien. Mit einer Gruppe britischer und amerikanischer Weinhändler kam ich eines Morgens zu dem imposanten grauen Schieferhaus am Ufer der Mosel, etwas außerhalb der mittelalterlichen Touristenfalle Bernkastel. Erst gegen Ende unseres Besuchs stellte Dr. Paul Loosen seinen Sohn Ernst vor, dessen kantige Bewegungen seine Unsicherheit und Nervosität offensichtlich machten. Beim Mittagessen saßen wir am selben Tisch und kamen sofort ins Gespräch. Mein neues Interesse an dem, was er sagte, führte dazu, daß Flaschen, die er erwähnt hatte, aus dem Keller auf den Tisch kamen. Sie schmeckten nicht wie die eingängigen, komerziellen Weine seines Vaters, die wir gerade ausführlich verkostet hatten. Es gab ganz anderes in den Weinen, die Ernst Loosen mir zeigte. Aber wie seine eigene Person war dies noch vage, zögernd, suchend. Ich spürte etwas, das ich nicht in Worte fassen konnte, und genau das faszinierte mich. Was war es?

Es wäre einfach, ein ganzes Buch mit Geschichten über Ernst Loosen zu füllen, beginnend mit unserem nächsten Treffen in London einige Monate später, aber so unterhaltsam dies auch wäre, es würde vielleicht nicht viel erklären. Das systematische Wesen von Chroniken verschleiert allmähliche Veränderungen eher, als sie zu verdeutlichen, und die Verwandlung von Ernst Loosen und seinen Weinen war schmerzlich langsam. Daher fange ich an einem anderen Punkt, sogar am »Ende«, an.

Vor einigen Wochen saßen Ernst Loosen und seine Frau Eva an unserem Tisch in Berlin zum Abendessen. Es war ein wunderschöner Tag gewesen, einer der goldenen Oktobertage, die den Jahrgang 1996 retteten, aber inzwischen war es so dunkel, daß wir kaum noch die Pappeln direkt vor dem Fenster erkennen konnten, geschweige denn die Dächer der Stadt. Wir servierten die Weine »blind«, und wie üblich erriet Ernst Loosen nahezu jeden einzelnen. Die Sicherheit, mit der er dies tut, wirkt beinahe unheimlich – als ob ein Engel ihm die Antworten ins Ohr flüsterte. Wenn es nichts mit Engeln zu tun hat, dann stehen ihm anscheinend alle Eindrücke, die er beim Weinverkosten und -trinken gesammelt hat, auf irgendeine Weise jederzeit und sofort zur Verfügung, so daß er die Wahrnehmungen des gegenwärtigen Moments mit denen aus der Vergangenheit mühelos in Verbindung bringen kann. Die sinnlichen Eindrücke, die bei normalen Menschen sogleich wieder vergessen werden, bleiben in Ernst Loosen über viele Jahre hinweg lebendig.

Zwischen den Gängen begann er von seiner Zeit im katholischen Internat in Gerolstein zu erzählen, das inzwischen aufgrund der Umstände geschlossen wurde, die er uns in grausigen Einzelheiten beschrieb. Obwohl ich einige dieser Geschichten nicht zum erstenmal hörte, wurde mir auf einmal und zum allerersten Mal klar, wie es sein muß, unter einer Diktatur zu leben. Der Gedanke ließ mich schaudern. Ich griff zu meinem Weinglas und trank es bis auf den letzten Tropfen leer. Wie immer jedoch verwandelte Ernst Loosen diese Geschichten – an sich wahre Tragödien – mit dem ihm eigenen Handumdrehen in zwerchfellstrapazierende Komödie. Der Witz kam von Herzen, doch der zugrunde liegende Schmerz, auf den dieser Mann instinktiv mit Humor reagierte, war immer noch gegenwärtig.

Ich dachte sofort an die Hartnäckigkeit und Zielstrebigkeit, mit der er in den vergangenen elf Jahren die unzähligen Schwierigkeiten gemeistert hatte, Hindernisse, die mir oft unüberwindbar erschienen waren. Ich hatte mich manchmal gefragt, ob das Talent, das er offensichtlich besaß, jemals voll zum Ausdruck kommen könnte. Während dieser Zeit hielt ihn nichts davon ab, immer weiter in die Richtung zu gehen, die er auch heute noch verfolgt; und er hat alle Hürden auf seinem Weg bezwungen, eine nach der anderen. Es gab Momente, in denen er seinen Ärger über bestimmte Probleme und seinen Unmut angesichts bestimmter Menschen, die seinen Anstrengungen bewußt entgegenarbeiteten, sehr deutlich zum Ausdruck brachte. Aber er hat sich nie beklagt, daß es so viele Jahre dauerte, bis seine Ideen Gestalt annahmen oder daß die Schritte nach vorn fast immer nur sehr kleine waren. Selbst die winzigsten Fortschritte untermauerten noch seine Entschlossenheit, die immer stärker wurde. In manchen Momenten war es wie ein Wunder, daß er unter dem gewaltigen Druck nicht aufgab und daß dann auf beinahe unheimliche Weise das lange Angestrebte ihm mit scheinbarer Leichtigkeit in den Schoß fiel.

Diese beharrliche Art der Entschlossenheit entwickelt sich üblicherweise nur, wenn jemand den Eindruck hat, daß er ums Überleben kämpfen muß, daß alles verloren wäre, wenn er nicht seine volle Kraft in das Erreichen eines klar umrissenen Ziels, den Ausweg, setzen würde. In Ernst Loosens Fall hingegen handelt es sich »nur« um die Leidenschaft für den Wein, die eigentlich gar nicht lebensnotwendig ist.

Anfangs hatte sein Ziel allerdings keine deutlich erkennbare Form. Es entstand aus seiner tiefen Bewunderung für die Weine von Wilhelm Haag und Dr. Manfred Prüm. Obwohl er schon immer gerne allerlei Weine verkostet und getrunken hat, hatten die Haag- und die Prüm-Weine für ihn stets eine besondere Bedeutung. Sie waren seine ersten Orientierungspunkte und sind es bis heute geblieben. Im Sommer 1987 erzählte er mir, daß er diesen Meisterwerken gerne »eines Tages« etwas Vergleichbares gegenüberstellen wollte. Daran war nichts Anmaßendes, es war ein Traum, dessen Verwirklichung in weiter Ferne zu liegen schien, die sich keiner von uns konkret vorstellen konnte. Würde er je in greifbare Nähe rücken? Ich war mir dessen sicher, aber trotzdem blieb meine Erwartung ohne klare Gestalt.

Trotzdem waren die grundlegenden Prinzipien, auf denen die Loosen'schen Meisterwerke von heute basieren, ihm schon damals klar. In den letzten Jahren haben zahlreiche ehrgeizige, junge deutsche Winzer auf die Bedeutung alter Reben, niedriger Erträge, Gärung mit natürlichen Hefen und viele andere Dinge hingewiesen. Diese Ansichten vertrat Ernst Loosen bereits als Pionier in den späten achtziger Jahren, als sie von beinahe jedem in der deutschen Weinbranche als größter Unsinn angesehen wurden. Damals zeigte er mir auch die Weinbergslagen-Klassifizierungskarte der Mosel von 1868, die er in der Bibliothek seines Großvaters entdeckt hatte. Einmal hatte er dort ein Buch mit einem 100-Goldmark-Schein als Lesezeichen gefunden. Welches war der größere verlorene Schatz? Wie so viele der entscheidenden Erfahrungen dieser Zeit war diese Karte nicht der Anstoß zu etwas Neuem, sondern die Bestätigung einer bereits bestehenden Überzeugung: Der Weinberg, aus dem ein Wein stammt, muß einfach einen maßgeblichen Einfluß auf den Charakter und die Qualität der hier wachsenden Weine haben. Auch dies stellt heute einen der wichtigsten Grundsätze vieler der besten deutschen Winzer dar, doch damals wurde es von fast allen als Unsinn abgelehnt.

Die berühmte Weinbauschule in Geisenheim, auf die sein Vater ihn von 1977 bis 1981 zum Weinbaustudium geschickt hat, war sicherlich nicht die Quelle dieser Ideen. Nach seinem eigenen Geständnis hat er sich durch diese Jahre durchgesoffen, nur das Allernotwendigste studiert und bis heute keine Ahnung, wie er den Abschluß schaffte. Er genießt es sehr, die Geschichte zu erzählen, wie er einen seiner Professoren während des Abschlußexamens überhaupt erst kennenlernte. Unmittelbar nach dem Examen schrieb er sich an der Universität Mainz in Archäologie ein, als demonstrativen Widerstand gegen die von seinem Vater für ihn vorgesehene »Weinkarriere«. Archäologie ist ihm immer noch sehr wichtig. Im ganzen Haus verstreut gibt es bei den Loosens eine Sammlung römischer Gegenstände, an deren Ausgrabung er beteiligt war. Wenn er über Archäologie spricht, wird deutlich, daß das wissenschaftliche Element in seiner Einstellung zum Wein von dort kommt und nicht aus Geisenheim.

»Das Tal ist eng«, beschreibt Ernst Loosen scherzhaft die Mosel und die Mentalität der Bewohner dieses Landstrichs. Trotzdem liegt hier der

Ursprung von nahezu allen seinen Ideen vom Wein. Die Begeisterung, mit der er von seinen Großeltern erzählt, macht deutlich, daß sie die erste Quelle seiner Leidenschaft für den Wein sind. Und doch wäre es falsch anzunehmen, daß er von ihnen irgendeine Art von Weinbauphilosophie übernommen hätte. Diese hat er sich ganz und gar selbst geschaffen; sie ist das Ergebnis seiner »Ausgrabungen« in der Familien- und Gebietsgeschichte. Vergleiche zwischen den Methoden und Ideen seiner Vorfahren mit den Weinbautraditionen anderer Länder, vor allem Frankreich, halfen ihm dabei, seine Gedanken weiterzuentwickeln, aber der anfängliche Impuls kam immer von der Mosel und den hiesigen Traditionen.

Als Ernst Loosen nach Hause zurückkehrte, weil sein Vater unmittelbar vor der Lese 1983 schwer erkrankte, war die Arbeit im Familienweingut für ihn lediglich eine frustrierende Unterbrechung seines Archäologiestudiums. Er haßte es, dort sein zu müssen, den Streß und das Chaos während der Lese, dann das Disaster der täglichen Zusammenarbeit mit seinem Vater. Als ich Ernst Loosen kennenlernte, war die Luft im Loosenschen Haus manchmal so dick, daß man Angst hatte, sie könnte sich plötzlich in kleinen Tröpfchen an den Wänden niederschlagen, eine dicke, schleimige Flüssigkeit, die einen zu ersticken drohte.

Seine Ideen begannen bereits zum Vorschein zu kommen, aber er konnte sie nur experimentell verwirklichen, weil er von allen Seiten behindert wurde. Die einzigen Flaschen im Keller, die ihn wirklich begeisterten, waren die Weine, die seine Großväter gemacht hatten, wie zum Beispiel die 1957 Ürziger Würzgarten Auslese, die wir zu seinem dreißigsten Geburtstag im September 1987 tranken. Die Weine, die Ernst Loosen bis dahin zustande gebracht hatte, verblaßten alle gegenüber diesem Monument, aber er empfand das überhaupt nicht als deprimierend. Für ihn bedeutete es eher die Bestätigung seiner Ideen. Er pries den Wein dafür, daß er solch enorme Kraft und Würzigkeit besaß und dabei doch die typische Finesse der Mosel-Rieslinge. »Das ist genau das, was ich erreichen möchte«, sagte er, und seine Beschreibung dieses Weines trifft genau auf die Weine zu, die er heute selber macht.

Nur Wochen später, am zweiten Tag der Lese 1987, kündigten plötzlich sämtliche Mitarbeiter, außer einem. Diese Ausnahme war quasi eine Aushilfe, Bernhard Schug, der vom Hunsrück stammte, und tropische Viehzucht in Gießen studiert hatte. Er wurde unverzüglich zum Kellermeister ernannt, irgendwie eine neue Gruppe von Lesehelfern organisiert, und Ernst Loosen konnte endlich so vorgehen, wie er es sich vorstellte. Und plötzlich gab es im Frühjahr 1988 ganz andere Weine zu verkosten als in den Jahren zuvor; Weine mit neuen Dimensionen an Tiefe und Finesse. Mit seinem ersten Jahrgang hatte Bernhard Schug bewiesen, daß er in der Lage war, die Loosen-Philosophie in ihrer vollen Kompromißlosigkeit zu verwirklichen. Seitdem teilt er die Leidenschaft seines Chefs.

Je näher das Ziel in den folgenden Jahren rückte, das Ernst Loosen und Bernhard Schug vorschwebte, desto klarere Formen nahm es an. Die Bewunderung für andere Weine – von Olivier Humbrecht von der Domaine Zind-Humbrecht im Elsaß, F. X. Pichler in der Wachau, Williams & Selyem in Sonoma County oder Lalou Bize-Leroy von der gleichnamigen Domaine im Burgund – spielte weiterhin eine große Rolle. Dies waren jedoch Weine, die sich von denen der Mosel extrem unterschieden, und Ernst Loosen war nie daran interessiert, sie zu kopieren. Die betreffenden Winzer wurden jedoch für ihn zu Leitfiguren und ihre Weine der Maßstab, nach dem er seine eigenen Weine beurteilte. Ich kenne keinen härteren Test, aber sie bestehen ihn häufig ohne Probleme. Und doch stellt auch dies für ihn nicht den Schlüssel zum Paradies dar.

»Ist er mit seinen eigenen Weinen glücklich?« fragte ich Eva Loosen, als ich auf dem Gut anrief und sie ans Telefon ging. Sie hielt einen langen Moment inne, bevor sie antwortete, und ich fühlte, wie sich in meinem Hals ein Kloß bildete, als ich an alles dachte, das er mir über seine Internatszeit erzählt hatte. »Ja, bestimmt ...«, sagte sie, »... aber es gibt immer eine depressive Phase, nachdem er die jungen Weine zum erstenmal verkostet hat. Später, wenn er sie mit Leuten verkostet hat, deren Meinung ihm wichtig ist, findet er sich mit ihnen ab und ist mit den Weinen, die er als wirklich erfolgreich empfindet, sehr glücklich. Aber am Anfang jedes Jahres gibt es einige sehr schwierige Tage. Es ist, als ob die Weine nie ganz an das herankommen, was er sich selbst als Ziel gesetzt hat.«

Dies ist ein ganz anderer Ernst Loosen als der, den die meisten seiner Freunde und Bekannten kennen. Ihnen ist der begeisterte, witzige, chaotische Mensch vertraut, der ständig Dutzende von verschiedenen Gedanken, Aufgaben, Terminen, Eindrücken und wer weiß was noch jongliert. Eine ernsthafte Auseinandersetzung führt zu einem Witz, der ihn in lautes Lachen ausbrechen läßt, bis er Tränen in den Augen hat, dann ist er wieder einen kurzen Moment beim Geschäft und auf einmal wieder auf einer ganz anderen Spur. Abstrakte Ideen interessieren ihn so gut wie gar nicht, doch wird jeder Gedanke, der ihm über den Weg läuft, auseinandergenommen. Mit der gleichen Schnelligkeit seziert er gedanklich auch Weine und hat an diesem Vorgang wahnsinnigen Spaß, auch wenn sein Urteil oft negativ ausfällt: »Noch ein langweiliger Wein.«

Die meisten guten deutschen Weine schmecken heutzutage langweilig. Meistens sind sie zwar sauber und fruchtig, ähneln aber hochpolierten Flächen, die durch das, was sich ihnen widerspiegelt, die Illusion einer dritten Dimension erwecken: das »Spiegelbild« der Fruchtaromen aus den Trauben. Sie mögen anfänglich durch diese oberflächlichen Aromen anziehend wirken, auch eine gewisse Schönheit zeigen, aber wenn sie den Glanz der Jugend verloren haben, wirken sie eintönig. Wenn ich solche Weine verkoste, tickt die Uhr immer lauter, und ich finde tausend Gründe, etwas anderes tun zu müssen. Ich habe das Gefühl, ich sei in einer Galerie eingesperrt, in der die Wände mit Kopien ein und desselben Bildes bedeckt sind. Ich möchte das Glas hinschmeißen und die Tür hinter mir zuknallen.

Ernst Loosens Weine sind genau das Gegenteil davon. Sie sind extrem anspruchsvoll, weil ihre Schönheit ebenso auf subtilen Schattierungen wie auf extremen Kontrasten beruht. Die Radierungen von Goya und die späten Porträts von Rembrandt ziehen mich immer wieder an, obwohl in ihnen Schönheit immer mit etwas Unangenehmem verbunden ist, manchmal mehr, als nur »etwas«. Auch in Ernst Loosens Weinen finden sich neben hinreißender Schönheit eigentümliche Noten. Ein Umstand hat in Verbindung mit ihrer bemerkenswerten Dichte manche Leute dazu veranlaßt, sie als »untypische Moselweine« zu kritisieren.

Kritik dieser Art stört Ernst Loosen nicht, da alle die großen Weine aus anderen Ländern, die er bewundert, gleichermaßen »untypisch« für ihr jeweiliges Ursprungsgebiet sind und ebenfalls deswegen kritisiert wurden. Kollegen mit der Auffassung, er habe keine Ahnung vom Weinmachen, stören ihn auch nicht, da ihr Urteil für ihn nicht maßgebend ist. Vielleicht hat seine Unempfindlichkeit gegenüber solcher Kritik damit zu tun, daß er nicht der erste in seiner Familie ist, der etwas ganz Neues unternommen hat. Sein Urgroßvater Anton Adams war ein Pionier auf dem Gebiet der Stahlkonstruktion: Er hat die im Krieg zerstörte Kuppel der »Staatsbibliothek Unter den Linden« in Berlin entworfen. Adams' Großvater wiederum war der für Anfang des 19. Jahrhunderts revolutionäre Gartenarchitekt Peter Josef Lenné. Ernst Loosens Medium ist der Wein, und in diesem hat er sich bereits genauso radikal geäußert wie sie in dem ihren. Bei ihm kommt mehr als bei jedem anderen deutschen Winzer die radikale Eigenständigkeit seiner Weine aus ihm selbst. Sie ist Ausdruck einer Leidenschaft, die dem Wein die Zauberkraft zurückgegeben hat, die ihm in früheren Epochen zugeschrieben wurde.

Die Rieslinge vom Weingut Dr. Loosen

Kein anderes Weingut an der Mittelmosel ist mit einer vergleichbaren Sammlung an Spitzenlagen ausgestattet wie dieses, und nirgends kommen die Unterschiede zwischen den Weinen aus den verschiedenen Lagen deutlicher zum Ausdruck. An der Spitze des Loosen-Besitzes steht der Erdener Prälat. Dessen Boden aus Rotliegendem führt zusammen mit der geschützten Lage zu Weinen, die opulente Aprikosen-, Mango- und Bittermandelaromen mit Noblesse und Tiefgang verbinden. Die Weine aus dem benachbarten Erdener Treppchen wirken etwas weniger überschwenglich, weisen oft verführerische Kräuteraromen auf und besitzen eine wunderbare Harmonie. Die Rieslinge aus dem ungewöhnlichen Boden des Ürziger Würzgartens mit seinem Gemisch aus rotem Sandstein und Schiefer können so extrem ausfallen, daß sie selbst Expertenrunden oft in zwei Lager trennen; es sind ungemein würzige Weine mit einem festen Kern, der ihnen ein enormes Alterungspotential verleiht, mindestens zehn Jahre bei den trockenen Spätlesen, wesentlich länger bei den edelsüßen Weinen. Ernst Loosens Weine aus der Wehlener Sonnenuhr stehen am entgegengesetzten Ende des Geschmacksspektrums, sie zeigen von frühester Jugend charmante Eleganz. Die Reben des Gutes in der Lage Graacher Himmelreich sind zu jung, um die hier wachsenden Weine unter dem Lagennamen zu vermarkten – weniger als zehn Jahre im Gegensatz zu bis zu hundert Jahren in Ürzig und Erden. Sie ergeben zusammen mit einem großen Teil der Weine aus der Bernkasteler Lay den »Dr. Loosen Riesling«, einen trockenen Qualitätswein von zuverlässig guter Qualität. Aus den tiefen Böden der Lay stammen auch für das Gebiet ungewöhnlich substantielle trockene und halbtrockene Kabinettweine.

Probiernotizen Weingut Dr. Loosen

Riesling – Ürziger Würzgarten »Grand Cru«

1993 SPÄTLESE TROCKEN   89
Die Großzügigkeit eines perfekten Sommertages; Düfte, Reize, sinnliche Wärme.

1993 SPÄTLESE   92
Lulu rekelt sich auf der Couch und führt langsam ein Stück Konfekt nach dem anderen zum Mund, aber sie langweilt sich nicht, weil sie von diesem Wein träumt.

1993 AUSLESE   94
Alles was man braucht, um sich zu befriedigen. Satt und seidig, delikat und intensiv, es mangelt an nichts. Adjektive raus, laßt mich allein mit dem Wein!

Weingut Dr. Loosen

1994 SPÄTLESE TROCKEN 87
Ein Stück vollreife Ananas ohne seine Süße, aber mit seiner ganzen tropischen Frische.

1994 SPÄTLESE (VERSTEIGERUNGSWEIN) 92
Orientalische Gewürze und die pikante Süße von chinesischen Soßen, viel Ausdruck ohne jegliche Schwere.

1994 AUSLESE 91
Ein Schuß Sahne und ein wenig Karamel, und wenn man denkt, alles bewege sich in Richtung Süße, kommt ein frischer Hauch Zitrone.

1994 AUSLESE »GOLDKAPSEL« 93
Ein Potpourri an Düften, aber im Geschmack alles noch fest zusammengebunden. Nur im Nachgeschmack zeigt er seine volle Cremigkeit. Für das nächste Jahrhundert.

1995 SPÄTLESE TROCKEN 90
Ein häßliches Entlein verwandelt sich langsam in einen prächtigen Schwan. Schönheit und Tiefgang in unzertrennlicher Form.

1995 SPÄTLESE (VERSTEIGERUNGSWEIN) 94
Sicher ganz unverschämt für eine Spätlese, aber warum soll sich Größe genieren? Wegen unserer Engstirnigkeit? Drängt verdammt weit in Richtung Perfektion.

1995 AUSLESE 93
Faszinierende, intensive Würze und eine tolle Eleganz, die sehr viel für das nächste Jahrhundert verspricht.

1995 AUSLESE »GOLDKAPSEL« 96
Ein Konzentrat an Würze, dessen Aromendichte die Süße ganz in den Hintergrund drängt. Eine Auslese von monumentalen Dimensionen, die trotzdem gar nicht erschlagend wirkt.

1996 SPÄTLESE TROCKEN 86
Exotische Note – Kapstachelbeeren? –, viel Ausdruck ohne großen Auftakt zuvor.

1996 SPÄTLESE (VERSTEIGERUNGSWEIN) 91
Noch sehr jugendlich; cremiger Auftakt und ein sehr nachhaltiges, brillantes Finale.

1996 AUSLESE 90
Preußische Strenge und Charakterstärke in moselländischer Ausführung.

1996 AUSLESE »GOLDKAPSEL« 93
Explosiver Wein, der unzählige Geschmackswellen über die Zunge schiebt. Viel Zukunft.

1996 TROCKENBEERENAUSLESE 96
Zierliches Monsterchen, hocheleganter Wahnsinn, alles ohne eine Spur Aufdringlichkeit bis hin zur feinen Currynote im Nachhall. Hab' Geduld, oder besser: viel Geduld.

Riesling – Erdener Prälat

1993 AUSLESE 94
Opulenz zeigt, was sie kann, wenn alles ganz nach ihrer Vorstellung läuft. Mango und Aprikose im Duell, ihre Pistolen gerichtet ...

1993 AUSLESE »GOLDKAPSEL« 96
Die Grandeur des Prälats, Toccata und Fuge mit allen Registern gezogen, der ganze Dom hallt von der Musik wider!

1993 AUSLESE »LANGE GOLDKAPSEL« 97
Noch größer in seinen Dimensionen und noch tiefer in seiner Seele. Jetzt etwas in sich zurückgezogen, ist er auf dem langen Weg zur Spitze seiner Entwicklung einige Jahre nach der Jahrtausendwende. Ein gewaltiger Wein ohne eine Spur von Gewalttätigkeit.

1994 AUSLESE 92
In diesem Kontext scheint er zarter und eleganter zu sein, doch man täuscht sich etwas. Was vorn eher angedeutet wird – Reife, Mineralien – kommt hinten fest und klar zum Vorschein.

1994 AUSLESE »GOLDKAPSEL« 94
Momentan verbirgt sich sehr viel in den unergründlichen Tiefen dieses Weines, aber die Ausmaße des Verborgenen deuten sich bereits an, und man kann ahnen, was sich auf dieser großen Bühne in wenigen Jahren abspielen wird.

1994 AUSLESE »LANGE GOLDKAPSEL« 96
Ein ausgeglichener Riese. Sein enormer Reichtum läßt keine Geschmacksknospe unberührt. Diese Essenz tropfenweise langsam über die Zunge fließen lassen, und jeden seiner Schätze einzeln betrachten.

1995 AUSLESE 95
Steht wie eine Eins. Für diese Aromendichte – die perfekte Aprikose? – ist er unglaublich fein und delikat. Fabelhafte Großzügigkeit und Eleganz.

1995	AUSLESE »GOLDKAPSEL«	97

Hinreißende Aromenvielfalt und Noblesse erheben ohne Verzögerung Anspruch auf Perfektion; einfach so. Ein königlicher Wein, zumindest fühlt man sich mit ihm im Glas – wie ein König.

1995	AUSLESE »LANGE GOLDKAPSEL«	98

Der Kritiker schmeißt sein ganzes Schreibzeug hin und schimpft auf seine eigene Unfähigkeit, aber was soll er tun? Ein einmaliger Wein? Kein Zweifel: majestätisch, göttlich oder wie immer man ihn beschreiben will.

1996	AUSLESE	92

Charme und Tiefgang zugleich, die Mineralien bereichern die feinen Fruchtaromen.

1996	AUSLESE »GOLDKAPSEL«	94

Eiserne Faust in Samthandschuhen verteilt Streicheleinheiten auf Einladung.

1996	AUSLESE »LANGE GOLDKAPSEL«	96

Die unverwechselbare Schwere des Prälats. Keine der drei Grazien fehlt: Opulenz, Power und Eleganz. Ein unglaublicher Wein für den etwas schwierigen Jahrgang.

»Und so war auch sein Großvater«
Egon Müller jun.

Weingut Egon Müller-Scharzhof
und Weingut Le Gallais in Kanzem
54459 Wiltingen
Tel. 06501/17232
Fax 06501/150263

Egon Müller IV. steht an der breiten Treppe, die zu den oberen Stockwerken des gediegenen Scharzhofs führt, und beobachtet, in Gedanken versunken, wie ich seine Weine des neuen Jahrgangs verkoste. Würde ich weder ihn noch das Haus kennen und ein Foto dieser Szene gezeigt bekommen, hielte ich ihn für einen englischen Aristokraten in seinem Landhaus: Seine vornehmen Züge und die gelassene Art, der maßgeschneiderte Anzug und die handgefertigten Schuhe, die weite Eingangshalle mit den Jagdtrophäen und den Bildern sprechen für mich eine seit meiner Kindheit vertraute Sprache. Doch lenkt dies alles im Moment nur von der ernsten Angelegenheit ab, mit der ich beschäftigt bin: die nektargleichen edelsüßen Weine des Weinguts Egon Müller-Scharzhof zu verkosten, die das Gut auf der ganzen Welt berühmt gemacht haben. Sie fordern meine ganze Aufmerksamkeit.

Als Egon Müller uns die hohe schwere Eingangstür aus Eichenholz vor einigen Minuten geöffnet hatte und wir in die Halle des Scharzhofes traten, stand die Probe bereits auf dem runden schwarzen Marmortisch gleich links hinter der Tür; die Flaschen in einem Halbkreis wie gewohnt mit je einem kleinen Probierglas davor. An den Jungweinverkostungen ist etwas Rituelles, und ich kenne kein anderes Weingut auf dem Erdball, wo das Verkosten der jungen Weine in einer derart andächtigen Stille geschieht. Oft kommen die einzigen Geräusche von den Gläsern, die vom Tisch genommen und wieder abgesetzt werden. Manche Verkoster spucken in den dafür bereitgestellten Eimer, andere wagen es, ihren Begleitern ein paar Kommentare zuzuflüstern, aber mehr hört man nie. Die Atmosphäre ist von anderen als mönchisch beschrieben worden, aber in welchem Kloster würde so gelebt? Zumindest müßte das Kloster ziemlich dekadent sein, um eine so ungezügelte Sinnlichkeit wie diese Weine in seinen Mauern zu erlauben.

Der Wein in meinem Glas ist die 1995 Scharzhofberger Riesling Auslese »Goldkapsel«, und sie ist so sinnlich, wie Wein nur sein kann. Die satten Fruchtaromen strömen aus meinem Glas und sind doch unendlich fein. Als ich einen Schluck in den Mund nehme, führt das zu einer Explosion von Aromen, und trotz der prononcierten Säure zeigt der Wein eine Cremigkeit, die ausgesprochen unmönchische Assoziationen erweckt. Ich schlucke – ganz langsam –, und die nächste, diesmal intensiv mineralische Geschmackswelle erschüttert mich. Einmal ist nicht genug, auch zweimal nicht. Faszinierend, strahlend, hinreißend, atemberaubend, verführerisch ... welches sind die richtigen Worte, um dieses Erlebnis zu vermitteln, um zumindest einen groben Eindruck zu geben? Es ist bei weitem nicht das erste Mal, daß ich in dieser Situation bin, aber auch dieses Mal kann ich keine treffenderen Worte finden. Wohin sind meine Adjektive verschwunden? Vielleicht hilft noch ein Schluck, also nehme ich einen. Üppig, doch edel, vornehm und ausladend, dekadent und klassisch ... oder vielleicht sind Metaphern besser? Die Grandeur und das Filigrane des Kölner Doms, das Majestätische und die tiefe Harmonie von Mozarts Jupiter-Sinfonie ... dann nehme ich einen weiteren Schluck, und es wird mir klar, daß – wie Egon Müller einmal gesagt hat – »wirklich große Weine einzigartig sein müssen, so daß man sie ohne Probleme wiedererkennen kann«. Ich erkenne Egon Müllers Weine, weil sie wie nichts anderes schmecken, nicht einmal wie andere große Saar-Weine. Doch ist dieser Wein nicht das Ende, denn vor mir auf dem

Tisch stehen noch drei weitere Weine für mich zum Probieren, und sie sind noch reichhaltiger, noch übernatürlicher ...

Erschöpft von soviel Pracht und immer noch dabei, um eine Ordnung aller Eindrücke zu kämpfen, die in meinem Kopf herumschwirren, bedeute ich Egon Müller, daß ich mit den jungen Weinen fertig bin, oder vielmehr, daß sie momentan mit mir fertig sind. Ohne ein Wort öffnet er die Tür zur Bibliothek mit einer einladenden Geste seiner rechten Hand. Von dort aus, wo ich stehe, sind es nur einige Schritte, aber es kommt mir wie eine lange Reise vor, als ich konzentriert einen Fuß vor den anderen setze; das hat in diesem Falle nichts mit dem Alkohol zu tun – bis jetzt habe ich alles ausgespuckt. Endlich sinke ich in die weichen Kissen eines breiten Sessels. Ich erinnere mich, einmal geschrieben zu haben: »Bei der Erzeugung edelsüßer Weine nimmt dieses Gut neben dem Château d'Yquem im Sauternes weltweit die Führung ein.« Trotzdem kommt keiner der jüngeren Jahrgänge von Yquem an das heran, was ich gerade verkostet habe. Ich zermartere mir das Hirn, aber mir fällt kein einziger junger Süßwein ein, den ich getrunken oder verkostet habe, der neben der 1995 Scharzhofberger Riesling Trockenbeerenauslese eine Chance hätte.

Meine Gedanken werden von Egon Müller unterbrochen, der mit scheinbarer Beiläufigkeit fragt, ob ich an einem Glas von etwas Reiferem interessiert sei. Er weiß, daß er nicht zu fragen braucht, aber er tut es; die Worte gehören zum Ritual eines Besuchs. Meine Antwort ist, wie gewöhnlich: »Selbstverständlich.« Während er im Keller ist, schaue ich mich im Zimmer um. Ich habe – bei verschiedenen Gelegenheiten – auf jedem einzelnen der Stühle dieses Raumes gesessen. Einmal war ich mit einer Gruppe von Weinhändlern hier und hatte einen Platz in einer Ecke mit Bücherregalen auf beiden Seiten gefunden. Ich überflog die Titel der alten Bücher neben mir und war erstaunt, neben Geschichte, Belletristik und Weinliteratur auch einige Titel mit einem erotischen Klang zu finden.

Egon Müller kehrt mit einer Flasche ohne Etikett zurück und schließt ruhig, aber bestimmt die Tür hinter sich. Er hantiert zügig mit einem Korkenzieher, bis die blaßgoldene Flüssigkeit in das Glas auf dem schwarzen japanischen Lacktablett vor mir fließt. Der Wein ist in seinen Aromen auf eine andere Weise honigartig als die Jungweine, die ich gerade verkostet habe, durchsetzt von feinen Mandeltönen einer höchst delikaten Würze und einer wachsigen Note. Zugleich kraftvoll und zart ist er, mit der natürlichen Süße jetzt im Hintergrund verschwunden, von wo sie ganz präzise den feinen mineralischen Charakter betont, der sich durch den ganzen Wein von der Zungenspitze bis ganz hinten über den Gaumen zieht, wobei die Säure den Wein trotz seiner Fülle belebend wirken läßt. Es handelt sich um die »normale« 1976 Scharzhofberger Riesling Auslese, und, egal wie man ihn beschreibt, es ist ein wunderbarer Wein, der jetzt auf seinem Höhepunkt ist. Das Vergnügen, das er bereitet, ist ein ganz anderes als die Aufregung bei der Verkostung der jungen Weine. Es ist eine Art Kontrapunkt zu diesem Erlebnis. Nach der Anspannung sinke ich in diesem Wein wie in einen der alten Sessel in diesem Raum.

Wir reden über Begebenheiten in der Weinszene, den Wein in unseren Gläsern und den auf dem schwarzen Marmortisch im Flur. Dabei denke ich, daß Egon Müller zwar ein ernster Mensch ist, neben anderem aber von seinem Vater dessen ausgeprägten trockenen Humor geerbt hat. Auf der Feier zu seinem siebzigsten Geburtstag erzählte mir Egon Müller III., er habe einen persönlichen Grund dafür, daß er seinen Gästen an diesem Tag Pommery-Champagner kredenzte. Als junger Mann war er während des Zweiten Weltkriegs in Frankreich stationiert gewesen. Sein Regiment hatte dann den Befehl erhalten, in Richtung östliche Front zu ziehen. An ihrem letzten Abend in Frankreich wurde viel Pommery-Champagner getrunken, und als Egon Müller III. zu seinem Quartier zurückritt, fiel er vom Pferd und brach sich ein Bein. »Das bedeutete, daß ich am nächsten Morgen nicht an die russische Front aufbrechen konnte, was mir wahrscheinlich das Leben gerettet hat. Zum Wohl!« In seiner Stimme war keine Feindseligkeit zu spüren, eher das Gegenteil, und ein Bild, das man beim Verkosten der Jungweine in der Eingangshalle direkt vor Augen hat, unterstreicht dies: Es stellt eine Gruppe betrunkener französischer Soldaten dar und deutet an, daß sie sich an geplündertem (deutschen?) Wein berauscht haben.

Die Müllers sind den Franzosen auch aus anderen Gründen zu Dank verpflichtet, nicht zuletzt für den Besitz des Scharzhof-Gutes. Im Jahre 1797 kaufte der Ur-Urgroßvater Egon Müllers IV., Jean-Jacques Koch, das Gut von der französischen Republik, die es vom Kloster St. Marien ad Martyres nach der Annexion der habsburgischen Niederlande – und damit Luxemburg und Wiltingen – 1795 konfisziert hatte. Der erste Müller, Felix (1789–1859), kam aus Föhrenbach im Schwarzwald und wurde später Polizeipräfekt von Trier. Er heiratete Jean-Jacques Kochs Tochter Elisabeth (1810–1888). Ihr zweiter Sohn, Egon Müller I. (1852–1936), begründete den Ruf des Gutes mit den Weinen, die er ab den achtziger Jahren des letzten Jahrhunderts machte. Bis heute erinnern die Etiketten der Egon Müller-Scharzhof-Weine an den Grand Prix, den seine 1895 Scharzhofberger feinste Auslese (heute Auslese »Goldkapsel«) auf der »Exposition Internationale« 1900 in Paris gewann.

Berühmtheit ist ein empfindliches Pflänzchen, und die Geschichte des Gutes ist untrennbar mit der Geschichte der Familie Müller verbunden.

Während der späteren Jahre im Leben von Egon Müller I. scheint die Qualität der Weine nachgelassen zu haben. Erst in den dreißiger Jahren unseres Jahrhunderts begann Egon Müller II. damit, den Ruf wieder aufzubauen, eine Aufgabe, die vom Krieg und seinem Tod vorzeitig beendet wurde. Dies bedeutete, daß die wirkliche Renaissance erst einsetzte, als Egon Müller III. (geb. 1919) die Weine des Jahrgangs 1947 am 18. Februar 1949 in Trier erfolgreich versteigerte. Es folgte eine Reihe hervorragender Jahrgänge – 1949, 1952, 1953, 1959, 1964, 1966, 1969, 1971, 1975, 1976, 1983 –, mit denen der Name Egon Müller wieder zum Synonym für den edelsten Ausdruck der Riesling-Rebe, die Saar und deutschen Wein wurde.

Zu den Auslese-Weinen, in denen das Gut eine so lange Tradition hat, sind seit 1959 Beeren- und Trockenbeerenauslesen und seit 1961 Eisweine hinzugekommen. Sie erzielten eine ganze Reihe von Weltrekordpreisen für junge Weine auf den Trierer Versteigerungen des Großen Rings (Mosel-Saar-Ruwer VDP), allen voran die 242,- DM für die 1959 Trockenbeerenauslese am 5. Dezember 1968. Der vorerst letzte – 3220,- DM pro Flasche für die 1989 Scharzhofberger Riesling Trockenbeerenauslese des Gutes auf der Großen Ring-Versteigerung am 20. September 1995 – war das Siegel auf Egon Müllers IV. Übernahme des Gutes von seinem Vater. Dieser hatte seinen offiziellen Abschied auf der Großen Ring-Versteigerung vom 25. September 1991 genommen, auf der er die 1976 Scharzhofberger Riesling Trockenbeerenauslese für 1720,- DM pro Flasche verkauft hatte. Nach dem Hammerschlag von Auktionator Eberhard von Kunow gab es frenetischen Jubel und die Anwesenden spendeten Egon Müller III. minutenlang stürmischen stehenden Applaus. Weinkultur ist immer das Werk von einzelnen Menschen über viele Jahre hinweg oder – im Fall von Egon Müller III. – von Jahrzehnten; ein Lebenswerk.

Zurück in der Bibliothek sind wir inzwischen zu einer Flasche der 1971 Scharzhofberger Riesling Auslese »Goldkapsel« übergegangen, ein grandioser Wein, der mich einmal mehr nach passenden Worten der Beschreibung ringen läßt. Meine Adjektive lassen mich wiederum im Stich. Die edelsüßen Weine waren immer großartig, während es Mitte und Ende der achtziger Jahre eine Zeit gab, in der die normalen Kabinett- und Spätleseweine nicht ganz dem traditionellen Standard des Gutes entsprachen. Auch die Experimente mit trockenen Weinen in den frühen neunziger Jahren führten zu gemischten Ergebnissen. Seit dem Jahrgang 1993 gibt es jedoch keinen Zweifel, daß die Weine über die Erwartungen, die an eines der legendären Weingüter Deutschlands gestellt werden, hinausgehen. Dieser Gedanke erhöht mein Vergnügen an dem Glas 1971er Auslese ganz beträchtlich, da es auch ein Versprechen für die kommenden Jahre und Jahrzehnte darstellt. In der Zukunft werden die Weine der letzten Jahre nicht nur immer mehr Spaß machen, sie stellen gleichzeitig die ersten Meisterwerke eines noch jungen Winzers (geb. 1959) dar.

Auch wenn mich jemand an meinem Schreibtisch in Berlin bei der Arbeit sehen kann, frage ich mich manchmal, was die Leute wohl denken würden, wenn sie an dem Haus vorbeigingen, in dem ich lebe und arbeite, wenn sie hochschauen könnten und mich an einem kalten Winterabend sehen würden, mein Gesicht von der Schreibtischlampe erhellt, das schummrige Zimmer hinter mir.

Ich kam einmal spät am Abend am Scharzhof vorbei und sah Egon Müllers IV. Gesicht auf genau diese Weise. Sein Ausdruck war sehr ernst, beinahe der eines Gelehrten. Ich fragte mich, wieviel Vergnügen ihm sein Leben und seine Arbeit auf dem Scharzhof bereiten. Hier in der Bibliothek kann es indessen darauf nur eine Antwort geben: Weine wie die, die ich in der Eingangshalle verkostet habe, genauso wie der, den wir gerade trinken, können nur von jemandem stammen, der nicht nur voller Hingabe sein Ziel verfolgt, sondern auch eine ganz besondere Freude daran hat. Diese Freude zeigt sich deutlich auf Egon Müllers Gesicht, als wir die letzten Tropfen der 1971 Auslese genießen. Diese zwei Gesichter sind die beiden Seiten seiner Persönlichkeit – Perfektionist und Genießer – die sich in seinen Weinen widerspiegeln.

Ich entschuldige mich für einen Moment. Als ich eine Minute lang alleine bin, betrachte ich im Sitzen die Bilder an den Wänden des kleinsten Raums im Erdgeschoß des Hauses. Mir gegenüber hängt ein Renaissance-Druck, der Bacchus in berauschtem Schlummer zeigt, und eine Radierung von Goya. Darauf ist ein Esel mit einem Buch zu sehen, in dem die Worte sich aus einer Reihe von Abbildungen von Eseln in verschiedenen Stellungen zusammensetzen. Der Titel lautet »Und so war auch sein Großvater«. Ein düsterer Gedanke bei einer selbst noch so kurzen Unterbrechung einer Weinprobe, und einer, auf den einen Egon Müllers Weine in keiner Weise vorbereiten. Ich frage mich, ob ihn solche Gedanken auch manchmal beschäftigen, und wenn, wie er wohl dazu steht. Aus meiner Sicht jedenfalls hätte er das Erbe seines Vaters, Großvaters und Urgroßvaters mit ihren Verdiensten kaum besser antreten können.

Die Scharzhofberger Weine von Egon Müller

Die Keller unter dem Scharzhof sind sehr traditionell ausgestattet, da die Müllers nie viel von moderner Technologie gehalten haben. Hier werden sowohl die Weine vom Egon-Müller-Scharzhof- als auch die des Le-

Gallais-Guts ausgebaut. Das Le-Gallais-Gut ist zum Teil im Besitz der Familie Müller, zum anderen von Gerald Villanova. Die Le-Gallais-Weine kommen aus der vier Hektar großen Alleinbesitzlage Wiltinger Braune Kupp. Sie sind für die Saar recht körperreiche Weine; einfachere Exemplare zeigen deutliche Kräuternoten, die Spitzenweine eine große Bandbreite an Aromen und ein üppiges Geschmacksbild. Die Weine aus den sieben Hektar der Familie Müller im berühmten Scharzhofberg sind eleganter und in den höchsten Qualitätsstufen von außerordentlicher Brillanz, dabei gleichzeitig von faszinierender Finesse. Selbst die einfachsten Weine sind voller Charakter.

Probiernotizen Weingut Egon Müller

Riesling – Scharzhofberg »Grand Cru«

1990 TROCKENBEERENAUSLESE (VERSTEIGERUNGSWEIN)   **100**
Wer geht so weit, ohne daß die Ergebnisse seines Drangs nach dem Äußersten nicht im Geringsten gewollt wirken? Im Bereich des Weißweins lautet die Antwort: »Nur Egon Müller.« Ein brillantes Konzentrat aus allem Guten, was die Natur zu bieten hat.

1993 SPÄTLESE NR. 18   **90**
Eine große gelbe Rose, die sich allmählich öffnet, aber an Duft noch viel mehr zulegen wird.

1993 AUSLESE NR. 21   **93**
Eine vornehme, aristokratische Erscheinung; Größe ohne eine Spur von Anmaßung, Dichte ohne eine Andeutung von Schwere und ein ganz langsamer Abschied.

1993 AUSLESE GOLDKAPSEL (VERSTEIGERUNGSWEIN)   **95**
Ein Meisterwerk im vertrauten Stil, sogar die Vollendung einer reichlichen Erbschaft. Trotz aller Fülle und Geschmackskonzentration sehr, sehr fein ...

1993 EISWEIN (VERSTEIGERUNGSWEIN)   **96**
Als ob der liebe Gott zeigen wollte, »so muß ein Eiswein sein«. Alle Eigenschaften – vor allem die pikante Säure – die dazugehören, genauestens aufeinander abgestimmt.

1993 BEERENAUSLESE (VERSTEIGERUNGSWEIN)   **98**
Eine unvergeßliche Persönlichkeit, die ihre wahre Größe schon bei der ersten Begegnung ganz offenbart. Wer ist ihr gewachsen? Wer verdient diesen enormen Schatz?

1994 SPÄTLESE NR. 20 — 90
Und wer sagt hier, die Weine von Egon Müller schmeckten nicht, wenn sie ganz jung sind? Dieser war ab der ersten Probe ein verführerischer Wein.

1994 AUSLESE NR. 22 — 92
Ein Langläufer, der anfangs gar nicht gesprintet ist, sondern sich ganz gelassen auf den Weg gemacht hat.

1994 AUSLESE »GOLDKAPSEL« (VERSTEIGERUNGSWEIN) — 94
Mächtig, lehnt jedoch die Wucht von vornherein ab und setzt auf das feine Zusammenspiel der Komponenten, mit sehr nachhaltigem filigranen Finale.

1994 BEERENAUSLESE (VERSTEIGERUNGSWEIN) — 96
Nach seiner jugendlichen Überschwenglichkeit fest und verschlossen. Hier steckt einfach sehr viel drin, auch Säure, und verlangt viel Zeit, um sich zu vermählen.

1994 TROCKENBEERENAUSLESE (VERSTEIGERUNGSWEIN) — 97?
Mir gefällt die Trockenbeerenauslese von Le Gallais (98 Punkte) noch besser, aber dieser unfertige Gigant ist sicher der »größere« Wein. Eine extreme Harmonie von fast gespaltenen Komponenten. Wo geht es hin? Frag mich bitte erst nach der Jahrtausendwende wieder.

1995 KABINETT NR. 34 — 88
Die hohe Finesse des Scharzhofberges in Miniatur; feine Seide fließt durch die Finger.

1995 SPÄTLESE NR. 14 — 91
Der Duft in einer Ecke eines großen Gartens am Sommerabend; süße Blütenaromen, kühle Schatten und unter den Füßen feuchte Erde.

1995 AUSLESE NR. 10 — 95
Hier hat der größte Pâtissier der Welt mitgearbeitet, oder? Nein, so ist dieser geniale Ausdruck des Scharzhofberges, diese perfekte Vermählung der Gegensätze der Natur.

1995 AUSLESE »GOLDKAPSEL« (VERSTEIGERUNGSWEIN) — 97
Sprengt sämtliche Rahmen mit einer verblüffenden Leichtigkeit. Doch hier gibt es nichts Leichtsinniges, sondern die Verkörperung einer großen Tradition, die im Einklang mit der Natur ihre Vollendung findet.

Weingut Joh. Jos. Prüm 279

1995	EISWEIN (VERSTEIGERUNGSWEIN)	94

Dichte, Festigkeit, Fülle und pikante Säure. Alles, was ein großer Eiswein braucht; doch den anderen Spitzenweinen des Jahrgangs nicht gewachsen.

1995 BEERENAUSLESE (VERSTEIGERUNGSWEIN) 98

Wer, außer Egon Müller, hätte es gewagt? Niemand sonst hätte sich solch extreme Harmonie zugetraut. Noch äußerst unfertig und unruhig, aber die Anlagen für einen ganz großen Wein.

1995 TROCKENBEERENAUSLESE (VERSTEIGERUNGSWEIN) 100

So unvergeßlich wie der erste Kuß der Geliebten. Seine übernatürlich wirkende Brillanz und Klarheit entlarven unzählige sogenannte »Kultweine« als hohlen Bluff. Die Kartenhäuser stürzen zusammen, und er steht wie eine Eins.

1996 KABINETT NR. 9 86

Die leichte Ausführung von klassischer Saar-Eleganz.

1996 SPÄTLESE NR. 10 90

Trotz eisernem Kern ein überaus subtiler Riesling; großes Entwicklungspotential.

1996 AUSLESE »GOLDKAPSEL« (VERSTEIGERUNGSWEIN) 96

Glüht wie flüssiges Eisen und brennt doch nicht. Große innerliche Stärke, die sich ganz langsam über viele Jahre zeigen wird.
[Leider weigerte sich Egon Müller jun., mir vor Redaktionsschluß die 1996er Eisweine zu zeigen. Ich hätte sie gerne hier beschrieben.]

Moselmonument: Das Haus Prüm
Dr. Manfred Prüm

Weingut Joh. Jos. Prüm
Uferallee 19
54470 Wehlen
Tel. 06531/3091
Fax 06531/6071

Ich gehe die Stufen hoch zur Eingangstür der imposanten Villa aus grauem Schiefer. Ich drücke auf den Messingklingelknopf, drehe mich um, lehne mich auf das schmiedeeiserne Geländer mit dem Traubenmotiv und genieße den Blick auf die hoch aufsteigenden Hänge der

Lage Sonnenuhr am gegenüberliegenden Ufer der Mosel und die anmutig geschwungene Hängebrücke, die Wehlen mit seinem berühmtesten Weinberg verbindet. Der steile Weinberg ist so groß und erscheint so nah, daß man das Gefühl hat, in der ersten Reihe eines Großleinwand-Kinos zu sitzen. Der Anblick ist – wenn auch nicht mit dem überwältigenden Effekt aus dieser Perspektive – unzähligen Weintrinkern auf der ganzen Welt vertraut, weil er in Miniaturform auf dem Etikett eines der berühmtesten Weingüter der Welt prangt: Joh. Jos. Prüm.

Vor dieser Haustür warte ich geduldig eine Minute. Nach den unverkennbaren Rufen seiner Töchter erscheint Dr. Manfred Prüm in der verglasten Eingangshalle, öffnet und heißt mich herzlich willkommen. Er deutet in die Richtung des Wohnzimmers, dessen Lage mir von unzähligen Besuchen längst vertraut ist, und ich gehe durch den Flur mit seinen Art-Nouveau-Fliesen, Trauben überall, bis zur letzten Tür links. Ich trete ein und setze mich auf »meinen« Platz auf dem Sofa. Hier sitze ich seit meinem ersten Besuch im Frühling 1984. Manfred Prüm folgt mir, schließt die Tür hinter sich und nimmt seinen angestammten Platz ein. Es ist fünf Uhr am Nachmittag, und sein Lächeln sagt mir, daß die nächsten Stunden einer weiteren spannenden Verkostung seiner einzigartigen Weine gewidmet sein werden.

Manfred Prüm fragt, ob er mir etwas anbieten könne, und wie gewohnt bitte ich um ein Glas Mineralwasser, notwendig als Erfrischung für den Gaumen bei Weinproben. Während er das Wasser holt, drängt sich mir unwillkürlich die Frage auf, warum das Gut in Deutschland immer noch wenig bekannt ist, obwohl schon Manfred Prüms Vater Sebastian ebenso bemerkenswerte Weine gemacht hat. Mindestens ein dreiviertel Jahrhundert hat dieser Betrieb beinahe ununterbrochen außerordentliche Weine erzeugt, eine Leistung, die weltweit einzigartig ist. In Frankreich wäre der Name jedem gebildeten Menschen vertraut, und die große Mehrheit der Bevölkerung würde dieses Weingut zu den Monumenten ihres Landes rechnen, die Deutschen jedoch ... Bevor ich mich innerlich richtig aufregen kann, kommt Manfred Prüm mit einer Flasche Mineralwasser zurück, nimmt zwei feingeschliffene Wassergläser aus einer Vitrine, stellt sie auf silberne Untersetzer vor uns auf den Tisch und füllt sie mit konzentrierter Miene zu einem knappen Drittel. Als ich einen Schluck davon trinke, herrscht einen Moment lang Stille. »Und außerdem noch etwas?« fragt er halb ironisch.

Jetzt werden wir zum Wein übergehen, aber nicht zu hastig, und wahrscheinlich wird es nichts aus dem letzten Jahrgang geben. Doch müssen die jüngeren Weine zu Anfang kommen, weil sie anstrengend zu verkosten sind. Ich schlage vor, mit einigen Weinen aus dem vorletzten Jahrgang zu beginnen. Manfred Prüm nickt, schlägt eine gute Handvoll vor und verschwindet erneut.

Insider sind damit vertraut, daß Manfred Prüm es vorzieht, Besuchern seinen Keller nicht zu zeigen. Vor zehn Jahren war es richtiggehend »in« unter ehrgeizigen jungen Winzern, Besucher durch den Keller zu führen und dort Verkostungen der direkt aus dem Faß gezogenen Jungweine zu veranstalten. Oft war das eine gute Strategie, um die Aufmerksamkeit auf den neuen Jahrgang zu lenken, weil die älteren nicht unbedingt gelungen waren, oder die Weine je jünger desto besser wirkten und nicht gut altern konnten. Das alles trifft auf Joh. Jos. Prüm keinesfalls zu und ist auch nicht der Grund für Manfred Prüms Ablehnung von Kellerführungen und -proben. Sein offizielles Argument ist, daß der Keller ein Arbeitsplatz und keine Zirkusmanege ist, aber ich vermute, daß die Tradition der Familie, Weine ernsthaft, in Ruhe und am Tisch sitzend zu verkosten, eine mindestens ebenso große Rolle spielt. Sie verdienen eine konzentrierte Aufmerksamkeit, die ihnen nur so gewidmet werden kann. Hier fühlt Manfred Prüm sich mit seinen Weinen am wohlsten, und die Anwesenheit eines oder einer kleinen Gruppe aufnahmebereiter Menschen genügt, um die Situation für ihn zu vollenden.

Eine Weinprobe beim Weingut Joh. Jos. Prüm folgt stets einem präzisen Ritual, das so gut wie nichts mit dem gemeinsam hat, was Manfred Prüms Kollegen tun, oder was als »normal« angesehen wird. Manche Leute in der deutschen Weinszene machen sich darüber lustig, aber Manfred Prüms Persönlichkeit spiegelt sich hierin vollständig wider. Da das auch für seine Weine gilt, paßt beides perfekt zusammen. Viele Details dieses Rituals sind stets gleich: Die Flaschen mit jungen Weinen tragen winzig kleine Etiketten, auf denen in noch kleinerer Handschrift ihre Namen verzeichnet sind, alle Flaschen stehen nebeneinander mit je einem Glas davor, alle nicht mehr ganz jungen Weine werden hier getrunken und nicht gespuckt wie anderswo. Das alles weist aber nicht auf einen Mangel an Spontaneität hin. Das Gespräch am Tisch folgt keinem festen Schema hängt stark von den Reaktionen der jeweiligen Besucher ab und was Manfred Prüm daraufhin einfällt. Ein Artikel in der »FAZ« über die deutsche Gastronomie, der mangelnde Ernst, mit dem europäische Politiker dem Krieg im ehemaligen Jugoslawien entgegentreten, die zum Teil lächerlichen Moden in der deutschen Weinszene in den letzten Jahren, oder Prüm-Weine bis zurück zum 1921er, über alles haben wir an diesem Tisch schon intensiv diskutiert.

Manfred Prüms Frau Amei kommt herein und setzt sich zu uns. Ihr lächelndes Gesicht ist das einzige, was am Tisch gefehlt hat, der Charme von jemandem, der den Traditionen des Hauses voller Respekt gegenübersteht und trotzdem ohne Zögern seine eigene Art vertritt. Es scheint, als ob sie schon immer an Manfred Prüms Seite und nie anderswo glücklicher war. Sie verkostet die Weine mit uns, wie gewohnt sehr konzentriert. Und wenn sie einen Wein probiert, der ihr besonders gut gefällt, macht sie ein Gesicht, das alles andere als ein Lächeln ist. Das haben wir gemeinsam: Mir ist oft gesagt worden, daß ich aussehe, als ob ich sehr leiden würde, wenn ich von einem Wein besonders entzückt bin, so daß ich bei den Prüms wohl besonders oft schreckliche Grimassen ziehen muß.

Nachdem sie Zeit hatten, sich nach dem Abfüllen zu »beruhigen«, präsentieren sich die Weine des Jahrgangs 1993 sehr gut. In der Nase wirken sie noch etwas heftig, was für junge Joh.-Jos.-Prüm-Weine typisch ist, aber die reichhaltigen und doch feinen Fruchtaromen und das funkelnde Spiel zwischen geschliffener Säure und natürlicher Restsüße ist genau das, was ich von einer jungen Wehlener Sonnenuhr erwarte. Ich verziehe mein Gesicht sicher wieder zu einer schrecklichen Grimasse. Aber offenbar ist man hier daran gewöhnt, denn weder Amei noch Manfred Prüm scheinen es zu bemerken.

Wir sind gerade dabei, unsere Eindrücke von diesen Weinen auszutauschen, als die Töchter der Prüms auftauchen. Katharina ist ausgesprochen intelligent und etwas ernst. Bettina charmant und witzig und die jüngste, Christina, zugleich ein bißchen wild und etwas scheu. Ich kann mir das Haus nicht ohne diese ganzen Frauen vorstellen, und alle gehören zu der Welt, aus der diese Weine stammen. Eines Tages wird eine von ihnen in Manfred Prüms Fußstapfen treten. Jetzt aber nimmt Amei Prüm Christina mit – Zeit fürs Bett – und die beiden älteren setzen sich, um die nächsten Weine mit uns zu probieren. Manfred Prüm ermuntert sie, ihre Meinung zu äußern. Wie ernst er das auch meint, er läßt es immer wie ein Spiel erscheinen. Ich bin nicht sicher, ob ich an ihrer Stelle eine gute Figur abgeben würde, nicht wegen ihres Vaters, sondern aufgrund der zwei Gemälde sehr streng blickender Vorfahren an der Wand. Es gibt ein bißchen Gekicher, aber beide Mädchen wissen etwas zu sagen, das Manfred Prüm sehr ernsthaft, doch ohne jeglichen lehrerhaften Ton kommentiert.

Ich erinnere mich, daß sie leider nicht anwesend waren, als wir die erstaunliche 1938er Trockenbeerenauslese verkosteten. Es war der letzte Wein einer »Vertikalprobe« der Weine des Gutes aus der Wehlener Sonnenuhr, die Manfred Prüm im Juli 1993 organisiert hatte. Die Joh. Jos. Prüm-Weine stehen in dem Ruf, außerordentlich langlebig zu sein. Während der ersten Jahre unserer Bekanntschaft stellte Manfred Prüm mir häufig ein Glas Wein hin und forderte mich auf, den Jahrgang zu identifizieren – er macht dieses Spiel immer noch gern und oft –, und ich war regelmäßig überzeugt, der Wein sei mindestens fünf Jahre jünger, als er tatsächlich war. Der 1938er versetzte alle am Tisch in Erstaunen: Er wirkte um Jahrzehnte jünger als seine 55 Jahre – ein zeitloses Juwel, das immer noch genauso funkelte wie am Tag der Abfüllung. Ich bin sicher, daß Katharina und Bettina, so wie sie die Frage ihres Vaters an diesem Abend beantwortet hatten, von dem 1938er enorm beeindruckt gewesen wären, nicht nur aufgrund seines Alters, sondern auch wegen der Art seines Funkelns. Juwelen funkeln auf diese Art sonst nur in Legenden. Kein Wunder, daß Weine wie dieser das Gut zu einer Legende gemacht haben.

Meine Erwähnung dieses Weins bringt Manfred Prüm auf eines seiner Lieblingsthemen: die Bedeutung der Langlebigkeit von Weinen. Es gibt kein treffendes Argument gegen seine Auffassung: Ob teurer Bordeaux auf der Karte prätentiöser Restaurants oder billiger italienischer Weißwein im Supermarktregal, die Welt leidet keinen Mangel an Weinen, die ihren Höhepunkt längst überschritten haben und dennoch weiter zum Verkauf stehen. Manfred Prüm weiß selbst, daß es keine andere Antwort gibt, und daß mir seine Einstellung vertraut ist, trotzdem fährt er fort. Wenn er eine Schwäche hat, dann ist es diese: sich für Standpunkte zu sehr zu ereifern, von denen der promovierte Jurist in ihm weiß, daß er recht hat und die besten Argumente auf seiner Seite sind. Wenn er andere Weine als seine eigenen verkostet, mißt er ihrer Alterungsfähigkeit große Bedeutung bei – auch ich betrachte Lagerfähigkeit als Teil der Definition eines großen Weines – aber manchmal erscheint es mir, als ob dies fast der einzig ausschlaggebende Faktor seines Urteils ist. In sich selbst stellt das kein Problem dar, aber wenn man sich in seinen eigenen Ansichten zu sicher fühlt, weil man so oft recht behalten hat und nur selten Grund zum Zweifel hatte, kann man ein wenig blind werden.

Die letzten Weine vor dem Essen sind die 1994er. Wie gewohnt wird eine Reihe von Flaschen und Gläsern vor mir aufgebaut und jeder Wein voller Sorgfalt eingeschenkt. Inzwischen ist es draußen ganz dunkel, und nur ein großer Hortensien-Strauch auf der Terrasse ist noch vor dem Fenster zu erkennen. Abgesehen von unseren Bewegungen hört man nur noch das Tuckern eines Lastkahns auf dem Weg nach Luxemburg oder Frankreich. Jedesmal, wenn Manfred Prüm mir einen neuen Jahrgang zum erstenmal vorstellt, verspüre ich eine ganz besondere Spannung, die sich mit den Jahren immer weiter gesteigert hat, in denen ich die Entwicklung zweier großer Jahrgänge – 1988 und 1990 –, einer ganzen Reihe guter bis hervorragender – 1985, 1986, 1989, 1991 und 1993 – und, wie der Zufall es wollte, nicht einem einzigen, den man wirklich schwach nennen könnte, verfolgt habe.

Jetzt naht unaufhaltsam ein weiterer Moment der Wahrheit. Ich koste mich langsam durch die Reihe der Weine, rieche lange an jedem Wein, bevor ich einen ersten Schluck in den Mund nehme, dann einen zweiten, die langsam über meinen Gaumen fließen, bevor ich die Prozedur wiederhole. Es ist jetzt so still, daß man meinen könnte, auf der Bühne eines Stadttheaters mit einem besonders wohlerzogenen Publikum zu sitzen, das gespannt unserer Vorstellung folgt. Doch niemand sieht oder hört uns zu, es gibt nur uns beide, die wir uns gegenseitig voller Erwartung beobachten.

»Nun ...«, setze ich an, was an sich schon ein unverkennbares Indiz ist, daß ich nicht ganz so beeindruckt bin, wie ich gehofft hatte. Es ist nicht mein erster Moment des Zweifels in diesem Haus – einige der 1992er begeisterten mich bei der ersten Begegnung nicht, obwohl sie sich seitdem etwas zum Positiven entwickelt haben –, und es ist nur ein Hauch von Zweifel, aber ich muß die Weine vor mir mit den besten vergleichen, die ich hier schon verkostet habe. Würde Manfred Prüm das nicht von mir erwarten? Wenn ich es nicht täte, würde ich der »Ausbildung«, die ich von ihm hier auf diesem Sofa, vor diesem Tisch, mit diesen Gläsern erfahren habe, untreu werden. Ich hätte mir keinen besseren Lehrer wünschen können und bin ihm für soviel Wissen zu Dank verpflichtet, für meine Art, Weine zu betrachten und zu verkosten, deshalb stimmt es mich ein bißchen traurig, mich von den Weinen vor mir nicht überwältigt zu fühlen.

Wir sprechen über jeden einzelnen von ihnen, und ich merke, daß Manfred Prüm, obwohl wir uns über die Unterschiede zwischen ihnen einig sind, sie insgesamt viel höher einschätzt als ich. Habe ich recht, sind diese Weine zwar hervorragend gemacht wie immer, aber etwas leicht? Oder hat Manfred Prüm recht, der sie für ebenso gut wie seine grandiosen 1990er hält? Ich nehme einen großen Schluck der besten Wehlener Sonnenuhr-Spätlese, die genauso fein und elegant ist wie das Haus, in dem ich sitze. Es wäre nicht so wichtig, wenn dieses Haus nicht Traditionen hätte, von Manfred Prüm und seinem Vater geschaffene Traditionen, die aufstreben wie die Schornsteine und Turmspitzen in der Uferallee 19. Der Wein schmeckt herrlich, aber groß ...? Ich verliere mich in meinen Gedanken. Trotz der vielen halbvollen Weingläser vor mir rieche ich den schweren Duft einer Vase voller Rosen aus dem Garten, den ich wie den Keller nie betreten habe. Ein Moment unangenehmer Stille, unangenehm für mich. Ich schaue zur Stuckdecke, in deren Mitte eine Traube aus Gips hängt; Trauben überall.

Plötzlich ist Amei Prüm wieder da, es ist Zeit zum Abendessen, und Manfred Prüm bittet mich in den angrenzenden Raum, in dem der große Eßtisch gedeckt ist. Von meinem Platz aus kann ich ein Gemälde seines Großvaters sehen, auf dem er in genau diesem Zimmer sitzt, der Hintergrund des Bildes hat exakt die gleiche Farbe wie die Wand, an der es hängt. Die Prüms setzen sich. Katharina und Bettina dürfen mit uns essen, weshalb sie ein bißchen aufgeregt sind. An diesem Tisch genießt Manfred Prüm die Rolle des Gastgebers und Raconteurs noch mehr als an dem kleinen Tisch nebenan, und obwohl auch ich meine feste Rolle habe – gern gesehener Gast –, ist es eine, in der ich mich sehr wohl fühle. Zuerst gibt es eine 1982er Spätlese, die für diesen Jahrgang, in dem es jede Menge unsauberer Weine gab, erstaunlich klar und strahlend ist, dann mit dem Spargel eine wundervolle 1979 Spätlese, die immer noch sehr lebendig und rassig wirkt, und schließlich zum Rehrücken – das Reh hat Manfred Prüm selbst erlegt –, eine 1971 Auslese »Goldkapsel«, die Grandeur und Finesse vereint; alles Rieslinge aus der Wehlener Sonnenuhr, wie es zu diesem Raum, der Gesellschaft und dem Anlaß paßt.

Aufs beste von diesem Raum, seiner Familie und diesen Weinen eingerahmt erinnert mich Manfred Prüm an den Mann auf dem Gemälde, eingerahmt von einer Welt, die er selbst geschaffen hat. Das Weingut Joh. Jos. Prüm ist ein herausragendes Monument der deutschen Weinkultur. Daß einige Weine der letzten Jahrgänge dieser einzigartigen Stellung und den Erwartungen, die sich daraus unvermeidlich ergeben, nicht vollkommen entsprechen, schmälert in keiner Weise das Verdienst und die Leistung von Dr. Manfred Prüm oder die wesentliche Rolle, die seine Familie in der Geschichte des Gebiets gespielt hat.

Ich wehre ab, als der Hausherr eine weitere Flasche, »oder eine halbe«, vorschlägt, entschuldige mich, stehe vom Tisch auf und fühle die ganz eigene Erschöpfung nach einem Tag voller Weinproben. Ein wunderbarer Abend im Hause Prüm neigt sich dem Ende zu.

Die Rieslinge des Weinguts Joh. Jos. Prüm

Dieses berühmte Gut baut ausschließlich Riesling an. Die einfachsten (QbA) Weine werden unter dem »Dr. M. Prüm«-Etikett vermarktet. Nur Weine von Kabinett- oder höherer Qualität werden unter dem »Joh.-Jos.-Prüm«-Etikett angeboten. Die Rieslinge aus der Bernkasteler Badstube sind eher leicht und schlank und zeigen eine kräftige Säure, die oft mehrere Jahre braucht, um sich zu harmonisieren. Obwohl die Weine aus dem Graacher Himmelreich ebenfalls von fester Struktur sind, maskiert ihr vollerer Körper und leicht erdiger Charakter die Säure etwas mehr. Auf dem Spät- oder Ausleseniveau können beides reichhaltige, imposante Weine sein, die den Rieslingen aus der Wehlener Sonnenuhr, für die das Gut am bekanntesten ist, durchaus Paroli bieten können. Die Wehlener Sonnenuhr-Weine zeigen reifere Fruchtaromen, meistens findet man hier Pfirsich und Passionsfrucht und süßliche Blütenaromen wie Rosen und Geißblatt. In schwierigen Jahren, wenn die Riesling-Trauben an der Mosel nicht vollständig ausreifen, erinnern die Sonnenuhr-Weine an frisch geschnittene Kräuter. Unabhängig davon, ob die Frucht-, Blüten- oder Kräuteraromen ihrer vielseitigen Persönlichkeit am deutlichsten hervortreten, ist ihnen immer etwas »Mineralisches« eigen, das vom sehr steinigen Schieferboden dieser großen Lage herrührt. Die Rieslinge aus der Lage Zeltinger Sonnenuhr werden meistens im trockenen Stil ausgebaut und schmecken oft ziemlich herb.

Probiernotizen Weingut Joh. Jos. Prüm

Riesling – Wehlener Sonnenuhr »Grand Cru«

1993 SPÄTLESE 88
Man sitzt ganz bequem in einem Sessel und streichelt den seidigen Bezugsstoff mit den Fingern. Die Graacher Himmelreich-Spätlese gefällt mir um einiges besser.

1993 AUSLESE 90
Reich muß nicht schwerreich bedeuten, genauso muß Säure nicht säurereich schmecken.

1993 AUSLESE »LANGE GOLDKAPSEL« 93
Opulenz für Eleganztrinker, mundfüllend im wahrsten Sinne des Wortes. Alles paßt zusammen.

1994 SPÄTLESE (VERSTEIGERUNGSWEIN) 89
Herrliche Duftigkeit und Eleganz, eine stimmige Komposition aus tausend Komponenten, aber doch nicht die Dichte oder der Tiefgang der 1990er, wie Manfred Prüm meint.

1994 AUSLESE 90
Ein Fruchtsalat, bei dem man sich nicht zurückhalten kann, einen zweiten Teller zu nehmen. Aber auch deutlich hinter den vergleichbaren 1990ern.

1994 AUSLESE »LANGE GOLDKAPSEL« (VERSTEIGERUNGSWEIN) 94
Ein sehr kraftvoller Moselwein, rennt fast die Tür ein, aber die Üppigkeit ist keinesfalls einseitig, gewinnt stetig an Eleganz.

Weingut Joh. Jos. Prüm

1994 BEERENAUSLESE (VERSTEIGERUNGSWEIN) 95
Extreme Harmonie. Schießt im Moment noch in alle möglichen Richtungen, aber die scheinbaren Gegensätze rücken ganz allmählich näher zusammen.

1994 TROCKENBEERENAUSLESE (VERSTEIGERUNGSWEIN) 97
Ein Monument der Moselweinkultur mit den entsprechenden Dimensionen. Das Spiel zwischen honigartiger Geschmacksdichte und Säurepikanz erreicht Nerven, die sonst unberührt bleiben.

1995 *Eine allgemeine Bemerkung*
Die 1995er Weine von Joh. Jos. Prüm wiesen kurz vor Redaktionsschluß immer noch einen extremen Hefeton auf, der ihre Bewertung ungemein erschwerte. »Liquider Hochleistungssport«, beschrieb Manfred Prüm meine erste anstrengende Verkostung dieser Weine. Richtig.

1996 KABINETT 85
Archetyp des leichten Moselweins, spielerisch und belebend, aber gar nicht flüchtig.

1996 SPÄTLESE 88
Die reifen Früchte eines goldenen Oktobers und die Frische seiner kühlen Nächte.

1996 AUSLESE 90
Prüm-Wein, wie man ihn erwartet: reichhaltig sowie delikat, und absolut eigenständig.

1996 AUSLESE »GOLDKAPSEL« 92
Wollte sich am liebsten der »Untersuchung« entziehen und im Keller bleiben, aber die für 1996 ungewöhnliche Finesse und Geschliffenheit sind unverkennbar.

1996 AUSLESE »LANGE GOLDKAPSEL« 93
Wenn man abstrahiert, was sich andeutet, zweifelsohne ein großer edelsüßer Riesling im Werden. Erst im nächsten Jahrhundert überhaupt ans Korkenziehen denken.

Was einst möglich war
Dr. Dirk Richter

Weingut Max Ferd. Richter
Hauptstraße 37/85
54486 Mülheim
Tel. 06534/704
Fax 06534/1211

Das Erscheinen des neuen Jahrgangs gibt der Weinwirtschaft so etwas wie einen »natürlichen« Rhythmus. Die immer wildere Hetzjagd beim Präsentieren, Verkaufen und Trinken des neuesten Jahrgangs stiftet jedoch dabei immer mehr Unruhe. Heute sind die meisten Weintrinker derart versessen auf »frischen« Wein, daß sie den neuen Jahrgang am liebsten schon in ihrem Glas hätten, bevor die Trauben überhaupt reif sind! Dr. Dirk Richter vom Weingut Max Ferd. Richter in Mülheim an der Mosel schüttelt nur den Kopf, als ich davon anfange. »Hier auf dem Gut haben sich die Dinge genauso geändert wie anderswo«, sagt er. »Vor 50 Jahren blieben die Weine zwei oder drei Jahre vor der Abfüllung in den Holzfässern, heute werden sie meistens schon nach sechs Monaten abgefüllt. Das ist das Ergebnis der modernen Kellertechnik, die manche Arbeiten viel einfacher macht, als sie für die Generation meines Großvaters waren. Moselweine zur Eile anzutreiben, ist jedoch eine schlechte Idee. Man muß ihnen eine gewisse Zeit geben, wenn sie gut sein sollen, und jeder Versuch, ihre Entwicklung zu beschleunigen, kann nur schaden.«

Er hat recht, und an der Mosel kann man die Folgen dieser Eile bei vielen Weinerzeugern schmecken, ebenso wie in ganz Deutschland und rund um den Erdball. Verführt vom Glanz der neuen Filter im Katalog und auf Messen vernichten deutsche Winzer regelmäßig einen großen Teil des wirklichen Charakters ihrer Weine, um in ihrem Übereifer der Nachfrage nach den neuen Weinen so früh wie möglich nachkommen zu können.

Wie jedes Jahr im Frühling stehe ich mit Dirk Richter im Probierzimmer des Gutes im ersten Stock über den ausgedehnten Kellern am Rande von Mülheim, um die neuen Weine zu verkosten. Der Raum sieht aus, als ob sich hier seit dem Bau des Hauses 1880 nichts verändert hätte, und das lenkt mich vom Wahnsinn der modernen Weinwirtschaft ab. Als ich mich umschaue und einen Blick aus dem Fenster auf die Schatten der Wolken werfe, die in der Ferne über die Weinberge von Lieser und Kues ziehen – ein Bild in Gold, Rostrot und Grün, das sich ebenfalls seit 1880 kaum verändert hat –, fällt mir auf, daß unsere regelmäßigen Treffen hier ein Zeichen unseres Respekts für die zeitlichen Bedürfnisse guten Moselweins sind. Sie sind eine Art stiller, aber beharrlicher Widerstand gegen den Versuch, den »natürlichen« Rhythmus durch pure Gier und eine irrige Auffassung von Fortschritt zu beschleunigen.

Es ist April, und obwohl sich Dirk Richter nicht beklagen würde, wenn ich früher kommen müßte, ist das eigentlich wirklich der früheste Zeitpunkt, an dem ich erscheinen kann. Selbst jetzt sind ein oder zwei Weine noch nicht fertig und müssen bis zu einem späteren Treffen warten. Manchmal habe ich es nicht vor Juni geschafft, und sein Kommentar war gewöhnlich: »Gut, daß du nicht früher gekommen bist, dieses Jahr haben die Weine länger gebraucht.«

Auch unter anderen Aspekten muß ich Dirk Richters Geduld bewundern. Obwohl das Gut seit vielen Jahren gute bis hervorragende Moselweine erzeugt, sind sie immer noch in England, in den USA oder Japan wesentlich bekannter als in Deutschland. Hier werden sie inzwischen beinahe vollständig übersehen bzw. sind in Vergessenheit geraten: Früher blieb der größte Teil der Ernte im eigenen Land. Das Ansehen des Gutes ist in Deutschland erst in den letzten Jahren wieder ein wenig gewachsen, aber das scheint Dirk Richter nicht zu stören. Man hat das Gefühl, daß nichts ihn wirklich stört, solange die Geschäfte insgesamt gut gehen.

Das Merkwürdige ist, daß er trotz seiner generellen Gelassenheit bei kleinen Dingen doch sehr ungeduldig sein kann. Nervös verschwindet er, um die Weine zu holen, für deren Verkostung ich gekommen bin. Seine eiligen Schritte poltern über die Stufen der steilen, alten Holztreppe ins Erdgeschoß hinunter, dann beinahe lautlos auf den Steinstufen in den Keller. Bei seiner Rückkehr sucht er unruhig die verschiedenen Blätter der Probierliste zusammen und zieht die Korken aus den Flaschen, die in einer langen Reihe auf dem Tisch stehen, der fast die ganze Länge des großen, hohen Raumes einnimmt. Nachdem ich eine Weile verkostet habe, schildere ich ihm meine Eindrücke von den ersten Weinen. Wie immer gefallen mir die Weine sehr gut, und nur einer oder zwei aus der langen Reihe sind lediglich als »ordentlich« zu bezeichnen.

An der Mosel ist es für ein kleines Weingut von zwei oder drei Hektar normal, Besitz in mehreren Lagen zu haben, aber eine Situation wie bei den Richters, die 15 Hektar Weinberge verstreut zwischen Brauneberg und Trarbach bewirtschaften, ist ungewöhnlich. Einige dieser Weinberge gehören der Spitzenklasse an – Brauneberger Juffer-Sonnenuhr, Graacher Domprobst und Wehlener Sonnenuhr –, andere sind »nur« gute Lagen, was einige Qualitätsunterschiede bei den Weinen erklärt. Weitaus wichtiger für die Individualität der Weine ist die Tatsache, daß jedes Faß im Keller seine eigene Entwicklung nehmen kann, statt in irgendein vorgefaßtes Schema gezwängt zu werden, und der freie Werdegang der Natur so zu feinen Unterschieden führt. Zwei Fässer Most aus derselben Partie Trauben ergeben zwei unterschiedliche Weine, ein Phänomen, das niemand vollständig erklären kann. Die Vergärung der Weine mit ihren eigenen Hefen aus dem Weinberg statt der Zugabe von Zuchthefen steigert diese Unterschiede noch. Es ähnelt ein wenig einem Roulettespiel mit der Möglichkeit großer Überraschungen aller Art. Seit ich Dirk Richter kenne und seine Weine verfolge, sind sie nicht nur immer besser geworden – die besten unter ihnen haben ein Niveau erreicht, das seine Weine vor einem Jahrzehnt nur selten hatten.

Wenn ich mich an meine erste Begegnung mit Dirk Richter 1986 auf der Probe eines Londoner Weinhändlers erinnere, fällt mir vor allem ein, welchen Eindruck sein Aussehen auf mich machte. Sein kariertes Jacket, makellos mit Schlips und Kragen, seine professionelle Art, die Mühelosigkeit und der Nachdruck, mit dem er seine Ideen darlegte, alles schien darauf hin zu deuten, daß mir gerade der Prototyp eines tüchtigen, »jungen« deutschen Winzers begegnet war. In vielen Punkten hatte ich recht, und trotz der zehn Jahre an zusätzlicher Erfahrung ändern ein paar graue Haare nichts daran, daß diese Beschreibung auf Dirk Richter immer noch zutrifft.

Wenn ich aber nicht seit unserer ersten Begegnung mindestens einmal jährlich nach Mülheim gekommen wäre, um seine Weine zu verkosten, wäre mir entgangen, wie wichtig ihm auch die Familientraditionen sind. Dieser Raum hat mir gezeigt, welchen Einfluß seine Vorfahren auf ihn ausüben. Ihre Fotografien bedecken die Wände, ein großes Regal steht voll mit leeren Flaschen von Weinen, die sie gemacht haben. Kurz, es ist unmöglich, sie zu ignorieren. So manches Mal ist auch eine gefüllte Flasche dieser Art aus dem Keller geholt worden. Mit einem Glas Trarbacher Ungsberg aus dem Jahrgang 1874, dem Geburtsjahrgang seines Großvaters, Max Richter, auf dem alten Holztisch vor sich, kommt einem diese längst vergangene Zeit plötzlich sehr nahe und wirklich vor.

Vieles, was ich über diesen Zeitabschnitt in der Geschichte des Gebietes weiß, stammt von Dirk Richters Vater Horst, dem es offensichtlich große Freude bereitet, sein Wissen vor interessierten Zuhörern auszubreiten. Zuerst dachte ich, mein Interesse an den Ausführungen seines Vaters würde den Sohn stören, weil er die ganzen Geschichten bestimmt schon x-mal gehört hatte und sie in- und auswendig kennen mußte. Bald wurde mir jedoch klar, daß Dirk Richter seine Aufmerksamkeit zwar den täglichen Notwendigkeiten des Geschäftslebens widmet, daß er aber auch an dieser Vergangenheit äußerst interessiert ist. Er zeigte mir die beeindruckende – auch recht arrogante – Gestalt seines Großvaters auf mehreren Bildern und erzählte, daß dieser alljährlich eine Geschäftsreise nach Berlin unternahm. Er besuchte seine Kunden nicht, er empfing sie im »Hotel Adlon« am Pariser Platz, und wenn er von dieser Reise zurück an die Mosel kam, war die Hälfte einer ganzen Ernte verkauft. Dirk Richter hat in den alten Unterlagen auch die letzte Bestellung des »Hotel Adlon« aus dem Jahre 1944 gefunden; ein trauriges Zeugnis vom Untergang einer Welt.

In seiner Stimme schwingt deutlicher Stolz mit, als er mir von diesen Dingen erzählt. Dennoch kann man Dirk Richter nicht den Vorwurf machen, er versuche, seinen Großvater zu imitieren oder traure der Vergangenheit der Familie nach. Vielmehr zeigen die Aufnahmen und die Erzählungen seines Vaters von einstiger Herrlichkeit, was in der Vergangenheit geleistet und erreicht wurde, und dies dient Dirk Richter vielleicht wiederum als Maßstab für seine eigenen Ziele. Für mich an seiner Stelle wären sie der Beweis, daß es möglich war, hervorragende Weine zu machen und gleichzeitig gute Geschäfte, und daß dies also auch heute möglich sein muß. Als das neue »Hotel Adlon« 1995 und '96 gebaut wurde, telefonierte ich einige Male mit Dirk Richter. Jedesmal erkundigte er sich nach den Bauarbeiten. »Es wäre schön, dort ein paar Weine auf der Karte zu haben, aber es muß nicht sein«, bemerkte er einmal beiläufig. Wie den Aufnahmen seiner Vorfahren an den Wänden des Probierzimmers mißt er dem lediglich eine symbolische Bedeutung bei. Es wäre eben ein weiteres Zeichen, daß das, was einst möglich war, auch heute wieder eintreten könnte.

Ich bin inzwischen bei den letzten Weinen auf dem Tisch angelangt, unter ihnen eine Auslese aus dem Veldenzer Elisenberg, die vollkommen anders schmeckt als alle anderen Weine in der Reihe. Diese Lage war zu Zeiten seines Großvaters wesentlich bekannter als heute. Als ich das deutliche Brombeer-Aroma des Weines erwähne, erzählt mir Dirk Richter unvermittelt von einer vor kurzem unternommenen Reise ins Elsaß – was hat das miteinander zu tun? Er hat nie zuvor vom Elsaß gesprochen, warum jetzt? – und seinem Besuch bei Jean-Michel Deiss in Bergheim. Er war fasziniert, als er entdeckte, daß Jean-Michel Deiss mit einer ganz neuen Idee experimentiert. Statt jede Rebsorte in einer Weinbergslage separat zu lesen und auszubauen, wie es auch dort üblich ist, hat er einen Wein namens »Grand Vin de l'Altenberg« gemacht, eine Komposition aus Riesling, Gewürztraminer und Pinot Gris. Ich hatte keine Ahnung, warum diese Idee Dirk Richter fasziniert, denn er hat praktisch nur eine einzige Rebsorte, den Riesling. Im Elsaß hat Deiss' »Grand Vin« unter den dortigen Winzern eine heftige Kontroverse ausgelöst, obwohl die Idee sehr alt ist und früher beinahe alle Weine aus mehreren Rebsorten gemacht wurden. »Aus Neugier habe ich in unsere Unterlagen geschaut, ob wir je etwas in dieser Art gemacht haben und entdeckt, daß der Elisenberg vor einem Jahrhundert mit Riesling und Gewürztraminer gestockt war«, erzählt er aufgeregt. Wird er jetzt Riesling-Stöcke im Elisenberg ausreißen und Gewürztraminer pflanzen? »Nun, ich muß darüber lange nachdenken. Moselweine zur Eile anzutreiben, hat noch nie gut getan.«

Die Rieslinge des Weinguts Max Ferd. Richter

Dirk Richter hat in einigen wenigen Parzellen etwas Rivaner (Müller-Thurgau) stehen, aus dem er einen frischen, unkomplizierten trockenen Wein namens »Cuvée Constantin«, benannt nach seinem Sohn, macht. Seine wahre Leidenschaft gilt jedoch dem Riesling, der in zwölf verschiedenen Lagen steht. Einige dieser Lagen treten nie auf dem Etikett in Erscheinung, da daraus im Verschnitt mit anderen »Oeconomierat Richter Riesling« und »Dr. Richters Riesling« entstehen, solide Moselweine jeweils im trockenen und halbtrockenen Stil. Der größte Besitz des Gutes liegt in der Lage Mülheimer Sonnenlay, die sehr charmante, lebendige Weine hervorbringt und deren Fruchtaromen oft an duftende Äpfel erinnern. Durch ihre betonte Säure wirken sie am besten mit zumindest einem Hauch natürlicher Restsüße. Mit dem Begriff »halbtrocken« auf dem Etikett schmecken sie noch trocken. Dasselbe gilt für die Weine aus dem Veldenzer Elisenberg. Ihre deutlich an Stachel- und Brombeeren erinnernde Art und das lebhafte Spiel macht sie zu facettenreichen und erfrischenden Weinen. Die Weine aus dem Graacher Himmelreich sind ansprechend und elegant, selten groß, aber immer charaktervoll, während die Weine aus der Wehlener Sonnenuhr filigraner und differenzierter wirken. Sie brauchen aber mindestens ein Jahr Flaschenreife, um die jugendlich hefigen Aromen abzulegen. Reben im besten Teil des Graacher Domprobsts geben kraftvolle, eigenständige Weine mit festem mineralischen Kern, der ihnen besonders mit natürlicher Restsüße als Spät- oder Auslesen außerordentliche Langlebigkeit verleiht.

Die besten trockenen Rieslinge des Betriebs stammen beinahe immer aus der Brauneberger Juffer, die für ein derart nördlich gelegenes Gebiet bemerkenswert stoffige Weine hervorbringt, mit einem an reife Pfirsiche oder Aprikosen erinnernden Aroma. Die Weine aus der Juffer-Sonnenuhr sind noch reichhaltiger und edler. In der Küche muß man auf diese Weine hinkochen und ihnen beim Trinken viel Zeit und Aufmerksamkeit widmen, sie gleichen empfindlichen Herrschern, denen zu huldigen sich immer lohnt.

Probiernotizen Weingut Max Ferd. Richter

Riesling – Brauneberger Juffer-Sonnenuhr »Grand Cru«

1993	SPÄTLESE TROCKEN	84

Sehr angenehme Ausgewogenheit von Frische und Reife.

1993 AUSLESE 92
Der große Herr könnte ziemlich satt wirken, wenn er sich nicht so leichtfüßig bewegen würde.

1993 BEERENAUSLESE 92
Hier krieg man gleich ein ganzes Glas Honig, und muß sich sofort bremsen. Fast zuviel des Guten.

1994 SPÄTLESE HALBTROCKEN 88
Ein Brauneberger, wie Fontane sie getrunken hat; Power und Ausdruck, die eine Wanderung (durch die Mark Brandenburg) wert sind.

1994 AUSLESE*** 91
Die Grandeur des Braunebergs in einer äußerst trinkbaren Form.

1994 TROCKENBEERENAUSLESE 96
Ein Mammutwein in jeder Hinsicht, doch nicht anstrengend oder übermächtig. Mit jedem weiteren Jahr Lagerung wird er mehr von seiner versteckten Feinheit preisgeben.

1995 SPÄTLESE 83
Makellos, harmonisch und irgendwie fein, aber doch etwas langweilig.

1996 SPÄTLESE 83
Ein Himmel voller Duftwolken, aber unten auf der Erde ist eher wenig los.

1996 TROCKENBEERENAUSLESE 97
Ein ganz großer Wein, wie die, von denen Ferdinand Richter im »Hotel Adlon« vielleicht geträumt hat. Braucht noch Jahre, bevor er seine volle Pracht und enorme Vielfältigkeit zeigt.

Riesling – Graacher Domprobst

1993 AUSLESE TROCKEN 86
Unter seinem maßgeschneiderten Anzug stecken üppige Muskeln!

1993	AUSLESE	91

Großformatiges Abbild der Mächtigkeit und Reichhaltigkeit des Domprobstes.

1994 SPÄTLESE 89
Ein aufregendes Abenteuer, das mit einem Korkenzieher und einem Weinglas anfängt.

1995 AUSLESE 93
Die Festigkeit des Atomkerns mit extrem langer Halbwertzeit, aber dann ...!

1996 SPÄTLESE 87
Standhaft und beschwingt zugleich, was man bei den 1996ern sucht, aber so selten findet.

1996 BEERENAUSLESE 95
Die spannungsvolle Balance des Jahrgangs auf höchster Ebene; brilliert wie eine ganze Hand voller Juwelen.

Familiensache
Willi Schaefer

Weingut Willi Schaefer
Hauptstraße 130
54470 Graach
Tel. 06531/8041
Fax 06531/1414

»Ja, der ist noch schön frisch«, bemerkte Willi Schaefer mit sichtlicher Freude über seine 1971 Riesling Beerenauslese aus der Lage Graacher Domprobst. Es war einer der ersten Weine, die er nach der Übernahme des Weinguts von seinem Vater, Willi Schaefer sen., gemacht hatte. Der Anlaß zum Öffnen – Opfern – dieser Flasche war der 80. Geburtstag seines Vaters. Willi Schaefer hatte mich eingeladen, die Weine, die später am Nachmittag den engsten Freunden seines Vaters serviert werden würden, mit ihm im Keller vorzuverkosten.

Beinahe 20 Flaschen standen in einer langen Reihe auf einem schmalen Campingtisch in einer Ecke des wenig bemerkenswerten Kellers des Gutes, chronologisch geordnet vom Jahrgang 1983 zurück bis 1959. Mit großer Überraschung stellten wir fest, daß alle Weine, die jünger als 1970 waren, irgendwie immer noch nicht ganz entfaltet wirkten, und erst die Weine aus den Sechzigern und der 1959er waren auf ihrem Höhepunkt. Die Frische und Lebendigkeit der 20 Jahre alten Weine war absolut erstaunlich. Ich habe diese Worte schon oft gebraucht, um die Schaefer-Weine zu beschreiben, aber sie treffen deshalb nicht weniger zu: kristalline Klarheit. »Wo sonst in der Welt gibt es Weißweine mit diesem Potential?« fragte ich laut und ironisch. Willi Schaefer lächelte im vollen Bewußtsein der einzig richtigen Antwort: nur im Mosel-Saar-Ruwer-Gebiet. Er brauchte keinen Ton zu sagen, ich wußte seine Antwort.

Die Erinnerung an diese berauschende, improvisierte Weinprobe in den allerschlichtesten Räumlichkeiten zwischen den Backsteinwänden ist getrübt durch den plötzlichen Tod Willi Schaefer sen. nur ein Jahr später. Einige Jahre zuvor hatte ich ihn zufällig in dem Bus getroffen, der zweimal am Tag auf der Straße verkehrt, die sich über den Hunsrück von Bernkastel nach Bingen und Mainz hinunterwindet. Wir kamen sofort ins Gespräch, und er erzählte mir die Geschichte seines langen Winzerlebens. Er erklärte, daß die Moselweine in seiner Jugend fast alle trocken schmeckten, und wie begeistert er gewesen war – und diese Begeisterung war ihm jetzt noch anzumerken –, als er 1943 zum erstenmal einen Keller voller Weine mit etwas natürlicher Restsüße hatte. Es war eher ein Zufall gewesen: Plötzliches kaltes Wetter hatte die Gärung gestoppt, bevor der gesamte Zucker in Alkohol umgewandelt worden war. Nach dem Krieg hatte er hart daran gearbeitet, den Ausbau solcher Weine in den Griff zu bekommen, damit jedes Faß die Harmonie erlangen würde, die ihm am besten stünde. Er wollte nicht den einfachen Weg einschlagen und jeden Wein nach dem gleichen Geschmacksschema süßen, der fatale Irrtum der deutschen Weinbranche von Mitte der sechziger bis weit in die achtziger Jahre.

Willi Schaefer jun. wuchs mit den Weinen seines Vaters auf, und es hätte kaum eine bessere Vorbereitung geben können, um große Mosel-Rieslinge zu machen. Der Besitz der Familie in den steilen Hängen der Graacher Lagen Domprobst und Himmelreich erstreckte sich indes auf lediglich 1,8 Hektar, zuzüglich einiger kleiner Parzellen in Bernkastel und der berühmten Wehlener Sonnenuhr – kaum die geeignete Basis für die höchsten Ambitionen. (Seitdem ist das Gut auf ganze 2,5 Hektar angewachsen.)

Die meisten anderen Winzer hätten angesichts eines solchen Erbes wohl entweder zusätzliche Weinberge gepachtet oder – noch wahrscheinlicher – versucht, größtmögliche Erträge zu ernten, um ihr Einkommen zu erhöhen. Im Weinbau besteht jedoch, unabhängig davon, daß manche Winzer dies gerne abstreiten, ein deutlicher Zusammenhang zwischen Menge und Qualität: Je größer die Erntemenge aus einem bestimmten Weinberg, desto geringer ist die Qualität aller Wahrscheinlichkeit nach. In einem Jahr mit genug Sonne und der richtigen Niederschlagsmenge mag man Glück haben und sowohl große Mengen als auch gute Qualität ernten, aber in einem Jahr, in dem die Natur weniger gnädig gestimmt ist (zuviel Regen und zuwenig Sonne sind die üblichen Probleme der Mosel), können zu hohe Erträge zu miserablen Weinen führen. Dies war Willi Schaefer jun. von Anfang an klar, und für ihn gab es nie etwas anderes, als den kompromißlosen Weg, den sein Vater eingeschlagen hatte, weiterzugehen. Alles andere wäre ihm unbefriedigend und wie ein Verrat an der Familienehre erschienen.

Das inzwischen Erreichte ist hart erkämpft worden und zugleich doch fast über Nacht eingetreten. Willi Schaefers erste Weine waren schon großartig und nicht weit von den besten entfernt, die er heute macht. Allerdings war ihm die Natur bei den ersten Jahrgängen, 1971, 1975 und 1976 besonders wohlgesonnen und ermöglichte ihm so einen guten Start seiner Karriere. Ein Wein aus dem wenig bemerkenswerten Jahrgang 1973 in der Geburtstagsverkostung seines Vaters zeigte indessen, daß Perfektionismus im Schaeferschen Keller in dieser Zeit genausowenig von den Launen der Natur abhängig war.

Die internationale Anerkennung und der kommerzielle Erfolg ließen dagegen länger auf sich warten. Der ruhige Willi Schaefer ist alles andere als ein hartnäckiger Verkäufer, und die Kunden mußten sich den Weg zu seiner Haustür im wahrsten Sinne des Wortes selber suchen: Etwas abseits der Hauptstraße gelegen, ist das unscheinbare Haus nicht gerade einfach zu finden. Als ich ihm einmal erzählte, daß ein junger Moselwinzer mich jede Woche in der Hoffnung anrief, daß mich dies dazu bringen würde, seine Weine lobend zu erwähnen, war er zugleich amüsiert und leicht schockiert. Der Erfolg mußte sich seinen Weg zu Willi Schaefers Haustür selber suchen, und er hat dies nach und nach auch getan. Seit einigen Jahren haben die Schaefers nicht genug Wein, um der Nachfrage nachzukommen. Willi Schaefer ist dem Erfolg niemals hinterher gejagt, aber auf die Jagd nach interessanten Weinen aus anderen Gebieten geht er regelmäßig, ob sie nun aus Deutschland, Frankreich, Österreich, Italien, Kalifornien oder aus welcher Ecke der Welt auch immer kommen. Seine Liebe zum Wein im allgemeinen kennt keine Grenzen, und viele seiner Lieblingsweine könnten sich kaum extremer von seinen eigenen unterscheiden. »Wie wäre es mit einem 1986 Mouton Rothschild zum Essen?« fragte er letztes Mal, als ich kam, um die jungen Weine zu verkosten, kaum daß ich über die Türschwelle getreten war. Es schien, als ob er Wochen oder Monate auf eine Ausrede gewartet hatte, um den Korken aus dieser Flasche zu ziehen, und hier war sie, in meiner Gestalt. Ich bat um Mineralwasser, aber jeder Widerstand war sinnlos.

Willi Schaefer wollte zum Mittagessen den Mouton trinken, und mein Protest würde ihn keinen Deut davon abbringen.

Der »offizielle« Probierraum im Erdgeschoß des Schaeferschen Hauses sieht genauso aus wie viele andere in der Gegend: ein bißchen altmodische Möbel, Gemälde mit religiösen Motiven und vergilbte Familienfotos. Der nicht offizielle Verkostungsraum im ersten Stock, das Wohn- und Eßzimmer, ist auf familiäre Art sehr gemütlich, aber noch weniger »bemerkenswert«. Lediglich eine kleine Sammlung von Weinbüchern in einer Regalecke unterscheidet es von unzähligen Tausenden anderen mit Geschmack, aber ohne jede Extravaganz eingerichteten Räumen dieser Art. Man braucht eine Weile, um sich daran zu gewöhnen, große Weine wie Willi Schaefers eigene oder den Mouton in einer solchen Umgebung zu kosten. Wenn er hier einen Mouton oder eine seiner Beerenauslesen entkorkt, frage ich mich immer: Was tut dieser Wein hier überhaupt? Oder besser, was bringt diesen warmherzigen, bescheidenen Kerl dazu, derart aufsehenerregende Weine zu machen?

Seine eigene Antwort auf diese Frage ist sehr offen und geradlinig – Geradlinigkeit ist einer der grundlegenden Charakterzüge Willi Schaefers – sowie überzeugend: »Das Wichtigste für mich ist, selbst mit meinen Weinen zufrieden zu sein. Wenn sie bei anderen Leuten gut ankommen oder sogar erfolgreich sind, ist dies für mich eine Bestätigung.« Nur vergißt Willi Schaefer dabei zu erwähnen, welch hohen Anforderungen seine Weine genügen müssen, um ihm zu gefallen. Er verfolgt ihre Entwicklung über viele Jahre hinweg, und es gab schon Fälle, bei denen er mit den jungen Weinen zufrieden war, sie aber später seinen Ansprüchen nicht mehr genügten. So betrachtet er zum Beispiel die einfacheren Weine, das heißt die Qualitäts- und Kabinettweine, aus den Jahrgängen 1989 und 1992 als leichte Enttäuschung. Weine wie diese lassen ihn wirklich zweifeln und werfen Fragen bezüglich seiner Arbeitsweise in Weinberg und Keller auf, die ihn innerlich über Monate oder Jahre beschäftigen können. Dennoch ist sein Urteil über diese Weine stets nur ein vorläufiges. Vielleicht werden sie ihm später, einen Schritt weiter in ihrer Entwicklung, wieder besser gefallen, in zwei, drei oder zehn Jahren?

Willi Schaefers Frau Esther, die als Lehrerin an der Bernkasteler Schule arbeitet, spielt hier eine wesentliche Rolle. Ihre bedingungslose Unterstützung über mehr als zwei Jahrzehnte hinweg, in einer Zeit, in der das Weingut fast unbekannt war und wirtschaftlich weniger gut dastand als heute, hat es Willi Schaefer ermöglicht, so streng mit sich selbst zu sein. Als die in Flaschen gefüllten Ergebnisse dieser Einstellung langsam immer besser wurden und immer weitere Anerkennung fanden, fühlte er sich nicht nur bestätigt; dieser Prozeß hat auch den Willen dahinter kontinuierlich verstärkt. Ohne Esther Schaefer hätte dieser Prozeß vielleicht gar nicht erst eingesetzt und sich sicher nicht so stetig und weit fortentwickelt.

Die kritischen und entscheidenden Monate des Jahres sind die während der Lese und der Gärung der Weine im Winter. Bis das letzte Faß aufgehört hat zu gären und es von der Hefe, die sich während dieses Vorgangs als Depot am Faßboden langsam absetzt, verbringt Willi Schaefer jeden Tag im Keller, verfolgt jeden Fortschritt und nimmt sich der Weine an, nach was auch immer sie verlangen. »Jeder Wein ist ein Kind. Als Winzer muß ich ihn beobachten, mit ihm leben und ihn bei der Entwicklung gefühlvoll lenken. Hierbei ist es wichtig, daß die naturgegebenen Charaktere sich voll entwickeln«, beschrieb er einmal seine Arbeit im Keller. Daß seine Weine immer solche Charakterstärke aufweisen, führt Willi Schaefer auf die Graacher Lagen zurück; er sieht sich lediglich dafür verantwortlich, diesem Charakter einen angemessenen »Rahmen« zu geben. Seine Arbeit kann nur unterstützen, was der Wein aus dem Weinberg mit sich bringt. Er würde sagen, daß es für einen Winzer am besten ist, seine Reben »gefühlvoll zu lenken« und daß jeder Versuch, den Weinen etwas aufzuzwingen, ihnen nur schaden kann.

Man könnte diese Worte umdrehen und sagen, daß ein Kind wie ein Wein ist, bei dem der »naturgegebene Charakter sich voll entwickeln [muß]« und die Eltern nur »gefühlvoll lenken« können, da jeder Versuch des Zwangs nur Schaden anrichten kann. Willi und Esther Schaefer haben ihre Tochter Juliana und ihren Sohn Christoph genauso aufgezogen. Daher überrascht es nicht, daß der Charakter des Schaeferschen Heims sich in Christoph Schaefer dahingehend manifestiert, daß er in Geisenheim Weinbau studieren und in die Fußstapfen seines Vaters treten möchte.

Leider ist dies für die Mosel keine typische Situation. Nur allzu oft haben Winzer mit Besitz in den steilen Spitzenlagen flache Wein»berge« vorgezogen, die zwar Spitzenmengen, aber nie Spitzenqualität abwerfen. Sie mögen mit dieser Einstellung bis Mitte der achtziger Jahre gutes Geld gemacht haben, aber diese »guten Zeiten« sind schon lange vorüber. Dann haben sie versucht, ihre Söhne zur Übernahme des Familienbetriebs zu drängen, was in sich selbst Grund genug darstellt, daß diese andere Berufe vorzogen, ganz zu schweigen von der Kombination harter Arbeit und oft erheblicher Schulden, die ihre Väter ihnen aufzwingen wollten.

Vater-Sohn-Beziehungen sind nie ganz reibungslos, und wenn Willi Schaefer sen. zum steil abfallenden Hang des Dompropsts hinaufblickte, der sich hinter dem Dorf wie eine Mauer erhebt, pflegte er über das Aussehen der Weinberge zu schimpfen: »Was ist das für ein Unkraut? Ich habe den Boden immer offen und sauber gehalten.« Zumindest nach meiner Erfahrung waren solche Worte aber nie gegen seinen Sohn gewandt, sondern eher Kommentare, um sich Luft zu machen, so daß sie nicht in ihm selber weiterfressen würden. Ich bin sicher, daß auch Willi Schaefer jun. mit seinem Sohn nicht immer vollkommen übereinstimmen wird, aber daß auch er diese Kritik nie in Befehlen äußern wird, die zu Stacheln im Fleisch seines Sohnes werden könnten. Eher wird er das Gegenteil tun, und so wird der Übergang von einer Generation zur nächsten ohne die übliche Verbitterung vonstatten gehen.

Willi Schaefers Graacher Rieslinge

Selbst die steilsten der Graacher Weinberge haben sehr tiefe Böden. Sie bestehen aus dem für die Mosel typischen grauen Devon- oder Hunsrückschiefer. Die Tiefe der Böden und ihre Reichhaltigkeit an verwittertem tonartigen Material gibt den Weinen ihren typischen Charakter: ein ausdrucksvolles, an schwarze Johannisbeeren erinnerndes Aroma und eine feste Säure, die ihnen ein hervorragendes Alterungspotential verleiht. Willi Schaefers Weine aus dem Domprobst und dem Himmelreich spiegeln die dortige Landschaft aufs genaueste wider. Aus den weniger steilen Abschnitten im Himmelreich kommen etwas weichere, von Anfang an offenere Weine mit mehr fruchtigem und floralem Charme. Sie entwickeln sich wesentlich schneller als die kernigeren, mineralischeren Weine aus den sehr steilen Hängen des Domprobstes. Die folgenden Weinbeschreibungen beziehen sich ausschließlich auf Willi Schaefers Rieslinge aus dem Graacher Domprobst.

Probiernotizen Weingut Willi Schaefer

Riesling – Graacher Domprobst »Grand Cru«

1993 SPÄTLESE (VERSTEIGERUNGSWEIN) 91
Ein edler Gaumenschmeichler von einer Sinnlichkeit, wie es sie im Haus vorher nicht gab.

1993 AUSLESE 92
Power steht vor uns und deklamiert, aber in der hintersten Reihe ist man vor ihrem Blick sicher und kann heimlich naschen.

1993 AUSLESE »GOLDKAPSEL« (VERSTEIGERUNGSWEIN) 94
Schwerer Samt umgibt eine große Schönheit, die gänzlich mit sich selbst beschäftigt ist. In ihr steckt sehr viel Temperament, und nach einer Weile wird sie sich uns zuwenden und dies zeigen.

1993 Beerenauslese 97
Festigkeit und Zartheit verbunden, selbstsichere Größe und Zurückhaltung vermählt; viele »Gegensätze« unterstützen einander in einer beinahe perfekten edelsüßen Einheit.

1994 Spätlese 89
Feine Eleganz in der Kleidung, wie man es von einem guten Couturier erwartet.

1994 Spätlese (Versteigerung) 90
Ein ganzer Kräutergarten auf einmal, mit einem Korb schwarzer Johannisbeeren zusammen geerntet.

1994 Auslese 92
Der Duft einer Ananas, auf dem Küchentisch aufgeschnitten, auch ihre erfrischende Säure.

1994 Auslese »Goldkapsel« (Versteigerungswein) 93
Viel hängt von der Stimmung ab, und für diesen satten, anregenden Wein sollte man möglichst ein wenig gierig sein.

1994 Beerenauslese 96
Exotisch ja, und wie! Aber bitte nicht glauben, daß die schönen Düfte der Tropen Schwüle bedeuten müssen. Hier ist es so frisch wie Alpenluft.

1995. Kabinett 88
Vibrierende Lebendigkeit; die bezaubernden Feinheiten einer Miniatur.

1995 Spätlese 90
Eine markante Persönlichkeit wie der Berg, von dem er stammt, und genauso mineralisch.

1995 Spätlese (Versteigerungswein) 92
Alle die so lange verborgenen Stärken kommen auf einmal zum Vorschein, die Flammen flackern immer höher.

1995 Auslese »Goldkapsel« 95
Alles, was die »reguläre« 1995er Auslese besitzt, weiter konzentriert und zusammengefügt zu einem ungemein facettenreichen Gebilde.

1995 Auslese »Goldkapsel« (Versteigerungswein) 95
Üppigkeit, wie sie nur selten bei Schaefer-Weinen vorkommt. Eine verführerische Essenz der Riesling-Traube, die den Gaumen förmlich streichelt.

1995	BEERENAUSLESE (VERSTEIGERUNGSWEIN)	98

Bei diesen kaleidoskopartigen Düften bleibt mir die Spucke weg. Im Moment prallen auf der Zunge noch die Geschmackswellen aufeinander, aber mit der Zeit wird ein großes Meisterwerk des Moselweins entstehen.

1996	KABINETT	85

Klassizistische Schlichtheit und Geradlinigkeit, praktisch, quadratisch und sehr gut.

1996	SPÄTLESE	88

Die steinige Tiefe des Bodens und darunter der blanke Fels; nimmt seinen harten Weg.

1996	AUSLESE (VERSTEIGERUNGSWEIN)	92

Eine reichliche Belohnung für langjährige Geduld wird im nächsten Jahrhundert abzuholen sein. Wer kann warten auf große Finesse?

Edle Vorsätze
Dr. Carl Ferdinand von Schubert

Weingut Maximin Grünhaus
54318 Grünhaus-Mertesdorf
Tel. 0651/5111
Fax 0651/52122

Vor mir stand eine Reihe geöffneter Weinflaschen, jede mit dem gleichen Etikett: einem verschwenderischen Gewirr von Weinblättern und -ranken um eine Öffnung, durch die ein Schloß im gotischen Stil zu sehen ist, umgeben von Bäumen vor rebenbedeckten Hügeln, und auf der linken Seite zwei rosige Putten unter einem ehrfurchteinflößenden Wappen, in der unteren linken Ecke außerdem ein goldener Weinkrug auf einem Tablett mit zwei noch leeren Gläsern. Vor den Flaschen standen gleichermaßen noch leere Gläser. Ohne große Zeremonie nahm Dr. Carl von Schubert den Spitzkork von jeder Flasche und füllte die Gläser, eines nach dem anderen. Ich war jung und unerfahren, als ich an diesem Tag den Weinen von Maximin Grünhaus zum erstenmal begegnete, aber trotz meiner nervösen Zweifel, ob ich überhaupt Wein verkosten könne, war ich von den ersten Schlucken der Schubert-Rieslinge wie hypnotisiert. Zusammen mit einer kleinen Zahl anderer Weine, die ich in den darauffolgenden Tagen verkostete, übten sie auf mich eine magische Anziehungskraft aus. Von diesem Moment an gab es kein Zurück – der Riesling hatte mich fest in seiner Hand. Es war am Morgen des 25. April 1984, und ich stand mit dem britischen Weinhändler, der mich eingeladen hatte, ihn und seinen Sohn auf ihrer Tour durch die Täler von Mosel und Rhein zu begleiten, im Büro des Grünhaus-Kellermeisters. Während der Verkostung der jungen Weine des Jahrgangs 1983, die Direktor und Mitbesitzer Dr. Carl von Schubert für uns vorbereitet hatte, war ich vor lauter Angst, etwas Falsches zu sagen und so meine Unwissenheit zu zeigen, ganz still. Meine kurzen Notizen waren zögerliches Gekritzel, die Buchstaben krumm und schief bei dem Versuch, Worte zu Papier zu bringen, die gegenüber dem enormen Eindruck, den die Weine auf mich machten, gänzlich lächerlich wirkten.

Obwohl es mir damals nicht so erschien, weil alles den Reiz des Neuen oder zumindest in seiner Unbekanntheit des Überraschenden besaß, waren es für die Begegnung mit solch edlen Weinen sehr einfache Räumlichkeiten. Sowohl die bemerkenswerten Eigenschaften des Weins im Glas als auch der Blick aus dem Fenster, mit einem kleinen Bach, der zwischen den Gutsgebäuden und den Weinbergen, die von dort bis zur bewaldeten Kuppe steil aufsteigen, dahinfließt, lenkte meine Aufmerksamkeit vollständig von der Schlichtheit des Raumes ab, in dem wir standen. Erst als ich zum vierten oder fünften Mal hierher zurückkehrte und Carl von Schubert mich einen Moment allein ließ, um die Weine für unsere Probe zu holen, fiel mir seine Anspruchslosigkeit und Banalität auf. Jede Menge landwirtschaftlicher Betriebe müssen solche Büros haben. Hatten die in diesem langweiligen Raum getroffenen Entscheidungen wirklich maßgeblichen Einfluß auf die hier vorgestellten herausragenden Weine? Besucher des Weinguts Maximin Grünhaus verkosten selten anderswo, egal wie wichtig sie sind, aber ich habe noch nie jemanden kennengelernt, der sich durch die auf den breiten Fenstersimsen dieses Raumes aufgereihten Weine gekostet und ihre Einzigartigkeit nicht erkannt hätte.

Die Noblesse der Weine, die die Familie von Schubert auf dem Weingut Maximin Grünhaus erzeugt, hat zwei Seiten, deren naheliegendere und weniger interessante die aus dem Wörtchen »von« des Familiennamens abgeleitete ist. Die andere, weitaus faszinierendere, ist ganz unabhängig von irgendwelchen Titeln, sie kann nicht wissenschaftlich analysiert werden, und viele Autoren haben durch die Jahrhunderte versucht, sie zu beschreiben. So zum Beispiel Cyrus Redding in seinem 1836 veröffentlichten Buch »A History and Description of Modern Wines«: »Da diese Weine leicht und von gutem Geschmack sind, sind sie in letzter Zeit in England sehr beliebt geworden.« Als ich diese Worte zum ersten Mal las, wirkten sie auf mich sehr ermutigend, weil sie, obgleich treffend, auch nicht so viel besser waren als mein erster Versuch einer Beschreibung der Grünhaus-Weine. Ich wollte nicht nur unbedingt zum Gut zurückkehren, ich hatte auch das Gefühl, daß mir vielleicht irgendwann beim Verkosten der Weine ausdrucksstärkere Worte einfallen könnten; zumindest ein wenig Hoffnung.

Es ist nicht überraschend, daß für viele die äußere Form des Adels und das eindeutig aristokratische Erscheinungsbild des Gutes – »eine ländliche Idylle« oder »ein Märchenweinschloß« sind typische Beschreibungen – wichtiger sind als alles, was an den Weinen von einem Weinbesessenen wie mir als »distinguiert« beschrieben werden könnte. Das Anwesen, dessen Hauptgebäude aus dem Mittelalter stammt und im neogotischen Stil neugestaltet wurde, als das Kavaliershaus, Wirtschaftsgebäude und »Verteidigungsmauern« Ende des 19. Jahrhunderts hinzugefügt wurden, verstärkt diesen Eindruck noch. Wenn man auf der Terrasse auf der Rückseite des Kavaliershauses sitzt, in dem Carl und Renate von Schubert mit ihren Kindern wohnen, erscheint einem »Idylle« zweifellos als das passende Wort, um die Szene zu beschreiben. Und wollte jemand ein Märchen dichten, in dem ein Weinschloß vorkäme, so gäbe es kaum ein besseres Modell als dieses Weingut. Nur ein fanatischer Marxist oder besessener Anhänger moderner Architektur könnte sich vielleicht dem Charme dieses Ortes bis zu einem gewissen Maß verweigern. Es wirkt wie ein Wirklichkeit gewordener Traum, und nur durch aktiven Widerstand könnte man sich seiner Magie entziehen.

Kultiviert, höflich, charmant und korrekt wie er ist, stellt Carl von Schubert in den Augen vieler Kunden sicher den perfekten »Weinadelsmann« und für manche vielleicht auch den »Märchenprinzen« dar. Doch gerade diejenigen seiner Eigenschaften, die weit über diese Klischees hinausgehen, haben das Weingut Maximin Grünhaus, seit er die Führung des Betriebs 1981 übernommen hat, zu einem der großartigsten Weingüter Deutschlands gemacht. Auf eine adlige Art wie die seine war ich nicht vorbereitet, als ich bei meinem ersten Besuch mit einer Vorstellung von Aristokratie hierher kam, die von den Skandalschlagzeilen der britischen Boulevardpresse über degenerierte Mitglieder des britischen Adels geprägt war. Seine Noblesse beginnt mit dem Respekt vor Bewährtem, verbunden mit dem Streben nach Verbesserung. Dahinter steht die Vorstellung, daß Tradition nur dann wichtig ist, wenn sie lebendig ist und sich weiter entwickelt, anstatt unter Glas ihr Dasein als Andenken zu fristen. Vielleicht spürte ich schon bei meinem ersten Besuch auf dem Gut etwas davon, durch die Art, wie er die Fragen des britischen Weinhändlers beantwortete. Vollkommen bewußt wurde ich mir dessen jedoch erst, als ich mich bei meinem nächsten Besuch länger mit Carl von Schubert über die Weine unterhielt.

Keines der Prinzipien, nach denen die Weinberge des Betriebs bearbeitet und die Weine im Keller ausgebaut werden, und die mir Carl von Schubert im Frühling 1985 erläuterte, unterschied sich wesentlich von dem, was mir viele seiner führenden Kollegen erzählt hatten. Carl von Schuberts Beschreibung der Kellerarbeit als »soviel Behandlung wie nötig, sowenig wie möglich« glich der Antwort vieler anderer führender deutscher Winzer auf meine Frage. Doch ein solcher Grundsatz kann in der Tat alles mögliche bedeuten. Nur wenige Winzer in Deutschland nehmen diese Worte so ernst wie Carl von Schubert oder setzen sie so gründlich in die Praxis um wie er. Nichts daran ist jedoch revolutionär im herkömmlichen Sinne, es ist eher die Fortführung der Arbeit seines Vaters zusammen mit Alfons Heinrich, der dem Gut seit den frühen fünfziger Jahren wertvolle Dienste als Kellermeister leistet. Das Erstaunlichste an den Grünhaus-Weinen an sich – heutzutage wie vor einem Jahrzehnt – ist, wie traditionell sie wirken.

Bereits bevor er die Verantwortung für den Betrieb übernahm, war Carl von Schubert bewußt, daß viele der hier angewandten »altmodischen« Methoden unerläßlich waren, um den Charakter der Weine deutlich zum Ausdruck zu bringen. Dieser war für ihn immer unantastbar, ein wertvolles Erbe, das es vor jeglichem Schaden oder Verkümmern zu schützen gilt. Sein Talent kam in den Entscheidungen zum Ausdruck, welche »altmodischen« Techniken unerläßlich seien, wenn die Weine ihre Einzigartigkeit behalten sollten. Durch einen Prozeß der Eliminierung legte er dann fest, wo Verbesserungen denkbar sein könnten. Unter seiner Führung sind beträchtliche Investitionen bei der Kellertechnik vorgenommen worden, doch haben sie zu keinen grundsätzlichen Änderungen des Ausbaustils der Weine geführt. Alte Pressen, die bereits bei seiner Ankunft vorhanden waren, werden zum Beispiel weiterhin benutzt, zusammen mit alten Holzfässern und anderem.

Desgleichen ist das 1904 entstandene Art-Nouveau-Etikett nicht verändert worden, obwohl manche es sicher furchtbar veraltet oder unleserlich finden, und auch die drei Alleinbesitzlagen des Gutes – Abtsberg, Herrenberg und Bruderberg – werden weiter so bezeichnet, obwohl sie alle drei auf ein und demselben Hang liegen. Die Weine jeder Lage unterscheiden sich deutlich voneinander, und deshalb kommt ein Zusammenlegen für Carl von Schubert nicht in Frage.

Alles das hört sich fast romantisch an, als ob die Welt diese Dinge auch schätzte und nur darauf wartete, Carl von Schubert und seinen Weinen dafür Beifall zu spenden. Das ist aber keineswegs der Fall. Genau die Eigenschaften, die die Einzigartigkeit seiner Weine ausmachen, ist hin und wieder zum Gegenstand von Kritik geworden.

Seit meinem ersten Besuch auf Maximin Grünhaus ist in Deutschland ein neuer Weißweinstil entstanden. Diese eintönigen, einander ähnelnden Weine schmecken am besten, wenn sie sehr jung getrunken werden und verblassen nach einem Jahr oder länger auf der Flasche. »Technokratische Weine« erscheint mir eine angemessene Beschreibung für diese Weine, da sie sich durch die seelenlose Klarheit auszeichnen, die durch moderne Kellertechnik ermöglicht wird. Die Eigenschaften dieser Weine stehen im Gegensatz zu jenen, die den Charakter der Grünhaus-Weine ausmachen. Mit jedem Jahr gewinnt dieser neue Stil in der qualitätsorientierten Weinbranche Deutschlands an Terrain, und Maximin Grünhaus »hängt immer weiter zurück«, jedenfalls aus der Sicht der Modernisten. Im Zuge dieser Entwicklung sind junge Grünhaus-Weine von manchen Journalisten als bizarr oder sogar fehlerhaft abgelehnt worden.

Das ist Political Correctness für Geschmacks- und Geruchssinn und der Versuch der Kleingeister zu zeigen, daß sie den Traditionsreichsten, Berühmtesten und Erfolgreichsten jedoch überlegen sind. Für einen Briten wirkt es wie ein unmißverständlicher Schritt in Richtung der Diktatur des Spießbürgertums, das von der deutschen Kultur verlangt, sich bestimmten Normen zu unterwerfen, da ihr andernfalls die öffentliche Verurteilung drohe. Diese Situation wirft einmal mehr die Frage auf nach der gegenwärtigen Stellung der besten deutschen Weine in ihrem eigenen Land und nach ihrer langfristigen Zukunft.

Kein Experte würde in Frage stellen, daß die Spitzenweine Frankreichs gerade durch ihren einzigartigen Charakter zu großen Weinen werden. Keiner der »Weinmacher« in Kalifornien, Südafrika, Australien, Chile oder wo auch immer hat mit seinen Versuchen, diese Weine zu kopieren, Erfolg gehabt. Manche der einstmals großen französischen Weine sind Modetrends zum Opfer gefallen und haben sich verändert, um gegenwärtig herrschenden Geschmackstrends zu gefallen, doch diese Kompromisse sind immer auf Kosten ihrer Ausstrahlung und ihres Rufs gegangen. So mußte zum Beispiel Château Pétrus im Pomerol bei Bordeaux 1996 eine Flut von kritischen Presseberichten über sich ergehen lassen und verlor seine Stellung als teuerster Wein des Bordeaux an seinen nahe gelegenen Nachbarn Le Pin. Andererseits haben glanzvolle Neuerscheinungen in der französischen Weinszene wie Domaine Leroy im Burgund oder Domaine Zind-Humbrecht im Elsaß ihren heutigen hohen Status durch Weine erreicht, die genauso einzigartig sind wie die der etablierten Elite. Soll das Schicksal der deutschen Weine darin bestehen, sterile technische »Perfektion« zu erreichen und dabei genau die Eigenschaften zu verlieren, die sie einzigartig und faszinierend machen? Abgesehen von Bollwerken der Tradition wie Maximin Grünhaus geht der Trend während der letzten Jahre stark in diese Richtung.

Die Tatsache, daß die Tendenz zu standardisierten Weinen sich weltweit bemerkbar macht, ändert nichts an der spezifisch deutschen Form, die dieses Phänomen hier annimmt. Das Neue übt auf alle Menschen eine magische Anziehungskraft aus, vielleicht weil sie meinen, daß die Antwort auf das Rätsel der Zukunft darin liegt oder einfach weil sie ihre Hoffnungen darauf setzen. Für viele Deutsche bedeutet die Verehrung der Modernität jedoch die Flucht vor einer besorgniserregenden Vergangenheit in eine Zukunft, in der alles gut und richtig sein wird. Die Auswirkungen dieses Komplexes auf den deutschen Wein sind unter anderem in den Versuchen zu sehen, ihn auf Kosten des Charakters fehlerlos erscheinen zu lassen. Das einzige, was diese technokratischen Weine wirklich zum Ausdruck bringen, ist krampfhaftes Bemühen.

Carl von Schubert hat ganz entschieden den entgegengesetzten Weg eingeschlagen. Das Ergebnis sind Weine, die unverwechselbar die seinen sind, Weine, die genau den Kriterien entsprechen, die ein französischer (oder in diesem Fall ein britischer) Experte von einem großen Wein erwartet. Wenn heutzutage eine deutsche Weinkultur existiert, dann besteht eine ihrer tragenden Säulen in Weinen wie diesen, und wenn es in der Zukunft eine deutsche Weinkultur geben soll, dann hängt sie vom andauernden Erfolg solcher Güter wie Maximin Grünhaus ab. Wenn Weine wie diese durch Einheitsblender ersetzt werden, wie manche Kleingeister es gerne sehen würden, wäre alle Hoffnung verloren. Glücklicherweise aber ist das Engagement und die Hingabe der von Schuberts auf dem eingeschlagenen Weg unerschütterlich.

Die Weine von Maximin Grünhaus

Die leichtesten der Grünhaus-Rieslinge sind die aus dem Bruderberg, von angenehmer, knackiger Frische mit unkomplizierten, offenen Aromen, die an Stachelbeeren, schwarze Johannisbeeren oder Äpfel erinnern. Die Weine aus dem Herrenberg sind am aromatischsten, oft mit Noten frisch gehackter Kräuter und immer mit einem anregenden Spiel zwischen Frucht und eleganter Säure. In heißen Jahren können sie die besten Weine des Gutes sein. Für gewöhnlich stammen die Spitzen aber aus dem Abtsberg, der die reichhaltigsten und gleichzeitig feinsten Weine der drei Lagen hervorbringt. Der größte Teil der Grünhaus-Weine wird wie seit Generationen trocken ausgebaut. Im allgemeinen brauchen sie einige Jahre Flaschenreife, um ihre volle Harmonie zu erlangen; wenn sie jung sind, kann die Säure sehr betont wirken. Die Weine mit natürlicher Restsüße zeigen von Anfang an eine wunderbare Harmonie, jede Komponente paßt perfekt zu den anderen, und sie sind sowohl sehr jung als auch nach vielen Jahren der Reife ein Genuß. Die besten edelsüßen

Auslesen tragen auf der Halsschleife eine Faßnummer. Sie haben ein Alterungspotential von Jahrzehnten und gewinnen mit jedem Jahr ihres äußerst langen Lebens an Finesse.

Probiernotizen von Schubert/Maximin Grünhaus

Riesling – Maximin Grünhäuser Abtsberg »Grand Cru«

1993 SPÄTLESE TROCKEN   86
Ein Klassiker; man hört ein Stück von Mozart zum x-ten Mal und findet doch immer wieder etwas Neues.

1993 SPÄTLESE   90
Die Vielseitigkeit des Grünhaus-Gartens im Sommer, wenn alles gedeiht: blühende Rosen, reifende Beeren und Nüsse, wuchernde Kräuter.

1993 AUSLESE NR. 83   92
Der süßliche Duft von tropischen Blüten und etwas von der Opulenz des Regenwaldes.

1993 EISWEIN NR. 191   97
Mit seiner unverschämten Art derzeit noch eine Zumutung für das Nervensystem, aber wenn er ein Jahrzehnt auf dem Buckel hat, dann wird er allmählich ein genauso unverschämter Schmeichler werden.

1994 SPÄTLESE TROCKEN   85
Die rassige Säure der Ruwer steht seiner Eleganz noch im Weg. Erst um die Jahrhundertwende bekommt er den letzten Schliff.

1994 SPÄTLESE   90
Ein durchtrainierter Athlet mit festen Muskeln und grazilen Bewegungen am Anfang eines Langlaufs.

1994 AUSLESE   91
Ein brillanter Tennisspieler, der ohne ersichtliche Anstrengung von einer Seite des Platzes zur anderen springt.

1994 AUSLESE NR. 45   92
Ein großer Koch wagt es, Früchte und Kräuter in bisher nie erforschte Kombination zu bringen und seine Kollegen sind alle sprachlos angesichts seiner neuen Kreationen.

1994 Trockenbeerenauslese 97
Tastet sich langsam an das Maximum von Geschmacksdichte heran, das die menschliche Zunge vertragen kann und erreicht dabei durch die einmalige Säure des Ruwer-Rieslings eine ganz und gar überzeugende Harmonie. Hier wächst ein Riese langsam heran.

1995 Kabinett trocken 85
Eingelegte Weinbergspfirsiche sind trotz ihrer ausgeprägten Säure eine Köstlichkeit.

1995 Auslese trocken 87
Spricht ausführlich von seiner Zeit im Holzfaß und will jeden von der Einzigartigkeit der Quitte überzeugen.

1995 Spätlese 91
Seine brillante Karriere fängt erst jetzt an und wird sich über Jahrzehnte erstrecken.

1995 Auslese 92
Pfirsiche und Sahne, wie sie in englischen Gärten an (seltenen) lauen Sommerabenden serviert werden. Wird das auch bis weit ins nächste Jahrhundert hinein anbieten.

1995 Auslese Nr. 117 94
Die Noblesse des Schubertschen Anwesens in seinem Gesamtbild wie auch in den kleinsten Details.

1995 Eiswein 96
Schmilzt auf der Zunge wie tolles Eis – aus frischen Maracuja – man schmilzt dann selber dahin bei dem hinreißenden Geschmack.

1995 Beerenauslese 97
Wie kann soviel Ausdruck und soviel Kraft eine so subtile Form annehmen? Man muß dieses Wunder erleben, um es glauben zu können.

1995 Trockenbeerenauslese 99
Bietet trotz aller Aroma- und Geschmacksintensität die höchste Gediegenheit und edelste Gesellschaft. Wird auch in 100 Jahren die Größe der gegenwärtigen deutschen Weinkultur beweisen können!

1996 Kabinett trocken 81
Viel Knochen, aber auch genug Fleisch, mit ausgeprägter Cassisnote.

1996 Spätlese 87
Fest verschlossener, geschnürter Reisekoffer, voll gepackt für den langen Weg.

1996 Auslese Nr. 55 90
Im Tresor liegt eine beeindruckende Sammlung geschliffener Edelsteine.

1996 Eiswein 96
Mit verschwenderischer Leichtsinnigkeit wird ein ganzer Haufen exotischer Früchte eingekocht. Der Duft zieht durch das ganze Haus.

1996 Eiswein Nr. 135 98
Eine Sekunde nach dem Urknall ging es bestimmt ähnlich wild zu, aber was ist daraus geworden? Der Kosmos in all seiner vielfältigen Brillanz. Nur muß man hier bloß einige Jahre Geduld haben, und nicht Milliarden von Jahren herumlungern.

Ehrgeiz und Tüchtigkeit
Johannes Selbach

Weingut Selbach-Oster
Uferallee 23
54492 Zeltingen
Tel. 06532/2081
Fax 06532/4014

Es war ein zufälliges Treffen, und in der Erinnerung wäre es mir ein Leichtes, es auszuschmücken und ihm so mehr Glanz zu verleihen. Aber eigentlich war es einfach nur unangenehm und seltsam. Die Sonne, hell und noch niedrig am Himmel, und der Sand, der in ihrem Licht in blendendem Weiß erstrahlte, zwangen mich, die Hand schirmend über meine Augen zu legen, damit ich überhaupt etwas sehen konnte. In meinem Tweedjacket, mit meiner schlechten Laune und ohne Sonnenbrille sträubte sich mein ganzer Körper in seiner »Ich-hasse-den-Strand«-Einstellung, und ich kam mir selbst vor wie ein Stachelschwein in Abwehrhaltung. Obwohl sie nicht ganz so unpassend ausgesehen haben können wie ich, waren Johannes Selbach und seine zukünftige Frau Barbara keinesfalls im »We love the Beach«-Stil gekleidet wie die Kalifornier, die uns in ihren Shorts und Badeanzügen zusammen mit der Musik der »Beach Boys« – was sonst? – und dem Geruch des unausweichlichen Barbecues umgaben. Alle drei paßten wir nicht ganz ins Bild, und wir trieben aufeinander zu. Das Gespräch war stockend, weil mein erster Eindruck von Johannes Selbach am Tag zuvor der aufdringlich geschäftiger Effizienz gewesen war. »Tüchtig, tüchtig, tüchtig«, hatte ich mir sarkastisch gedacht, als er in einem Ton dozierte, der mich an einen meiner Schullehrer erinnerte. In diesem Moment am Strand konnte ich mir gut vorstellen, daß Johannes Selbach meine Gedanken erraten hatte, und ich schwankte zwischen schmerzlichen Schuldgefühlen für mein Verhalten am vorigen Tag und dem Wunsch, das verfluchte Barbecue in den Pazifik zu treten.

Der Zusammenstoß, der am Tag zuvor fast zu einem Eklat ausgeartet wäre, hatte sich bei einer von Johannes Selbach im »Highlands Inn Hotel« in Carmel kommentierten Verkostung deutscher Rieslinge ereignet. Dabei war es dem ersten Selbach-Wein, dem ich überhaupt je begegnet war, der großartigen 1985 Riesling Beerenauslese, zu verdanken, daß ich keine Szene verursachte.

Obwohl x-tausend Kilometer von der Mosel entfernt, hat die kalifornische Küste um Monterey ein recht ähnliches Klima: kühl, mit häufigem Nebel, durch den die Sonne erst spät am Morgen bricht. Bei den Gelegenheiten, als ich von einem Tal zum andern gereist bin, war das Wetter am Anfang und am Ende meiner Reise von frappanter Ähnlichkeit. Auch an diesem Tag hatte Carmel den Moselweinen mit einer Verbeugung aus Nebel und Sonnenschein seine Reverenz erwiesen, doch hatte ich deshalb von dem ehrgeizigen jungen Johannes Selbach keinen besseren Eindruck gewonnen. Trotz des Nebels war meine Meinung so klar wie die Sonne im Death Valley zur Mittagsstunde.

Schon ein halbes Jahr später lernte ich jedoch einen ganz anderen Johannes Selbach kennen. Als ich 1988 während der gesamten Lese an der Mosel arbeitete, begann ich seine Leidenschaft für den Wein zu spüren. Ich traf ihn einige Male im Laufe der vier Wochen, die die Lese dauerte, entweder im Weinberg, wenn seine Lesehelfer in der Nähe des Teams beschäftigt waren, zu dem ich gehörte, oder wenn ich nach Zeltingen fuhr, um die Fortschritte dort zu sehen und Eindrücke auszutauschen. Unser Zusammenstoß in Kalifornien Anfang des Jahres schien vollkommen vergessen, und er behandelte mich wie seinesgleichen, obwohl er allen Anlaß gehabt hätte, das ehemalige Stachelschwein mißtrauisch zu beäugen.

Es gibt mehr als genug Söhne und Töchter von Moselwinzern, die nur einen Wunsch haben: nichts wie weg aus diesem engen Tal und seinen oft nicht weniger engstirnigen Leuten, weg von der anstrengenden Arbeit in den steilen Weinbergen, der Ungewißheit und Abhängigkeit von der Unzuverlässigkeit des Wetters und einem Produkt, das selbst in seiner höchsten Qualität im eigenen Land selten geschätzt wird. Sobald ich Johannes Selbach in seiner eigenen Umgebung kennenlernte, fiel mir auf, daß er genau das Gegenteil des typischen jungen Moselaners war. Genau die Dinge, wegen der viele seiner Altersgenossen keinesfalls ein Moselweingut übernehmen wollten, machten diese Aussicht für ihn attraktiv. Alle Faktoren zusammen stellten für ihn eine unwiderstehliche Herausforderung dar, die ihn anscheinend Tag und Nacht antrieb.

Natürlich waren das Familienweingut und die dazugehörige kleine Weinkellerei dank dem Geschäftssinn seiner Mutter wirtschaftlich gesunde Unternehmen und die angebotenen Weine dank seinem Vater von konstant hoher Qualität, so daß seine Aussichten von vornherein weniger entmutigend aussahen als die vieler anderer junger Moselwinzer. Nichtsdestoweniger war es ein Sprung ins kalte Wasser, in eine nicht unbedingt rosige Zukunft, die anfangs nicht viel mehr als harte Arbeit versprach. Ebenso überraschend war es für mich, daß seine Verlobte aus Wuppertal es kaum erwarten konnte, sich ihm dabei anzuschließen. Für beide schien es nichts anderes zu geben als Wein, und sie waren fest entschlossen, sich mit aller Kraft dafür einzusetzen.

All das war mir inzwischen seit langem vertraut. Aber eines abends im Januar 1990 war Johannes Selbachs Interesse am Wein nicht mehr anders als mit dem Wort Leidenschaft zu beschreiben. Eine Gruppe führender Moselwinzer, darunter Johannes Selbach, hatte sich in meiner Wohnung in Bernkastel-Kues zu einer von mir organisierten Probe eingefunden. Zwei Stunden saßen wir in konzentrierter Stille über ein Dutzend Weine gebeugt und verkosteten mit professioneller Ernsthaftigkeit. Der Stille folgte eine Stunde lauter Diskussion, während wir eilig belegte Brote und einige Flaschen Wein vertilgten. Als der Moment des Abends erreicht war, an dem die Frage »Und was nun?« in der Luft hing, lud Johannes Selbach den verbleibenden harten Kern ein, mit nach Zeltingen zu kommen und seine jungen 1989 Weine aus dem Faß zu probieren. Auf einigen Gesichtern hatte bereits »Bier?« gestanden, aber er beteuerte, daß die Weine sich für den äußerst frühen Zeitpunkt außergewöhnlich gut verkosten ließen – sie waren gerade drei Monate alt, und einige hatten eben erst aufgehört zu gären. Die Neugier seiner Kollegen führte rasch dazu, daß zwei Autos gefüllt waren.

Wenige Minuten später standen wir in dem langgestreckten Schieferkeller des Weinguts Selbach-Oster, und Johannes Selbach zog Proben aus einem Faß nach dem anderen. »Dies ist der Kabinett, den du verkostet hast, als er noch am Gären war, gegen Ende der Lese«, sagte er zu mir, als er die dritte Probe ausschenkte. Voller Charakter, aber ein wenig ungeschliffen. Der nächste Wein war ebenfalls ein Riesling Kabinett Trocken, jedoch harmonischer und subtiler. »Ja, du hast vollkommen recht, der ist viel besser«, erwiderte Johannes Selbach, »man kann genau den Unterschied zwischen den beiden Lagen erkennen: Der erste Wein ist typisch für das Himmelreich in Zeltingen, während der zweite aus der Sonnenuhr stammt und zeigt, warum sie die beste Lage von Zeltingen ist.« Ein halbes Dutzend weitere gute trockene Weine folgten, dann

Spät- und Auslesen mit natürlicher Restsüße, und obwohl die Abflußgitter des Kellers bequeme Spuckmöglichkeiten darstellten, nutzten wir sie ab diesem Punkt nicht mehr. Die Diskussion wurde sehr lebhaft, als wir zu den Auslesen aus den Lagen Wehlener Sonnenuhr und Zeltinger Sonnenuhr kamen, die direkt nebeneinander liegen; die Wehlener weltberühmt, die Zeltinger eher unbekannt. Zu Johannes Selbachs Freude zogen die meisten von uns den Wein aus der Zeltinger Sonnenuhr vor, der Lage, aus der sein Vater die meisten seiner Spitzenweine geerntet hatte, seit er das Weingut 1966 zum unabhängigen Betrieb gemacht hatte. Dann gingen wir von diesem Keller in einen anderen, in dem die besten Weine des Jahrgangs in kleinen Tanks untergebracht waren. Mit äußerster Aufmerksamkeit nahm Johannes Selbach jedes unserer Worte zur Kenntnis, als wir diese Weine verkosteten, das Ergebnis des Auslesens der besten Trauben der Lese über viele Tage hinweg. »Reiner Honig«, sagte ich, als ich die beste Auslese probierte. Johannes Selbach strahlte vor Zufriedenheit. Wir hatten seine positiven Eindrücke des Jahrgangs bestätigt und dabei die Zeit vollkommen vergessen. Es war zwei Uhr morgens, als ich schließlich im Bett lag. Mir ging durch den Kopf, wie sehr ich mich anfangs in Johannes Selbach verschätzt hatte und daß er sicher eine wichtige Rolle bei der Zukunft der Mosel spielen würde. Einer besseren Zukunft? Sie mußte einfach besser sein, wenn Leute wie er daran einen bedeutenden Anteil hatten.

Fünf Jahre später hatte Johannes Selbach den Betrieb endgültig von seinem Vater übernommen. Im September 1995 war mir die Reise von Berlin an die Mosel besonders lang vorgekommen, und ich war froh, daß ich mir auf dem kurzen Spaziergang vom Uferparkplatz zu dem neuen Haus der Selbachs über dem Probierzimmer des Weinguts Selbach-Oster in der Uferallee ein wenig die Beine vertreten konnte. Das Jahrhunderthochwasser im Dezember 1993 hatte hier großen Schaden angerichtet und eine umfangreiche Renovierung notwendig gemacht. Als ich einige Monate zuvor am Haus vorbeigefahren war, hatte ich schockiert festgestellt, daß der gesamte Kern des Hauses herausgerissen worden und nicht viel mehr als eine Hülle stehengeblieben war. Inzwischen war die Umwandlung in das neue Heim von Barbara und Johannes Selbach jedoch abgeschlossen und neue, moderne Räume in der alten Hülle entstanden. Lediglich das Probierzimmer im Erdgeschoß, direkt hinter der Eingangstür von der Straße gelegen – eine Direktheit, die zum Wesen der Selbachs paßt –, war unverändert geblieben. Die grünen Lederstühle standen genau dort, wo ich sie bei meinem ersten Besuch vorgefunden hatte und schienen auszudrücken, daß unabhängig von allen Verbesserungen und Modernisierungen immer noch die gleichen Prinzipien und Werte Gültigkeit besaßen.

Johannes Selbach hat viel von seinem Vater gelernt. Dieser hat seinem Sohn seinen ganzen Schatz an Wissen und Erfahrung vermittelt, vor allem ein stark ausgeprägtes Gefühl für die Rieslinge der Mosel, ihre Stärken und Schwächen, wie mit ihren schlechten Launen zurecht zu kommen und andererseits das Beste daraus zu machen, wenn die Natur freigiebig mit ihren Reichtümern ist. Jede Verkostung bei Selbach-Oster seit der Nacht im Januar 1990 ist ein weiterer Beweis dafür gewesen, daß Johannes Selbach fortwährend danach trachtet, auf dem aufzubauen, was ihm sein Vater übergeben hat. Seine Ideen und Erfahrungen auf den Reisen und aus den Jahren, als er in den USA gearbeitet und studiert hat, kommen ihm dabei zugute. Von Anfang an konnte er mit den Weinen des Betriebes verfahren, wie er wollte, und es gab von seiten seines Vaters nie einen Vorwurf, wenn einer der experimentellen Weine sich nicht wie erhofft entwickelte. So stark Johannes Selbachs Glaube an seine eigenen Weine auch immer war, das selbstkritische Bewußtsein, mit dem sein Vater den Betrieb von den bescheidenen Anfängen zu einem der besten der Mosel hochgebracht hatte, ist auch in ihm stets präsent. Viele Ideen wurden einmal ausprobiert und dann fallengelassen. »Interessant, aber trotzdem nichts für uns«, beschrieb er mir eines seiner Experimente und blickte still und nachdenklich hinunter auf das Glas mit seinem Fehlschlag.

Ehrgeiz und Tüchtigkeit hat Johannes Selbach von beiden Elternteilen, besonders aber von seiner Mutter, geerbt. Die Energie, mit der er von Kontinent zu Kontinent jagt, ist genau die gleiche, mit der seine Mutter die täglichen Geschäfte der Selbach-Unternehmen führt. Ich kenne keinen anderen Mosel-Saar-Ruwer-Winzer, der so viel reist, um seine Weine bekannt zu machen und zu präsentieren. Obwohl natürlich das Gewinnstreben ein wichtiger Grund für seine Ruhelosigkeit ist, stellt er doch durch sein Eintreten für die besten Mosel-Saar-Ruwer-Weine ebenso eine Art inoffiziellen Botschafter für das Gebiet dar. Manchmal scheint Johannes Selbach zwischen zu Hause und der weiten Welt, die eine so starke Anziehungskraft auf ihn ausübt, hin und hergerissen. »Jeden Sommer versuche ich, zumindest einen Tag mit den Arbeitern in den Reben zu verbringen«, erzählte er mir an einem Sommerabend bei einer Bordeaux-Probe, »und heute nachmittag habe ich es geschafft.« Die paar Stunden mit einer Schere in den steilen Hängen der Zeltinger Sonnenuhr hatten nicht nur ein wenig Sonnenbrand hinterlassen, sondern auch ein beinahe kindliches Strahlen. Manchmal sieht er zwischen einer Woche in Japan und 14 Tagen in Amerika weit weniger glücklich aus, der unvermeidbare Nebeneffekt seines ehrgeizigen Terminkalenders.

Heute sind die Chancen, Johannes Selbach am Strand in Kalifornien zu begegnen, so gut wie Null. Die besten Aussichten hat man bei einer

Präsentation der Selbach-Weine in einer der größeren Städte der Welt, oder mit einem lange vorher ausgemachten Termin auf dem Weingut in Zeltingen. Hinter seiner Art, Geschäfte zu machen, verbirgt sich derselbe Perfektionismus wie beim Ausbau seiner Weine, aber wie gut verträgt sich Leidenschaft mit Ehrgeiz und Tüchtigkeit? Johannes Selbachs Weine sind oft hervorragend, aber manchmal nur schick. Ob noch mehr möglich wäre, wenn der Ehrgeiz ein wenig gezügelt würde und die Leidenschaft an erster Stelle stünde?

Die Rieslinge des Weinguts Selbach-Oster

Die Weine aus den Lagen Badstube und Schloßberg in Bernkastel sind wahrscheinlich die am wenigsten bemerkenswerten der Selbachs; dennoch sind es klassisch rassige Mosel-Rieslinge mit einer leicht erdigen Note. Die Weine aus der Wehlener Sonnenuhr zeigen den floralen Charme und die anziehenden Fruchtaromen, die diese Lage charakterisieren. Zu den besten Weinen des Gutes gehören die Spät- und Auslesen aus der Graacher Spitzenlage Domprobst. Sie sind kraftvoll und fest und brauchen einige Jahre der Reife, um sich richtig zu harmonisieren. Etwas leichter vom Körper, doch mit einem ebenfalls betont mineralischen Charakter zeigen sich die oft beeindruckenden Weine aus dem Zeltinger Schloßberg. Sie kommen jedoch nie an die besten Weine aus der Zeltinger Sonnenuhr heran. Letztere besitzen eine Noblesse und Tiefe, die sie zu den besten Weinen des Gebiets zählen läßt.

Probiernotizen Weingut Selbach-Oster

Riesling – Zeltinger Sonnenuhr »Grand Cru«

1993 SPÄTLESE A.P.-NR. 9 94   87
Viele Vorzüge und dazu Harmonie, eine stimmige Komposition, wenn auch ohne großen Tiefgang.

1993 AUSLESE**   88
Man schmeckt, wie reif die Trauben geworden sind, doch hat die Reife nicht soviel gebracht.

1993 AUSLESE*** A.P.-NR. 18 94   93
Das ist nicht nur Opulenz, es ist auch Dekadenz, aber trotzdem fängt sich alles im überraschend eleganten Nachgeschmack.

1994	SPÄTLESE HALBTROCKEN	85

Ein richtiger Charmeur mit viel Stil, aber begrenztem Hintergrund.

1994	AUSLESE*	92

Mit diesem Reichtum an Substanz und betonter Festigkeit könnte es fast eine Auslese aus dem großen Jahrgang 1990 sein.

1994	AUSLESE**	93

Ein satter Bursche, der gleichzeitig ein faszinierender und gemütlicher Begleiter ist. Schmeiß die anderen lästigen Besucher raus, und setz dich mit ihm hin.

1994	TROCKENBEERENAUSLESE A.P.-NR. 1 96	96

Extrem schwierig und zeitaufwendig wäre es, eine Gewürzmischung mit diesem Duft zu kreieren. Keine übermächtige, sondern eine wunderschön ausgeglichene Edelsüße.

1994	TROCKENBEERENAUSLESE A.P.-NR. 2 96	98

Die Mächtigkeit der Zeltinger Sonnenuhr, wie sie vom Ufer aus gesehen in den Himmel zu steigen scheint. Von allem reichlich und dann noch mehr obendrauf. Kein Wein für Kleingeister, noch weniger für Spießer, sondern für die Götter.

1995	KABINETT HALBTROCKEN	79

Wahrscheinlich wirtschaftlich interessant, aber geschmacklich nicht so sehr.

1995	SPÄTLESE A.P.-NR. 32 96	88

Die Süße spürt man kaum, weil die Mineralien im Wein sie schon geschluckt haben; vielleicht nicht groß, aber doch sehr elegant.

1995	AUSLESE*	90

Diskrete Fülle und vornehme Großzügigkeit; hinter den Kulissen spielt sich viel ab.

1995	AUSLESE***	91

Noblesse ohne Schau oder Brimborium; ein subtiles Bild in einem schlichten Rahmen.

1995	BEERENAUSLESE A.P.-NR. 19 96	94

Auf einem schmalen Grundstück steht ein Haus mit wesentlich mehr Räumlichkeiten, als seine unauffällige Fassade vermuten läßt (wie das in der Uferallee 23 in Zeltlingen).

1996	SPÄTLESE*	89

Die Kraft und »sophistication« von Johannes Selbach, auch sein Durchhaltevermögen.

1996 AUSLESE 90
So stilvoll wie die Ledersessel im Probierzimmer, aber etwas weicher und einladender.

1996 AUSLESE* 91
Erhebt Anspruch auf große Klasse und erfüllt ihn, prächtig ohne jegliches Geprotze.

1996 AUSLESE*** 93
Dagegen kann nur ein Diabetiker oder ein richtiger Dummkopf etwas einzuwenden haben. Ein verführerischer Beweis, daß sich Überreife bei der Riesling-Traube nur positiv auswirkt.

Die guten Bürger von Saarburg
Heinz und Ulrike Wagner

Weingut Dr. Wagner
Bahnhofstraße 3
54439 Saarburg
Tel. 06581/2457
Fax 06581/6093

Die Annonce des Weinguts Dr. Wagner auf Seite 77 der Zeitschrift »Alles über Wein« (Ausgabe 1/94) war kaum geeignet, um die Aufmerksamkeit derer auf sich zu ziehen, die von dem Betrieb noch nie gehört hatten. Mit einer Schwarzweiß-Zeichnung des stattlichen Gutshauses und zwei lobenden Zitaten von Journalisten war sie kaum mehr als eine unter vielen. Für alle, die Heinz Wagner kennen, hatte sie jedoch etwas Schokkierendes. Das war das letzte, was sie von dem stets milde gestimmten, eher introvertierten Heinz Wagner erwartet hätten. Nie zuvor hatte er etwas unternommen, das sich auch nur im entferntesten als Werbung hätte beschreiben lassen. Auf Seite 15 derselben Zeitschrift fand sich die Erklärung für seinen ungewöhnlichen Schritt. Einige Wochen zuvor hatten sich die Mitglieder des Großen Rings, des Mosel-Saar-Ruwer-Zweiges der Vereinigung deutscher Spitzenweingüter in einer Abstimmung gegen die Aufnahme des Betriebs als neues Mitglied ausgesprochen. Für den sensiblen Heinz Wagner bedeutete das eine direkte Kritik an den Weinen, die er seit den frühen sechziger Jahren mit seinem Vater und ab 1970 allein auf dem Familienweingut machte. Als ich ihn anrief, um ihn auf die Annonce anzusprechen, machten seine nervöse Stimme und sein deprimierter Ton deutlich, daß dies ein Akt der Selbstverteidigung war gegen das, was er als Unverständnis und Neid ansah. Ich riet ihm, sich wegen der Dummheit mancher seiner Kollegen nicht aufzuregen, es würde sich letztendlich alles einrenken. Ich glaube nicht, daß er mir damals so recht glaubte, aber Anfang 1996 wurde sein Betrieb endlich doch in den Großen Ring des VDP aufgenommen.

Es war nicht das erste Mal, daß Heinz Wagner kämpfen mußte, obwohl es das letzte ist, was er gerne tut. Als er den Betrieb übernahm, mußte er über viele Jahre hinweg seinen Bruder auszahlen und konnte kaum Investitionen vornehmen. Lange Zeit blieb das obere Stockwerk des wilhelminischen Gutshauses der Wagners abgeriegelt, weil der Betrieb nicht die für die Renovierung erforderlichen Mittel abwarf. Als ein amerikanischer Weinhändler in seiner Preisliste über diese Situation spottete, brach Heinz Wagner sofort jeglichen Kontakt zu ihm ab und weigerte sich, ihm zukünftig auch nur eine einzige Flasche Wein zu verkaufen. Der Neid unter den Winzerkollegen an der Saar oder ihren Importeuren in anderen Ländern hat auch teilweise zu aus der Luft gegriffenen Gerüchten über ihn und seine Weine geführt. Diese Ereignisse waren für Heinz Wagner schmerzhaft und schwierig zu verwinden, und keines ist wirklich ganz vergessen.

Mit seinen grauen Haaren und der etwas scheuen Art könnte man Heinz Wagner leicht für einen Intellektuellen unter den Winzern halten. Aber er hat beim Weinbau ein ganz konkretes Ziel: eine Flasche guten Weines auf dem Tisch neben einem Teller mit Essen, bei dessen Zubereitung sich jemand nicht weniger Mühe gegeben hat als er bei der Pflege der Reben und den Weinfässern. Vielleicht ist »Gourmets« etwas zu prätentiös, um Heinz Wagner und seine lebhafte Frau Ulrike treffend zu beschreiben, aber wenn man das Negative, das Versnobte oder Verfressene, das in diesem Wort gelegentlich mitschwingt, einmal wegläßt, sind sie beide richtige Gourmets. Die Gründe dafür, daß sie die meisten ihrer Weine trocken ausbauen, liegen einerseits in der Tradition des Betriebs für diesen Stil und andererseits in ihrer eigenen Vorstellung, daß ihre Weine sich möglichst gut zum Essen eignen sollten. »Gehen wir auf die Burg!« – Saarburgs bestes Restaurant lag lange auf der mittelalterlichen Burg des Ortes –, Heinz Wagner sagt das mit einem Klang in der Stimme und einem Lächeln, die zeigen, daß er voller Vorfreude an ein Stück Fisch und ein Glas trockenen Saar-Riesling denkt.

Der Heinz Wagner, den so gut wie niemand kennt, klettert ganze Tage lang in den steilen Hängen seiner Weinberge in Saarburg, Ockfen und Ayl herum. Wenige Winzer haben mir von den Böden ihrer Weinberge mit der gleichen Genauigkeit und Feinfühligkeit erzählt wie er. »Am oberen Rand des Ockfener Bockstein ist der Boden zu steinig und dünn, um in den meisten Jahren die besten Ergebnisse zu bringen. Wenn der Sommer allerdings feucht ausfällt, ist das kein Problem. Ganz unten hingegen ist der Hang nicht steil genug und der Boden zu schwer, außer in sehr heißen Jahren, dann ist das wiederum ein Vorteil, weil er die Feuchtigkeit besser hält«, erklärte er mir einmal. »Wir haben Glück, daß unser Stück in der Mitte liegt, wo meistens die besten Bedingungen herrschen.« Seine genauen Beobachtungen beziehen sich immer darauf, wie die Reben auf diese Bedingungen reagieren und wie sich das im fertigen Wein ausdrückt. Stein und Ton, Hangneigung und -ausrichtung bedeuten Frische, Aroma und Harmonie für ihn. Er spricht über Trauben auf dieselbe Weise, und man kann aus seiner Beschreibung der Trauben, aus denen jeder Wein gemacht wurde, erkennen, daß Ulrike Wagner und er während der Lese großen Mühen auf sich nehmen, alles auszusortieren, was nicht in idealem Zustand ist, damit diese Trauben keine negativen Spuren im Wein hinterlassen können. Die oft außergewöhnliche Qualität selbst der einfachsten und günstigsten Weine unter dem Dr.-Wagner-Etikett spricht Bände für dieses Gespür für den Boden, die Reben und die Trauben.

Der den Besuchern eher vertraute Heinz Wagner herrscht über die höhlenartigen Keller unter dem Haus und dem parkartigen Garten dahinter. Die Reihen von 1000-Liter-Fuderfässern, in denen so gut wie alle Weine der Wagners vergären und reifen, verlieren sich hier beinahe – es ist der größte Gewölbekeller an der Saar. Er wurde von Heinz' Urgroßvater Josef Heinrich Wagner gebaut, der hier 1880 die erste Sektkellerei der Saar gründete, und die Weine aus den heutigen neun Hektar Weinbergen des Betriebs füllen ihn keineswegs. Während viele seiner Kollegen in den letzten 20 Jahren von Fässern zu Plastik- oder Edelstahltanks übergegangen sind, schwört Heinz Wagner weiterhin auf seine Holzfässer und läßt den Weinen dort auch viel Ruhe. Jeder Wein bekommt soviel Zeit, wie er braucht vor der Abfüllung, nicht selten bis zum Ende des Sommers. Wenn man die steile Kellertreppe in dieses unterirdische Reich hinabsteigt, folgt ein Gewölbe dem nächsten, so daß man bald die Orientierung verliert und sich vom Treiben oben in der Welt gänzlich losgelöst fühlt. Heinz Wagner ist hier unten am entspanntesten. Dafür muß man allerdings die kalte, feuchte Luft in Kauf nehmen. »Ja«, sagte er einmal, als ich hier unten mitten im Hochsommer zitterte, »es ist ein idealer Keller, Temperatur und Feuchtigkeit verändern sich wirklich kaum im Laufe des Jahres und die Luft ist auch einfach gut.«

Die Sektproduktion, für die er vor einem Jahrhundert errichtet wurde, war ein lukratives Geschäft. Deutscher Sekt genoß einen dem Champagner ähnlichen Ruf und erzielte auch vergleichbare Preise. Im Probierzimmer der Wagners hängt eine große Urkunde, die den Hoflieferantenstatus der Wagners bei Carl Eugen Herzog von Sachsen-Coburg und Gotha belegt, einem der vielen guten Kunden der Familie in den östlichen Provinzen des ehemaligen Deutschen Reiches zu Anfang des Jahrhunderts. Fotos zeigen Adolf Wagner, Heinz' Großvater, bei der Inspektion der Keller von Schloß Saarfels im nahegelegenen Serrig, damals dem zweiten Besitz der Wagners an der Saar. Seine Kleidung macht deutlich, wie gut die Geschäfte liefen. Der Erste Weltkrieg und die Wirtschaftskrisen der zwanziger Jahre machten diesem Wohlstand jedoch ein Ende, und die Wagners mußten Schloß Saarfels Anfang der dreißiger Jahre verkaufen.

Erst vor kurzem hat Heinz Wagner die Sektproduktion in Saarburg wieder ernsthaft aufgenommen und mit einer solchen Familientradition im Hintergrund ist es kaum überraschend, daß das Ergebnis bei weitem der beste Riesling-Sekt der Saar ist und zu den besten Deutschlands gehört. Nicht weniger bezeichnend für die Wagners ist, zur Gestaltung des Etiketts einen französischen Designer heranzuziehen, so daß das Ergebnis zeitlos wirkt und Adolf Wagners Werk sein könnte. Es ist das Gegenteil des in der letzten Zeit weit verbreiteten und häßlichen pseudo-italienischen Designerunsinns.

In diesem Fall – wie bei vielen anderen Dingen auch – scheinen Heinz und Ulrike Wagner, so unterschiedlich sie sind, vollkommen einer Meinung zu sein. »Der Altersunterschied ist erheblich«, ist Heinz Wagners schmunzelnder Kommentar zu dieser unübersehbaren Tatsache. Doch der Betrieb ist unvorstellbar ohne sie beide, und es sind nicht nur praktische Gründe, die ihn zu der Aussage bringen: »Heute mehr als je zuvor braucht ein Winzer eine Frau, die richtig mitzieht.« In ihrem Fall ist es genausooft er, der »mitzieht«. Sie sind wirklich ein unzertrennliches Paar und auf Präsentationen stets zusammen anzutreffen. Gemeinsam haben sie auch die vielen Stürme überstanden, die seit dem Tod von Heinz Wagners Mutter 1978, der Übernahme des Betriebs und ihrer Heirat über sie hereingebrochen sind. Langsam aber sicher haben sie das Gut und seinen Ruf bis zu dem Punkt wieder aufgebaut, daß die führende deutsche Gourmetzeitschrift »Der Feinschmecker« einen langen Bericht über die Saarweine mit einem Foto von Heinz Wagner über eine ganze Seite begann. Plötzlich wurde auch die lang aufgeschobene Renovierung des Hauses möglich, und im Frühjahr 1997 konnten sie das obere Stockwerk wieder in Gebrauch nehmen.

Während andere Winzer ihren Nachwuchs im allgemeinen von Verkostungen ausschließen, sitzt Christiane Wagner mit ihren Eltern am Tisch, wenn die Besucher die Weine verkosten, die ihr Vater aus dem Keller geholt hat. Mit ihren 14 Jahren nimmt sie manchmal am Gespräch teil, probiert den einen oder anderen Wein und ist ansonsten mit ihren eigenen Gedanken beschäftigt. Wenn sie sich einmal dazu entschließen sollte, den Betrieb von ihrem Vater zu übernehmen, hätte sie keine bessere Einführung erfahren können in die Faszination des Weines und die Geduld und Zärtlichkeit, den ein großer Saarwein zu seiner Entstehung braucht. An diesem Tisch wird nicht über Technik oder Wissenschaft gesprochen, Heinz und Ulrike Wagner reden ganz ohne derartige Stützen über Wein. Desgleichen sind ihre Weine ganz eigenständig, von einem Zauber der Zärtlichkeit und Geduld umgeben.

Die Rieslinge des Weinguts Dr. Wagner

Die Weine aus den verschiedenen Lagen, in denen die Wagners ihren Besitz haben, werden jeweils ein wenig anders ausgebaut. Die schlanken Rieslinge aus der Saarburger Kupp, die im Charakter an Äpfel und Zitronen erinnern, werden immer trocken vinifiziert und gehören zu den wenigen durchweg guten Weinen dieser Art im Gebiet. Gelegentlich kommt aus der kleinen Parzelle der Wagners in der Ayler Kupp eine trockene Spät- oder Auslese, die alle anderen trockenen Saarweine in den Schatten stellt. Die Weine aus der Saarburger Spitzenlage, der Rausch, behalten immer zumindest einen Hauch natürlicher Restsüße; die besten von ihnen werden oft unter der Bezeichnung »Halbtrocken« auf den Markt gebracht. Sie wirken voller als die Kupp-Weine und zeigen meist eine feine Pfirsichfrucht und einen stark mineralischen Ton. Die Spät- und Auslesen aus der Rausch besitzen ein ausgezeichnetes Alterungspotential, ganz wie die besten Wagner-Weine aus dem Ockfener Bockstein, die jedoch nie trocken ausgebaut werden. Diese Lage bringt Weine hervor, die bereits in ihrer Jugend anziehend sind und verspielter wirken als die Rausch-Weine, und Finesse und Charme haben, egal wie reichhaltig sie sind.

Probiernotizen Weingut Dr. Wagner

Riesling – Saarburger Rausch »Grand Cru«

1993 Auslese 92
Einen solch imposanten Eindruck hat die Wagner-Villa in Saarburg sicherlich um die Jahrhundertwende gemacht. Ein solcher Wein aber macht diese Äußerlichkeiten überflüssig.

1993 Auslese*** 94
Ein großer Wein braucht keine Erklärung. Doch stellt sich die Frage: Zuviel des Guten? Auf jeden Fall ein ganz außergewöhnlich opulenter Wein für Heinz Wagner.

Weingut Dr. Wagner

1994	KABINETT HALBTROCKEN	83

Klassische Saar-Eleganz in der herben Variante. Noch jugendlich.

1994 SPÄTLESE — 86
Die Würze des Lebens muß nicht gleich scharf sein; viel Charme und Charakter ohne Anspruch auf Größe.

1995 KABINETT HALBTROCKEN — 88
Die Natur hat nicht bei den Früchten gespart, und die Wagners haben eilig die reiche Ernte gepflückt. Hinreißende Frische und Reife.

1995 SPÄTLESE HALBTROCKEN — 87
Mehr Körper als der Kabinett hat er wohl, aber die Natur hat ihn einfach nicht so reichlich mit Frucht ausgestattet.

1995 AUSLESE — 93
Die Verkörperung eines Weinberges im Wein, wie es nur selten gelingt. Große innerliche Stärke spiegelt sich in äußerlicher Erhabenheit wider.

1996 KABINETT HALBTROCKEN — 83
Etwas launisch: will sich einfach nicht zeigen. Doch auch von hinten erkennt man eine elegante Haltung.

1996 SPÄTLESE HALBTROCKEN — 88
Ein richtiger Volltreffer, wie er nur mit viel Können und Geduld erzielt werden kann. Der noble Duft eines Pfirsichs, der unter schwierigen Bedingungen im hohen Norden gereift ist.

Riesling trocken – diverse Lagen

1993 SAARBURGER KUPP SPÄTLESE TROCKEN — 84
Hat sich nach einer etwas ruppigen Jugend sehr gut gemacht, noch ausgeprägte Festigkeit.

1993 AYLER KUPP AUSLESE TROCKEN — 89
Außergewöhnlicher Aromenreichtum, Fülle und schmeichelnde Harmonie für einen trockenen Saarwein.

1994 SAARBURGER KUPP SPÄTLESE TROCKEN — 84
Nähert sich langsam der idealen Harmonie, geschliffene Charakterstärke.

1995 SAARBURGER ANTONIUSBRUNNEN KABINETT TROCKEN — 86
Die bezaubernde Duftigkeit der Holunderblüte. Ein schlanker Körper, aber doch eine perfekt ausgeglichene Balance.

1995	SAARBURGER KUPP SPÄTLESE TROCKEN	88

Die drei Grazien aus Saarburg: Saftigkeit, Lebendigkeit und Ausgewogenheit.

1996	SAARBURGER ANTONIUSBRUNNEN KABINETT TROCKEN	82

Weißdorn blüht auf den Hügeln und Wiesen des Saartals; schöne Sonne, aber frischer Wind.

1996	SAARBURGER KUPP SPÄTLESE TROCKEN	84

Der weiße Rabe: ein 1996er trockener Saar-Wein mit Charakter, Stil und Harmonie – was auch eine passende Beschreibung für seinen Macher wäre.

Schmetterlinge und Mosaiksteine
Hans-Joachim Zilliken

Weingut Zilliken
Heckingstraße 20
54439 Saarburg
Tel. 06581/2456
Fax 06581/6763

»Unsere Rieslinge sind wie Schmetterlinge«, sagte Hanno Zilliken in seiner bedachtsamen Art. Weine wie Schmetterlinge und der Winzer gleichsam mit einem Schmetterlingsnetz? Das Bild vermittelte etwas von der Leichtigkeit und Feinheit der Zilliken-Weine, aber ...

Als ich in den belanglosen Londoner Vororten der sechziger Jahre aufwuchs, waren Schmetterlinge dort selten, aber das machte sie für mich nicht interessanter, da es sich meist um wenig auffällige kleine weiße oder graubraune Tierchen handelte. Sie fesselten meinen Blick nur flüchtig, bevor ich mich wieder den für mich bedeutend spannenderen Büchern zuwandte. Bei meinen Großeltern auf dem Land sahen wir mehr Schmetterlinge, solche in leuchtenden Farben, wie ich sie von Reproduktionen holländischer Stilleben aus dem 17. und 18. Jahrhundert kannte. Hier aber waren sie in Bewegung, mit den flackernden Farben der sich öffnenden und schließenden Flügel, nicht in Zeit- und Schwerelosigkeit erstarrt wie in den Kunstwerken. Ich habe nie ein Schmetterlingsnetz besessen. Ich habe sie immer nur mit den Augen gefangen und sie auch nie auf eine Nadel gespießt, sondern lediglich ihre Identität mit Hilfe eines Buches »festgenagelt«. Mir gefiel das Buch besser als die Schmetterlinge an sich, und im Rückblick schmälert dies mein Interesse an Schmetterlingen ganz erheblich. Inzwischen ziehe ich es vor, ihnen zufällig zu begegnen, ohne an irgendwelche Bücher zu denken. Aber an Wein denke ich dabei auch nicht.

... Es ist beinahe unmöglich, Weine zu beschreiben, ohne Metaphern zu verwenden, und wären es nicht Schmetterlinge, dann wäre es etwas anderes. Die Tatsache an sich, daß Hanno Zilliken dieses ungewöhnliche Bild verwendet, sagt doch etwas über seine Gefühle gegenüber seinen eigenen Weinen aus.

Als ich die Zillikens das erste Mal besuchte, war keine Rede von Schmetterlingen. Über dem Sofa, auf dem Hanno Zilliken und seine Frau Ruth saßen, hing ein großes Stilleben, ein Gemälde, auf dem ein Tisch mit einer roten Tischdecke, darauf eine Vase voller Blumen, ein Silbertablett mit Früchten und ein Papagei abgebildet waren; an Schmetterlinge kann ich mich dort nicht erinnern. Manche der Weine hätte man jedoch vielleicht mit Schmetterlingen vergleichen können, allen voran die 1985 und 1975 Riesling Kabinettweine aus der Lage Saarburger Rausch, von denen der erste gerade ein Jahr und der andere elf Jahre alt waren. Der jüngere dieser Weine war ungeheuer lebendig, er schien durch die Säure auf meiner Zunge förmlich zu tanzen; der ältere wirkte immer noch frisch mit einem feinen, faszinierenden Nachgeschmack. Ich nippte viele Male an dem Wein bei dem Versuch, den Eindruck, den er nach dem Schlucken hinterließ, genauer zu fassen. Sowohl er als auch sein jüngerer Bruder erschienen mir zart und dabei leuchtend hell.

Laut dem Weingesetz mit seinem Fetischismus für Zahlen und pseudowissenschaftliche Kategorien sind diese Weine weder trocken noch halbtrocken und gehören deshalb in die Kategorie der »süßen« Weine. »Lieblich« und »mild« sind weitere Bezeichnungen für Weine mit mehr als einem bestimmten Gehalt an unvergorener Süße aus den Trauben. All diese Beschreibungen werten in den Augen der meisten Deutschen einen Wein automatisch ab, ziehen ihn herunter mit einigen der heftigsten Vorurteile, die die Deutschen gegenüber ihrer eigenen Kultur haben. Sobald eines dieser Worte ausgesprochen wird, scheinen sich die betroffenen Weine in eine schwere, billige, kitschige, peinliche Flüssigkeit zu verwandeln, auch wenn sie das Gegenteil davon sind.

Bei meinem ersten Besuch bei den Zillikens dachte ich, furchtbar schlau zu sein, weil ich mich mit all den Zahlen des analytischen Profils auskannte, die zur Erlangung der amtlichen Prüfnummer (A.P.-Nummer) bei QbA- und Prädikatsweinen gesetzlich erforderlich sind. Anstatt mich ganz auf meine Sinneseindrücke zu konzentrieren, stellte ich bei dem Versuch, sie in den Griff zu bekommen, eine Menge Fragen zu ihren Analysen. Anstatt einfach ihre Schönheit zu bewundern, wollte ich sie auch katalogisieren. Ich habe meinen Eindrücken vielleicht nicht gerade die Mühlsteine der Geschichte angehängt, aber meine Einstellung reichte aus, um alle eventuell um mich an diesem Tag herumschwirrenden Schmetterlinge mit Zahlen zu erdrücken.

Die vielen Weinproben in diesem Zimmer, an dem kleinen Tisch vor dem Sofa oder am großen Eßtisch, haben dazu geführt, daß der Name Rausch für mich zu einem Begriff wurde, der ganz präzise Assoziationen hervorruft, egal, ob ich ihn höre, lese oder schreibe. Nichts könnte von einer erbärmlicheren Neutralität sein als die Leere hinter meinen letzten geschriebenen Worten auf dem Computerbildschirm; erbärmlich, weil es der letzte Leerraum in unserer Welt zu sein scheint und weil er danach schreit, mit etwas ausgefüllt zu werden, irgend etwas, egal was. Wenn ich jedoch an dieser Stelle »Rausch« schreibe, durchläuft mich ein Schauer der Erregung, wie ihn nur wenige andere Worte so auslösen könnten.

Der Name leitet sich von dem kleinen Wasserfall her, der unterhalb dieser steilen Spitzenlage des schönen Städtchens Saarburg liegt. Über Felsen hinabfallendes Wasser und der damit verbundene saubere, klare Duft der Luft, ein Geruch, von dem ich sicher bin, ihn in den Weinen wiederzufinden, ist nur das einfachste der Gefühle, die dieser Name in mir auslöst. Trotzdem ist die in diesem Bild enthaltene Spannung wichtig, die Wucht des fallenden Wassers und seine Verwandlung im Fallen vom glatten Schwarz zum schäumenden Weiß, weil sie sich in Hanno Zillikens Rausch-Weinen widerspiegelt. Sie sind die Verkörperung von allem, was das Wort Spannung in Weinform bedeutet und impliziert. Und jede Spannung birgt in sich eine Herausforderung.

Unabhängig davon, ob es ein zierlicher, zerbrechlich wirkender Kabinettwein oder ein enorm fülliger, ausdrucksstarker Eiswein ist, jeder junge Rausch-Wein des Weingut Zilliken ist eine Herausforderung für den Geruchs- und den Geschmackssinn. Das hat sehr viel mit der beträchtlichen natürlichen Säure zu tun, die diese Weine extrem lebendig und aufregend macht, doch fast nie sauer oder kratzig. In ihrer Jugend wirken sie ein bißchen wild, als ob etwas eingeschlossen wäre, das doch heraus will – was tatsächlich der Fall ist. Wenn sie jung sind, ist alles in ihnen so dicht gepackt, daß man die alles verbindende Spannung ebenso herausschmeckt wie den Charakter des Weines. Erst durch die Flaschenreife tritt letzterer deutlicher zutage, wenn der ihn fesselnde stählerne Griff sich langsam lockert. Je besser die Weine sind, desto länger dauert dieser Entspannungsprozeß. Zehn Jahre sind für einen großen Zilliken-Wein aus dem Rausch eine fast unbedeutende Zeitspanne.

Der ruhige, kultivierte, gutmütige Hanno Zilliken macht kaum einen angespannten Eindruck, eher das Gegenteil. Die Spannung der Rausch-Weine kommt ganz und gar aus dem Weinberg, und Hanno Zillikens Rolle dabei ist die eines Puristen, der es ablehnt, sich einzumischen, und eher darauf besteht, daß die Weine eben so sein müssen, egal wie extrem. Er ist sich wohl bewußt, daß es manchmal selbst für Weintrinker, die mit der strengen Art der Saar-Rieslinge vertraut sind, zuviel sein kann, und weiß, daß seine Kunden ebenso wie er selbst oft enorme Geduld zeigen müssen, wenn sie die Weine in ihrer Höchstform erleben möchten. Hanno Zilliken ist zu klug, um nicht zu wissen, daß seine Weine eigentlich nicht in die heutige schnellebige Welt passen. Dennoch käme irgendein Kompromiß für ihn nie in Frage.

Ganz unten in dem weitläufigen dreistöckigen Keller unter dem modernen Wohnhaus der Zillikens scheint eine andere Zeitordnung zu herrschen. Von der weiten Wölbung der Decke hängen dünne Stalaktiten, die aus jedem möglichen und unmöglichen Blickwinkel von Besuchern verschiedenster Nationalitäten fotografiert worden sind. Da er alle Arbeiten im Keller selber ausführt, verbringt Hanno Zilliken in Herbst und Winter viel Zeit hier unten zwischen den Holzfässern, in denen seine Weine ausnahmslos vergären und reifen – auch einer der Punkte, bei denen er keine Kompromisse eingeht. Die Stalaktiten wachsen seit dem Bau des Kellers in den frühen zwanziger Jahren unseres Jahrhunderts. Sie vermitteln ein Gefühl der Zeitlosigkeit, als sei man in einer Höhle, an der weder Jahrhunderte noch Jahrtausende etwas verändern könnten. Die langen Jahre, die ein Zilliken-Wein hier erst im Faß und dann in der Flasche verbringt, um zu voller Reife zu gelangen, wirken aus dieser Sicht wie ein Nichts. Hier unten liegt wahrscheinlich einer der wichtigsten Ursprünge für Hanno Zillikens Geduld mit seinen Weinen und für seine Kompromißlosigkeit – letztendlich beruht ihr puristischer Stil auf diesen tiefen Mauern.

In einem Punkt sind Hanno Zillikens Rieslinge aus dem Rausch jedoch genau wie er selbst: Beide sind das Gegenteil von auffallend oder extrovertiert. Deshalb hat ihre Einzigartigkeit ebenso wie sein Talent nur langsam Anerkennung gefunden. Jedesmal, wenn jemand begeistert genug war, um über sie zu schreiben oder sie zu verkaufen, gab Hanno Zilliken den gleichen Kommentar von sich: »Wieder ein Mosaikstein.« Wenn es Momente gab, in denen er unbedingt das ganze Mosaik sehen wollte, dann hat er dies nie öffentlich zugegeben, sondern diesen Wunsch nur seiner Frau Ruth gegenüber geäußert. Der Fanatismus des harten Kerns der Zilliken-Fans spielt dabei auch eine Rolle. Jene, die ausreichend Geduld haben, um seinen Weinen die nötige Zeit zu lassen, damit sie ihre Höchstform erreichen können, werden oft nicht nur zu treuen Kunden, sondern auch zu derart vehementen Anhängern, wie nur wenige Winzer sie haben. Die Winzigkeit der Steinchen, aus denen sich das Mosaik zusammensetzt, und die Zeit, um sie zu sammeln, schrecken Hanno Zilliken nicht ab, weiter an der Vervollständigung des Gesamtbildes zu arbeiten. Die Anhängerschaft, die seine Weine gefunden haben, macht ihn zuversichtlich, daß die Fertigstellung innerhalb seiner Reichweite liegt.

Wasser tropft überall, und wie gewöhnlich liegt die Temperatur bei 9° Celsius. Die Stalaktiten sehen genauso lang aus wie bei meinem ersten Besuch, und doch weiß ich, daß sie gewachsen sein müssen. Seit damals hat Hanno Zilliken viele Teilchen seines Mosaiks gesammelt. Die Flächen, die bereits bei meinem ersten Kennenlernen der Weine vorhanden waren, zeigten schon ein klares Muster. Je mehr Teile dazu kommen, desto deutlicher wird erkennbar, daß alles zusammengehört und daß sich ein Muster durch das gesamte Winzerleben von Hanno Zilliken zieht. Wie lange wird es bis zur Vervollständigung dauern? Wird es je fertig?

Die Rieslinge vom Weingut Zilliken

Hans-Joachim Zilliken war einer der ersten unter den führenden Mosel-Saar-Ruwer-Winzern, der ein internes »*Grand-Cru*«-System einführte. Nur die besten Weine aus seinen beiden Spitzenlagen, der Ockfener Bockstein und der Saarburger Rausch, werden unter dem Lagennamen angeboten. Die Weine aus dem Bockstein sind die charmanteren, sie zeigen von frühester Jugend an Blüten- und Sommerobstaromen. Bei ihnen wirkt die Säure weicher als bei den sich langsam entwickelnden Rieslingen aus der Saarburger Rausch. Ein Rausch von Zilliken ist stets ein kompromißloser Saarwein, von anspruchsvoller Festigkeit und einer Subtilität, deren ausführliches Studium sich auszahlt – sind es Schmetterlinge oder doch etwas anderes? Kennzeichnend für die Weine sind dichte Zitrus-, das heißt Zitronen- und Limonenaromen, bei den Auslesen und höheren Prädikaten kommen feine Aprikosen- und Ananastöne hinzu. Diese Weine wirken niemals laut und besitzen doch immer einen ausgeprägten Charakter, der mit zunehmender Reife über die Jahre hinweg immer deutlicher zum Ausdruck kommt. Alle anderen Weine werden als »Zilliken Riesling« verkauft, meistens halbtrocken ausgebaut, und das ist mir trocken genug.

Probiernotizen Weingut Zilliken

Riesling – Saarburger Rausch »Grand Cru«

1993 Spätlese 89
Zierliche Schönheit – schlanke Knöchel und Handgelenke – die pikante Schärfe ihres Blicks und die Weichheit ihrer Haut.

Weingut Zilliken

1993	SPÄTLESE (VERSTEIGERUNGSWEIN)	90

Verschlossene Vitrine, in der eine Meißen-Sammlung ausgestellt wird. Man betrachtet sie aus einer gewissen Distanz, gespannt auf den Tag, an dem der Schlüssel geholt wird.

1993 AUSLESE 91
Die Kühle eines Waldes nach dem Regen mit den leuchtenden Farben einer erfrischten Welt.

1993 AUSLESE »LANGE GOLDKAPSEL« (VERSTEIGERUNGSWEIN) 95
Baudelaires Faszination von der Ferne, von den Tropen bekommt eine flüssige Form, die eine sinnliche Anziehungskraft ausstrahlt – ganz im Sinne des Dichters.

1993 BEERENAUSLESE (VERSTEIGERUNGSWEIN) 96
Vergiß die Welt, was scheren dich die ganzen Belanglosigkeiten des Alltags – alles, was wir »wichtig« nennen –, ergib dich der Träumerei! Diese Essenz aus dem Rausch zeigt den Weg.

1994 SPÄTLESE 87
Ein etwas unscheinbarer Kerl – alles stimmt aber nichts ragt heraus –, der vielleicht deswegen unterschätzt wird.

1994 SPÄTLESE (VERSTEIGERUNGSWEIN) 89
Besticht durch seine raffinierte verspielte Art, sagt: »Komm her!«, und man folgt ihm, ohne sich Gedanken gemacht zu haben.

1994 AUSLESE 89
Am Anfang widersprüchlich, aber langsam fügen sich das Üppige des Südens und die Kühle des Nordens zusammen.

1994 AUSLESE »GOLDKAPSEL« (VERSTEIGERUNGSWEIN) 91
Ein hohes feingeschliffenes Glas, bei dem aus jedem Detail die Arbeit eines Meisters zu lesen ist.

1994 BEERENAUSLESE (VERSTEIGERUNGSWEIN) 93
Noch ein scheues Kind, das lange heranwachsen muß und erst im nächsten Jahrhundert selbstsicher auftreten wird – mit hoher Gestalt und noblem Antlitz.

1995 SPÄTLESE HALBTROCKEN 87
Beweist, wie saftig Zitrone schmecken kann; grazil, geschliffen und sehr ansprechend.

1995 SPÄTLESE 89
Ein diskretes, aber aufregendes Geflüster, »Und er wird noch viel mehr machen, warte mal!«

1995	SPÄTLESE (VERSTEIGERUNGSWEIN)	91

Sinfonie in Weiß: Ein großer Schwalbenschwanz trinkt von einer großen Teerose. Er schließt seine Flügel, aber Geduld, er wird seine Pracht wieder zeigen.

1995 AUSLESE 90

In unruhigen Zeiten sorgt ein perfekt ausgeglichener Wein für innere Ruhe.

1995 AUSLESE »GOLDKAPSEL« (VERSTEIGERUNGSWEIN) 94

Ganz was anderes – eine dramatische, aufmerksamkeitsheischende Erscheinung – doch in seinem stillen Kern ganz genau wie alle anderen Zilliken-Weine.

1996 KABINETT TROCKEN 68

Eine saure Sieben; blitzsauber, aber unsinnig.

1996 KABINETT 83

Ein strammstehender preußischer Soldat. Strenge und zähes Durchhaltevermögen.

1996 SPÄTLESE 85

»Grün« muß nicht auf Unreife deuten. Hier bilden Kräuter und Limetten ein harmonisches Bild, nur noch viel zu frisch.

1996 AUSLESE »GOLDKAPSEL« (VERSTEIGERUNGSWEIN) 90

Finesse und Delikatesse, aber auch etwas fragil.

Kurzporträts

Weingut Bastgen

Moselstraße 1
54518 Kesten/Mittelmosel
Tel. 06535/7142, Fax 06535/1579

»Kuser Wahnsinn!« rief ich begeistert aus. Mona Bastgen und Armin Vogel starrten mich verwirrt an. Der für meinen Freudenausbruch verantwortliche Wein war die 1995 Kuser Weißenstein Riesling Auslese des jungen Paares, in deren gefliestem Probierzimmer ich saß. Kaum süß, doch randvoll mit Aroma und Geschmack, erinnerte mich der Wein an die großen Mosel-Auslesen aus den späten vierziger und frühen fünfziger Jahren, die ich verkostet hatte. Ohne Zögern gab ich sowohl diesem Wein als auch der etwas konventionelleren (cremig, filigran) Riesling-Auslese aus der Brauneberger Juffer-Sonnenuhr 90 Punkte. Die trockenen Rieslinge der Bastgens sind gleichermaßen ungewöhnlich stoffig für das Moseltal, und ihr trockener Rivaner gehört zu den zwei oder drei besten dieser Art im Gebiet. Seit sie das Familienweingut 1992 übernommen haben, haben sie hier durch ihr kompromißloses Qualitätsstreben und ihre Aufgeschlossenheit gegenüber neuen Ideen enorme Fortschritte erzielt. Man darf auf die Zukunft sehr gespannt sein!

Weingut von Beulwitz

Eitelsbacher Straße 4
54318 Mertesdorf/Ruwer
Tel. 0651/95610, Fax 0651/9561150

Zusammen mit seinem Kellermeister Stefan Rauen hat Besitzer Herbert Weis seinen Betrieb in den letzten Jahren einem erfolgreichen Wandel unterzogen. Vor fünf Jahren präsentierten sich die Weine lediglich ordentlich, während die besten Riesling-Spätlesen und -Auslesen des Jahrgangs 1995 nahe an das hier vor 20 Jahren herrschende hohe Qualitätsniveau herankommen. Vom gleichnamigen Hotel der Familie Weis in der Eitelsbacher Straße, das gemütlicher ist, als die kastenartige Erscheinung vermuten läßt, hat man einen wunderbaren Blick auf das Weingut Maximin Grünhaus und seine Weinberge. Die großartigen Rieslinge dieses Betriebes sind für Herbert Weis zweifellos ein Vorbild, an das er zwar noch nicht ganz heranreicht, aber dem er doch ein großes Stück näher gekommen ist. Bravo!

Bischöfliche Weingüter

Gervasiusstraße 1
54290 Trier/Mittelmosel, Saar und Ruwer
Tel. 0651/43441, Fax 0651/40253

Mit beinahe 100 Hektar Weinbergen ist dieser Zusammenschluß von drei Besitztümern der Kirche – der Hohen Domkirche, des Bischöflichen Priesterseminars und des Bischöflichen Konvikts – das größte Weingut im Mosel-Saar-Ruwer-Gebiet. Obwohl das Verwaltungsgebäude genauso aussieht, wie diese Bezeichnung vermuten läßt, liegt darunter ein 400

Jahre alter Faßkeller. Erstaunlicherweise wird hier immer noch die gesamte Produktion in traditionellen 1000-Liter-Fuderfässern ausgebaut. Trotz des Ausmaßes ihres Weinbergsbesitzes und der Riesenkollektion an verschiedenen Weinen aus vielen Spitzenlagen an Mittelmosel, Ruwer und Saar ist die Qualität hier im allgemeinen gut. Besonders die Spätlesen und Auslesen mit natürlicher Restsüße können elegant und sehr ansprechend ausfallen (oft über 80 Punkte, gelegentlich 85). Die trockenen Weine sind weniger bemerkenswert, aber immer ordentlich.

Weingut Ernst Clüsserath

Moselweinstraße 67
54349 Trittenheim/Mittelmosel
Tel. 06507/2607, Fax 06507/6607

Für den ernsten, zurückhaltenden Ernst Clüsserath sind die Lobeshymnen, die manche ehrgeizigen jungen Moselwinzer auf ihre eigenen Weine anstimmen, sowie ihre plumpen Selbstdarstellungen als »Top-Winzer« eher peinlich. Seine nachdenkliche Art hat zu steten Fortschritten bei der Weinqualität geführt, seit er das kleine Familiengut 1991 übernommen hat. Mit seinen beeindruckenden trockenen und restsüßen Rieslingen der Jahrgänge 1994 und 1995 liegt er nur noch einen kleinen Schritt hinter den Mosel-Spitzenwinzern. Seine besten Weine sind die edelsüßen Auslesen aus der Spitzenlage Trittenheimer Apotheke (der korpulente und wunderbar harmonische 1995er verdient 90 Punkte), jedoch ist die gesamte Kollektion von sehr guter Qualität. Ernst Clüsserath wird sicher eines Tages zu den Stars der Mosel gehören, und es lohnt sich, ihn jetzt zu entdecken, bevor das Preisniveau der Weinqualität angeglichen wird.

Weingut Erben Stephan Ehlen

Hauptstraße 21
54492 Lösnich/Mittelmosel
Tel. 06532/2388

Die ersten Weine, die ich von dem schüchternen Stephan Ehlen verkostet habe, waren die filigranen 1985er. Der Perfektionismus, mit dem er sein winziges Weingut ausgestattet hat und der sich gleichfalls in den Weinen niederschlägt, ist heute noch genauso beeindruckend wie damals. Stephan Ehlen stehen weniger als zwei Hektar Riesling-Reben zur Verfügung, und das setzt seinen Möglichkeiten bestimmte Grenzen. In hervorragenden Jahrgängen wie 1990 und 1995 können seine Weine mit natürlicher Restsüße aus der Spitzenlage Erdener Treppchen jedoch erstklassig sein (Spätlese und Auslese verdienen dann oft 85 Punkte und mehr).

Weingut Friedrich-Wilhelm-Gymnasium

Weberbach 75
54290 Trier/Mittelmosel und Saar
Tel. 0651/978300, Fax 0651/45480

Die Rieslinge dieses Betriebes zählten einst zu den ansprechendsten Moselweinen überhaupt. Dann brachen hier schwierige Zeiten an. Der Tiefpunkt war mit den größtenteils katastrophalen Weinen des Jahrgangs 1993 erreicht. Sie hatten einen unangenehmen Ton, der mit den vielen Goldmedaillen, die sie bereits von der Landwirtschaftskammer und der DLG erhalten hatten, schwierig zu vereinbaren war. Der Gegensatz zwischen diesen Weinen und dem pompösen neuen Betriebsprospekt war erschreckend. Glücklicherweise haben sich die Dinge inzwischen deutlich zum Besseren gewendet, und seit dem Jahrgang 1994 haben die Weine viel von ihrem früheren Charme und Frische zurückgewonnen.

Weingut Grans-Fassian

Römerstraße 28
54340 Leiwen/Mittelmosel
Tel. 06507/3170, Fax 06507/8167

Von den guten Jahrgängen Ende der achtziger Jahre an erntete der energiegeladene, ehrgeizige Gerhard Grans jede Menge Lob von der Fachpresse. Ich konnte aber nie richtig verstehen, wie man Weine, die sich vor allem durch ihr extremes Säure/Frucht-Spiel hervortaten, als das Beste seit der Erfindung des Rades ansehen konnte. Nach einigen Jahren der Flaschenreife entpuppten sich eine ganze Reihe dieser Weine als genau die Blender, für die ich sie von Anfang an gehalten hatte. Zu Gerhard Grans' Gunsten muß gesagt werden, daß er seine eigenen Weine nicht unkritisch sah. Mit den Jahrgängen 1994 und 1995 führte er einen

Kurswechsel durch, und die neuen Weine zeigen mehr wirklichen Charakter und eine überzeugendere Harmonie als vorher. Obwohl Gerhard Grans bei diesem neuen Stil noch die letzten Feinheiten abstimmen muß, verdienen seine Spätlesen und Auslesen mit natürlicher Restsüße bereits 85 bis 90 Punkte. Der trockene »Gutsriesling« (QbA ohne Lagenbezeichnung) stellt ein ausgezeichnetes Preis-Leistungsverhältnis dar. Er ist nun endlich nicht weit davon entfernt, das Ziel zu erreichen, das er seit über einem Jahrzehnt verfolgt: nämlich aus seinem Betrieb eines der Spitzenweingüter des Mosel-Saar-Ruwer-Gebietes zu machen.

Weingut Willi Haag

Hauptstraße 111
54472 Brauneberg/Mittelmosel
Tel. 06534/450, Fax 06534/689

Die saftigen, ausdrucksvollen Rieslinge, die Inge Haag und ihr Sohn Marcus aus den Brauneberger Spitzenlagen Juffer und Juffer-Sonnenuhr erzeugen, verdienen einen sehr viel größeren Bekanntheitsgrad als es gegenwärtig der Fall ist. Mit dem gelungenen Jahrgang 1995 hat der junge Kellermeister Marcus Haag sein beträchtliches Talent deutlich gemacht. Die Stärke dieses Betriebes ist heute genau die gleiche wie zu Lebzeiten seines Vaters, des sympathischen Dieter Haag: Spätlesen und Auslesen mit natürlicher Restsüße. Die besten davon, wie zum Beispiel die kraftvolle, dichte 1995 Brauneberger Juffer-Sonnenuhr Riesling Auslese Goldkapsel (91 Punkte) können spektakulär ausfallen. Solche Weine machen mich sehr neugierig auf die nächsten Jahrgänge.

Weingut Kurt Hain

Am Domhof 5, 54498 Piesport/Mittelmosel
Tel. 06507/2442, Fax 06507/6879

Mir wird häufig vorgeworfen, die Mosel-Rieslinge allen anderen Weinen vorzuziehen, weil ich viele Freunde in diesem faszinierenden Gebiet habe. Jeder, der das ungeheure Qualitätsstreben« der vielen kleinen Weingüter im Familienbesitz hier anzweifelt, sollte die Weine des jungen Gernot Hain verkosten. Seit dem Jahrgang 1990 erzeugt er aus den Lagen Piesporter Goldtröpfchen und Piesporter Domherr vorbildhafte Rieslinge. Die Qualität der Weine ist noch ein wenig schwankend, aber immer mindestens sehr solide. Die trockenen Weine des bescheidenen Besitzers und Kellermeisters sind nahezu immer von guter Qualität, und seine besten Spätlesen und Auslesen mit natürlicher Restsüße verdienen regelmäßig zwischen 85 und 90 Punkten. Wenn man bedenkt, daß die Familie Hain lediglich etwas über drei Hektar Weinberge besitzt und daneben auch noch das Hotel und Restaurant »Piesporter Goldtröpfchen« betreibt, ist das eine beeindruckende Leistung. Angesichts des Talents von Gernot Hain bin ich mir aber sicher, daß er zu noch Größerem fähig ist.

Weingut Carl Aug. Immich-Batterieberg

Im Alten Tal 2
56850 Enkirch/Mittelmosel
Tel. 06541/83050, Fax 06541/830516

Die neuen Besitzer Gert und Sabine Basten hatten auf diesem alten Weingut einen schwierigen Start. Nach beträchtlichen Investitionen haben sie jedoch mit den Jahrgängen 1994 und 1995 auf ihren eigenen Weg und zu einem neuen Weinstil gefunden. Heute stehen hier die stoffigen trockenen Rieslinge im Vordergrund. Der beste unter ihnen ist bis heute die elegante, subtile 1994 Enkircher Batterieberg Riesling Spätlese trocken (84 Punkte), doch auch die einfacheren trockenen Rieslinge in der Literflasche sind von guter Qualität. Die Weine mit natürlicher Restsüße erscheinen mir weniger gelungen und noch weit davon entfernt, die Höhen zu erreichen, die der ehemalige Besitzer Georg Immich mit seinen besten Weinen bis 1991 vorgegeben hat.

Weingut Jordan & Jordan

Dehenstraße 2
54459 Wiltingen/Saar
Tel. 06501/16510, Fax 06501/13106

Mit seinem ersten Jahrgang als Besitzer dieses Weingutes (zuvor Weingut van Volxem) präsentierte Peter Jordan eine Kollektion von hauptsächlich trockenen Weinen, die eine neue Facette in der Welt der Saar-Rieslinge darstellten. Der beste von ihnen war die 1993 Scharzhofberger Riesling Auslese trocken, eine ganze Mineraliensammlung und von ungewöhnlicher Ausgewogenheit (85 Punkte); eine erstaunliche Leistung für einen Quereinsteiger aus der Computerbranche. Im folgenden Jahr kamen einige gute edelsüße Rieslinge hinzu, aber mit dem Jahrgang 1995 ist das Jordan & Jordan-System abgestürzt. Mit ihrer klotzigen und rustikalen Art sind diese Weine keinesfalls empfehlenswert. Der neue Kellermeister Christian Klein muß bessere Leistungen bringen, wenn sich die anfänglichen Erfolge dieses Weinguts wiederholen sollen!

Weingut Karp-Schreiber

Hauptstraße 118
54472 Brauneberg/Mittelmosel
Tel. 06534/236, Fax 06534/790

Der entschlossene Alwin Karp hat die Ungewißheit, die über der Zukunft des Betriebes hing, bereinigt und seitdem deutliche Fortschritte dabei gemacht, den einstigen Ruf hier wiederzubeleben. Seine honigbetonte 1993 Riesling Beerenauslese (92 Punkte) und opulent massive 1993 Riesling Trockenbeerenauslese (90 Punkte) aus der Spitzenlage Brauneberger Juffer-Sonnenuhr sind eine deutliche Absichtserklärung. Die Jahrgänge 1995 und 1996 präsentierten sich hier in der Qualität recht schwankend. Es fehlt den Weinen noch an etwas Eleganz und Finesse.

Weingut Kees-Kieren

Hauptstraße 22
54470 Graach/Mittelmosel
Tel. 06531/3428, Fax 06531/1593

Die sympathischen Brüder Ernst-Josef und Werner Kees machen ansprechende, geradlinige Rieslinge aus ihren Weinbergen in Graach und den weniger bekannten in Kesten und Kinheim. Die trockenen Weine können manchmal etwas zu säuerlich ausfallen, sind aber stets gut gemacht und reintönig. Die besten Weine des Gutes sind die Riesling-Spätlesen und -Auslesen mit einem Hauch natürlicher Restsüße, von denen die interessantesten oft die Bezeichnung »Halbtrocken« tragen (meist 80 Punkte und mehr). Nicht weniger gut sind die Trester- und Weinhefebrände aus der Familienbrennerei.

Weingut Heribert Kerpen

Uferallee 6
54470 Wehlen/Mittelmosel
Tel. 06531/6868, Fax 06531/3464

»Wo ist Heribert Kerpen?« werden sich manche Leser beim Durchblättern des ersten Teils des Mosel-Saar-Ruwer-Kapitels gefragt haben. »Wie kommt es, daß der amerikanische Weinguru Robert Parker diesen Weinen so hohe Punktzahlen gibt und Herr Pigott sie einfach übersieht?« Die Antwort lautet, daß Martin Kerpen in den letzten Jahren zwar viele gute und einige sehr gute Rieslinge aus seinem beträchtlichen Besitz in den Spitzenlagen Wehlener Sonnenuhr, Graacher Domprobst und Graacher Himmelreich gemacht hat, daß es dazwischen aber auch eine Reihe eher einfacher Weine gegeben hat. Selbst die gelungenen Weine wirken etwas leicht und entwickeln sich ziemlich schnell. Wo sind die Geschmackskonzentration und das Alterungspotential, zu denen diese außergewöhnlichen Weinberge in der Lage sind?

Weingut Reinhard und Beate Knebel

August-Horch-Straße 24
56333 Winningen/Terrassenmosel
Tel. 02606/2631, Fax 02606/2569

Der Terrassenmosel – vormals als Untermosel bekannt – fehlt es nicht an beeindruckender Landschaft und exzellenten Weinbergslagen, sondern an Weingütern, die regelmäßig und zuverlässig gute Weine produzieren. Während der wenigen Jahre seit der Gründung des Weingutes im Jahre 1990 haben die ehrgeizigen Knebels sich schnell und berechtigt einen Ruf für stoffige trockene Rieslinge aus den Winninger Spitzenlagen geschaffen, dem Uhlen und dem Röttgen. Dies ist ein guter Anfang, selbst wenn einige der Weine noch ein wenig »technisch« wirken. Mit mehr Charakter und Brillanz wären die Knebel-Rieslinge wirklich beeindruckend.

Weingut Sybille Kuntz

Moselstraße 25
54470 Lieser/Mittelmosel
Tel. 06531/9 10 00, Fax 06531/9 10 01

Meine erste Begegnung mit Sybille Kuntz war denkwürdig, da ich überhaupt nicht wußte, wohin ich blicken sollte. Als ich Anfang der neunziger Jahre auf ihren Stand bei einer Weinmesse in Düsseldorf zuging, hing hinter der echten Frau Kuntz, mit Weinflaschen in der Hand, ein lebensgroßes Foto von ihr an der Wand, mit Weinflaschen in der Hand. Die trockenen Rieslinge, die ich dann verkostete, waren dünn, sauer und in einigen Fällen unsauber. Seit damals ist die Qualität der Weine dieses kleinen Betriebes erfreulicherweise gestiegen. Die Aufmerksamkeit der Presse erscheint mir jedoch immer noch unangemessen hoch. Mit oder ohne Doppelgängerin ist Sybille Kuntz eine begabte Selbstdarstellerin. Wenn sie nur für Weinberg und Keller ein ähnliches Talent hätte!

Weingut Peter Lauer

Trierer Straße 49
54441 Ayl/Saar
Tel. 06581/3031, Fax 06581/2344

Peter Lauer mißt der Erzeugung von Auslesen und höheren Prädikatsweinen nicht die gleiche Bedeutung bei wie seine berühmteren Kollegen an der Saar, aber auf dem Gebiet der Riesling-Kabinett und -Spätlesen weisen seine Weine einen Standard auf, um den ihn viele beneiden könnten (immer mindestens 80 Punkte). Ob trocken oder mit einem Hauch natürlicher Restsüße, alle seine Weine zeigen starke mineralische Noten und eine für die Saar ungewöhnlich harmonische Säure. Sie schreien förmlich nach ein oder zwei Jahren Flaschenreife und möchten dann zu einem guten, ländlichen Essen getrunken werden. Nirgends könnte man das besser erleben als in dem eigenen Restaurant der Lauers. Julia Lauers Kochstil ist traditionell deutsch im allerbesten Sinne und unübertroffen an der Saar. Die Lauer-Weine sind angenehm leicht, trotzdem freut man sich über das Hotel, das in den oberen Etagen des Hauses liegt und für diesen Standort erstaunlich modern und mit viel Stil ausgestattet ist. Einen weiten Umweg wert!

Lubentiushof – Weingut Andreas Barth

Kehrstraße 16
56332 Niederfell/Terrassenmosel
Tel. 02607/8135, Fax 02607/8425

Andreas Barth hat 1994 den Sprung ins kalte Wasser gewagt und ein kleines Weingut in Niederfell an der Terrassenmosel gekauft. Mit den ersten beiden Jahrgängen hat er nicht nur seinen Ehrgeiz, sondern auch sein beträchtliches Können als Kellermeister bewiesen. Besonders die trokkenen Riesling-Spätlesen aus der unbekannten Lage Gonsdorfer Gäns zeigen wirklichen Charakter und besitzen das Potential, um sich über viele Jahre in der Flasche zu entwickeln. Die beste von allen war die dichte, feste 1995 Riesling Spätlese trocken (84 Punkte).

Weingut Meulenhof

Zur Kapelle 8
54492 Erden/Mittelmosel
Tel. 06532/2267, Fax 06532/1552

»Oh Gott, die Sirene!« – und weg war Stefan Justen. Als ich mit meinem Fahrrad zurück nach Bernkastel fuhr, kam ich an dem Feuer vorbei, der Ursache für seinen hastigen Aufbruch. Alles war unter Kontrolle, und er winkte mir zu. Die Verkostung der Weine des Jahrgangs 1990, des ersten, seit Stefan Justen den Betrieb von seinem Vater übernommen hatte, war trotz der Unterbrechung beeindruckend gewesen. Seine reichhaltigen, fast opulenten Weine aus den Erdener Spitzenlagen Treppchen und Prälat wirkten äußerst eigenständig. Diesen Stil hat er bis heute beibehalten, und viele seiner Spätlesen und Auslesen mit natürlicher Restsüße aus den Jahrgängen 1993, 1994 und 1995 kamen beinahe an seine erste Kollektion heran (meine Bewertungen liegen oft bei 85 Punkten und etwas darüber). Die einzige Frage bleibt für mich, ob der gutmütige, ruhige Stefan Justen den notwendigen Ehrgeiz besitzt, um eines Tages wirklich große Weine zu machen. Wo ist das Feuer?

Weingut Milz-Laurentiushof

Moselstraße 7–9
54349 Trittenheim/Mittelmosel
Tel. 06507/2300, Fax 06507/5650

Mit der Weinqualität dieses Betriebes ist es in den letzten Jahren seit dem Duo exzellenter Jahrgänge 1989/90 ziemlich auf und ab gegangen. 1996 war wieder ein positives Beispiel, die Weine sind sauber, harmonisch und charaktervoll. Sie stellen eine gute Einführung in die Moselweine traditionellen Stils dar, das heißt ohne übertriebene Kohlensäure oder kitschige Aromen. Sie sind gleichwohl noch einiges von den Weinen entfernt, die es hier vor 20 Jahren gab, als der Betrieb zu den Spitzenproduzenten des Gebietes gehörte.

Weingut Markus Molitor

Haus Klosterberg
54492 Zeltingen/Mittelmosel
Tel. 06532/3939, Fax 06532/4225

Wenige junge Winzer an der Mosel haben auch nur annähernd einen so großen Weinbergsbesitz zu ihrer Verfügung wie der dynamische und ehrgeizige Markus Molitor mit seinen 15 Hektar. Das verschafft ihm die Möglichkeit, bedeutende Mengen an Auslesen, Beerenauslesen und Trockenbeerenauslesen zu ernten, und er schöpft dies voll aus. Man kann diese Weine kaum dafür kritisieren, daß ihnen Gewicht und Kraft fehlen, wie die außerordentlich korpulente 1995 Zeltinger Sonnenuhr Riesling Trockenbeerenauslese zeigt, die bei der Versteigerung des Bernkasteler Rings (einer wichtigen Vereinigung von Moselweingütern) im September 1996 einen Preis von über 1000,– DM pro Flasche erzielte. So beeindruckend der Wein auch ist, ein wenig mehr Finesse und Eleganz würden ihm nicht schaden (91 Punkte). In den letzten Jahren hat Markus Molitor bei den trockenen Weinen beachtliche Fortschritte gemacht. Das zeigt die imposante, sehr herbe 1995 Zeltinger Sonnenuhr Riesling Auslese trocken (86 Punkte). Ein begabter Kellermeister scheint hier rasch heranzureifen.

Weingut von Othegraven

Weinstraße 1
54441 Kanzem/Saar
Tel. 06501/150042, Fax 06501/18897

Dieses Weingut gehört zu den schönsten Anlagen und seine Besitzerin, Dr. Heidi Kegel, zu den sympathischsten Menschen in der Weinszene. Das enorme Potential ihres Besitzes an Weinbergen in der Spitzenlage Kanzemer Altenberg geht jedoch weiterhin im Keller verloren. Das ist ein tragischer Verlust, wie jeder bestätigen kann, der einmal Gelegenheit hatte die wunderbaren Weine zu probieren, die dieses Gut bis Mitte der siebziger Jahre hervorgebracht hat. Eine sensible und begabte Hand ist gefragt, wenn sich Heidi Kegels Traum, den Betrieb wieder an die Spitze zurückzubringen, verwirklichen soll. Die 1996er Weine stellen einen ersten Schritt in diese Richtung dar.

Weingut Paulinshof

Paulinstraße 14
54518 Kesten/Mittelmosel
Tel. 06535/544, Fax 06535/1267

Es wäre nicht schwierig, viel Gutes über Christa Jüngling zu schreiben, die Besitzerin dieses Betriebs. Der Enthusiasmus und die Energie, mit der sie die Aufgabe angepackt hat, ihr Weingut nach oben zu bringen, sind vorbildlich. Viele der trockenen Weine, die einen bedeutenden Teil der Produktion ausmachen, sind jedoch entweder derb oder belanglos. Unter den halbtrockenen und süßen Rieslingen sind häufiger gelungene Exemplare anzutreffen, aber Finesse ist nicht unbedingt ihre Stärke. Angesichts dieser Gegebenheiten wirkt die Selbstdarstellung des Betriebs und die Ausstattung der Weine (die Verpackung erinnert stark an Ostereier) prätentiös und aufgeblasen.

Weingut Dr. Pauly-Bergweiler/Weingut Peter Nicolay

Gestade 15
54470 Bernkastel/Mittelmosel
Tel. 06531/3002, Fax 06531/7201

Dr. Peter und Helga Paulys zwei Betriebe verfügen über bedeutenden Besitz in nahezu allen Spitzenlagen zwischen Bernkastel und Erden, darunter die Hälfte des hervorragenden Ürziger Goldwingert. Obwohl die Qualität der Weine während der letzten zehn Jahre wie an einem Jojo auf- und abgeschossen ist, sind doch viele gute und einige hervorragende Rieslinge mit natürlicher Restsüße entstanden. Reife, opulente und gelegentlich protzige Fruchtaromen in Verbindung mit betonter Säure und üppiger Restsüße sind für diese Weine charakteristisch. Die trockenen Rieslinge hinterlassen häufig einen eher bescheidenen Eindruck. Dies ist seltsam, da Dr. Pauly ihnen persönlich viel Bedeutung beimißt und Bescheidenheit nicht unbedingt seine Stärke ist. Ich würde gerne denken, daß die Weine der Paulys eines Tages genauso hinreißend sein werden wie ihr großartiges Schieferhaus am Bernkasteler Gestade, aber ich frage mich, ob es dieser Traum ist, dem sie nachhängen, wenn man abends am Moselufer entlanggeht und Licht in den Fenstern des oberen Stocks sieht. Oder ist das nur mein Traum?

Weingut Robert Eymael-Mönchhof

54539 Ürzig/Mittelmosel
Tel. 06532/93164, Fax 06532/93166

1994 verkaufte die Ürziger Familie Eymael ihre Weinberge und schien ihr Weingut Mönchhof aufgeben zu wollen. Im folgenden Frühjahr kündigte Robert Eymael jedoch den Wiederaufbau des Familienweingutes an und hat seitdem mehrere Hektar Weinberge in den Spitzenlagen Erdener Treppchen und Ürziger Würzgarten gekauft oder gepachtet. Es macht mir großes Vergnügen, aus einem der hervorragenden Mönchhof-Weine des Jahrgangs 1985 den Korken zu ziehen, aus der Zeit, als Vater Eymael noch voll aktiv war. Robert Eymaels neue Weine – gelungene 1996er – sind davon zwar noch ein Stück entfernt, stellen aber einen guten Start dar. Etwas weniger Restsüße würde manchen von ihnen helfen, ihre feinen Aromen besser zu zeigen.

Weingut Piedmont

Saartal 1
54329 Filzen/Saar
Tel. 06501/99009, Fax 06501/99003

Claus und Monika Piedmont strahlen Freude am Wein aus und genieren sich nicht, bewußt leichte Weine zu machen, da ihnen dieser Stil selbst am besten schmeckt. Das Ergebnis sind ansprechende, frische trockene Rieslinge mit zurückhaltendem Alkoholgehalt (oft 10° oder weniger), die man zum Essen oder einfach so trinken kann, zu welcher Tageszeit und Bedingungen sich der Durst auch immer bemerkbar macht. Die 1996er Weine verkörpern auf gelungene Weise die verlockende Philosophie der Piedmonts. Wo ist mein Korkenzieher?

Weingut S. A. Prüm

Uferallee 25-26
54470 Wehlen/Mittelmosel
Tel. 06531/3110, Fax 06531/8555

Der hochgewachsene, rothaarige Raimund Prüm gehört zu der weitverzweigten, berühmten Moselfamilie und ist von der Fachpresse in den achtziger Jahren als einer der neuen Starwinzer des Gebiets bejubelt worden. Sein Betrieb kam jedoch in finanzielle Schwierigkeiten und wurde von Renate Willkomm gerettet, der Frau des Geschäftsführers der Weingroßkellerei Peter Mertes in Bernkastel-Kues. Leider ist die Qualität recht unbeständig geblieben. Die 1994er und 1996er Weine fielen eher enttäuschend aus, dagegen brachte der Jahrgang 1995 eine beeindruckende Kollektion von den besten »Gutsrieslingen« (trockene und halbtrockene Qualitätsweine ohne Lagenbezeichnung) der Gutsgeschichte bis zu einer Reihe von hervorragenden Auslesen (die konzentrierte Wehlener Sonnenuhr ist 90 Punkte wert).

Weingut Johann Peter Reinert

Alter Weg 7a
54441 Kanzem/Saar
Tel. 06501/13277, Fax 06501/150068

Wenn es nur mehr Winzer gäbe wie den bescheidenen Johann Peter Reinert, und wenn nur die Leistungen deutscher Winzer seiner Art bekannter wären. Seine kristallklaren Weine sind nahezu makellos. Ob trocken oder mit natürlicher Restsüße ausgebaut, ob aus einem guten oder einem weniger vorteilhaften Jahrgang, sie sind stets zu empfehlen. Es muß allerdings hinzugefügt werden, daß einige seiner Weine, vor allem die aus den weniger bemerkenswerten Lagen wie dem Wiltinger Schlangengraben und dem Kanzemer Sonnenberg, am besten relativ jung getrunken werden sollten. Bei seiner Spitzenlage Ayler Kupp ist das anders; Weine wie die Versteigerungsabfüllungen von Riesling Auslesen der Jahrgänge 1994 und 1995 sind Meisterwerke (beide 90 Punkte) mit hervorragendem Alterungspotential.

Weingut Reuscher-Haart

Sankt-Michael-Straße 20–22
54498 Piesport/Mittelmosel
Tel. 06507/2492, Fax 06507/5674

Von dem Spitzenjahrgang 1971 bis zum würdigen Nachfolger 1990 hat Hugo Schwang viele herrliche Riesling-Spätlesen und -Auslesen aus der Spitzenlage Piesporter Goldtröpfchen erzeugt. Er geht bei seinen Weinen weiterhin keine Kompromisse ein bezüglich moderner Kellerwirtschaftsideen. Hier herrscht nach wie vor die Tradition. Seine oft sehr guten und gelegentlich herausragenden Rieslinge mit natürlicher Restsüße wirken stoffig und besitzen ein ausgezeichnetes Alterungspotential, ja brauchen unbedingt einige Jahre in der Flasche, um ihr Bestes zu zeigen.

Weingut Josef Rosch

Mühlenstraße 8
54340 Leiwen/Mittelmosel
Tel. 06507/4230, Fax 06507/8287

Werner Rosch ist ein Phänomen, ein geborener Selbstdarsteller, der es offensichtlich genießt, im Mittelpunkt der Aufmerksamkeit zu stehen. Er ist jedoch auch ein begabter Winzer. Der sehr direkte, manchmal laute Stil seiner Weine ist zwar nicht unbedingt mein Ding, aber der beständige Fortschritt bei der Weinqualität seit Ende der achtziger Jahre, als Werner Rosch begann das Interesse der Presse zu erwecken, ist auch mir nicht entgangen. Die Riesling-Spätlesen und -Auslesen mit natürlicher Restsüße sind häufig sehr gut, die trockenen Weine von zuverlässiger Güte.

Weingut Schloß Saarstein

54455 Serrig/Saar
Tel. 06581/2324, Fax 06581/6523

Christian Ebert ist der »Sonnyboy« der Saar, und seine Frau Andrea (geb. Wirsching) könnte kaum herzlicher sein. Beide nehmen den Wein sehr ernst, wie der trockene Riesling-Qualitätswein Schloß Saarstein zeigt. Jahrein, jahraus ist dies einer der besten »Gutsrieslinge« (Wein, der unter dem Gutsnamen ohne Lagenbezeichnung vermarktet wird) in Deutschland. Die anderen trockenen Weine der Eberts sind alle gut, doch selbst die Riesling Spätlese trocken vermag mich nicht unbedingt zu begeistern (oftmals schlichtweg zuviel Säure!). Am anderen Ende des Geschmacksspektrums liegen die in kleinen Mengen erzeugten imposanten, explosiven edelsüßen Eisweine. Im richtigen Jahrgang wirken sie in ihrer Jugend äußerst beeindruckend. Als ich den ungeheuer reichhaltigen 1993er im September 1995 verkostete, gab ich ihm 98 Punkte, vor kurzem nur noch 93; ein typisches Erlebnis mit den edelsüßen Saarstein-Weinen. So gut wie viele der Ebert-Weine sind, erscheint mir doch keine der »normalen« Abfüllungen (hinter denen einige tausend Flaschen stehen) aus den letzten Jahrgängen als wahrer Spitzenwein.

Weingut St. Urbanshof

Urbanstraße 16
54340 Leiwen/Mittelmosel und Saar
Tel. 06507/3041, Fax 06507/3042

Während der letzten Jahre ist das große Weingut von Hermann Weis für die gehaltvollen trockenen Weine und die edelsüßen Rieslinge aus dem ausgedehnten Besitz an Mittelmosel und Saar von der Presse ausgiebig gelobt worden. Jung sind sie sehr beeindruckend, vor allem wenn man auf der Suche nach sehr offenen Weinen ist. Sie wirken auf mich jedoch nie besonders fein oder differenziert, und ich habe einen gewissen Zweifel an ihrem Alterungspotential. Auf dem Gebiet der trockenen Rieslinge, hier häufig unter der Bezeichnung »Hochgewächs« angeboten, bietet der Betrieb jedoch beständig gute und preiswerte Qualität.

Weingut Studert-Prüm/Maximinhof

Hauptstraße 150
54470 Wehlen/Mittelmosel
Tel. 06531/2487, Fax 06531/3920

Viele Jahre lang war die Weinqualität auf diesem Gut eher unbeständig. Mit den Jahrgängen 1994, 1995 und 1996 haben die Brüder Stephan jun. und Gerhard Studert jedoch drei Kollektionen klassischer Mosel-Rieslinge gezeigt, unter denen viele sehr gute und einige herausragende sind. Weine wie die 1995 Wehlener Sonnenuhr Riesling Spätlese (88 Punkte) besitzen eine Finesse und Eleganz, die man vorher hier oft vermißt hat. Ebenso erfreulich und im Vergleich zu früher ungewöhnlich: Soviel Vergnügen die Weine jetzt schon bereiten – mit einigen Jahren Reife sollten sie noch besser schmecken. Die Kombination aus Ehrgeiz und sich zunehmend entfaltendem Talent der Besitzer läßt vermuten, daß dieser Betrieb bald zu den führenden an der Mittelmosel gehören wird.

Weingut Wwe. Dr. H. Thanisch – Erben Thanisch

Saarallee 31
54470 Bernkastel-Kues/Mittelmosel
Tel. 06531/2282, Fax 06531/2226

Ein legendäres Weingut wie dieses zu führen ist sicher keine leichte Aufgabe. Gute Weine reichen dann nicht aus, um die Welt zu begeistern – sie müssen legendenhaft sein. Von 1987 bis 1992, als der Besitzerin Sofia Spier Kellermeister Norbert Breit zur Seite stand, wurden hier viele sehr gute und einige wirklich große Weine erzeugt. Sofia Spiers Entschlossenheit, den Betrieb wieder zur Gebietsspitze zurückzuführen, ist zweifelsohne unverändert. Bis jetzt hat mich jedoch noch keiner der Weine von Breits Nachfolger Olaf Kaufmann davon überzeugen können, daß er in der Lage wäre, große Mosel-Rieslinge zu erzeugen. Die Weine der Jahrgänge 1995 und 1996 waren zwar deutlich besser als 1993 und 1994, aber angesichts dieser beiden sehr enttäuschenden Kollektionen stellt das keine großartige Leistung dar. Manche von Sofia Spiers neuen Weinen mögen wirklich gut sein, vor allem die Spätlesen und Auslesen mit natürlicher Restsüße aus dem weltberühmten Bernkasteler Doctor, aber legendenhaft sind sie leider keinesfalls.

Gutsverwaltung Vereinigte Hospitien

Krahnenufer 19
54290 Trier/Mittelmosel und Saar
Tel. 0651/468210, Fax 0651/468217

Anfang 1997 tauchte der Name dieses berühmten Weingutes anläßlich eines Prüfberichts des rheinland-pfälzischen Landesrechnungshofs einige Male in der Presse auf, und man klagte es der Mißwirtschaft an. Nirgends habe ich jedoch bemerkt, daß die miserable Qualität vieler Weine auf dem Gut in den neunziger Jahren ernsthaft diskutiert worden wäre. Verwaltungsdirektor Hubert Schnabel wurde statt dessen mit folgenden Worten als Antwort auf die Beschuldigungen zitiert: »Zusammen mit der Fachhochschule Geisenheim ist vor zwei Jahren die Kellerwirtschaft auf Vordermann gebracht worden.« Erste Anzeichen dafür habe ich in den 1996er Weinen entdecken können. Sie sind jedoch weit entfernt von der hervorragenden Qualität in den guten Jahrgängen der achtziger Jahre. Wenn der Weinqualität hier nicht wieder oberste Priorität eingeräumt wird, wird der Betrieb innerhalb weniger Jahre reif fürs Hospital sein.

Gutsverwaltung Geheimrat J. Wegeler Erben

Martertal 2
54470 Bernkastel-Kues/Mittelmosel und Ruwer
Tel. 06531/2493, Fax 06531/8723

Bis 1992 wurden die Weine dieses Betriebes, der im Besitz von Deinhard (»Deinhard Yello« – »Wo ist der Deinhard?«) in Koblenz ist, im dortigen Keller unter dem Verwaltungsgebäude des Unternehmens ausgebaut und schmeckten im allgemeinen ganz ordentlich, aber wenig bemerkenswert. 1993 fand eine Revolution statt: Es wurden nicht nur die Keller zurück in das Gutshaus in Bernkastel-Kues verlegt, sondern auch Kellermeister Norbert Breit angeheuert, um dem verdienten Verwalter Norbert Kreuzberger zur Seite zu stehen. Das Ergebnis war ein unmittelbar erkennbarer Fortschritt in der Weinqualität. Die edelsüßen Rieslinge des Jahrgangs 1995 stellen hier einen neuen Höhepunkt dar: die filigrane Kaseler Nieschen Auslese (91 Punkte), die verführerisch exotische Bernkasteler Doctor Auslese (92 Punkte), der saftige Kaseler Nieschen Eiswein (92 Punkte) und die grandiose der Bernkasteler Doctor Beerenauslese (94 Punkte). Am anderen Ende steht der eher einfache trockene »Gutsriesling«-Qualitätswein, der im Jahr nach der Lese getrunken werden sollte. Die trockenen Riesling-Spätlesen hingegen, die ebenfalls einen bedeutenden Anteil der Produktion darstellen, sind stets gut; der klassisch elegante Bernkasteler Doctor (86 Punkte) ist bis jetzt der beste. Eine beeindruckende Leistung, Hut ab!

Weingut Dr. F. Weins-Prüm

Uferallee 20
54470 Wehlen/Mittelmosel und Ruwer
Tel. 06531/2270, Fax 06531/3181

Es wäre kleinlich, an den Fähigkeiten des zurückhaltenden Hubert Selbach zu zweifeln. Jahr um Jahr zeigen seine Weine eine Klarheit in Duft und Geschmack, von der viele Kollegen lernen könnten. Mit Weinbergsbesitz in Spitzenlagen, wie der Wehlener Sonnenuhr, den Graacher Domprobst, dem Ürziger Würzgarten und dem Erdener Prälat, ist er in der Lage, eine große Auswahl an guten und sehr guten Rieslingen anzubieten. Wo liegt dann der Haken? Diese Weinberge gehören zu den weltweit besten Riesling-Lagen überhaupt, und es müßte möglich sein, aus ihnen regelmäßig große Weine hervorzubringen. Selbst in dem hervorragenden Jahrgang 1995 verdienten Hubert Selbachs Weine selten mehr als 85 Punkte von mir. Er ist sicher zu mehr in der Lage.

Weingut Weller-Lehnert

Sankt-Michael-Straße 27–29
54498 Piesport/Mittelmosel
Tel. 06507/2498, Fax 06507/6766

Als Jörg und Petra Matheus Anfang der neunziger Jahre das Familienweingut übernahmen, fanden sie bald zu ihrem eigenen Stil von Piesporter Riesling: offen, strahlend und charaktervoll. Es ist schwierig, diese Weine nicht zu mögen, ob sie nun trocken sind oder natürliche Restsüße haben. 1995 ist hier bis jetzt der beste Jahrgang, und der erste, der fast an die Weine herankommt, die Petras Vater Karl Hain in den siebziger Jahren und Anfang der achtziger Jahre gemacht hat. Mit etwas mehr Finesse und Dichte wären die Weller-Lehnert-Weine erstklassig.

7. Kapitel

NAHE:
DER WEIN OHNE NAMEN

Fragt man den Durchschnittsweintrinker nach der Nahe, bekommt man nur selten eine präzisere Antwort als »irgendwo nicht weit weg«. Das Anbaugebiet bleibt hartnäckig unbekannt. Der Grund dafür liegt teilweise an den bis zum Weingesetz von 1971 nicht eindeutig definierten Grenzen. Außerdem fehlt dem Gebiet ein klarer Mittelpunkt. Bis vor einiger Zeit spielte die Staatsdomäne in Niederhausen-Schloßböckelsheim diese Rolle, und die Nahe genoß zumindest unter Insidern im eigenen sowie im Ausland ein hohes Ansehen. Es ist allerdings fast ein Jahrzehnt vergangen, seit der letzte bemerkenswerte Jahrgang aus diesen Kellern gekommen ist. Die verhältnismäßig kleinen Betriebe, die heute die Qualitätsspitze der Nahe darstellen, können diesen Verlust quantitativ nicht ersetzen. Auf der anderen Seite haben die fehlenden Assoziationen in den Verbraucherköpfen auch den Vorteil, daß kaum jemand das Gebiet mit dem Namen Pieroth, dem 1985 in den Glykolskandal verwickelten Direktvermarkter, in Verbindung bringt.

Nichtsdestoweniger kommen einige der größten und eigenständigsten Rieslinge Deutschlands aus dem Gebiet zwischen dem Zusammenfluß von Rhein und Nahe in Bingen und Kirn flußaufwärts. Die Landschaft ist deutlich vulkanischen Ursprungs: Riesenfelsen und Klippen sind Zeugen der dramatischen Ereignisse in vorgeschichtlichen Zeiten. Hier sind auch die besten Lagen des Gebietes, die ihre steinigen Böden diesen Formationen verdanken. Eine der am häufigsten benutzten französischen Wendungen zur Beschreibung von Wein, die hohes Lob bedeutet, ist der *goût de terroir*, der Geschmack des Bodens. Nirgends auf der Welt sind Weißweine durch den Boden geschmacklich stärker geprägt als hier an der Nahe. Ein führender Winzer des Gebiets bemerkte mir gegenüber einmal über einen bestimmten Wein: »Tadellose Kellerarbeit, aber die Weine aus dieser Lage stinken immer nach dem Boden.« Das war genau das, was mich an dem Wein faszinierte.

Naheweine werden oft als vom Charakter her zwischen Mosel und Rheingau liegend beschrieben, was sicher nicht nur geographisch zutrifft. Das Gebiet ist nämlich ebenso in der Lage, hinreißend aromatische Rieslinge mit einer eleganten Harmonie von Säure und natürlicher Restsüße gleich denen der Mosel hervorzubringen, wie auch beeindrukkende trockene Weine, die mit denen des Rheingaus vergleichbar sind. Doch geben alle diese Vergleiche nur grobe Hinweise auf den Stil der Weine. Als Nahewinzer Michael Prinz zu Salm-Salm gleichzeitig Direktor des Castellschen Weinguts in Franken war und daher regelmäßig zwischen beiden Gebieten pendelte, äußerte er einmal gegenüber einer Gruppe von Winzerkollegen: »Der Rheingau ... ist das nicht das Gebiet zwischen der Nahe und Franken? Ich habe gehört, daß die Weine dort im Stil irgendwo dazwischenliegen.«

Ein guter Witz, aber angesichts der Tatsache, daß über ein Viertel der 4600 Hektar Anbaufläche an der Nahe mit Riesling bestockt sind, könnten hier mehr gute Weine aus dieser Sorte entstehen, als es gegenwärtig der Fall ist. Die Möglichkeiten des Gebiets beschränken sich jedoch nicht auf diese eine Rebsorte; sowohl Weiß- als auch Grauburgunder bringen manchen guten mittelgewichtigen Wein hervor. Der Spätburgunder hat hier vielleicht noch nicht seine Fähigkeit zu großen Rotweinen beweisen können, gibt aber trockene Roséweine, die zu den besten Deutschlands gehören können. Unglücklicherweise hat die Nahe – wie Mosel-Saar-Ruwer im Nordwesten und Rheinhessen im Osten – die schwere Bürde großer Flächen minderwertiger moderner Rebsorten zu tragen. Aber da – wie gesagt – anscheinend niemand etwas mit dem Begriff Nahe verbindet, wirken sich diese Neuzüchtungen auf den Ruf des Gebiets nur minimal aus. Zwischen Größe und Finsternis, Mittelmäßigkeit und Anbetungswürdigkeit bleiben die Erzeugnisse dieses Gebiets Weine ohne Namen.

Die Jahrgänge

1996
Eine herausfordernde Lese für die Nahewinzer, aber die besten Weine versprechen mindestens so gut und von ähnlicher Struktur zu werden wie die 1995er. Große Eisweine!

1995
Die Spitzenlagen bewiesen im ganzen Gebiet ihre Überlegenheit und brachten schlanke Weine klassischen Zuschnitts hervor. Der Rest war kaum besser als durchschnittlich.

1994
Ein Sammelsurium, dessen gelungenste Weine (von der oberen Nahe) charaktervoll und von rassiger Harmonie sind, die ihnen ein langes Leben verleihen wird.

1993
Die reichhaltigen, aromatischen Rieslinge dieses hervorragenden Jahrgangs waren unter den besten in ganz Deutschland, haben sich sehr gut entwickelt und besitzen ein beachtliches Alterungspotential.

1992
Ein merkwürdiger Jahrgang, dessen Weine in der Jugend sehr ansprechend waren, im allgemeinen aber schnell verblichen sind und inzwischen etwas seelenlos wirken.

1991
Ein durchschnittlicher Jahrgang, in dem die meisten Weine ein bißchen hart und spröde wirkten. Die besten Rieslinge haben jedoch noch ein langes Leben vor sich.

1990
Ein großer Jahrgang, und die besten Rieslinge werden erst um die Jahrhundertwende ihren Höhepunkt erreichen: Weine mit konzentrierten Aromen und perfekter Balance.

Big Diel
Armin Diel

Schloßgut Diel
55452 Burg Layen
Tel. 06721/96950
Fax 06721/45047

Ausnahmsweise einmal war der Meister großer Auftritte in der deutschen Weinszene, die raumfüllende Persönlichkeit, der gewitzte Redner und clevere Selbstdarsteller vollkommen ruhig. Armin Diel saß mir gegenüber in einem kleinen Zimmer auf der Rückseite seines Schloßgutes und war über eine Reihe von Gläsern mit seinen Weinen aus dem Jahrgang 1995 gebeugt. Eins nach dem anderen nahm er sie in die Hand, steckte seine Nase hinein, um die Aromen des Weines einzuatmen, führte die Gläser dann zum Mund, nahm einen kleinen Schluck und ließ den Wein extrem langsam über den Gaumen fließen. Sein Verhalten spiegelte genau das meine wider, als ich jeden der sechs Monate alten Weine in den Gläsern auf meiner Seite des Tisches studierte. Mein Blick wanderte einen Moment lang zum Fenster hinaus in den Garten, über seine Schulter hinweg durch die Verandatüren – grauer Himmel, dunkelgrüner Buchsbaum und eine Steinmauer –, aber Armin Diel schaute überhaupt nicht auf – er war vollkommen versunken. Bei vorherigen Besuchen hatte ich manchmal bemerkt, wie seine Augen bei dem Versuch, meine Notizen über seine Weine zu entziffern, zu der Verkostungliste auf meiner Seite des Tisches herübergewandert waren, doch heute geschah nichts dergleichen.

Ansonsten war mir die Situation vertraut: Vor genau zehn Jahren war ich zum ersten Mal zum Schloßgut Diel gekommen, um die jungen Weine zu verkosten und mit ihrem schon damals bekannten Erzeuger zu reden. Im Laufe dieser Jahre gab es viel Aufregung – nicht nur, als Armin Diel das Weingut im Oktober 1987 offiziell von seinem Vater Ingo übernahm –, sondern auch bei jedem Umschwung seiner laut proklamierten Wein-Weltanschauungen. Jedesmal wenn eine dieser »Revolutionen« stattfand, löste sie eine neue Kontroverse in der Weinwelt aus und schrieb Schlagzeilen in der Fachpresse. Dadurch und durch seine Tätigkeit als Weinkritiker wurde Armin Diel zu einem ständigen Diskussionsthema in der deutschen Weinszene, zur Zielscheibe von ebensoviel Lob wie Gift und Galle. Durch seine Arbeit als Restaurantkritiker ist er fast noch berühmter geworden. Zwei Gastronomen, »Opfer« seiner scharfen Feder, strengten Prozesse gegen ihn an, die von der Boulevardpresse ausführlich verfolgt wurden und die ihn zu einer Persönlichkeit des öffentlichen Lebens machten. Als er letztes Mal mit mir über diese Ereignisse sprach, wollte er mich davon überzeugen, daß all das der Vergangenheit angehöre. Er konnte jedoch nicht umhin, hinzuzufügen: »Man zündet den Wald an, und dann sagt man, daß man keine Streichhölzer mag.« Wie auch immer – der Armin Diel der provokanten Äußerungen glänzte an diesem Aprilmorgen durch Abwesenheit – heute hatte ich vor allem den Winzer vor mir.

Während er die Flaschen öffnete und die Weine einschenkte, hatte er kurz angedeutet, daß bei den Ausbaumethoden gegenüber den vorherigen Jahrgängen einige bedeutende Änderungen vorgenommen worden waren – schon wieder! – und die Weine deshalb einen etwas anderen Stil hätten. Vorher waren sie ziemlich genau wie er selber gewesen: Barock, laut und im schlimmsten Fall bombastisch, in ihrer besten Form aber eindrucksstark und prachtvoll. Ob sie nun aber hervorragend oder mittelmäßig waren, als delikat oder diskret konnte man sie kaum bezeichnen ...

Im Januar 1994, als wir vorübergehend beinahe mittellos im »Hotel Bogota« hoch über dem Kurfürstendamm unterm Dach lebten, waren meine Frau und ich äußerst dankbar für Armin Diels Einladung zum Abendessen. Wie jedes Jahr präsentierte das Schloßgut Diel seine Weine auf der »Grünen Woche«, und da ich an dem Manuskript für »Die großen deutschen Rieslingweine« saß, hatte Armin Diel allen Grund, mir imponieren zu wollen. Statt »irgendwo eine Kleinigkeit zu essen« bedeutete diese Einladung das Speisen in einem prätentiösen Restaurant im Grunewald, dessen Maître den »besten Hummercocktail der Stadt« am Tisch mit einem Temperament zubereitete, das an Las-Vegas-Showgirls erinnerte. Während der fast pornographischen Cocktailwerdung der Hummer leerten wir eine Flasche von Armin Diels hervorragender 1990 Riesling Auslese aus dem Dorsheimer Pittermännchen. Als schließlich die riesigen Cocktailschalen vor uns standen, schenkte er einen 1993 Riesling-Qualitätswein von ebenso ausladender Süße ein. Entgegen unseren Erwartungen war dies eine gelungene Kombination von Wein und Essen, aber sobald der Hummer verschwunden war, schmeckte das letzte Glas des Weines, als ob er auch im Pailletten-Bikini und kräftig geschminkt direkt aus Las Vegas eingeflogen worden wäre.

... mein Erstaunen über den Stil der jungen 1995er Schloßgut Diel-Weine hätte kaum größer sein können, da die meisten keine Spur von Exhibitionismus früherer Jahrgänge zeigten. Statt dessen besaßen sie eine Delikatesse und ungezwungene Leichtigkeit, die sich deutlich von der gewollten Auffälligkeit unterschied, die ich erwartet hatte. »Wir wollen weg von der schnellen Trinkfertigkeit«, sagte Armin Diel mit Nachdruck, und gab damit indirekt zu, daß zumindest ein Teil der Weine aus früheren Jahren bewußt in diese Richtung ausgebaut worden war. Je länger seine 1995er in den Gläsern vor uns standen, desto intensiver dufteten und desto anziehender wurden sie – ein sicheres Zeichen dafür, daß sie einige Zeit der Flaschenreife brauchen würden, um ihre beste Form zu erreichen. Weine, die im Moment des Einschenkens sechs Monate nach der Lese bereits alles zeigen, können kein großes Alterungspotential haben. Ein berühmter französischer Winzer hat solche Weine mir gegenüber einmal als »Huren« beschrieben, und sein Tonfall ließ keinen Zweifel daran, daß er das nicht lobend meinte.

»Martin Franzen, unser neuer Kellermeister von der Mosel, ist der weitere Grund, warum diese Weine anders sind«, fuhr Armin Diel fort. »Sein Können beginnt an dem Punkt, wo das seines Vorgängers aufhörte.« Später führte mich der schlanke, hochgewachsene Martin Franzen durch die Keller, die ich schon so oft gesehen hatte. Alles, was er sagte, machte jedoch deutlich, daß er wichtige neue Ideen mitgebracht hatte, und ließ vermuten, daß die Weine der folgenden Jahrgänge noch weiter in die Richtung der 1995er gehen würden. Martin Franzen vereint in sich das Wissen von den neuesten Entwicklungen der internationalen Weinwelt, das man von einem Absolventen einer Weinbauschule wie der Geisenheimer erwartet, und die beste Seite des moselanischen Charakters: den Glauben daran, daß alles, was sich erfahrungsgemäß bewährt hat, den angeblich fortschrittlichen neumodischen Theorien vorzuziehen ist. Trotz seiner ruhigen Art wirkt er selbstbewußt und seiner Ideen nicht weniger sicher als sein unüberhörbarer Boß. Bestimmt hat man ihm nicht wie Armin Diel in der Schule den Spitznamen »Cassius Clay« verpaßt, doch das bedeutet keineswegs, daß er nicht auf seine Art auch ein Kämpfer ist ...

Am Abend zuvor hatte ich voller Verwunderung noch einen anderen – mir bis dahin unbekannten – Armin Diel kennengelernt. Der Auftritt im »Fröhlichen Weinberg«, einer volkstümlichen Fernsehshow des Südwestfunks über Wein und Essen, hat uns beide einige Nerven gekostet. Mein Lampenfieber ist in solchen Fällen vielleicht nicht so auffällig, da es sich eher in den letzten paar Minuten vor dem Auftritt auf meinen Magen auswirkt. Armin Diel aber durchlitt von dem Moment an, als er vor der Kamera saß und von Spitzenkoch Johann Lafer interviewt wurde, an Panikattacken erinnernde Schweißausbrüche, deren er mit seinem Taschentuch Herr zu werden versuchte. Trotzdem sprach er sehr klar und überzeugend über die Weinbergslagen-Klassifizierung, die er an der Nahe wie auch in den anderen deutschen Anbaugebieten sehr begrüßen würde. Nach der Aufzeichnung zeigten alle Teilnehmer nahezu euphorische Anzeichen der Erleichterung. Armin Diel fiel auf seinem Stuhl in sich zusammen, man konnte förmlich sehen, wie die Anspannung aus ihm heraus auf den Boden floß. Später im Auto war er wieder ganz der Alte, diskutierte Taktiken und Strategien, wog Argumente gegeneinander ab und analysierte die Motive der Menschen, die ihm beim Erreichen seiner Ziele im Weg standen.

... Martin Franzen zeigte mir im Keller ein Gebilde aus Metallrohren und Plastikschläuchen, das er konstruiert hatte, um die Fässer während der Gärung zu kühlen. »Es ist sehr effektiv, um die Gärung zu bremsen, und man erhält so elegantere, aromatischere Weine«, erklärte er mir. Es sah nicht so aus, als ob dieses Ding durch das kleine Loch auf der Faßoberseite zu bringen sei, aber als ich meine Zweifel äußerte, brauchte er nur ein paar Sekunden, um mir das Gegenteil zu beweisen. »Warum eine Menge Geld für Geräte ausgeben, die auch nicht mehr können?« sagte er triumphierend und mit unverkennbarem Stolz auf seine Erfindung. Armin Diel bevorzugt größere Gesten und hat den Künstler Johannes Helle für die Gestaltung der Gutskeller und einiger Räume des Schloßgutes engagiert. Johannes Helles großformatige, bunte Gemälde und Skulpturen passen genauso gut zu Armin Diel wie die improvisierten Maschinen zu Martin Franzens ganz unterschiedlichem Charakter.

Armin Diels Vorliebe für den Weinstil, den Martin Franzen auf seinem Weingut eingeführt hat, ist keine plötzliche oder vorübergehende Laune. Bei meinem ersten Besuch auf dem Schloßgut Diel hatte er mir bereits von seiner Leidenschaft für Mosel-Rieslinge erzählt, besonders für solche mit deutlich schmeckbarer natürlicher Restsüße. Seine eigenen Weine waren damals ganz anders: trockene Weine, mit einem Säuregehalt ähnlich der Grapefruit, die er allmorgendlich zum Frühstück zu verzehren pflegte. Einer meiner nächsten Besuche endete mit einer mitternächtlichen Flasche der 1979 Riesling Auslese seines Lieblings-Moselwinzers Wilhelm Haag vom Weingut Fritz Haag, die ihn zu einer Lobeshymne auf edelsüße Moselweine veranlaßte. Auf dem eigenen Gut blieb er jedoch viele Jahre lang der trockenen Linien treu. Erst Vorfälle, wie mit dem bekannten kalifornischen Weinsammler und Kernphysiker Bipin Desai, der einen der Diel-Weine in seiner Anwesenheit mit einer Grimasse in die nächststehende Topfpflanze schüttete, überzeugten Armin Diel davon, daß die Dinge sich ändern mußten. Seit dem Jahrgang 1989 werden zumindest einige der Diel-Weine »naß«, das heißt süß statt trocken ausgebaut, mit der Folge, daß die internationale Weinszene und -presse dem Weingut seither steigende Aufmerksamkeit widmet. Armin Diels Frühstück besteht heutzutage hauptsächlich aus reichlich Kräutertee. Etablierte Bestandteile des Dielschen Weinprogramms, wie zum Beispiel die in *Barrique*-Fässern ausgebauten Weine aus den Rebsorten der Burgunder-Familie, werden weiterhin mit derselben Sorgfalt erzeugt, stehen aber nicht mehr im Mittelpunkt von Armin Diels Interesse. »Cuvée Victor«, ein Verschnitt von Grau- und Weißburgunder, ebenfalls im *Barrique* ausgebaut und nach Armin Diels Sohn benannt, ist bei deutschen Gastronomen sehr erfolgreich. Seit der Namensgeber jedoch begonnen hat, seine Baseballmütze verkehrt herum zu tragen und Armin Diels restsüße Rieslinge reichlich Lob von London bis Los Angeles und von Singapur bis New York erfahren, stehen sie seinem Herzen am nächsten.

Diese Veränderung war zunächst nicht ohne Verluste möglich, da sie ihm einige Probleme mit der damals noch eifrig für trockene Weine streitenden deutschen Fachpresse eintrug, die darin die einzig reine Rasse vergorenem Traubenmostes mit Existenzberechtigung und süße Weine als verdächtig, sogar korrupt ansah. Diese Probleme waren sicher für Armin Diel keine Überraschung, und er hatte sich wahrscheinlich bereits ausgerechnet, daß er diesen Sturm überstehen könnte, bis die neuen Weine auch in Deutschland Anerkennung fänden. Mit dem Jahrgang 1993, einer der besten in der Geschichte des Gutes, und dem bemerkenswerten 1995er ist dies tatsächlich eingetreten, und Armin Diels Strategie hat sich als erfolgreich erwiesen. Auch wenn sie Ausdruck seines persönlichen Geschmacks ist, stellt die Entscheidung, mit den Weinen in diese Richtung zu gehen, einen weiteren, bewußt unternommenen Schritt auf seinem Weg dar, »Big Diel« oder der große Diel zu werden, wie er sich selbst spottend bezeichnet. Auf den ersten Blick scheint es, als nehme er sich selbst nicht sonderlich ernst; eigentlich nimmt er damit aber mögliche Angriffe vorweg. Armin Diel besitzt einen ausgeprägten Sinn für Humor, der aber von seinem Streben nach Erfolg und Anerkennung noch übertroffen wird.

Zunehmend pragmatisch, was die Methoden angeht und mit einem immer fanatischerem Einsatz verfolgt er das Ziel, auf das sein innerer Blick bereits fixiert war, als ich ihn kennenlernte. Er hat vielleicht geglaubt, es sei zum Greifen nahe und muß jetzt erkennen, daß es eine Aufgabe ist, die sein gesamtes Können über Jahrzehnte erfordert. Aber wenn es nicht eine solche Herausforderung wäre, würde es ihm auch nicht soviel bedeuten, dieses Ziel zu erreichen.

Seit dem Eintritt von Martin Franzen hängt die Stellung des Schloßgutes Diel als einem der führenden deutschen Weingüter nicht mehr davon ab, ob die Natur generös Spitzenjahrgänge bewilligt, oder von den kleinen Mengen Eiswein, die fast jedes Jahr geerntet werden und schon zu Preisen von über 1000,- DM pro Flasche versteigert worden sind. So förderlich Armin Diels geniale Selbstdarstellung auch dabei ist, das Gut im Mittelpunkt des öffentlichen Interesses zu halten, sie ist nicht mehr allein entscheidend. Am Ende zählt die Qualität jedes einzelnen Weins eines Gutes, und dieser Tatsache widmen Armin Diel und sein neuer Kellermeister nun ihre volle Aufmerksamkeit. Eine Weinprobe auf Schloßgut Diel ist jetzt wirklich ein »big Diel«.

Die Weine vom Schloßgut Diel

Armin Diels Weine fallen in mehrere Kategorien. Die einfachsten sind der trockene »Diel de Diel« und der »Rosé de Diel«, beides solide, ansprechende Weine für den Alltag. Dann kommen die *Barrique*-Weine, die durch den Ausbau in den kleinen Eichenholzfässern geprägt sind und bei denen der Jahrgang 1996 sich gleichfalls deutlich eleganter als seine Vorgänger präsentiert. Der leichteste unter ihnen ist der Weißburgunder; frisch und lebendig, an Äpfel erinnernd. Der Grauburgunder ist voller und weicher, mit Honig- und Vanillenoten: ein wahrer Essenswein. »Victor« zeigt starke Eichentöne. Die trockenen Rieslinge sind heutzutage schlank, trotzdem von guter Substanz und zurückhaltender Säure; die elegantesten unter ihnen kommen aus dem Dorsheimer Goldloch, wie auch einige der besten Diel-Rieslinge mit natürlicher Restsüße. Diese sind zugleich charmante, filigrane und aufregende Weine; ihre an Pfirsiche oder Aprikosen erinnernde Art unterscheidet sich deutlich von den schlankeren Rieslingen aus dem Dorsheimer Pittermännchen mit ihren Cassis- und Zitrusaromen. Der erste Jahrgang aus dem Dorsheimer Burgweg deutet an, daß die süßen Rieslinge aus dieser Lage denen aus Goldloch und Pittermännchen durchaus Paroli bieten können. Die edelsüßen Rieslinge des Gutes werden ohne Lagenangabe vermarktet, da sie meist eine Zusammenstellung von Weinen aus verschiedenen Lagen sind.

Probiernotizen Schloßgut Diel

Riesling – Aus den Dorsheimer »Grand-Cru«-Lagen

1993 DORSHEIMER GOLDLOCH SPÄTLESE TROCKEN 85
Kein Rauch ohne Feuer – der vulkanische Unterboden – doch Klarheit und Schliff.

1993 DORSHEIMER PITTERMÄNNCHEN SPÄTLESE 90
Gebändigte Exzesse – Zitrus und Cassis – und ungehemmte Brillanz!

1993 DORSHEIMER PITTERMÄNNCHEN AUSLESE 91
Drückt sich in der Sprache des Moseltales aus, ist dabei aber doch keine Nachahmung. Diese feinen Aromen und die bezaubernde Rasse liegen in seiner Seele.

1994 DORSHEIMER GOLDLOCH SPÄTLESE 80
Kandierte statt frische Früchte, etwas kratzig und lahm zugleich ...

1995 DORSHEIMER GOLDLOCH QUALITÄTSWEIN TROCKEN 82
Die betonte Frische von Zitrus und Minze und doch nichts Rustikales oder Kantiges.

1995 DORSHEIMER GOLDLOCH KABINETT 86
Die Kargheit des Gesteins in Saftigkeit gekleidet, langer Abschied der Mineralien.

1995	DORSHEIMER GOLDLOCH SPÄTLESE	90

Ein Blinder könnte sich hier täuschen und meinen, eine uralte, noble Aprikosensorte zu riechen, doch welche Aprikose hat solch eine pikante, aufregende Säure?

1996	DORSHEIMER GOLDLOCH KABINETT	87

Noblesse in Miniaturform, herrliche Frische und Reife.

1996	DORSHEIMER GOLDLOCH SPÄTLESE TROCKEN	85

Trotz der ernsten Miene des jungen Mannes läßt sich sein Charme spüren.

1996	DORSHEIMER PITTERMÄNNCHEN SPÄTLESE	90

Die perfekte Balance eines Hochseilartisten im Licht der Scheinwerfer.

1996	DORSHEIMER GOLDLOCH AUSLESE	91

Entweder ist man ein kalter Fisch, oder man ergibt sich dieser raffinierten Verführung.

Riesling – Versteigerungsweine ohne Lagenbezeichnung

1993	AUSLESE »GOLDKAPSEL«	93

Wer Marmelade kocht, die so schmeckt, kann sich mit Escoffier und Carême messen. Satt und mund(über)füllend, macht einfach süchtig.

1993	BEERENAUSLESE »GOLDKAPSEL«	94

Gibt Vollgas und schießt ab wie eine Rakete ohne Rücksicht auf die Dauer des Rennens. Ein Riesenmotor, Turbo und kaum Platz für einen Fahrer im Wagen. Wohin fährt der Wahnsinn?

1993	EISWEIN »GOLDKAPSEL«	95

Läßt keinen »Trick« aus, um den wohl ausgestatteten Körper am besten zur Geltung zu bringen, und die Betörung klappt hundertprozentig.

1994	AUSLESE »GOLDKAPSEL«	87

Lauter laute Ananasaromen, strotzt und protzt so vor sich hin. Ohne jedes Maß, doch muß man – wenn auch widerwillig – zugeben, daß hier viel drin steckt.

1994	EISWEIN »GOLDKAPSEL«	91

Gnadenlose Exotik, herausfordernde Fülle und ein sehr erfrischendes Finale.

1995	AUSLESE »GOLDKAPSEL«	91

Fast überzeichnet – etwas lauter Duft nach exotischen Früchten, hervorstechende Süße – jedoch hinter diesem bombastischen gibt es auch leisere Töne, die wirklich fein sind.

1995 EISWEIN »GOLDKAPSEL« 95
Sanfte Opulenz und extravagante Eleganz – Sprüche, Sprüche – aber was für ein toller Spaß, die wahren Freunde mit dieser Essenz in Erstaunen zu versetzen.

1996 AUSLESE »GOLDKAPSEL« 93
Kein Bodybuilder, groß wie ein Schrank und mit glänzenden Muskeln, sondern eine starke Persönlichkeit, die durch Eigenart und Tiefgang besticht.

1996 EISWEIN »LANGE GOLDKAPSEL« 97
Lehnt den Einsatz offensichtlicher, vordergründiger Versuchungen streng ab und setzt statt dessen auf eine Feinheit, wie sie bei Eiswein äußerst selten ist; die Power ist gänzlich unterschwellig, die Fundamente eines Rokoko-Palastes.

Traumweine
Helmut Dönnhoff

Weingut Hermann Dönnhoff
Bahnhofstraße 11
55585 Oberhausen
Tel. 06755/263
Fax 06755/1067

Das Rebhuhn schmeckt köstlich, doch es wurde auf dem Teller vor mir langsam kalt, und die Sauce erstarrte um die sorgfältig tranchierten Scheiben. Aber das störte mich überhaupt nicht, denn Helmut Dönnhoff erzählte mir gerade von seinem Traum: »Ich habe eine Tür gefunden und es mit großer Anstrengung geschafft, sie einen kleinen Spalt weit aufzustoßen. Ich kann jetzt eine Ecke eines Raumes sehen, und so bekomme ich einen Eindruck davon, wie groß und beeindruckend er sein muß. Ich habe keine Ahnung, ob ich diesen Raum je werde betreten können, aber ich muß es versuchen.« Es war kein nächtlicher Traum, sondern einer, den er an jedem Tag träumt, seit er das Familienweingut in Oberhausen 1971 übernommen hat. Er sprach von den Weinen, die er in den letzten Jahren gemacht hat, und von denen, die er sich in den kommenden Jahren erträumt. »Mein Traum hat nicht ein einzelnes bestimmtes Gesicht, sondern viele Facetten. Manches ist eher banal. Ich träumte zum Beispiel davon, wie ich den Keller genau nach meinen Vorstellungen einrichtete, oder träumte davon, bestimmte Weinberge zu kaufen. Andere Dinge sind viel schwieriger in Worte zu fassen.«

Das nächste Mal besuchte ich ihn an einem sonnigen Tag im April 1996, und als ich erwähnte, daß er mir noch nie seine Weinberge gezeigt hatte, war eine Rundfahrt unvermeidlich. Nach einer Kletterpartie durch Gebüsch und über Felsen kamen wir zu einem kleinen neogotischen Turm mit wunderschönem Blick über den Schloßböckelheimer Felsenberg, eine der besten Lagen des Nahetals. Der Turm gehört zu den Riesling-Reben, die Helmut Dönnhoff vor kurzem durch Tausch von einem großen Weingut in Bad Kreuznach erworben hat. »Leider ist der Turm vor ein paar Jahren mutwillig beschädigt worden«, erzählte er, »aber er ist so schön, daß wir ihn unbedingt wieder herrichten müssen.« »Schloß Dönnhoff?« fragte ich. Er lachte herzlich, denn nichts liegt ihm ferner als solche prätentiöse Allüren. Es war ihm um die großen Parzellen in den exzellenten Weinbergslagen gegangen und nicht um den Turm. Der war nur ein zufälliges Sahnehäubchen auf dem Kuchen.

Auf einem Weinbergsweg hoch über der Lage Dellchen fuhren wir weiter nach Norheim. Die schmalen Terrassen dieser Lage sahen von hier oben aus, als ob sie senkrecht aus dem Fluß aufstiegen. Mir wurde schwindelig, bis der spektakuläre Blick über das gewundene Tal der mittleren Nahe Erleichterung brachte. Wir waren hier herauf gekommen, um neu gepflanzte Rebstöcke zu inspizieren. Helmut Dönnhoff selbst hat im Norheimer Dellchen keinen Besitz, aber einer seiner Kunden. Der pensionierte Münchner Mathematikdozent Dr. Hans Mittermeier kaufte 1992 einen Hektar der verwilderten Weinbergsterrassen. Helmut Dönnhoff legt sie nach und nach neu an, und er ist es auch, der die Weine für ihn macht. »Als wir das erste Viertel bei den Vorbereitungen für das Pflanzen der neuen Stöcke freiräumten, mußten wir einige Bäume ausreißen«, erzählte mir Dönnhoff. »Ich werde nie die Gesichter der Arbeiter vergessen, als sie sahen, wo die Bäume standen, die sie wegschaffen sollten. Sie dachten, wir wären vollkommen verrückt!«

Kurze Zeit später gelang es ihm, eine 0,75 Hektar große Parzelle in dem angrenzenden Kirscheck-Weinberg zu kaufen und so mit seinem »Expansionsprogramm« einen Schritt weiter zu kommen, das 1989 begann, als er seinen Besitz in der Niederhäuser Hermannshöhle von armseligen 2500 Quadratmetern auf 1,3 Hektar ausdehnen konnte. »Ich habe das nicht regelrecht geplant, aber ich hatte diese Weinbergsstücke seit langem im Auge.«

Die letzte Station auf unserer Tour war die Hermannshöhle. Sie erhebt sich steil über den Ufern der Nahe am äußersten Punkt einer Biegung des Flusses. Von hier blickt man südwestlich auf die berühmte Luitpoldbrücke, die den Fluß in Oberhausen seit 1889 überspannt. Zwischen all den Dächern sind die roten Ziegel des Dönnhoffschen Kellers in der Bahnhofstraße deutlich auszumachen.

»Das sind alte Reben«, sagte Helmut Dönnhoff und wies hinunter zu dem Weinberg, der sich förmlich an den steilen Hang unter der Straße, auf der wir standen, klammert. »Schau, wie niedrig diese Stöcke gezogen sind, um soviel wie möglich von der Wärme des Bodens zu profitieren, genau wie im Burgund.« In der preußischen Klassifizierung der Nahe-Weinbergslagen, die 1901 in Kartenform veröffentlicht wurde und 1996 von der Nahe-VDP als Faksimileausgabe wieder aufgelegt worden ist, war die Hermannshöhle die am höchsten bewertete Lage des gesamten Gebiets. Wenn hier eine Lage die einem französischen *Grand Cru* entsprechende Bezeichnung verdient, dann diese.

Später verkosteten wir Helmut Dönnhoffs Weine aus dem vorherigen Jahrgang, 1995. Der erste und geringste unter ihnen, ein trockener Qualitätswein aus dem Oberhäuser Kieselberg, erinnerte in der Nase an weiße Johannisbeeren und zeigte eine etwas dominante Säure. »Ja, die Trauben hätten etwas reifer sein können. Dies war der erste Riesling-Weinberg, den wir gelesen haben; aber irgendwo muß man anfangen. Als wir mit der Lese loslegten, waren alle anderen Winzer in Oberhausen sowieso schon fertig«, erklärte Helmut Dönnhoff mit einer Spur Enttäuschung in der Stimme. Die nächsten 16 Rieslinge aber boten ein dichtes Kaleidoskop von Aromen, das in mir lebendige Erinnerungen heraufbeschwor ... die Früchte aus dem Garten meiner Großmutter. Am meisten beeindruckten mich damals die kleinen Beeren in leuchtenden Farben: Erdbeeren, Brombeeren, schwarze und rote Johannisbeeren. Mein Großvater hegte und pflegte seine Apfelbäume mit ebensoviel Liebe wie Stolz. Besonders faszinierte mich, wie er sie sachverständig beschnitt. Der kleine Pfirsichbaum neben dem Haus, der in heißen Sommern die köstlichsten Früchte trug, zog mich von frühester Kindheit magisch an. Der Duft einer auf dem Markt gekauften frischen Ananas, die meine Großmutter eines Tages am Küchentisch zerteilte, ist ebenso unvergeßlich. Am Essenstisch ertrug ich geduldig die langweiligen Gespräche der Erwachsenen, weil ich wußte, daß die Mahlzeit mit einem von Großmutters Obstkuchen enden würde, in den alle diese Früchte nach und nach ihren Weg fanden. Ihr wunderbarer Geschmack, intensiv und frisch zugleich, machte sie unwiderstehlich, genau wie Helmut Dönnhoffs Weine. Alle Früchte dieser verlorenen Welt fand ich in dem einen oder anderen der Weine, die an diesem Tag auf dem Tisch standen, wieder.

Nicht zum ersten Mal auf diesem Weingut kamen auch bei dieser Verkostung die besten Weine aus der Hermannshöhle. Drei Fässer waren ganz außergewöhnlich. Welche Anmut und Noblesse! Wein kann nicht intensiver nach dem Stein schmecken, auf dem er gewachsen ist, als es hier der Fall ist. Was ich in meinen Notizen kritzelte, war lahm, konnte nur lahm erscheinen im Vergleich zu der Wirklichkeit in meinem Glas. »Natürlich müssen sämtliche Weine eines Winzers gut sein, wenn er zur Spitze seines Gebietes gehören will«, sagte Helmut Dönnhoff. »Aber die wirkliche Herausforderung für mich sind Weine wie diese. Die kann man nicht in großen Mengen erzeugen. Man muß sich vielmehr glücklich schätzen, wenn man so etwas überhaupt ernten kann.«

Wie um mir zu zeigen, daß sich die preußischen Beamten vor einem Jahrhundert nicht geirrt hatten, holte er eine Flasche der 1966 Hermannshöhle Riesling Auslese aus dem Keller. Dieser Wein strahlte trotz der 30 Jahre Altersunterschied fast genauso wie die jungen Weine auf dem Tisch: ein zeitloser Wein. Mir fiel sofort ein Satz von Benedikt Kölges aus seinem »Handbuch der deutschen Weinkultur und Weinausbildung« von 1893 ein: »Dieser Saft der edelsten Rebe concentriert alles in sich, was die Natur an Gewürz, Geruch, Geschmack und Liebreiz möglichst zu erzeugen vermag.« Auch hier ging es um eines dieser besonderen Fässer, die nur Winzern von so vollkommener Hingabe wie Helmut Dönnhoff gelingen, und auch dann nur aus einer Lage wie der Hermannshöhle, wenn die Trauben am Stock in der Herbstsonne langsam eine bräunlichgoldene Färbung annehmen.

Die Dinge lagen allerdings nicht immer so für Helmut Dönnhoff. »Als ich unseren Familienbetrieb übernahm, habe ich die Arbeit in den steilen Lagen wirklich verabscheut und ernsthaft daran gedacht, sie aufzugeben«, erzählte er mir einmal. »Ich konnte mir nicht vorstellen, daß sie diesen Mehraufwand an Arbeit und den ganzen Ärger wirklich wert seien. Heute sehe ich die Dinge anders, und diese Lagen sind mir die allerwichtigsten, weil ich jetzt weiß, daß sie einzigartige Rieslinge geben.« Ich glaube kaum, daß Helmut Dönnhoff ohne diese Phase des Zweifelns heute dieselben Weine machen würde. Sie ist einer der Ursprünge seiner heutigen Besessenheit und Unbeirrbarkeit. Ebensowenig kann ich mir vorstellen, daß seine großen Weine ohne die Grundlage der Arbeit seines Vaters Hermann oder der Generationen von Dönnhoffs vor ihm Gestalt angenommen hätten. Sobald Helmut Dönnhoff seinen Weg gefunden hatte, verstand er mehr und mehr, was seine Vorväter im Sinn gehabt hatten, und wie er ihr Werk fortführen könnte.

Während wir die himmlische 1966 Hermannshöhle Auslese genossen, eines von Hermann Dönnhoffs Meisterwerken, entdeckte ich einige alte Familienfotos auf einem Regal. Meine Fragen führten dazu, daß eine ganze Sammlung von Bildern auf den Tisch kam: Großeltern, Großtanten und -onkel, eine Ansicht von Oberhausen aus der Zeit der Jahrhundertwende von der Hermannshöhle aus und Vorfahren aus dem letzten Jahrhundert bis zurück zu den Anfängen der Fotografie. Dann kam ein Stapel handschriftlicher Aufzeichnungen des Weingutes aus der gleichen Zeit und Bücher voller Familienerinnerungen – all diese Dinge werden nicht wie Antiquitäten in einer Vitrine ausgestellt und wie Reliquien behandelt, sondern sind aufmerksam gelesen und studiert worden. Helmut Dönnhoff und seine Frau Gabi erzählten von den abgebildeten Menschen genauso lebhaft, als könnten sie jederzeit ins Zimmer treten. »Lebendige Geschichte?« Sicherlich ist es Geschichte, die weder begraben wurde noch zurechtgebogen, um den Zielen und Absichten der Gegenwart zu dienen; Geschichte ohne bewußte Auslassungen und Verfälschung.

Ruhige Gesichter sind oft unendlich viel faszinierender als solche, bei denen sich die untere Gesichtshälfte in ständiger Bewegung befindet, als ob ihr Besitzer auf ewig einem unglaublich zähen Stück Fleisch kaute. Als ich im Oktober 1986 Helmut Dönnhoff das erste Mal traf, beantwortete er alle meine Fragen, ohne ein einziges überflüssiges Wort. Die leichten, oft kaum wahrnehmbaren Veränderungen in seinem Gesichtsausdruck ließen jedoch ahnen, daß er innerlich mit Gedanken beschäftigt war, die sich meiner Kenntnis und meiner Welt entzogen. Ein solches Verhalten bezeichnet man gewöhnlich als schüchtern, und genauso habe ich ihn beschrieben, bis ich den Helmut Dönnhoff kennenlernte, in dem die Aufregung förmlich gärte, als er mir im April 1996 seine neuen Weinberge zeigte. Dieser Helmut Dönnhoff wurde mir vertraut, als ich fünf Jahre nach unserem ersten Treffen mit ihm und einer Gruppe deutscher Winzer durch die USA reiste. Plötzlich gab es Situationen, in denen er so viel zu sagen hatte, daß die Nacht zu kurz erschien. Die Träume des Tages am dunklen Abend erzählt.

Wenn er wenig sagt, dann meistens, weil er innerlich mit etwas ihm Wichtigem, wie zum Beispiel Wein, beschäftigt ist. Aber selbst dann entgeht ihm nichts. Das Erstaunliche ist, daß dies nur den Beginn eines langen Prozesses darstellt. Sobald er einmal etwas aufgenommen hat, beginnt in ihm ein neues Leben. Die Dönnhoff-Familiengeschichte ist seit seiner Kindheit in ihm lebendig und aktiv, sie formt seine Tagträume und so auf indirekte Weise auch seine Weine. Erst wenn Geschichte vom Papier und von Dingen diesen elliptischen Weg nimmt über einen Menschen, der für das, was sie zu sagen haben, offen ist, und dann durch ihn zurück in die Welt kommen, kann die Vergangenheit die Gegenwart bereichern, statt ihr nur als Spielzeug zu dienen.

Helmut Dönnhoffs Weine sind alles andere als leblose Kopien der

Weine vorhergehender Generationen seiner Familie. Dennoch genügt ein Blick in seinen Keller voll alter Holzfässer und ein kurzes Gespräch mit ihm über seine Methoden, um deutlich zu machen, daß seine ganze Arbeit auf einem jahrhundertealten Erbe aufbaut.

Natürlich ist auch die heutige Welt in Haus und Weingut der Dönnhoffs präsent. Sie wird nur ein wenig auf Distanz gehalten, damit man sie kritisch betrachten und sich das Nützliche heraussuchen kann. Die Dönnhoff-Weine gehören ebenso zu den großen zeitgenössischen deutschen Weinen, wie sie den Vergleich mit den größten deutschen Weinen vergangener Jahrzehnte und Jahrhunderte nicht zu scheuen brauchen.

Selbstverständlich trinken viele Leute die Dönnhoff-Weine schlicht, weil sie ihnen schmecken. »Sie gefallen mir einfach«, sagte mir der Berliner Fotograf Dieter Karadzic vor kurzem. Solche Dönnhoff-Fans brauchen meine Worte nicht, um die Weine zu genießen; und Helmut Dönnhoffs Weine bedürfen auch keiner Unterstützung durch meine Ausführungen. Und doch, wenn ich einen seiner Weine trinke, gehen mir alle diese Gedanken durch den Kopf, und wenn ich über diese Dinge nachdenke, möchte ich einen Dönnhoff-Wein trinken. Und so entstand aus meinem Traum dieser Text.

Probiernotizen Weingut H. Dönnhoff

Riesling – Niederhäuser Hermannsberg »Grand Cru«

1993 SPÄTLESE TROCKEN 87
Wer würde diesen fülligen, sanften Gaumenschmeichler nicht mögen? Doch von der Finesse und Ausgeglichenheit von Helmut Dönnhoffs Meisterwerken ist etwas wenig zu spüren.

1993 SPÄTLESE 90
Hier steht Reichhaltigkeit keineswegs der Eleganz im Weg, und wie dieser Schatz vor uns glänzt!

1994 SPÄTLESE TROCKEN 88
Die Würze eines ganzen Tellers mit Weihnachtsplätzchen ohne einen Hauch von der Süße, sondern statt dessen die Strenge eines Herbsthimmels, über den Wolken ziehen.

1994 SPÄTLESE 90
Die zeitlose Festigkeit der Felsen, die unter dem Boden der Hermannshöhle versteckt sind; hier unter einer Schicht vielfältiger Aromen verborgen.

1994 AUSLESE 91
Geologische Vielfältigkeit ohne die Nüchternheit einer Steinsammlung. Doch vor den verriegelten Türen müssen wir eine Weile warten, bevor wir alles bewundern können.

1994 TROCKENBEERENAUSLESE (VERSTEIGERUNGSWEIN) 98
Keinerlei Wucht, aber von allem anderen enormer Reichtum – eine unglaubliche Würze und Düfte nach allerlei getrockneten Früchten, die von einem Strahl Säure optimal beleuchtet werden. Mit dem wird nur ein Idiot leicht fertig: Ich brauche Jahrzehnte.

1995 SPÄTLESE TROCKEN NR. 9629 91
Diese Ausnahme bestätigt keine Regel, sondern ihre Eigenständigkeit. Eine einmalige Reichhaltigkeit verbindet sich auf perfekte Weise mit dem Tiefgang der Hermannshöhle zu einem großen trockenen Wein.

1995 SPÄTLESE NR. 9630 92
Das brillante Zusammenspiel von feinen Stoffen; Zuschnitt- und Nähvirtuosität eines Vivienne-Westwood-Kleides, ohne daß je ein Mensch Nadel oder Faden in die Hand genommen hätte.

1995 AUSLESE 94
Gerne hätte ich einen übernatürlichen Geruchssinn, um jede Nuance dieses unglaublich vielfältigen Weins aufzunehmen und in mir zu speichern. Vollkommene Ausgeglichenheit.

1996 SPÄTLESE TROCKEN 90
Nur uralte Reben und eine Lese Ende November haben diesen Wein aus der Hermannshöhle gelockt: tiefe Baßnoten und ein hohes C.

1996 SPÄTLESE NR. 9638 91
Versteckte mineralische Stärke stützt eine Finesse, die sich von der Zungenspitze bis ganz hinten erstreckt.

1996 AUSLESE »GOLDKAPSEL« (VERSTEIGERUNGSWEIN) 95
Eine Gazelle, die rennt und springt, als ob es keine Schwerkraft gäbe; diese unzertrennliche Schlankheit und Kraft.

Riesling – Oberhäuser Brücke »Grand Cru«

1993 AUSLESE (VERSTEIGERUNGSWEIN) 93
Ungewöhnlich, aber beeindruckend, wie die Opulenz die Oberhand gewinnt und uns zeigt, was Sache ist. Wer träumt nicht irgendwann vom unbegrenzten Genuß?

Weingut Emrich-Schönleber

1994	AUSLESE (VERSTEIGERUNGSWEIN)	92

Jetzt ist er etwas in sich gekehrt, jedoch ist hier eine feine exotische Note mit herrlicher Klarheit gepaart.

1994	EISWEIN (VERSTEIGERUNGSWEIN)	95

Hier kann man nicht gerade von Zurückhaltung sprechen. Er prahlt, doch nicht ohne Grund. Er hat sehr viel, und alles brilliert.

1995	BEERENAUSLESE	96

Sehr viel Ausdruck, bzw. sehr viel aus der Natur, das in Form eines »Drucks« auf den Gaumen in Erscheinung tritt. Eine gewaltige Schönheit, die viele Jahre brauchen wird, um sanft und fein zu werden.

1995	EISWEIN	100

Man fragt sich nicht. Fragen, Gedanken, Logik und was wir sonst mit uns herumschleppen, alles ist verschwunden, wenn diese atemberaubende Perfektion die Sinne berührt. Ein gieriger Wein, der uns ganz haben will.

1996	AUSLESE	90

Vorn werden die Streicheleinheiten verteilt, hinten schlägt die kühle Luft eines späten Herbsttages durch.

1996	EISWEIN (VERSTEIGERUNGSWEIN)	99

Mehr ist nicht möglich, mehr möchte man auch nicht – man bittet um Gnade, aber die Natur ist in ihren Extremen erbarmungslos – die Herausforderung dieses gewaltigen Geschöpfs stellt eine Lebensaufgabe dar und gleichzeitig die überaus reichliche Belohnung dafür.

Engagement
Werner Schönleber

Weingut Emrich-Schönleber
Naheweinstraße 10a
55569 Monzingen
Tel. 06751/2733
Fax 06751/4846

Es erfordert schon eine besondere Kombination aus einer Vision, dem Glauben an die eigenen Überzeugungen und der Entschlossenheit, um über viele Jahre hinweg eine bestimmte Richtung zu verfolgen, ohne maßgebliche Bestätigung dafür, daß man auf dem richtigen Weg ist. Genau das jedoch hat Werner Schönleber aus Monzingen getan. Das obere Nahetal, in dem das Weingut Emrich-Schönleber liegt, ist weniger felsig und weitaus grüner als der bekanntere mittlere Teil um die Staatsdomäne in Niederhausen-Schloßböckelheim. Doch gibt es auch hier einige steile, nach Süden gerichtete Weinbergslagen, wie sie nötig sind, um edle Rebsorten wie den Riesling zu voller Reife kommen zu lassen. Das ist eine wesentliche Voraussetzung, um in diesem kühlen nördlichen Klima hochwertige Weine zu erzeugen. Lange Zeit war das allerdings nur Theorie, denn beeindruckende Monzinger Weine waren eine Seltenheit – und in jedem Gebiet können hin und wieder ein paar gelungene Weine gemacht werden. Ein paar gute Weine beweisen gar nichts. Werner Schönleber aber erkannte aufgrund dieser bescheidenen Erfolge, daß noch bedeutend mehr möglich sein mußte, wenn in Weinberg und Keller alles auf dieses Ziel hin ausgerichtet würde. Außerdem war er in der Lage, sich diese Weine vorzustellen. Als Werner Schönleber sich das Ziel setzte, Weine zu machen, die neben den besten der Nahe bestehen könnten, war das ein Akt des Glaubens. Es war, als ob er im Dunkeln ein Ziel fixierte, von dem er wußte, daß es da war, dessen Konturen und Position er aber gar nicht erkennen konnte. Er mußte sich das Ziel vorstellen, um es ins Visier nehmen zu können.

Werner Schönlebers Willensstärke macht sich stets bemerkbar, wenn er Fragen zu seinen Weinen beantwortet. Wie einfach oder oberflächlich sie auch sein mögen, seine Erwiderungen sind immer äußerst präzise und überlegt. Die mit Sorgfalt gewählten und doch schnell geäußerten Worte verdeutlichen, daß er jedes Detail seiner Arbeit in Weinberg und Keller über viele Jahre analysiert, durchdacht und nochmals durchdacht hat. All seine unzähligen Gedanken, aus denen dieser Prozeß des Zerlegens und wieder Zusammensetzens besteht, sind auf ein Ziel ausgerichtet, das Werner Schönleber in den letzten zehn Jahren fortwährend beschäftigt hat. Wäre der Gegenstand dieser Besessenheit nicht gleichzeitig ein Wirtschaftsunternehmen, könnte man sein Verhalten fast für zwanghaft halten. Werner Schönleber analysiert den potentiellen Markt für einen bestimmten Wein mit der gleichen Leichtigkeit wie dessen Aromen. Daß er beides in einfacher, verständlicher Form auszudrücken weiß, befähigt ihn, Menschen für seine Ideen und Vorstellungen zu gewinnen. Fast niemand, der zum ersten Mal über die Schwelle dieses Hauses tritt, teilt Werner Schönlebers fanatischen Glauben an die Weine aus den Monzinger Lagen Frühlingsplätzchen und Halenberg, doch wenn sie gehen, zeigen viele Besucher die ersten Symptome dieses merkwürdigen »Virus«.

Diese persönliche Stärke ruht ebenso wie der Erfolg des Gutes auf mehreren Säulen: Von seinem Vater hat er einen ebenso gut geführten wie ausgestatteten Betrieb geerbt, dazu einige hervorragende Weinberge. »Er hat in manchen Bereichen mehr investiert als ich, und somit habe ich sicher nicht von Null angefangen.« Außerdem – und das ist noch wichtiger – sind die Schönlebers eine eng verbundene Familie, die gemeinsame Ziele verfolgt. Werner Schönleber mußte zwar erst einige Überzeugungsarbeit leisten, um sie hinter sich zu bekommen, aber die gemeinsam getroffenen Entscheidungen in den späten achtziger und frühen neunziger Jahren bewiesen, daß er mit seinem Ziel, den Betrieb zu einem der besten des Gebiets zu machen, beileibe nicht allein stand. Die ersten Erfolge in der Presse stärkte die gemeinsame Entschlossenheit.

Der Wandel war ein allmählicher, aber es gab einige entscheidende Schritte. 1991 fügten sie ihrem Besitz in der hervorragenden Lage Monzinger Halenberg weitere zwei Hektar hinzu und sind seitdem in der Lage, hier während der Lese strenge Selektionen der besten Trauben vorzunehmen; das hat in den letzten Jahren zu einer Reihe wunderbarer edelsüßer Riesling-Auslesen und -Beerenauslesen geführt. Ebenso bedeutsam war die Aufnahme des Gutes in den VDP (Verband deutscher Prädikatsweingüter) im Jahre 1994. »Der Umstand, daß wir uns von unseren schlechtesten Weinbergen trennen mußten, um in den VDP aufgenommen zu werden, hat uns nur gut getan«, sagt Werner Schönleber. »Wir hatten diesen Schritt bereits geplant, und das gab uns dann den letzten Anstoß, um uns von diesem Teil unserer Vergangenheit zu trennen, mit dem wir ohnehin nicht mehr glücklich waren. Wir fühlten uns danach sehr erleichtert.«

Beide Entwicklungen haben den Schwerpunkt der Schönleberschen Bemühungen auf die Erzeugung trockener und edelsüßer Rieslinge aus den Hängen des Halenbergs gelenkt. Durch das Klima und den Schieferboden ist diese Lage prädestiniert zur Erzeugung von Rieslingen mit natürlicher Restsüße. Aber Werner Schönleber sind die trockenen Weine mindestens ebenso wichtig. Als ich beim letzten Mal mit ihm zusammen seine Weine verkostete, stellte er am Ende der Probe zwei trockene Rieslinge vor mir auf den Tisch, ohne ihre Identität zu enthüllen. Einer davon war seine 1993 Auslese Trocken aus dem Monzinger Halenberg, der andere Franz Hirtzbergers Riesling Smaragd desselben Jahrgangs aus dem Spitzer Weinberg Singerriedel in der Wachau. Dies ist einer der angesehensten und gesuchtesten trockenen Weine der Welt, und er ist an Alkohol und Körper wesentlich üppiger, als ein trockener Nahewein es je sein könnte. Werner Schönleber war sich jedoch bewußt, daß er mit diesem Monzinger voll ins Schwarze getroffen hatte, und der Wein wurde von dem mächtigeren Singerriedel nicht überschattet. Tatsächlich bevorzugten alle Anwesenden an diesem Abend den Emrich-Schönleber-Wein.

Werner Schönlebers Ehrgeiz beschränkt sich allerdings nicht auf die Rebsorte Riesling. Wo es ihm möglich war, hat er den Wandel des Gutes auch auf andere Rebsorten ausgedehnt. Der trockene Grauburgunder ist ein körperreicher jedoch ausgesprochen anmutiger Wein für diese Rebsorte (auch unter den Bezeichnungen Ruländer, Pinot Gris und Pinot Grigio bekannt), die so oft schwere, grobe Weine ohne jedes Spiel oder ansprechende Aromen ergibt. Auf einem bescheideneren Niveau ist auch der trockene Monzinger Rivaner ein bemerkenswerter Wein, weil er ebenfalls aus einer Rebsorte stammt, die nur allzu häufig zu erbärmlichen, tristen Ergebnissen führt (Rivaner ist ein Synonym für Müller-Thurgau). Unter Werner Schönlebers Händen aber entsteht daraus ein Wein, der beinahe an Riesling erinnert, jedoch weicher und weniger anspruchsvoll wirkt, ein idealer Zechwein.

So weit wie die Schönlebers in den letzten zehn Jahren auch gekommen sind, haben sie doch nicht vergessen, daß die Dinge nicht immer so waren. Die heutige Situation, bei der zum Zeitpunkt der Lese die meisten Weine des vorhergehenden Jahrgangs bereits ausverkauft sind, ist noch neu für sie. Sie erinnern sich immer noch gut an die Zeit, als sie mehrere Jahre brauchten, um einen Jahrgang zu verkaufen. Vielleicht ist das der Grund, weshalb Werner Schönleber sehr bemüht ist, jungen Kollegen in seinem Gebiet den richtigen Weg in die Zukunft zu zeigen. Mit seinem reichen Erfahrungsschatz und seinem bedachtsamen Vorgehen ist er zweifellos bestens dazu geeignet. Da er auf seinem eigenen Familienweingut den Sprung ins kalte Wasser gewagt hat, ist er in der Lage, jungen Winzern die erforderliche moralische Unterstützung zu geben, damit auch sie den Sprung schaffen können. Welche Hilfe könnte er sich indessen selber geben?

Werner Schönlebers Leistungen während der letzten zehn Jahre lassen keinen Zweifel an seiner Entschlossenheit, »die Fortschritte der letzten Jahre zu konsolidieren«. Wo sieht er jedoch die Grenze? Ist das Ziel bereits erreicht und ist die einzige mögliche Steigerung seiner Weine die eines von der Natur gewährten großen Jahrgangs an der Nahe? Oder können die Emrich-Schönleber-Weine unabhängig von den Gegebenheiten der Natur noch weiter gewinnen? Dies alles sind wiederum Fragen des Glaubens, und ihre Beantwortung hängt davon ab, ob die Schönlebers noch weitere Schüsse ins Dunkle wagen, wo vielleicht ein weiteres Ziel tief im Schatten verborgen liegt. Niemand weiß, wo das in Monzingen mögliche Maximum wirklich liegt, und die Schönlebers haben schon bewiesen, daß es weit höher anzusetzen ist, als Fachleute vor dem Wandel dieses Gutes vermutet hätten.

Die Rieslinge des Weinguts Emrich-Schönleber

Zwei Weinbergslagen stehen am Ursprung der breiten Riesling-Palette des Weinguts. Das Monzinger Frühlingsplätzchen neigt zu Weinen mit deutlichen Blüten- und Kräuternoten neben den für diesen Teil des Nahetals typischen, an rote Beeren erinnernden Aromen. Die folgenden Verkostungsnotizen konzentrieren sich auf die Weine aus dem Monzinger Halenberg, dessen Schieferboden zu äußerst eleganten Weinen führt. Selbst Auslesen oder Beerenauslesen wirken hier weder schwer noch fett, obwohl sie von vollem Körper und reich an Geschmack sind. Am häufigsten findet man Pfirsich- und Aprikosenaromen.

Probiernotizen Weingut Emrich-Schönleber

Riesling – Aus den Monzinger »Grand-Cru«-Lagen

1993 MONZINGER HALENBERG AUSLESE TROCKEN — 90
Ein Wagnis, das voll aufgeht. Niemand hat es hier bisher versucht, aber Werner Schönleber trifft ins Schwarze; imposant und zugleich wunderbar ausgeglichen.

1993 MONZINGER HALENBERG AUSLESE — 90
Der Langläufer nähert sich dem Ziel, und zur Bewunderung der Zuschauer scheint er fast so frisch wie am Start. Nur hat er jetzt seinen Rhythmus gefunden.

1993 MONZINGER HALENBERG AUSLESE* ** — 91
Hier geht es richtig opulent zu: eins, noch eins und noch eins obendrauf, aber man kann sich dieser Versuchung nicht entziehen.

1994 MONZINGER FRÜHLINGSPLÄTZCHEN SPÄTLESE TROCKEN — 85
Trotz einiger Jahre auf dem Buckel ein richtiger Frühlingswein, viele helle Farben.

1994 MONZINGER HALENBERG AUSLESE TROCKEN — 88
Zaubert Rasse aus Fülle und Feinheit aus der Härte des Schiefersteins.

1994 MONZINGER FRÜHLINGSPLÄTZCHEN AUSLESE »GOLDKAPSEL« (VERSTEIGERUNGSWEIN) — 89
Spart nicht mit exotischen Aromen oder Reichhaltigkeit, hat aber nicht den festen Kern von Werner Schönlebers Volltreffern.

1994 Monzinger Halenberg Beerenauslese 93
(Versteigerungswein)
In einer dunklen Ecke des Himmels brennt plötzlich ein großer Stern. Sein Licht ist pures Weiß, und er zieht alle Augen auf sich. Ein Komet? Nee, dieser leuchtet viel, viel länger.

1995 Monzinger Halenberg Spätlese trocken 86
Von der Rose ist der Duft, nicht aber ihre Dornen zu spüren. Langsam entfalten sich die Blütenblätter.

1995 Monzinger Frühlingsplätzchen Spätlese 89
(Versteigerungswein)
Unerklärlich, daß manche Leute prinzipiell Probleme haben mit solchen ausgeprägten Fruchtaromen und einer derart dezenten natürlichen Süße.

1995 Monzinger Halenberg Auslese »Goldkapsel« 91
(Versteigerungswein)
Verweist im Moment noch freundlich auf das Wartezimmer, aber mit Geduld ergibt sich ein großer Wein, der seine Brillanz auf Festigkeit und pikanter Frische aufbaut.

1996 Monzinger Halenberg Spätlese trocken 86
Ein wahrer Rohdiamant, der von ein oder zwei Jahren Flaschenreife geschliffen werden wird.

1996 Monzinger Halenberg Spätlese 85
Mit seiner eleganten Art und der feinen Duftigkeit könnte er durchaus ein erstklassiger Moselwein sein.

1996 Monzinger Halenberg Auslese 88
Trotz seiner Verspieltheit verbirgt dieser Charmeur sehr viel. Sicher Anfang des nächsten Jahrhunderts für eine Überraschung gut.

Aufsteiger – doch mit beiden Beinen fest auf der Erde
Helmut Mathern

Weingut Oskar Mathern
Winzerstraße 7
55585 Niederhausen
Tel. 06758/6714
Fax 06758/8109

»Luisa«, der Name der Tochter der Matherns steht in großen Buchstaben auf der schlanken blauen Flasche vor mir, die aussehen, als hätte ein Kind sie auf das Etikett geschrieben. Wie verständlich diese Geste auch immer sein mag, es sieht furchtbar aus. Nach Kindern benannte Weine sind ein in Mode gekommener Winzertrick, seit Armin Diel vom nur wenige Kilometer entfernten Schloßgut Diel seit dem Jahrgang 1987 einen Wein seinem Sohn Victor widmet. Doch ist es egal, wie peinlich das Etikett aussieht – in der Flasche steckt einer der besten Weine des gesamten Nahetals aus dem Jahrgang 1995. Ich könnte den ganzen Tag hier verbringen mit einem Glas dieses Kleinkindes, das eines Tages zu einer großen Schönheit werden wird, ganz wie Helmut Matherns beste Auslesen aus den Jahrgängen 1989 und 1990.

Helmut Mathern gehört zu den öffentlichkeitsscheuen, begabten deutschen Winzern, die man als Weinjournalist nur durch Zufall oder mit viel Glück trifft. Er ist mit seinen treuen Privatkunden froh und zufrieden und verlangt für seine Weine Preise, die lebenden Fossilien gleichen, so niedrig sind sie. Außer der Qualität der Weine im Glas gibt es nichts, was die Aufmerksamkeit eines Journalisten auf ihn richten könnte. Wenn deutsche Weine im In- und Ausland einen besseren Ruf hätten, würden solche Betriebe von den Weinhändlern auf ihrer verzweifelten Suche nach mehr guten Weinen mit Sicherheit aufgespürt werden. So funktionieren die Dinge zum Beispiel im Burgund. Die Tatsache, daß es in Deutschland ein seltenes Ereignis ist, wenn ein Weinhändler eine solche Entdeckung an einen Journalisten weitergibt, ist ein sicheres Zeichen, daß in der deutschen Weinszene noch eine Menge geschehen muß. Wenn Nahewinzer und Journalist Armin Diel nicht – ganz zu Recht – so bestrebt wäre, den Bekanntheitsgrad seines eigenen Gebietes zu steigern, wüßte ich vielleicht immer noch nicht, wer Helmut Mathern ist.

Helmut Mathern gehört auch zu den Winzern, die bei offiziellen Weinprämierungen sackweise Goldmedaillen einkassieren und deren Flaschen von Streifen und Aufklebern bedeckt sind, die Zeugnis davon ablegen. Die Wände des Probierzimmers sind gleichermaßen mit Urkunden und Medaillen tapeziert, unter denen sich eine ganze Reihe von Staats- und Bundesehrenpreisen befinden. Allerdings gibt es andere Winzer, auf die das ebenso zutrifft, deren Weine allerdings zwar korrekt aber langweilig sind und die nie eine »Luisa« zustande bringen werden, und wenn sie hundert Jahre alt würden. Vielleicht ist dies Helmut Mathern auch schon aufgefallen, und er begrüßt aus diesem Grund die gesteigerte Aufmerksamkeit, die seinen Weinen seit ein paar Jahren durch die Presse zuteil wird, selbst wenn er die Öffentlichkeit noch nicht bewußt sucht. Es wäre eine verständliche Reaktion für einen Winzer wie ihn, der stetig und erfolgreich an der Verbesserung seiner Methoden in Weinberg und Keller arbeitet, um eine noch bessere Qualität zu erreichen und der feststellt, daß das offizielle System von Medaillen und Preisen nicht zwischen seinem Perfektionismus und dem viel häufiger anzutreffenden soliden Handwerk unterscheiden kann. Mit ihrem stark ausgeprägten unverwechselbaren Charakter aus den Niederhäuser Weinbergen ragen seine Weine weit über die Norm heraus. Diese Art von Leistung wird aber heutzutage durch keine Art von Prämierung oder Medaille honoriert, egal ob regional, bundesweit oder wie auch immer.

Mit dem Jahrgang 1996 begann auf dem Weingut Mathern eine neue Ära, und es ist bestimmt kein Zufall, daß Helmut Mathern nach der Serie von gelungenen Jahrgängen ab 1989 sich nun auf neues Terrain wagt. Wenn auch die besten Rieslinge des Gutes bis jetzt häufig aus der benachbarten Lage Rosenberg kamen, stellte bis 1996 eine kleine Parzelle in der Lage Rosenheck in Niederhausen seinen einzigen Besitz in einer Spitzenlage dar. Die große Parzelle im Norheimer Dellchen, die er 1996 gekauft hat, gehört zu einer ganz anderen Kategorie. Dies ist einer der »Grand Crus« der Nahe. Ihr Name ist gegenwärtig praktisch unbekannt, da in den letzten 20 Jahren hier nur gelegentlich ein Wein erzeugt wurde, der dieses Potential verwirklicht hat. Das wird sich jetzt sicher entschieden ändern, da die Weingüter H. Dönnhoff aus Oberhausen und Mathern jetzt beide hier Weinberge haben.

Mit der für ihn bezeichnenden Vorsicht enthält Helmut Mathern sich jeglicher Versprechungen, was die Weine aus diesen Reben in den kommenden Jahren angeht. Er konzentriert sich lieber auf die »Fakten«, das heißt auf die gegenwärtig zum Verkauf stehenden Weine. Der ruhige Optimismus, den er ausstrahlt, macht mich jedoch zuversichtlich, daß die Leistungen dieses bescheidenen Mannes, die in den folgenden Notizen dokumentiert sind, erst einen Anfang darstellen. Wenn die Dellchen-Weine ihm gelingen, kann er sie meinetwegen nach seinen Kindern nennen oder nach seinen Lieblingsfußballern, bekannten Fernsehmoderatoren oder römischen Kaisern, es ist mir vollkommen egal. Der römische Kaiser Hadrian schrieb: »Wein weiht uns in die vulkanischen Geheimnisse des Bodens ein.« Und die Rätsel der vulkanischen Böden im mittleren Nahetal, in dessen Zentrum Niederhausen liegt, scheren sich keinen Deut um irgendwelche Namen.

Probiernotizen Weingut Mathern

Riesling – Niederhäuser Rosenberg

1992 AUSLESE 90
Die Euphorie steigt bei der Vollendung eines Werks, und dieses stellt wirklich die Vollendung einer langwierigen Arbeit dar. Es bleibt einem nur das Staunen.

1993 SPÄTLESE 85
Voll, frisch, weich und leicht zugleich; erfreulich aber nicht ganz überzeugend.

1994 SPÄTLESE TROCKEN 85
Ein filigranes Stück weißer Spitze; klein aber entzückend fein.

1994 SPÄTLESE 84
Eigenwillige Schlankheit. Was will sie hier? Wer weiß, aber irgend etwas an diesem Strich in der Landschaft wirkt anziehend.

1994 AUSLESE 88
Die reichen Früchte des Berges und die Kargheit seines Bodens in faszinierender Verbindung.

1994 BEERENAUSLESE 86
Mir ist das gleichzeitig etwas zu voluminös (zuviel Süße) und zu leicht (zuwenig Ausdruck).

1995 SPÄTLESE 87
Zwei zierliche Hände voller frisch gepflückter Beeren, doch dann kommt ein Crescendo-Finale.

1995 AUSLESE 88
Großzügiger und robuster als die Spätlese, schmeichelt und erfrischt zugleich.

1995 AUSLESE »LUISA« 90
Das Kind ist noch klein und ein wenig ungebärdig, aber was seine Augen ausstrahlen, diese zwei tiefen Seen ...

1996 SPÄTLESE 87
Ein äußerst präzis gezeichnetes Miniaturgemälde im glänzenden Silberrahmen.

Riesling – Norheimer Dellchen »Grand Cru«

1996 SPÄTLESE 83
Hier riecht man den Boden des Weinbergs, aber leider stehen die Aromen etwas isoliert im Raum.

1996 AUSLESE 88
Kein Blut, sondern Kraft aus dem Stein und dann – Vorsicht, kollidierende Metaphern! – ein kleines Häubchen zuviel Sahne auf dem Kuchen. Jedoch ...

Kurzporträts

Weingut Paul Anheuser

Stromberger Straße 15–19
55545 Bad Kreuznach
Tel. 0671/28748, Fax 0671/42571

Was läuft schief bei dem größten Weingut an der Nahe? Mit dem ausgedehnten Besitz in den Spitzenlagen von Bad Kreuznach, Roxheim, Niederhausen, Schloßböckelheim und Monzingen sollte es für Peter Anheuser kein Problem sein, eine Reihe herrlicher Nahe-Rieslinge auf den Tisch zu stellen, wie er es in Jahrgängen wie 1983, 1989 und 1990 getan hat. Die Weine der letzten Jahre schmecken dagegen wie Ausschußware. Peter Anheuser ist sicher immer noch fähig, gute Weine zu erzeugen; vielleicht nimmt seine politische Laufbahn inzwischen zuviel von seiner Zeit in Anspruch?

Weingut Crusius

Hauptstraße 2
55595 Traisen
Tel. 0671/33953, Fax 0671/28219

Hans Crusius ist berühmt geworden, als Hugh Johnson seine Weine als vorbildliche deutsche Rieslinge beschrieb. Bis Ende der achtziger Jahre stand er mit seinem zwölf Hektar großen Gut mit an der Spitze der Nahewinzer. Ich werde nie vergessen, wie ich in der Nacht nach meiner ersten Verkostung auf dem Weingut Crusius aufwachte und immer noch den 1983 Riesling Eiswein schmecken konnte, den letzten Wein der Probe, die viele Stunden zuvor geendet hatte. Der Generationswechsel führt bei einem Spitzenweingut oft zu vorübergehenden Problemen, und auch hier war das der Fall, als Sohn Dr. Peter Crusius Anfang der neunziger Jahre die Führung übernahm. Die durchgehend gute Qualität der Weine aus den Jahrgängen 1995 und 1996 stellt gegenüber den Jahren zuvor einen großen Schritt nach vorne dar. So gut gemacht die neuen Crusius-Weine jedoch auch sein mögen, sie brauchen mehr wahren Charakter und Eigenständigkeit, um heutzutage neben den allerbesten Weinen der Nahe bestehen zu können.

Weingut Carl Finkenauer

Salinenstraße 60
55543 Bad Kreuznach
Tel. 0671/28771, Fax 0671/35265

Hans-Georg Trummert-Finkenauer gehört zu den guten Seelen dieser Welt, und es ist schwer, sich eine offenherzigere Begeisterung für den Wein vorzustellen, als sie bei ihm zu spüren ist. Leider war der letzte wirklich gelungene Jahrgang, den ich hier verkosten konnte, der 1992er, wenn auch einige seiner 1994er wirklich nicht schlecht waren. Mit einem guten Kellermeister könnte dieses Weingut rasch bessere Leistungen erbringen, wie die hervorragenden Weine aus dem Jahrgang 1989 gezeigt haben.

Weingut Hahnmühle

Alsenzstraße 25
67822 Mannweiler-Cölln
Tel. 06362/993099, Fax 06362/4466

Es kann keinen Zweifel geben an dem kompromißlosen Qualitätsstreben von Peter und Martina Linxweiler. Dennoch wirken viele der trokkenen Rieslinge aus ihren Weinbergen in diesem abgelegenen und zauberhaften Teil des Alsenztals (einem Nebenfluß der Nahe) meistens einfach streng. Der Charakter von bemerkenswerten Lagen wie dem Cöllner Rosenberg würde sehr viel besser zum Ausdruck kommen, wenn die dort wachsenden Rieslinge eleganter in der Säure wären. Das Potential hier ist beträchtlich, wann kommt es voll auf die Flasche?

Weingut Hehner-Kiltz

Hauptstraße 4
55596 Waldböckelheim
Tel. 06708/7918, Fax 06708/8620

Wenn man die besten Rieslinge von Georg und Helmut Hehner aus ihrem Besitz in Schloßböckelheimer Spitzenlagen Felsenberg und Kupfergrube probiert, wird man sich vielleicht fragen, warum ihnen in diesem Buch nicht mehr Aufmerksamkeit gewidmet wird. Diese Weine verdienen Bewertungen von 80 Punkten und deutlich mehr. Die allgemeine Weinqualität ist hier jedoch nach wie vor recht großen Schwankungen unterworfen. Landgasthof und Hotel der Hehners erfreuen sich eines exzellenten Rufes und bilden den optimalen Ausgangspunkt, um die eindrucksvolle Landschaft und die Weine der mittleren und oberen Nahe zu erkunden.

Weingut Kruger-Rumpf

Rheinstraße 47
55424 Münster-Sarmsheim
Tel. 06721/43859, Fax 06721/41882

Der Jahrgang 1993 war für Stefan Rumpf ein schwerer Schlag. Viele seiner besten Weine aus diesem exzellenten Jahrgang wurden durch eine bittere Note beeinträchtigt, die meiner Meinung nach ihre Ursache in fehlerhaften Korken der Firma ETOS hatte. Er erzeugt jedoch weiterhin die rassischen, charaktervollen trockenen und halbtrockenen Rieslinge sowie die runden, vollen, trockenen Weiß- und Grauburgunder, für die er sich in den achtziger Jahren bereits einen Ruf geschaffen hatte. Die Rieslinge mit natürlicher Restsüße aus dem Jahrgang 1996 stellen hier eine unerwartete Neuheit dar. Gut wie sie sind, bin ich doch sicher, daß der hart arbeitende und talentierte Stefan Rumpf sowohl auf diesem neuen Gebiet als auch bei den trockenen Riesling-Spätlesen zu noch besseren Ergebnissen fähig ist. Seine Weine könnten häufig etwas mehr Eleganz vertragen, passen aber ausgezeichnet zu der äußerst schmackhaften ländlichen Küche, die in dem Weinrestaurant der Rumpfs auf dem Gut serviert wird (16.00 bis 23.00 Uhr, Montag geschlossen). Es ist einen größeren Umweg wert.

Weingut Reichsgraf von Plettenberg

Winzenheimer Straße
55545 Bad Kreuznach
Tel. 0671/2251, Fax 0671/45226

Bis vor kurzem wirkten die Weine dieses großen Betriebes ziemlich fad und charakterlos. Seit dem Jahrgang 1993 haben Reichsgraf Egbert von Plettenberg und sein Kellermeister Jürgen Karl jedoch Bewegung in die Bude gebracht. Die gegenwärtigen Weine reichen zwar noch nicht an die bemerkenswerten Weine heran, die hier bis in die frühen siebziger Jahre erzeugt wurden; es sind aber zweifellos gut gemachte, typische Naheweine. Den Weinen fehlt jetzt nur noch etwas aristokratischer Charme.

Weingut Prinz zu Salm-Dalberg

Im Schloß
55595 Wallhausen
Tel. 06706/944411, Fax 06706/944424

Seit den frühen neunziger Jahren vermarktet Michael Prinz zu Salm-Salm, Präsident des Verbands Deutscher Prädikatsweingüter (VDP), den Großteil der Weine seines Betriebes unter der Bezeichnung »Schloß Wallhausen«, ohne Lagenbezeichnung; eine hilfreiche Vereinfachung für den Konsumenten. Allerdings kann ich nicht ganz nachvollziehen, weshalb auf dem Etikett ein Merian-Stich der inzwischen zerstörten Dalburg zu sehen ist, anstatt eines Bildes von Schloß Wallhausen; eine überflüssige Verwirrung für den Konsumenten. Die Weine sind hier im allgemeinen von solider Qualität, wenn auch häufig mit einem Hang zum Rustikalen und Herben. Die Rieslinge mit natürlicher Restsüße, besonders die aus der »Grand-Cru«-Lage Roxheimer Berg, sind meistens deutlich gelungener. In den achtziger Jahren wurden allerdings deutlich bessere Weine erzeugt, und es ist schwer nachzuvollziehen, warum der damalige Qualitätsstandard nicht gehalten werden konnte. Prinz Salm hat seine Weine einmal auf einer Nahewein-Versteigerung in Bad Kreuznach mit einem »speziellen« Etikett angeboten: Es zeigte den Cartoon eines blauen Lachses mit hoch erhobenem, Beifall signalisierendem Daumen. Diese Einstellung zu den Weinen des Gutes kann ich leider nicht teilen, aber es war ja auch nur ein Cartoon ...

Weingut Schmidt

Luitpoldstraße 24
67823 Obermoschel
Tel. 06362/1265, Fax 06362/4145

Der größte Betrieb im Alsenztal ist eine gute Quelle für solide, ansprechende Nahe-Rieslinge mit natürlicher Restsüße. Herbert und Andreas Schmidts trockene Weine können ebenfalls gut sein, und mir ist an sich noch kein einziger Wein dieses Guts begegnet, der nicht zumindest ordentlich gewesen wäre. Allerdings zeichnen sich nur in Spitzenjahrgängen bei manchen Spätlesen und Auslesen Anzeichen von Größe ab.

Weingut Bürgermeister Willi Schweinhardt Nachf.

Heddesheimer Landstraße 1
55450 Langenlonsheim
Tel. 06704/93100, Fax 06704/931050

Das hierzulande unbekannte Marketinggenie Willi Schweinhardt verkauft den größten Teil der Produktion seiner 33 Hektar Weinberge problemlos an Privatkunden, und daraus erklärt sich, warum das Weingut und seine Weine nicht bekannter sind. Die kraftvollen trockenen Weine aus den Sorten Weißburgunder, Grauburgunder und Chardonnay sind von guter und gelegentlich sehr guter Qualität, die Beerenauslesen und Eisweine können herausragend ausfallen. Die nächsten Jahrgänge werden zeigen, ob Sohn Axel Schweinhardt das Niveau noch höher schrauben kann, wenn ihm mehr Verantwortung übertragen wird.

Staatliche Weinbaudomäne Niederhausen-Schloßböckelheim

55585 Niederhausen
Tel. 06758/9200, Fax 06758/92519

Eine der erstaunlichsten Verkostungen, die ich je erlebt habe, war die der jungen Weine des Jahrgangs 1983 bei diesem berühmten Weingut; der letzte einer Reihe großer Jahrgänge unter Kellermeister Karl-Heinz Sattelmayer. Ende der achtziger und Anfang der neunziger Jahre trieb häufiger Personalwechsel den Betrieb in eine schwere Krise. Die Ernennung von Kurt Gabelmann als Direktor und Kellermeister 1994 stellte den Anfang einer Zeit des Wiederaufbaus und der Konsolidierung dar. Die Weinqualität ist seitdem langsam gestiegen, doch sind die meisten Weine noch weit von der einstigen Größe entfernt. Zumindest gehören die kleinen Mengen von edelsüßen Weinen wie dem 1995 Riesling Eiswein aus der »Grand-Cru«-Lage Niederhäuser Hermannsberg (93 Punkte) wieder zur ersten Liga des Gebiets. Sehr fraglich ist das Anlegen einer großen Parzelle in dieser Spitzenlage mit der roten Rebsorte Spätburgunder. In dem eher kühlen Klima des mittleren Nahetals ist es nur in den allerbesten Jahrgängen möglich, Rotwein von einem gewissen Qualitätsniveau zu erzeugen, ansonsten entsteht ein leichter Rosé. Macht es wirklich Sinn, Riesling-Rebstöcke herauszureißen, von denen Eiswein kommen kann, der leicht für über 100,- DM pro halbe Flasche zu verkaufen ist, um einen einfachen Rosé zu machen?

Staatsweingut Bad Kreuznach

Rüdesheimer Straße 68
55545 Bad Kreuznach
Tel. 0671/820251, Fax 0671/36366

Dieses Staatsweingut lag lange vergessen und im tiefen Schatten der Schwesterinstitution in Niederhausen, und manche der Weine hier waren schockierend schlecht. Die 1993 Kreuznacher Kahlenberg Riesling Spätlese erinnerte so stark an Gummi, daß sie wie ein ganzer S&M-Laden roch, was mit der angeblichen Vorbildfunktion der Staatsweingüter wohl kaum zu vereinbaren ist. Glücklicherweise hat der neue Kellermeister Rainer Gies die Situation stark zum Besseren verändert, und die guten Weine des Jahrgangs 1995 aus dem Besitz des Betriebes in Bad Kreuznach und Norheim stellen den Beginn einer neuen Ära dar.

Weingut Tesch

Naheweinstraße 99
55450 Langenlonsheim
Tel. 06704/93040, Fax 06704/930415

Warum wird dieser Betrieb überhaupt von jemandem weiterhin ernst genommen? Die trockenen Rieslinge, die den größten Teil der Produktion ausmachen, wirken rustikal und wenig ansprechend, die Restsüßen nicht unbedingt bemerkenswert. Es wäre alles nicht einmal einen Kommentar wert, wenn der Betrieb nicht Mitglied im Verband Deutscher Prädikatsweingüter wäre und sehr aktiv bei der Werbung für seine Weine. Wenigstens die Ausstattung ist erstklassig. Meine Empfehlung: die Etiketten bewundern, die Korken jedoch unbedingt an ihrem Platz lassen!

8. Kapitel

PFALZ:
HEIMAT DER UNBEKANNTEN
VISIONÄRE

Die Pfälzer sind für Visionen nicht besonders bekannt. Sie stehen eher im Ruf der Tüchtigkeit, Sparsamkeit und einer Vorliebe für gute ländliche Küche und Weine. Die Lage der Pfalz in der Rheinebene, im Westen von den bewaldeten Hängen der Haardt, im Osten durch Odenwald und Schwarzwald geschützt, verleiht ihr das wärmste Klima in ganz Deutschland. Unter der sandigen oder lehmigen Erdoberfläche verbergen sich geologische Formationen, die manchen unscheinbaren Weinbergen absoluten Spitzenstatus verleihen. Es ist daher kaum überraschend, daß die Kombination dieser menschlichen, klimatischen und geologischen Faktoren das Gebiet zu einer erfolgreichen Weinbauregion gemacht hat. Obwohl die pfälzische Anbaufläche mit 23 700 Hektar beinahe so groß ist wie die Rheinhessens im Norden, sind die Chancen, schlechten Weinen zu begegnen, hier bedeutend geringer, und auch das Image des Gebietes ist nicht problematisch, sondern sehr positiv. Das Qualitätsniveau und das gute Image basieren dabei nicht nur auf den eben erwähnten Faktoren, sondern auch auf den Visionen der dortigen führenden Winzer.

Seit der ersten Hälfte des 19. Jahrhunderts genießen die Weinbaugemeinden Wachenheim, Forst und Deidesheim südlich von Bad Dürkheim in der sogenannten Mittelhaardt aufgrund ihrer Rieslinge international ein hohes Ansehen. 20 Jahre lang, bis zur Mitte der neunziger Jahre unseres Jahrhunderts, haben die berühmten Betriebe hier ihre Möglichkeiten jedoch überhaupt nicht ausgeschöpft. Während sie im Vergleich zu ihrem Ansehen enttäuschende Leistungen erbrachten, verwirklichten Winzer in anderen Teilen des Gebietes neue Visionen vom Pfälzer Wein und machten die Pfalz mit einer außergewöhnlichen Fülle an Weintypen zum vielfältigsten Anbaugebiet in Deutschland. Der typische Pfälzer Wein ist relativ voll mit Aromen nach reifen Früchten und frischer und gleichzeitig harmonischer Säure; das Gebiet hat jedoch daneben viele hervorragende und eine ganze Reihe großer Weine zu bieten, die fast das gesamte stilistische Spektrum umfassen, das in Deutschland möglich ist. Hier gibt es sowohl trockene Rieslinge, die an Weine aus nördlicheren Regionen wie dem Rheingau erinnern, als auch trokkene Weiß- und Grauburgunder, die den badischen Weinen ähneln. Die Pfalz schlägt diese Gebiete nicht nur auf ihrem eigenen Feld, auch die hiesigen edelsüßen Rieslinge brauchen keinen Vergleich zu scheuen, und die Rotweine können zu den besten in Deutschland gehören.

Der Erfolg der neuen Generation von Pfälzer Winzern hat letztendlich auch die Besitzer und Direktoren der berühmten Mittelhaardtgüter bis ins Mark erschüttert: Er hat ihnen klar vor Augen geführt, daß sie auf der Strecke geblieben waren und nun Gefahr liefen, ins Vergessen zu geraten. Einer nach dem anderen haben sie drastische Schritte unternommen, um die Qualität der Weine zu verbessern und ihren Ruf wieder aufzubauen. Diese Entwicklung hat bereits zu einigen begeisternden Weinen geführt, verspricht aber in den kommenden Jahren noch erstaunlichere Früchte zu tragen. Zusammen mit den neuen Facetten ihrer Weine macht das die Pfalz zu einem der stärksten der 13 deutschen Anbaugebiete.

Wenn es hier ein wirkliches Problem gibt, dann besteht es in der Tatsache, daß ein großer Teil der besten Weine auf den Weingütern direkt an Privatkunden verkauft wird. Nur eine kleine Handvoll von Spätlesen kosten 15,- DM oder mehr. Diese Preise haben ihren Ursprung teils im Wettbewerb zwischen führenden Erzeugern, teils in mangelndem Selbstvertrauen oder sogar einer zu geringen Selbstachtung. Diese falsche Bescheidenheit hat zu einer Situation geführt, die dem Qualitätsstreben nicht unbedingt förderlich ist. Spitzenqualität ist hier wie überall nur über mengenmäßig kleine Erträge und größte Sorgfalt zu erreichen – und beides ist teuer. Außerdem setzen diese Preise die falschen Zeichen, zum Beispiel bei Vergleichen mit Rheingauer Weinen, die in der Qualität zwar oft deutlich unterlegen, jedoch bis zu 50 Prozent teurer sind. Die vielen Vorzüge und zurückhaltenden Produktionskosten der Pfalz bedeuten, daß hier Weine von guter Qualität in Mengen erzeugt und doch mit Gewinn zu moderaten Preisen verkauft werden können. Doch ohne das richtige Profil könnten die besten Weine des Gebiets schnell in die Selbstverständlichkeit abrutschen. Angesichts der Tatsache, daß einige der größten Weine Deutschlands jeder wichtigen Stilrichtung aus der Pfalz kommen, wäre das eine Tragödie!

Die Jahrgänge

1996

Die Weißweine strotzen vor Aromen und zeigen eine strahlende Harmonie. Zu den Rotweinen gehören einige der besten, die je in Deutschland erzeugt wurden. Beide versprechen große Langlebigkeit.

1995
Der schwierigste Jahrgang des Gebiets seit über einem Jahrzehnt. Viele Weine wirken sauer und durch einen Fäulniston beeinträchtigt; die gelungenen Weine sind meistens bescheiden. Oft katastrophale Rotweine!

1994
Ein guter aber wenig spektakulärer Jahrgang, der im allgemeinen schlanke, mittelgewichtige Weine ergab, die teilweise eine Spur zu hart wirken. Die edelsüßen Weine sind jedoch imposant.

1993
Ein hervorragender Jahrgang mit reichhaltigen, perfekt ausgewogenen trockenen Weißweinen und vielen schönen Rotweinen. Viele sind jetzt auf ihrem Höhepunkt, haben aber noch viele Jahre vor sich.

1992
Ein Sammelsurium, auf der positiven Seite opulente, saftige, trockene Weißweine, die immer noch köstlich schmecken, während schlechte 1992er sich bereits verabschiedet haben.

1991
Ein mittelmäßiger Jahrgang mit eher leichten, säurebetonten Weinen, die ihren Höhepunkt meistens schon überschritten haben.

1990
Ein sensationeller Jahrgang, der kraftvolle Weine von einer im Gebiet beispiellosen Geschmacksdichte ermöglichte. Die besten trockenen Weine wirken immer noch jugendlich, und die edelsüßen Weine haben Jahrzehnte vor sich.

Kein Ende in Sicht
Rainer Bergdolt

Weingut F. u. G. Bergdolt
Klostergut St. Lamprecht
67435 Duttweiler
Tel. 06327/5027
Fax 06327/1784

Vorsichtig entfernten wir die braunen Wellpappehülsen von den Flaschen, die Namen und Herkunft der einzelnen Spätburgunder-Rotweine während unserer Blindprobe verdeckt hatten. Kein Wein hatte uns mehr überrascht als die Nummer 5, ein Rotwein von einer für Deutschland außergewöhnlichen Reichhaltigkeit und Fülle. In der Tat hatten einige Personen am Tisch vermutet, daß dies nur ein französischer Wein sein könne, ein sogenannter »Pirat«, der ohne das Wissen der Verkoster in die Probe geschmuggelt worden wäre. Als wir die Hülse von dieser Flasche zogen, gab es von mehreren Seiten verwunderte Laute, ein Winzer lag fast quer über dem Tisch, um sicherzugehen, daß er nichts durcheinandergebracht hatte. Die Flasche stand jetzt zehn Zentimeter von seinem Gesicht entfernt, und doch kniff er die Augen zusammen, als ob er etwas erkennen müßte, das in weiter Ferne lag. Der Name auf dem Etikett veränderte sich jedoch auch bei näherer Untersuchung nicht: »Bergdolt« stand dort für alle am Tisch deutlich zu lesen.

Rainer Bergdolt, der für diesen Wein verantwortliche Mensch, saß währenddessen vollkommen ruhig am gegenüberliegenden Ende des Tisches und zeigte keine sichtbare Reaktion auf das Resultat der Verkostung. Als wir über die eben probierten Weine diskutierten, erwähnte er seinen eigenen nicht, sparte aber nicht an Lob für eine Reihe anderer. Desgleichen erwiderte er nichts auf die Versuche einiger Anwesender, ihre erste Begeisterung für seinen Wein jetzt, da sie um seine Identität wußten, durch verschiedene Erklärungen deutlich abzuschwächen. Andere beeilten sich, den Bergdolt-Wein zu verteidigen, lehnten sich über den Tisch und gestikulierten wild. Die Stimmen wurden lauter, als der Alkohol der verkosteten Weine – manche hatten bei der Probe gar nicht ausgespuckt – die Gemüter beider Parteien erhitzte. Der Tisch erschien nun wie ein natürliches Hindernis – eine Bergkette oder ein breiter Fluß –, das zwei Heerscharen trennte, die sonst ohne Umschweife übereinander hergefallen wären. Jemand erzählte jedoch auf einmal einen guten Witz, und die Spannung verwandelte sich in Fröhlichkeit. Die ganze Zeit saß Rainer Bergdolt wie aus der Ferne beobachtend am Tisch, und nicht die Spur eines Lächelns zeigte sich auf seinem Gesicht.

Es war durchaus nicht das erste Mal, daß einer von Rainer Bergdolts Weinen eine Blindprobe gewonnen und gleichermaßen für Überraschung und Bestürzung gesorgt hatte. Seine Reaktion war in diesen Situationen stets dieselbe gewesen. Weil er es offenbar nicht mag, seinen Erfolg öffentlich zur Kenntnis zu nehmen, verhält er sich bewußt so still wie möglich. Ins Rampenlicht zu treten, bedeutet, sich sowohl der Bewunderung als auch möglichen Angriffen auszusetzen. Seine kontrollierte Zurückhaltung macht ihn zu einem Teil der Zuhörerschaft. Er beobachtet lieber, als daß er eine Rolle übernimmt, die schlecht sitzen könnte wie ein billiger Anzug. Seine anfangs versteckte Freude ist jedoch tiefgehend und wird deutlich, sobald das potentielle Publikum sich verzogen hat. Dennoch widmet er bei seinen eigenen Weinen den Schwächen, die sie seiner Meinung nach aufweisen, mindestens ebensoviel Aufmerksamkeit wie ihren Stärken.

Neben hervorragenden Weinbergslagen ist Selbstkritik vielleicht das wichtigste, was ein Winzer besitzen kann, und sie ist noch viel seltener als jene. Es gibt eine Menge Winzer, die in der Lage sind, gute Weine zu machen, aber nur vergleichsweise wenige erzeugen regelmäßig große Weine. Das liegt daran, daß zwar viele Winzer über das entsprechende Können verfügen und eine Reihe von ihnen auch exzellente Lagen besitzen, daß aber nur wenige zu der notwendigen harten Selbstkritik fähig sind. Jedem, der Rainer Bergdolt ein paar direkte Fragen zu seinen Weinen stellt, wird sein ausgeprägter Sinn für uneingeschränkte Selbstkritik auffallen.

Vor zehn Jahren waren Rainer Bergdolts Weine lediglich einer Reihe von Insidern und treuen Privatkunden bekannt, die seine mächtigen trockenen Weißburgunder im klassischen deutschen Stil bewunderten. Diesen Weinen hat er jedoch in den letzten Jahren hervorragende, in neuen kleinen Eichholzfässern gereifte trockene Weißburgunder, beeindruckende trockene Weine aus der französischen Chardonnay-Rebe, tolle Sekte und letzlich fast ebenso beeindruckende Spätburgunder-Rotweine hinzugefügt. Alle diese »neuen« Weine sind das Ergebnis sowohl seiner selbstkritischen Einstellung als auch andauernder Experimente und des ständigen Vergleichs zwischen seinen eigenen Weinen und denen von Kollegen.

Als ich ihn nach seinem 1993er Spätburgunder fragte, der bei unserer Probe eine solche Sensation hervorgerufen hatte, war seine Antwort nicht nur selbstkritisch, sondern auch sehr genau: »Nun, er mag den Körper und die Fülle eines guten roten Burgunders haben, aber seine Aromen sind nicht so fein und vielfältig. Es ist der beste, den ich bis jetzt gemacht habe, aber ich muß versuchen, noch viel zu verbessern.« Seit einigen Jahren ist das Burgund ein wichtiger neuer Orientierungspunkt für ihn. Daß dieses Gebiet für die Erzeugung von Weinen der Stilrichtung, wie sie auch Gegenstand seiner Bemühungen sind, international als führend anerkannt ist, spielt dabei weniger eine Rolle als seine persönliche Vorliebe für diese Weine. Man könnte sogar sagen, seiner persönlichen Vorliebe für diese Weine ist der Ansporn für seine eigenen Experimente mit dem Ausbau von Spät- und Weißburgundern in neuen kleinen Eichenholzfässern.

Sein nicht ausgesprochenes Ziel bei diesen neuen Weinen ist es, etwas zu schaffen, das ihm genausogut gefällt wie die besten Weine dieses Stils aus dem Burgund und den Gebieten der Neuen Welt, wo vergleichbare Weine gemacht werden. In seiner typischen, nichts überstürzenden Art hat er diese Weine langsam erforscht. Seine Bestrebungen sind in dem

Maße gewachsen, wie sich seine Erfahrung mit den besten Weinen der Welt dieser Art ausgeweitet hat. Während dieser Entwicklung hat er mehrmals Ausbaumethoden verworfen, die für ihn vorher fast wie biblische Wahrheiten gewesen waren. Jede Veränderung in seiner Arbeitsweise geschah erst nach gründlicher Betrachtung aller theoretischen Folgen und einer genauen Untersuchung ihrer Auswirkung auf zahlreiche andere Weine. Das Ergebnis war eine stufenweise Verfeinerung, durch die seine Weine die Produkte vieler Kollegen überflügelt haben. Diese ernteten zwar ursprünglich viel Beifall für ihre innovativen Weine, haben sich dann aber selbstzufrieden auf diesem ersten Erfolg ausgeruht.

Einige von Rainer Bergdolts ehrgeizigsten Kollegen haben über seine extrem methodische Vorgehensweise und seinen Mangel an Interesse für das bevorzugte Hobby der gegenwärtigen Generation deutscher »Jungwinzer«, das Marketing, förmlich gelacht. Seine reservierte, aber gutmütige Art birgt nichts Heroisches in sich, und er ist das genaue Gegenteil einer Primadonna. Das heißt, nichts an ihm paßt in die Rolle des dynamischen, innovativen »Weinmachers«, einer Erfindung der amerikanischen Presse, die während der achtziger Jahre nach Deutschland importiert wurde und inzwischen in manchen deutschen Anbaugebieten einfacher aufzutreiben ist als guter Wein. Angesichts der zahlreichen hervorragenden Weine, die Rainer Bergdolt erzeugt, hat die Presse ihm verhältnismäßig wenig Aufmerksamkeit gewidmet; und die meisten Artikel waren eher in gastronomischen als in Deutschlands erbärmlichen Weinzeitschriften zu finden.

Das Interesse der Gastropresse an Rainer Bergdolts Weinen kann vielleicht damit erklärt werden, daß sie zwar mächtig, aber doch von einer wunderbaren Harmonie sind, die sie zu idealen Essensbegleitern macht. Obwohl er eine gute Küche so sehr zu schätzen weiß, daß ihn weite Strecken nicht vom Besuch seiner Lieblingsrestaurants abhalten, gehört er nicht zu jener Gruppe von deutschen Winzern, die davon besessen sind, sich auf den Weinkarten von Spitzenrestaurants wiederzufinden. Seine Weine sind sicher keine »Restaurantweine«, die gezielt daraufhin ausgebaut wären, Küchenchefs und Sommeliers zu überzeugen, sondern durch und durch »Bergdolt-Weine«, die ihm und den zahlreichen Privatkunden, die seinen Geschmack teilen, gefallen sollen. Doch die gute Küche hat zweifellos seinen Sinn für die Harmonie des Weines und seiner Vereinbarkeit mit dem Essen geschärft.

Angesichts der breiten Palette der Bergdoltschen Weine kann es keinen Zweifel geben, daß seine Lagen sich für die Rebsorten der Burgunder-Familie besonders eignen müssen; er erzeugt beeindruckende Spätburgunder-Rotweine, trockene Weißweine aus Chardonnay und Weißburgunder in zwei Stilrichtungen (mit und ohne Reife in neuen Eichenholzfässern) sowie hervorragenden Sekt aus allen drei Sorten. Die Löß- und Lehmböden in Duttweiler und Kirrweiler in Verbindung mit den sanften Hügeln und ihrer geschützten Lage vertragen sich offensichtlich sehr gut mit diesen Rebsorten.

Beim Riesling sieht es anders aus. Außer in hervorragenden Jahrgängen wie 1990 und 1992 sind seine Rieslinge gut, aber es fehlt ihnen etwas Edles. Das ist ein sicheres Zeichen dafür, daß diese Lagen, die bei der Burgunder-Familie zu den außerordentlichen Ergebnissen führen, für den Riesling nicht ideal sind. Konsequenterweise sucht Rainer Bergdolt deshalb nach besseren Lagen für den Riesling, leider bis jetzt erfolglos. Sicher ist dies die nächste Herausforderung, der er sich stellen wird. Die Erfahrung läßt vermuten, daß es nur eine Frage der Zeit ist, bis die Papphülsen über einer Reihe von Rieslingen nach einer Blindprobe entfernt werden und verblüfftes Erstaunen darüber herrscht, daß der Sieger nicht einer der renommierten Riesling-Erzeuger der Pfalz ist, sondern für alle am Tisch deutlich lesbar den Namen »Bergdolt« auf dem Etikett trägt.

Die Kirrweiler Mandelberg-Weißburgunder und die Spätburgunder-Rotweine von Rainer Bergdolt

Die Pfalz ist für körperreiche trockene Weißweine bekannt, und Rainer Bergdolts Weißburgunder aus den alten Reben der Lage Kirrweiler Mandelberg stellen dabei keine Ausnahme dar. Jedoch schmeckt man hier selbst bei Angaben von 13,5 oder gar 14 % vol auf dem Etikett nie vordergründig den Alkohol, sondern die volle Pfirsich- und Aprikosenfrucht, sowie den für diese Rebsorte bei hohen Reifegraden typischen nussigen Charakter. Mit der Flaschenreife – je nach Jahrgang brauchen sie zwei bis fünf Jahre, um sich von ihrer besten Seite zu zeigen – gewinnen sie deutlich an Eleganz. Bei den in *Barrique*-Fässern vergorenen und gelagerten Weißburgundern sind die nussigen Töne noch deutlicher und werden von Vanille- und Rauchnoten begleitet. Diese Weine haben mehr Kraft und Lebendigkeit als viele Puligny-Montrachet und Meursault, die drei- oder viermal soviel kosten.

Die Spätburgunder-Weine reifen alle in neuen *Barrique*-Fässern, doch steht stets ihre volle Schwarzkirsch- und Brombeerfrucht im Vordergrund und nicht das Holz. Die Weine haben viel Substanz und Struktur, aber auch eine seidig wirkende Balance, so daß man sie trinken und genießen kann, sobald sie auf den Markt kommen. Da Weine dieser Art auf dem Gut erst seit 1992 erzeugt werden, ist es schwierig, eine Aussage über ihr Alterungspotential zu machen.

Probiernotizen Weingut Bergdolt

Weißburgunder – Kirrweiler Mandelberg »Grand Cru«

1992 SPÄTLESE TROCKEN (»FEUILLES MORTES«-FLASCHE)   90
Ein Prototyp des heutigen Stils: eine hinreißende Vermählung von Cremigkeit und Eleganz, Power und Ausgeglichenheit – dazu auch immer noch richtig frisch.

1993 SPÄTLESE TROCKEN (»FEUILLES MORTES«-FLASCHE)   86
Hat bis jetzt noch nie wirklich gestrahlt, aber mit solch einer Festigkeit und Dichte kann ich mir immer noch eine überraschende Wende vorstellen.

1993 AUSLESE TROCKEN   90
Ein monumentaler trockener Weißwein, der mit ein wenig Vorsicht (14,5% vol. Alkohol!) genossen werden sollte. Die Montrachets aus dem Burgund sollten sich auch vorsehen, um eine demütigende Begegnung zu vermeiden!

1994 SPÄTLESE TROCKEN (»FEUILLES MORTES«-FLASCHE)   87
Kein Grandeur, aber eine stimmige Harmonie und viel Ausdruck bilden zusammen eine beeindruckende architektonische Einheit.

1994 BEERENAUSLESE   91
Duftet wie Frühstück in Frankreich (getoastetes Baguette, Café au lait), geschmacklich aber eher ein imposanter Höhepunkt des Abends als ein leiser Anfang des Tages.

1995 SPÄTLESE TROCKEN (»FEUILLES MORTES«-FLASCHE)   84
Trotz der Widrigkeiten der Natur eine erfreuliche, animierende Eleganz.

1996 KABINETT TROCKEN (»FEUILLES MORTES«-FLASCHE)   86
Geröstete Nüsse und die gemütliche Wärme des Kamins an einem Winterabend.

1996 SPÄTLESE TROCKEN (FASSPROBE) F1 D   – 89?
Nicht wie der Politiker, der überall sein breites Lächeln den Wählern zeigen will, sondern eine wahre Größe, die lange braucht, um sich zu entfalten. Viele Nuancen deuten sich an.

Weißburgunder – Barrique-Weine ohne Lagenbezeichnung

1992 Auslese trocken — 88
Unglaublich, wie unauffällig sich dieser mächtige Alkoholgehalt (ganze 15% vol.!) in diese großzügige Komposition einfügt, und wo sind die ganzen Holztöne hin verschwunden? Alles paßt zusammen, auch wenn das Gesamtbild ein wenig überdimensional wirkt.

1993 Spätlese trocken — 89
Bergdolts erster *Barrique*-Volltreffer. Es muß nicht Chardonnay sein, wenn der Weißburgunder zu einer derart seidigen Geschliffenheit gebracht werden kann.

1994 Spätlese trocken — 78
Ein guter Tischler war hier am Werk, aber das Zimmer ist jetzt mit Schrankwänden ziemlich verbaut.

1996 Spätlese trocken (Fassprobe) — 86?
Haselnüsse und Toastnoten, wie man sie bei Weißweinen aus dem Burgund kennt, voll, harmonisch – es bleibt abzuwarten, wohin der Zug fährt.

Spätburgunder – Duttweiler Kalkberg

1992 Spätlese trocken — 84
Ein großes weiches Sofa mit rotem Samtbezug ruft nach faulen Stunden.

1993 Spätlese trocken — 86
Hier sind die satten Aromen nach schwarzen Kirschen und Brombeeren, wie man sie von der Traube erwartet. Aber bei der Umarmung spürt man ein wenig die Rippen (die Säure).

1994 Qualitätswein trocken — 78
Ein bescheidener Wein, aber lebendig und mit einem gewissen Charme und Witz.

1995 Qualitätswein trocken (Fassprobe) — 75
Schmeckt eher wie Beaujolais, aber die Leichtigkeit ist nicht unangenehm.

1996 Spätlese trocken (Fassprobe) — 87?
Vielversprechende Dunkelheit – nicht Finsternis – in Farbe sowie Duft. Herrliche Ausgewogenheit und Feinheit, die auch in diesem (zu frühen) Stadium zum Trinken reizen.

Orangen sind nicht die einzige Frucht
Gerhard Biffar und Lilli Biffar-Hirschbil

Weingut Josef Biffar
Niederkirchener Straße 13
67146 Deidesheim
Tel. 06326/5028
Fax 06326/7697

Die Orange oder Apfelsine ist eine weithin verkannte Frucht und leider nur eine von vielen, deren Ansehen gesunken und deren wahrer Geschmack nahezu vergessen wurde. Orangen füllen die Regale deutscher Supermärkte, und ihrem Aussehen nach handelt es sich ohne Zweifel nicht um Attrappen. Dennoch ist es fast unmöglich, Orangen aufzutreiben, die anders schmecken als verdünntes »Hohes C«. Diese Orangen stammen von Plantagen, deren Bäume auf riesige Erträge und makellose Früchte hingezüchtet worden sind, nicht auf Aroma oder Geschmack. Ohne die Marmelade aus spanischen Seville-Orangen, die seit frühester Kindheit zu meinem Frühstück gehört, hätte diese Frucht für mich vielleicht nicht dieselbe Bedeutung, aber der bittersüße, leicht rauchige Karamelgeschmack dieser Marmelade ist mir unvergeßlich. Mir wurde damals eine maximal zwei bis drei Millimeter dicke Schicht auf meinem Toast gestattet, aber sobald meine Mutter das Zimmer verließ, häufte ich die Köstlichkeit löffelweise aufs Brot und stopfte es mir so schnell wie möglich in den Mund, um nicht erwischt zu werden. Ich konnte es kaum erwarten, erwachsen zu werden, um ohne Tricks soviel von dieser Marmelade essen zu können, wie ich wollte.

Vor kurzem hatte ich ein anderes Orangenerlebnis, ganz anders als meine Marmeladen-Leidenschaft aus der Kindheit ... Die halben kandierten Orangenscheiben in der Schachtel, die in meine Richtung geschoben wurde, waren von so intensiver Farbe, daß sie beinahe wie Blutorangen aussahen, was zu einem reizvollen Farbkontrast mit dem schwarzbraunen Schokoladenstreifen an der einen Seite führte. Als Kind hätte es mich fasziniert, heute besitzt ein solcher Anblick für mich eine beinahe erotische Anziehungskraft. Mit vorgetäuschter Lässigkeit glitten meine Finger in die Tiefen des Seidenpapiers der Schachtel, und während ich eine der zur Hälfte mit Schokolade überzogenen Orangenscheiben herausnahm, waren meine Gedanken bei anderen seidenen Dingen. Das Konfekt zerschmolz in meinem Mund, ein perfekter Schokoladen-Orangenkuß, und ich schmolz dahin. Schokolade und Orange sind eine klassische Kombination, aber niemals hat eine Variation auf dieses Thema mich so betört wie diese von Biffar aus Deidesheim.

Es soll keine Überraschung sein, daß die Orangen für dieses außergewöhnliche Konfekt von einer Sorte mit geringem Ertrag stammen, die sehr geschmacksintensive Früchte ergibt, und extra aus dem spanischen Valencia importiert werden. Sie sind nur eine von vielen kandierten Früchten, für die die Biffars das Grundmaterial nach allerstrengsten Kriterien auswählen. Die Pflaumen zum Beispiel kommen aus Ingelheim in Rheinhessen, eine besondere Art Spätzwetschgen mit dunkler Haut und gelbem Fleisch. Die Mandeln wachsen in der unmittelbaren Umgebung von Deidesheim, und es wird ausschließlich eine alte, grünschalige Sorte verwendet. Lilli Biffar-Hirschbils Faszination mit Früchten erstreckt sich weit über die genannten Köstlichkeiten hinaus bis zu den Riesling-Trauben, aus denen das Weingut Josef Biffar Weine erzeugt, die zu den besten der Pfalz gehören. Auch hier sind die Fruchtaromen ausgeprägt und intensiv.

Für jemanden, der mit dem eingefahrenen und oft lächerlichen Vokabular der Weinwelt nicht vertraut ist, ist die Beschreibung eines Weines als »fruchtig« oft ein Hinweis darauf, daß der Wein süß ist. Für die Mehrheit der Deutschen ist das ein Grund, ihn sofort abzulehnen, da sie süßen Wein ausschließlich mit den billigen deutschen Weinen verbinden, die mit pseudogotischen Etiketten in den Regalen der Supermärkte stehen. Nur wenige Deutsche wissen, daß aus ihrer Heimat neben diesem Schrott auch die teuersten und größten Süßweine der Welt kommen. Selbst knochentrockene Weine können Aromen und Geschmackstöne zeigen, die stark an verschiedene reife Früchte erinnern. Darauf beziehen sich Weinverkoster, wenn sie von der Frucht eines Weines sprechen. Keine andere Rebsorte, ob weiß oder rot, ist in der Lage, Weine mit so vielfältigen Fruchtaromen zu ergeben wir der Riesling. Leider haben die meisten Deutschen den Kontakt zu den besten Weinen ihres eigenen Landes vollständig verloren, so daß sie angesichts dieser Aromafülle schockiert und verwirrt sind. Inzwischen an billige italienische Weißweine gewöhnt, die meistens neutral, das heißt langweilig und charakterarm schmecken, erscheint ihnen ein Riesling als unnatürlich parfümiert. »Mensch, das ist wie Nina Ricci!« hörte ich neulich bei einer Verkostung. Ein Deutscher, der zum erstenmal auf einen nach Pfirsich duftenden und schmeckenden Riesling trifft, nimmt mit allergrößter Wahrscheinlichkeit an, daß dies unnatürlich sein muß. Sein Mißtrauen und die ungewohnte Erfahrung führen zur Ablehnung des Weines, obwohl dessen edler Pfirsichcharakter nur entstehen kann, wenn der Winzer im Einklang mit der Natur arbeitet; die Situation ist pervers.

Pfirsich ist eines der am häufigsten anzutreffenden Fruchtaromen in Riesling-Weinen aus vollreifen Trauben; so häufig, daß viele Fachleute dieses Aroma zu *dem* Merkmal für guten Riesling erklärt haben. Darin steckt ein Stück Wahrheit. Wenn man aber zum Beispiel ein halbes Dutzend Rieslinge vom Weingut Biffar verkostet, begegnet man einer ganzen Palette von Früchten, von Apfel bis Ananas, von Pflaume bis Orange; alles, was hier in einem anderen Gebäude kandiert wird und noch ein paar dazu. Welchen Früchten man in einem bestimmten Wein begegnet, ist nicht eine Frage des Zufalls, nicht das Ergebnis einer kurzen Drehung des Kaleidoskops der Natur, sondern der Ausdruck des Wetterverlaufs während der Wachstumsperiode, des Weinbergs, auf dem die Reben stehen und der Entwicklung, die der Wein im Keller genommen hat. Dieses empfindliche Gesamtbild kann leicht zerstört oder verzerrt werden, wenn der Winzer nicht mit der notwendigen Sorgfalt vorgeht oder aus Angst vor schlechtem Herbstwetter in Panik gerät und die Trauben in halbreifem Zustand liest, wenn sie ihr volles Aroma noch nicht entwickelt haben.

Für Lilli Biffar-Hirschbil ist es klar, daß die optimale Reife der Trauben aus den Familienweinbergen in Deidesheim, Ruppertsberg und Wachenheim genauso wichtig ist wie die Auswahl der idealen Sorte, die Herkunft und die Saison für jede einzelne der Früchte, die Biffar kandiert – so gibt es die bewußten Orangen aus Valencia zum Beispiel nur von November bis Februar. Das ist an sich nicht so ungewöhnlich. Jeder Winzer, dessen Ziel erstklassige Weine sind, muß sich dieses wesentlichen Faktors bewußt sein. Das gilt besonders in der Pfalz, wo das warme Klima und die größtenteils sandigen Böden die Entwicklung aromatischer Substanzen in den Weinen noch fördern. Jedoch nehmen diese Substanzen in den fertigen Weinen von Winzer zu Winzer sehr unterschiedliche Formen an. Das muß nicht immer positiv sein – es gibt genug Pfälzer Rieslinge mit aufdringlichen Cassis- oder Grapefruitaromen, die ausgesprochen kitschig wirken.

Von 1990 bis Anfang 1996 haben die Biffars zusammen mit ihrem damaligen Kellermeister Ulrich Mell einen neuen Stil von Pfälzer Wein entwickelt, der nicht nur intensiv aromatisch und fruchtig ist, sondern auch gleichzeitig sämtliche Klischees vermeidet, zu denen die Weine dieses Gebiets neigen. Anstatt aufdringlich oder übertrieben, sind die neuen Biffar-Weine dicht und verführerisch. Seit Ulrich Mell seine Arbeit hier begonnen hat, haben die Biffar-Weine eine ganz neue Dimension an Ausstrahlung und Eleganz hinzugewonnen. Vorher zeigten sie manchmal Pfirsich-, Birnen-, Ananas- oder Orangenaromen, aber, wie bereits eingangs erwähnt, gibt es solche und solche Orangen.

Ein kleines Gemälde aus dem späten 19. Jahrhundert, das eine Schale Erdbeeren zeigt, zieht meinen Blick jedesmal an, wenn ich das Zimmer im ersten Stock des roten Sandsteinhauses der Biffars betrete, um die neuen Weine zu verkosten. Unter den imposanten Landschaftsgemälden ist dieses das einzige, das sich um Essen oder Trinken dreht. Es wirkt ein bißchen verloren, aber für mich ist es das am schönsten gemalte.

Ich traf Ulrich Mell zum ersten Mal in diesem Raum im Mai 1990, als Lillis Vater, Gerhard Biffar, mir seinen neuen Kellermeister und die Weine, die dieser gerade abgefüllt hatte, vorstellte. Er hatte diese Weine in den Fässern des beeindruckenden Gewölbekellers des Gutes »geerbt«, wo sie noch unter seinem Vorgänger gegoren hatten. Trotzdem deuteten sie bereits an, daß hier ein dramatischer Stilwandel stattfinden würde. Die Situation traf mich ganz unerwartet, da Gerhard Biffar bei meinem vorherigen Besuch auf dem Gut allem Anschein nach mit dem Status quo zufrieden gewesen war – und hier war auf einmal ein Kellermeister, der von einer Revolution sprach. Die alte Zentralheizungsanlage gab die üblichen Klopf- und Gluckergeräusche von sich, als ich unverwandt auf die Erdbeeren starrte und darüber nachdachte. Fruchtige Weine ...

In jedem Winkel des Biffar-Guts trifft man auf Tradition, auf Zimmer, in denen sich anscheinend seit Generationen nichts verändert hat. Der kopfsteingepflasterte Hof ist eine zeitlose Erinnerung an die Herrlichkeit des 19. Jahrhunderts, selbst die Toiletten sind Kulturdenkmäler einer vergangenen Epoche. Manche haben die neuen Weine als »zu modern« abgelehnt, als ob die Biffars und Ulrich Mell sich mit ihnen bewußt von der Tradition abgewandt hätten, und die Weine deshalb ein Verrat an allem wären, wofür das Gut sonst steht. Aber worin besteht die Tradition der Biffars, wenn der jetzt eingeschlagene Weg angeblich falsch ist? 1723, als die Biffars aus Lyon nach Deidesheim kamen, wurden die Pfälzer Weine ganz anders ausgebaut als 1870, als das Gutshaus gebaut wurde, oder wiederum 1970, ein Jahrgang, aus dem ich vor einer Weile eine Biffarsche Riesling Beerenauslese von hinreißender Eleganz getrunken habe. In welchem Zeitalter ist die einzig wahre Tradition der Biffars oder der Pfalz zu finden? Obwohl die neuen Biffar-Weine gewissermaßen moderner sind als die der achtziger Jahre oder zuvor, sind sie andererseits traditioneller, da Ulrich Mell den Einsatz von modernen chemischen Düngemitteln und Herbiziden im Weinberg ablehnt. So groß Gerhard Biffars Respekt vor der Tradition auch immer gewesen ist, seine oft geäußerte Begeisterung für die sehr modernen Weine des Weingutes Müller-Catoir machte deutlich, daß er Ulrich Mells Bestreben, den Biffar-Weinen eine neue Form zu geben, immer teilte und unterstützte; das war genau der Grund, warum er ihn zum Kellermeister gemacht hatte. Er überschlug sich nicht vor Begeisterung, sondern blieb ruhig, wie es seine Art ist. Seine Zufriedenheit über den Wandel war aber nicht zu übersehen.

Ich habe seitdem oft auf die Erdbeeren gestarrt und war in Gedanken mit anderen Früchten beschäftigt: in dem Glas, das ich in meiner rechten Hand hielt und in dem Wein, der über meinen Gaumen floß, habe ich sie genossen, ohne zu überlegen, ob sie modern oder traditionell, altmodisch oder Avantgarde sind. Wenn Lilli Biffar-Hirschbil die besten Weine des Gutes verkostet, überschlägt sie sich auch nicht, aber ihr unverhülltes Lächeln zeigt deutlich, wieviel Freude sie daran hat. Es ist ihr wichtig, daß die Weine des Gutes so gut wie möglich sind, nicht nur, weil das meiste deshalb innerhalb weniger Wochen ausverkauft ist, sondern wegen der Befriedigung, die all die harte Arbeit, die in den Weinen steckt, aufwiegt. Das ist für sie der wichtigste Antrieb, im nächsten Jahr noch größere Anstrengungen zu unternehmen. Mit dem Weggang von Ulrich Mell und dem Eintritt des jungen Geisenheim-Absolventen Dirk Roth ist die Verantwortung Lilli Biffars für die Weine deutlich gewachsen. »Wir machen so weiter«, sagt sie. Es werden keine Kompromisse eingegangen, weder bei den Biffar-Schokoladenorangen noch bei irgendwelchen anderen Früchten, die in den Biffar-Weinen auftauchen.

Die Weine des Weinguts Josef Biffar

Das Weingut ist zwar am bekanntesten für seine Rieslinge, macht aber auch guten trockenen Weißburgunder, mittelgewichtig, schlank und mit weicherer Säure als die Rieslinge des Gutes; ein idealer Wein zum Essen »für alle Tage«. Die Rieslinge, und dabei besonders jene, die unter dem »Biffar Privat«-Etikett (weiß mit einem schwarzen Streifen am oberen Rand, auf dem der Gutsname in goldenen Buchstaben steht) verkauft werden, sind wesentlich differenziertere Weine. Sie kommen immer mit einem Lagennamen auf den Markt, darunter in etwa ein halbes Dutzend von größerer Bedeutung. Die Weine aus den Ruppertsberger Lagen Nußbien und Reiterpfad sind reichhaltig und duftbetont. Es sind klassische Pfälzer Weine, ihr zitrus- und aprikosenartiger Charakter läßt sie schon ansprechend wirken, wenn sie noch nicht einmal ein Jahr alt sind. Die Weine aus dem Kieselberg und der Leinhöhle in Deidesheim sind ebenfalls voll, aber feinfruchtiger und eleganter. Die Weine aus der Deidesheimer Mäushöhle sind voll und von fester Struktur, sie brauchen ein bis zwei Jahre Flaschenreife, um ihre intensiven Cassisaromen voll zu entfalten, und sind sehr langlebig. Die kraftvollen Rieslinge aus dem Deidesheimer Grainhübel entwickeln sich noch langsamer, sie zeigen ihren eher rauchigen Charakter erst nach zwei Jahren oder länger. Sind sie die besten Biffar-Weine, oder werden sie von den hinreißenden Weinen aus dem Wachenheimer Gerümpel mit ihren verführerischen Aprikosenaromen noch übertroffen?

Probiernotizen Weingut Josef Biffar

Riesling – Aus Deidesheimer »Grand-Cru«-Lagen

1992   Deidesheimer Grainhübel Auslese trocken   91
Es hat gedauert, aber aus dem häßlichen Entlein ist ein richtiger Schwan geworden. Ich bin glücklich, wieder seine souveräne Haltung bewundern zu können.

1993   Deidesheimer Mäushöhle Spätlese trocken   90
Das meinen die Experten, wenn sie sagen, »der Riesling-Wein hat einen Pfirsichton«, aber wie oft gibt es das in dieser Reinheit und Klarheit?

1993   Deidesheimer Grainhübel Spätlese trocken   91
Hat in den letzten Jahren erstaunlich an Substanz gewonnen, ohne korpulent zu werden, ganz im Gegenteil – mit der Fülle ist auch Noblesse gekommen.

1994   Deidesheimer Leinhöhle Spätlese trocken   87
Ananasscheiben vor dem Kandieren, mit ihrer erfrischenden Säure.

1994   Deidesheimer Kieselberg Trockenbeerenauslese   92
Besticht durch seine ewige Jugendlichkeit. Allmählich fängt er an, ein wenig von seinem Reichtum an Feinheiten zu zeigen. Eigentlich ist es für die volle Reife aber noch viel zu früh.

1995   Deidesheimer Grainhübel Spätlese trocken   85
Langsam reifen die Aprikosen nach am Fensterbrett und gewinnen erstaunlich an Geschmack, die Strenge der Unreife verschwindet fast ganz.

1996   Deidesheimer Mäushöhle Kabinett trocken   87
Knallrote wilde Erdbeeren mit intensivsten Aromen, kaum gebändigter Kraft und herrlicher Eleganz.

1996   Deidesheimer Grafnhübel Spätlese trocken   89
Ein extremer Spätzünder, der bis zur Jahrhundertwende brauchen wird, um seine Duftschätze preiszugeben.

1996   Deidesheimer Mäushöhle Eiswein (Fassprobe)   94?
Kandierte Aprikosen in Reinform, auch ihre Süße hier mit einer pikanten Frische gepaart.

Riesling – Wachenheimer Gerümpel »Grand Cru«

1992 Auslese trocken 93
Auch der unerfahrenste Weintrinker würde hier merken, daß ein Ausnahmewein im Glas steht. Trotz aller Power und Geschmacksdichte eine perfekte Harmonie, die sagt: »Schätzen Sie sich glücklich, daß wir uns getroffen haben.«

1993 Spätlese trocken 88
Eleganz und vornehme Art fehlen ihm keineswegs, doch die üppigen Fruchtaromen der 1992er sind nicht zu finden.

1994 Spätlese trocken 84
Hier gibt es schwarze und rote Johannisbeeren in Mengen, aber auch ihre etwas scharfe Säure macht sich bemerkbar.

1995 Spätlese 88
Ein ganzer Korb voller exotischer Früchte, doch alles andere als ein Sattmacher.

1996 Spätlese trocken 90
Kandierter Ingwer in Biffar-Qualität; ein ganz zarter Anfang, dann Allegro Crescendo.

Pfälzer Phoenix
Christian von Guradze und Bettina Bürklin-von Guradze

Weingut Bürklin-Wolf
Weinstraße 65
67157 Wachenheim
Tel. 06322/95330
Fax 06322/953330

An einem kalten, nebligen Februarmorgen 1990 waren die Weinbergsarbeiter des Fürstlich Castellschen Domänenamts auf dem Weg durch das Dorf Castell im westlichen Steigerwald in Franken zu den Reben, die an diesem Tag beschnitten werden mußten. Einer in dieser Gruppe, ein hochgewachsener aristokratischer junger Mann, der in seiner beruflichen Laufbahn erst eine Süßwarenfabrik in Nigeria aufgebaut und dann Hubschrauber im Mittleren Osten verkauft hatte, muß besonders gefroren haben, denn für ihn war dies der große Sprung ins kalte Wasser. Für Christian von Guradze, der kurze Zeit zuvor Bettina Bürklin geheiratet und entschieden hatte, mit seiner Frau zusammen das Weingut Bürklin-Wolf im pfälzischen Wachenheim zu führen, war dies die erste Konfrontation mit den nackten Tatsachen des Weinbaus.

In diesem Moment war er sich sicher nicht der Ausmaße der gerade in Angriff genommenen Aufgabe bewußt. Dr. Bürklin-Wolf ist nicht nur eines der größten deutschen Weingüter in Privatbesitz, es zählt auch zu den wenigen, die sowohl weltweit als auch im eigenen Land einen hohen Bekanntheitsgrad genießen. Dieser Ruf ist vor allem das Verdienst von Dr. Albert Bürklin, der den Betrieb von 1924 bis zu seinem Tod im Jahre 1979 führte. In dieser Zeit gehörten die Bürklin-Wolf-Rieslinge zu den größten Weißweinen in Deutschland bzw. der Welt. Solche Weine entstehen nicht von ungefähr, und genauso wenig sind Betriebe dieser Art gegen Veränderungen in der Welt immun. Wie bei so vielen anderen großen Weingütern, die hinter dem internationalen Erfolg der deutschen Weißweine während der letzten zwei Jahrhunderte standen, entsprachen viele der in den achtziger und frühen neunziger Jahren erzeugten Weine nicht dem alten Glanz und Ruhm.

Wenn Christian von Guradze heute mit überlegtem Ernst sagt: »Es ist unser Ziel, als Nummer eins in der Pfalz anerkannt zu werden und zu den zehn besten Weingütern Deutschlands zu gehören«, dann scheint dieser kalte erste Tag in den Reben sehr weit zurückzuliegen. Nicht weniger groß ist der Kontrast zwischen den solide gemachten, aber eher strengen trockenen Weinen, die auf dem Weingut erzeugt wurden, als Christian von Guradze 1990 in Wachenheim eintraf und den feinfruchtigen, kraftvollen Rieslingen, die man dort jetzt bekommt. Es ist schwierig, sich der Schlußfolgerung zu entziehen, daß diese bemerkenswerte Veränderung ohne den ersten harten Schritt nicht möglich gewesen wäre. »Ich bin ein reiner Praktiker«, sagt Christian von Guradze in einem Ton, der bescheiden klingt, das Wort »Praktiker« jedoch zugleich gewissermaßen als nobel darstellt.

Es passiert nicht oft, daß jemand bis dahin vollkommen unbekanntes wie Christian von Guradze plötzlich die Weinszene betritt. Zusammen mit der Direktheit, mit der er seine Meinungen kundtut, hat ihm dies sehr schnell den Ruf eines arroganten Dilettanten eingebracht. »Er kann wie ein Elefant im Porzellanladen sein«, sagt einer seiner Kollegen, »aber wer ihn nach ein oder zwei provokativen Äußerungen verurteilt, mißversteht und unterschätzt ihn.« Mit den immer beeindruckenderen Weinen, die Bürklin-Wolf in den letzten Jahren erzeugt hat, verschafft sich Christian von Guradze jedoch mehr und mehr Respekt. Jedem Insider ist inzwischen klar, daß in ihm weitaus mehr steckt als ein guter Verkäufer, sei es nun bei Hubschraubern oder Wein.

Christian von Guradze hätte das Ruder bei Bürklin-Wolf nicht so schnell herumreißen können, ohne durch die oberflächlichen Probleme der hohen Arbeitskosten und Vermarktungsschwierigkeiten hindurch, die alle größeren Weingüter Deutschlands betreffen, weiter in die Tiefe zu bohren. Um die Ortschaften Wachenheim, Forst und Ruppertsberg herum hat er auch im wörtlichen Sinn bis weit unter die Erdoberfläche gebohrt, um die Beschaffenheit der Böden und Unterböden zu untersuchen. »In Deutschland meinen die meisten Experten, daß lediglich die oberen 70 Zentimeter des Bodens Einfluß auf das Wachstum der Reben haben«, sagt er, »während in Frankreich die gängige Meinung in Fachkreisen lautet, daß gerade die darunter liegenden Schichten den stärksten Einfluß auf den Wein haben. Ich mußte mir das selbst anschauen.«

Die Ergebnisse seiner Grabungen waren höchst erstaunlich. So liegt zum Beispiel zwei Meter unter der Oberfläche des Wachenheimer Goldbächel ein altes Flußbett; im Wachenheimer Bohlig findet man die fossilisierten Überreste eines Korallenriffs. Sehr leicht hätte das ganze eine bloße PR-Aktion sein können. Christian von Guradze nahm es jedoch als Ansporn, Weine zu erzeugen, die diese unterirdischen Unterschiede klar genug widerspiegeln, damit sie sowohl von Konsumenten als auch von Experten erkannt werden können. Seit 1993 wurden bei Bürklin-Wolf jedes Jahr wichtige Umstellungen bei der Weinbergspflege, Lese und Kelterung der Trauben und beim Ausbau der Weine durchgeführt. »1994 haben wir sehr viel differenzierter gelesen als vorher und ohne das übliche vorherige Mahlen gekeltert: Ganztraubenpressung wie in der Champagne. Auf einmal hatten unsere Weine einen anderen Stil. Wenn ich sie jetzt probiere, kann ich nicht umhin, an die bevorzugte Beschreibung der Bürklin-Wolf-Weine meines Schwiegervaters zu denken: ›elegant‹.«

Es ist kein Zufall, daß Christian von Guradze seine Weine mit denen von Dr. Albert Bürklin vergleicht; manche der als »neu« auf dem Gut eingeführten Methoden sind das Ergebnis des Studiums des Vorgehens von vor 50 oder 100 Jahren. Die Weinmacher der Vergangenheit hatten Methoden entwickelt, die es ihnen ermöglichten, bemerkenswerte Weine mit einer »primitiven« technischen Ausrüstung zu erzeugen. Die gegenwärtigen Innovationen auf Bürklin-Wolf zielen alle darauf ab, wieder die Bedingungen zu schaffen, die für die Weinmacher früherer Generationen das Optimum darstellten, diesmal jedoch mit Hilfe moderner Technologie. »Wir hatten Glück, daß wir diese Veränderungen so schnell vornehmen konnten. Der frühere Direktor des Gutes, Georg Raquet, hat den Betrieb so gut ausgerüstet und so gute Mitarbeiter eingestellt, daß wir keine gewaltigen Investitionen tätigen mußten.« Der Kellermeister Fritz Knorr war ein nicht weniger wichtiger Teil des Erbes aus der Raquet-Zeit. Früher war er eher den Anweisungen des Direktors ohne Eigeninitiative treu gefolgt. Heute ist seine Verantwortung gewachsen, und er zeigte plötzlich Talent für seine erweiterte Aufgabe.

Dennoch ist alles etwas komplizierter, als es scheint; eine Steigerung der Weinqualität ist niemals einfach oder billig. Die Kosten für Bürklin-Wolf begannen zu steigen, als die Erträge durchschnittlich um ein Drittel reduziert wurden. Gleichzeitig schlug die Weinbergspflege durch den zunehmenden Einsatz von Handarbeit wesentlich mehr zu Buche als vorher. Der radikalste Schritt aber war die Entscheidung, eine interne Klassifizierung aller Weine des Gutes einzuführen, ein Prozeß, der unweigerlich zum Verlust einiger konservativer Kunden führte und allein schon deshalb seinen Preis hatte. Sämtliche Weine aus den minderwertigen Lagen östlich der Weinstraße werden seitdem unter dem Zweitetikett »Villa Eckel« vermarktet. Die Standard-Riesling-Qualitätsweine von Bürklin-Wolf werden jetzt ausschließlich in Literflaschen abgefüllt, während höherwertige QbA-Weine heute als »Ortsrieslinge« unter den Bezeichnungen Wachenheim, Deidesheim oder Forst angeboten werden. Dann kommen die traditionellen Prädikatsweine, für die das Gut bereits einen Namen hat, und schließlich eine neue Kategorie trockener Spitzen-Rieslinge: »die Erstes-Gewächs-Rieslinge«.

All das zeigt, wie stark die Eindrücke sind, die Bettina Bürklin-von Guradze und Christian von Guradze bei ihren Reisen ins Burgund, Elsaß, nach Bordeaux und Österreich während der letzten Jahre gewonnen haben. Sie wurden nicht nur durch die kellerwirtschaftlichen Vorstellungen großer Winzer wie Willi Bründlmayer aus Langenlois/Kamptal in Österreich und Léonard Humbrecht von der Domaine Zind-Humbrecht in Turckheim/Elsaß beeinflußt, sondern auch maßgeblich durch deren leidenschaftlichen Glauben inspiriert, daß Qualitätsstreben auf dem Fundament einer Weinbergslagen-Klassifizierung stehen muß. Christian von Guradzes oft wiederholte Erklärung, daß er in der Pfalz gerne eine Lagen-Klassifizierung nach französischem Vorbild sehen würde, ist kein leerer Marketingspruch. 1995 gründete er die »Arbeitsgemeinschaft Klassifikation Deutschland«, die zu ihrem ersten Treffen eine Gruppe ausländischer Winzer einlud, darunter Léonard Humbrecht und Willi Bründlmayer.

Christian von Guradze und Bettina Bürklin-von Guradze wollen jedoch nichts überstürzen. Ihre Absicht ist es, immer mehr überzeugende flüssige Beweise für die Logik und den Nutzen einer solchen Klassifizierung für das ganze Gebiet in den kommenden Jahren auf ihrem Gut zu erzeugen. Deshalb hat Christian von Guradze die Ergebnisse der Weinbergslagen-Klassifizierung des Gebietes, die 1838 von den Königlich Bayerischen Inspektoren vorgenommen wurde, ausgegraben. Damals wurde jede einzelne Rebparzelle des Gebietes auf einer Skala von 0 bis

65 bewertet. Christian von Guradze ließ diese Bewertungen auf eine Kopie einer Katasterkarte von 1837 übertragen und erhielt so eine außerordentlich präzise Weinbergslagen-Klassifizierungskarte der Mittelhaardt. Im September 1996 zeigte er mir das fertige Stück, einen zwei Meter langen Papierstreifen, auf dem die unterschiedlichen Bewertungskategorien durch verschiedene Farben gekennzeichnet sind. »Jetzt hat er wirklich tief gebohrt«, dachte ich ganz verblüfft.

Er gab zu, daß die Ergebnisse auch für ihn teilweise sehr überraschend gewesen waren. »Als ich hierher kam, wurde mir gesagt, daß die besten Lagen in unserem Besitz die Wachenheimer Spitzenlagen seien – unsere Alleinbesitzlage Rechbächel, das Goldbächel und das Gerümpel –, während diese Karte sehr deutlich zeigt, daß das Potential dieser Lagen von den besten Weinbergen in Deidesheim und Forst deutlich übertroffen wird. Das Forster Kirchenstück ist die höchstbewertete Lage der Pfalz, gefolgt vom Jesuitengarten. Ich denke, daß wir unsere Anstrengungen in Zukunft hier konzentrieren werden.« Es ist also vielleicht kein reiner Zufall, daß der beste trockene Riesling des Gutes Jahrgang 1995 aus dem Forster Kirchenstück stammte. Es ist ein kraftvoller, üppiger Wein, der den Riesling-Preis gewonnen hat, der alljährlich vom »Feinschmekker«-Magazin und dem »Waldhotel Krautkrämer« in Münster-Hiltrup für den besten trockenen deutschen Riesling vergeben wird.

Diese Erfolge sind für Christian von Guradze wichtig. Von noch größerer Bedeutung ist für ihn aber, wie diese neuen Ideen und die neuen Bürklin-Wolf-Weine international aufgenommen werden. »Außerhalb Deutschlands ist es erstaunlich. In Amerika sind die Leute fasziniert und sagen mir oft, daß wir genau darüber schon in den letzten 20 Jahren hätten reden sollen; und wenn sie die Weine dann probieren, sind sie vollkommen überzeugt«, sagt Christian von Guradze.

Die Frage an die Gegner einer deutschen Weinbergslagen-Klassifizierung, die sich daraus ergibt, liegt auf der Hand: Soll Deutschland bei einem Weingesetz bleiben, das zu einer Situation geführt hat, in der das internationale Image deutscher Weine das des »billigen Zuckerwassers« ist, oder lieber daran arbeiten, Bismarcks Worte wieder wahr zu machen: »Der deutsche Wein ist mein bester Botschafter«? Diese Frage beschäftigt Christian von Guradze sehr intensiv, und seine Antwort ist klar: Die deutschen Weine dürfen nicht länger als Witzfigur und billiger Jakob auftreten, sondern die Chance bekommen, erneut die herausragende internationale Stellung zu erlangen, die sie bis weit in unser Jahrhundert hinein hatten.

Natürlich steht hinter alledem auch eigenes Interesse, aber ihm ist klar, daß ein solches Vorhaben nur Erfolg haben kann, wenn es sehr ernsthaft verfolgt wird, wenn kurzfristige kommerzielle Erwägungen keine Rolle spielen und langfristige strategische Überlegungen im Vordergrund stehen. Zweifellos müssen einige seiner Ideen noch weiter reifen, wie auch die Bürklin-Wolf-Weine noch besser werden können. In seinem Eifer, koste es, was es wolle, voranzukommen, verrennt er sich manchmal zu weit in eine Richtung und muß dann ein Stück zurückgehen. Hier kommt der Einfluß von Bettina Bürklin-von Guradze zum Tragen. Gerade weil sie die tägliche Führung des Gutes ihrem Mann überläßt, kann sie die Entwicklungen mit mehr Distanz beobachten. Die Kombination aus seiner oft impulsiven Energie und ihrer überlegten Distanz hat das Weingut Bürklin-Wolf bereits mit außergewöhnlicher Geschwindigkeit von einem schlafenden Riesen in ein führendes Weingut verwandelt.

Die Rieslinge von Bettina Bürklin-von Guradze und Christian von Guradze

Dr. Bürklin-Wolfs neue Weine vereinen Fülle und Eleganz in sich. Seit 1993 haben sie mit jedem Jahrgang nicht nur an Substanz, sondern auch an Charakter gewonnen. Wenn ich sage, daß die besten trockenen Weine mit etwas mehr Dichte und Eigenständigkeit wirklich bemerkenswert wären, dann nicht, weil ich sie unbedingt kritisieren möchte, sondern weil ich sicher bin, daß ihre Erzeuger erwarten, daß diese Weine an den höchsten Maßstäben gemessen werden. Obwohl das einst labyrinthartige Angebot von Weinen deutlich reduziert wurde, ist es immer noch so groß, daß hier nur eine kleine Auswahl beschrieben werden kann.

Probiernotizen Weingut Dr. Bürklin-Wolf

Riesling – »Erstes Gewächs« – Weine aus diversen »Grand-Cru«-Lagen

1994   RUPPERTSBERGER REITERPFAD TROCKEN   86
       Schmeichelhaft und charmant, ohne daß die Füße den Kontakt
       zum Boden verlieren.

1994   WACHENHEIMER GERÜMPEL TROCKEN   88
       Genau die Eleganz, die sich Dr. Albert Bürklin zum Ziel gesetzt
       hatte, mit Pfälzer Substanz perfekt gepaart. Hat sich exzellent entwickelt.

1995   RUPPERTSBERGER GAISBÖHL TROCKEN   85
       Ein fülliger, aromatischer Pfälzer, jedoch ohne übertriebene Gesten oder lautes Geschrei; sanfte Frische ohne die üblichen Kanten
       des Jahrgangs in der Pfalz.

1995 FORSTER KIRCHENSTÜCK TROCKEN 86
Herrlichkeit ohne Selbstherrlichkeit, blitzsauber und ausgewogene Harmonie. Eine tolle Leistung für den Jahrgang, doch von Größe nur eine Andeutung.

1996 RUPPERTSBERGER GAISBÖHL TROCKEN 87
Vorne geht es üppig und kräftig zu, dann kommt eine leichte Strenge. Wie werden sich die »Gegensätze« mit der Zeit zusammenfügen?

1996 FORSTER UNGEHEUER TROCKEN 88
Ein richtiges Ungeheuer mit der Power und den Dimensionen, die dazugehören. Hinten hält er seine große Versprechung jedoch nicht ganz.

1996 FORSTER PECHSTEIN TROCKEN 89
Das Zusammenprallen von kleinen Feuersteinen zündet einen großen Schuß. Die Kugel fliegt mit rasender Geschwindigkeit geradlinig auf ihr Ziel zu. Hat sie genau den Punkt getroffen?

1996 FORSTER KIRCHENSTÜCK TROCKEN 90
Ein ganz seltener Zusammenhang; aristokratische Zurückhaltung trotz der exotischen Kleidung. Wird sich über die nächsten Jahre nur zum Positiven entwickeln. Hut ab!

Riesling – Edelsüße Weine aus diversen Spitzenlagen

1994 WACHENHEIMER GERÜMPEL TROCKENBEERENAUSLESE 97
Auf einem gewaltigen Grundriß steht ein Barockschloß, das einen auf den ersten Blick vollkommen überwältigt. Man weiß nicht, wo der Anfang ist und noch weniger das Ende. Aber mit der Zeit gewöhnt man sich an diese fulminante Pracht dieser Dimensionen.

1995 FORSTER UNGEHEUER SPÄTLESE 89
Mächtig genug, um als Auslese zu bestehen. Der Kerl strotzt vor Muskeln, ist dabei aber überraschend beweglich.

1995 FORSTER PECHSTEIN AUSLESE 91
Eine ungewöhnliche saubere Ausführung der Edelfäule für 1995; keine Faultöne, nur edle Fruchttöne der exotischen Art.

1996 WACHENHEIMER GERÜMPEL EISWEIN 92
Die Cremigkeit schmeichelt fast ein wenig zu sehr, aber bei dieser Jugend kann sich alles noch zum Positiven wenden. Deshalb: in die hinterste Kellerecke legen und gesund leben, dann kann es irgendwann zur Eiswein-Ekstase kommen.

Rotweine, aus dem Nichts gezaubert
Werner und Volker Knipser

Weingut Knipser
Johannishof
67229 Laumersheim
Tel. 06238/742
Fax 06238/4377

»Laumersheim, wo zum Teufel liegt denn das?« fragte mich mein britischer Kollege ungläubig. »Glaubst du wahrhaftig, daß dieser Knipser, diese Knipsers, dort wirklich gute Rotweine machen?« Meine Reaktion war genau die gleiche gewesen, als ich das erste Mal von den Weinen von Werner und Volker Knipser gehört hatte, deren Betrieb damals noch den Doppelnamen Knipser-Johannishof trug. Einige Monate später jedoch, als mein Kollege endlich ihre Rotweine hatte probieren können, war er außerordentlich überrascht, beinahe jeder ist es. Farbintensiv, kraftvoll, mit hohem Alkoholgehalt und festem Gerbstoff stellen sie den Beweis dar, daß die Pfalz in einem guten Jahrgang das Potential zu Rotweinen hat, die den Vergleich mit denen Frankreichs oder Norditaliens nicht zu scheuen brauchen. Die Laumersheimer Weinberge zählen nicht unbedingt zu den berühmtesten der Pfalz, und bis die Knipsers auftauchten, wußten nur ein paar einheimische Experten, wie die dortigen Weine schmeckten, so daß ihre Leistung um so bemerkenswerter ist. »Also, wo liegt denn nun Laumersheim?« fragte mein britischer Kollege damals, inzwischen fest entschlossen, den Knipsers einen Besuch abzustatten. »Gleich nördlich der A 6 in der Nähe von Grünstadt«, erwiderte ich, und diese nicht gerade romantische Lagebeschreibung verstärkte noch den Eindruck, daß Laumersheim irgendwie nicht der Rede wert war.

Es gibt eine kleine Reihe von Winzern in Deutschland, deren Anstrengungen bei der Erzeugung erstklassiger Rotweine denen der Knipsers in nichts nachstehen und die sich ebenso wie sie schon seit einigen Jahren dieser Aufgabe widmen. Viele der deutschen Rotweine, die in den späten achtziger Jahren für Schlagzeilen sorgten, als die Rotweinrevolution einsetzte, wirken jedoch inzwischen wenig ansprechend: sauer, leer oder müde. Es gibt kaum einen anderen Rotweinerzeuger in Deutschland, der wie die Knipsers in seinen privaten Keller hinuntergehen und eine Reihe beeindruckender Weine aus diesen Jahrgängen auf den Tisch stellen kann. Ihre Weine entwickeln sich über fünf oder zehn Jahre hinweg positiv und halten länger. Als ich das Gut das letzte Mal besuchte, hatte sich der Innenhof seit meinem ersten Besuch zehn Jahre zuvor nahezu nicht verändert. Eine Frau kam auf mich zu, zweifellos eine Frau Knipser: »Guten Tag, ich bin die Hexe im Haus«, stellte sie sich vor. Vielleicht beruht die Qualität der Weine hier wirklich auf Zauberei? dachte ich mir, als ich über den Hof ging.

»Nein, du mußt auch ein paar ältere Weine verkosten«, beharrte Werner Knipser, als ich im Probierzimmer stand und nach den letzten Jahrgängen fragte. Er hatte recht, denn obwohl die Weine, die sein Bruder und er in den guten Jahrgängen Anfang der neunziger Jahre gemacht haben, besser sind als die der späten achtziger Jahre, unterstreichen letztere doch, daß die neuen Weine keine kurzlebigen Kartenhäuser sind, die auseinandergefallen sein werden, bevor man überhaupt die Korken aus den Flaschen gezogen hat.

Nicht etwa, daß die Knipsers für mich immer nur witzige oder angenehme Überraschungen gehabt hätten. Eines Abends im Herbst 1993 gab Werner Knipser, der ältere, stämmigere und selbstbewußtere der beiden, mir einen »interessanten« Einblick in seinen Charakter. Der Grund dafür war ein Artikel, den ich für eine Weinzeitschrift geschrieben hatte und in dem ich die besten Riesling-Weinbergslagen europaweit klassifiziert hatte, was jetzt eine Art Gesellschaftsspiel für »Weinfreaks« geworden ist. Der Anlaß bestand in einer Blindverkostung von Spätburgundern (Pinot Noir) aus dem Jahrgang 1990 aus Deutschland und Frankreich. Vielleicht aufgrund der Tatsache, da ihr 1990 Spätburgunder nicht so gut in der Probe stand, wie Werner Knipser es sich erhofft hätte, bekamen mein Artikel und ich eine volle Breitseite von ihm ab. Er machte sehr deutlich, daß alles vollkommener Unsinn sei, seine guten Rieslinge würden dies belegen. Für jemanden aus Laumersheim, der etwas geschafft hat wie er – auf dem Gut gibt es ein ganzes Regal voller Preise der Weinzeitschrift »Vinum« für die Knipser-Rotweine – muß das Argument, der bei weitem wichtigste Faktor für die Weinqualität sei der verantwortliche Mensch, unwiderlegbar erscheinen. Meine Erwiderung, er würde noch bessere Weine machen, wenn er Land in einer der Pfälzer Spitzenlagen besäße, wirkte auf ihn in seiner wutschnaubenden Laune wie ein rotes Tuch und machte alles nur noch schlimmer. Ich setzte mich ans andere Ende des Restaurants.

Dieser Kampfgeist ist es jedoch, der die Knipsers dahin gebracht hat, wo sie heute stehen. Ohne ihn hätten sie sich kaum soweit aus der Dunkelheit herausgeboxt, daß das Gourmetmagazin »Der Feinschmecker« ihnen 1996 seinen ersten »Winzer des Jahres«-Titel verlieh. Die Presse nimmt sie erst seit Ende der achtziger Jahre wirklich ernst, doch steckt hinter diesen Leistungen eine Arbeit an den Rotweinen des Gutes von über 20 Jahren. Im wirtschaftlichen Sinn trug diese Arbeit schnell reiche Früchte, so daß Werner Knipser mir bei einem Rundgang durch die neuen Keller im Sommer 1989 mitteilen konnte: »Ich kann die Frage, wie sich die Rotweine verkaufen, mit einem roten Strich quer durch die Rotweinseite der Preisliste beantworten, sie sind alle ausverkauft.« Trotzdem war dies und die erste Flut von Kritikerlob nicht genug. Was Werner Knipser auf den Reisen, die er in Rotweingebiete wie Bordeaux und Piemont unternahm, verkostete, zeigte ihm, daß er noch ein ganzes Stück davon entfernt war, sich mit den besten dortigen Weinen messen zu können. Sie setzten nicht nur einen Maßstab, sondern wurden auch zu stilistischen Vorbildern, und die Knipser-Weine der letzten Jahrgänge zeigen eine immer deutlichere Ähnlichkeit mit den Weinen dieser Gebiete.

Nicht alle Rotweine der Knipsers sind von diesem Kaliber, nicht zuletzt, weil sie so viele verschiedene Sorten anbauen. Ihre Rotweine aus Spätburgunder, Schwarzriesling, St. Laurent, Dornfelder, Cabernet Sauvignon und Blauem Portugieser sind jedoch alle zumindest von guter Qualität. Es ist ein buntgemischter Haufen von Rebsorten, aus dem nur zwei, Spätburgunder und Cabernet Sauvignon, auf internationaler Ebene traditionell als edle Sorten angesehen werden, während zwei andere, Schwarzriesling (Pinot Meunier in Frankreich) und Blauer Portugieser, als Massenträger für Konsumweine gelten. Die Verwandlung der letzteren von blassen, wäßrigen Weinchen in kraftvolle Rotweine ist eine besonders überraschende Leistung der Knipsers, selbst wenn dies nie ihre beeindruckendsten Weine sind. »Die einzige Methode, um solche Weine aus diesen Sorten zu machen, besteht darin, den Ertrag rigoros zu beschränken«, sagte Werner Knipser, als ich ihn 1987 zum erstenmal besuchte. Diese Einstellung steht auch hinter dem Stil der Knipserschen Dornfelder. Dornfelder sind üblicherweise tieffarbige, aber rustikale und manchmal säuerliche Rotweine. In den Händen der Knipsers werden sie voll, samtig und fein.

»Als Weinmacher muß man wissen, was man will«, sagte Volker Knipser während meines letzten Besuches auf dem Gut, »ja, eigentlich bei allem.« Beide wissen genau, was sie wollen und verfolgen ihre Ziele kompromißlos. In manchen Bereichen, wie zum Beispiel dem Einsatz von neuen *Barrique*-Fässern beim Ausbau ihrer Rotweine, ist genau diese kompromißlose Einstellung für die eindrucksvollen Ergebnisse verantwortlich. Wenn man aber derart unerschütterlich ein bestimmtes Ziel verfolgt, kann das gelegentlich auch zu Problemen führen. »Wenn wir im Sommer 1995 nicht so viele der halbentwickelten Trauben herausgeschnitten hätten, hätte der Septemberregen nicht derart katastrophale Folgen gehabt«, erzählte Werner Knipser mit einem Kopfschütteln. »Wenn das Wetter während der Lese jedoch schön gewesen wäre, hätten wir wahrscheinlich unsere bis dahin besten Rotweine geerntet.« Beim Spätburgunder führt der Ehrgeiz der Knipsers manchmal zu übermäßig kraftvollen Weinen mit extremen Tanninen, die sich vielleicht nie so ganz mit den anderen Weinkomponenten verbinden werden.

Genau dieser Stil macht jedoch ihren ersten Cabernet-Sauvignon-Weinen so spannend. Meine letzte Verkostung auf dem Weingut Knipser an einem heißen Maimorgen 1996 endete mit dem bemerkenswerten 1993er Jahrgang dieses Weins. Die Knipser-Brüder, eine junge australische Praktikantin, Eleana Anderson, und ich saßen um den Tisch des kühlen Probierzimmers und schwenkten eine kleine Menge dieses noch sehr jungen Weines in unseren großen Gläsern, damit er seine Aromen entfalten konnte. Mit jeder Welle stiegen neue Duftnoten auf: Brombeere, schwarze Johannisbeere, grüne Paprika, Schokolade, Kaffee, Orangenschale, notierte ich. »Ich mag Weine, die sich im Glas verändern und einem jedesmal neue Aromen zeigen«, sagte Eleana und drückte damit aus, was wir sicher alle dachten. »Er tanzt im Glas, um zu zeigen, was er kann«, sagte Werner Knipser und machte ein paar Bewegungen, die wie eine Mischung aus klassischem Ballett und Bodybuilder-Posen aussahen. Eleana verfolgte diese kleine Vorstellung mit großen Augen und entgegnete voller Überzeugung: »was *sie* kann«.

Der Cabernet ist das jüngste Kind der Knipsers. Traditionsgemäß werden seine Weine von Kennern und Fachleuten als »männlich« beschrieben. Da ich aber die Brüder Knipser weder als frauenfeindlich noch als männliche Chauvinisten hinstellen möchte, nehme ich Eleanas Vorschlag an und ernenne ihn bzw. sie zu ihrer Tochter. Sie hat zweifellos bewiesen, daß diese große Rebsorte aus dem Bordeaux allen Unkenrufen zum Trotz in den wesentlich kühleren Weinbergen Deutschlands eine Chance hat. Die folgenden Jahrgänge kommen an diesen nicht heran und führen zu dem Eindruck, daß sie vielleicht eine launische Diva ist. Eine große Diva kann sich jedoch ein paar verpatzte Abende leisten, wenn genügend ihrer Auftritte atemberaubend sind. Es ist noch zu früh, um genaueres über die Tochter der Knipser-Brüder zu sagen, doch lassen mich die ersten beeindruckenden Begegnungen gespannt auf weitere Auftritte warten.

Probiernotizen Weingut Knipser

Dornfelder – Diverse Lagen

1993 LAUMERSHEIMER KAPELLENBERG SPÄTLESE TROCKEN 85
Schwarz wie die Nacht, Brombeeren und Rauch, voll mit allem, aber trotzdem wie schwarzer Samt.

1995 LAUMERSHEIMER KIRSCHGARTEN QUALITÄTSWEIN TROCKEN 80
(BARRIQUE)
Läßt an Süßigkeiten wie Schokolade und Toffee denken, sorgt dann allerdings für herbe Ernüchterung. Die Wellen werden sich glätten, aber es dauert ein, zwei Jahre.

Sankt Laurent – Großkarlbacher Burgweg

1992 AUSLESE TROCKEN 85
Ein Ton wie nach Pinienharz stört ein wenig, aber es mangelt nicht an Fülle oder Schmackes in dieser großen Kiste.

1993 AUSLESE TROCKEN 88
Power, Power, Power und dabei kein bißchen übermächtig oder übertrieben. Für Skeptiker ein optimaler Beweis, daß es doch beeindruckende deutsche Rotweine gibt.

1995 QUALITÄTSWEIN TROCKEN (BARRIQUE) 81
Lakritz, wie ich es als Kind geliebt habe, und für den schlimmen Jahrgang viel Samtigkeit und Eleganz.

Spätburgunder – Mit und ohne Lagenbezeichnung

1992 SPÄTLESE TROCKEN 87
Seide und Würze, wie man sie in exzellenten Rotweinen aus dem Burgund findet; entwickelt sich sehr zum Positiven und hat noch viele Jahre vor sich.

1993 SPÄTLESE TROCKEN 83
Eiserne Faust, doch fehlt der Samthandschuh, der traditionsgemäß dazu gehört. Vielleicht verstehe ich diesen Kraftprotz nicht richtig, er ist mir einfach zu hart.

1994 LAUMERSHEIMER MANDELBERG QUALITÄTSWEIN TROCKEN 81
(BARRIQUE)
Substantiell und ausdrucksstark, wenn auch ein wenig kantig und ungestüm.

1995 LAUMERSHEIMER KIRSCHGARTEN QbA TROCKEN 68
Sieht schon zehn Jahre alt aus und schmeckt entsprechend (auch etwas sauer).

Cabernet Sauvignon – Ohne Lagenbezeichnung

1993 Qualitätswein trocken*** 85
Keine Bodybuilderin oder Tänzerin, aber eine vielseitige Persönlichkeit, die viel zu geben hat, wenn man Geduld für sie hat; noch sehr jugendlich. Kann den Vergleich mit guten Bordeaux aushalten.

1994 Qualitätswein trocken*** 80
Riecht ein wenig wie Portwein (Karamelnote), aber voll und ausgeglichen. Jetzt trinken!

1995 Qualitätswein trocken 70
Grüne Paprika habe ich immer gemocht, aber so viel auf einmal kann nur Fanatikern gefallen. Ansonsten ist nicht viel los in der Bude.

Saumagen gegen Schlabberwasser
Bernd Philippi

Weingut Koehler-Ruprecht
Weinstraße 84
67169 Kallstadt
Tel. 06322/1829
Fax 06322/8640

»Alles Schlabberwasser!« rief Bernd Philippi mit lauter Stimme, so daß jedem in der schicken italienischen Enoteca »Il Calice« in Berlin, wo wir saßen, klar wurde, daß es ihn überhaupt nicht kümmerte, wer ihn hörte oder was man von ihm dachte. Das Opfer der Verdammung waren die italienischen Weißweine, mit denen wir unseren Abend hier begonnen hatten: modische Pinot Bianco und Pinot Grigio aus dem Friaul. Die anderen Winzer am Tisch wanden sich auf ihren Stühlen, ihre Gesichter machten als Reaktion auf seine verheerenden Worte alle möglichen Farbschattierungen durch. »Ja, aber er hat eine ansprechende Frucht und ...«, wagte jemand nach langer Stille endlich schüchtern zu entgegnen – zu spät. Bernd Philippi hatte sich bereits mit entschlossener Miene vom Tisch erhoben. Er kam mit einem Kellner zurück, der sich eilends daran machte, eine Flasche Puligny-Montrachet von Etienne Sauzet, einen burgundischen Weißwein der oberen Preisklasse, zu servieren, ganz klar auf Kosten des Herrn Philippi. Der Wein war unendlich viel besser als alle seine Vorgänger am Tisch. Bernd Philippi schaute sich mit zufriedener Genugtuung in der Runde seiner Kollegen um, die sich beeilten, zustimmende Töne von sich zu geben.

Begebenheiten wie diese – die beileibe kein Einzelfall ist – passen überhaupt nicht in das Bild des typischen gutmütigen Pfälzers, das die meisten Beschreibungen Bernd Philippis zeichnen. Es ist nicht abzustreiten, daß er meist gut gelaunt ist und das Leben in vollen Zügen genießt, doch sind diese Seiten seines Charakters nicht von seiner kritischen Einstellung zu trennen. Was ihn nicht beeindruckt, lehnt er mit einer Heftigkeit ab, die die meisten Deutschen nur aus dem Bereich der Politik, der Religion oder vom Fußball kennen und nie mit der Welt von Wein und Essen in Verbindung bringen würden. Es handelt sich dabei keinesfalls um ein belangloses Wesensmerkmal. Ohne diese Strenge des Urteils, die er zuallererst bei seinen eigenen Weinen anwendet, hätte die Qualität der Koehler-Ruprecht-Weine niemals die Höhen der letzten Jahre erreicht oder diese kultartige Anhängerschaft gefunden, die von Oggersheim über Griechenland, Schottland und Mexiko bis nach Kalifornien reicht.

Warum fühlen sich diese weit verstreuten Fans von den Koehler-Ruprecht-Weinen so angezogen? Ich denke, die Antwort darauf ist ziemlich einfach. In einer Welt, in der die meisten Weine – genauso wie der Großteil der Lebensmittel und Getränke – immer ähnlicher schmeckt, fallen Bernd Philippis Weine extrem aus dem Rahmen. Sie unterscheiden sich nicht nur deutlich von den meisten pfälzischen und deutschen Weinen, sondern wenige Weine überhaupt auf der Welt zeigen auch nur eine flüchtige Ähnlichkeit mit ihnen. In einer Zeit der eskalierenden Standardisierung stellen sie ein Bollwerk der Individualität und Unabhängigkeit dar. Bernd Philippi ist sich dessen wohl bewußt und kennt die damit verbundenen Vor- und Nachteile. Er hat seine Flagge fest an den Mast genagelt und kümmert sich herzlich wenig darum, was die Leute denken oder dazu sagen, so wie ihn auch die Blicke nicht stören, wenn er seine Meinungen deutlich verkündet. Vielleicht schmeckt nicht jeder Weintrinker, wie sehr sich diese Weine von der heute üblichen Norm unterscheiden, doch kann sich niemand, der Bernd Philippi kennenlernt, dem Eindruck entziehen, daß sich hier jemand einer Sache widmet, die ganz außerhalb der Norm liegt.

Verschiedene Faktoren, nicht zuletzt ihr »altmodischer« Stil, unterscheidet die Koehler-Ruprecht-Weine deutlich von fast allen anderen Weinen in Deutschland. Sie werden ausschließlich in Holzfässern, die den labyrinthartigen Gutskeller in langen Reihen füllen, vergoren und reifen gelassen. Die Weine verbringen hier normalerweise ein ganzes Jahr im Gegensatz zu den heute üblichen wenigen Monaten (wenn überhaupt – die meisten deutschen Winzer betrachten Edelstahltanks als das

Nonplusultra des Fortschritts). Partien, die Bernd Philippi dann nicht gefallen, bleiben jedoch oft weitere ein oder zwei Jahre im Faß, bis er mit ihnen so zufrieden ist, daß sie in Flaschen abgefüllt werden; ein Vorgehen, das für die meisten deutschen Winzer ein sicheres Anzeichen von Wahnsinn darstellt. Und doch ist das Ergebnis nicht, wie schon manchmal behauptet wurde, ein müde schmeckender, übermäßig vom Holz geprägter Wein, ganz im Gegenteil. Als die meisten trockenen deutschen Weine mit zwei oder drei Jahren beginnen, ihre Lebendigkeit und ihren Charme zu verlieren, fangen die trockenen Koehler-Ruprecht-Rieslinge an, ihren unverwechselbaren Charakter zu entfalten, und zehn Jahre später sind die besten unter ihnen noch köstlich und voller Leben.

Vielleicht steigen manche Besucher die metallene Kellertreppe in den Faßkeller hinunter und denken sich, daß es hier keine Edelstahltanks gibt, weil Bernd Philippi einfach von der langsamen Sorte ist, daß er alles so weitermacht wie früher, weil er mit dem ganzen modernen Zeug nicht zurechtkommt. Tatsächlich ist der Faßkeller jedoch neu angelegt und erst 1987 fertiggestellt worden. Die meisten der Fässer hat Bernd Philippi auch erst um diese Zeit gekauft. Es handelt sich nicht um eine Reliquie aus der Vergangenheit, keine Träumerei von den »guten alten Zeiten«, sondern um die absichtliche und systematische Wiederbelebung einer großen Weinbautradition. Daß Bernd Philippi die Koehler-Ruprecht-Weine heute in einem Stil macht, der dem seines Großvaters ähnelt, ist das Ergebnis einer bewußten Politik, die er unter großen Anstrengungen und Kosten verfolgt. Manche seiner Kritiker sagen, seine Einstellung sei unheilbar nostalgisch, doch er besteht darauf, daß dieser Stil für die Saumagen-Weine am besten ist. Kein Argument kann ihn ins Wanken bringen, und wer immer versucht hat, ihn davon zu überzeugen, daß er sich auf dem falschen Weg befindet, ist am Ende nur selbst frustriert und reißt sich die eigenen Haare aus.

Der Kallstadter Saumagen ist für die Pfalz eine außergewöhnliche Lage. Sie ist auch dafür verantwortlich, daß die Koehler-Ruprecht-Rieslinge sich so sehr von anderen abheben, daß manche Kritiker sie als »für die Pfalz untypisch« ablehnen, sie »schwierig zu verstehen« oder »bizarr« finden. Der Name des Saumagens stammt offensichtlich aus der angeblichen Ähnlichkeit dieser riesigen, mit Reben gefüllten Senke in der Landschaft mit dem Leibgericht des Gebietes, dem Pfälzer Saumagen. Vor Jahrhunderten war diese Lage ein Kalksteinbruch, und nach dem Abbau ist der steinige Kalkboden zurückgeblieben, auf dem die Reben heute wachsen. In Verbindung mit den nach Süden ausgerichteten Hängen ergibt dies eine Lage, wie sie sonst nirgendwo in der Pfalz zu finden ist. Die von hier stammenden Weine sind voller Kraft und Festigkeit und in ihrer Jugend sehr zurückhaltend, entwickeln aber später mit der Reife eine betörende Maracujanote, verführerische Fülle und Eleganz.

Diese Eigenschaften kommen in den Koehler-Ruprecht-Weinen stark zum Ausdruck. Es wird weder der Versuch gemacht, den Weinen irgendeinen oberflächlichen Charme aufzusetzen, der ihnen nicht von Natur aus eigen wäre, noch wird etwas unternommen, um den Erwartungen der augenblicklichen Mode und einer ungeduldigen Welt, die vom Begriff »Frische« – wo »Frische« oft nur frisch und sonst nach nichts schmeckt – besessen ist, entgegenzukommen. Die Koehler-Ruprecht-Weine kommen erst dann auf den Markt, wenn sie trinkreif sind, und nicht als Antwort auf die Nachfrage von Weinhändlern, Gastronomen oder Privatkunden. So konsequent verfolgt Bernd Philippi seine Philosophie, daß die besten Saumagen-Weine erst freigegeben werden, wenn sie drei, vier, fünf Jahre oder noch älter sind. Der beste trockene Saumagen-Riesling aus dem Jahrgang 1990, die Auslese trocken »R« (R steht für Reserve, ein Wort, das vom deutschen Weingesetz nicht gestattet ist) wird nicht vor 1998 auf den Markt kommen. Es lohnt sich, darauf zu warten: Dies ist nach meinem besten Wissen und Gewissen der beste trokkene deutsche Riesling, den es je gab. Zweifellos wird der Wein einen Preis haben, der dem Weingut trotz der späten Vermarktung einen gesunden Gewinn einbringen wird. Wenn man sich mit Bernd Philippi unterhält, wird einem jedoch klar, daß finanzieller Gewinn und Verlust für ihn eher nebensächlich sind, wenn es um die Qualität seiner Weine geht. Seine Entscheidungen sind der Ausdruck einer »Wenn schon, denn schon«-Mentalität, die bedeutet, daß »99 Prozent nicht 100 Prozent sind«, wenn jeder Normalsterbliche mit 99 Prozent froh und zufrieden wäre.

Ich habe mich oft gefragt, wo diese Entschlossenheit ihren Ursprung hat, bis ich das Haus gesehen habe, in dem Bernd Philippi lebt. Es wurde 1969 von seinem Großvater Ernst Koehler gebaut und ist rund. Es steht in heftigem Kontrast zu den traditionellen Bauten rundherum und ist das Gegenteil des Fachwerkhauses, in dem das Weingut untergebracht ist.

Der Kontrast zwischen den Koehler-Ruprecht-Weinen und denen, die unter dem »Philippi«-Etikett vermarktet werden, ist nicht weniger extrem. Ihre Ausstattung ist im gleichen Ausmaß modern, wie die der Koehler-Ruprecht-Weine »altmodisch« anmutet. Das gleiche gilt für den Ausbaustil. Sie reifen alle in *Barrique*-Fässern, so daß sie durch das frische Holz Vanille-, Toast- und Rauchnoten bekommen. Sie sind zum einen das Ergebnis von Bernd Philippis Bewunderung für die großen Weine Frankreichs und Kaliforniens und andererseits der Ausdruck seines inneren Wunsches, sich nicht auf einen einzigen Weinstil beschränken zu müssen. Schon bei unserem ersten Treffen im Frühjahr 1986 zeigte mir Bernd Philippi mehrere »Versuchsweine« in Stilarten, die für die Pfalz alles andere als traditionell waren. Zu Beginn der neunziger Jahre wurde diese stetig wachsende Familie verschiedener und immer beeindruckenderer Weine – Spätburgunder-Rotweine, trockene Weiß- und Grauburgunder und der Dessertwein »Elysium« – unter dem Philippi-Etikett zusammengefaßt, um Verwechslungen mit den traditionellen Weinen des Gutes zu vermeiden.

Man könnte sagen, daß diese zwei ganz unterschiedlichen Weinlinien ihm die Möglichkeit eröffnen, die 100-Prozent-Marke zweimal gleichzeitig zu erreichen. Wenn er mit den Philippi-Weinen von diesem Ziel noch weiter entfernt ist, dann beruht dies darauf, daß er an der Vervollkommnung der Koehler-Ruprecht-Weine bereits wesentlich länger arbeitet. Trotzdem ist der 1992er Philippi Spätburgunder »R« der beste Rotwein seines Jahrgangs in Deutschland und der 1990er Philippi »Elysium« der beste Dessertwein im Sauternes-Stil, der bis jetzt in Deutschland erzeugt worden ist. Es sind bereits beachtliche Leistungen.

Bernd Philippi hat die großen Weine anderer Länder in den Jahren nach dem Abschluß der Weinbauschule in Geisenheim im Jahre 1974 kennengelernt, als er sich zunächst der Aufgabe widmete, ein Weingut – Kellerei und Weinberge – in Michigan, USA, von Null aufzubauen. Anschließend war er in so unterschiedlichen Ländern wie Portugal und China als Berater tätig, und nebenher übernahm er nach und nach das Familienweingut von seinem Vater Otto. Er genießt es, Geschichten von diesen Reisen zu erzählen, und die Liebe zu »anderen« Weinen, die in dieser Zeit ihren Ursprung hat, hat sich zu einer Leidenschaft entwickelt, die Stoff zu endlosen Diskussionen gibt. Wie fest seine Füße auch auf dem Pfälzer Boden stehen, das Gebiet ist für den ganzen Menschen doch zu klein. Ohne die weite Welt würde er sich in der Rheinebene zwischen Haardt und Odenwald wie eingeklemmt fühlen. Diese Ruhelosigkeit findet auch in der fortwährenden Erweiterung der beiden Linien des Gutes ihren Ausdruck. Verschiedene hervorragende Sekte haben sich den Koehler-Ruprecht-Weinen hinzugesellt, und Cabernet-Sauvignon-Rotweine sind die neueste Entwicklung bei den Philippi-Weinen. Zusätzlich dazu plant er seit langem mit Bernhard Breuer aus Rüdesheim im Rheingau, einem seiner engsten Freunde, ein Rotweingut im Alentejo-Gebiet in Portugal.

Wenn man mit Bernd Philippi einen ganzen Abend am selben Tisch verbringt, geschieht quasi immer das gleiche: Ein Wein folgte dem anderen, bis man vergessen hat, wo man eigentlich angefangen hatte. Das Objekt seiner Begierde hierbei ist nicht der im Wein enthaltene Alkohol – von einer Flasche, die nicht seine Zustimmung findet, trinkt er gar nichts –, sondern Aroma und Geschmack. Oft führt ein Wein zum nächsten, der probiert oder getrunken werden »muß«, als ob die Flasche auf dem Tisch ihre Genossen im Keller zu sich riefe, bis schließlich eine kleine Versammlung vor einem steht. Als ich das letzte Mal bei einem solchen Abend zugegen war, handelte es sich um alte rote Burgunder, die verkostet werden »mußten«; eine neue Facette von Bernd Philippis stetig wachsender Weinsammlung. Da die Weine zwischen 40 und 50 Jahre alt waren, hatte das Verfahren einen gewissen Forschungscharakter. Manche dieser Weine waren wunderschön, erstaunlich frisch und kräftig, und wir verweilten lange bei ihnen. Einige waren einfach zu alt und »über dem Berg«. Dann bestand Bernd Philippis Kommentar meist aus ein paar betrübten Worten und einem Kopfschütteln; eher ein Ausdruck des Respekts für die Dahingeschiedenen als der Schlachtruf »Alles Schlabberwasser« an dem Abend in Berlin anderthalb Jahre zuvor.

Die Kombination von Übermaß, das heißt Lebensgier in ihrer grundlegendsten Form, mit solch kritischem Urteilsvermögen und Respekt, das heißt, andere zu würdigen, selbst wenn man ihre Ideen ablehnt, ist fast rätselhaft. Bernd Philippi ist die Verkörperung dieser seltenen Konstellation und der lebende Beweis, wie diese scheinbar widersprüchlichen Eigenschaften sich gegenseitig verstärken und unterstützen. Die Stärke seiner Weine kommt aus ihm selbst, ihre Stärke ist ein Spiegelbild der seinen. Es ist eine Stärke, die sich von dem üblichen Sinn des Wortes abhebt. Unruhig, in ständigem Nachdenken, selbst wenn davon nichts offenbar wird, können die Ergebnisse doch wie Wunder wirken, im Vergleich zu den Taten, die im herkömmlichen Sinne als »stark« bezeichnet werden.

Probiernotizen Weingut Koehler-Ruprecht

Riesling – Kallstadter Saumagen »Grand Cru«

1990 SPÄTLESE TROCKEN »RR«   93
Mit jedem Jahr im Keller wird der große Meister stärker. Der Langläufer hat schon etliche seiner besten Zeitgenossen hinter sich gelassen und ist immer noch frisch.

1990 AUSLESE TROCKEN »R«   95
Vor den gefüllten Rängen der »Masters of Wine« sorgte er für großes Staunen – »das kann kein trockener deutscher Wein sein!« Langsam wächst er weiter heran und beweist uns, was für eine Größe überhaupt in diesem Land möglich ist.

1993	SPÄTLESE TROCKEN	91

Ein richtiger Volltreffer. Der bezaubernde Pfirsich-Maracuja-Ton eines reifenden Saumagen-Rieslings trifft auf die vornehme Power eines klassischen Philippi-Weins.

1993	AUSLESE TROCKEN	93

Opulenz zum Niederknien, die »Süße« von hochreifen Trauben ohne einen Hauch tatsächlicher Restsüße, und bevor man das alles richtig zur Kenntnis genommen hat, wird man aufs neue überwältigt. Die Lösung? Noch ein Schluck.

1993	AUSLESE »GOLDKAPSEL«	92

Exotische Aromen und exzessiver Reichtum ohne eine Andeutung von Oberflächlichkeit oder gar Laschheit. Vollkommen harmonischer Rahmen für die große Versuchung.

1994	SPÄTLESE TROCKEN	88

Ein rassiger Windhund rennt schnell an uns vorbei; ungewöhnlich schneller Auftakt und Abschied für einen Saumagen, aber dieser Moment ist von muskulöser Schlankheit geprägt.

1994	BEERENAUSLESE	93

Eine edle und nicht übermäßig süße Reinkarnation der großen edelsüßen Weinen von vor 50 oder 100 Jahren.

1994	TROCKENBEERENAUSLESE	96

Geballte Kraft und gewaltige Cremigkeit – kennt keine Gnade und wird sie nie lernen – aber die Klarheit und Frische am sich ewig hinziehenden Nachhall verlockt dazu, seine unverschämte Größe zu verzeihen.

1995	SPÄTLESE TROCKEN	89

Noch ein wenig scheu im Duft, aber im Geschmack zeigt er mehr. Keine Mächtigkeit, aber ein ungewöhnliches und äußerst solid gebautes rundes Haus.

1995	AUSLESE TROCKEN	92

Eine große Welle an Geschmack bricht über einen, macht süchtig auf die nächste Welle, die auch gleich hinterher kommt. Ein großer trockener Wein, wie sie in diesem Jahr kaum gewachsen sind.

1995	AUSLESE	91

Gebändigte Kraft, die sich an vornehmes Benehmen gewöhnt hat. Ein richtig feiner Kerl, der am Anfang einer langen Karriere steht.

1995 Auslese »Goldkapsel« 94
Die Grandeur des Saumagens, enorme Geschmacksdichte, ohne eine Spur massiv zu wirken, alles »Schlabberwasser« sollte sich in die hinterste Ecke verkriechen.

(Bei Redaktionsschluß gärten noch sämtliche trockenen Spätlesen und Auslesen des 1996er Jahrgangs und konnten daher nicht bewertet werden.)

»Philippi« Spätburgunder

1992 Tafelwein 84
Nicht jeder Wein muß groß sein, um zu begeistern, sondern eine bescheidene Schönheit – hier feiner Duft und Eleganz – tun es auch.

1992 Tafelwein »R« 88
Laß mich in Ruhe mit »Les Fleurs du Mal« und der »Verführung des Bösen«. Seiner offensichtlichen Versuchung kann ich nicht widerstehen, der Teufel fließt so verdammt sanft runter.

1993 Tafelwein 85
Er ist vielleicht ein bißchen stark von den Holzfässern geprägt, aber seine Ausdrucksstärke läßt keinen Zweifel an seinen Intentionen: Burgund Paroli bieten.

1993 Tafelwein »RR« 86
Aus dem Faß ein hinreißender Wein. Jetzt immer noch beeindruckend, aber die einst so tollen Fruchtaromen sind verschwunden. Wer Power und Würze über alles schätzt, ist glücklich, ich nicht so sehr.

1994 Tafelwein 82
Keinesfalls für eine lange Lagerung. Aber bis zur Jahrhundertwende ein charaktervoller, geschliffener Wein.

1995 Kein Rotwein.

1996 Tafelwein (Fassprobe) 88?
Das feine Parfüm des Spätburgunders stellt die gesamte Produktion der Pariser Parfümindustrie in den Schatten und verführt unendlich mehr.

1996 Tafelwein »R« (Fassprobe) 90?
Reichtum und eiserne Prinzipien kennzeichnen einen jungen Aristokraten. Trotz großer Kontraste zwischen den einzelnen Charakterzügen bilden sie eine überzeugende Harmonie.

1996 Tafelwein »RR« (Fassprobe) 91?
Der Saumagener Feldmarschall und seine Spätburgunder Rebarmee scheinen einen großen Sieg errungen zu haben. Man sollte auf ihre Mächtigkeit und Vollkommenheit vorbereitet sein.

»I am a rock, I am an island«
Gregor Meßmer

Weingut Herbert Meßmer
Gaisbergstraße 132
76835 Burrweiler
Tel. 06345/2770
Fax 06345/7917

»Bei einer Blindverkostung würde ich diesen Wein sicher nicht als einen deutschen Wein erkennen, sondern denken, daß er aus den Weinbaugebieten um das Donautal herum stammen muß, und wenn es meiner wäre, wäre ich auch sehr zufrieden damit«, sagte der österreichische Spitzenwinzer Willi Bründlmayer. Unter dem zahlreichen Publikum der Verkostung wie auch bei den anderen Experten neben ihm auf dem Podium löste Willi Bründlmayers Beschreibung der 1990 Burrweiler Schäwer Riesling Spätlese Trocken vom Weingut Meßmer großes Erstaunen aus. »Ich weiß gar nichts über diesen Teil der Pfalz«, fuhr er fort, »aber ich würde sagen, daß dieser Wein vom Urgesteinsboden stammen muß und nicht von einem der sandig-lehmigen Böden, die für das Gebiet typisch sind.« Er hatte voll ins Schwarze getroffen und genau den Faktor herausgestellt, der den Burrweiler Schäwer in der Pfalz zu einer einzigartigen Weinbergslage macht und durch den sich seine Weine deutlich von den anderen abheben. Wenn man die richtige Ecke auf der geologischen Karte Deutschlands mit einer Lupe anschaut, findet man einen winzigen dunkelbraunen Klecks genau dort, wo der Schäwer liegt, eine Insel aus Devonschiefer. Willi Bründlmayer hatte wirklich den Stein herausgerochen, der für die einzigartige Weinpersönlichkeit unter den Pfälzer Rieslingen verantwortlich ist.

Ich konnte Gregor Meßmer nirgendwo im Saal entdecken, in dem die internationale Riesling-Verkostung stattfand, einer Veranstaltung des »Internationalen Weinfestivals« in Mainz 1992. Wenn er daran teilgenommen hätte, wäre er sicher noch viel erstaunter gewesen als die anderen mehreren hundert Anwesenden. Ich erinnere mich an diesen verblüfften Ausdruck auf seinem Gesicht, als ich ihn ein Jahr zuvor kennenlernte, unmittelbar nachdem einer seiner Weine bei einer Blindprobe von Pfälzer Weinen des Jahrgangs 1988, die ich im Mai des folgenden Jahres für eine amerikanische Weinzeitschrift organisiert hatte, den ersten Platz errungen hatte. An einem warmen Frühlingsabend saßen wir im Garten eines Restaurants im Norden der Pfalz mit einem Redakteur der Zeitschrift »Wine Spectator«, und Gregor Meßmer schien von den Ereignissen vollkommen überwältigt.

Jede Weinbergslage hat ein bestimmtes Potential, das über Jahrzehnte und Jahrhunderte praktisch konstant bleibt. Ein weniger guter Weinberg bedeutet für einen begabten Winzer eine relativ einfache Aufgabe. Innerhalb weniger Jahre wird er oder sie die besten Weine erzeugen, die hier möglich sind, obwohl diese von wirklich besonderer Qualität sein können. Welche Anstrengungen auch unternommen und welche Methoden angewandt werden, es ist doch so gut wie unmöglich, diese Ergebnisse maßgeblich zu verbessern. Gibt man aber demselben Winzer eine Spitzen-Weinbergslage mit dem Potential für höchste Qualität, dann ist das eine Herausforderung für ihn, mit der er sich viele Jahre lang beschäftigen wird, in denen die Weine immer weiter an Format gewinnen. Zwischen dieser Situation und klassischer Musik gibt es direkte Parallelen. Selbst einer der größten Konzertpianisten der Welt kann eine Sonate eines unbedeutenden Komponisten des frühen 18. Jahrhunderts nicht wie ein Meisterwerk klingen lassen. Mit etwas Übung sind die Möglichkeiten hier bald ausgeschöpft. Die Klaviermusik von Johann Sebastian Bach stellt jedoch eine Herausforderung dar, die leicht über Jahre hinweg anhalten kann. Ein solches Potential zu verwirklichen, kann zu einer Lebensaufgabe werden, wie für den kanadischen Pianisten Glenn Gould. Eine große Weinbergslage erfordert genauso wie eine große Musikkomposition begabte »Interpreten«, wenn ihre besonderen Möglichkeiten zu großen Weinen oder großer Musik werden sollen.

Mit Gregor Meßmer hat der Burrweiler Schäwer den Interpreten gefunden, den er braucht, um seine Größe zu entfalten und zu beweisen. Er war nicht der erste, der das einzigartige Potential dieser Lage erkannte: Das war sein Vater Herbert, der den Betrieb 1960 gegründet und auf die gegenwärtigen 21,5 Hektar ausgebaut hat. Er hat jedoch nicht nur die Fläche schrittweise ausgedehnt, sondern auch eine Kollektion von guten Lagen zusammengestellt und mit den am besten geeigneten Rebsorten bepflanzt. Die Meßmers haben ihre Absatzmöglichkeiten immer ganz realistisch gesehen; trockene Weine waren deshalb bis in die späten achtziger Jahre bei ihnen eher selten. Nur relativ kleine Flächen waren je mit ertragreichen mittelmäßigen Rebsorten wie Blauer Portugieser oder Kerner bepflanzt. Das bedeutete, daß Gregor Meßmer 1988 die Führung eines Betriebes übernahm, in dem nur ein geringer Teil Weinberge mit

Sorten bestückt war, die entweder keine Zukunft hatten oder am falschen Ort standen. Vor allem im Besitz der Familie im Schäwer, dessen Name im Südpfälzischen soviel wie Schiefer bedeutet, wuchs bereits ausschließlich Riesling.

Herbert Meßmer hatte auch schon einen Weinstil entwickelt, der die Grundlage für die gegenwärtigen Weine seines Sohnes bildet. »Bei den Weinen mit natürlicher Süße gibt es wenig Unterschiede zwischen meinen Methoden und denen meines Vaters«, erklärte mir Gregor Meßmer vor kurzem, »von kleinen Dingen einmal abgesehen, daß ich es beispielsweise vorziehe, alle Weine mit den natürlichen Hefen zu vergären anstatt Zuchthefen.« Auf die drängende Frage, warum seine Weine diesen eigenen Stil zeigen, weiß er keine direkte Antwort. »Es ist mir von mehreren erfahrenen Verkostern gesagt worden, daß man die Meßmer-Weine in Blindproben erkennen könne, aber ich kann nur sagen, daß ich meine Weine so ausbaue, daß sie mir schmecken.« Das bedeutet, absolut sauber und geradlinig, mit dem Maximum an Ausdruck. Wie bei manchen anderen Pfälzer Gütern ist es schwierig nachzuvollziehen, wie ein so bescheidener, zurückhaltender junger Mann wie Gregor Meßmer derart ausdrucksvolle Weine machen kann. Sie wirken nie laut, doch schon nach ein paar Monaten Flaschenreife fangen die Aromen an, aus dem Glas zu strömen. Dann kann man förmlich die natürliche Freigiebigkeit des Pfälzer Klimas riechen und schmecken und auch vielleicht den Einfluß von Hans-Günther Schwarz vom Weingut Müller-Catoir, der Gregor Meßmer geholfen hat, seine Ideen zu entwickeln.

Das Ergebnis in der Form der Schäwer-Rieslinge ist in den obigen Worten treffend beschrieben, doch sind sie noch viel mehr und immer vollkommen sie selbst. Willi Bründlmayers Worten kann man die von Ernst Loosen von der Mosel hinzufügen, der bei seiner ersten Begegnung mit einem Schäwer-Riesling von Meßmer bemerkte: »Vom Bouquet und von der Eleganz her könnte es beinahe ein Mosel-Riesling sein, aber trockene Mosel-Rieslinge haben nie diesen Körper.« Sie stellen eine Synthese aus südlicher Wärme und nördlicher Kühle dar, die sich in einer Fülle von Duftnoten, die an reife Früchte, Ananas und Grapefruit erinnern und filigraner Rasse ausdrückt, einem ausgeprägten mineralischen Charakter, der am stärksten ist, nachdem man den Wein längst geschluckt hat. Das Muskulöse und der mineralische Charakter haben Bründlmayer an seine eigenen Weine erinnert, und die schlanke Eleganz erschien Ernst Loosen moselartig.

Als Gregor Meßmer begann, die Weine des Gutes zu machen, ragten die Rieslinge aus einer Reihe guter, jedoch selten erstklassiger Weine heraus. Seitdem haben die Weine aus den anderen wichtigen hier angebauten Rebsorten einer nach dem anderen eine neue Dimension gewonnen. Die ersten dieser neuen Weißweine waren die Grauburgunder aus dem Burrweiler Schloßgarten, die vielleicht am häufigsten beeindrukkenden Weine aus dieser Sorte im Gebiet. Der kalkhaltige Boden der Lage scheint sich für den Grauburgunder genauso zu eignen wie der Schiefer des Schäwers für den Riesling. Es ist ganz außergewöhnlich, wie die Weine mit 13 oder 14° Alkohol nie massiv oder alkoholisch, sondern voll und saftig schmecken, eine Seltenheit bei trockenen Weinen dieser Sorte. Die jüngeren Weißburgunder-Reben in derselben Lage haben noch nicht ganz so starke Weine hervorgebracht, sind aber nicht weit davon entfernt. Gregor Meßmers Weine aus Muskateller und Gewürztraminer (meistens trocken ausgebaut) sowie die edelsüßen Weine aus der Scheurebe gehören zur Gebietsspitze, und auch in diesen Bereichen hat jeder gute Jahrgang in der letzten Zeit zumindest einen kleinen Fortschritt gebracht.

Rotwein stellt bei den Meßmers lediglich 20 Prozent der Produktion dar, doch spielen sie auch dabei in der Pfalz allmählich eine wichtige Rolle. Die Ergebnisse aus dem bei ihnen mengenmäßig an erster Stelle stehenden Spätburgunder sind bis jetzt etwas unbeständig, aber aus Sankt Laurent sind ihnen einige der besten Weine gelungen, die in Deutschland bis heute aus dieser Sorte erzeugt worden sind. Sie sind reichlich mit Farbe, Körper und Tannin ausgestattet und liefern den Beweis, daß die umfangreichen Investitionen für spezielle Rotweingärtanks 1988 nicht umsonst waren. Diese Qualität hat jedoch ihren Preis, der Sankt Laurent kostet 20,- DM mehr als der beste Schäwer-Riesling!

Gregor Meßmer und seine Frau Sieglinde reden offen und gerne über ihre Weine und wissen wohl, sie zu schätzen. Und doch, wenn ich in ihrem Probierzimmer sitze, muß ich mich manchmal fragen, ob ihnen wirklich bewußt ist, wie gut die besten sind. Selbst die Burrweiler Schäwer Riesling Spätlese Trocken, ein in diesem Gebiet einzigartiger Wein, ein bemerkenswerter unter den deutschen Weinen und sogar unter den trockenen Rieslingen weltweit, kostet nur 16,- DM pro Flasche. Käme er aus dem Rheingau, der Wachau oder dem Elsaß, würde er selbst mit dem doppelten Preis noch ein günstiges Preis-Leistungs-Verhältnis bieten. Nicht nur der Preis ist Zeugnis einer vielleicht unangebrachten Bescheidenheit.

Als ich letztes Mal ins Probierzimmer der Meßmers kam, traf ich dort einen anderen Winzer an, der sich zu unserer Verkostung selbst eingeladen hatte. Aus vielleicht unangebrachter Höflichkeit verkostete ich seine Weine. Es waren blasse Schatten der Meßmer-Weine, trotzdem fand Gregor Meßmer einige positive Worte für seinen aufdringlichen Kollegen. Weine wie die besten der Meßmers gehören in einen besseren Rahmen als neben drittklassige Weine. Sie verdienen es, neben große

Weine anderer Gebiete wie die von Bründlmayer aus dem Kamptal oder Loosen von der Mosel gestellt zu werden.

Im Moment braucht man noch eine Lupe, um den Klecks auf der Landkarte zu finden, wo Burrweiler liegt, der Sitz des Weingutes Meßmer. Der Ruhm hat den Weg zu den Meßmers bis jetzt noch nicht gefunden, und selbst Weinfreaks müssen die Insel, von der diese einzigartigen Persönlichkeiten in der Pfalz stammen, noch erkunden.

Probiernotizen Weingut Meßmer

Riesling – Burrweiler Schäwer »Graand Cru«

1993 SPÄTLESE TROCKEN »SELEKTION« 90
Größe ohne laute Töne oder melodramatische Gesten, sondern souverän und selbstsicher; die äußerliche Fassung spiegelt die innerliche Stärke wider.

1994 SPÄTLESE TROCKEN »SELEKTION« 87
Ein Schäwer wie aus dem Bilderbuch: die ganze Rasse und feine Würze aus dem Schieferboden, gepaart mit Pfälzer Fülle.

1995 KABINETT TROCKEN 83
Ein leichter Wein mit trockener Frische und Eleganz; wo sind meine »Fines de Claire«?

1995 SPÄTLESE TROCKEN »SELEKTION« 85
Verwandelt sich immer weiter in Richtung Ausgeglichenheit. Langsam wird die ausgeprägte Säure gebändigt, und er wird zu einem der Höhepunkte des schwierigen Jahrgangs.

1996 KABINETT TROCKEN 82
Ein ungestümes Kind, das sich schnell beruhigt und dann nette Töne (Zitrus) von sich gibt.

1996 SPÄTLESE TROCKEN »SELEKTION« 84
Der Kräutergarten sieht plötzlich so kahl aus! Es schmeckt, als ob die komplette Ernte hier gelandet ist. Braucht bis mindestens 1998, um etwas Schliff zu bekommen.

Grauburgunder – Burrweiler Schloßgarten

1993 SPÄTLESE TROCKEN »SELEKTION« 88
Ein richtiger Schmuser; korpulent, weich und elegant läßt er einem wenig Chancen, »nein« zu sagen.

1994	SPÄTLESE TROCKEN »SELEKTION«	83

Viel Dampf in den Gassen, reift aber schnell und läßt trotz sehr präsenter Säure etwas Geradlinigkeit vermissen.

1994 RULÄNDER TROCKENBEERENAUSLESE 93
Ein ganzer Teller voll mit honigbestrichenem Toast, und was für ein toller Waldhonig; schmeckt schon fabelhaft und wird sehr lange halten.

1995 SPÄTLESE TROCKEN »SELEKTION« 86
Was spricht dagegen, eine ganze Melone an einem warmen Sommertag alleine zu essen?

1996 SPÄTLESE TROCKEN »SELEKTION« 85
Ein voller Körper, ins Korsett gezwängt, braucht Zeit, um sich zu befreien; absolut reintönig und frisch.

Sankt Laurent Rotwein – Flemlinger Herrenbuckel

1992 SPÄTLESE TROCKEN »SELEKTION« 84
Hat bereits 1993 für Aufsehen gesorgt. Jetzt setzt er sich zur Ruhe und schmeichelt unseren Gaumen noch ein wenig ... etwas säuerlicher Nachgeschmack.

1993 SPÄTLESE TROCKEN »SELEKTION« 86
Fast doppelte Stärke! Ein gestandenes Paar hat Brombeeren im Wald gesammelt und feiert auf dem Weg nach Hause die reiche Ernte mit einer Zigarre.

1994 QUALITÄTSWEIN TROCKEN »SELEKTION« 80
Viel von allem – Fülle, Gerbstoff, Säure –; wirkt indes noch ein wenig wie eine Sammlung von Komponenten anstatt einer ausgewogenen Einheit.

1995 QUALITÄTSWEIN TROCKEN »SELEKTION« (FASSPROBE) 83?
Erstaunlich dunkle Farbe und samtiger Körper für diesen schrecklichen Rotweinjahrgang. Kein Held, aber charaktervoll und bereits von überzeugender Harmonie.

Die verborgenen Schätze von Forst
Richard Mosbacher, Jürgen Düringer
und Sabine Mosbacher-Düringer

Weingut Georg Mosbacher
Weinstraße 27
67147 Forst
Tel. 06326/329
Fax 06326/6774

Die schier endlose Reihe von Weinflaschen vor mir wirkte einschüchternd, um so mehr als die Erzeuger dieser Weine um mich herum versammelt waren, und mir beim Verkosten sozusagen auf die Zunge schauten. Es war meine Einführung in die Weine des berühmten Weinbauortes Forst in der Pfälzer Mittelhaardt, wofür ich mich bei meinem Kollegen Joachim Krieger bedanken muß. Die Gemeinde Forst hingegen ist ihrerseits drei großen Weingütern zu Dank verpflichtet, die ihren Sitz allerdings außerhalb der Ortsgrenzen haben: Reichsrat von Buhl und Dr. von Bassermann-Jordan in Deidesheim sowie Dr. Bürklin-Wolf in Wachenheim. Diese Güter sind es in erster Linie, die den Ruhm des Ortes begründet haben. Die kleineren Erzeuger in Forst selbst sind bis heute, zehn Jahre später, ziemlich unbekannt geblieben. Während ich mich durch die Flaschen arbeitete, wurde schnell klar, von welchem der anwesenden Winzer die besten Weine kamen. Als ich nach Stunden harter Arbeit das Ende der Reihe erreicht hatte, ging mir nur eine Frage durch den Kopf: »Wer ist Herr Mosbacher vom Weingut Georg Mosbacher?«

Richard Mosbacher, ein großgewachsener Mann mit silbergrauem Haar, machte einen ernsthaften, sehr zurückhaltenden Eindruck. Er sagte nicht viel, und wenn er sprach, dann gedämpft und ruhig, jedes Wort sorgfältig abwägend. Seine Weine erzählten um so mehr. Mit ihrem Geschmack auf der Zunge ließ sich Forsts Ruf für Rieslinge, die Kraft mit Anmut und Noblesse verbinden, deutlich nachvollziehen. Die meisten der anderen Weine auf dem Tisch waren zwar nicht schlecht, hoben sich aber nicht wesentlich von den Weinen Dutzender anderer Winzer aus der Pfalz ab. Während der folgenden Tage besuchte ich alle interessanten Erzeuger außerhalb des Ortes mit Besitz in Forster Spitzenlagen und kam zu dem überraschenden Schluß, daß die besten Weine aus den berühmten Forster Weinbergslagen meistens von dem damals vollkommen unbekannten Weingut Georg Mosbacher kamen. Die Situation war verblüffend und angesichts des Ansehens der betroffenen großen Güter auch ein wenig absurd. Seitdem hat es sich nicht nur unter Eingeweihten herumgesprochen, und der Name Mosbacher ist zum Synonym für hervorragende Forster Rieslinge geworden. Infolgedessen sind die besten Weine des Gutes heute manchmal schon ausverkauft, bevor überhaupt eine Preisliste gedruckt worden ist.

Das Weingut Georg Mosbacher hat sich seither dennoch kaum verändert. Das schöne kleine Haus aus hellen Ziegeln und rotem Sandstein mit der Hausnummer 27 auf einem der Pfosten des schmiedeeisernen Tores gehört zu den weniger imposanten Gebäuden an der Hauptstraße von Forst. Lediglich die messingfarbene VDP-Mitgliedstafel könnte als Zeichen gelten, daß sich hier etwas Bemerkenswertes verbirgt. Wenige Schritte über den kopfsteingepflasterten Hof bringen den Besucher zur Haustür und zu dem Probierzimmer, das vielen anderen in der Pfalz gleicht. Erst wenn die Weine ausgeschenkt werden, wird einem klar, daß man sich nicht bei irgendeinem kleinen Weingut befindet, sondern bei einem der besten Betriebe in ganz Deutschland.

Diese Zurückhaltung in allem und jedem hat ihren Ursprung in Richard Mosbachers Überzeugung, daß Wein sich durch Qualität verkaufen muß und nicht durch irgendwelche Werbekampagnen oder eine große Show. Diese Haltung erinnert mich ebenso an die Côte d'Or im Burgund wie die Forster Straßen mit den bis zu vier Jahrhunderte alten Winzerhöfen an die dortigen Ortschaften und Dörfer. Viele der größten und berühmtesten *Domaines* des Burgund sind schwierig zu finden, ein winziges Messingschild ist oft der einzige Hinweis. Es scheint, daß solche Schilder und die Weinqualität im umgekehrten Verhältnis zueinander stehen: je größer das Schild und je dringlicher die Aufforderung zur Verkostung, desto mieser die Weine. Im Burgund sind die Worte »*Ici Dégustation*« in großen roten Buchstaben vor einer Domaine eine zuverlässige Garantie für schreckliche Weine zu kriminellen Preisen. Der Hauptunterschied zwischen der Pfalz und dem Burgund ist das Preisniveau; selbst die teuersten Weine von Georg Mosbacher kosten nur einen Bruchteil von denen im Nachbarland.

Als sich Richard Mosbachers Tochter und ihr Mann Jürgen Düringer aus Ihringen Anfang der neunziger Jahre ihm bei der Führung des Betriebs anschlossen, erwarteten viele Leute in der Pfalz eine maßgebliche Stiländerung der Weine. Jürgen Düringers berufliche Vergangenheit als Verkaufsdirektor der Winzergenossenschaft Neuweier in Baden nährte die Befürchtung, daß es nicht lange dauern würde, bis Designer-Ausstattungen und modernes Marketing Einzug gehalten hätten. Nichts davon ist eingetreten, ganz im Gegenteil hat die neue Generation gezeigt, daß sie sich der Tradition stark verbunden fühlt. Höchstens haben sie Richard Mosbachers Methoden noch etwas weiter verfeinert. Nur eine einzige Veränderung macht sich deutlicher bemerkbar: die Einführung einer neuen Bezeichnung für die besten trockenen und edelsüßen Rieslinge aus dem Forster Ungeheuer, der besten Weinbergslage, in der die Mosbachers Reben besitzen. »Selektionsweine« stand in der Preisliste, und auf dem Etikett trugen diese Weine drei Sterne (***) hinter dem Namen der Lage. Im Unterschied zu der normalen Forster Ungeheuer Riesling Spätlese trocken, die auch mehr oder weniger »normal« gelesen wird, entsteht die Selektionsversion aus den allerbesten, sorgfältig ausgelesenen Trauben. Das hat nichts mit Marketing zu tun, sondern mit dem Bestreben, jedes Jahr den bestmöglichen Wein zu erzeugen. Der erste dieser Weine entstand 1992 und gehörte zu den besten trockenen Rieslingen der Pfalz dieses Jahrgangs. Mit dem Jahrgang 1996 hat die Bezeichnung »Erstes Gewächs« die drei Sterne ersetzt.

Das Qualitätsstreben der Familie, das sich in den zahlreichen schwarzblauen »Ausverkauft«-Stempeln auf ihrer Preisliste manifestiert, hat bereits eine lange Geschichte. Vor über 40 Jahren, als er in das von seinem Vater Richard sen. unmittelbar nach dem Ende des Ersten Weltkriegs gegründete Weingut eintrat, begann Richard Mosbacher, eine neue Arbeitsweise einzuführen. Von Anfang an wurden die besten Weine nicht im Faß verkauft, sondern in Flaschen abgefüllt, was für einen kleinen Familienbetrieb damals einen revolutionären Schritt darstellte. Nur die größten Güter und die führenden Handelshäuser verkauften zu dieser Zeit große Mengen an Flaschenwein. 1965 übernahm Richard Mosbacher jun. die Führung des Betriebs und machte sich daran, die technische Ausstattung auf das heutige Niveau zu bringen, wozu u. a. drei verschiedene Keller gehören. Einer beherbergt die traditionellen großen Holzfässer, ein anderer ausschließlich Edelstahltanks, und ein Kühlkeller bietet die Möglichkeit, Weine um die 0°C zu lagern. Richard Mosbacher ist ein Perfektionist, aber er hat nichts mit dem totgeborenen »halbstarken« Perfektionismus wie zum Beispiel so vieler Amateurfotografen gemeinsam, die an ihrer Kameraausrüstung mehr interessiert sind als an den Fotos, die sie damit machen. Sein Ziel waren immer ausdrucksstarke Weine von großer Klarheit, mit der Fähigkeit, ihren Charakter über viele Jahre hinweg zu entfalten. Mit dem Jahrgang 1990, der Krönung dieses Abschnitts der Gutsgeschichte, ist dies auf besonders spektakuläre Weise gelungen. Die großartigen Weine der Jahrgänge 1993 und 1996 beweisen indessen, daß sie nicht das Ende darstellen und daß hier zwei Generationen einen Weg gefunden haben, voneinander zu profitieren.

Das einzige wirkliche Problem liegt darin, daß die Kombination von hervorragender Qualität und immer noch bescheidenen Preisen zu einer Situation geführt hat, in der die Mosbachers von ihren Kunden nahezu überrannt werden. Als ich Anfang Mai 1996 den Jahrgang 1995 auf dem Gut verkostete, betonte Jürgen Düringer ganz zu Recht, daß die Weine natürlich noch viel zu jung seien. Ich solle wiederkommen und sie in drei

Monaten probieren. Ich wandte ein, daß ich nicht für Zeitschriften über den neuen Jahrgang in Deutschland schreiben könne, wenn ich so lange mit meinem Urteil wartete. »Wann erscheinen diese Artikel?« fragte er. September. »Dann sind unsere besten Weine sowieso schon ausverkauft, das ist zu spät, dann nützt es uns auch nichts mehr«, war sein Kommentar. Ich bemerkte, daß es also praktisch keinen passenden Zeitpunkt gebe, an dem ich die Weine probieren könnte. Um eine Besprechung zu veröffentlichen, bevor die Weine ausverkauft sind, müßte ich sie verkosten, bevor die Familie sie als »probierfähig« betrachtet. Ich vermute, daß sie die Weine gerade so eben als trinkbar ansehen, wenn sie anfangen, sie im Frühsommer zu verkaufen. Auf diese Weise werden jedoch die meisten Weine getrunken werden, viele Monate oder Jahre, bevor sie ihren wirklichen Höhepunkt erreicht haben. Die Tradition für langlebige, sich langsam entfaltende Weine, der Richard Mosbacher sich ebenso wie seine Tochter und ihr Mann verbunden fühlt, kollidiert mit der Forderung der heutigen Weintrinker nach dem jüngstmöglichen Wein. Doch die Tradition bietet keine fertigen Lösungen für dieses vollkommen neue Problem, mit dem sich Sabine Mosbacher-Düringer und Jürgen Düringer nun konfrontiert sehen; wie wird man mit dem Erfolg fertig?

Die Forster Rieslinge des Weinguts Georg Mosbacher

Die Weinbergslage Ungeheuer bringt die reichhaltigsten und kraftvollsten Weine in Forst hervor, Rieslinge von aufsehenerregendem, dramatischem Auftreten. Gelegentlich können diese Weine etwas überladen und bombastisch ausfallen; bei den Mosbachers ist dies jedoch selten der Fall. Ihre elegantesten Weine kommen aus dem Forster Pechstein und können dem Ungeheuer in Spitzenjahrgängen durchaus Paroli bieten. Beide Lagen bringen gewöhnlich Spätlesen, während aus der Lage Freundstück in den meisten Jahrgängen Kabinettweine erzeugt werden. Diese sind gleichfalls sehr ansprechend und haben ein nahezu vergleichbares Alterungspotential.

Probiernotizen Weingut Georg Mosbacher

Riesling – Forster Ungeheuer »Grand Cru«

1992 SPÄTLESE TROCKEN*** 89
Voll und vollreif, füllig und fulminant wie ein Ungeheuer sein muß, wenn man an ihm ungeheuren Gefallen finden soll.

1992	BEERENAUSLESE	95

Ein gewaltiger Wein ohne eine Spur von Heftigkeit, vielmehr Tiefgang und Sinnlichkeit optimal verbunden.

1993	SPÄTLESE***	92

Eine große, dunkle Frau im goldenen Abendkleid mit freiem Rücken und tiefem Dekolleté, aber diese Gewagtheit tut ihrer Eleganz keinen Abbruch, sondern steigert sie noch.

1993	AUSLESE***	94

Wenn Bismarck einen solchen Wein bekommen hat, sind seine Worte vollkommen verständlich; ein großer Wein in jedwedem Sinne dieses Wortes und doch kein bißchen zu voluminös.

1994	SPÄTLESE TROCKEN	88

Schlägt wie eine kleine Bombe ein, eine Aromenexplosion; trotzdem sanfte Harmonie ohne Sturm und Drang.

1994	BEERENAUSLESE	94

Im Kolonialwarengeschäft liegen säckeweise getrocknete Mango und Ananas herum, ihr intensiver pikanter Geschmack – noch sehr frisch und jugendlich.

1994	TROCKENBEERENAUSLESE	96

Ein großes Kulturdenkmal kann man nur bewundern, aber solch ein großes Weindenkmal kann man dazu auch mit oder ohne Andacht genießen. Unter den Pfälzer Weindenkmälern der neunziger Jahre des 20. Jahrhunderts einer der absoluten Höhepunkte.

1995	SPÄTLESE TROCKEN***	83

Frisch geöffnet, präsentiert er sich wie ein Korb voller Früchte, doch nach einer Weile riechen manche dieser Früchte, als ob sie bereits etwas zu lange herumlägen.

1996	SPÄTLESE TROCKEN	87

Ein Düftestrauß von Zitrus bis Hagebutten und eine spannende Balance von substanzreicher Fülle und betonter Frische. Erst ab seinem zweiten Jahr wird er richtig Spaß machen.

1996	»ERSTES GEWÄCHS« (TROCKEN)	91

Hier wäre das »Grand« von Grand Cru wohl verdient. Bei aller Macht und Pracht unendlich fein und delikat. Ein trockener Riesling mit großer Lagerfähigkeit.

1996	AUSLESE	88

Ein recht zarter, schlanker Wein für eine Auslese, aber die schöne Saftigkeit und absolute Klarheit lassen sich nicht übersehen.

Doppelte Kraft
Heinrich Catoir und Hans-Günther Schwarz

Weingut Müller-Catoir
Mandelring 25
67433 Neustadt-Haardt
Tel. 06321/2815
Fax 06321/480014

»Ich fühle mich am wohlsten in meiner Haut, wenn es zu Auseinandersetzungen kommt«, sagte Heinrich Catoir trocken, »... ich genieße es auch, wenn wir zum Beispiel als einzige noch bei der Lese sind, und alle sagen: ›Der Catoir ist verrückt.‹« Bei diesen Worten breitete sich langsam ein Schmunzeln auf seinem schmalen Gesicht aus. Gleichzeitig schien der ganze Mensch auf übernatürliche Weise vor meinen Augen zu wachsen. Niemand nahm von uns Notiz; zwei unauffällige männliche Gestalten ins Gespräch vertieft in einer Ecke des Restaurants. Und doch, aus meiner Perspektive war der mir gegenüber sitzenden zurückhaltenden Gestalt plötzlich eine hünenhafte Persönlichkeit entstiegen. Neben Heinrich Catoirs auf mich gerichteten Blick versank alles andere in Bedeutungslosigkeit. Später am Abend würden mir wiederum die Worte fehlen, als er mich – wie um seine vorherigen Worte zu unterstreichen – in ein intensives Streitgespräch über die Weinbergslagen-Klassifizierung verwickelte. Ich hatte fast eine Panikattacke, als mir klar wurde, daß meine Argumente unter der Wucht seines Angriffs heftig ins Wanken gerieten und in meine logischen Ausführungen mehr und mehr Breschen geschlagen wurden. Auf einmal war ich es, der am Rande der Bedeutungslosigkeit stand.

Dies war ein vollkommen anderer Heinrich Catoir als der, den ich während meiner ersten Besuche auf Weingut Müller-Catoir kennengelernt hatte und der es offensichtlich vorzog, die aufregenden Weine und seinen Verwalter und Kellermeister, Hans-Günther Schwarz, im Vordergrund zu sehen. Ohne seinen Namen wäre ich nie darauf gekommen, daß Heinrich Catoir der Besitzer des Weingutes ist.

Obwohl ihn der Gedanke, vor der Kamera bei einer Fernseh-Talk-Show mit einem »Live«-Publikum sitzen zu müssen, abschrecken würde, genießt es Hans-Günther Schwarz, in vertrauter Umgebung im Mittelpunkt zu stehen. Dazu gehören besonders die Weinproben in den mit schlichter Eleganz eingerichteten Räumen des beeindruckenden Barockgutshauses am Mandelring in Neustadt-Haardt. Nichts gefällt ihm mehr, als wenn die Tischrunde von seinen Weinen und dem, was er zu ihnen zu sagen hat, vollkommen fasziniert ist. Auf dem Fernsehbildschirm würde das ein merkwürdiges Szenario abgeben: der praktisch veranlagte Hans-Günther Schwarz, der von den Müller-Catoir-Weinen mit jugendlichem Enthusiasmus spricht, in Räumen mit der strengen Schönheit eines Museums ... Wenn man ihm gegenübersitzt, existiert dieser scheinbare Gegensatz jedoch nicht, ganz im Gegenteil. In den 35 Jahren, seit Hans-Günther Schwarz auf dem Weingut tätig ist, ist seine Persönlichkeit förmlich in diese Räume hineingewachsen. Jetzt passen sie ihm wie ein maßgeschneiderter Anzug.

Auch die Weine haben kein Problem, die Weite zu füllen oder seiner Grandeur Paroli zu bieten. Ich kann mich an niemanden erinnern, der bei der ersten Begegnung mit diesen geradezu überschwenglichen und dennoch außerordentlich tiefen Weinen unberührt geblieben wäre. Manche finden sie »zu intensiv«, »zu extrem« oder »wild«, aber die große Mehrheit ist genauso überwältigt wie ich bei meiner ersten Verkostung im August 1986. Jedesmal, wenn ich Freunde hierher mitgenommen habe oder auch nur Kunden des Weingutes bei einer Probe beobachtete, hat jeder Wein eine Welle spontaner Reaktionen ausgelöst, die von stummem Erstaunen bis zu hysterischer Verzückung reichten. Hinreißend, verführerisch, überwältigend, surreal, göttlich ... Die Beschreibungen könnten genausogut von einem meiner Kollegen stammen wie aus meiner eigenen Feder. Sie mögen schon lange nicht mehr originell erscheinen, doch das macht sie nicht weniger zutreffend.

Wie sind indessen zwei so unterschiedliche Menschen dazu gekommen, Weine zu erzeugen, die die Welt in Erstaunen versetzen? Man könnte versuchen, diese Frage durch eine nähere Betrachtung ihrer Arbeitsweisen zu beantworten; Methoden, die sie während der drei Jahrzehnte, seit sie sich im November 1959 auf der Fachhochschule in Würzburg kennengelernt haben, entwickelt haben. Doch das würde das »Warum« wahrscheinlich unbeantwortet lassen. Dem ist sicher nur auf die Spur zu kommen, wenn man sich näher mit den beiden gegensätzlichen Persönlichkeiten befaßt.

Lob für die Müller-Catoir-Weine bereitet Hans-Günther Schwarz immer Vergnügen. Er mag vielleicht nichts erwidern, aber es steht ihm im Gesicht geschrieben. Sein Ausdruck ist der eines Vaters, dessen Kind für Leistungen gelobt worden ist, die eine große Willenskraft erfordert haben. Für Heinrich Catoir scheint Lob jedoch ein Grund des Unbehagens. Während des letzten Jahrzehnts sind nur wenige Weine weltweit von so vielen Seiten so vorbehaltlos gelobt worden wie die des Weingutes Müller-Catoir, und obwohl er sich daran langsam gewöhnt hat, ist seine Reaktion auf diese Situation doch vollkommen gleich geblieben. Heute ebenso wie vor zehn Jahren lautet der Satz, den ich mir aus seinem Munde am wenigsten vorstellen kann: »Unsere Weine sind Weltklasse.«

Heinrich Catoir bedeutet die persönliche Befriedigung, etwas erreicht zu haben, alles – vollkommen unabhängig davon, was die Welt von ihm oder seinen Weinen hält. Er findet den Umgang mit Ablehnung und Absagen einfach, da sie ihm eine Mauer bieten, gegen die er angehen kann. Lob birgt diese Möglichkeit nicht in sich. Es kann lästig sein und kann manchmal sogar im Weg stehen. So bedeutet Lob zum Beispiel, daß er sich mit Kunden auseinandersetzen muß, die nicht die Weine an sich, sondern das Lob trinken wollen, »Statustrinkern«.

Hans-Günther Schwarz ist zwar sicher ein ganz anderer Mensch als sein Arbeitgeber, keinesfalls jedoch ein unkomplizierter. Vielleicht ist dies erst im Laufe der Jahre so gekommen, und seine klaren, von Zweifeln unbeschatteten Vorstellungen und starken Überzeugungen waren das, was Heinrich Catoir angezogen hat. Als Hans-Günther Schwarz 1961 auf dem Weingut Müller-Catoir anfing, standen seine Grundprinzipien, nach denen die Weine des Betriebs bis heute entstehen, jedenfalls bereits für ihn fest. So ist es im Keller am besten, sowenig wie überhaupt nur möglich mit dem Wein zu tun. Das wiederum erfordert, daß man während der Lese und beim Keltern äußerst penibel auf Sauberkeit achtet. Nahezu alles aus den Trauben bleibt dann auch im fertigen Wein erhalten. Daraus folgt logisch, daß der Wein desto besser schmecken wird, je mehr Aroma und Geschmack die Trauben besitzen – daher Hans-Günther Schwarz' Akribie bei der Weinbergspflege, um kleine Erträge der perfekt ausgereiften, vollkommen gesunden Trauben zu erhalten, wie er sie möchte.

»Je älter ich werde, desto mehr Gedanken mache ich mir über Kleinigkeiten, und die kleinsten Fehler in meiner Umgebung stören mich, bemerkte er kürzlich gedankenverloren. Wir waren auf einem Spaziergang durch die Wälder um Neustadt. Plötzlich blieb er stehen und starrte auf ein Stück Plastikrohr, das aus der Erde stach. Ich brauchte einen Moment, bis mir der Grund seines Innehaltens klar wurde. »Warum konnten sie nicht eine Tonröhre nehmen?« fragte er kopfschüttelnd. Ein Stückchen weiter fiel ihm ein Stück Betonmauer ins Auge und führte zu derselben Klage. Er verleiht diesen an sich kleinen Dingen eine große Bedeutung, ob sie nun mit seinen Weinen zu tun haben oder nicht, und sie wachsen in seinen Augen, da sie den Teil eines Ganzen bilden. Bei seinen Weinen hat diese Einstellung etwas Zärtliches. Es erscheint paradox, daß dabei derart explosiv wirkende Weine entstehen, daß sie die Kategorien sprengen, in die die Welt sie hineinzuzwängen versucht.

Wie groß der Kontrast zwischen den beiden Persönlichkeiten auch ist, sie weisen doch eine außergewöhnliche Gemeinsamkeit in ihren Zielen auf, die man nur als fanatische Hingabe bezeichnen kann. 1995 war zum Beispiel für die Pfalz ein sehr schwieriger Jahrgang, da häufige Niederschläge im Herbst große Fäulnisprobleme verursachten. »Durch die Muskateller-Weinbergslagen sind wir dreimal gegangen und haben die verfaulten Beeren ausgeschnitten«, erzählte mir Hans-Günther Schwarz im darauffolgenden Frühjahr, »und als wir dann letztendlich dort lesen wollten, war nicht eine einzige Traube mehr an den Stöcken übrig.« In seiner Stimme schwang zugleich Stolz und Enttäuschung mit; Stolz darüber, keinerlei Kompromisse eingegangen zu haben, und Enttäuschung über die in diesem Jahr verlorene Chance zu zeigen, daß der Muskateller zu genauso großartigen Weinen fähig ist wie jede andere auf dem Weingut angebaute Sorte. Später sprach Heinrich Catoir von derselben Begebenheit mit einer Bestimmtheit, als ob es sich um ein religiöses Bekenntnis handelte: »Wenn es so sein muß, dann muß es so sein.«

Ihre Weinbauphilosophie ist so weit entwickelt, daß sie viele technische Fragen nicht mehr zu besprechen brauchen; bis hin zu den kleinsten Details besteht bereits vollständige Einigkeit. Diese Philosophie nimmt durch acht Rebsorten konkrete Formen an: Riesling, Weißburgunder, Grauburgunder, Muskateller, Gewürztraminer, Rieslaner und Scheurebe für die weißen und Spätburgunder für rote und Rosé-Weine. Sie schließt damit sowohl altmodische als auch »angesagte« Sorten ein; manche, die relativ unkompliziert im Anbau sind, und andere, bei denen man sich von vornherein auf Probleme gefaßt machen muß. Solche banalen Überlegungen spielen bei der Entscheidung über die weitere Existenz einer Sorte auf dem Gut praktisch keine Rolle. So lange die Weine ihre Erzeuger begeistern und Käufer finden, sehen weder Hans-Günther Schwarz noch Heinrich Catoir es als notwendig an, diese ungewöhnliche breite Palette an Rebsorten auszulichten. Jede hat ihren ganz speziellen Charakter; jede besitzt das Ausdruckspotential für eine unterschiedliche Facette des Maximums, das die Natur zu geben in der Lage ist. Und das ist es, was die beiden Männer fasziniert.

Bei sorgfältiger Pflege kann praktisch jede Rebsorte reife, saubere Trauben hervorbringen. Bereits die gerade eben zur Reife gelangten Früchte unterschiedlicher Sorten schmecken auffallend verschieden. Mit noch größerem Aufwand kann man von den meisten Rebsorten noch wesentlich reifere Trauben mit noch intensiveren Aromen erhalten. Ob und um wieviel sie noch besser schmecken als die gerade reifen Früchte, ist eine von Sorte zu Sorte extrem unterschiedlich zu beantwortende Frage. So gewinnt der Müller-Thurgau zum Beispiel, der einen großen Teil der Rebfläche Deutschlands einnimmt, nur sehr wenig durch höhere Reife. Im Gegensatz dazu vollzieht sich beim Riesling eine erstaunliche Verwandlung; er gewinnt eine zusätzliche Dimension an Aromen, mehr Fülle und Finesse durch den längeren Reifeprozeß über den Punkt hinaus, wenn die Beeren bereits angenehm zu essen sind. Allen der auf

Müller-Catoir angebauten Rebsorten ist dieses Potential eigen, und der oberste Grundsatz des Gutes ist dessen Nutzung und Verwirklichung bis zum Äußersten.

An der Art, wie Heinrich Catoir und Hans-Günther Schwarz arbeiten, ist jedoch nichts Vorsätzliches. Ich bin nie einem Müller-Catoir-Wein begegnet, der geschmeckt hätte, als ob er in eine bestimmte Richtung gezwungen worden sei. Auch wenn das Ziel der beiden in erster Linie in den bestmöglichen trockenen Weinen besteht, kann sich jedes Gebinde im Keller frei entwickeln. Des öfteren kommt es vor, daß als trocken »geplante« Weine mit etwas mehr als dem gesetzlich für diese Bezeichnung festgesetzten Maximum von neun Gramm pro Liter Restsüße von selber zu gären aufhören. Das führt zu Weinen, die mehr oder weniger trocken schmecken, und die Bezeichnung »halbtrocken« auf dem Etikett tragen. Jegliche Süße in den Müller-Catoir-Weinen ist immer vollkommen natürlich und ein Ausdruck des Gleichgewichts, zu dem der Wein von allein gefunden hat. Obwohl die Weine des Gutes zweifellos das Ergebnis der Bemühungen von Heinrich Catoir und Hans-Günther Schwarz darstellen, sind sie doch gleichzeitig so natürlich, wie Wein überhaupt nur sein kann; eine Kombination, die jedem Wein eine vollständige Integrität verleiht, was auch immer seine Stärken oder Schwächen sein mögen.

Stärke und Schwäche sind immer relativ. Selbst die geringsten trockenen Weine von Müller-Catoir sind immer charaktervoll ausgewogen und ansprechend. Die edelsüßen Weine aus streng ausgelesenen überreifen und von Edelfäule befallenen Trauben besitzen eine Erhabenheit, in denen ihnen nur wenige Weine weltweit gleichkommen. Nicht nur die bloße konzentrierte Geschmacksfülle dieser Weine ist so ungeheuer beeindruckend, sondern daß sie selbst bei Intensitätsstufen, die sich dem nähern, was das menschliche Nervensystem überhaupt zu registrieren vermag, eine strahlende Harmonie und absolute Ausdrucksklarheit beibehalten; eine verblüffende Kombination.

Wenn man Weinbücher aus früheren Jahrzehnten studiert, findet man erstaunlich wenig über die Weinberge in Haardt, Gimmeldingen und Mußbach, wo die Müller-Catoir-Reben stehen. Diese Lagen waren praktisch ein weißer Fleck auf der Karte. Es ist nicht einfach, dies mit der heutigen Qualität der Weine des Gutes in Einklang zu bringen; es paßt einfach nicht zusammen. Die Erklärung hierfür ist, daß vor Heinrich Catoir und Hans-Günther Schwarz hier kaum ein Winzer je konsequent nach der höchstmöglichen Qualität gestrebt hat, so daß es fast keine zuverlässigen Informationsquellen über das wirkliche Qualitätspotential der einzelnen Lagen gab. Der Ruf einer Lage hängt immer von jemandem ab, der deren Potential zu bemerkenswerten Weinen werden läßt, die das weintrinkende Publikum aufhorchen lassen. Während der vergangenen 30 Jahre haben die Müller-Catoir-Weine bewiesen, daß das Potential dieser Weinbergslagen bei weitem größer ist als bisher vermutet. Dies stellt in der Tat die traditionelle Einschätzung der berühmten Lagen in Wachenheim, Deidesheim und Forst als der besten des Gebiets mit dem Forster Kirchenstück an der Spitze etwas in Frage. Wenn wie in den letzten Jahren die Weine aus diesen Lagen nur selten an die von Müller-Catoir herankamen, sind dann diese Weinberge wirlich so einzigartig wie jahrhundertelang angenommen?

Vor kurzem hat Heinrich Catoir den Besitz des Gutes durch Zukäufe um drei Hektar erweitert. Der größte Teil hiervon ist ein weitgehend von einer Mauer umschlossener Weingarten im Haardter Bürgergarten; eigentlich die »Urlage«, die der ganzen heutigen Lage ihren Namen gegeben hat. »Mindestens das gleiche Potential für große Weine wie das Forster Kirchenstück«, meinte Hans-Günther Schwarz, als er mir von dem Kauf erzählte. Das hieße, daß es sich um die vielleicht beste Riesling-Lage des Gebietes handelt und somit um eine der allerbesten Lagen Deutschlands. Wenn dies zutrifft, dann wären die Rieslinge, die Müller-Catoir in den letzten zehn Jahren, in denen ich den Werdegang des Gutes mitverfolgt habe, erzeugt hat, nur ein Vorgeschmack dessen, was noch kommen wird. Sie gehören indes bereits zur Spitze der trockenen und edelsüßen Rieslinge überhaupt in Deutschland, und es ist schwierig, sich wesentliche Steigerungen vorzustellen. Allerdings hätte ich mir 1985 die heutigen Weine auch nicht unbedingt vorstellen können.

Wenn es gelingt, dann werden diese Weine zweifelsohne großes Aufsehen erregen. Ich kann mir ausländische Weinimporteure vorstellen, die sich in ihrer Enttäuschung über die klägliche Zuteilung von dem neuen Riesling mit Preisen weit über den offiziellen überbieten, in der Hoffnung, einige Flaschen mehr von *dem* Wein zu ergattern. Es könnte peinliche Szenen geben, wenn Gastronomen und Weinhändler damit drohen, Müller-Catoir von ihren Listen zu streichen, falls sie von *dem* Wein nichts mehr bekommen. Scharen von Privatkunden könnten sich im Morgengrauen des Tages, wenn *der* Wein in den Verkauf kommt, vor dem beeindruckenden blaugrünen Tor des Weinguts drängen, in der Hoffnung, sich so wenigstens eine einzige Flasche zu sichern. Ich kann mir den Gesichtsausdruck von Heinrich Catoir vorstellen, wenn er, geweckt vom ungewohnten Gehupe, auf die sich in der engen Straße schiebenden Menschen hinunterblickt. Hans-Günther Schwarz wäre nicht weniger verblüfft, sein Auto auf dem Weg zur Arbeit von diesen Massen umgeben zu sehen.

Sosehr es Hans-Günther Schwarz auch ehrlich bedauern würde, zum x-ten Mal beteuern zu müssen, daß *der* Wein seit langem ausverkauft ist, für ihn wären diese Vorkommnisse die Bestätigung dafür, daß Müller-

Catoir einmal mehr etwas vollbracht hat, was alle für unmöglich gehalten hätten. Er würde dies voller Freude als Höhepunkt seiner Karriere erkennen. Ich denke, daß Heinrich Catoir, obwohl er ein solches Szenario als nahezu unerträgliches Ärgernis empfinden würde, die Beispiellosigkeit solcher Ereignisse in der Geschichte der Pfalz großes Vergnügen bereiten würde. Der Ausruf »Der Catoir ist verrückt!« wäre lauter und öfter zu hören als je zuvor. Diese Entwicklung des Geschehens würde ihm auch eine hervorragende Gelegenheit geben, mich wiederum in ein Streitgespräch über die Wenbergslagen-Klassifizierung zu verwickeln. Schon jetzt bereite ich mich innerlich darauf vor, obwohl ich meine Chancen als äußerst gering einschätze. Das soll mich jedoch nicht stören, solange er eine Flasche *des* Weines mitbringt.

Probiernotizen Weingut Müller-Catoir

Riesling – Weine aus diversen »Grand-Cru«-Lagen

1993   HAARDTER HERRENLETTEN SPÄTLESE TROCKEN   93
Hohe Eleganz, wie sie angeblich nur Leute besitzen können, die auf der richtigen Schule waren. Haardt ist bestimmt nicht »die richtige Schule«, aber diese Erscheinung, Haltung und Vornehmheit verlangen höchste Anerkennung.

1993   HAARDTER HERZOG SPÄTLESE HALBTROCKEN   91
Diese Gemütlichkeit täuscht ein wenig. Vor uns sitzt ein Meister seines Fachs – mit allem, was dieses Wort impliziert.

1994   GIMMELDINGER MANDELGARTEN SPÄTLESE TROCKEN   88
»Saft und Kraft«, wie man sie von einem wahren Pfälzer erwartet. Nur ganz hinten spürt man, daß die Natur den Trauben keine optimale Reife hat zukommen lassen.

1994   GIMMELDINGER MANDELGARTEN SPÄTLESE   90
Ähnlich wie sein trockener Bruder, aber eine noch schlüssigere Harmonie; die Musik klingt lange nach.

1995   HAARDTER HERZOG SPÄTLESE TROCKEN   87
Vielleicht schlank im Vergleich mit manchen anderen Müller-Catoir-Rieslingen. Aber welche Kraft steckt in diesen festen Muskeln, und wie elegant bewegen sich diese Glieder.

1996   HAARDTER HERRENLETTEN SPÄTLESE TROCKEN   90
Man kann die reifen Trauben schmecken, als ob sie auf einem Teller auf dem Tisch stünden; sehr ansprechende Eleganz und Frische.

1996	HAARDTER BÜRGERGARTEN SPÄTLESE TROCKEN	92

Geschmackswelten – fabelhaftes Fruchtaroma, pikante Säure, imposante Fülle – prallen aufeinander, und die Explosion beleuchtet den ganzen Himmel.

1996   HAARDTER HERZOG SPÄTLESE   93

Die Künstler haben es bis zum äußersten getrieben, und es ist ihnen ein großer Wurf gelungen. Übernatürlich wirkende Intensität und Feinheit, ein zierlicher Gigant.

1996   HAARDTER BÜRGERGARTEN EISWEIN   97

Wir fallen fast vom Stuhl, als die brutale Schönheit den Raum betritt, aber was für eine reizende Grazie hat diese Dame der Finsternis. Die Nacht ist noch jung – was kann sich nicht noch alles entwickeln?

Rieslaner – Mußbacher Eselshaut »Grand Cru«

1992   BEERENAUSLESE   98

»Konzentriert« sagen die Fachidioten, und meinen eine gewisse Intensität. Hier ist ein wahres Geschmackskonzentrat, das eine sirupartige Dickflüssigkeit erreicht hat, ohne irgendwelche Kompromisse in puncto Harmonie oder Feinheit einzugehen. Nichts für Fachidioten!

1992   TROCKENBEERENAUSLESE   99

Einen Moment lang fällt es einem schwer, Luft zu holen, aber dann wird man geschluckt von einer einhüllenden Entzückung, die alles – die reale Welt und unsere ganzen Illusionen – in Bedeutungslosigkeit verschwinden läßt. Eine winzige Menge des Elixiers reicht.

1993   SPÄTLESE   93

Descartes hat unrecht: Auch die Aprikose hat eine Seele, und in diesen Flaschen ist sie gefangen. Sie schreit förmlich nach einer Befreiungsaktion. Wo sind die GSG9-Korkenzieher?

1994   TROCKENBEERENAUSLESE   93

Steht noch unter hoher Spannung und erschüttert den Trinker fast mit seiner extremen Harmonie, aber hier steckt so viel drin ..., und wie es wirken wird, wenn die hohen Wellen sich geglättet haben.

1995   AUSLESE   91

Eine Sinfonie aus Zitrus- und Passionsfrüchten. Trotz seines enormen Volumens ein filigraner, unwahrscheinlich animierender Wein.

1996 Auslese 95
Unbegrenzte Sinnlichkeit, wie es sie eigentlich nur im Traum gibt, fließt wellenartig über die Zunge, und jede neue Welle schmeichelt noch mehr als die vorhergehende.

Scheurebe – Haardter Mandelring »Grand Cru«

1993 Auslese 92
Eine Frau ohne Modellfigur wagt kein durchsichtiges Kleid, was von fehlendem Mut zeugt. Diese opulente Grapefruitessenz tut es, und wie schön es wirkt.

1994 Spätlese 91
Kein fetter Brocken, wie die Müller-Catoir-Weine manchmal dargestellt werden, sondern ein Wein, der mit seiner nachhaltigen Eleganz besticht.

1995 Kabinett halbtrocken 88
Zarter Körper, delikater Duft nach Pfirsich Melba, und herrliche Frische; ein fast perfekter Leichtwein.

1996 Kabinett 85
Fast zuviel des Guten für einen »Leichtwein«, aber dafür viel Charakter und Saftigkeit.

1996 Eiswein 98
Der Verstand schafft es kaum, dem gewaltigen Strom an Signalen von Geschmacks- und Geruchssinn standzuhalten. Aber schau in diese katzenartigen Augen, und betrink dich an ihrer unerschöpflichen, ungebändigten Tiefe.

Leider ist es unmöglich, mehr als nur einen Bruchteil der Produktion dieses Weingutes aus den letzten Jahren vorzustellen. Was hier fehlt, ist selten weniger beeindruckend als die beschriebenen Weine, manchmal sogar auch außergewöhnlich groß, wie zum Beispiel:

1992 Haardter Bürgergarten Gewürztraminer Auslese trocken 93
»Zu massiv!« oder »Übertrieben!« werden viele ausrufen, um gleich anschließend die Montrachets des Burgund mit den Worten »*Das sind große trockene Weißweine!*« zu bejubeln. Aber genau das, was sie bei diesen Weinen suchen, ist in diesem monumentalen Wein zu finden: eine faszinierende Mächtigkeit.

Pionier der Tradition
Hans-Jörg Rebholz

Weingut Ökonomierat Rebholz
Weinstraße 54
76833 Siebeldingen
Tel. 06345/3439
Fax 06345/7954

Die Haustür gibt meinem Druck beinahe zu leicht nach, und ich falle mehr ins Haus, als daß ich eintrete. Von einer Seite dringen gedämpfte Geräusche aus der Küche, wo jemand am Werken ist. Ich komme in einen lang gestreckten Raum: Parkettboden, niedrige Bücherregale, an den Wänden Jagdtrophäen und zwei Schwarzweißaufnahmen von einem Mann, der einen tieffarbenen Wein mit äußerster Vorsicht in kleine Gläser gießt. Ich höre Tritte auf dem knarrenden Holz der Treppe, die Tür geht auf, und Hans-Jörg Rebholz ist da. Sein Gesicht strahlt in dem kalten, silbergrauen Licht des Raumes. Er stellt den Korb voller Flaschen ab, mit großer Vorsicht. Er begrüßt mich mit wenigen Worten, doch herzlich, wir setzen uns, und er stellt eine Flasche nach der anderen vor mir auf den runden Tisch. Sie bilden eine Runde, und jede trägt ein Etikett mit dem Emblem eines großen »R« in einer Weintraube. Dieses Symbol kennzeichnet nicht nur die Rebholz-Weine, es steht auch für die Traditionen, das Haus und die dort lebende Familie. Es kommt mir vor, als atmete ich alle diese Sachen mit den Aromen der Weine ein, die ich verkoste, und es scheint, als ob es mir helfen würde, sie zu verstehen.

Es gibt nichts Intellektuelles an den Rebholz-Weinen – diese Beschreibung hätte Hans Rebholz, den Mann auf den Schwarzweißaufnahmen, Hans-Jörgs Vater, tief erzürnt und würde niemandem in der Familie gefallen –, aber sie erfordern Verständnis, um sie in vollem Maße schätzen zu können. Wenn sie manchmal mißverstanden werden, dann aufgrund von falschen Erwartungen. So sind es zum Beispiel keine typischen Pfälzer Weine. Sie entziehen sich den üblichen Normen genauso wie dem zur Zeit »angesagten« Geschmack und sind vollkommen eigenständig. Aus einem anderen Blickwinkel könnten sie jedoch wiederum kaum typischer sein. Jeder Rebholz-Wein ist ein ausgeprägtes, charakteristisches Beispiel der Rebsorte und des Jahrgangs, aus dem er stammt. Trotz der jeweiligen, sehr individuellen Eigenschaften gibt es zwischen ihnen starke Familienbande. In erster Linie sind es unverkennbar Rebholz-Weine und daher typisch in einem anderen (dem besten?) Sinn.

Es ist zweifellos eine einzigartige Familientradition, die diese Weine von allen anderen Pfälzer Weinen so deutlich unterscheidet, aber es ist kein Brauchtum, das man einfach mit einer gängigen Bezeichnung wie »Weinbau seit über 300 Jahren« umschreiben könnte, auch wenn diese Beschreibung zutrifft. Was drücken diese Worte überhaupt aus? Meistens ist es nur eine leere Floskel und manchmal auch die Ausrede für gegenwärtige Unzulänglichkeiten. Ich kann mir die Familie Rebholz nur voller Verachtung ob solcher Schwächen vorstellen. Seit ihre Tradition begründet wurde, wird sie von jeder Generation lebendig erhalten. Jede Generation greift die Ideen, Ambitionen und Erfahrungen der vorhergehenden auf und entwickelt sie auf ihre Art weiter, die stets denselben Grundprinzipien treu bleibt. Auf dem Weingut Rebholz geschieht dies in der dritten Generation, doch sind Jahre noch Generationen hier nicht das Wichtigste. Alles hängt von der Entschiedenheit ab, mit der die Gedanken der Vorgänger in die heutigen Weine übertragen werden. In diesem (dem besten?) Sinne ist Hans-Jörg Rebholz einer der traditionellsten Winzer der Pfalz überhaupt.

Für manche, die Hans-Jörg Rebholz und seine Weine kennen und diese Zeilen lesen, mögen sie merkwürdig und unzutreffend erscheinen. Allgemein ist er als einer der Pioniere für den Einsatz von neuen kleinen Eichenholzfässern bei der Rotweinbereitung in der Pfalz bekannt, und er war einer der ersten im Gebiet, der versuchsweise französische Chardonnay-Reben ausgepflanzt hat. Außerdem zeigt er sehr reges Interesse an den Weinen anderer Länder und den dort entwickelten Methoden im Ausbau und der Vinifikation. Ich kann bereits Stimmen hören, die sagen, dieses ganze Gerede von Tradition sei doch Unsinn und Hans-Jörg Rebholz ein dynamischer junger, wenn nicht gar revolutionärer Winzer? ...

Er ist sicher all dies, aber das schließt die Familientradition keineswegs aus. Tradition und Innovation können sich natürlich widersprechen. Oft werden sie in entgegengesetzte Rollen gezwungen, um das eine zu verunglimpfen und das andere zu loben und die Welt so auf schwarz und weiß, »richtig« und »falsch« zu reduzieren. Das gibt demjenigen, der diese Grenzen zieht, ein angenehmes Gefühl der eigenen Bedeutung, das oft mit der Rolle des Richters einhergeht, und all die Vorzüge einer schematisierten eindimensionalen Welt. Das Ergebnis hat jedoch nicht unbedingt mit der Realität zu tun. Hans-Jörg Rebholz läßt sich nicht so einfach in eine bestimmte Schublade stecken und versucht nie, die Realität in irgendwelche Schubladen zu drücken.

Einer der wichtigsten und herausragendsten Aspekte der Rebholzschen Weinbautradition ist zukunftsorientiertes Denken. Obwohl sich die Familie nie an der vorherrschenden Mode orientiert hat – allein der Gedanke daran brächte zwei Rebholz-Generationen dazu, sich in ihren Gräbern umzudrehen –, stand ihre ganz persönliche Vorstellung von Fortschritt immer im Mittelpunkt ihres Bemühens. Bereits Hans-Jörgs

Großvater Edouard war sehr innovativ eingestellt. »Schon vor dem Krieg hat er alle möglichen neuen Ideen ausprobiert, die für mich heute selbstverständlich sind. Viele haben bei ihm nicht funktioniert, entweder wegen der technischen Grenzen oder der wirtschaftlichen Schwierigkeiten der damaligen Zeit«, erzählte mir Hans-Jörg Rebholz vor kurzem. Erst mit der Hilfe seines Sohnes Hans gelang es ihm, eine Reihe dieser Ideen seit den späten vierziger Jahren zu verwirklichen.

Das Archiv der Preislisten, die das Gut seit den vierziger Jahren zweimal jährlich an die Privatkunden verschickt, ermöglicht es, diese Entwicklung im Detail zu verfolgen. 1949 erzeugte die Familie Rebholz die erste Trockenbeerenauslese in der Geschichte der Südpfalz. Gleichzeitig war es der erste Wein dieser Art aus der Rebsorte Müller-Thurgau überhaupt in Deutschland. 1951 kam der erste St.-Nikolaus-Wein des Gebietes, gefolgt 1958 von dem ersten Eiswein der Südpfalz und einem bahnbrechenden Strohwein im darauffolgenden Jahr. 1968 füllten sie ihren ersten Literwein ab – kein Gemisch verschiedener Reste wie bei vielen anderen Gütern –, sondern ein fruchtiger trockener Riesling mit einem natürlichen Alkoholgehalt von lediglich 8,5°. 1970 ernteten sie eine Spätburgunder Weißherbst Auslese, einen revolutionären Rosé-Dessertwein, der auch der erste seiner Art in der Region war. Von denselben Reben kam im nächsten Jahr ihr erster Rotwein. Alle diese Weine wurden sehr bewundert und gewannen viele Preise, aber die eigentliche Leistung bestand darin, Ziele zu verwirklichen, die über Jahrzehnte hinweg langsam Gestalt angenommen hatten.

In der Preisliste vom Dezember 1957 erklärt Edouard Rebholz die von ihm und seinem Sohn in Weinberg und Keller verfolgte Philosophie in äußerst modern anmutenden Worten; sie könnten fast von seinem Enkel in einer der aktuellen Preislisten stammen. Die richtungweisenden Prinzipien sind einerseits, gute Weine so günstig wie möglich zu produzieren und andererseits den Wein in »... seiner Eigenart, ich möchte beinahe sagen, seinem ›nördlichen Charakter‹ ...« zu bewahren, genau das, was Hans-Jörg Rebholz heute verfolgt. Für ihn, wie für seinen Vater und seinen Großvater, sind die aus dem technischen Fortschritt resultierenden Möglichkeiten von größtem Interesse, wo sie klare »arbeitswirtschaftliche Vorteile« bringen, doch darf dies niemals den grundlegenden Charakter der Weine verändern. Die Worte, mit denen Edouard Rebholz die Weine der fünfziger Jahre beschreibt, treffen genauso auf die heutigen Weine zu: »ein frischer, kerniger Wein«, »ein schöner, reifer, rassiger Wein«, »dieser Wein in seiner ausgewogenen Harmonie hat noch eine große Entwicklung vor sich ...«

Die heutige Verkostung ist vielleicht die faszinierendste, die ich auf dem Weingut Rebholz je erlebt habe: vier Jahrgänge Riesling, Muskateller und schließlich Spätburgunder-Rotweine. Alle sind »naturrein« ausgebaut, das heißt, nichts ist hinzugefügt oder entzogen worden, gerade so, wie die Weine auch von den vorherigen Generationen der Familie gemacht wurden. Jeder einzelne Wein verdient meine volle Aufmerksamkeit, und Hans-Jörg Rebholz verkostet genauso sorgfältig und konzentriert. Es ist harte Arbeit, zwei Dutzend so starken Weinpersönlichkeiten gerecht zu werden, und nach der Probe steige ich erstmal die enge Treppe hinauf in mein Zimmer, um mich eine Stunde hinzulegen.

Selbst an heißen Sommertagen ist es hier kühl. Es ist jedoch keine unfreundliche Kälte wie in englischen Häusern, die einem erst in die Kleider und dann unter die Haut kriecht, bis nur noch ein heißes Bad helfen kann. Es ist eher die raumfüllende Abwesenheit von Hitze. Ich kann mir nicht vorstellen, mich hier anders als nüchtern und nachdenklich zu fühlen, in dieser Stille, die nur von einem vorbeifahrenden Auto oder dem Ruf eines Kindes gelegentlich unterbrochen wird. Wenn jemand in ein Zimmer kommt, wie Hans-Jörg Rebholz mit den Flaschen für unsere Probe, unterbricht er die Stille auf abrupte Weise. Es ist das Gegenteil eines betriebsamen Hauses, in dem die dauernde Bewegung und der Lärm jeglichen Gedanken versanden läßt, bevor er zum nächsten führen kann.

Der Ursprung der Rebholz-Weine liegt in dieser Stille. Es wird nie ein Versuch unternommen, ihnen oberflächliche Attraktivität mitzugeben, um sie für jene Leute mit einer kürzeren Aufmerksamkeitsspanne anziehender erscheinen zu lassen. Dies bedeutet, daß bei diesen Weinen jeder natürliche Charakterzug deutlich hervortritt, manchmal in sehr ausgeprägter Form. Zuweilen führt das zu solch außergewöhnlichen Aromen, daß selbst die Meinungen der Fachleute auseinandergehen. Oft sind die Weine von betonter Säure und schmecken sehr herb, aber ebenso gut können sie viel Alkohol und genug Süße haben, um als wirkliche Dessertweine zu gelten. Zu verschiedenen Zeiten sind sie wegen all dieser Eigenschaften kritisiert worden, und die heutigen Rebholz-Weine sind sicher auch für einige erhobene Zeigefinger und viel aufgeregtes Gerede gut. Jeder, der unbedingt etwas kritisieren will, weil er diese Weine nicht mag, wird ohne Schwierigkeiten den einen oder anderen Angriffspunkt finden! Für die Rebholz-Familie ist ihre exponierte Stellung ein Normalzustand geworden, eine Selbstverständlichkeit.

Als ich so auf dem Rücken liege und zur Decke hinaufstarre, fällt mir auf, daß ich von Hans-Jörg Rebholz noch nie Worte der Verteidigung zu seinen Weinen gehört habe. Wenn der ein oder andere Wein eine Schwäche zeigt, bemerkt er dazu nur, daß die Natur ihm eben nicht mehr mitgegeben hat. Gleichermaßen werden abweichende Meinungen über die Weine immer zur Kenntnis genommen. Das ist einer der Aspekte der nüchternen Mentalität – mit beiden Beinen fest auf dem Boden stehen –, die Hans-Jörg Rebholz mit seiner Mutter Christine gemeinsam hat. Wenn er jedoch anfängt, von den Dogmen und Dummheiten der Weinwelt zu sprechen, regt er sich leicht auf und äußert ohne zu zögern harsche Worte der Kritik.

Es macht ihn besonders wütend, wenn er sieht, daß Kollegen dieselben Fehler wiederholen, gegen die schon sein Vater und Großvater gekämpft haben. Dann liegt ein fordernder Ton in seiner Stimme: Wie können Menschen so blind gegenüber dem sein, was ihnen die Geschichte doch schon bewiesen hat? Die Antwort, und er gibt sie gleich selber, liegt darin, daß diese Menschen die Vergangenheit entweder vergessen haben oder sich ihrer nie bewußt geworden sind. Statt dessen sehen sie nur den allgemeinen »Publikumsgeschmack« oder orientieren sich an dem Klischee, wie Pfälzer oder deutsche Weine angeblich schmecken. Ihre Weine sind dann ein oberflächlicher, müder Abklatsch, der schnell gegen die nächste Mode ausgetauscht wird. Es ist das Gegenteil dessen, was die Rebholz-Weine zu dem macht, was sie sind und der Traditionen, die sie verkörpern.

Ich stehe auf, kämme mich, ziehe meine Jacke an und gehe über den Flur ins Eßzimmer. Hans-Jörg Rebholz, seine Frau Birgit und ihre Zwillinge Hans und Valentin sitzen um den Tisch. Als ich eintrete, drehen sie sich alle um. Draußen ist es inzwischen dunkel geworden, und die Außenwelt ist auf den Hof der Rebholz zusammengeschrumpft, beleuchtet von den Lichtstrahlen aus den Fenstern des Hauses. Es ist Zeit, zusammen ein Glas Rebholz-Wein in aller Ruhe zu genießen.

Probiernotizen Weingut Rebholz

Riesling – Weine aus diversen Lagen

1993 Siebeldinger Königsgarten Spätlese trocken   **86**
Substantiell und fein zugleich, aber im Kontext des Jahrgangs kein Held.

1994 Birkweiler Kastanienbusch Spätlese trocken   **89**
Die Noblesse eines edlen Steines, geschliffen und glänzend, doch ohne dessen Härte; »Grand-Cru«-würdig.

1994 Siebeldinger Im Sonnenschein Spätlese   **88**
Weder trocken noch richtig süß, aber seine Klarheit und eigenständige Harmonie überzeugen.

1994	SIEBELDINGER IM SONNENSCHEIN AUSLESE	93

Wo niemand es beobachten kann, kräuseln hinreißende Fruchtnoten über die Zunge, auf eine fast erotische Weise; Mund zu halten, Fassung bewahren!

1995	BIRKWEILER KASTANIENBUSCH KABINETT TROCKEN	81

Biß im positiven Sinne des Wortes, doch auch subtile Aromen.

1995	SIEBELDINGER IM SONNENSCHEIN SPÄTLESE TROCKEN	83

Ansprechende Schlankheit und betonte Festigkeit; ein Wein für mutige Trinker.

1996	BIRKWEILER KASTANIENBUSCH KABINETT TROCKEN	84

Ganz trocken und verschlossen, aber hier schlummert auch viel Charakter, der später zum Vorschein kommen wird.

1996	SIEBELDINGER IM SONNENSCHEIN SPÄTLESE TROCKEN	89

Straff und überschwenglich zugleich und trotzdem gar nicht schizophren; eine klassische Rebholz-Herausforderung.

1996	SIEBELDINGER IM SONNENSCHEIN EISWEIN	94

Eine höchst pikante Angelegenheit, die gewissermaßen alles auf die Spitze treibt, was zu einem Eiswein gehört – Geschmacksdichte, ausgeprägte Säure, Besessenheit – doch es fliegt alles zusammen auf das Haus Rebholz hin.

Muskateller – Godramsteiner Münzberg

1992	SPÄTLESE TROCKEN	86

Ein vollblütiger Wein mit den Muskeln und drahtigen Sehnen eines Athleten, wie sie bei der Traubensorte selten anzutreffen sind.

1992	AUSLESE	91

Fast wie eine Muskateller-Essenz mit opulentem Körper, schmelziger Konsistenz und einem berauschenden Nachgeschmack.

1993	KABINETT TROCKEN	82

Eine erfreuliche Leichtigkeit, die jedoch keinesfalls leichtsinnig ist.

1994	SPÄTLESE	90

Muskateller zeigt seine Neigung zu Extremen und geniert sich dabei überhaupt nicht. Warum sollte er auch? Mit Power, viel Ausdruck und Anmut ist er wohl ausgestattet.

1995	KABINETT TROCKEN	84

Ein subtiles Spielchen, das nur den ganz Wachen auffällt.

1996	Spätlese trocken	88

Meine rosa Grapefruit hat mir etwas versprochen, und hier ist die Erfüllung: das Spiegelbild meines Frühstückspartners.

Spätburgunder-Rotwein

1992 Siebeldinger Im Sonnenschein Spätlese trocken — 84

Erst jetzt legt er sich auf eine Samtdecke und räkelt sich, wie um zu fragen. »Wo bleibst du?«

1992 »HJR« Tafelwein trocken — 83

Viel Substanz und Ausdruck, jedoch immer noch in der Holzkiste eingeschlossen.

1993 Siebeldinger Im Sonnenschein Spätlese trocken — 86

Ein Rotwein mit strahlenden Fruchtaromen (Kirschen und Brombeeren) ohne *Barrique*-Fässer und holzige Aromen; einfach herrlich.

1993 »HJR« Tafelwein trocken — 89

Die starke Toastnote der Jugend verschwindet allmählich und aus ihrem Schatten tritt eine beeindruckende Persönlichkeit, deren viele Seiten – Stärke, Würze und Harmonie – alle auf einmal zur Geltung kommen.

1994 Siebeldinger Im Sonnenschein Spätlese trocken — 83

Der Charme von reifen schwarzen Kirschen, die zu »immer noch einer« verführen.

1994 »HJR« Tafelwein trocken — 85

Noch ein wenig durcheinander, aber die dunkle Farbe, ausgiebige Substanz und der feste Gerbstoff deuten alle an, daß hier ein Ausnahmewein im Werden begriffen ist.

1995: Kein Rotwein.

Der Meister des Kastanienbuschs
Karlheinz Wehrheim

Weingut Dr. Wehrheim
Weinstraße 8
76831 Birkweiler
Tel. 06345/3542
Fax 06345/3869

Dr. Heinz und Karlheinz Wehrheim stellen einen der seltenen Fälle dar, in denen Winzervater und -sohn in allen wichtigen Fragen übereinstimmen. Strenge Prinzipien und der Wille, ihnen unabhängig von der Meinung anderer zu folgen, scheinen in der Familie zu liegen. Dr. Heinz Wehrheim ist in seiner Generation genauso der Wehrheim-Rebell gewesen wie sein Sohn in der heutigen Zeit. Beiden liegt daran, ein weitverbreitetes Vorurteil zu widerlegen, das schon seit vielen Generationen besteht. Seit Jahrhunderten fällt auf die Südpfalz, in deren Zentrum Birkweiler liegt, der tiefe Schatten der Mittelhaardt im Norden. Während die Mittelhaardt als ein Gebiet mit Spitzenlagen und großartigen, qualitätsorientierten Weingütern angesehen wird, hält man die Oberhaardt oder Südpfalz allgemein lediglich für einfache Alltagsweine fähig. Auch die Wehrheims würden zugeben, daß sich die Dinge lange weitgehend so verhalten haben, jedoch sofort hinzufügen, daß der Grund darin zu suchen ist, daß kaum jemand unter den Winzern sich hier vor Anfang der sechziger Jahre systematisch um Spitzenqualität bemüht hat.

Ihren Tiefpunkt erreichte die Südpfalz in den Nachkriegsjahrzehnten, als viele Winzer von den hier an sich typischen trockenen zu süßen Weinen übergingen. Die Verbreitung von billigen chemischen Düngemitteln ermöglichte es gleichzeitig, die Erträge der Weinberge zu steigern, und die Weine wurden immer dünner. Eine Zeitlang wurde die Südpfalz spöttisch, aber im allgemeinen zutreffend »Süßpfalz« genannt. Nur wenige freie Geister schwammen gegen den Strom, und zu den ersten von ihnen gehörte die Familie Rebholz aus dem benachbarten Siebeldingen. Anfang der sechziger Jahre schloß sich ihnen Dr. Heinz Wehrheim an, ebenso kompromißlos in seinem Engagement für trockene Weine und wie in dem Widerstand gegen fragwürdige Methoden in Verbindung mit der für die Zeit bezeichnenden Massenerzeugung.

Obwohl das Haus der Wehrheims, ein massiver Steinbau, auf Großbürgertum und die damit einhergehenden konservativen Ansichten zu deuten scheint, wuchs Karlheinz Wehrheim in der prickelnden Atmosphäre einer Revolution auf. Konventionen galten nichts – freies Denken war die Parole. Die Wehrheims werden inzwischen in ihrem Gebiet seit langem als Vorreiter für Qualität und Bewahrer von Traditionen anerkannt und gelten auch in den Augen weniger aufgeklärter Kollegen nicht mehr länger als Anarchisten. Doch durch Karlheinz Wehrheims Einstellung, daß nur das wahr ist, das sich ihm selber bewiesen hat, wird die Atmosphäre auch heute von allem anderen als Selbstzufriedenheit geprägt. Er hat zwar die von seinem Vater während der sechziger und siebziger Jahre eingeführten Methoden nicht radikal verändert, aber es herrscht immer noch derselbe Geist, stets auf der Suche nach neuen Ideen und Impulsen, während gleichzeitig die seit langem eingefahrenen Denkweisen hinterfragt werden.

Die Wehrheim-Weine haben etwas ansprechend Geradliniges. Stets charaktervoll, wirken sie doch nie übertrieben, kompliziert oder ermüdend. Man braucht nicht viel zu erklären oder über sie zu philosophieren, obwohl ich mich bei meinem Besuch im Mai 1996 ausgiebig mit Karlheinz Wehrheim über seine Weine unterhalten habe. Wie seinen Vater freut es auch ihn sehr, wenn jemand seine Weine ernst genug nimmt, um über sie sich richtige Gedanken zu machen und sie zu äußern. Ein Teil dieser Unterhaltung wurde von einer hervorragenden Bratwurst am Küchentisch begleitet; eine typische Situation für die Geringschätzung überflüssiger Formalitäten hier im Haus. Beim Genuß der Bratwurst fiel mir auf, daß mich von den gerade verkosteten trockenen weißen Wehrheim-Weinen die Weißburgunder am meisten beeindruckt hatten, genau wie vor zehn Jahren, als ich zum erstenmal einige Weine des Gutes probiert hatte. Damals arbeitete Karlheinz Wehrheim erst seit zwei Jahren nach dem Studienabschluß mit seinem Vater. Er hat die Anstrengungen seines Vaters mit dieser stark unterschätzten Rebsorte erfolgreich weitergeführt und der Großzügigkeit und Saftigkeit, die ihnen bereits eigen war, einen Hauch mehr Eleganz hinzugefügt. »*Vergeßt Baden!*« habe ich in meinen Notizen geschrieben, nicht ohne Grund, denn aus den letzten Jahrgängen, das heißt nach 1990, ist mir aus Baden kein einziger Weißburgunder begegnet, der es mit Karlheinz Wehrheims 1994 Spätlese Trocken aufnehmen könnte. Er zeigt genau die Kombination von Kraft und Harmonie, Fülle und Frische, die angeblich Badens Stärke ist. In Baden scheint die Rebsorte im allgemeinen für selbstverständlich gehalten zu werden, während sie in Birkweiler ernstgenommen wird.

Die besten trockenen Weine der Wehrheims werden häufig als »üppig« beschrieben. Im Gegensatz zu vielen anderen deutschen Spitzenwinzern treten die Wehrheims aktiv für die Bezeichnung »Auslese Trokken« ein. Ihre Gegner sagen, daß Auslesen traditionell süße Weine waren und die meisten trockenen Auslesen sowieso wie Spätlesen schmeckten, es gebe an ihnen nichts in Duft oder Geschmack, das darauf hinweise, daß sie aus ausgelesenen überreifen oder edelfaulen Trauben stammten, wie die Bezeichnung andeute. Das Weingut Wehrheim gehört zu den wenigen Betrieben, bei denen trockene Auslesen immer schmecken, als ob sie aus superreifen Trauben gemacht wären, was die Lesehelfer schon einiges an Mühe gekostet haben dürfte.

Eine Riesling-Auslese Trocken von den Wehrheims ist ein Wein von großzügigem Ausmaß mit ca. 13,5° Alkohol. Die frische Säure verleiht dem Wein jedoch Lebendigkeit, so daß er trotz verschwenderischem Duft und mächtigem Körper nicht massiv oder überladen schmeckt. Wenn die Weine üppig sind, haben sie doch nichts Wagnerianisches an sich; wenn man fünf Jahre oder länger Geduld hat, dann entwickeln sie mit der Flaschenreife etwas, das sich beinahe als Zartheit beschreiben läßt. Diese außergewöhnliche Balance wäre wahrscheinlich aus keiner anderen Weinbergslage als dem Kastanienbusch in Birkweiler möglich, der einzigen Lage des Gebiets mit einem Boden aus Rotliegendem, gleichzeitig der höchstgelegenen und einer der steilsten Lagen. Diese Faktoren führen zu Eigenschaften, die an die großen trockenen Rieslinge der Wachau in Österreich erinnern. Diese Ähnlichkeit ist auch Karlheinz Wehrheim aufgefallen, und mit einigen der dortigen Spitzenwinzer verbindet ihn eine Freundschaft, deren Grundlage die ihnen gemeinsamen Bedingungen sind: steile Weinbergslagen mit steinigen Böden und trockene Rieslinge von einer Grandeur, wie sie nur wenigen anderen trockenen Weißweinen weltweit eigen ist.

»Was ist das?« fragte ich verblüfft nach dem ersten Schluck eines erstaunlichen edelsüßen Weines, den Dr. Heinz Wehrheim mir bei meinem letzten Besuch auf dem Gut einschenkte. Ich hatte ausschließlich trockene Weine erwartet, und es war ein Schock, nicht nur auf einen edelsüßen, sondern dann gleich einen großartigen zu stoßen. Diese 1976 Riesling Beerenauslese stellte jedoch keinen Kompromiß seiner Prinzipien dar, sondern deren Maximum. Im allgemeinen haben solche Weine zwischen 7 und 10° Alkohol. Dieser hatte bis 14° gegoren – das ist der höchste Alkoholgehalt, bei dem der Wein noch harmonisch schmecken kann, mit nur einem Bruchteil der bei einer Beerenauslese üblichen Süße. Das Ergebnis war ein spektakulärer Wein, außerordentlich reichhaltig und doch weder süß noch plump. Karlheinz Wehrheim hat seinerseits mit der 1992 Weißburgunder Trockenbeerenauslese bewiesen, daß er seinen Prinzipien keineswegs blindlings folgt. Wenn die Natur ihm Trauben von so extremem Reifegrad beschert, daß ein trockener Wein unmöglich ist, dann ist auch er in der Lage, einen großen Wehrheim-Wein mit edler Süße zu machen. Unter diesen Umständen – und nur unter diesen – verdient die Südpfalz den Namen »Süßpfalz« als höchstes Lob.

Probiernotizen Weingut Dr. Wehrheim

Riesling – Birkweiler Kastanienbusch »Grand Cru«

1993 Spätlese trocken 88
Hat weder an Substanz noch Säure gespart, und so vermählen sich die beiden langsam zu einer beeindruckend eleganten Einheit; hat noch viele Jahre vor sich.

1994 Kabinett trocken 82
Ein frischer, harmonischer Riesling der leichten Art ohne Anspruch auf Größe.

1995 Kabinett trocken 79
Sehr leicht und recht charmant, aber ein flüchtiger Kerl, dem etwas Rückgrat fehlt.

1995 Auslese trocken 87
Ein exotischer Fruchtcocktail, wie es nur wenige im Gebiet aus dem Jahrgang 1995 gibt. Muskulös und ziemlich fest, braucht bis zur Jahrhundertwende, um sein Ganzes zu geben.

1996 Kabinett trocken 80
Die Tutti-Frutti-Aromen werden dezenter werden, aber auch dann wird der Wein nie mehr als angenehm und ausgewogen sein.

Weißburgunder – Diverse Lagen

1992 Birkweiler Kastanienbusch Trockenbeerenauslese 94
Sind wir plötzlich an der Mosel? Nein. Die holzgetäfelten Wände und ein grüner Kachelofen zeigen, daß wir noch bei Wehrheims sitzen. Aber die fabelhaften Düfte, die aus dem Glas strömen, erinnern an edelsüße Moselweine. Nur die weiche Seide am Gaumen ist Pfalz pur.

1993 Birkweiler Kastanienbusch Spätlese trocken 88
Imposant und elegant zugleich, und wer sagt, daß ein Pfirsichton nur bei Riesling-Weinen zu finden ist?

1994 Birkweiler Mandelberg Spätlese trocken 90
Baden? Wo ist das? ... Aber Scherz beiseite – es handelt sich um eine geniale Ausführung dieser Traube, wie sie weder in Frankreich noch in anderen deutschen Anbaugebieten zu finden ist: reichhaltig, kraftvoll und trotzdem perfekt ausgeglichen.

1995   BIRKWEILER KASTANIENBUSCH SPÄTLESE TROCKEN   86
Die Überschwenglichkeit des frühen Sommers – Blüten und erste Früchte – und dahinter die Kraft des Wuchses.

1996   KIRKWEILER MANDELBERG AUSLESE TROCKEN   89
Eine beeindruckende Erscheinung mit reichhaltigen Frucht- und Nußaromen, viel Fülle und markante Festigkeit. Man kann ihn schon jetzt bewundern, aber die Harmonie braucht noch etwas Zeit.

Bruderliebe
Claus und Hardy Werlé

Weingut Werlé
Altes Schlössel
67147 Forst
Tel. 06326/8930

Die Sonne blendet, aber sonst stört überhaupt nichts. Als ich Claus Werlé an diesem warmen, sonnigen Mainachmittag im rosenbewachsenen Hof des Familienweingutes gegenübersitze, fällt es mir schwer zu glauben, daß dieser zurückhaltende Mann, der wegen seiner Ernsthaftigkeit älter als seine vierzig Jahre wirkt, während sein jungenhaftes Lächeln ihn jedoch gleichzeitig viel jünger macht, in der deutschen Weinszene eine umstrittene Gestalt sein könnte. Das gleiche könnte man über das Weingut der Familie sagen, obgleich der Betrieb heute wie in der Vergangenheit kaum etwas unternimmt, um die Aufmerksamkeit auf sich zu lenken, und sehr vorsichtig mit der Darstellung in der Öffentlichkeit im allgemeinen ist. Dennoch sind die Weine, die Claus Werlé in den letzten Jahren mit der Hilfe und Unterstützung seines Bruders Hardy gemacht hat, Gegenstand beträchtlicher Kontroversen unter Kritikern und Kennern gewesen. Für die einen gehören sie nicht nur zu den besten Weinen der gesamten Pfalz, sie repräsentieren auch einen Weintyp, der heute sehr selten geworden ist; Weine, die ihre Stärke in erster Linie aus dem Boden der Weinbergslage beziehen, in der die Reben wachsen und die Trauben reifen. Die anderen finden die Werlé-Weine zu altmodisch, rustikal und leblos. Sie vermissen die an reife Früchte erinnernden Aromen, die viele moderne Pfälzer Rieslinge im Glas verströmen.

Wir sitzen bei einer improvisierten Verkostung, die ursprünglich hoch oben in den Weinbergen stattfinden sollte, mit dem Blick über Forst mit dem gotischen Kirchturm und der Weite seiner besten Weinbergslagen.

Doch das Vorhaben wurde buchstäblich vom Wind abgeblasen. Was immer wir auch unternahmen, um das Bouquet der Weine einzufangen, es war immer schon fünfzig Meter weiter unten am Wind und nicht in unseren Gläsern. Trotzdem hatte sich die Fahrt hinauf zu dem Aussichtspunkt gelohnt. Von dort wurde die Lage der Weinberge, die seit Jahrhunderten als die besten der Pfalz gelten, ganz deutlich. Die traditionell besten Forster Lagen, an erster Stelle das Kirchenstück und an zweiter der daran nördlich angrenzende Jesuitengarten, liegen unmittelbar im Westen der Ortschaft, geschützt von Häusern und dem Wald der Haardt, der einen Kilometer entfernt anfängt. Die nächstbesten Lagen, der Pechstein, das Ungeheuer und das Freundstück, umschließen dieses Duo jeweils von Norden, Westen und Süden. Von hier oben ist einer der Faktoren deutlich erkennbar, die das Kirchenstück zu einer so außerordentlichen Lage machen: Es stellt eine kleine Senke dar, und die Reben auf seinen sanft abfallenden Hängen sind so vor dem Wind geschützt, der uns gerade beinahe umgeweht hat. Statt dessen staut sich dort die warme Luft.

Claus und Hardy Werlé haben lange gebraucht, um zu dem heutigen Stand der Dinge zu gelangen und bemerkenswerte Weine wie die aus den Jahrgängen 1994 und 1995 zu machen, die vor uns auf dem schlichten Holztisch stehen. Diese Weine gleichen wirklich keinen anderen in der Pfalz und ähneln auch in ganz Deutschland nur wenigen sehr entfernt; nach meinem Empfinden ein unentbehrliches Merkmal großer Weine. Große Weine sind nur möglich, wenn eine einzige klare Vision in Form von Wein verwirklicht wird. Wie gut gemeint ein Kompromiß auch sein mag, jede Mischung aus unterschiedlichen Vorstellungen beeinträchtigt den endgültigen Wein. Das ist, als ob zwei Fotografen Aufnahmen von demselben Modell machen und diese dann übereinander kopiert ausgestellt werden. Beide können durchaus gelungen sein, aber das Resultat sieht im besten Fall unscharf aus. »Wenn ich verantwortlich bin, muß alles meine Handschrift tragen«, lautet Claus Werlés Ansicht. Eine Zeitlang waren die Weine jedoch ein Kompromiß zwischen seinen Vorstellungen und denen seines Vaters Otto.

Während der nächste Wein eingeschenkt wird, fährt Otto Werlé mit dem Traktor auf den Hof, steigt ab, wirft einen Blick in unsere Richtung und verschwindet ohne ein Wort. Der Ausbau der Werlé-Weine liegt jetzt vollständig in den Händen von Claus und Hardy Werlé, und damit haben die Weine wieder das herausragende Niveau erreicht, das sie bei Otto Werlé in den siebziger und frühen achtziger Jahren zeigten. In der Zeit dazwischen ging es mit der Qualität der Weine auf und ab.

»Die Familie hat bei der Weinbergspflege und dem Ausbau der Weine immer ihren eigenen Weg verfolgt«, erzählt Hardy Werlé, »und darin unterscheiden wir uns nicht von unserem Vater.« Die Werlés stehen der modernen Chemie seit langem skeptisch gegenüber und arbeiten daher praktisch ökologisch; das Wort gefällt ihnen jedoch nicht und das allerletzte, als was sie gelten wollen, sind »Ökowinzer« oder »Alternative«. Für die Brüder Werlé ist das Vertrauen in die Natur nicht weniger wichtig als das Vertrauen in ihre eigenen Instinkte. »Schließlich muß ich alles aus dem Bauch heraus entscheiden«, sagt Claus Werlé und fügt hinzu: »... aber eigentlich schenkt der liebe Gott uns alles. Es ist dumm zu meinen, daß man alles in den Griff kriegen kann.«

Der Herbst 1995 hat die Nerven der Brüder auf die bis jetzt härteste Probe gestellt und gleichzeitig den deutlichsten Beweis geliefert, daß sie keinesfalls auf dem falschen Weg sind. Es regnete fast den gesamten September über, und viele ihrer Kollegen gerieten in Panik, als sich in den Weinbergen Fäulnis wie ein Lauffeuer ausbreitete. Die Versuche dieser Winzer, alles unter Kontrolle zu bekommen, führten zu vielen sauren, bitteren Weinen. Hier lief alles außer Kontrolle. Die beiden Brüder hielten jedoch den Atem an und warteten, bis im Oktober eine Schönwetterperiode einsetzte. Sie waren erstaunt über die gute Qualität der Trauben, die sie während der zweiten Hälfte des Monats einbrachten, als die meisten ihrer Kollegen die Lese schon lange abgeschlossen hatten. Mut und Geduld zahlen sich eben aus, und zweifellos haben die schwierigen Jahrgänge 1994 und 1995 die Entschlossenheit und den Ehrgeiz der Brüder Werlé entschieden gestärkt.

Als ich die teilweise kritischen Worte der Presse zu ihren Weinen anspreche, lachen sie nur. »Die Kunden sind das wichtigste, nicht die Presse«, sagt Hardy Werlé und sein Bruder fügt hinzu: »Wir wollen Weine machen, die nicht einfach austauschbar sind.« Der Nachteil dabei liegt sicher darin, daß sich ihre Weine ganz anders entwickeln als die ihrer Kollegen und der gegenwärtigen Besessenheit von Bewertung und Konsum in frühestem Stadium alles andere als entgegenkommen. »Der vorletzte Jahrgang interessiert den Durchschnittsweintrinker nicht mehr, und für die Presse existiert er kaum noch«, sagt Claus Werlé, »andererseits macht es mir nichts aus, wenn manche Leute meine Weine nicht verstehen. Wir brauchen nicht jeden.« Es könnte als Arroganz gedeutet werden, ist jedoch nur eine Feststellung. In diesem Moment tauchte ihre Schwester auf, um die Ponies zu versorgen, die in einem Stall hinten am Hof leben, und lenkt uns vorübergehend von den Weinen ab. Ist es meine sentimentale Ader, daß ich diese Szene schön finde? Heile Welt? Nostalgie für Zeiten, die ich nicht erleben konnte? »Wir hatten immer Pferde oder Ponies«, bemerkt Hardy Werlé, und wir wenden uns wieder den Weinen zu.

Schließlich kommen wir zu den beiden Stars unter den Werlé-Weinen, dem Jesuitengarten, wo die Werlés seit Generationen Besitz haben, und dem Kirchenstück, in dem sie 1976 eine kleine Parzelle gekauft haben. Sie stellen unterschiedliche Persönlichkeiten dar, beiden ist jedoch eine Eleganz eigen, die man in den manchmal burschikosen, manchmal bombastischen Weinen der Pfalz nur selten findet. Der 1995 Jesuitengarten Riesling der Werlés ist wie gewöhnlich ein trockener Wein, und das Wort »trocken« auf dem Etikett bedeutet hier knochentrocken. Es ist ein zugleich mächtiger und subtiler Wein, von intensivem, mineralischem Charakter, der faszinierend ist, aber sehr schwer zu beschreiben, unmöglich in Worten festzuhalten. Ob es sich eines Tages wissenschaftlich belegen läßt oder nicht, ich habe das Gefühl, beim Verkosten die schwarzen Basaltsteine schmecken zu können, die bei den besten Forster Lagen in den sandiglehmigen oberen Bodenschichten anzutreffen sind. Ich wünschte, meine Frau wäre hier, um etwas dazu zu kochen; nicht, daß ich hungrig wäre, aber der Wein schreit nach einem Stück Fisch. Ich bin sicher, daß auch die Brüder Werlé nichts gegen ein Stück Steinbutt einzuwenden hätten ... Im Gegensatz dazu besitzt der 1995 Kirchenstück Riesling etwas natürliche Restsüße und sein extrem feines Bouquet ein ganzes Aromaspektrum, von reifen Pfirsichen bis zu exotischen Früchten, Kuchengewürzen bis frischgehackten Kräutern. Ich schwenke das Glas und noch eine neue Duftnote steigt auf, Mirabelle, denke ich. Das ist kein Wein zum Essen, sondern für besinnliche Momente, viel zu schade für unsere Verkostung hier im Hof im Freien, wo die Welt jeden Moment hereinschneien kann.

Auf alle Fälle war dieser Wein ein passender Abschluß. Wir klappen den Tisch zusammen und gehen die Forster Hauptstraße hinunter, um etwas zu essen. Ich blicke über die Schulter zurück: Von weitem sieht das Alte Schlössel, der Adelssitz aus dem 16. Jahrhundert, in dem die Familie Werlé seit über 200 Jahren lebt, mit dem mächtigen Steintor und dem Turm mit der Wendeltreppe wirklich wie ein Märchenschloß aus. Zwischen den vielen alten Häusern in Forst wirkt es jedoch nicht komisch, eher sehen die wenigen Forster Beispiele moderner Architektur, wie das Kriegerdenkmal, merkwürdig aus. Die Welt ist jedoch nicht wie Forst, und deshalb müssen die Werlé-Weine vielen Leuten im ersten Moment deplaziert erscheinen, einfach weil sie sich so stark von allem um sie herum unterscheiden. Wenn Tradition eine positive Bedeutung haben soll, dann muß sie von Menschen wie den Werlés kommen, die die Vergangenheit nicht als Leiche in Formaldehyd schwimmend aufbewahren, farblos und tot, sondern die ihre Wurzeln lebendig erhalten. Ihre Weine stehen neben all den anderen, die ebenso dadurch entstanden sind, daß der Tradition selbstbewußt moderne Methoden und Ideen als lebendige und herausfordernde Alternative gegenübergestellt werden. Das ist sehr selten in den deutschen Weinanbaugebieten und daher um so wertvoller.

Die Rieslinge des Weinguts Werlé

Kirchenstück und Jesuitengarten sind zwar die »Twin Peaks« unter den Forster Weinen der Werlés, doch liegen ihre Weine aus Pechstein und Ungeheuer nicht weit dahinter zurück. Das Ungeheuer bringt üppige, stoffige Rieslinge hervor, bei denen die Säure weniger anspruchsvoll wirkt als bei den festen, dichten Weinen aus dem Pechstein. Als junge Weine sind sie eine Herausforderung an die Geschmacksnerven, doch diese Lebendigkeit verleiht ihnen ein großes Alterungspotential. Aus den Ruppertsberger Lagen Reiterpfad und Hoheburg stammen die charmantesten und animierendsten der Werlé-Rieslinge, die bereits viel früher als die sich langsam entwickelnden Forster Weine angenehm zu trinken sind. Der größte Teil der Weine aus diesen Lagen wird trocken ausgebaut. Der einzige Konkurrent zum Kirchenstück unter den Werlé-Weinen mit natürlicher Restsüße ist die Lage Deidesheimer Grainhübel, deren Weine betont nussig-würzig wirken und viele Jahre leben können.

Probiernotizen Weingut Werlé

Riesling – Weine aus diversen Forster »Grand-Cru«-Lagen

1994   FORSTER JESUITENGARTEN KABINETT TROCKEN   87
Hochelegant wie kaum ein anderer Pfälzer Riesling, auch hochgewachsen wie kaum ein 1994er trockener Wein im Gebiet.

1994   FORSTER PECHSTEIN SPÄTLESE TROCKEN   89
Alkohol ist es keineswegs, was diesem Wein seine monumentale Erscheinung verleiht, sondern die Kraft, die die Trauben aus dem Boden gewonnen haben; aus der Tiefe stammt sein Tiefgang.

1994   FORSTER KIRCHENSTÜCK SPÄTLESE   88
Hat sich in sein Zimmer zurückgezogen und will im Moment nicht gestört werden, doch durch die Tür hört man Geräusche, die nach großen Vorbereitungen klingen.

1995   FORSTER UNGEHEUER KABINETT TROCKEN   85
Kein Monster, aber subtile Duftnoten, und läuft trotz seines beträchtlichen Körpers über den Gaumen Schlittschuh.

1995   FORSTER PECHSTEIN SPÄTLESE TROCKEN   87
Ein Athlet mit fester Muskulatur und schlanken Gliedern. Hinten glaubt man die Wärme und Härte der schwarzen Basaltsteine im Boden zu schmecken.

1995 FORSTER JESUITENGARTEN SPÄTLESE TROCKEN 89
»Mineralisch« beschreiben Experten manche großen Weine. Hier sieht man so klar, wie es nur geht, was damit gemeint ist. Er duftet wie ein Bach, der über einen steinigen Grund fließt, und man glaubt die Konsistenz des skelettreichen Bodens im Geschmack wiederzufinden.

1995 FORSTER KIRCHENSTÜCK SPÄTLESE 90
Hier sind es ganz feine Fruchtaromen, die herausstechen, und eine Eleganz, die für den Durchschnittsweintrinker bei einem »süßen Wein« nicht vorstellbar ist; fabelhaft.

1996 FORSTER PECHSTEIN SPÄTLESE TROCKEN (FASSPROBE) 87?
Knochentrocken und sehr verschlossen, aber man erkennt bereits ein vielversprechendes Geschmacks-Crescendo.

1996 FORSTER JESUITENGARTEN SPÄTLESE TROCKEN (FASSPROBE) 90?
Die Aromaintensität und der feste Kern eines Weinbergspfirsichs, dicht und filigran zugleich.

1996 FORSTER UNGEHEUER SPÄTLESE 89?
Die roten Beeren des Sommers und die Kraft der Sonne während des Pflückens.

Kurzporträts

Weingut Dr. Bassermann-Jordan

Kirchgasse 10
67142 Deidesheim
Tel. 06326/6006, Fax 06326/6008

Als Dr. Ludwig von Bassermann-Jordan, einer der großen Gentlemen der deutschen Weinszene, am 16. Oktober 1995 starb, fiel die Verantwortung für diesen legendären 42-Hektar-Betrieb plötzlich an seine Frau Margrit. Mit beeindruckender Entschlossenheit und viel Einfühlungsvermögen für die enorme Aufgabe führte sie hier sehr schnell eine Revolution herbei. Vor allem engagierte sie Ulrich Mell (vormals beim Weingut Josef Biffar) als Kellermeister. Obwohl die Weine des Jahrgangs 1996 unter ziemlich schwierigen Bedingungen entstanden sind, stellen sie ein neues Kapitel in der Geschichte des Gutes dar und sind Grund genug, den Betrieb von neuem wieder zur Gebietsspitze zu zählen. Die besten unter den von mir verkosteten Faßproben waren die elegante, seidige Deidesheimer Hohenmorgen Riesling Spätlese trocken (86 Punkte), die filigrane exotische Forster Jesuitengarten Riesling Auslese (90 Punkte) und der monumentale Forster Ungeheuer Riesling Eiswein (96 Punkte). Nach Meinung des vorsichtigen, zurückhaltenden Ulrich Mell stellen diese Weine »gerade mal 40 Prozent des vorhandenen Potentials« dar. Dies und der unerschütterliche Wille von Frau von Bassermann-Jordan, den Betrieb wieder ganz nach oben zu bringen, lassen einen die nächsten Jahrgänge voller Vorfreude erwarten.

Weingut Friedrich Becker

Hauptstraße 29
76889 Schweigen-Rechtenbach
Tel. 06342/290, Fax 06342/6148

Mit seinem Vollbart und der Zigarre im Mundwinkel gibt Fritz Becker eine eindrucksvolle Gestalt ab. Das gleiche gilt auch für die Weine dieses Betriebes, dessen Weinberge auf beiden Seiten der deutsch-französischen Grenze liegen. Die »normalen« Qualitäts- und Kabinettweine, besonders die trockenen Weiß-, Grau- und Spätburgunder, sind von zuverlässig guter Qualität und bieten ein ausgezeichnetes Preis-Leistungsverhältnis. Wesentlich schwankender sind die *Barrique*-gereiften Weine, die unter einem speziellen Etikett als »Deutscher Tafelwein« hochpreisig angeboten werden. Der beste unter ihnen ist der 1992 Spätburgunder »Reserve« (86 Punkte), mächtig, fleischig, mit ausreichend Stoff, um die stark ausgeprägte Eichenholznote zu tragen. Viele andere erscheinen mir jedoch als übertrieben, unharmonisch und zu holzig. In diesen Fällen scheinen die Fähigkeiten des jungen Kellermeisters Stefan Dorst nicht mit seinem Ehrgeiz Schritt zu halten. Solche Weine wären im traditionellen Becker-Stil wahrscheinlich besser gelungen. Warum einen »Klassiker« zu einem modernen Designerobjekt umgestalten, wenn das Ergebnis keinen Fortschritt darstellt?

Weingut Bernhart

Hauptstraße 8
76889 Schweigen
Tel. 06342/7202, Fax 06342/6396

Der Großteil der Weine von Willi und Ulrich Bernhart ragt zwar nicht besonders aus der Masse der Pfälzer heraus, aber einige Weine spielen in einer höheren Liga; die beeindruckendsten sind die trockenen Spätburgunder und Chardonnay unter der Bezeichnung »Selektion W. B.«. Sie werden in neuen *Barrique*-Fässern ausgebaut, und die Bernharts scheinen für diesen Stil einen siebten Sinn zu besitzen. Der wuchtige, schmelzige 1993 Spätburgunder (85 Punkte) gehörte zu den besten Rotweinen dieses Jahrgangs in der Pfalz, und der 1994 Chardonnay, im Meursault-Stil (83 Punkte), ist auch nicht von schlechten Eltern. Der junge Ulrich Bernhart ist eindeutig ein begabter Kellermeister mit großer Zukunft.

Weingut Reichsrat von Buhl

Weinstraße 16
67146 Deidesheim
Tel. 06326/96500, Fax 06326/965024

Die meisten Menschen mit Geschmack würden wohl ein Glas Riesling von diesem großen und bekannten Betrieb eindeutig für einen Wein von gehobener Qualität halten. Wenn ich die Weine recht schnell verkoste, komme ich zum selben Schluß. Dennoch, wenn ich sie eingehend studiere, steigt stets der gleiche Zweifel in mir auf: Ist das vor mir ein herausragender Wein oder eine Attrappe? Ein hartes Urteil? Vielleicht schon, die erste Verkostung der blitzsauberen, rassigen 1996er hinterließ einen seriöseren Eindruck. Buhl-Direktor Stefan Weber widmet sich seit vielen Jahren der Wiederherstellung von Ruf und Ansehen dieses Betriebes, der Ende der achtziger Jahre in ziemlich zugrunde gerichtetem Zustand von einem japanischen Konsortium gepachtet wurde. Frank John, seit 1994 hier Kellermeister, hat nicht weniger hart an der Verbesserung der Weinqualität gearbeitet. Es wäre ein wohl verdienter Erfolg, wenn der Jahrgang 1996 die Rückkehr zu dem bis Anfang der achtziger Jahre hier herrschenden hervorragenden Qualitätsniveau bedeutete.

Weingut Christmann

Peter-Koch-Straße 43
67435 Gimmeldingen
Tel. 06321/66039, Fax 06321/68762

Dieser Betrieb erfreut sich schon lange eines guten Rufs, und in den achtziger Jahren lobte die Fachpresse hier bereits die Qualität der trokkenen Weißweine. Seit dem Jahrgang 1994 hat Steffen Christmann jedoch eine Reihe von trockenen und edelsüßen Rieslingen aus ihren Weinbergen in Gimmeldingen, Königsbach und Ruppertsberg zustande gebracht, die die Weine der Achtziger in den Schatten stellen. Wein wie der imposante, üppige 1996 Königsbacher Idig Riesling »Erstes Gewächs« (86 Punkte) und der spannende, delikate 1996 Ruppertsberger Reiterpfad Riesling »Erstes Gewächs« (87 Punkte) zeigen, daß dieser Erzeuger den Pfälzer Spitzenbetrieben nahe auf den Fersen ist. Die Christmanns haben auch ihren Spätburgundern viel Energie und Nachdenken zuteil werden lassen, aber diese Weine bleiben in der Qualität ziemlich schwankend, nur Spitzenjahrgänge wie 1993 führen zu sehr guten Ergebnissen. Wesentlich zuverlässiger sind die trockenen Weiß- und Grauburgunder.

Weingut Dr. Deinhard/Gutsverwaltung Wegeler-Deinhard

Weinstraße 10
67146 Deidesheim
Tel. 06326/221, Fax 06326/7920

Zwei Weingüter unter einem Dach mit einem einzigen Team, das für die Weine beider verantwortlich ist: Das ist eine ziemlich ungewöhnliche Situation. Verwalter Heinz Bauer und Kellermeister Ludwig Molitor sind beide sehr begabt. Gemeinsam haben sie aus dem Besitz der Güter in Spitzenlagen wie dem Forster Ungeheuer (Wegeler-Deinhard) und Deidesheimer Grainhübel (Dr. Deinhard) bereits viele wunderbare Rieslinge erzeugt. An die Jahrgänge 1985, 1986, 1988, 1989 und 1990 erinnere ich mich mit besonderem Vergnügen. Aus den letzten Jahrgängen ist mir jedoch nichts begegnet, das ganz an das Niveau von vor zehn Jahren herangekommen wäre, und unter den guten Weinen waren auch recht einfache. Ich bin sicher, daß diese Weinberge und dieses Team zu Besserem fähig sind.

Weingut Fitz-Ritter

Weinstraße Nord 51
67098 Bad Dürkheim
Tel. 06322/5389, Fax 06322/66005

Der 20-Hektar-Betrieb von Konrad Fitz gehört nicht unbedingt zu den bekanntesten oder angesehensten in der Pfalz, obwohl das hübsche Gutshaus mitten in Bad Dürkheim liegt und hier viele gute Weine erzeugt werden. Typisch für die Erfolge des Betriebes sind die 1994 Dürkheimer Abtsfronhof Riesling Auslese trocken (84 Punkte), zugleich reichhaltig und erfrischend mit einem schönen Passionsfruchtaroma. Die trockenen Gewürztraminer können ebensogut wie die Rieslinge sein und gehören zu den besten Weinen dieser Art in der Pfalz.

Weingut Henninger IV

Weinstraße 93
67169 Kallstadt
Tel. 06322/2277, Fax 06322/62861

Die hochgewachsene Gestalt des freundlichen, ruhigen Walter Henninger ist häufig in seinem Weinrestaurant in Kallstadt zu sehen, wo die Küche ebenso traditionell ist wie die trockenen Rieslinge, die den größten Teil der Produktion des Gutes ausmachen. Die Weine werden einige Häuser weiter von Bernd Philippi beim Weingut Koehler-Ruprecht ausgebaut, haben jedoch ihren eigenständigen Stil beibehalten. Sie wirken für Pfälzer Verhältnisse schlank und säurebetont und stellen die ideale Erfrischung an einem heißen Sommertag dar. Die trockenen Weiß- und Grauburgunder, wichtige Ergänzungen der Kollektion, sind weniger säurebetont und genauso gut. Auch die gelegentlich produzierten edelsüßen Weine sind sehr überzeugend.

Weingut Lergenmüller Söhne

Weinstraße 16
76835 Hainfeld
Tel. 06323/60205, Fax 06323/60709

Manche der Lergenmüller-Weißweine sind nicht schlecht, doch obwohl ich ihre Rotweine bei Kerzenschein verkostete – ein vorübergehender

Stromausfall auf der Vinoblesse-Weinmesse in Berlin im November 1996 – beeindruckten sie mich nicht einmal unter diesen romantischen Begleitumständen. Der 1993 Spätburgunder Tafelwein und der »Cuvée Philipp L.« Tafelwein schmeckten so alkoholisch und holzig, daß ich froh war, in dem Halbdunkel einen Spucknapf ausfindig zu machen. Manche mögen's heiß – aber für mich sind diese hochgelobten Weine eine Nummer zuviel.

Weingut Lingenfelder

Hauptstraße 27
67229 Großkarlbach
Tel. 06238/754, Fax 06238/1096

Von Mitte der siebziger bis Anfang der neunziger Jahre kamen von diesem Familienweingut ganze Reihen exzellenter trockener und edelsüßer Weine aus den Sorten Riesling und Scheurebe, die schnell für internationale Anerkennung sorgten. Dahinter standen das Engagement des umsichtigen Karl Lingenfelder und seines begabten, weltgewandten Sohnes Rainer. Viele Jahre lang hing ein Foto der Pariser Aufstände von Mai 1968 in Rainer Lingenfelders Zimmer; gewissermaßen symbolisch, da er zweifellos mindestens auf dem Gut eine Revolution ausgelöst hat. Leider sind deren letzte Ergebnisse von durchwachsener Qualität gewesen. Die trockenen Weine der Jahrgänge 1992 und 1994 wirkten ziemlich plump und rustikal. Lediglich die edelsüßen Weine können mich hier gelegentlich noch begeistern, so zum Beispiel die würzige 1994 Freinsheimer Goldberg Riesling Auslese mit ihrer reifen Aprikosennote (89 Punkte). Weine dieses Niveaus stellten hier jedoch einmal die Norm dar.

Weingut Eugen Müller

Weinstraße 34a
67147 Forst
Tel. 06326/330, Fax 06326/6802

Manche von Kurt Müllers einfachen Weinen entsprechen genau diesem Adjektiv, aber einige der »Selektion«-Weine aus seinen Weinbergen in den Forster Spitzenlagen gehören wirklich zum Besten, was in diesem Ort produziert wird. Unter den trockenen Weinen steht bis heute die 1994 Forster Kirchenstück Riesling Auslese trocken (87 Punkte) an der Spitze, aber in hervorragenden Jahrgängen wie 1990 können die edelsüßen Riesling Auslesen und Beerenauslesen herausragend sein. Kurt Müllers Sohn Stephan ist ganz eindeutig entschlossen, auf diesen Leistungen weiter aufzubauen, und es lohnt sich sicher, seine Fortschritte und dieses Weingut weiter im Auge zu behalten.

Weingut Münzberg

76829 Godramstein
Tel. 06341/60935, Fax 06341/64210

Warum verwenden die Brüder Gunter und Rainer Kesseler soviel Mühe auf neue Rebsorten wie Chardonnay und Dornfelder, wenn ihre trockenen Weißburgunder oft erstklassig sind? Weine wie ihre volle, cremige Weißburgunder Auslese trocken aus den Jahrgängen 1992 und 1994 (beide 88 Punkte) stellen fast alles in dieser Art aus Deutschland in den Schatten. Daneben ist ihr bis jetzt gelungenster Chardonnay, 1994 Deutscher Tafelwein, lediglich ein harmonischer, körperreicher Wein mit eher einfachen Aromen. Ihr bester Dornfelder, der mächtige, stramme 1993 Deutsche Tafelwein, elektrisiert mich auch nicht gerade.

Weingut Pfeffingen (Fuhrmann-Eymael)

Weinstraße
67098 Bad Dürkheim
Tel. 06322/8607, Fax 06322/8603

Nach drei recht enttäuschenden Jahrgängen (1992 bis 1994) zeigte sich dieser berühmte Betrieb 1995 beinahe wieder in der gewohnten Stärke. Die trockenen und edelsüßen Rieslinge und Scheureben zeigen wieder die duftige Finesse und den Glanz, seit Anfang der achtziger Jahre Merkmal der Pfeffingen-Weine. Das Weingut gehört zu den wenigen deutschen Spitzenweingütern, die von einer Frau geführt werden, und mit dem Jahrgang 1996 hat die begabte, charmante Doris Eymael mit der Hilfe ihres neuen Kellermeisters Rainer Gabel den Betrieb weiter in Richtung der ersten Reihe unter den Pfälzer Gütern gebracht.

Weingut Karl Schaefer

Weinstraße Süd 30
67098 Bad Dürkheim
Tel. 06322/2138, Fax 06322/8729

Auf dem Weingut der Familie Fleischmann gibt es kein imposantes Gutshaus, und sie machen auch keinen großen Werberummel um ihre Rieslinge. Doch sind die Weine häufig gut und manchmal sehr gut (85 Punkte und mehr). Durchaus aromatisch, doch ohne das Laute, das bei vielen Pfälzer Weinen störend wirken kann, besitzen sie klassische Eleganz und ein beträchtliches Alterungspotential. Selbst in schwierigen Jahren wie 1995 sind sie immer reintönig und charaktervoll, was sehr für das professionelle Vorgehen des Kellermeisters, Thorsten Rotthaus, spricht. Die Möglichkeiten des exzellenten Lagenbesitzes werden hier zwar nicht immer voll ausgeschöpft, dennoch ist es zweifellos eine empfehlenswerte Adresse.

Weingut Siegrist

Am Hasensprung 4
76829 Leinsweiler
Tel. 06345/1309, Fax 06345/7542

Neben dem Zehntkeller in Leinsweiler, einer urigen Weinstube mit mittelalterlicher Atmosphäre, liegt der kaum weniger beeindruckende Keller, in dem Thomas Siegrist seine *Barrique*-Rotweine ausbaut. Die besten unter ihnen, so zum Beispiel der kraftvolle 1993 Dornfelder Tafelwein (84 Punkte) mit seinen dichten würzig-rauchigen Aromen oder der volle, stämmige 1992 Spätburgunder Tafelwein (83 Punkte) sind zweifellos sehr eigenständig. In den letzten Jahren sind bei den weißen *Barrique*-Weinen ähnliche Fortschritte gemacht worden: die Weine aus den Sorten Weißburgunder, Grauburgunder und Chardonnay sind jetzt harmonischer und weniger bombastisch. Seit dem Jahrgang 1995 zeigen die Rieslinge auch mehr Charme und Eleganz. So gibt es jetzt mehrere Gründe, nach Leinsweiler zu fahren.

Weingut Weegmüller

Mandelring 23
67433 Neustadt/Haardt
Tel. 06321/83772, Fax 06321/480772

Als Hans-Günther Schwarz 1961 seine Stelle als Verwalter beim Weingut Müller-Catoir antrat, wurde ihm von seinem Vorgänger gesagt, gegen das Nachbarweingut Weegmüller hätten sie keine Chance. Eine 1964 Riesling Auslese von Weegmüller, die ich vor kurzem getrunken habe, zeigte warum: Es war immer noch ein großartiger Wein. Während jedoch das Ansehen von Müller-Catoir kontinuierlich stieg, gerieten die Weegmüllers allmählich in Vergessenheit. Nach dem eine Generation andauernden Dornröschenschlaf zeichnet sich jetzt aber ein beeindruckender Aufschwung ab. Weinbergsverwalter Richard Weegmüller und Kellermeisterin Stephanie Weegmüller haben bereits Anfang der neunziger Jahre gute Weine gemacht, aber mit den hervorragenden 1996ern haben sie endgültig ihr großes Talent unter Beweis gestellt. Am eindrucksvollsten sind die saftige, cremige Haardter Herzog Weißburgunder Spätlese trocken (87 Punkte), die kraftvolle, an vollreife Aprikosen erinnernde Haardter Herrenletten Riesling Spätlese trocken (89 Punkte), die noble, exotische Haardter Bürgergarten Riesling Auslese (90 Punkte), die dichte und doch filigrane Haardter Mandelring Scheurebe Auslese (92 Punkte) und der majestätisch elegante Haardter Bürgergarten Riesling Eiswein (94 Punkte). Doch sind auch die einfachsten Weine in der Literflasche hier von sehr guter Qualität. Stephanie Weegmüller sprüht beinahe noch mehr vor Energie als ihre Weine. Daher bin ich sicher, daß diese Weine nicht der Endpunkt ihrer Entwicklung sind. Weegmüller ist auferstanden!

Weingut J. L. Wolf Erben

Weinstraße 1
67157 Wachenheim
Tel. 06322/989795, Fax 06322/989796

Die großartige Villa Wolf am südlichen Rand von Wachenheim, die wie ein Juwel von einem parkähnlichen Garten eingefaßt wird, hat mich beim Vorbeifahren immer beeindruckt, aber leider entsprachen die Weine hier keinesfalls der Schönheit dieses architektonischen Meisterwerks aus dem frühen 19. Jahrhundert.

Plötzlich hat sich jedoch alles geändert. Im Sommer 1996 ist das Weingut Wolf von einem Konsortium übernommen worden, an dessen Spitze der Geschäftsmann Christoph Hindefeld und der Mosel-Starwinzer Ernst Loosen (siehe Weingut Dr. Loosen) stehen. Es war von Anfang an das erklärte Ziel von Ernst Loosen, hier Weine zu machen, die sich deutlich von denen der umliegenden Spitzenweingüter abheben würden. »Ich will das Dicke, das für Pfälzer Weine typisch ist, etwas brechen«, sagt er. Mit dem ersten Jahrgang, 1996, hat er seine Absichten bereits eindrucksvoll verwirklicht. Der Forster Pechstein Riesling Kabinett (88 Punkte) ist ein mineralisches Miniaturmeisterwerk, die Wachenheimer Gerümpel Riesling Spätlese (90 Punkte) eine schlanke, hinreißende Schönheit, die Forster Jesuitengarten Riesling Auslese trocken (91 Punkte) ein schlafender Riese, die Wachenheimer Belz Riesling Auslese (91 Punkte) verbindet Pfälzer Fülle aufs Feinste mit Moseleleganz, und der Wachenheimer Gerümpel Riesling Eiswein (94 Punkte) ist enorm dicht und doch anmutig. Angesichts der improvisierten Kellerausstattung, mit der Ernst Loosen und sein junger Kellermeister Günther Deeters diese Ergebnisse erreicht haben, glaube ich, daß hier zukünftig noch größere Weine entstehen werden.

9. Kapitel

RHEINGAU: AUS DEM DORNRÖSCHENSCHLAF ERWACHT?

Jahrelang wurde unter Insidern sorgenvoll getuschelt, die Dinge stünden nicht zum besten im Rheingau, Deutschlands berühmtester Weinbauregion. Der Fall begann während der späten sechziger Jahre und erreichte seinen Tiefpunkt mit einer Flut von Presseberichten, die 1995 im In- und Ausland kundtaten, daß der Rheingau seinem Ruf als glorreichstes deutsches Anbaugebiet nicht mehr gerecht würde. Nun wußte jeder, daß die adeligen Weingüter, die zwei Jahrhunderte zuvor den internationalen Ruf Deutschlands als Erzeuger hochwertiger Weine begründet hatten und deren Burgen und Schlösser nach wie vor zu den herausragenden Kulturdenkmälern der Region gehören, entweder in den Dornröschenschlaf gesunken und/oder verkauft worden waren. Die billigen Marketinggags, wie die häßliche neue blaue »Rheingau-Flasche«, die an die Stelle wirklicher Qualität traten, wurden zum Gespött der Szene. Ohne den mangelnden Mut der deutschen Presse in den Jahren zuvor wäre die Situation allerdings nicht derart ausgeartet. Wenn die kritische Berichterstattung direkt eingesetzt hätte, als die Probleme anfingen, wären Weingutsbesitzer und -direktoren früher zu Maßnahmen gezwungen gewesen, die den Abstieg des Gebietes vielleicht aufgehalten und schwerwiegenden Konsequenzen vorgebeugt hätten. Statt dessen nahm die Presse offiziell erst von den Problemen Kenntnis, als der Zusammenbruch schon fast vollständig war.

Wie bei der Situation in Deutschland insgesamt, muß auch an dieser Stelle betont werden, daß aus dem Rheingau einige hervorragende Weine kommen. Die besten Rieslinge führender Rheingau-Winzer zählen zu den deutschen Spitzenweinen. Sowohl bei den trockenen als auch bei den edelsüßen Weinen ist der Rheingau immer noch in der Lage, in der ersten Liga mitzuspielen und zu beweisen, daß er einst unter den deutschen Anbaugebieten eine einzigartige Stellung eingenommen hat. Was Rheingau-Weine, ob trocken oder edelsüß, derart herausragen lassen kann, ist das perfekte Zusammenspiel von Kraft und Eleganz: Selbst bei einer ungeheuren Geschmacksdichte wirken sie nicht aufdringlich. Mein Landsmann Hugh Johnson, der Grandseigneur unter den Weinautoren, hat sie als aristokratisch beschrieben. Solange er dabei nicht an peinliche Fälle wie Gloria von Thurn und Taxis gedacht hat, stimme ich ihm voll und ganz zu. Extrem jung wirken große Rheingauer meist weniger charmant als dementsprechende Mosel- oder Nahe-Rieslinge und brauchen meistens ein oder zwei Jahre in der Flasche, bevor sie ihre Qualitäten wirklich zeigen; dann verändern sie sich zehn Jahre oder länger kaum. Kleinere Rheingauer altern viel schneller, und für manchen mißlungenen Wein der letzten Jahrgänge wäre es besser, wenn er im Keller vergessen und nie geöffnet würde.

Der Abstieg des Rheingaus, der sich gleichzeitig mit dem Aufstieg der obengenannten Gebiete vollzog, basiert auf seiner Struktur, den hier vorherrschenden großen Adelsgütern und den Staatsweingütern. Der Hauptteil der Spitzen-Weinbergslagen des Gebietes befindet sich in ihrem Besitz. Als stagnierende Preise zu falsch konzipierten Rationalisierungsmaßnahmen oder Gleichgültigkeit seitens der Besitzer führten, ließ genau bei diesen Gütern die Qualität zuerst nach. Auf diese Weise versanken die Weine aus den Spitzenlagen, die einst den Ruf des Gebietes hoch gehalten hatten, langsam aber sicher in Mittelmäßigkeit. Die meisten der ehrgeizigen jungen Winzer im Rheingau hatten lediglich zweitklassigen Weinbergsbesitz zur Verfügung und konnten die Leistungen ihrer blaublütigen Kollegen aus der Vergangenheit bei bestem Willen nicht ersetzen. Einige haben jedoch Besitz in Spitzenlagen, und aus diesen Weinbergen macht die neue bürgerliche Elite des Gebietes die besten Rheingauer Weine der Gegenwart.

Während der achtziger Jahre versuchten die Rheingauer Weinerzeuger ihr Gebiet international als einen führenden Produzenten trockener Weine zu etablieren. Die Vereinigung der »Charta«-Weingüter war ein gut gemeinter Versuch, die oberflächlichen, oft übertrieben süßen Weine der sechziger und siebziger Jahre durch hochwertige trockene Weine zu ersetzen. »Zurück zu den Ursprüngen« lautete das Motto der Charta, eine gute Einstellung und ein ehrenwertes Ziel. Die Weine paßten zum damals in Deutschland vorherrschenden Trend zu sehr schlanken Weinen mit betonter Säure, überzeugten aber nur selten das internationale Publikum. Seitdem hat die Vereinigung sich neu orientiert, die Qualitätsanforderungen angehoben und eine Kampagne für eine Klassifizierung der besten Lagen des Gebietes gestartet. Nachdem offensichtlich wurde, daß dies nicht ohne bedeutende Kompromisse im Gesetz des Landes Hessen zu verankern war, verfolgt die Gruppe ihre Ziele mit eigenen Mitteln. Sie haben für Weine aus den Spitzenlagen die inoffizielle Bezeichnung »Erstes Gewächs« eingeführt – die wörtliche Übersetzung von *Premier Cru* –, zu deren Bedingungen strenge Kriterien beim An- und Ausbau gehören, die mit denen der französischen *Premier-* und *Grand-Cru*-Weine vergleichbar sind. Es ist geplant, dies auf den Spätburgunder auszudehnen, dessen Erzeugung sich im wesentlichen auf die Gegend um Assmannshausen im Westen des Gebietes konzentriert.

Durch diese Entwicklungen hat sich allmählich unter der alten Garde des Rheingaus über ihr Schattendasein Entsetzen ausgebreitet. Die ersten Anzeichen von Gegenmaßnahmen werden jetzt auf den berühmten Gütern erkennbar. Einige der neuen Gutsdirektoren klopfen sich bereits kräftig auf die eigenen Schultern und glauben, daß sie es schon mit den heutigen Spitzenwinzern des Gebietes aufnehmen könnten. Leider ist dies ein verfrühter und falscher Optimismus. Der Weg zurück zur Spitze wird für viele der einst berühmten Güter etliche Jahre dauern. Viele Fehler im Weinberg und im Keller müssen korrigiert werden, um wieder den Anschluß an die eigenen großen Traditionen zu finden. Zumindest haben sie mit dem Rhein-Main-Ballungsraum einen traditionellen Absatzmarkt direkt vor der Tür für den Zeitpunkt, wenn sie wieder etwas Bemerkenswertes anzubieten haben. Die Welt vom Ende des Dornröschenschlafs zu überzeugen, wird schwieriger sein.

Die Jahrgänge

1996
Ein hervorragender Jahrgang für Rüdesheim und Hochheim, ansonsten eher mittelmäßig. Feste Weine voller Charakter, manchmal etwas zu streng.

1995
Ein sehr gemischter Jahrgang, im östlichen Teil des Rheingaus gelungener, aber selten besser als gut. Kurz gesagt: wenig Spitzenweine und viele Enttäuschungen.

1994
Ein guter, wenn auch unspektakulärer Jahrgang für qualitätsorientierte Winzer im ganzen Gebiet. Relativ schlanke, rassige Weine. Außerdem einige sensationelle edelsüße Weine mit hervorragendem Alterungspotential.

1993
Leider kamen viele Winzer mit dem schwierigen Herbst nicht zurecht. Bei den besten Erzeugern reichhaltige, saftige Weine mit viel Zukunft.

1992
Weniger unregelmäßig als 1993, viele runde, weiche Weine von ansprechender Harmonie. Sowohl bei trockenen als auch bei edelsüßen nur eine kleine Zahl von Weinen der Spitzenklasse.

1991
Ein mittelmäßiger Jahrgang mit bescheidenen festen Weinen. Die besten sind noch sehr lebendig. Die trüben Mißerfolge sollten am besten der Vergessenheit preisgegeben werden.

1990
Das Potential für einen großen Jahrgang war vorhanden, doch nur wenige Winzer des Gebietes haben es verwirklicht. Die meisten Weine sind jetzt voll entwickelt, und nur die raren Meisterwerke haben eine gute Zukunft vor sich.

Die Zukunft in der Geschichte
Bernhard Breuer

Weingut Georg Breuer
Grabenstraße 8
65385 Rüdesheim
Tel. 06722/1027
Fax 06722/4531

Es war erst kurz nach Mitternacht, als ich zu meinem Hotel zurückging, aber die Straßen von Rüdesheim waren bereits menschenleer. In der Drosselgasse war kein einziger Tourist zu sehen: das vollkommene Gegenteil zum Normalzustand der Stadt während der »Saison«. Die frische Herbstluft war angenehm erfrischend nach der ausgelassenen Kellerweinprobe zur Feier von Bernhard Breuers 50. Geburtstag, und um sie richtig zu genießen, nahm ich mir Zeit und ließ meine Gedanken wandern. Wie wenig Zeit war vergangen seit seinem 40. Geburtstag im Oktober 1986, und wie viel hatte sich doch seitdem verändert, nicht zuletzt Bernhard Breuer und seine Weine.

Die beiden Feiern schienen dafür symptomatisch zu sein. Zur ersten war die gesamte deutsche Wein- und Gastrojournalistenschaft eingeladen gewesen. Zumindest finde ich die meisten von ihnen auf dem »offiziellen« Foto wieder, das anläßlich dieses Ereignisses im Keller des Weingutes entstand, aus dem ich gerade kam. Die Stimmung damals war feierlich gewesen, aber es war gleichzeitig auch ein PR-Event mit allem, was dazu gehört. Zehn Jahre zuvor war Bernhard Breuer der dynamische, agile geschäftsführende Direktor des Weinhandelshauses Scholl & Hildebrand, dessen Philosophie direkt von der Vorliebe seines Oberhauptes zu trockenen Weinen abhing, obwohl sie gleichzeitig auch Liebfraumilch an britische Supermärkte verkauften. Das kleine Weingut Breuer in Rüdesheim, das damals nur einen Bruchteil der heutigen 20 Hektar ausmachte, lief nebenher und machte viele gute, aber nur wenige bemerkenswerte Weine. Bernhard Breuer war gleichzeitig der offizielle Kopf der schon genannten Rheingauer »Charta«, einer Vereinigung von Weingütern, die 1984 gegründet worden war, um den Stellenwert sowie den Absatz hochwertiger trockener Rieslinge aus dem Gebiet zu fördern. Eine Reihe von Dîners und Präsentationen wurde in den Hauptstädten der Weinwelt inszeniert, so auch in London. Ich habe noch einen ganzen Stapel PR-Fotos von der Londoner Veranstaltung, aber der erhoffte große Erfolg stellte sich trotz der breit lächelnden Schwarzweißgesichter nicht ein. Bernhard Breuer beging dann den vielleicht größten Fehler seiner Laufbahn, indem er den Amerikaner Ray Sandige zum Kellermeister ernannte. Sandige spielte seine Rolle als »Winemaker« nicht schlecht, nur hatte er leider so gut wie kein Gefühl für Riesling ...

Wie vor zehn Jahren, verkosteten wir auch beim 50. Breuerschen Geburtstag jeweils einen Rheingau-Riesling aus jedem Lebensjahr. Dies war jedoch das einzige, was die beiden Ereignisse gemeinsam hatten. Dieses Mal war wirklich nur eine Handvoll Freunde eingeladen worden. Wir saßen am Tisch, zwischen den Weingruppen wurden kleine Gerichte serviert, und durch all den Smalltalk zogen sich einige ernste Gedanken. »Mein Vater war gegen höhere Bildung eingestellt, deshalb bin ich nicht zur Universität gegangen. Ich habe einige wichtige Dinge verpaßt, und das war nicht ohne Folgen«, erzählte Bernhard Breuer mit ein wenig Bedauern in der Stimme. Er besuchte jedoch die Weinbauschule in Montpellier, und selbst wenn das vielleicht auch keine besonders intellektuellen Inspirationen bedeutete, so gab es doch den Anstoß zu manchen späteren Unternehmungen. Mehrere Stunden später, nach viel Gelächter über die Weinwelt, fügte er hinzu: »Du kannst eine Vorstellung vom Wein bewerben, wie du willst. Wenn die Wirklichkeit im Glas nicht entsprechend ist, bleibt alles eine Ideologie. Und Ideologien gab es schon mehr als genug.«

Diese Worte bezogen sich gleichermaßen auf die Weine, die wir gerade verkostet hatten: die Jahrgänge 1983 und 1993 des Gutes aus Breuers Lieblingslage, dem Rüdesheimer Berg Schloßberg. Der 1983er war auf dem 40. Geburtstag der beste junge Wein der Veranstaltung gewesen. Nach zehn Jahren war es immer noch ein schöner Wein, mit feinem Pfirsichton und eleganter Harmonie. Doch ist er trotz seines ganzen Charmes ein wenig einfach. Er besitzt keinen wirklich unverwechselbaren Charakter; ein Urteil, das über die Zustände im Rheingau in den frühen achtziger Jahren genauso Bände spricht wie über Bernhard Breuers eigene Entwicklung.

Ein Schluck von dem 1993er Schloßberg, und ich habe den älteren Wein vollkommen vergessen. Hier zeigt sich eine vielseitige Persönlichkeit: zugleich ausdrucksstark und doch subtil, ansprechend und voller Noblesse. Mit drei Jahren Reife beginnt die mineralische Tiefe des Weines sich gerade zu entfalten. Ein großer trockener Riesling dieser Art kann nicht »gemacht« werden, was immer der Kellermeister beim Ausbau auch anstellt, er kann nur in einer großen Lage wie dem Berg Schloßberg wachsen, wenn die Reben dementsprechend gehalten werden. Das Beste, das ein »Weinmacher« mit solch einem Wein tun kann, ist ihn mit der größten Vorsicht zu hegen und zu pflegen, damit während der Gärung und langsamen Reife im Keller nichts verlorengeht.

Die Weine erinnerten mich an einen Abend in Brüssel ein Jahr zuvor. Nach einer Veranstaltung, bei der viele der führenden Winzer Deutschlands versammelt waren, ging ich mit einer Gruppe von ihnen abends noch ein wenig Luft schnappen und dann in eine Kellerbar. Kurz nach Mitternacht brachte der junge Direktor eines berühmten Weingutes im Rheingau das Gespräch zum x-ten Mal wie zwanghaft auf den Wein zurück, mit der hartnäckigen Frage: »Wie kann ich bessere Weine machen?« Es war wie eine kalte Dusche für unsere Stimmung. Niemand wollte in dem stilvollen Etablissement, in dem wir saßen, über Düngemittel oder Filterschichten diskutieren. Eine lange, peinliche Pause folgte. »Jeder gute Winzer weiß, daß man keinen besseren Wein machen kann als die Trauben, die man erntet. Aber ich glaube auch, daß man nie einen besseren Wein machen kann, als man selber ist«, platzte ich schließlich heraus. »Natürlich kann man keinen besseren Wein als seine eigenen Ideen und Einstellungen machen«, sekundierte Bernhard Breuer prompt. Die nächste Flasche wurde bestellt und das Thema abrupt gewechselt.

Ich bin sicher, daß nach Bernhard Breuers Ansicht die positive Entwicklung seiner Weine zwar mit seinen eigenen Ideen und Einstellungen zusammenhängt, daß er diese Fortschritte jedoch allein nicht hätte verwirklichen können. Seit dem Jahrgang 1990 sind die Breuer-Weine das Ergebnis des gekonnten Handwerks von Hermann Schmoranz, einem Rheingauer Autodidakten, für den dieser Job anfangs eine beängstigende Herausforderung bedeutete. Während Bernhard Breuer sich auf der ganzen Welt genauso zu Hause fühlte wie in seinem eigenen Haus hoch in den Weinbergen über Rüdesheim, braucht Hermann Schmoranz die Nähe zu seiner Heimat. Menschen gegenüber, die er kennt und denen er vertraut, hat Hermann Schmoranz keine Probleme, seine Ansichten zu erklären, aber bei fremden Besuchern fühlt man, daß es ihm zwischen Reben oder seinen Fässern im Keller wohler wäre. Was könnten diese unbekannten Gestalten über »seine Weine« alles sagen?

Bernhard Breuer ist dann jedoch in seinem Element und genießt die Herausforderung eines kritischen Geistes, der vielleicht zu überzeugen ist. Beide sind aneinander gewachsen, oft durch offene Meinungsverschiedenheiten, die sie beide gezwungen haben, ihre Standpunkte zu überdenken. Ihre Zusammenarbeit entspricht keineswegs der engen Verbundenheit, die den meisten jungen Deutschen bei der Erwähnung von »Teamgeist« vorschwebt. Sie basiert auf ihrer gemeinsamen Auffassung von Weinqualität und ihrer Anforderung an sie beide, diese zu verbessern, so weit es nur irgend geht.

Ihre Vision von Weinqualität beginnt bei der Pflege des Bodens in den Weinbergslagen und der Reben, die darin wachsen. »Ohne das richtige Vorgehen an dieser Stelle kann man im Keller ein Genie sein; es bringt nichts, die Weine werden höchstens ordentlich«, meinte Hermann Schmoranz vor einer Weile. Ihre Ziele und Methoden auf diesem Gebiet ähneln stark denen der führenden französischen Winzer: ein kleiner Ertrag an Trauben voller Aroma- und Mineralstoffe. Um die maximale Geschmackskonzentration zu erreichen, muß die Energie der Reben in die Trauben statt in den Blattwuchs gehen, und sie müssen mit der größtmöglichen Reife gelesen werden. Die Mineralstoffe kommen aus den tieferen Schichten des Bodens, so daß der Gehalt der Trauben davon abhängt, daß die Rebwurzeln so tief wie nur möglich hinunterreichen. Die für diese Ziele notwendigen Anbaumethoden waren einst in Deutschland genauso bekannt wie in Frankreich, wurden aber in den Nachkriegsjahren vom Glauben an die Massenproduktion verdrängt und gerieten in Vergessenheit.

Bernhard Breuers Weg zurück vom technokratischen, kostengünstigen Weinbau, der in Deutschland während der siebziger und achtziger Jahre die Norm darstellte, bis zu dem, was er zusammen mit Hermann Schmoranz heute vertritt, war lang. Ich erinnere mich, daß er mich Ende der Achtziger mit in den Rüdesheimer Berg nahm und mir erklärte, was mit diesen Weinbergen geschehen war. Der Rüdesheimer Berg ist die einzige Stelle im Rheingau, an der steile Weingärten mit der optimalen Ausrichtung direkt vom Ufer des Rheins aufsteigen. Die Hunderte von schmalen Terrassen, die den Berg einst überzogen, ließen die Bearbeitung in einer Zeit stetig steigender Löhne zunehmend unwirtschaftlich erscheinen und machten so Veränderungen unabdingbar. Die gewählte Lösung sagt alles über den Geist der damaligen Zeit, in der wirtschaftliche Fragen dominierten und Fragen des Weincharakters oder der Integrität einer Landschaft nahezu ignoriert wurden: Erde aus anderen Teilen des Gebiets wurde über die alten Terrassen geschüttet und eine Reihe hoher Mauern gebaut, um breitere, durch Straßen getrennte Terrassen zu schaffen. Das reduzierte zweifellos die Bewirtschaftungskosten, begrub aber gleichzeitig den ursprünglichen Boden und damit die ursprüngliche Weinbergslage unter einer Decke fremden Materials. Wie die zarten Striche einer schönen Zeichnung unter einer Staubschicht verblassen, so gingen auch die Feinheiten der Rüdesheimer-Berg-Weine danach verloren. Bernhard Breuer schüttelte den Kopf, während er mir davon erzählte, und wie sie anhand entsprechender Anbaumethoden versucht hatten, mit dem Problem der »unnatürlichen Bodenstruktur« fertigzuwerden. Es dauerte einige Jahre, bis ihre Anstrengungen einen spürbaren Effekt auf die Weine hatten, da die Wurzeln erst bis in den ursprünglichen Boden wachsen mußten, um den Weinen eine weitere Dimension an Aromen und Geschmack geben zu können.

In Rauenthal war alles einfacher. 1990 kaufte Bernhard Breuer über sechs Hektar Rebfläche im Rauenthaler Berg. Darunter gab es bereits einen großen Anteil älterer Weinberge, und bei der Landschaft des Rauenthaler Berges war man in vergangenen Jahrzehnten mit größerem Respekt vorgegangen als in Rüdesheim. Vom ersten Jahrgang an ergab die Alleinbesitzlage Rauenthaler Nonnenberg einen beeindruckenden trockenen Riesling. Wenn sie jung sind, haben die Nonnenberg-Weine den Vorteil, opulenter und offener zu wirken als die Weine aus dem Rüdesheimer Berg Schloßberg. Nach einigen Jahren zeigen die letzteren jedoch Anmut und Nuancenreichtum, die von keinem anderen Rheingauer Wein übertroffen wird. Ihre Unterschiedlichkeit rührt vor allem vom Boden her: Phyllit in Rauenthal und Taunusschiefer im Rüdesheimer Berg.

Heute ist niemand ein leidenschaftlicherer Verfechter einer Klassifizierung der besten Lagen des Rheingaus als Bernhard Breuer. Seine Weine aus dem Nonnenberg und dem Berg Schloßberg werden beide nach den Richtlinien erzeugt, die von einer Gruppe führender Rheingauer Winzer für »Erstes-Gewächs«-Weine geschaffen worden sind. »Erste Gewächse« können nur aus Weinbergslagen stammen, die von der »Charta«-Vereinigung klassifiziert wurden. Dieses System umfaßt die Prinzipien, die Bernhard Breuer zusammen mit zukunftsorientierten Kollegen in den letzten Jahren entwickelt hat. Für ihn handelt es sich jedoch um weitaus mehr als ein reines Systematisieren der Beobachtungen und Erfahrungen der letzten zehn Jahre: Es ist ein Entwurf für eine neue Rheingauer Weinkultur, die dem Vergleich mit derjenigen von vor hundert Jahren standhalten kann.

Vor kurzem erfuhren Bernhard Breuer und die Winzer in anderen Anbaugebieten, die ebenfalls eine Weinbergslagen-Klassifizierung fordern, deutliche Kritik durch einen der damaligen Kodirektoren des Deutschen Weininstituts in Mainz, Dr. Franz Werner Michel. Er verwarf ihre Ansichten als »historisierend« – ein Kommentar, der an die Rhetorik von manchen führenden SED-Politikern erinnert und den Eindruck erweckt, die beste Garantie für eine erfolgreiche Zukunft sei, die Vergangenheit strikt von der Gegenwart fernzuhalten, als ob sie einen ausschließlich negativen Einfluß auf uns ausüben könne. Dabei kann doch keiner der großen Weine der Welt ohne die Inspiration aus der Vergangenheit existieren. Vor einem Jahrhundert wurden die Rheingau-Weine allgemein als die größten Weißweine der Welt angesehen. »Meyer's Konservationslexikon« von 1907 beschreibt sie als »goldhell, von trockenem pikanten Geschmack und köstlichem Bukett, das kein anderer Wein in solcher Fülle besitzt«. Ist es nicht ein schwerer Irrtum, solches Gedankengut leichtsinnig als »historisierend« zu verwerfen?

Für Bernhard Breuer ist die Antwort auf diese Frage ohne jedes Zögern ein »Ja«. Für ihn gibt es keine Frage, daß zukunftsorientiertes Denken und der Ehrgeiz, etwas Neues und Bemerkenswertes zu schaffen, voraussetzt, daß man die Vergangenheit ernst nimmt, anstatt sie in Geschichtsbüchern zu versiegeln und auf Denkmäler und Mahnmäler zu beschränken. Er ist sich nur allzu bewußt, daß die Werke der Vergangenheit eine große Herausforderung für die Gegenwart und die Zukunft darstellen. Sein 50. Geburtstag war ein Test für seine eigenen Weine: »Halten sie den großen Rheingauer Weinen der Vergangenheit stand?«

Auf meinem Weg zum Hotel zurück durch die verlassenen Straßen von Rüdesheim am Rhein war ich mit meinen Erinnerungen allein. Niemand störte mich, als ich in Gedanken noch immer in den neuen Breuer-Weinen schwelgte.

Probiernotizen Weingut Georg Breuer

Riesling – »Montosa«

1993 TROCKEN 85
Der Reiz der Reife und die Anziehungskraft der Ausgeglichenheit.

1994 TROCKEN 83
Gebändigte Frische und charmante Saftigkeit laden ein zum Genuß.

1995: KEIN MONTOSA.

1996	TROCKEN	87

Ein hohes gotisches Fenster wie in Chartres, Köln oder Canterbury.

Riesling – Rauenthaler Nonnenberg »Grand Cru«

1993	TROCKEN	90

Von der ersten Begegnung an eine beeindruckende hochgewachsene Gestalt mit einem Gespür für die Würze des Lebens, und das ist er auch geblieben.

1994	TROCKEN	87

Wächst ständig voran und entwickelt sich zum standhaften Charakter mit festem Rückgrat und kultivierter Sprache.

1995	TROCKEN	84

Die Natur meinte es mit ihm nicht so gut, und so hängt er zwischen zwei Stühlen. Weder überzeugt er mit Lebendigkeit noch mit feiner Reife. Quo vadis?

1996	TROCKEN	89

Ein strammer Kamerad, in dem sich ein ganz feiner Kerl verbirgt, aber wie viele Jahre braucht die Verwandlung?

Riesling – Rüdesheimer Berg Rottland »Grand Cru«

1996	TROCKEN	90

Muskulös und subtil zugleich klingt wie ein Widerspruch, aber er macht aus diesem Rätsel eine Tugend.

Riesling – Rüdesheimer Berg Schloßberg »Grand Cru«

1993	TROCKEN	91

Seine Größe besteht nicht in seinen Dimensionen, sondern in einem Tiefgang, der immer deutlicher zum Vorschein kommt. Power und Eleganz sind verschmolzen.

1994	TROCKEN	89

Viel Ausdruck, aber lange ein bißchen laut und burschikos; doch er fängt sich und gewinnt eine noble Zurückhaltung.

1994	BEERENAUSLESE	93

Gediegenheit und traditionelle Stärke, bzw. immer präsent und doch nie vordergründig und die entsprechend verhaltene Süße.

1995   TROCKEN   86
Richtig schlank, aber wohlproportioniert und vital; keinesfalls magersüchtig!

1995   TROCKENBEERENAUSLESE   96
Ausgeprägte Feinheiten und Delikatesse ohne großes Volumen und Fülle, und nach dem beeindruckenden Auftakt folgt ein noch erstaunlicherer Abschied, bei dem alles – Aromen, Mineralien, Säure – auf dem Gaumen tanzt.

1996   TROCKEN   92
Eine neue Dimension; mit allem förmlich ausgestopft und dabei kein bißchen laut oder strapaziös, sondern unglaublich delikat.

1996   AUSLESE »GOLDKAPSEL«   93
Ein feingeschliffener Diamant mit unzähligen funkelnden Facetten; zeitlose Brillanz.

Schloßlos in Johannisberg
Hans Hermann, Elfriede und Johannes Eser

Weingut Johannishof (H. H. Eser)
Grund 63
65366 Johannisberg
Tel. 06722/8216
Fax 06722/6387

»Der Johannisberg thront doch über Allem«, schrieb Goethe. Er meinte damit nicht nur den eigentlichen Berg, der diesen Namen trägt, sondern auch das großartige Barockschloß an seiner Spitze und möglicherweise auch die Weine aus den Weinbergen, die die steilen Hänge direkt unterhalb des Schlosses bedecken. Als er diese Worte 1814 schrieb, standen die Weine von Schloß Johannisberg über allem nicht nur im Rheingau, sondern in ganz Deutschland. 40 Jahre vor Goethes Besuch im Rheingau war auf Schloß Johannisberg ein neuer Stil deutschen Weißweins entstanden, der die Welt im Sturm eroberte. Die majestätischen 1811er Weine des Rheingaus, die von Goethe gelobt wurden, stellten nur den letzten Höhepunkt einer Serie großer Jahrgänge dar, die auf Schloß Johannisberg mit dem 1775er begonnen hatte, der ersten »Spätlese«. Goethe war der Rheingau wohl vertraut, doch bezweifle ich sehr, ob er den Johannishof am Elsterbach zu Füßen des Johannisberg zur Kenntnis genommen hat, der ungefähr 25 Jahre zuvor erbaut worden war. Wenn er darauf hingewiesen worden wäre, hätte es wohl kaum in seiner Vorstellungskraft gelegen, daß die dort ansässige Familie, die Esers, einmal Weine machen würde, die die des über ihnen thronenden Schlosses in den Schatten stellen würden. Fast zwei Jahrhunderte später gewinnen Goethes Worte wieder an Aktualität, denn für die Weine dieses Teils vom Rheingau gilt: »Der Johannishof thront doch über Allem.«

Diese Leistung ist um so erstaunlicher, wenn man bedenkt, daß der Weinbergsbesitz des Weingutes Johannishof bis 1996 nicht nur lediglich halb so groß war wie der von Schloß Johannisberg, sondern auch nur ein kleiner Teil davon ein Qualitätspotential besaß, das mit dem des großen Hauptbergs des Johannisberges vergleichbar gewesen wäre. Nur das unermüdliche Engagement der Esers und eine besondere Vision des Rheingau-Rieslings hat ihren Aufstieg ermöglicht. Und es muß *die* Esers heißen, da der entscheidende Faktor, der zu diesen bemerkenswerten Weinen geführt hat, die Art ist, in der die verschiedenen Familienmitglieder sehr eng zusammen- und auf dieses gemeinsame Ziel hinarbeiten.

Das wurde mir klar, als ich den Johannishof vor genau zehn Jahren an einem grauen Februarmorgen zum ersten Mal betrat. Als ich in dem Probierzimmer zwischen dem leicht zu begeisternden, leidenschaftlichen Hans Hermann Eser und seiner resoluten, herzlichen Frau Elfriede saß, versetzten mich nicht nur die Weine in Erstaunen, sondern auch die absolute Einmütigkeit ihrer Ansichten. Als ich ihre Kinder Christin und Johannes (siehe Weingut Wöhrwag) kennenlernte, die damals beide noch studierten, fiel mir genau das gleiche auf. Wenn Hans Hermann Eser mir direkt in die Augen sah – und er ist niemand, der davor bei irgend jemand zurückschreckt –, fühlte ich mich verglichen mit der absoluten Geradlinigkeit, die ich in seinem Blick spürte, wie ein verschwommener Fleck voller Widersprüche.

Jedes Jahr wiederholte sich diese Szene, und die Abwesenheit des einen oder anderen Familienmitglieds änderte nichts Entscheidendes daran. Sie alle tragen die gleichen Ideen und Ideale in sich, so daß sich nur die Gestalt, die diese annehmen, unterscheidet. »Moralische Integrität«, so merkwürdig das in Verbindung mit Weinen erscheinen mag, erscheint mir der einzige passende Ausdruck dafür. Das ist für alle Esers etwas Grundlegendes, und es erscheint nur natürlich, daß sie diese Einstellung nicht nur auf den Wein beziehen, sondern sie auch auf alle anderen Bereiche ihres Lebens ausdehnen. Während dieser zehn Jahre ist Johannes Eser langsam in den Vordergrund gerückt, da die Weine allmählich Ausdruck seiner Arbeit und Entscheidungen geworden sind. Offiziell ist er seit 1991 Kellermeister und Verkaufsleiter, doch hat dieses

Datum wenig zu bedeuten. Heute helfen und unterstützen ihn seine Eltern, wie es vor zehn Jahren eher umgekehrt der Fall war, und heute beantwortet meistens er meine Fragen zu bestimmten Weinen.

Diese Fragen kommen auf, weil die einzelnen Weine genauso eigenständige Persönlichkeiten darstellen wie die Mitglieder der Familie Eser. Gleich jenen sind ihnen manche Züge gemeinsam, wie zum Beispiel die begeisternde rassige Säure, die stets ein Merkmal der Weine aus Johannisberg und den Nachbargemeinden gewesen ist; sie zeigen allesamt eine starke »Familienähnlichkeit«. So wie die Esers immer großen Respekt untereinander vor ihren unterschiedlichen Temperamenten, Geschmäckern und Ansichten gezeigt haben, besteht einer ihrer Grundsätze darin, daß jeder Wein ein Individuum darstellt, dessen eigenständiger Charakter gleichermaßen respektiert werden muß. Auf ihrer Preisliste sind oft bis zu 80 verschiedene Weine aufgeführt. Ein Blick auf diese Auswahl aus einem halben Dutzend verschiedener Jahrgänge und einem vollen Dutzend diverser Lagen macht sogar mich ein wenig schwindlig, doch ist jeder Wein wirklich ein Unikum. Jeder von diesen Weinen weist gewisse Ähnlichkeiten mit anderen aus der gleichen Lage oder demselben Jahrgang auf, aber trotzdem schmeckt jeder ganz unterschiedlich. Das klingt vielleicht ganz logisch und scheint keinen Kommentar wert zu sein, aber auf den meisten deutschen Weingütern mit einer derart großen Auswahl an Weinen verhalten sich die Dinge ganz anders: Dort frage ich mich manchmal, warum sie nicht einfach alles zusammengekippt haben und einen trockenen und einen süßen Wein anbieten. Das wäre ehrlicher als die Heuchelei vieler verschiedener Namen, die letztendlich bedeutungslos sind.

Als ich das letzte Mal im Probierzimmer des Johannishofes mit seinen weißen Wänden und schwarzen Holzbalken saß, reichten die Weine nicht ganz um den runden Holztisch wie üblich, sondern nahmen nur etwa den halben Umfang in Anspruch. »Es war eine kleine Lese, und infolgedessen sind wir bei manchen Weinen auch schon beinahe ausverkauft«, erklärte Hans Hermann Eser, während er die letzten beiden Weine aus dem Kühlschrank im Nebenraum holen ging. Als ich einige Zeit später bei diesen beiden letzten Flaschen ankam, fand ich dort zwei auf dramatische Weise unterschiedliche edelsüße Auslesen. Hinter jeder stand eine andere Geschichte. Die aus dem Johannisberger Vogelsang stammte aus der sogenannten »Jungfernlese«, das heißt aus der ersten Lese eines Weinbergs: winzige Trauben mit größtenteils überreifen Beeren. Die Auslese aus der Johannisberger Hölle war dagegen das Ergebnis einer strengen Selektion von edelfaulen Trauben, deren positive Auswirkung auf den Wein 1775 erstmalig auf Schloß Johannisberg deutlich wurde. Der erste war trotz seiner großen Fülle ein unglaublich delikater und anmutiger Wein, während der zweite keinen Hehl aus seiner Kraft machte und seine Muskeln offenkundig zur Schau stellte.

Hinter jedem Johannishof-Wein steckt eine solche Geschichte, die sich auch stets im Charakter des Weines widerspiegelt. Obwohl es innerhalb der Weinszene eine gebräuchliche Beschreibung ist, finde ich es doch fragwürdig, ob man Weine als »ehrlich« bezeichnen kann. Es macht sicher mehr Sinn zu sagen, der verantwortliche Winzer sei ehrlich und die Weine das Ergebnis seiner ehrlichen Arbeit. Wenn jedoch Weine als »ehrlich« bezeichnet werden, dann sollten es Weine wie diese sein, bei denen nichts unternommen worden ist, um kleine Schwächen zu vertuschen oder angebliche Unausgeglichenheiten zu »korrigieren«. Dann wäre »ehrlich« ein hohes Lob für einen Wein anstelle der üblichen halbherzigen Empfehlung, die eher bedeutet, daß der Wein nicht besonders gut, aber auch nicht schlecht ist.

Die Ehrlichkeit der Esers bedeutet, daß manchmal harte Entscheidungen getroffen werden müssen. Sie gehören nicht zu den Winzern, die für sich in Anspruch nehmen, in jedem Jahr gute Weine machen zu können. Wenn die Natur ihnen schlechte Karten gibt wie zum Beispiel 1984, dann kann durchaus die gesamte Ernte den tiefen Gewölbekeller als Faßware verlassen, anstatt auf Flaschen abgefüllt und mit dem Namen Eser auf dem Etikett angeboten zu werden. Bei solchen Gelegenheiten sind sie der ehrlichen Meinung, daß der Wein einfach nicht interessant oder ansprechend ist.

Im umgekehrten Fall strahlen die Gesichter der Esers vor Vergnügen darüber, daß ihre harte Arbeit, bei der sie die meiste Zeit über noch keine Ahnung haben, wie der Jahrgang werden wird, zu einem wirklich positiven Ergebnis geführt hat. Hans Hermann Esers Lächeln neben dem Kreis aus Weinflaschen im Probierzimmer erfüllt dann den ganzen Raum. Wenn ich die große Glocke läute und Hans Hermann Eser mir die Tür mit diesem Gesichtsausdruck öffnet, weiß ich, daß der neue Jahrgang beim Weingut Johannishof nicht nur die Mühe wert war hierherzukommen, sondern daß sich auch auf meinem Gesicht am Ende der Verkostung dieses strahlende Lächeln widerspiegeln wird. Die Pracht dieser Weine gehört den Esers jedoch ganz allein. Sie ist weder anderen Johannisbergern entliehen, noch stellt sie einen Abklatsch irgendwelcher Schloßgewächse dar. Sie ist das Ergebnis ihrer eigenen Arbeit mit dem, was ihre Weinberge oder ihr Gott ihnen gegeben haben.

Coda

»Wir haben eine ungünstige Betriebsgröße. Wir sind entweder zu klein oder zu groß«, sagte Hans Hermann Eser mir bei meinem ersten Besuch auf dem Johannishof. Aus dem Kontext wurde deutlich, daß er nicht einfach mit dem Gedanken spielte, die vorhandenen 18 Hektar auszudehnen, sondern Land in einer der besten Lagen des Rheingaus zu erwerben. Ich war sicher nicht der erste oder der letzte, der den Esers gegenüber erwähnt hat, daß die Kombination ihres Engagements mit den Weinbergen von Schloß Johannisberg das Ideal darstellen würde, aber das war immer ein Traum von Außenstehenden. Im Frühjahr 1996 bekamen sie plötzlich eine bedeutende Fläche in exzellenten Lagen um Rüdesheim gleich westlich von Johannisberg angeboten. Ohne langes Zögern kauften sie volle fünf Hektar Weinberge, von denen der größte Teil in der Spitzenlage Berg Rottland liegt. Damit beginnt eine neue Epoche in der Geschichte des Weingutes.

Die Rieslinge des Weingutes Johannishof

Die Rüdesheimer Weine fügen den Eser-Rieslingen eine neue Facette hinzu, da sie seidiger und fülliger wirken als ihre anderen Weine. Am anderen Ende der Skala liegen die Weine aus dem Geisenheimer Kläuserweg, die beinahe immer trocken ausgebaut werden. Die einfacheren Weine aus den Lagen Hasensprung und Jesuitengarten in Winkel zeigen eine betonte Säure, die den Spätlesen und höheren Prädikaten wiederum eine herrliche Brillanz verleiht. Bei den Johannisberger Weinen stehen im allgemeinen die aus den Lagen Hölle und Goldatzel an erster Stelle, erstere eher pikant und rassig, letztere edler und würziger. Das Gut ist einer der führenden Erzeuger von »Charta«-Weinen, trockenen Rieslingen mit Körper, Eleganz und einer fantastischen Harmonie, die großes Alterungspotential besitzen. Sie werden ohne Lagenbezeichnung vermarktet.

Probiernotizen Weingut Johannishof

Riesling – Winkeler Jesuitengarten »Grand Cru«

1993 SPÄTLESE TROCKEN 87
Der ausgeglichene nachhaltige Geschmack von vollreifen Früchten und Nüssen.

Weingut Johannishof (H. H. Eser) 477

1994	SPÄTLESE TROCKEN	84

Gesicht mit ausgeprägtem Knochenbau und stählernen Augen.

1995 SPÄTLESE 90
Eine Herrlichkeit des Weins, die keine Kenntnisse oder Erfahrungen für den Genuß voraussetzt, außer der Offenheit für reizende Düfte und Geschmack.

Riesling – Weine aus diversen Johannisberger Lagen

1993 JOHANNISBERGER GOLDATZEL SPÄTLESE 90
Dream, Dream, Dream! Überschwenglichkeit und Delikatesse treffen sich im Traum.

1994 JOHANNISBERGER GOLDATZEL SPÄTLESE 87
Die Geduldigkeit der Hände ermöglicht die Feinheit ihrer Werke, und solch ein Wein ist Handwerk im besten Sinne des Wortes.

1994 JOHANNISBERGER GOLDATZEL EISWEIN 94
Erinnert an die begeisterte Beschreibung der Mango von dem ersten Europäer, der dieser Frucht begegnete.

1995 JOHANNISBERGER VOGELSANG AUSLESE 92
Fruchtaromen von fast blendender Intensität, aber es ist die Grazie, die den Wein richtig auszeichnet; noch extrem jugendlich.

1995 JOHANNISBERGER HÖLLE AUSLESE 95
Überraschende Üppigkeit, aber kein Element des Weins sticht auch nur einen Millimeter zu weit heraus; alles spielt zusammen im Einklang.

1996 JOHANNISBERGER GOLDATZEL KABINETT 81
Ein verspielter Kerl mit wenig Geduld, der alles hinschmeißen wird, wenn er keine Lust mehr hat.

1996 JOHANNISBERGER HÖLLE AUSLESE 84
Ein gespaltener Wein, bei dem man nicht leicht voraussagen kann, wie lange die Auseinandersetzung zwischen üppigem Karamelton und recht scharfer Säure dauern und wie sie ausgehen wird.

1996 JOHANNISBERGER GOLDATZEL RIESLING EISWEIN 90
Immer wenn meine Mutter Schokoladenkuchen backte, zogen mich die Düfte in die Küche – so auch hier, obwohl die Sünde mit einer fast sträflichen Säure verbunden ist. Muß lange liegen.

Riesling – Weine aus diversen Rüdesheimer Lagen

1996 RÜDESHEIMER KIRCHENPFAD KABINETT HALBTROCKEN 87
Kräuter frisch vom Garten liegen auf dem Brett – was für ein intensiver Duft und wie frisch sie schmecken.

1996 RÜDESHEIMER BERG ROTTLAND SPÄTLESE 90
Ein blutjunger Wein, der Jahre brauchen wird, um zu erblühen – Hibiscus – und Früchte zu tragen – Hagebutten – und seine eigene Süße zu schlucken, aber dann ...

Erfolgsstory
August Kesseler

Schloß Reinhartshausen
65346 Eltville-Erbach
Tel. 06123/67 63 33
Fax 06123/42 22
und
Weingut August Kesseler
Lorcher Straße 16
65385 Assmannshausen
Tel. 06722/25 13
Fax 06722/4 74 77

Bis Anfang der achtziger Jahre bestand das Anwesen der Familie Kesseler aus einem kleinen Weingut mit zwei Hektar Weinbergen um das Dorf Assmannshausen am westlichen Rand des Rheingaus. Assmannshausen war für seine Spätburgunder-Rotweine berühmt, ungeachtet der Tatsache, daß sie blaßfarbig, dünn und sauer waren. Weinbegeisterte auf der ganzen Welt lachten über diese »Möchtegern«-Rotweine, die wie schlecht gemachte Roséweine aussahen und wie mittelmäßige Weißweine schmeckten. Damals war der Name Kesseler vollkommen unbekannt und erzeugte außer bei den Stammkunden keinerlei Echo.

Zur selben Zeit machte das Gut Schloß Reinhartshausen in Erbach, wie so viele andere »große« Rheingauer Weingüter, eine schwierige Phase durch. Die Besitzer, Mitglieder der Königlich preußischen Familie, hatten an dem Gut scheinbar wenig Interesse. Der damalige Direktor Dr. Karl-Heinz Zerbe tat unter diesen Bedingungen sein Bestes, aber die Künstleretiketten, die jedes Jahr einen bestimmten Wein zierten, sorgten für mehr Aufmerksamkeit als der Inhalt der Flaschen. Eine Verkostung konnte hier eine ziemlich trostlose Angelegenheit sein, falls nicht ein paar Weine aus den guten Jahrgängen der siebziger Jahre auf den Tisch kamen. Diese Weine verstärkten dann noch den Eindruck, daß hier nichts mehr so war wie früher. Einige Male verließ ich den Verkostungsraum in deprimierter Stimmung.

Heute umfaßt das Weingut von August Kesseler in Assmannshausen volle 14 Hektar, unter anderem große Parzellen in den besten Teilen der berühmten Lagen Assmannshäuser Höllenberg und Rüdesheimer Berg Schloßberg. Die besten Spätburgunder-Rotweine und die edelsüßen Rieslinge des Gutes werden zu Preisen von über 50.– DM pro Flasche gehandelt. Sowohl wegen dieser Weine als auch jener, die er als Direktor von Schloß Reinhartshausen macht, genießt August Kesseler heute international den Ruf als einer der führenden Weinmacher des Rheingaus. In wenig mehr als einem Jahrzehnt ist er aus vollkommener Anonymität zur Spitze des Gebietes aufgestiegen.

Obwohl es August Kesseler nicht an gesundem Selbstbewußtsein mangelt, betont er stets die Begleitumstände seines dramatischen Aufstiegs in einem Gebiet, das durch hausgemachte Probleme lange auf dem besten Weg war, unterzugehen: »Wenn manche der berühmten Rheingau-Güter Probleme haben, gute Weine zu machen, dann deshalb, weil zu viele von ihnen von Leuten geführt werden, die kein Gefühl für die Reben haben und sich vorstellen, daß Wein im Keller ›gemacht‹ wird. Kein Wunder, daß sie Probleme haben«, antwortete er vor kurzem auf meine Frage, warum seine Güter so gute Weine hervorbrächten, während der Rheingau insgesamt immer noch kämpfen muß, um dem einstigen Ruf wieder zu entsprechen. Es klang verzweifelt. Ganz offensichtlich ist der Stand der Dinge in seiner Heimat, wo Selbstzufriedenheit und Schlampigkeit seit den siebziger Jahren das Niveau immer weiter haben sinken lassen, für ihn wirklich ein Grund zur Sorge.

Der Anlaß für unser Gespräch war eine Verkostung der Weine beider Weingüter in einem der oberen Räume des Schlosses. Willi Leibbrand, der Gründer der Rewe-Supermarkt-Gruppe, hatte das Schloß und 95 Prozent des dazugehörigen Weingutes gleichen Namens 1988 gekauft. Rieseninvestitionen wurden in beiden Betrieben vorgenommen, und mit dem großartigen Jahrgang 1989 gehörten die Weine schlagartig wieder zur Gebietsspitze. Trotz einigen kleinen Rückschlägen steht Schloß Reinhartshausen seitdem im Gebiet in vorderster Reihe. Zur gleichen Zeit ist das Hotel vollkommen neu gestaltet worden. Entweder findet man es hier viel zu pompös und aufdringlich, wie eine Filmkulisse, oder man mag den ungehemmten Luxus. Der Mensch Leibbrand selbst, von eher kleiner Gestalt und schütterem Haar, ein bemerkenswert bescheidener Mann angesichts seines Reichtums, wirkte hier jedenfalls vollkommen fehl am Platze. Seit seinem plötzlichen Tod 1993 sind das Hotel, das Weingut und die anderen Leibbrand-Weinfirmen in den Besitz der Erben übergegangen, die das Rampenlicht genau wie er möglichst meiden.

Glücklicherweise sind die schönsten Teile der Inneneinrichtung im Original erhalten worden, und es war in einem dieser Räume, daß ich einen langen Nachmittag bei der Verkostung mit August Kesseler verbrachte. Er hat sich seit unserem ersten Treffen auf dem Wiesbadener Weinfestival im Sommer 1986 sehr verändert. Damals strahlte er vor Idealismus und wirkte jünger als seine 28 Jahre. Kurze Zeit nach dem Festival schaute ich mir seine Keller in Assmannshausen an, die tief in die Schieferfelsen der Weinberge führen. Die Spätburgunder-Rotweine aus dem Jahrgang 1985, die ich aus den kleinen neuen Eichenfässern verkostete, in denen sie reiften, schmeckten sehr vielversprechend. Es war klar, daß dieser ehrgeizige junge Winzer irgendwann wirklich bemerkenswerte Weine zustande bringen würde.

Im November 1988 traf ich ihn zufällig auf Kloster Eberbach. Wir waren beide auf dem Weg zu dem Bankett, daß die Vereinigung der »Charta«-Weingüter hier jeden Herbst veranstaltet. Er sprach mit großer Überzeugung von der 1988er Lese und war sich sicher, einige bahnbrechende Rotweine geerntet zu haben. Diese Weine sollten dann auch wirklich für ihn die ersten Schlagzeilen machen: Sie waren tief in der Farbe, kraftvoll, schmeckten aber durch die Lagerung in *Barrique*-Fässern auch stark nach neuem Eichenholz, was bedeutete, daß sie Jahre der Flaschenreife brauchten, um zu ihrer besten Form zu gelangen. 1990 wurde der Einsatz neuer Eichenfässer drastisch reduziert, damit die Fruchtaromen der Rotweine nicht durch den Holzgeschmack übertönt wurden. Die Weine dieses Jahrgangs waren erstklassig – bei weitem die besten Rotweine aus Assmannshausen seit den guten Jahrgängen der fünfziger Jahre. August Kesseler war fast über Nacht zu einem der bekanntesten Namen in der deutschen Wein- und Gastronomieszene geworden.

Eine Weile sah es so aus, als ob der Erfolg August Kesseler zu Kopf gestiegen sei, aber seit er 1992 alleiniger Direktor von Schloß Reinhartshausen wurde – von 1995 an war er bis zu dessen Wechsel zu den Rheingauer Staatsweingütern Kodirektor zusammen mit Dr. Zerbe – scheint er wieder mit beiden Füßen fest auf dem Boden der Tatsachen zu stehen. Inzwischen sieht er deutlich älter und erfahrener aus, und sein oberstes Ziel besteht darin, Schloß Reinhartshausen wieder zu seiner einstigen Größe zurückzubringen; und obwohl er schon einiges bewegt hat, ist ihm doch bewußt, wieviel Arbeit noch vor ihm liegt. Seine Aufgabe ist durch die allgemeinen Entwicklungen im Rheingau und den angrenzenden Gebieten zu einer wirklichen Herausforderung geworden. In den letzten zehn Jahren ist im Gebiet selbst eine neue Gruppe von Spitzenweingütern entstanden; und in Nierstein und Nackenheim in Rheinhessen sowie in Bacharach am Mittelrhein gibt es inzwischen ebenfalls Mitbewerber, die Weine etwas ähnlichen Stils und in hervorragender Qualität erzeugen. Diese Güter stehen ihm zwar nicht im Weg, aber sie zwingen ihn, mindestens ebenso gute Weine zu machen, wenn er die Aufmerksamkeit der Presse und nicht zuletzt auch der Kunden auf sich lenken möchte.

So stark auch August Kesselers Verlangen nach Lob für seine Weine ist, bleibt er doch ihren Stärken und Schwächen gegenüber ganz realistisch und ist sich der Opfer bewußt, die für das Erreichen seines Zieles notwendig sind. »Der einzige Weg, um hier gute Rotweine zu machen, ist, die Erträge brutal zu reduzieren«, sagt er voller Entschlossenheit. »An den Rieslingen müssen wir im Weinberg noch härter arbeiten, um noch besseres Traubenmaterial zu erhalten, und die Trauben bei der Lese nach unterschiedlichem Reifegrad strenger trennen. Man kann Wein nie besser machen, als die Trauben waren, die man auf die Kelter gebracht hat.« Die Verkostung zeigte, daß seine Entschlossenheit dabei ist, Schloß Reinhartshausen zu einem der besten Riesling-Erzeuger des Rheingaus werden zu lassen.

Die Weine vom Weingut August Kesseler und Schloß Reinhartshausen

Das Kesseler-Gut ist am bekanntesten für seine Rieslinge und Spätburgunder-Rotweine, obwohl auch die eleganten trockenen Weißherbst (Rosé)-Weine Aufmerksamkeit verdienen. In guten Jahrgängen gebühren ihnen 80 Punkte oder etwas darüber. Die Rotweine des Gutes stammen nahezu vollständig von den steilen Hängen und Taunusschieferböden der Lage Assmannshauser Höllenberg. Dies läßt sie selbst in den besten Jahrgängen schlank erscheinen. Wie August Kesseler selbst betont, liegt die Problematik hier nicht so sehr darin, körperreiche Weine zu erhalten, sondern Weine, in denen die Gerbstoffe aus den Traubenhäuten weich wirken und nicht hart oder streng.

85 Prozent der 81 Hektar Weinberge von Schloß Reinhartshausen sind mit Riesling bestockt, und die besten Weine kommen aus der Reihe von Spitzenlagen in der Nähe des Schlosses. Der berühmteste unter ihnen ist der Erbacher Marcobrunn, der ausgesprochen kraftvolle, feste Weine mit feiner Aprikosenfrucht hervorbringt. Die äußerst eleganten, rassigen Rieslinge aus dem Hattenheimer Wisselbrunnen können sich jedoch oft

mit ihnen messen. Die Weine aus den Alleinbesitzlagen Erbacher Schloßberg und Erbacher Siegelsberg ähneln denen aus dem Marcobrunn; sie sind zwar nicht ganz so kraftvoll, haben aber den Vorteil, in ihrer Jugend charmanter zu wirken als die Marcobrunn-Weine. Wenn man aber etwas zur längeren Lagerung in den Keller legen möchte, dann sollten das edelsüße Rieslinge aus Marcobrunn oder Wisselbrunnen sein. Die 1893 Marcobrunn Riesling Beerenauslese war immer noch erstaunlich frisch und köstlich, als wir sie im Sommer 1996 tranken.

Probiernotizen Weingut August Kesseler/ Weingut Schloß Reinhartshausen

Weingut August Kesseler

Riesling – Diverse Rüdesheimer Lagen

1993 RÜDESHEIMER BERG ROSENECK SPÄTLESE TROCKEN 84
Sehr straff, aber um die festen Knochen gibt es genug Fleisch für eine harmonische Gesamterscheinung.

1994 SPÄTLESE *** (OHNE LAGENBEZEICHNUNG) 87
Ein äußerst charmanter Schmeichler, der seine Kunst vollkommen beherrscht.

1995 RÜDESHEIMER BISCHOFSBERG SPÄTLESE 88
Die jugendliche Rasse und filigrane Art eines guten Mosel-Rieslings.

1995 RÜDESHEIMER BISCHOFSBERG AUSLESE 89
Die Süße steht noch im Vordergrund, aber wenn sie ein wenig zurücktritt, wird seine Eleganz zum Vorschein kommen.

Spätburgunder Rotwein – Assmannshäuser Höllenberg

1992 SPÄTLESE TROCKEN 83
In der Küche wird eine feine Tomatensoße gekocht, mit vielen Kräutern.

1993 SPÄTLESE TROCKEN ** 86
Die seidige Feinheit des roten Burgunders in schlanker Form; das Ergebnis einer perfekt gelungenen Vinifizierung.

1993 SPÄTLESE TROCKEN *** 85
Eine starke Kaffeenote dominiert ein wenig, aber dahinter ist viel Power und Festigkeit.

1994   QUALITÄTSWEIN TROCKEN   79
Eine stimmige Komposition, aber es fehlt ein wenig an Schwung und Ausdruck.

1994   WEISSHERBST TROCKENBEERENAUSLESE   93
Kein Rotwein, sondern ein großer Roséwein von seltener Klarheit: ein eleganter Rokokosaal, der trotzdem nicht erschlagend wirkt, sondern Herrlichkeit ausstrahlt,

1995   QUALITÄTSWEIN TROCKEN (FASSPROBE)   83?
Ansprechende Duftigkeit und ausgewogene Substanz, ohne wenn und aber.

Weingut Schloß Reinhartshausen

Riesling – Hattenheimer Wisselbrunnen »Grand Cru«

1992   AUSLESE TROCKEN   90
Ein Eigenbrötler unter den Rheingauern, dessen Aromen an das Tropenhaus im Botanischen Garten erinnern und mit einem Körper verbunden sind, der auch an tropische Wachstumsverhältnisse denken läßt.

1992   AUSLESE   93
Die Faszination des Herbsts; hochreife Früchte, die vom Baum zu fallen drohen, aber eine fabelhafte Harmonie von Aroma und Säure haben.

1992   BEERENAUSLESE   95
Der Glanz von Silber, feinen Stoffen und Juwelen; ein großer Tisch für einen noblen Anlaß gedeckt. Auch die Gäste haben sich nicht wenig bemüht, und jetzt warten sie auf den Wein.

1992   TROCKENBEERENAUSLESE   97
Der opulente Auftakt täuscht gewaltig. Trotz aller Größe und Tiefgang ist er ein hocheleganter Ausdruck der Rheingauer Weintraditionen; ein würdiger Kaiser, der lange regieren wird.

1994   SPÄTLESE   87
Eine Sonate in Grün – Angelika, Stachelbeeren – langsam und gefühlvoll gespielt.

1994   BEERENAUSLESE   91
Vom Stil her eher eine Auslese, aber was soll's? Mit Rasse und Würze brilliert er.

1995   SPÄTLESE TROCKEN   85
Schlichte Eleganz und ein straffer Charakter bilden eine asketische Einheit.

1995   SPÄTLESE   89
Eine architektonische Struktur von beinahe perfekter Ausgewogenheit, die immer schöner wirkt, je länger man sie studiert.

1996   SPÄTLESE TROCKEN   83
Der Kern hat eine kristalline Geometrie, und diese Unnachgiebigkeit steht dem Genuß momentan etwas im Weg.

Riesling – Erbacher Marcobrunn »Grand Cru«

1992   SPÄTLESE TROCKEN   87
Reife und Ausgeglichenheit ohne Verzicht auf eine dezente Frische sorgen zusammen für nachhaltige Freude.

1992   SPÄTLESE   89
Die edle Saftigkeit und durchgängige Geschliffenheit beeindrucken, aber der allerletzte Kick fehlt ihm.

1993   SPÄTLESE TROCKEN   83
Zuerst sehr ansprechend, aber dann macht eine stumpfe Note einen Strich durch die Rechnung.

1993   SPÄTLESE   85
Herrliche Weichheit im Duft, aber am Gaumen wirkt sie ein wenig amorph.

1994   SPÄTLESE   88
Ein verriegelter Tresor, mit mächtigen Schlössern; erst im 21. Jahrhundert zu öffnen.

1995   SPÄTLESE TROCKEN   87
Füllig und fein, elegant und einladend; große Freude ohne wahre Größe.

1995   SPÄTLESE   90
Ein selbstsicherer Aristokrat, der es keineswegs eilig hat, seine Gedanken vollständig preiszugeben. Und was nicht alles in diesem Kopf steckt, von Geologie bis zu exotischen Fantasien!

1996   SPÄTLESE TROCKEN »Erstes Gewächs«   85
Ein fester Stein muß langsam verwittern, um seine Mineralien zu befreien.

Ein wahrer Künstler
Gunter Künstler

Weingut Franz Künstler und Geheimrat Aschrott
Freiherr-vom-Stein-Ring 3
65239 Hochheim
Tel. 06146/82570
Fax 06146/5767

Die Anzeige in der englischen Wirtschaftszeitung »Financial Times« im Spätsommer 1996 erwähnte nicht den Namen des Weingutes, das zum Verkauf stand. Bei dem abgebildeten Gutshaus aus dem 15. Jahrhundert handelte es sich jedoch zweifellos um die Gutsverwaltung Geheimrat Aschrott in Hochheim, bis in die achtziger Jahre eines der angesehensten Güter im Rheingau. Seit einigen Jahren hatte die Qualität der Weine immer mehr nachgelassen, und es gab Gerüchte über beträchtliche Verluste, so daß der Verkauf keine Überraschung war. Als man jedoch im September 1996 in der Szene zu munkeln begann, daß der Käufer Gunter Künstler vom Weingut Franz Künstler in Hochheim sein sollte, sorgte das für viel Gerede und großes Erstaunen. Der Kauf würde seine neun Hektar auf über zwanzig mehr als verdoppeln! Dies allein ist schon eine bemerkenswerte Entwicklung, aber dazu kommt noch, daß Gunter Künstler erst 33 Jahre alt ist und seine ersten Weine vor nicht einmal zehn Jahren gemacht hat. Aus dem Munkeln wurde Gewißheit, und am ersten Oktober 1996 war Gunter Künstler zusammen mit Partner Wolfgang Trautwein Besitzer des größten Weingutes mit Sitz in Hochheim.

Vor zehn Jahren kannte niemand, außer den Privatkunden, den Namen dieses Gutes. Wenn jemand in der Szene vorausgesagt hätte, daß ein junger Kerl aus Hochheim, namens Gunter Künstler, in Kürze die besten trockenen Rieslinge machen würde, die je im Rheingau erzeugt wurden, wäre das mit lautem Hohngelächter aufgenommen worden. Alles sollte sich jedoch mit rasender Geschwindigkeit verändern. Im Frühling 1989 veranstaltete eine deutsche Weinzeitschrift eine Blindprobe trockener Rheingauer Weine aus dem sehr bescheidenen Jahrgang 1987, aus dem Künstlers 1987 Hochheimer Herrnberg Riesling QbA trocken mit weitem Abstand als Sieger hervorging. Insider begannen sich den Namen Künstler zuzuflüstern, aber niemand wußte so richtig, wer das eigentlich war, und nur wenige hatten einen Künstler-Wein je verkostet. Im Herbst 1988 wurde Gunter Künstlers Vater krank, und der Sohn war plötzlich für die Lese und den Ausbau der Weine verantwortlich. Anfang 1990 präsentierte Winzer und Weinjournalist Armin Diel (siehe Schloßgut Diel) diese Weine einer Gruppe von Kollegen, darunter ich selbst. Ein Schluck von jedem Wein genügte, um uns davon zu überzeugen, daß dies die besten Weine des Jahrgangs im Rheingau waren. Eine Reihe von Artikeln in der Fach- und Gastropresse ließ den Namen Künstler schnell bekannt werden. Das Gut erfreut sich inzwischen eines exzellenten Rufs als einer der deutschen Spitzenbetriebe und konnte einen Erfolg nach dem anderen verbuchen. Zu den wichtigsten der letzten Jahre zählen zwei Preise, die Gunter Künstler in den Kategorien »bester trockener Riesling« und »bester süßer Riesling« 1994 auf der »International Wine and Spirit Competition« in London gewonnen hat. Damit ist alles und doch gar nichts gesagt. Es ist zweifellos der Verlauf der Ereignisse, und doch ist es nicht die wirkliche Geschichte von Gunter und Franz Künstler und ihren bemerkenswerten Weinen.

Es begann vor beinahe einem halben Jahrhundert, als die Sudetendeutschen 1945 von den Tschechen aus ihrem Heimatland vertrieben wurden. Unter ihnen befand sich der neunzehnjährige Franz Künstler aus Untertannowitz in Südmähren. Seine Familie war mit dem Weinbau seit 1648 verbunden, als sie ihre ersten Reben im Thaya-Tal gepflanzt hatte. Franz Künstler hatte in den Kriegsjahren bereits einige Erfahrungen im Weinbau gesammelt, als er sich in Abwesenheit seines Vaters um die Weinberge der Familie kümmern mußte. So lag es nahe, daß er Weinbau studierte, in den Jahren 1948/49 an der Weinsberger Weinbauschule. 1951 kam er als Verwalter zum Weingut der Familie Michel nach Hochheim. Als es immer mehr zur Gewißheit wurde, daß eine Rückkehr nach Südmähren nicht möglich sein würde, änderte er seine Pläne. Er ließ sich in Hochheim nieder und gründete 1965 sein eigenes Weingut mit drei Hektar Rebfläche.

In der damaligen Zeit war dies ein höchst ungewöhnlicher Schritt. Die neuerdings technisch mögliche maschinelle Bewirtschaftung von Weinbergen in Verbindung mit den damaligen hohen Weinpreisen überzeugte viele Landwirte, zur Weinproduktion überzugehen. Sie lieferten jedoch entweder ihre Trauben an die Genossenschaft oder verkauften die Jungweine im Faß an große Kellereien; es war der Beginn der Massenproduktion in der deutschen Weinindustrie. Franz Künstlers Absichten gingen in die entgegengesetzte Richtung: Er wollte hochwertigen Wein erzeugen, den er nur in Flaschen zu guten Preisen verkaufen würde. Das bescheidene Haus, das er für seine Familie und das Gut baute, stellt das Gegenteil der Schlösser und Burgen dar, für die der Rheingau berühmt ist, aber er erreichte sein Ziel, ein erfolgreiches Weingut aus dem Nichts aufzubauen. Mit harter Arbeit und kompromißlosem Qualitätsstreben hatte er ersetzt, was Jahrzehnte zuvor verlorengegangen war.

Für seinen Sohn Gunter stellte Weinbau lange Zeit lediglich den Beruf seines Vaters dar. Dies sollte sich sehr plötzlich und grundlegend ändern, als Franz Künstler sich am 22. August 1982 den rechten Arm brach. Daß sich Gunter Künstler so genau an das Datum erinnert, zeigt, welche Bedeutung es für ihn hat. Mit 19 Jahren mußte er die Lese und den Ausbau der Weine bewerkstelligen. Anders als sechs Jahre später geschah dies allerdings streng nach den Anweisungen seines Vaters, und doch hinterließen diese Monate einen tiefen Eindruck. »Mir war auf einmal klar, daß Winzer kein Job sein muß, daß es etwas Schöpferisches sein kann. Man arbeitet nicht nur hart, um ein Produkt herzustellen, sondern beeinflußt seine Form, und es trägt deine Handschrift.«

Wenn Gunter Künstler vom Herbst 1982 erzählt, wird klar, wie die damaligen Ereignisse den Ursprung des heutigen Erfolgs bilden. »Kurz nach der Lese wurden uns überraschend einige sehr gute Parzellen angeboten. Ich sagte meinem Vater, daß ich, wenn er sie kaufen würde, nach dem Studium das Weingut übernehmen würde.« Franz Künstler kaufte die Weinberge, und Gunter Künstler hielt trotz einigen Schwankens sein Versprechen. Unter den neuen Stücken war eine Parzelle in der Hochheimer Hölle, die vielleicht nicht die berühmteste Lage Hochheims ist, aber doch die wahrscheinlich beste Lage des Ortes. Hier wuchsen die trockenen Riesling Auslesen der Jahrgänge 1988, 1990, 1992 und 1993, mit denen Gunter Künstler berühmt wurde.

Der Anstoß zu diesen Weinen wie auch zu der Richtung, in die er das Weingut geführt hat, erhielt Gunter Künstler auf einer zweimonatigen Reise durch die USA, einer Art Geschenk, das er sich selbst gemacht hatte; im Jahr zuvor hatte er die Geisenheimer Schule erfolgreich abgeschlossen. »Ich war länger in New York und Chicago als im Napa Valley, trotzdem war ich wahnsinnig beeindruckt von den Erzeugern dort. Unter 150 Prozent sind sie nicht zufrieden, und ich habe bei mir gedacht: So muß man es machen!« Als er nach Hochheim zurückkam und die goldgelben Trauben in der Lage Hölle sah, dachte er sofort an die kräftigen trockenen Weißweine, die er in Kalifornien getrunken hatte. Was dann einige Wochen später entstand, als das Schicksal es ihm ermöglichte, seine Vision zu verwirklichen, war alles andere als ein Abklatsch eines kalifornischen Chardonnay. Vielmehr handelte es sich um eine zeitgenössische Re-Interpretation der Hochheimer Tradition für kraftvolle, reichhaltige Rieslinge.

Mit diesem Jahrgang und vor allem diesem Wein, entstand der Stil, den Gunter Künstler bis zum heutigen Tage weiterverfolgt. Als ich ihn zum ersten Mal verkostete, wußte ich sofort, daß dies hier etwas vollkommen anderes war als jeder andere Weißwein, der mir bis dahin begegnet war. Im Vergleich zu anderen trockenen Rheingauer Weinen gab es hier eine ganz neue Dimension an Aromen und Geschmack. Trotz der Fortschritte, die viele der begabtesten Kollegen Gunter Künstlers im Rheingau seitdem gemacht haben und der acht Jahre Flaschenreife, bleibt die 1988 Riesling Auslese trocken noch immer einer der besten trockenen Rheingau-Rieslinge (heute wie damals 91 Punkte). Dabei war es nur der erste Versuch, das erste Ausproben in Richtung auf sein Ziel.

Als ich im Januar 1991 mit Gunter Künstler von Bernkastel nach Hochheim fuhr, tauchte die strahlende Nachmittagssonne das gesamte Panorama des Rheingaus, das man an klaren Tagen von der Autobahn aus sehen kann, in warmes Licht. Geschwindigkeit, Sonnenschein und Vorfreude versetzten uns in beste Laune, die sich als berechtigt erweisen sollte: Gunter Künstlers embryoartige Weine aus dem großen Jahrgang 1990 waren atemberaubend. Die Betonwände des wenig bemerkenswerten Kellers verstärkte ihre Brillanz nur, wie Juwelen funkelten sie vor dem kargen Hintergrund. Die nächste außergewöhnliche Verkostung fand im Frühling 1993 statt, als Gunter Künstler den Jahrgang 1992 auf den Tisch stellte. Mit diesen und den ähnlich beeindruckenden Weinen des Jahrgangs 1993 war ein Höhepunkt erreicht. Viele Kleinigkeiten in seinen Methoden sowohl im Weinberg als auch im Keller hatte er seit seinem ersten überraschenden Erfolg fünf Jahre zuvor verbessert. Es schien als ob er dreißigjährig nahe an der Spitze dessen stand, das in Hochheim überhaupt möglich war.

Wo aber ist die Spitze? Wo liegen die Grenzen des Möglichen? Was sind hier 90 Prozent, 100 Prozent und 150 Prozent? Wie erkennt man, wo sie liegen? Was ist Anfang und was ist Ende? Obwohl ich das damals kaum bemerkte, verfolgten diese Fragen Gunter Künstler ständig. Es kam in der Nervosität zum Ausdruck, mit der er seine Weine an denen der Mitbewerber maß; nicht so sehr an denen seiner Rheingauer Kollegen, sondern an den großen trockenen Rieslingen aus der Wachau in Österreich. Einige Jahre lang war dieses Gebiet für ihn wie ein Gespenst, das in ihm spukte. Die immense Anerkennung, die Wachauer Spitzenwinzer wie Franz Hirtzberger und F. X. Pichler genossen, schien für ihn seinen eigenen Erfolg in Frage zu stellen. Bei mehreren Anlässen verteidigte er sich gegen dieses Fragezeichen durch die Ablehnung der Weine dieser Winzer als »fehlerhaft« oder »zu fett und unharmonisch«, obwohl es offensichtlich war, daß diese Ansichten oft wenig Unterstützung unter den Anwesenden am Tisch fanden. Von Manhatten bis Bernkastel gab es peinliche Situationen. Selbstverständlich kann jeder Wein mit jedem anderen verglichen werden. Menschen entwickeln ihren persönlichen Geschmack, indem sie herausfinden, daß sie Käse lieber mögen als Schokolade, Rembrandt Titian vorziehen, Spanien angenehmer finden als Italien oder was auch immer. Solche Vorlieben erlangen erst größere Bedeutung, wenn eine größere Zahl von Menschen, seien es Kritiker oder das sogenannte Publikum, eine Vorliebe teilt. Gunter Künstlers Weine – ebenso wie die von Franz Hirtzberger und F. X. Pichler – werden derart gefeiert und erfreuen sich einer solchen Beliebtheit, daß der Erfolg der einen wahrlich keinerlei Bedrohung für die anderen darstellt. Wenn Gunter Künstler eine Zeitlang das Gegenteil angenommen hat, so geschah es aus einem Gefühl der inneren Unsicherheit seinen eigenen Erfolgen gegenüber und wie seine nächsten Schritte aussehen sollten. Wo ist der Anfang und wo ist das Ende?

Der Kauf des Aschrottschen Weinguts ist seine entschiedene Antwort auf diese drängenden Fragen, die über ihm schwebten, seit es für viele Beobachter aussah, als ob er sein Ziel bereits erreicht hätte. Die Entscheidung ist ein offenes Geständnis, daß doch noch mehr möglich ist, und sie war der entscheidende Schritt, um näher an sein Ziel – die 150 Prozent – heranzukommen, nach denen er voller Ungeduld seit der Lese im Jahr 1988 strebt.

Mit dem Jahrgang 1996 hätte er kaum mehr Glück haben können. Während Winzer in allen Teilen Deutschlands mit extrem schwierigen Wetterbedingungen konfrontiert waren, kamen die Trauben in Hochheim zu sehr guter Reife. Bereits kurz vor Weihnachten 1996 war er voller Begeisterung angesichts der Ergebnisse: »... vielleicht die besten Weine, die ich je gemacht habe.« Auf die Frage, ob die Rieslinge aus der Hölle der Konkurrenz aus den neuen Parzellen in den besten Teilen der berühmten Lagen Domdechaney und Kirchenstück standhielten, lautete seine Antwort kurz und bündig: »Die Hölle weiß, wer der Chef ist!«

Die Weine vom Weingut Franz Künstler und Geheimrat Aschrottsche Gutsverwaltung

Die Weinberge von Hochheim erstrecken sich über einen ausgedehnten, nach Süden ausgerichteten, direkt an den Main grenzenden Hang, auf deren Spitze die alte Stadt liegt. Die Böden hier bestehen aus Lehm und Mergel von unterschiedlicher Tiefe und Schwere, auch Sand kommt gelegentlich vor.

Traditionell stammen die elegantesten Weine hier aus den leichteren Böden der Lage Kirchenstück, während der schwere Boden der Lage Domdechaney berühmt ist für kraftvolle, geradezu barock anmutende Weine. Die Rieslinge aus der Hölle sind letzteren sehr ähnlich, sie zeigen dieselben »rauchigen« oder »erdigen« Töne. Logisch gesehen müßte die Hölle die beste Lage Hochheims sein, da sie am nächsten zum Fluß und so am geschütztesten liegt und am meisten von dessen Wärme profitiert. Der beste Beweis hierfür sind die Hölle-Weine von Gunter Künstler. Selbst wenn die Trauben keinen außergewöhnlich hohen Reifegrad erreichen, weisen die Weine betont zitrusartige und erdige Töne sowie eine rassige Harmonie auf. Wenn die Natur gnädig gesinnt ist und eine günstig verlaufene Vegetationsperiode von einer erfolgreichen Lese gekrönt wird, zeigen die Künstler-Weine aus der Hölle eine satte aprikosenartige Frucht, reichhaltig und voll und doch gleichzeitig vollkommen ausgeglichen. Ihre feste Säure tritt nie zu stark hervor und gibt ihnen zusammen mit dem üppigen Körper ein sehr langes Leben. Trockene Weine sind zwar das Hauptanliegen des Gutes, doch werden auch restsüße Spät- und Auslesen sowie edelsüße Beeren- und Trockenbeerenauslesen erzeugt.

Probiernotizen Weingut Franz Künstler

Riesling – Hochheimer Hölle »Grand Cru«

1992 AUSLESE TROCKEN 94
Das große Meisterwerk kennt weder Pro noch Kontra, und schwebt in der Gelassenheit absoluter Stille. Hut ab vor dem Künstler!

1992 AUSLESE 94
Die Neuauflage der Tradition großer Hochheimer Auslesen. Hier ist im modernen Kleid die Grandeur von vor hundert Jahren wieder zum Leben erweckt worden.

1992 TROCKENBEERENAUSLESE 97
Die die Hochheimer Weine kennzeichnende Großzügigkeit wurde hier in ein Korsett gesteckt, aus dem sie sich ganz allmählich befreit. Ein Wein, der von der langsam sanfter werdenden Spannung lebt.

1993 AUSLESE TROCKEN 93
Hat sich schon und wird sich wieder brillant präsentieren – das Publikum war und wird wieder beeindruckt sein – aber heute hat der große Schauspieler einfach schlechte Laune.

1993 AUSLESE 91
Der Anziehungskraft kristalliner Opulenz kann man sich kaum entziehen.

1994 SPÄTLESE TROCKEN 90
Im Moment hat sich alles in den festen Kern zurückgezogen, aber in Kürze wird es im Triumph zurückkehren.

1994	AUSLESE »GOLDKAPSEL«	92

Üppige exotische und auch Zitrusfrüchte; ihre Saftigkeit und Säure brauchen viel Zeit, um sich zu vermählen.

1994	TROCKENBEERENAUSLESE	97

Bei der ersten Verkostung war dieser ungestüme Geist noch ganz unruhig und hat nur langsam seine Kultiviertheit und seinen Tiefgang gezeigt. Jetzt stehe ich beinahe ängstlich vor dem größten Werk des Künstlers.

1995	SPÄTLESE TROCKEN	91

Dieser Künstler ist ein Bildhauer, und er meißelt ganz energisch kräftige Formen aus dem harten Stein; auch »halbfertig« sind sie beeindruckend wie die späten Werke Michelangelos.

1995	SPÄTLESE	86

Voller Saftigkeit, aber ein wenig aufdringlich und simpel; etwa wie die junge Brooke Shields.

1996	KABINETT TROCKEN	88

Wie eine Miniatur-Ausführung der fabelhaften 1992er Auslese trocken; beeindruckende Ausgewogenheit für einen trockenen Kabinett.

1996	SPÄTLESE TROCKEN	92

Eine bezaubernde eigenständige Persönlichkeit, die vollkommen sie selbst ist ohne Rücksicht auf andere, und einen unglaublich nachhaltigen Eindruck hinterläßt. Ganz am Anfang!

1996	BEERENAUSLESE	96

Unglaublich straff, aber fast übernatürlich lebendig; auch im Schlaf ist der Riese fast erschütternd. Warte mal, bis er im zweiten Jahrzehnt des nächsten Jahrhunderts aufwacht!

Probiernotizen Geheimrat Aschrottsche Gutsverwaltung

Riesling – Weine aus diversen Hochheimer »Grand-Cru«-Lagen

1996	HOCHHEIMER KIRCHENSTÜCK SPÄTLESE TROCKEN	91

Die Einzigartigkeit der Rose oder die vergessene Urtümlichkeit einer großen Weinbergslage.

11996	HOCHHEIMER DOMDECHANEY SPÄTLESE	93

Ganz außergewöhnliche Gewürze vom neuen Kontinent. Riecht wie ein ganz trockener Wein und schmeckt kaum süßer.

1996 Hochheimer Kirchenstück Eiswein 95
Eine ganz höfliche Überwältigung, die gänzlich überraschend kommt, aber wer denkt bei solch einem Wein an Abwehr?

Die große Familie
Johannes Leitz

Weingut Josef Leitz
Theodor-Heuss-Straße 5
65385 Rüdesheim
Tel. 06722/2293
Fax 06722/47658

Der Wagen holperte über den Pfad durch den Rüdesheimer Berg Schloßberg hoch über dem mächtigen Strom des Rheins, der aus dieser Perspektive fast unwirklich klein wie durch ein umgekehrtes Fernglas aussah. Wir hielten an und stiegen aus, um einige schmale Terrassen anzuschauen, die mit Gebüsch und wilden Reben vollkommen überwuchert waren. »Dies sind die Original-Terrassen des Rüdesheimer Berg, einige der wenigen, die nach der Flurbereinigung noch übriggeblieben sind«, sagte Johannes Leitz, »und eines Tages werde ich sie wieder anlegen.« Ich schluckte bei dem Gedanken an die erforderliche Arbeit, um dieses kleine Stück freizuräumen und neu zu bepflanzen, aber ihm schien das nicht das Geringste auszumachen. Er hat zeitweise das Weingut der Familie ganz allein geführt, die Weinberge bearbeitet, die Weine ausgebaut und verkauft, alles nahezu ohne fremde Hilfe. Dagegen stellte das bißchen Gebüsch für ihn offensichtlich kaum eine Herausforderung dar.

Johannes Leitz' stille Entschlossenheit und sein Vertrauen, daß die harte Arbeit, die er in seine Weine investiert, zum richtigen Ergebnis führen muß, wenn er nur genügend Geduld hat, stehen in starkem Kontrast zu der Mehrheit der Winzer im Rheingau. Entweder sind sie vor lauter Bluff und Angeberei ganz aufgeblasen, obwohl ihre Weine einfach bis schwach sind, oder sie versinken im tiefen Jammertal ob der Tatsache, daß sich Rheingauer Weine nicht mehr automatisch zu höheren Preisen als die anderer Gebiete verkaufen lassen. Geduld, Realismus und Gedankenreichtum scheinen in diesem Stück des Rheinlands beinahe untergegangen zu sein.

Wenn Rheingau-Weine heute wirklich gut sind, was leider recht selten zutrifft, dann sind sie meistens »theatralisch«, so etwa wie ein gelungenes Bühnenbild. Nichts jedoch, was auf der Bühne geschieht, vermittelt einem den Eindruck, daß der Horizont weiter sein könnte als ein paar Pinselstriche auf einem Stückchen einfachen Stoff einige Meter hinter dem Bühnenrand: Die Weine mögen Körper, Frucht und Säure haben, aber wenige besitzen wirkliche »Tiefe«. Johannes Leitz' Weine sind das Gegenteil, sie sind so tiefgründig, daß ich, wenn ich die besten trinke, den Boden mit meinen Füßen nicht berühren kann: Ich schwimme in Aromen. Jedesmal, wenn ich glaube, sie zu kennen und alle ihre Aromen nennen zu können, entdecke ich plötzlich noch etwas anderes, das nach einer Beschreibung verlangt. Auf ihre Weise sind sie unergründlich.

Rein technisch darzustellen, wie Johannes Leitz seine Weine »macht«, wäre ungefähr das gleiche, als ob man das Phänomen des Autos in unserer heutigen Welt durch das Funktionsprinzip des Motors zu erklären versuchte. Man mag einwenden, daß es zumindest den Rheingauer Winzern, die oberflächliche Weine produzieren, Wege zur Verbesserung aufzeigen könnte. Sie müssen jedoch zuerst die Schwächen ihrer eigenen Weine erkennen, bevor sie etwas verbessern können. Leider sind sie meistens nur allzu oft willige Opfer ihrer eigenen Blindheit.

Johannes Leitz hätte nie die bemerkenswerten Weine der letzten Jahre erzeugen können, wenn er die Josef-Leitz-Weine aus früheren Jahren nicht einer sehr kritischen Prüfung unterzogen hätte. Dieser Prozeß war bereits voll im Gange, als ich seine Weine zum ersten Mal im Frühling 1991 verkostete. Es war eine Blindprobe, die eine kleine Gruppe Rüdesheimer Weingüter für mich veranstaltet hatte. Die Leitz-Weine des Jahrgangs 1990 waren bei weitem die besten Weine der Verkostung und besser als alles überhaupt in diesem Jahrgang aus Rüdesheim. »Beste« und »besser« sind indessen unzulängliche Worte, um zu beschreiben, wie diese Weine auf mich gewirkt haben. Sie vermittelten mir den Eindruck, auf etwas Neues und vollkommen Unverwechselbares gestoßen zu sein.

Es war schwierig, das mit diesem Typen in Verbindung zu bringen, der sich während der Probe mir gegenüber am Tisch lümmelte, mit wilden Locken, die in alle Richtungen hingen und Augen, die hin und wieder ängstliche Blicke auf mich richteten. Er war nicht wirklich unhöflich, aber er redete, ohne sich im geringsten um die Gefühle der anderen anwesenden Winzer zu kümmern. Genauso verwirrend fand ich es, daß er zwar offensichtlich wußte, daß seine Weine gut waren, aber eigentlich nicht wußte, wie hervorragend sie wirklich waren. Er wirkte wie ein großer Schriftsteller, dessen Vorstellung von großer Literatur aus den Seiten des »Reader's Digest« stammt.

Dieser Eindruck erwies sich als zutreffend. Als ich mich später mit ihm länger unterhielt, war ich erstaunt, wie wenig Ahnung er davon hatte, was in der deutschen Weinszene los war. Er hatte nie die Weine der Rheingauer Güter verkostet, die ich als Orientierungspunkte des Gebietes betrachtete, geschweige denn die besten Weine anderer Gebiete. Sein Können kam jedoch auch nicht von ungefähr. Seine Mutter Doris hatte nach dem Tod ihres ersten Mannes 1965 einige hervorragende Weine gemacht und dabei gleichzeitig als weitere wirtschaftliche Standbeine das »Blumenhaus Löscher« und die »Straußwirtschaft Hufschmied« in der Schmiedtstraße geführt, die beide weiterhin sehr erfolgreich sind. Nach dem Besuch der Weinbauschule in Eltville, die ihm nach eigenem Empfinden nur wenig mitgegeben hat, arbeitete Johannes Leitz auf dem Weingut Johannishof in Johannisberg, einem führenden Gut in Familienbesitz, wo er sehr viel mehr lernte. Er hat offensichtlich ein Gespür dafür, was einen guten Wein auszeichnet, und gelernt, welche Probleme und Fehler zu vermeiden sind, um solche Weine zu machen.

Nicht nur die Geschwindigkeit, mit der Johannes Leitz in der Zeit, seit ich ihn kenne, seinen Horizont erweitert hat, ist erstaunlich, sondern auch, wie wenig neue Impulse er brauchte, um die entscheidenden Schritte zu tun, die seine Weine zur heutigen Form gebracht haben. Wenn man Weinbücher oder die Betriebsprospekte ehrgeiziger junger Winzer liest, könnte man leicht meinen, daß niemand in der Lage ist, anständige Weine zu erzeugen, bevor er oder sie nicht Kalifornien, Australien oder Gott weiß welche andere weit entfernte Weinanbauländer ausführlich bereist hat. Genauso könnte man zu der irrigen Annahme kommen, daß eigentlich jeder Winzer, der nicht zumindest einige Monate in Frankreich oder Italien gearbeitet hat, einfach nicht kompetent sein kann. Für Johannes Leitz, der Anbaugebiete anderer Länder nur auf Stippvisiten gesehen hat, waren ein paar Begegnungen mit anderen deutschen Winzern ausreichend, um seine Sinne und Gedanken zu schärfen. Irgendwoher besitzt er einen »Instinkt« für Wein, der ihn die wesentlichen Faktoren für die Qualität eines Weines sofort erkennen läßt und nach dem er entscheidet, welche Auswirkungen dies auf seine eigenen Weine haben muß. Aber wo in unserer hochentwickelten Zivilisation kann man, ohne ein billiges Klischee zu benutzen, von »Instinkt« sprechen?

Im Herbst 1992 war der Stil der Leitz-Weine bereits vollständig ausgereift. Seitdem ist es eher der besondere Charakter jedes einzelnen Jahrgangs, der seine Weine kennzeichnet und nicht so sehr die minimalen Veränderungen in der Weinbergspflege oder dem Ausbau in dem engen Keller des Gutes am äußeren Rand von Rüdesheim. Nur kleine Verfeinerungen sind vorgenommen worden, immer das Ergebnis von Experimenten und endlosem Nachdenken über die kleinsten Details in seinen Methoden.

Heute liegen die Probleme für Johannes Leitz anderweitig. Sie rühren hauptsächlich von der bescheidenen Größe seines Besitzes in den Rüdesheimer Spitzenlagen her, dem Berg Rottland und dem Berg Schloßberg. Zur Zeit nennt er davon jeweils einen halben Hektar sein eigen, womit die meisten Winzer dort recht zufrieden wären. Trotz des sehr kargen steinigen Bodens aus Taunusschiefer in diesen Lagen würden die meisten qualitätsorientierten Winzer aus beiden Parzellen jeweils eine Ernte in der Größenordnung eines 2400 Liter »Doppelstück«-Fasses erwarten. Johannes Leitz jedoch, mit seiner extremen Qualitätsphilosophie, erntet regelmäßig nur einen kleinen Bruchteil dieser Menge. Die extrem niedrigen Erträge bedeuten, daß er auch nur einen Teil der Nachfrage befriedigen kann und daß die Weine trotz Preisen zwischen 20,- und über 30,- DM kaum rentabel sind.

Da für ihn nicht das kleinste Zugeständnis bei seinen Bewirtschaftungsmethoden in Frage kommt, besteht die einzige Alternative im Kauf von weiteren Weinbergen. In diesen Lagen sind Rebparzellen jedoch sehr schwierig zu bekommen – ganz abgesehen vom Preis! Vor kurzem hat Johannes Leitz in dieser Hinsicht einfach Pech gehabt. Die ausgedehnten Besitztümer des Weingutes Schloß Groenesteyn in Rüdesheim kamen zum Verkauf, und er konnte nicht ein einziges der Stücke bekommen, die für ihn interessant gewesen wären. Die hervorragende, aber mengenmäßig winzige Ernte des Jahres 1996 hat den Keller nur zur Hälfte gefüllt. Eine Zeitlang war seine Enttäuschung über die vertane Chance bei den Groenesteyn-Weinbergen erdrückend.

Auf Situationen wie diese kann Johannes Leitz in »kindischer« Art reagieren. Es ist etwas Trotziges in ihm, daß den trockenen Ernst, die kleinliche Arroganz und die vernichtende Eitelkeit der Menschen einfach nicht akzeptieren will; ein hartnäckiger Widerstand gegen die absurde Welt der »Erwachsenen«. Er hat keine Angst, diese Dinge bei ihrem wirklichen Namen bzw. »den Kaiser nackt« zu nennen und deshalb von seinen Kollegen ausgelacht oder gemieden zu werden. Ihr Spott würde ihn verletzten, wenn seine Liebe zu den Rebstöcken, den Fässern mit Wein in seinem Keller und seiner Familie nicht über allem anderen stünde. Weil er seinen Reben und Weinen soviel Hingabe widmet, betrachtet er sie fast als Teil seiner Familie.

Seit 1994 wohnen Johannes Leitz und seine Frau Gabi in einer kleinen Wohnung über dem Gutskeller. Durch Häuserdächer hindurch kann man von dort die Weinberge sehen. Nach unserer Fahrt durch den Berg Schloßberg kamen wir ins »Familienheim« zurück, um die Weine zu verkosten. Dies ist keine große Veranstaltung, der normale Eßtisch bietet mehr als ausreichend Platz für die kurze Reihe von Weinen, die die gesamte Produktion des Gutes in einem Jahrgang darstellen. Die geringe

Zahl dieser Weine der Familie wird jedoch durch die beeindruckenden Persönlichkeiten der einzelnen Mitglieder wettgemacht. Johannes Leitz wird auf eine neue Gelegenheit warten, um mehr Stöcke unter seine Fittiche zu nehmen und so die Familie zu vergrößern. Wenn die Zeit kommt, wird er keine Mühe scheuen. Und die schmalen Terrassen im Berg Schloßberg werden auch neu angelegt werden, wieviel Mühe es auch immer kosten mag.

Probiernotizen Weingut Josef Leitz

Riesling – Rüdesheimer Berg Rottland »Grand Cru«

1993 SPÄTLESE TROCKEN 91
Wenn es einen großen Planer für den Rüdesheimer Berg gegeben hätte, würde er bei diesem Wein bestimmt sagen: »Ja, ganz genauso soll es sein«, und auch in diesem Sinne ist der Wein klassisch.

1993 SPÄTLESE 90
Wenn es ein anderer Architekt gewesen wäre, würde er vielleicht bei diesem ganz anders gearteten Wein das gleiche sagen und auch recht haben; gleichermaßen jedoch ein keinesfalls »süßer Wein«.

1994 SPÄTLESE TROCKEN 86
»Nur« ein klassischer Rheingau-Riesling – herb, rassig, mit festem Kern – aber kein großer Berg Rottland.

1995 SPÄTLESE HALBTROCKEN 88
Die Früchte und Blätter der Brombeere, aber auch eine Feinheit, die nicht immer bei dieser Frucht anzutreffen ist.

1995 SPÄTLESE 87
Hier ist das Schönste seine filigrane Textur, die feinen Abwechslungen und delikaten Noten.

1996 »ERSTES GEWÄCHS« TROCKEN 93
Schmeckt so, wie man denkt, daß die ganz großen Auslesen aus der Zeit um die letzte Jahrhundertwende sich als junge Weine präsentiert haben müssen. Ein gewaltiger, fast trockener Wein, der ganz nebenbei Geschichte schreiben wird.

1996 AUSLESE 94
Muskulös und hochelegant zugleich, die Süße vollständig eingewoben wie der Metallstreifen in einem Tausendmarkschein.

1996 BEERENAUSLESE 96
Bei aller Kraft – und es ist eine ungeheuere Kraft – beruht seine Größe letztendlich auf eiserner innerer Entschlossenheit; ungeheure Lagerfähigkeit.

Riesling – Rüdesheimer Berg Schloßberg »Grand Cru«

1992 SPÄTLESE HALBTROCKEN 92
Aristokratisch wie die großen Rheingauer Weine (laut meinem Landsmann Hugh Johnson) sein müssen, aber leider so selten sind. Gleichzeitig ein Prototyp an »Finesse«.

1993 SPÄTLESE HALBTROCKEN 90
Die ausgeprägte Vanillenote ist ganz überraschend (und kommt aus dem Holzfaß statt vom Berg), aber der Wein besitzt auch eine ganz eigentümliche Stärke.

1994 AUSLESE 91
Was für ungewöhnlichen Schätzen begegnet man hier? Anstatt der Süße steht die Würzigkeit ganz im Vordergrund. Noch etwas durcheinander, verspricht aber eine große Zukunft.

1995 SPÄTLESE TROCKEN 84
Könnte durchaus mit einem guten Sancerre verwechselt werden, aber für einen Riesling aus einer solchen Spitzenlage ist das nicht unbedingt ein großes Kompliment.

1996 QUALITÄTSWEIN TROCKEN 93?
Sprengt gänzlich den Rahmen des Rheingauer Weines. Eine Spannung, wie es sie im Kern des Atoms geben muß, und eine Ausstrahlung wie bei der Zündung einer Atombombe. Bewerten? Ich schieße ins Dunkle.

Lifetime Achievement Award
Norbert Holderrieth

Gutsverwaltung Geheimrat J. Wegeler Erben
Friedensplatz 9–11
65375 Oestrich
Tel. 06723/7031
Fax 06723/1453

Ein paar Fetzen dunkelgrauer Wolken huschten über den blaugelben Himmel, gejagt vom Wind, der auch das dunkle Wasser des Rheins aufwühlte, als die Sonne hinter der nachtvioletten Silhouette des Hunsrücks versank. Wir waren in Assmannshausen an Bord eines Dampfers gegangen, der gerade langsam den Rüdesheimer Berg umfuhr, und die Blätter der Reben, die seine grauen Terrassen bedecken, leuchteten in purem Gold. Ein vollkommener Herbsttag, wie ihn Rilke in seinem Gedicht beschrieben hat, neigte sich einem Ende zu, das vielleicht nur William Turner noch eindrucksvoller hätte gestalten können. Rheinromantik? Ja, Rheinromantik.

Als wir in Oestrich anlegten, begrüßte uns Norbert Holderrieth, der Direktor der drei Wegeler-Weingüter in Bernkastel an der Mosel, Deidesheim in der Pfalz und hier in Oestrich selbst, mit der Mitteilung, daß dieser Tag die Trauben für Weine gebracht habe, die sicher so aufregend würden wie die Szene, die uns gerade zu Begeisterungsstürmen hingerissen hatte, Weine der Art, wie sie in Rilkes Gedicht vorkommen: »Heute haben wir große Weine gelesen.« Es war der 22. Oktober 1990, einer der besten Tage der Weinlese eines wirklich großen Jahrgangs. Es war auch vielleicht der größte Tag in Norbert Holderrieths Karriere.

Norbert Holderrieth ging Anfang der sechziger Jahre aus dem heimatlichen Württemberg in den Rheingau, um für das Wegeler-Unternehmen in Oestrich zu arbeiten. Die Jahre seitdem waren nicht die einfachsten für dieses Gebiet. Mehrere bedeutende Rheingauer Güter, vor allem Schloß Eltz in Eltville und Schloß Groenesteyn in Rüdesheim, haben ihre Tore für immer geschlossen und viele andere haben den Besitzer gewechselt. Während dieser langen Zeit hat kein anderer Betrieb so gleichmäßig und zuverlässig gute und exzellente Rheingauer Weine erzeugt wie der, dem Norbert Holderrieth vorsteht. Das menschliche Gedächtnis vergißt so etwas jedoch schnell, und nur wenige erinnern sich heute noch gut genug daran oder denken systematisch genug, um diese Leistung richtig zu schätzen. Dennoch hat Norbert Holderrieth der deutschen Weinszene sein Zeichen aufgeprägt, und unzähligen Weintrinkern, die nicht einmal seinen Namen kennen, ist doch der Name seiner wichtigsten Schöpfung geläufig: »Geheimrat J«.

»Geheimrat J« entstand kurz nach der Lese 1983. Der Markt für deutschen Wein begann nach guten trockenen Weinen zu verlangen, doch bis zu diesem Jahrgang war die Zahl wirklich gelungener trockener Weine ziemlich gering. Die meisten wirkten zu einseitig und ließen die ansprechende Harmonie vermissen, die sie zu geeigneten Begleitern der guten Küche gemacht hätte. Es war ein schwieriger Moment für den deutschen Wein im eigenen Land; die Verbreitung der *Nouvelle Cuisine* und der Neuen Deutschen Küche in den späten siebziger Jahren hatte sie in der Gastronomie an den Rand der Bedeutungslosigkeit gedrängt. Küchenchefs und Restaurantbesitzer verlangten aufgrund der neuen Kochstile nach trockenen Weinen zur Begleitung. Aber wie war den deutschen Weinen auf den Weinkarten der Restaurants und Hotels im ganzen Land zu einer neuen und besseren Stellung zu verhelfen?

Norbert Holderrieth war nicht der einzige, der darauf eine überzeugende Antwort fand, aber seine war die bemerkenswerteste, und sie hatte den stärksten Einfluß auf die Entwicklung der deutschen Weinbranche in den folgenden Jahren. Er beschloß, Rieslinge aus verschiedenen Weinbergslagen zusammenzustellen, so daß Körper und Kraft des einen von der Finesse und Frische des anderen profitierte, ein Wein brachte das Bouquet mit und ein anderer den langen Nachhall. Das Endergebnis trug keinen Lagennamen – ein revolutionärer Schritt für einen hochwertigen deutschen Wein –, und Norbert Holderrieth betonte von Anfang an, daß dies stets der beste trockene Riesling des Betriebes wäre. Die schlanke dunkle »Flöte« für diese *Cuvée*, eine Flasche, die Rheingau-Flaschen von einem Jahrhundert zuvor nachempfunden war, hatte eine solche Höhe, daß einige Weinhändler davon überzeugt waren, sie werde sich als vollkommen unpraktisch erweisen. Doch genau das Gegenteil trat ein. Der Wein war in der Gastronomie ein unmittelbarer Hit und der erste Jahrgang innerhalb weniger Monate ausverkauft. Seitdem ist die Nachfrage nur gestiegen, so daß »Geheimrat J« inzwischen den erfolgreichsten deutschen Luxusmarkenwein darstellt.

Der Grund, dem wir die Einladung an diesem Herbsttag verdankten, war die Einführung des »Geheimrat J«-Sektes, der damals die Fanfare, mit der er serviert wurde, nicht ganz verdiente. Der erste Jahrgang, 1987, war nur zum Teil unter Norbert Holderrieths Fittichen entstanden und nicht annähernd so gut wie der hervorragende 1991er und die ihm folgenden, die nach seinen Anweisungen nach der Champagnermethode versektet wurden. Das »Geheimrat J«-Menü, das an diesem Abend serviert wurde – offiziell zu Ehren des neuen Produkts –, hätte jedoch Norbert Holderrieths Leistungen nicht besser zur Geltung bringen können.

Sechs der führenden Küchenchefs aus dieser Gegend hatten jeder einen Gang zu jeweils einem Jahrgang des »Geheimrat J«-Weins kreiert. Auf diese Weise waren an jenem Abend Weine und Küche vereint, die für die Wiederbelebung der deutschen Gastronomie mitverantwortlich waren und der Weinbranche einen derart wichtigen neuen Impuls gegeben hatten. Sehr verspätet, aber deshalb nicht weniger von Herzen, ziehe ich daher meinen Hut vor Norbert Holderrieth.

Mehrere Jahre später, als ich Norbert Holderrieth bei einer gemeinsamen Präsentation der drei Wegeler-Betriebe mit einer kleinen Gruppe französischer und deutscher Spitzenerzeuger traf, sprach er mit großer Leidenschaft von der Weinbergslagen-Klassifizierung im Rheingau, »Erstes Gewächs«, für deren Einführung er einer der engagiertesten Vorkämpfer ist. »Wir brauchen es dringend«, sagte er, »um endlich von den schlimmen Folgen des Weingesetzes wegzukommen.« Die Schaffung von »Geheimrat J« war unter anderem auch ein Versuch, die durch das Weingesetz von 1971 entstandenen Probleme zu umgehen. Der Erfolg bewies, daß die Wiederbelebung der deutschen Weinkultur durch Qualität und eine neue Identität möglich ist. Dies ist ihm jedoch nicht genug. Es müsse etwas getan werden für das Gebiet, in dem er so lange gearbeitet hat. Eine neue Bezeichnung müsse geschaffen werden für die besten Weine, damit sie genauso Vorreiter sein könnten, wie der »Geheimrat J« es für Wegeler gewesen war. Vielleicht wird die Bezeichnung »Erstes Gewächs« nie ins Gesetz aufgenommen werden, aber Norbert Holderrieth läßt in seinem Feldzug für die Einführung dieser neuen Kategorie nicht locker.

Die Rieslinge von Geheimrat »J.« Wegeler Erben

Seit 1983 stellt »Geheimrat J« die Spitze der trockenen Weine des Gutes dar und gehört zu den wenigen trockenen deutschen Rieslingen, die ein Alter von zehn Jahren in guter Form erreichen. Die »Erstes Gewächs«-Weine besitzen ähnlich viel Charakter, aber vielleicht etwas weniger Eleganz und altern etwas schneller. Bei nahezu 50 Hektar Weinbergen ist es nicht überraschend, daß einige der einfacheren trockenen Weine etwas rustikal und leicht wirken. Im Bereich der edelsüßen Weine hält das Gut einen hohen Standard mit reichhaltigen, saftigen Weinen, die nur selten zu süß sind. Unter Norbert Holderrieth gehört das Weingut Wegeler zu den aktivsten und zuverlässigsten Eiswein-Erzeugern im Rheingau.

Probiernotizen Gutsverwaltung J. Wegeler Erben

Riesling – »Geheimrat J«

1992 SPÄTLESE TROCKEN 90
Seit seiner ruhmreichen Jugend – damals hat er reihenweise hochgepriesene Zeitgenossen geschlagen – hat er ein wenig an Ausstrahlung eingebüßt, dafür aber an Gediegenheit gewonnen.

1993 SPÄTLESE TROCKEN 88
Er hat alles, was ein Geheimrat (auch ein »J.«) braucht – außer das »je ne sais quoi«, außer etwas Überraschendem, etwas ganz Eigenem.

1994 SPÄTLESE TROCKEN 85
Für einen schwierigen Jahrgang hat er schon einiges anzubieten, vor allem ansprechende Frische und Harmonie.

1995 SPÄTLESE TROCKEN 83
Die Erwartungen sind hoch, und dann ist die Enttäuschung groß, wenn der Schauspieler einfach etwas einfallslos ist.

Riesling – Geisenheimer Rothenberg »Grand Cru«

1992 EISWEIN 90
Ein Paradox, daß Kälte zu einer solchen Cremigkeit und Reichhaltigkeit führen kann, aber die Säure läßt das Eis hintergründig spüren.

1992 TROCKENBEERENAUSLESE 93
Ab ihrem zehnten Geburtstag machen mächtige Weine dieser Art erst richtig Spaß. Opulent und tiefgründig ist das einzige, was ihm fehlt, diese Zeitspanne.

1993 AUSLESE 86
Ein delikater Honigton wie im Duft dieses Weines ist etwas Feines; hätte etwas mehr Fülle vertragen können.

1995 SPÄTLESE 85
Gegen die frische Saftigkeit des Pfirsichs ist gar nichts einzuwenden.

1995 AUSLESE 90
Genau die Art deutscher Wein, der die Experten rund um den Erdball begeistert, im eigenen Land aber meist verschmäht wird; eine hochdelikate Größe, die nur auf deutschen Böden wachsen kann.

Hoch über dem Rhein
Wilhelm Weil

Weingut Robert Weil
Mühlberg 5
65399 Kiedrich
Tel. 06132/2308
Fax 06132/1546

Hoch über dem Rhein, am südlichen Rand des Taunuswaldes, liegt das malerische kleine Städtchen Kiedrich mit seinen Weinbergen, über denen die Ruine der Burg Scharfenstein wacht. So steht es auch im Reiseführer. Keine Angst: Ich will hier nicht die historischen Details herunterbeten, es geht mir um eine ganz andere Geschichte. Lange Zeit war der Ort am bekanntesten wegen seiner gotischen Kirche und deren Orgel und Chor – heute jedoch ist das Weingut Robert Weil das berühmteste Wahrzeichen von Kiedrich. Das Weilsche Gutshaus, in der zweiten Hälfte des letzten Jahrhunderts erbaut, ist von großer architektonischer Bedeutung; dazu liegt es in einem wunderschönen Garten, der den Eindruck des klassischen englischen Landhauses noch verstärkt – fast meint man Miß Marple vor sich zu sehen, die – hinter einer der hohen Hecken verborgen – die Geschehnisse im Rosengarten verfolgt. Aber hier spielt sich kein Krimi ab – alles ist nur Kulisse für den wahren Grund der Berühmtheit des Gutes: die Weine nämlich, die Wilhelm Weil hier seit 1988 erzeugt. Durch sie ist das Weingut Robert Weil in weniger als zehn Jahren zu einem der bekanntesten und angesehensten Weinerzeuger Deutschlands geworden ...

Als ich Wilhelm Weil das Foto von seinem Vater Robert gab, das ich in einem alten »Merian«-Heft während der Recherche über die neuere Geschichte des Rheingaus entdeckt hatte, war er überraschend gerührt. Er stammelte einige Dankesworte, dann verstummte er.

Als ich Robert Weil im Frühjahr 1986 kennengelernt hatte, machte er auf mich den Eindruck eines Menschen, der seine Sorgen nicht leicht beiseite schieben kann. Gleichzeitig gehörte er aber auch zu den wenigen herzlichen und aufrichtigen Menschen, die ich im Rheingau kennengelernt habe – ein Mann, wie ich ihn mir als Kind zum Onkel gewünscht hätte. Während eines langen Vormittags erzählte er mir von der Geschichte des Weingutes und von seiner Familie, während wir zusammen eine ganze Reihe von Weinen verkosteten. Er bestand darauf, daß ich zum Mittagessen bliebe, bei dem ich scherzeshalber aufgefordert wurde, den in der Weincreme verarbeiteten Wein zu erraten. Auf dem »Merian«-Foto war mein Eindruck von den beiden Seiten des Menschen Robert Weil genau eingefangen. Jetzt saß ich mit seinem Sohn in demselben Raum, in dem die Aufnahme entstanden war, und dachte darüber nach, wie die Veränderungen hier – die Gobelins waren verschwunden, alles wirkte heller – den Wandel des ganzen Gutes und der Weine widerspiegelten, der zwischen meinem ersten Besuch und dem Herbst 1996 stattgefunden hat, als Wilhelm Weil vom »Gault Millau« zum deutschen Winzer des Jahres ernannt wurde.

Für Wilhelm Weil überstürzten sich die Ereignisse in dieser Zeit. 1987 beeilte er sich, sein Studium in Geisenheim so schnell wie möglich abzuschließen, um wegen der ernsthaften Erkrankung seines Vaters nach Hause zurückkehren zu können. Die 1987er Lese war seine erste und fand noch zwischen Vorlesungen statt. Zudem ein schwieriges Jahr, in dem große Weine gar nicht möglich waren. Am Tag seiner Abschlußprüfung erfuhr sein Vater, daß keine Aussicht auf Genesung bestünde. Für Wilhelm Weil muß das wie eine große schwarze Schicksalswolke gewesen sein, die sich vom Taunus über Kiedrich legte. Doch Robert Weil tat alles Erdenkliche, um die Zukunft seiner vier Kinder zu sichern. Das bedeutete den Verkauf des Weingutes, oder eigentlich die Suche nach einem langfristigen Partner für die Zukunft. Im September 1988, neun Monate vor seinem Tod, unterschrieb Robert Weil einen Vertrag mit dem japanischen Getränkegiganten Suntory, der die Japaner zu den Haupt-, inzwischen einzigen Eigentümern und Wilhelm Weil zum Direktor des Gutes machte. Bei seiner Ernennung war er gerade 25 Jahre alt, was manche Personen in der Rheingauer Weinbranche Anlaß gab, an seinen Fähigkeiten zu zweifeln.

Mit den Auslesen, Beeren- und Trockenbeerenauslese-Weinen der Jahrgänge 1989 und 1990 bewies Wilhelm Weil jedoch rasch, was für ein Unsinn dieses Gerede war. Der Weinbergsbesitz des Gutes war durch Suntory-Käufe bereits von 18 auf 35 Hektar fast verdoppelt worden, und im Jahr 1991 führte der Bau neuer Kelleranlagen dazu, daß die Ernte in einem Zelt, inmitten einer Baustelle verarbeitet werden mußte. Es ist vielleicht nicht überraschend, daß die »normalen« Weine des Gutes – trockene QbA und Kabinett – damals solid, aber nicht aufregend waren. Deshalb erweckten die Entwicklungen bei Weil lediglich das Interesse einer begrenzten Zahl von Insidern.

Erst im Rückblick wird deutlich, daß in diesen Jahren der Investitionen die unentbehrlichen Grundlagen für den späteren Erfolg gelegt wurden. Für Wilhelm Weil gab es nie einen Zweifel, daß der Beweggrund für all diesen Aufwand darin bestand, das Gut wieder zurück an die Spitze des Gebietes zu bringen. Es gibt deutliche Parallelen zwischen dieser Aufbauphase und der Zeit Anfang des Jahrhunderts, als die Weils im Jahre 1900 vom Chefkoch des Berliner Hotels »Adlon«, Nilkens, 1910 vom Grafen von Fürstenberg und 1926 vom Weingut Buschmann Weinberge ankauften. Damals wie heute brauchten sie aus ein- und demselben Grund mehr Weinberge: für die Erzeugung edelsüßer Rieslinge. Von dem Moment an, als Kaiser Wilhelm II., das Wiener Hofwirtschaftsamt und der britische Hof Gefallen an einer Weilschen Auslese aus dem Jahr 1893 gefunden hatten, konnte das Weingut der Nachfrage für solche Weine kaum noch nachkommen. Bei meinem ersten Besuch bekam ich eine Sammlung von Menükarten der Tafeln am Berliner Hof gezeigt, bei denen die Weil-Weine serviert wurden. Es war für mich ein erster Blick in ein mir bisher unbekanntes Kapitel der deutschen Geschichte.

Diese Familientradition ist aber in Wilhelm Weil tief verwurzelt, und heute mißt er jeden Erfolg an dieser glorreichen Vergangenheit. Deshalb steigt ihm auch ein Titel wie der »Winzer des Jahres«, so sehr er sich auch geehrt fühlt, nicht zu Kopf. Wenn ich an die alten Weil-Weine denke, die ich verkostet habe, zum Beispiel an die zeitlose, majestätische 1921 Riesling Auslese, dann erscheint mir Wilhelm Weils Besessenheit für diese Weine keineswegs sentimental oder nostalgisch. Wäre ich ein Winzer, könnte ich mir keine besseren Orientierungspunkte vorstellen, als Weine wie diese im Keller zu haben, von meiner eigenen Familie erzeugt. Die Weine des Jahrgangs 1992 waren Wilhelm Weils erste Kollektion, die an diese Tradition herankam – vorher waren es nur einige wenige Weine gewesen. Sie verursachten in der Weinszene großes Aufsehen und gaben in diesem engen Kreis Anlaß zu vielen heißen Diskussionen: Waren sie wirklich so gut, wie einige Weinkritiker behaupteten, oder hatte die Presse sie vollkommen überbewertet? Wenn einige Journalisten es mit ihrem Lob übertrieben haben – und ich schließe mich selber dabei nicht vollkommen aus –, dann geschah dies, weil sie sich auch danach sehnten, neue Rheingau-Weine zu probieren, die dem Vergleich mit den großen Weinen der Vergangenheit würden standhalten können. »Wo ist der Stoff, aus dem unsere Träume sind?« haben wir uns selbst gefragt.

Für das Suntory-Unternehmen stellte die Übernahme des Gutes keinen so revolutionären Schritt dar, wie es auf den ersten Blick scheinen mag. Es besaß bereits einige Weingüter in anderen Ländern, darunter Château Lagrange im St. Julien in Bordeaux, und das 1936 gegründete Suntory-Weingut in Yamanashi wurde ursprünglich von einem Rheingauer Kellermeister namens Hamm geführt. Die großen alten Weine in den Kellern waren der unbestreitbare Beweis für das Potential des Betriebes, und zusammen mit dem hervorragenden Weinbergsbesitz und Wilhelm Weils Ehrgeiz war das von vornherein eine Kombination, die den Aufstieg in die Spitze des deutschen Weines als durchaus vorstellbare Entwicklung erscheinen ließ. Die Millionen, die sie daraufhin in den Betrieb pumpten, waren eine einmalige Kapitalspritze, um die bestmöglichen Voraussetzungen für das Erreichen dieses Zieles zu schaffen und so auf lange Sicht eine bedeutende Wertsteigerung des Besitzes zu erreichen.

Aber zurück zu Wilhelm Weil ... Fast jeder, der nach Kiedrich fuhr und die Weine verkostete, bemerkte, wie nervös Wilhelm Weil in den folgenden Jahren war, während er große Schritte nach vorn machte. Mit jedem Jahrgang übertrumpften sich die Journalisten gegenseitig in ihrem Lob für die Weine. Eine Weile herrschte diese überhitzte Stimmung nicht nur in der Presse, sondern beeinflußte auch sein eigenes Urteilsvermögen. Vor kurzem gab er mir gegenüber zu, daß seine ursprüngliche Behauptung, die Weine des Jahrgangs 1994 seien die besten, die er je gemacht habe, qualifizierter hätte ausfallen müssen; sie traf nur für die edelsüßen Spitzenweine zu. Wenn es etwas gibt, daß den Weil-Weinen im Gegensatz zu den großen Moselweinen lange gefehlt hat, dann besteht es darin, daß sie nicht immer ganz eigenständige Persönlichkeiten zeigten. »Während der letzten fünf Jahre haben wir bei unseren Arbeitsmethoden alles verbessert, was die Experten empfehlen; das hat den Riesenfortschritt ermöglicht«, sagt er, »jetzt müssen wir auf die tausend kleinen Details achten, wenn wir noch besser werden wollen, und diese Dinge kann man nicht immer auf rationale Weise analysieren. Oft ist es eine Frage des Gefühls, daß ein Jahrgang oder ein bestimmter Wein anders behandelt werden müssen als bei den Spitzengütern an der Mosel.«

Bis vor kurzem hätten nur sehr wenige Rheingauer Winzer etwas für die Mosel und ihre Weine übrig gehabt. Seit die Probleme des Rheingaus allgemein bekannt sind und die Presse angefangen hat, Vergleiche mit den führenden Moselgütern anzustellen, ist es unter Rheingauwinzern plötzlich »in« geworden, die Mosel als Maßstab darzustellen. Viele Rheingau-Weine schmecken nun wie ein Moselriesling-Abklatsch. Diese Tendenz ist etwas ganz anderes als Wilhelm Weils Einstellung zur Mosel. Er ist verwandt mit Ernst und Eva Loosen aus Bernkastel (siehe Weingut Dr. Loosen) und der Familie Prüm, die einen enormen Einfluß auf die Entwicklung der Weinkultur an der Mosel hatten. »Seit ich mich zurückerinnern kann, haben wir uns stilistisch in gleichem Maße an der Mosel wie unserem eigenen Gebiet orientiert«, erklärt er, »Kiedrichs beste Lagen haben Böden, die denen der Mosel recht ähnlich sind, und unser Klima ist ebenfalls dem der Mosel vergleichbar. Vielleicht haben die Moselmethoden deshalb immer schon gut zu unseren Weinen gepaßt. Ich habe jedenfalls nichts dagegen, daß manche sagen, wir machten die Moselweine des Rheingaus.« Die Fortschritte bei den Weil-Weinen in den letzten paar Jahren lassen sich nicht unbedingt an einzelne Eigenschaften festmachen, die sich leicht erkennen ließen, sondern sie haben insgesamt an Finesse und Eigenständigkeit gewonnen.

Wenn weitere Anstrengungen auf dem Weilschen Gut unternommen werden, geschieht dies mit dem klaren Ziel, Weine zu erzeugen, die den Meisterwerken der Vergangenheit wie der 1921 Auslese gewachsen sind. »Ich habe diesen Wein oft getrunken, weil es einer der Lieblingsweine meines Vaters war und deshalb zu einer Reihe wichtiger Familienfeiern serviert wurde. Jedesmal war ich wieder aufs neue überwältigt ...« Es ist nur ein kleiner Schritt von dieser vorbehaltlosen Begeisterung zu den entscheidenden Worten, die Wilhelm Weil einem Ziel verpflichten, von dem er weiß, daß es ihn den Rest seines Lebens beschäftigen wird, »... und deshalb muß ich solche Weine heute wieder machen.«

Er ist dabei, Weine zu erzeugen, die dieses Ziel verwirklichen. Wilhelm Weil sieht dieses Ziel jedoch in einem größeren Kontext. Er möchte, daß seine Weine vom breiten Publikum ebenso angenommen werden wie sie Experten rund um den Erdball beeindrucken. Er will nicht nur großartige Weine machen, er will auch dahin kommen, daß die Welt solche Weine wieder genauso in Ehren hält wie vor einem Jahrhundert, als die 1893 Riesling Auslese seines Urgroßvaters der Hit in den Gläsern der europäischen königlichen Familien und High Society war. »Einen großen Wein zu machen, ist äußerst schwierig und fordert alles von einem. Aber der nächste Schritt ist noch ungleich schwieriger. Bevor ich die Füße hochlege oder anfange, weniger intensiv zu arbeiten, möchte ich sehen, daß wir dieses Ziel erreichen.« Damit das Wirklichkeit wird, muß sich die Welt fast vollständig ändern, was man sich nur schwer vorstellen kann angesichts der Tatsache, wie eingefahren manche Vorurteile heute sind. Und doch, nachdem das Weingut Robert Weil sozusagen schon auf dem Kopf steht, erscheint die Verwirklichung dieses Traumes nicht nur eine illusorische Spekulation.

Die Sonne versinkt hinter den Baumwipfeln vor meinem Fenster, und ein weiterer kurzer Tag neigt sich dem Ende zu. Ein kurzer Tag nach dem anderen: der Wein tropfenweise und nie genug, ein Glas halbvoll zu machen (bei Canetti war es Wasser). Wie die Weine eines Winzers aufgenommen werden, hängt letztendlich von so vielen Faktoren ab, die er in keiner Weise direkt beeinflussen kann. Vor zehn Jahren hätte kein Experte vorhersehen können, daß dieser Betrieb unter Wilhelm Weils Regie einen so dramatischen Aufstieg nehmen würde, und genauso ist es überhaupt nicht vorauszusagen, was geschehen wird. Ich starre ins Leere und denke über Wilhelm Weils Verwandlung nach, vom schüchternen jungen Mann vor zehn Jahren zu der heutigen starken Persönlichkeit. Er selbst wie auch seine Weine sind in den letzten Jahren unglaublich gewachsen – aber können sie nun so große Herausforderungen bestehen?

Der letzte blaue Schimmer der Abenddämmerung schwebt über den Dächern von Berlin, und in mir steigt der Wunsch auf, daß die Zeit für Wilhelm Weil nicht – wie für seinen Vater – vorzeitig abläuft.

Probiernotizen Weingut Robert Weil

Riesling – Kiedricher Gräfenberg »Grand Cru«

1993 SPÄTLESE 90
Hier haben weder die Natur noch Wilhelm Weil gespart; eine wunderschöne Auslese, die als Spätlese verkauft wurde.

1993 AUSLESE 92
Ein bißchen unverschämt soll ein großer Wein sein, und das ist dieses Kraftpaket.

1993 AUSLESE »GOLDKAPSEL« 94
»Explosiv« ist ein ziemlich oft mißbrauchtes Adjektiv unter Weinkritikern, aber wenn exotische Fruchtaromen auf der Zunge zu explodieren schienen ...

1993 BEERENAUSLESE »GOLDKAPSEL« 96
War als junger Wein extrem anziehend und von geradezu erotischer Sinnlichkeit; steckt jetzt aber in einer Flaute zwischen jung und reif.

1993 TROCKENBEERENAUSLESE 97
Immer extrem – die ungeheueren Ausmaße – braucht dieser junge Riese bis weit ins nächste Jahrhundert, um ideale Harmonie zu erlangen.

1993 EISWEIN 95
Keine Ausnahmeweine wie die 1973er und 1996er, aber er hat alles, was man braucht, um den Tag und seine Sorgen gänzlich zu vergessen; ein wahrer Gaumenschmeichler.

1994 SPÄTLESE 87
Eleganz und Rasse, die auf jede Erklärung verzichten können.

1994 AUSLESE 93
Am Ende eines extrem anstrengenden Tages bestelle ich süßen Balsam für die Seele und sinke hinein.

1994 AUSLESE »GOLDKAPSEL« 94
Ein Rubens – eine Verwandlungszene aus Ovid – in einem großen Barockrahmen.

1994   BEERENAUSLESE »GOLDKAPSEL«   97
Obwohl er vor Power und Üppigkeit nur so strotzt, bezaubert und begeistert er alle, die das Glück haben, ihm zu begegnen.

1994   TROCKENBEERENAUSLESE   98
Wie mißt man Größe? Schließlich ist es irrationale Intelligenz, die wahre Größe erkennt. Doch egal, ob dumm oder intelligent – in diesem Koloß glaube ich Größe zu erkennen.

1995   SPÄTLESE TROCKEN   85
Er hat viel anzubieten, und alles paßt zueinander, nur fasziniert er nicht.

1995   SPÄTLESE   91
Eine spielerische Opulenz nimmt einen an der Hand, und bevor man sich auch nur Gedanken gemacht hat, schreitet man mit ihr durch die Gegend.

1995   AUSLESE   94
So haben sich die Kaiser und Könige vor hundert Jahren einen großen Riesling vorgestellt; ein höchst sinnlicher Wein, der mit Andacht getrunken werden soll.

1995   AUSLESE »GOLDKAPSEL«   95
Noch mehr von allem, aber diese Reichtümer tun ihm gut, und das tut auch uns beim Trinken gut.

1995   BEERENAUSLESE »GOLDKAPSEL«   98
Unglaublich mächtig, aber trotzdem kein brutaler Herrscher der Sinne, sondern eine Quelle der Gerechtigkeit wie Friedrich der Große.

1995   TROCKENBEERENAUSLESE »GOLDKAPSEL«   99
Ich glaube an diesen Wein so stark wie überhaupt möglich, zumindest wenn es solch ein Wunder im Glas gibt; eine enorm konzentrierte Essenz der Traube, die alles andere als erschlagend wirkt.

1996   SPÄTLESE TROCKEN »ERSTES GEWÄCHS«   90
Aus der Tiefe des Berges erspringt eine Quelle, und ihr Wasser ist von absoluter Reinheit.

1996   SPÄTLESE   94
Im Traum befand ich mich ganz weit entfernt von dieser Welt. Da habe ich eine Aprikose geschmeckt, die nicht mit Worten zu beschreiben ist.

1996 AUSLESE 94
Die Tropen sind auch recht weit entfernt von unserer Welt, und da gibt es Früchte, deren Geschmack sich jeder Beschreibung entzieht.

1996 AUSLESE »GOLDKAPSEL« 96
Weil ich mit Wein zu tun habe, spielt Wein eine bedeutende Rolle, wenn ich von Verführung träume, und es ist solch ein Wein, reichhaltig, aber auch unglaublich brillant.

1996 BEERENAUSLESE »GOLDKAPSEL« 97
Mehr ist nicht immer besser, aber im Traum kann das jedoch zutreffen, und auf jeden Fall trifft es hier zu.

1996 TROCKENBEERENAUSLESE 98
TBA ist nicht unbedingt ein Begriff, der Subtilität suggeriert, eher Mächtigkeit. Wenn man diese traumhaft subtile TBA vor sich hat, weiß man, was für ein Quatsch dieses Schubladendenken ist.

1996 EISWEIN 100
Tagsüber träume ich von Träumen, in denen ich fliege. Als dieser Wein über meinen Gaumen floß – der Eindruck von Schwerelosigkeit trotz seiner enormen Dichte – fühlte ich mich, als ob es plötzlich eine geringfügige Entfernung zwischen meinen Füßen und der Erde gäbe.

Kurzporträts

Weingut J. B. Becker

Rheinstraße 6
65396 Walluf
Tel. 06123/72523, Fax 06123/75335

Nur ihre enttäuschenden Weine des Jahrgangs 1993 haben die Geschwister Hans-Josef und Maria Becker in diesem Buch ihren Platz unter den Rheingauer Spitzenerzeugern gekostet. Die Ursache für diese Probleme entzog sich vielleicht ihrer Kontrolle, doch ist das keine Entschuldigung dafür, schwache Weine als Spätlesen und Auslesen für Preise über 20,– DM zu verkaufen. Glücklicherweise hat danach eine unmittelbare Rückkehr zum gewohnten Standard stattgefunden.

Der Betrieb der Beckers ist ein Bollwerk Rheingauer Traditionen, sie konzentrieren sich ganz auf die Erzeugung trockener Rieslinge im »altmodischen« Stil, das heißt eher weinig-würzig im Charakter im Gegensatz zu den überschwenglichen Düften moderneren Stils. Doch steht auch hier die Zeit nicht still. Mit dem Jahrgang 1995 hat Hans-Josef Bekker einen sehr gelungenen säureärmeren trockenen Riesling Qualitätswein eingeführt. Außerdem füllt er den Spätburgunder aus den ältesten Stöcken des Wallufer Walkenberg seit 1994 separat ab; in diesem Jahrgang der beste Rotwein im Rheingau (83 Punkte). Gelegentlich produzieren die Beckers auch edelsüße Rieslinge, die wie alle ihre Weine durch lange Flaschenreife sehr gewinnen.

Domdechant Werner'sches Weingut

Rathausstraße 30
65234 Hochheim
Tel. 06146/835037, Fax 06146/835038

Es gibt im Rheingau kaum ein stilvolleres bürgerliches Weingut als das von Dr. Franz Werner Michel. Das beeindruckende Gutshaus thront über den Weinbergen von Hochheim, und sowohl der Gutshof als auch die Innenausstattung des Hauses machen dieses Anwesen zu einem echten Kulturdenkmal. Leider gab es neben den besten Weinen, die in ihrer Schönheit der Architektur durchaus entsprechen, hier in den letzten Jahren auch einige herbe Enttäuschungen. Die aristokratisch elegante 1996 Hochheimer Domdechaney Riesling Spätlese (87 Punkte) oder die volle, finessenreiche 1992 Hochheimer Kirchenstück Riesling Auslese (89 Punkte) gehören zwar zu den besten Rheingauer Weinen des jeweiligen Jahrgangs. Nahezu alle Domdechant-Werner-Weine des Jahrgangs 1993 wirkten jedoch plump und bitter, und so gut wie die der Jahrgänge 1994 und 1995 auch waren, begeisterten mich doch nur wenige Weine. Vielleicht ist dies eine Folge davon, daß Dr. Michel seine Zeit zwischen seinem Weingut und seinen damaligen Aufgaben als Kodirektor des Deutschen Weininstituts aufteilt. In Zukunft kann er sich ganz auf Hochheim konzentrieren, und es wird sich recht schnell herausstellen, ob das zu besseren Ergebnissen führt.

Weingut August Eser

Friedensplatz 19
65375 Oestrich
Tel. 06723/5032, Fax 06723/87406

Ich kenne Joachim Eser schon immer als gesprächsfreudigen Menschen, und bis zum Jahrgang 1993 zählten auch seine saftigen, frischen Weine gleichzeitig zu den besten im mittleren Rheingau. Sein Besitz in Spitzenlagen wie dem Rauenthaler Gehrn und Rothenberg, dem Hattenheimer Wisselbrunnen, dem Winkeler Hasensprung und dem Oestricher Doosberg führten in Verbindung mit der hier praktizierten vorbildhaften Kellerwirtschaft zu großen Jahrgangskollektionen von hochwertigen eigenständigen Weinen. Der Qualitätsstandard ist immer noch gut, doch reicht nichts von dem, was ich in den letzten Jahren verkostet habe, an die einstige Güte heran. Das ist ein herber Verlust, den der begabte Joachim Eser hoffentlich in den nächsten Jahren wiedergutmachen wird.

Weingut Ökonomierat Jakob Fischer Erben

Weinhole 14
65343 Eltville
Tel. 06123/2858

Nach dem plötzlichen Tod ihres Vaters im Jahre 1953 mußte Hanni Fischer von einem Tag auf den anderen die Leitung des kleinen Weinguts übernehmen. Seit fast einem halben Jahrhundert widmet sie sich der Erzeugung von Rieslingen voller Charakter im traditionellen Rheingauer Stil. Der Jahrgang 1996 stellt dabei keine Ausnahme dar: Alle Weine sind sehr gut. Jeder, der in seinem Keller Flaschen ihrer besten Weine besitzt – den Spätlesen und Auslesen mit natürlicher Restsüße aus den Jahrgängen 1964, 1969, 1971, 1976 und 1990 –, sollte sich sehr glücklich schätzen. Hanni Fischer ist eine unbesungene Heldin des deutschen Weines und einer der aufrichtigsten und couragiertesten Menschen, die ich kenne. Ich erhebe mein Glas auf sie und sage angesichts ihrer beispielhaften Unermüdlichkeit: Weiter so!

Weingut Prinz von Hessen

Grund 1,
65366 Johannisberg
Tel. 06722/8172, Fax 06722/50588

Seit dem Dienstantritt des neuen Direktors Klaus Hermann im Januar 1996 hat hier eine neue Ära begonnen. Großartige edelsüße Rieslinge in winzigen Mengen – so zum Beispiel die barock-opulente 1994 Winkeler Hasensprung Riesling Trockenbeerenauslese (96 Punkte) – gab es hier schon länger, aber die trockenen Weine waren oft recht dünn und derb. Bereits mit dem Jahrgang 1995 begannen sich deutliche Zeichen für eine Besserung abzuzeichnen; selbst die preisgünstigen Qualitätsweine in der Literflasche waren gut. Der Jahrgang 1996 ist hier der beste seit Anfang der achtziger Jahre, die Auswahl von Kabinett und Spätlesen, die ich verkostet habe, verdienten alle Bewertungen von mindestens 80 Punkten, wobei die aus der Spitzenlage Johannisberger Klaus sich durch Rasse und Anmut besonders auszeichneten. Es bleibt für Klaus Hermann noch viel zu tun, um sein Ziel – die Gebietsspitze – zu erreichen. Um dahin zu kommen, darf er sich nur nicht zu schnell selbst auf die Schulter klopfen.

Weingut Schloß Johannisberg

65366 Johannisberg
Tel. 06722/70090, Fax 06722/700933

Zwei Jahrhunderte lang waren die Schloß-Johannisberg-Weine gleichbedeutend mit allem, was am deutschen Wein gut und groß war. Ich schätze mich äußerst glücklich, kürzlich die edelsüßen Auslesen dieses Betriebs aus den Jahren 1945 und 1920 getrunken zu haben, die beide noch fesselnde Weine waren: zeitlose Meisterwerke.

Anfang der neunziger Jahre waren die Weine des berühmtesten Weingutes in Deutschland jedoch kaum als Glanzstücke zu bezeichnen. Glücklicherweise scheint mit dem Jahrgang 1996 ein drastischer Kurswechsel stattgefunden zu haben. Selbst die trockenen und halbtrockenen Qualitätsweine, die einfachsten Abfüllungen des Betriebs, wirkten ausdrucksstark und filigran. Mit diesem Beweis der Fähigkeiten des neuen Kellermeisters und dem andauernden Engagement des Domänenrats Wolfgang Schleicher möchte ich gerne glauben, daß diese Weine eine Wiederauferstehung dieses legendären Betriebes anzeigen.

Weingut Jakob Jung

Eberbacher Straße 22
65346 Erbach
Tel. 06123/900620, Fax 06123/900621

Ich wurde auf Ludwig Jung erstmals durch seine 1990 Erbacher Hohenrain Riesling Spätlese »Charta« aufmerksam, einem der elegantesten trokkenen Rheingauer Weine in diesem hervorragenden Jahrgang. Seitdem hat er viele gute Weine gemacht, doch das von diesem Wein angedeutete Potential hat er bisher nicht vollständig verwirklicht. Manche der trockenen Weine der letzten Jahrgänge waren ein wenig zu schlank und säurebetont, während andere zu schwer und ziemlich plump wirkten. Ludwig Jung ist sicher zu Besserem fähig! Hoffentlich ist es nur eine Zeitfrage.

Weingut Freiherr zu Knyphausen

Klosterhof Drais
65346 Erbach
Tel. 06123/62177, Fax 06123/4315

Unter den adligen Weingutsbesitzern des Rheingaus stellt Gerko Freiherr zu Innhausen und Knyphausen ein leuchtendes Beispiel an Engagement für seinen Betrieb und die Weinqualität dar. Wenn nur seine noblen Kollegen ihm in harter Arbeit, Offenheit und Bescheidenheit nacheifern würden! In den letzten Jahren waren sowohl die 1992er als auch die 1994er exemplarisch für den Knyphausen-Stil: elegante, harmonisch trockene Rheingau-Rieslinge. Der Klosterhof Drais liegt zwar sehr nah an der Eltviller Umgehungsstraße, gehört aber doch zu den schönsten Weingütern des Gebietes.

Weingut Krone

Hotel Krone
Rheinuferstraße 10
65385 Assmannshausen
Tel. 06722/4030, Fax 06722/48346

In keinem anderen Luxushotel sind die Rheingauer Traditionen weiterhin so lebendig wie in der »Krone« in Assmannshausen. Die atemberaubende Weinkarte mit alten Rheingauern und wunderbaren roten Bordeaux-Weinen war lange Zeit ein Grund, keinen der ordentlichen, aber selten begeisternden Weine des hauseigenen Weingutes zu bestellen. Seitdem Peter Perabo hier Kellermeister geworden ist, hat sich das jedoch plötzlich geändert. Obwohl 1995 für die in den Assmannshauser Weinbergen vorherrschende Rebsorte Spätburgunder ein schwieriges Jahr war, sind ihm ein ansprechender, frischer Weißherbst (Rosé) und ein seidiger, eleganter Rotwein gelungen. In Zukunft wird zum Besuch des großartigen Hotels der Familie Hufnagel-Ullrich auch Wein vom Weingut Krone gehören.

Weingut Peter Jakob Kühn

Mühlstraße 70
65375 Oestrich
Tel. 06723/2299, Fax 06723/87788

Bevor Peter und Angela Kühn den Preis für den besten trockenen Riesling des Jahrgangs 1991 von der Gourmetzeitschrift »Feinschmecker« gewannen, waren sie so gut wie unbekannt. Seitdem haben sie sich jedoch im Gebiet schnell ein Ansehen als wichtiger Aufsteiger geschaffen.

Die Weine des Jahrgangs 1995 scheinen bis jetzt ihre besten zu sein; die pfirsichbetonte Riesling Spätlese trocken (83 Punkte) und die volle, überschwengliche Oestricher Lenchen Riesling Spätlese (85 Punkte) stehen dabei in den jeweiligen Kategorien mit an der Spitze des Gebietes. Die überaus dichte und doch seidig wirkende 1995 Riesling Beerenauslese (94 Punkte) deutet an, daß die Kühns mit ihrem Ehrgeiz und ihrer Tüchtigkeit vielleicht bald zum ersten Rang der Rheingauer Güter gehören könnten.

Weingut Hans Lang

Rheinallee 6
65347 Hattenheim
Tel. 06723/2475, Fax 06723/7963

Hans Langs Weine sorgen nur selten für Schlagzeilen und sind vielleicht nicht unbedingt der Stoff, aus dem die Träume sind, aber sein Betrieb ist eine zuverlässige Quelle für gut gemachte trockene Rheingau-Rieslinge, von denen die »Charta«-Abfüllungen immer über 80 Punkte verdienen.

Einen Besuch sind auch Spezialitäten wert, wie der trockene Weißburgunder, der in den meisten Jahren der beste Wein dieser Rebsorte des Gebiets ist. Wenn nur mehr Rheingauer Weingüter ein solches Qualitätsniveau hielten!

Weingut Freiherr Langwerth von Simmern

Kirchgasse
65343 Eltville
Tel. 06123/3007, Fax 06123/3009

Während der sechziger, siebziger und frühen achtziger Jahre kamen von diesem Weingut unter der Leitung von Kellermeister Josef Schell und Verwalter Egon Mauer oft die besten Weine des gesamten Gebietes, um nicht zu sagen, einige der bestechendsten Rieslinge der Welt. Anfang der neunziger Jahre jedoch ging irgend etwas gewaltig schief. 1993 war der erste einer Reihe von Jahrgängen, in denen viele katastrophale Weine entstanden, die keinerlei Ähnlichkeit mehr mit den wundervollen Langwerth-Rieslingen der Vergangenheit hatten. Nachdem ich die trockenen Rieslinge des Jahrgangs 1995 verkostet hatte, von denen mir einige fast fehlerhaft erschienen, fragte ich mich: »Wann wird diese Tragödie ein Ende haben?« Die 1996er sind zum Glück alle zumindest reintönig und korrekt, doch zeigte keine der breiten Auswahl von Kabinett und Spätlesen, die ich verkostet habe – ob trocken oder mit natürlicher Restsüße –, auch nur einen Anflug von wahrer Größe. Es ist, als ob jahrhundertelange Traditionen einfach in den Ausguß geschüttet worden wären.

Weingut Dr. Heinrich Nägler

Friedrichstraße 22
65385 Rüdesheim
Tel. 06722/2835, Fax 06722/47363

In den achtziger und zu Beginn der neunziger Jahre kamen von diesem Familienweingut viele trockene und restsüße Rieslinge aus den Spitzenlagen des Rüdesheimer Berges, die des *Grand-Cru*-Status durchaus würdig waren, den Fachleute diesen besonders steilen Hängen bescheinigen. Während der letzten Jahre habe ich hier jedoch nichts verkostet, das besonders positiv aufgefallen wäre, dagegen einiges, das eindeutig enttäuschend war. Wenn die Weine dieses Betriebes wieder zu den besten in diesem Teil des Rheingaus gehören sollen, dann muß Kellermeister Tilbert Nägler sich selbst einige kritische Fragen stellen.

Weingut Prinz

Im Flachsgarten 5
65375 Hallgarten
Tel. 06723/999847, Fax 06723/999848

Ich habe nie viel von Preisen gehalten wie »Winzer des Jahres«, »Aufsteiger des Jahres« und »Entdeckung des Jahres«. Preise, Medaillen und Urkunden werden nur allzu oft von Winzern mißbraucht, um ihre Kunden davon zu überzeugen, daß ihre Weine viel besser sind, als tatsächlich der Fall ist.

Fred Prinz aber verdient für die Weine, die er in der Garage seines unauffälligen Hauses in Hallgarten macht, zweifellos den Titel »Bester Garagenwinzer Deutschlands«. Mit den hervorragenden Weinen der Jahrgänge 1992 und 1993 schuf er sich schnell einen angesichts der durchschnittlichen Jahresproduktion von nur 8000 Flaschen erstaunlichen Ruf. In den folgenden, schwierigeren Jahrgängen fielen die Weine jedoch nicht ganz so begeisternd aus, obwohl mich die stoffige, harmonische 1995 Hallgartener Schönhell Riesling Spätlese (85 Punkte) beeindruckte. Wenn der begabte Fred Prinz mehr Zeit hätte, als ihm seine Stelle als Verkaufsdirektor der Staatsweingüter Kloster Eberbach läßt, und ihm mehr als seine 1,58 Hektar Weinberge zur Verfügung stünden, wäre er mit Sicherheit zu noch besseren Weinen in der Lage.

Weingut Wilfried Querbach

Dr.-Rody-Straße 2
65375 Oestrich
Tel. 06723/3887, Fax 06723/87405

Kein Mitglied der Familie Querbach hat je Probleme gehabt, seine oder ihre Meinung deutlich kundzutun. Die Querbach-Weine erscheinen mir ähnlich geartet: Sie zeigen nur selten so etwas wie Finesse oder Noblesse, sind aber immer geradlinig, charaktervoll und ansprechend. Am besten sind die trockenen Rieslinge, besonders die »Charta«-Abfüllungen (immer mindestens 80 Punkte). Durch die zurückhaltende Preisgestaltung kann man hier wahre Schnäppchen erwischen – in einem Gebiet, in dem ansonsten überteuerte Weine eher die Norm sind.

Weingut Balthasar Ress

Rheinallee 7
65347 Hattenheim
Tel. 06723/91 9950, Fax 06723/91 9591

Ich kann mir nur schwer vorstellen, daß jemand den kultivierten, weltgewandten Stefan Ress nicht mögen könnte. Er repräsentiert nicht nur sehr gekonnt sein eigenes Weingut, auch das Gebiet als Ganzes hat seinem enormen Einsatz als Vorsitzender der Rheingausektion des VDP viel zu verdanken. Die Aufgabe eines Weinkritikers besteht jedoch darin, seine Urteile unabhängig von solchen Überlegungen zu fällen. So sehr ich es bedaure, aber die Wahrheit ist, daß ich in den Jahrgängen 1994 und 1995 keinen einzigen wirklich überzeugenden Ress-Wein verkostet habe. Mit seltenen Ausnahmen erscheinen mir die Ress-Weine langweilig und fad, es ist an ihnen nichts Ansprechendes oder gar Faszinierendes. Ich habe überhaupt keine Ahnung, wie jemand, der so aufrichtig und fähig wie Stefan Ress ist, einen Wein machen kann, den ich nur mit den Worten »Bla, bla, bla« beschreiben kann.

Weingut Schloß Schönborn

Hauptstraße 53
65347 Hattenheim
Tel. 06723/91 18 10, Fax 06723/98191

Ein Weingut von einem Ausmaß wie Schloß Schönborn – 50 Hektar! – gleicht einem großen Passagierschiff, das nur sehr langsam wenden kann. Das läßt Günther Thies' Leistungen, seit er hier Direktor ist, noch beeindruckender erscheinen. Er hat in nur drei Jahren dieses große Schiff von dem Eisberg hinwegmanövriert, mit dem eine Kollision schon beinahe abzusehen war und es wieder in sicheres Fahrwasser gebracht. Die Weine des Jahrgangs 1995 waren zwar von durchwachsener Qualität, aber einige doch schon wirklich beeindruckend. Die 1996er sind noch besser und einheitlicher im Niveau. Die besten unter den von mir verkosteten zahlreichen trockenen Weinen waren die zugleich seidige und würzige Rüdesheimer Berg Schloßberg Spätlese trocken (85 Punkte), der schlafende Riese Hattenheimer Pfaffenberg »Erstes Gewächs« (87 Punkte) und der mächtige, edle Erbacher Marcobrunn »Erstes Gewächs« (89 Punkte). Angesichts der Entschlossenheit, mit der Günther Thies seine Aufgabe verfolgt und der vollen Unterstützung des Gutsherren, des kultivierten, bescheidenen Dr. Karl Graf von Schönborn-Wiesentheid, bin ich sicher, daß hier noch bessere Weine entstehen werden. Der Hafen ist jetzt nahe.

Staatsweingut Assmannshausen

Höllenbergstraße 10
65385 Assmannshausen
Tel. 06722/2273, Fax 06722/48121

Ohne Zweifel sind die Rotweine dieses Betriebes seit 1990 unter der Leitung von Direktor Friedrich Dries weit besser als in den sechziger oder siebziger Jahren. Trotz der Steigerungen der letzten Jahre empfinde ich für diese Weine jedoch keine große Begeisterung. Wenn man keine Probleme mit jungen Rotweinen hat, die eine leicht dominante Säure und etwas gewissermaßen »Grünes« aus den Tanninen aufweisen, dann wird man an ihnen sicher mehr Gefallen finden als ich.

Verwaltung der Staatsweingüter Kloster Eberbach

Schwalbacher Straße 56–62
65343 Eltville
Tel. 06123/92300, Fax 06123/923090

Dieser riesige Betrieb – 130 Hektar – war einst der funkelndste Juwel in der Krone des Rheingaus. Seine Wurzeln gehen zurück bis zur Gründung von Kloster Eberbach im 12. Jahrhundert, so daß er auch ein Kulturdenkmal erster Güte ist. Mit dem Amtsantritt des neuen Direktors Dr. Karl-Heinz Zerbe (vormals Schloß Reinhartshausen) und den gelungenen Weinen des Jahrgangs 1995 schien das Gut es geschafft zu haben, nach beinahe zwei Jahrzehnten mittelmäßiger Leistungen zum ersten Mal wieder eine gute Kollektion von Weinen zu präsentieren. Obwohl viele dieser Weine nicht ganz das gehalten haben, was sie versprachen, stellten sie doch für das Führungsteam dieses Betriebes einen entscheidenden Schritt nach vorn dar. Leider bestätigen nur wenige der 1996er diesen positiven Trend. Unter den von mir verkosteten Weinen verdiente nur die Rüdesheimer Berg Schloßberg Riesling Spätlese trocken eine Bewertung von 80 Punkten. Das ist ein beängstigender und unerklärlicher Rückschritt.

Weingut Schloß Vollrads

65375 Winkel
Tel. 06723/660, Fax 06723/1848

Es ist der Wein, der mich interessiert, nicht die Flasche. Trotzdem ist mir sofort aufgefallen, daß die Weine des altehrwürdigen, berühmten Betriebes Schloß Vollrads – fast 800 Jahre Weinbautradition – seit 1995 nicht mehr in die braune Schlegelflasche gefüllt werden, wie sie mindestens seit Anfang des 18. Jahrhunderts im Rheingau üblich ist, sondern plötzlich in blaue Designerflaschen. »Die neue Rheingau-Flasche« ist vom Rheingauer Weinbauverband entwickelt worden, dem Schloß-Vollrads-Besitzer Erwein Graf Matuschka-Greiffenclau als Präsident vorsteht. Sein erklärtes Ziel war dabei, den Weinen seines Gebietes zu größerer Bekanntheit und somit größerem kommerziellen Erfolg zu verhelfen. Die Absicht ist edel, aber die Flasche erinnert fatal an jene, in der das »Taunusquelle«-Mineralwasser aus Bad Camberg seit 1994 in der Gastronomie vermarktet wird. Keine Glanzleistung für jemanden, der lange Zeit als Marketinggenie gepriesen wurde. All das wäre jedoch vollkommen irrelevant, wenn die Schloß-Vollrads-Weine in diesen Flaschen bemerkenswert wären. Leider wirken aber die trockenen Weine des Jahrgangs 1995 – QbA, Kabinett und »Selektion« Schloß Vollrads – einfach, grob und von eher rustikaler Herkunft. Einst schmeckten sie jedoch äußerst nobel, wie ein vor kurzem getrunkener 1971 Riesling Kabinett bestätigte. Warum kann man hier nicht auch heute Weine mit einer ähnlichen Brillanz, Klarheit und Kraft machen? Wie bereits betont, mich interessiert der Wein und nicht die Flasche.

Weingut Freiherr von Zwierlein

Schloß Kosakenberg
Bahnstraße 1
65366 Geisenheim
Tel. 06722/985, Fax 06722/980507

»Unsere Weine waren Scheiße, aber jetzt machen wir es richtig!« – Auf diese erfrischende und mutige Art beschrieb Mathias Decker-Horst den kürzlichen Kurswechsel auf seinem Gut. Die Ergebnisse aus dem Jahrgang 1995 waren erstaunlich: Weine, die die berühmter Güter wie Langwerth von Simmern oder Schloß Johannisberg aus dem gleichen Jahrgang in den Schatten stellten! Der beste von ihnen allen war die volle, saftige Geisenheimer Rothenberg Riesling Spätlese halbtrocken (85 Punkte) mit ihrem kräftigen mineralischen Nachhall. Die 1996er des stämmigen, gutgelaunten Mathias Decker-Horst sind gleichermaßen gelungen, und die klassische Eleganz der Winkeler Jesuitengarten Riesling Spätlese (84 Punkte) beweist, daß er auch zu beeindruckenden Weinen mit natürlicher Restsüße in der Lage ist. Selbst der einfache trockene Riesling in der Literflasche war gut. Ich bin sicher, daß die seltene Kombination von Mut und Talent in den kommenden Jahren noch beeindruckendere Früchte tragen wird.

10. Kapitel

RHEINHESSEN: VERSCHRIEN UND VEREHRT

Kein anderes deutsches Weinbaugebiet löst beim Durchschnittsweintrinker finsterere Assoziationen aus als Rheinhessen. Oft steht es einfach als Synonym für alles Schlechte beim deutschen Wein. Dafür gibt es viele Gründe, nicht zuletzt den Umstand, daß Rheinhessen einer der Hauptproduzenten von Liebfraumilch und einer Reihe von anderen billigen Konsumweinen ist, die unter Großlagenbezeichnungen wie Niersteiner Gutes Domtal und Oppenheimer Krötenbrunnen vermarktet werden. Auch bei billigen süßen Weinen aus minderwertigen Neuzüchtungen wie Optima und Ortega stand das Gebiet seit den sechziger Jahren von Anfang an an vorderster Front. Der Erfolg solcher Weine führte dazu, daß Tausende Hektar neuer Weinberge auf einstigem Ackerland mit kitschigen Rebsorten angelegt wurden, so daß die rheinhessische Anbaufläche auf nahezu 26500 Hektar anschwoll. Die Zahl der Winzer, die in den letzten Jahrzehnten gegen den Strom schwammen, war zu klein, um dem Gebiet als ganzen eine weitere, qualitätsorientierte Facette hinzuzufügen, die sich der Öffentlichkeit eingeprägt hätte. Im Endeffekt präsentiert sich Rheinhessen in den Köpfen als ein Einheitsbrei.

Wie sieht es in Wirklichkeit aus? Die Antwort ist äußerst vielseitig. Die strahlendste Facette bilden eine kleine Zahl von Gütern, deren Rieslinge heute zu den spektakulärsten Weinen in ganz Deutschland gehören. Sie liegen in den Nachbarorten Nierstein und Nackenheim im Herzen des traditionell als »Rheinfront« bezeichneten Landstrichs entlang des Rheins; der Großteil der Spitzenlagen dieser beiden Orte zieht sich über steile Hänge, die unmittelbar vom linken Flußufer aufsteigen, so daß die Reben dem Fluß zugewandt sind. Auf dem steinigen rotliegenden Boden findet die Rieslingrebe Bedingungen vor, die kaum günstiger sein könnten. Unter den richtigen Händen bringen diese Lagen Weine hervor, die opulenter sind als in den eben genannten Gebieten, aber von vergleichbarer Eleganz. Sie eignen sich zum Ausbau im trockenen Stil ebenso wie für edelsüße Weine. Die besten Weine beider Richtungen aus den letzten Jahrgängen sind von der internationalen Fachpresse mit Lob förmlich überschüttet worden. Die Lagen in Flörsheim-Dalsheim im Süden des Gebietes besitzen gewiß nicht ganz dasselbe Potential, doch haben einige Erzeuger bewiesen, daß hier hochwertige Weine von beachtlicher Eleganz und Eigenständigkeit möglich sind.

Am anderen Ende der Skala schwappen in großen Mengen die Weine, die ins Klischeebild des Gebiets passen: billig, süß und charakterlos. Zwischen diesen beiden Extremen liegen jedoch viele kleine Erzeuger im Hügelland westlich der Rheinfront, die ordentliche bis gute trockene und edelsüße Weine machen. Die kleine Gruppe von Elitegütern hat es schwer, sich einen Ruf zu schaffen, durch den sie sich vom Großkommerz der Konsumweine abhebt – die vielen ehrlichen, zum Teil ehrgeizigen kleinen Winzer stehen dabei vor einem nahezu unüberwindlichen Problem. Das liegt weder an ihnen selbst noch an ihren Weinen, sondern daran, daß für die Mehrheit der Deutschen der eigene Wein zu einem Brennpunkt ihrer negativen Gefühle angesichts der nationalen Identität geworden ist. Rheinhessen vor allem ist dabei der bevorzugte schwarze Peter, der alle Tiraden über sich ergehen lassen muß. Die einzige Verteidigungswaffe gegen diese Vorurteile sind hervorragende Weine, die für Aufruhr sorgen. Die Stars des Gebietes an der Rheinfront haben das in gewissem Maße bereits geschafft, während die Winzer des rheinhessischen Hügellandes ihre Kräfte noch strategischer mobilisieren müssen. Das »Rheinhessen Selektion«-Programm für trockene Sortenweine ist bereits ein guter Anfang, doch bleibt viel Potential ungenutzt. Zum Beispiel die Huxelrebe, die zu so großartigen Dessertweinen in der Lage ist, erhält keinerlei Schützenhilfe; niemand ermuntert die Winzer, damit nach den Sternen zu greifen, oder sorgt bei Erfolgen für Aufmerksamkeit.

Die Jahrgänge

1996
Für die meisten Winzer des Gebietes der beste Jahrgang seit 1993. Im allgemeinen mittelgewichtige Weine mit ansprechender Frische, guter Balance und viel Charme.

1995
Hagelschäden bereiteten den Winzern an der Rheinfront ernste Probleme, schlechtes Wetter während der Lese sorgte allgemein für Schwierigkeiten. Mit wenigen Ausnahmen mittelmäßige Weine.

1994
Die mittelgewichtigen trockenen Weine dieses guten Jahres besitzen Charakter und Lebendigkeit. Sie trinken sich jetzt sehr schön und werden sich gut halten. Einige spektakuläre edelsüße Weine.

1993
Eindeutig bis jetzt der beste Jahrgang der neunziger Jahre an der Rheinfront mit opulenten, kraftvollen Weinen, die gleichzeitig perfekt ausgewogen und langlebig sind.

1992
Ein sehr guter Jahrgang äußerst ansprechender Weine mit feinem Duft und guter Fülle. Die trockenen Weine sind jetzt reif, während die edelsüßen Weine noch lange Jahre der Entwicklung vor sich haben.

1991
Nur leicht über dem Durchschnitt, aber ansprechende Weine mit genug Substanz. Die besten Weine sind immer noch in guter Form.

1990
Ein hervorragender, aber nicht großer Jahrgang, aus dem Weine mit konzentrierten Aromen und schöner Ausgewogenheit stammen. Die besten unter ihnen haben viele Jahre vor sich.

Ein Kinderspiel
Fritz und Agnes Hasselbach

Weingut Gunderloch
Carl-Gunderloch-Platz 1
55299 Nackenheim
Tel. 06135/2341
Fax 06135/2431

Obwohl ich ihn seit beinahe zehn Jahren kenne, setzte mein Herz einen Schlag lang aus, als ich Fritz Hasselbach am Nachmittag des 31. August 1996 sah. Er war gerade nach einer Operation aus dem Krankenhaus entlassen worden, aber mein Staunen beruhte nicht darauf, daß er schlanker oder noch geschwächt wirkte. Es war das Kinn und das Lächeln unmittelbar darüber, das mich so verblüffte. Er hatte seinen Bart abrasiert, den er seit unserem Kennenlernen im Mai 1987 getragen hatte, und damit einen Gesichtsausdruck freigelegt, wie ich ihn noch nie gesehen hatte und hier auch nie erwartet hätte. Fritz Hasselbach hatte auch vorher keine Probleme damit, sein Vergnügen an Weinen, Menschen oder Erfahrungen deutlich zu zeigen, aber ich hatte nie zuvor eine solche fast kindliche Freude an ihm beobachtet. Zusammen mit 40 anderen Freunden von Fritz und Agnes Hasselbach war ich in den Gewölbekeller des Landhotels »St. Gereon« in Nackenheim zu einer Überraschungsfeier anläßlich seines 50. Geburtstags gekommen. Er erfuhr davon erst, als er die enge Steintreppe hinunterstieg und den Keller voller Menschen fand, die auf ihn warteten. Ich bin mir aber nicht sicher, wer von uns beiden überraschter war.

Es gab für Agnes Hasselbach nie einen Zweifel daran, daß der Geburtstag ihres Mannes mit einer Weinprobe gefeiert werden müsse, die selbstverständlich in den besten edelsüßen Beeren- und Trockenbeerenauslesen gipfeln würde, die die beiden – sie im Weinberg bei der Lese und er im Keller beim Ausbau – seit 1989 erzeugt haben. Das Aufsehen, das diese Weine in den Medien erregt haben, ist zu einem großen Teil für das Tempo verantwortlich, mit dem das Weingut Gunderloch sich den Ruf erworben hat, zu den Spitzenerzeugern nicht nur am Rhein sondern in ganz Deutschland zu gehören.

Einige der Weine am Anfang der Verkostung waren allerdings eine überraschende Wahl. Der 1968 Morio-Muskat von Winzermeister Karl Matheis in Weinheim/Rheinhessen hatte einen unangenehmen Katzenton, war flach, stumpf und sauer: einer der schlechtesten Weine, an deren Verkostung ich mich erinnern kann. Er war einer der ersten Weine, die Fritz Hasselbach im Alter von 22 Jahren überhaupt gemacht hat, während seiner ersten Schritte auf diesem Gebiet. Von mehreren Seiten des Raumes war leises Gelächter zu hören, und auf Fritz Hasselbachs Gesicht lag ein trockenes Lächeln, als er den Inhalt seines Glases in einen der Krüge auf dem Tisch kippte. »Schrecklich«, sagte er dann zu mir, mit einem breiten Schmunzeln. Der 1982 Riesling-Qualitätswein von Gunderloch, der erste Wein, den er auf dem Gut gemacht hat, war kaum besser; breit und müde, mit einem medizinalen Charakter, der unangenehme Kindheitserinnerungen zurückbrachte. Ein alter Freund der Hasselbachs stand auf und erzählte von den Schwierigkeiten, die die beiden beim Verkauf ihrer Weine in den frühen Achtzigern hatten. Sowohl Wein als auch Geschichten schienen einer anderen Welt anzugehören als die großartigen Weine, die Fritz Hasselbach heute macht: Sie strotzen förmlich vor Frucht, die unverwechselbaren Aprikosen-, Grapefruit- und Mandelaromen der Lage Nackenheimer Rothenberg entströmen dem Glas. Kein Wunder, daß die Nachfrage nach den Weinen aus diesem steilen Weinberg jetzt enorm groß ist.

Drei Wochen später fand in denselben Räumlichkeiten eine Weinversteigerung statt, die das Weingut Gunderloch gemeinsam mit dem Weingut St. Antony aus Nierstein veranstaltete. Dabei wurde eine Einzelflasche der 1992 Nackenheimer Rothenberg Riesling Trockenbeerenauslese von Fritz Hasselbach für 1250,– DM verkauft, an einen japanischen Sammler. Dieser Erfolg erinnerte an den Triumph des Gutes bei einer Versteigerung in Mainz vor 83 Jahren. Dort war die 1911 Nackenheimer Rothenberg Riesling Edelbeeren-Auslese für 20 Goldmark pro Liter – 15 Goldmark die Flasche – weggegangen, »der höchste Preis, welcher jemals für einen rheinhessischen Wein erzielt wurde«. Desgleichen hat die 1992 Trockenbeerenauslese den höchsten Preis erreicht, der je für einen jungen Wein aus Rheinhessen geboten wurde; ein verdienter Erfolg für einen Wein von übernatürlicher Dichte, verglichen mit den besten Weinen der Hasselbachs oder irgendeines anderen Winzers auf dem Erdball.

Als wir diesen Wein am Ende der Geburtstagsfeier verkosteten, hatte Fritz Hasselbach keine Ahnung, daß er damit in Kürze einen erneuten Rekord für das Weingut erzielen würde. Aber der Blick in seinen Augen bei den letzten Tropfen aus seinem Glas machte deutlich, wie bewußt er sich des großen Schritts ist, den er selber und das Weingut getan haben, seit seine Frau und er es 1986 offiziell übernommen haben. Damals war alles ganz anders. Obwohl viele der Punkte, von denen mir die Hasselbachs während meines ersten Besuchs im Mai 1987 erzählten, bis heute Gültigkeit besitzen, gingen sie damals noch ziemlich zögerlich und unsicher vor. Alles war gut gemacht, blieb aber irgendwie unausgegoren. Es gab eine Spur von etwas Besonderem, das mich immer wieder zu meinem Glas zurückzog, aber es war noch unbestimmt. So gut wie niemand kannte den Namen des Gutes, der damals noch Gunderloch-Usinger lautete – Agnes Hasselbach ist eine geborene Usinger –, und es sah wie ein langer, harter Kampf aus, dies zu ändern. So gut wie niemand war an seriösen Weinen aus Rheinhessen interessiert, einem Gebiet, das für billige süße Konsumweine bekannt war.

Während die Hasselbachs sich abmühten, um dem Gut ein finanzielles Auskommen abzuringen und auch genügend Zeit für ihre heranwachsenden Kinder zu finden, wuchsen gleichermaßen ihre Ideen. Auf den Tag zwei Jahre später war ich wieder in Nackenheim. Zum ersten Mal erwähnte Fritz Hasselbach die Begriffe *Appellation contrôlée* und *Grand Cru* mir gegenüber, als er eher beiläufig bemerkte, daß er das französische Weingesetz im Hinblick auf sein Gut für besser hielte als das deutsche. Von diesem Augenblick an sind diese Worte zu einem regelmäßig wiederkehrenden Refrain geworden, und Fritz Hasselbach spricht sie heute mit wesentlich mehr Nachdruck aus als damals im Frühjahr

1989. Manchmal, besonders wenn die Gunderloch-Weine einzig und allein aufgrund des Wortes »Rheinhessen« auf dem Etikett abgelehnt werden – wie zum Beispiel im »Sheraton«-Hotel in München –, werden sie mit dem verzweifelten Ton eines frustrierten Kindes vorgebracht: »Warum haben wir keine Klassifizierung wie in Frankreich? Wir müssen das haben, und zwar sobald wie möglich!« Ich starrte dabei aus dem Hasselbachschen Küchenfenster in den dunklen Abend und fragte mich, ob mittelmäßige Weine mit dem anscheinend magischen Wort »Rheingau« auf dem Etikett sich bis in alle Ewigkeit größerer Beliebtheit erfreuen sollten als die Gunderlochschen Meisterwerke ...

Mit dem Jahrgang 1989 wagten die Hasselbachs den großen Sprung und »klassifizierten« ihre Weine. Seit diesem Jahrgang wird ein großer Teil ihrer Produktion einfach als »Gunderloch Riesling«, ein trockener Qualitätswein, verkauft, und nur die besten Weine tragen den Namen ihrer *Grand-Cru*-Lage, Nackenheim Rothenberg (nicht mehr Nackenheimer Rothenberg, wie man Lagennamen in Deutschland üblicherweise schreibt). Sie waren nicht die ersten, die in diese Richtung gingen, aber zu dieser Zeit hatte kein anderes deutsches Weingut so drastisch mit den nichtssagenden Bezeichnungen der Vergangenheit gebrochen wie Gunderloch. Zu Beginn der neunziger Jahre liefen Kabinettweine mit einem Hauch natürlicher Restsüße auf dem Exportmarkt zwar hervorragend, in Deutschland waren sie praktisch unverkäuflich. Die Hasselbachs nannten ihren neuen Wein in diesem Stil deshalb »Jean Baptiste«*. Der Wein war vom ersten Jahrgang, 1991, an ein überwältigender Erfolg. Mit dem nächsten Jahrgang, 1992, brachten sie ihre erste Auslese »Drei Sterne« auf den Markt, einen kraftvollen, spät gelesenen Wein mit deutlich weniger natürlicher Restsüße als ihre normale Auslese. Sie wurde besonders in der Spitzengastronomie sogleich ein weiterer Erfolg.

Fritz Hasselbach hatte sich inzwischen von den Vorstellungen über Weinbau und Kellerwirtschaft, die er während seiner Tätigkeit als Berater an der Oppenheimer Weinbauschule in den siebziger Jahren vertreten hatte, mit der verächtlichen Beschreibung »Lehrbuchmethoden« vollkommen abgewandt. Etwas Innerliches, unabhängig von allen betriebswirtschaftlichen Vorstellungen trieb die Hasselbachs dazu, jede Einzelheit bei Weinbergspflege, Lese und Ausbau bis an die äußerste Grenze zu treiben. So nahm zum Beispiel die Gärung der Weine bei meinem ersten Besuch auf dem Gut oft nur sieben Tage in Anspruch, während sie heute durchaus sieben oder acht Monate dauern kann! Anstelle eines einzi-

---

* Zu seinem anhaltenden Kummer wurde Carl Gunderloch, der Gründer des gleichnamigen Weingutes, in Carl von Zuckmayers Stück »Der fröhliche Weinberg« unter dem Namen »Jean Baptiste« verewigt.

gen Versuchs, geschrumpfte Beeren für eine Beerenauslese zu selektionieren, werden heute von dem Moment an, in dem geeignetes Material im Weinberg gesichtet wird, täglich diese Beeren ausgelesen und gesammelt. Desgleichen sind die Erträge auf die Hälfte der bereits vor einem Jahrzehnt bescheidenen Werte gesunken. Die Hektik ihres täglichen Lebens führte dazu, daß die Hasselbachs sich weder der Riesenschritte nach vorn bei der Weinqualität, noch des wachsenden kommerziellen Erfolgs immer richtig bewußt geworden sind. Manchmal muß eine Bombe auf dem Kopf eines ehrgeizigen Winzers landen, bevor er oder sie realisiert, welch großen Fortschritte sie schon gemacht haben. Dies geschah den Hasselbachs mit der Veröffentlichung der Ausgabe des amerikanischen »Wine Specator« vom 30. November 1993, in der ihre 1992 Riesling-Trockenbeerenauslese als zweiter deutscher Wein (nach der 1989 Riesling-Trockenbeerenauslese vom Weingut Egon Müller-Scharzhof aus Wiltingen/Saar) die maximal erreichbaren 100 Punkte bekam. Plötzlich wurde ihnen angesichts des nicht abreißenden Stroms an Anrufen von Journalisten und einer Reihe von Fernsehteams klar, daß sie die schwierigen, aber ruhigeren Tage der achtziger Jahre endgültig und weit hinter sich gelassen hatten. Eine neue Ära mit vollkommen anderen Herausforderungen und Problemen hatte begonnen.

Alles hatte sich verändert, und nichts hatte sich verändert. Zumindest nicht im »Probierzimmer« des Weingutes, als ich dort letztes Mal die jungen Weine verkostete. Wir saßen um den Tisch im Eßzimmer mit einer Reihe von Flaschen und Gläsern vor uns. An der Wand hing eine alte Uhr, die ich nie ticken gehört habe, und in einer Ecke stand ein Puppenhaus. Ein großes Spielzeugboot war seit Jahren ganz oben auf einem Regal gestrandet, im Fach darunter lag ein Hamburger mit Pommes aus Keramik. Alles alte Freunde, Gefährten aus mehr als einem Dutzend Weinproben; eine Szene, der erst die Weinflaschen und -gläser einen surrealistischen Touch verliehen.

Obwohl die Szenerie sich nicht geändert hat, ist der kritische Blick, den Fritz und Agnes Hasselbach auf ihre eigenen Weine bei Verkostungen wie unserer letzten richten, weitaus intensiver als vor neun Jahren. Ihre Erwartungen an ihre eigenen Weine und die Schwelle, an der sie sich mit ihnen zufrieden zeigen, sind dementsprechend höher. So nett und warmherzig sie sonst sind, in diesem Moment legen beide eine strenge Seite an den Tag. Ohne dies wären ihre Weine nie zu dem geworden, was sie heute so oft verkörpern: den Überfluß der Natur im Kleid der Rieslingtraube. Bei der abschließenden Analyse ist es die immer wieder eine bestimmte Frage, die sie sich selbst stellen – »Ist es so richtig?« –, die die weitere positive Entwicklung der Gunderloch-Weine in den kommenden Jahren garantiert.

Noch strenger als Fritz oder Agnes Hasselbach beurteilt jedoch eines der heranwachsenden Mitglieder der Familie die Weine. Eines Abends sagte Stephanie Hasselbach, Jahrgang 1982, ihren Eltern, daß sie alles anders und besser machen würde, wenn sie das Gut übernähme. »Dann gibt es keine Literflaschen mehr, weil sie so billig aussehen.« Ihren Eltern verschlug es die Sprache, und es war ihnen ein bißchen peinlich, daß sie immer noch einige Weine in Literflaschen unter ihrem Zweitetikett »Carl Gunderloch« (vorwiegend Silvaner, einen ansprechenden trockenen Alltagswein) verkaufen. Mit 14 Jahren hatte ihre Tochter zum ersten Mal ihre Meinung zur Zukunft des Weingutes geäußert.

Bei meinen ersten Besuchen auf dem Weingut war die älteste Tochter der Hasselbachs, Katrin, Jahrgang 1976, auf eine praktische Art selbstbewußt und intelligent. Ihr Sohn Johannes, Jahrgang 1979, zeigte sich manchmal dickköpfig, aber voller Energie und Entschlossenheit. Beide haben seitdem große Entwicklungen durchgemacht und sind reife und starke Persönlichkeiten geworden. Stephanie hat ihre Eltern immer mehr gebraucht als ihre Geschwister. Sensibel ist das erste Wort, das mir bei einer Beschreibung ihrer Person in den Sinn kommt. Vor einer Weile fiel mir jedoch plötzlich auf, daß sie am Tischgespräch mit ihren Eltern über das Thema Wein sehr regen Anteil nahm. Ihr Gesichtsausdruck war verblüffend. In ihrer ernsthaften, nachdenklichen Art erinnerte sie mich an ihren Vater, als er am Ende der Verkostung am Nachmittag abschließende und kritische Betrachtungen zu den Jungweinen angestellt hatte.

Zusammen mit ihren Geschwistern half Stephanie bei der Feier zum 50. Geburtstag ihres Vaters, die Weine einzuschenken. »Wirst du auch eine solche Feier zu deinem 50. Geburtstag machen?« fragte ich sie. »Natürlich«, antwortete sie. »Werde ich dann deine besten Weine verkosten können?« fragte ich weiter und versuchte, meine Frage nicht zu ernst klingen zu lassen. »Natürlich«, erwiderte sie wiederum ohne Zögern. Das sieht schon jetzt wie ein guter Grund aus, bis zum Jahr 2032 durchzuhalten. Vielleicht helfen dabei ein paar Gläser »Jean Bap.«?

... und Weingut Balbach in Nierstein

Einer der wenigen einheimischen Winzer, mit denen Fritz Hasselbach immer gut auskam, ist sein früherer Englischlehrer, der gutmütige Friedel Bohn. Trotz seiner für sein Alter guten Verfassung fand Bohn, mit 70 Jahren sei es Zeit, jemanden zu finden, der das Familienweingut übernehmen würde. Da er keine Kinder hat, wandte er sich an Fritz Hasselbach. Nach langwierigen Gesprächen – Fritz Hasselbach sagte einige Male »nein« – übernahm Weingut Gunderloch im Sommer 1996 das Weingut Balbach. Die Neuigkeit sorgte in der Weinszene allerdings für einige Bestürzung, da die Hasselbachs ihre Rebfläche damit von zehn auf zwanzig Hektar verdoppelt haben. »Ist das ein Geburtstagsgeschenk, das er sich selbst macht?« hörte ich jemanden mutmaßen. In gewisser Weise trifft das sicher zu, und auf alle Fälle wird es ihn bis zu seinem 60. Geburtstag beschäftigt halten, wenn es die Harley Davidson, die er sich selbst geschenkt hat, nicht tut.

Probiernotizen Weingut Gunderloch

Riesling – Nackenheim Rothenberg »Grand Cru«

1992 TROCKENBEERENAUSLESE 100
Sie saß neben mir, und je länger ich sie anschaute, desto schwerer fiel mir die Vorstellung, in Zukunft nicht alles mit ihr gemeinsam zu erleben. Es kam dazu, und es bleibt der schönste Wahnsinn meines Lebens.

1993 SPÄTLESE TROCKEN 91
Eine äußerst raffinierte trockene Verführung, wie sie Deutschland selten gelingt (streng oder vordergründig lasch sind eher die Norm).

1993 SPÄTLESE 91
Ein florales Kraftpaket – der Wein beweist, daß das kein Widerspruch sein muß.

1993 AUSLESE 93
Fast ein Exzeß an Blüten- und Fruchtaromen, und trotz seiner üppigen Fülle keinesfalls satt oder sättigend.

1993 AUSLESE *** 94
Eine Grandeur, die sich in keine Schublade stecken läßt, weder trocken noch süß, jedoch opulent und unglaublich fein.

1993 AUSLESE »GOLDKAPSEL« 96
Wer würde sich dem nicht einmal – mehrmals, häufig – ergeben; pure Sinnlichkeit; genug Streicheleinheiten für eine kleine Gesellschaft.

1993 BEERENAUSLESE 98
Eine Ballerina beim Spitzentanz; die Kraft ihrer Muskeln und die absolute Strenge ihrer Konzentration und Beherrschung.

1993	TROCKENBEERENAUSLESE	91

Leider durch ein Mißgeschick ein wenig gezehrt statt der Höhepunkt des Jahrgangs. Trotzdem ein beeindruckender edelsüßer Riesling.

1994	SPÄTLESE TROCKEN	89

Extrovertiert im besten Sinne des Wortes, aber keine Übermächtigkeit, sondern anziehend und faszinierend.

1994	SPÄTLESE	89

So etwas Alltägliches wie »Charme« ist selten bei den Weinen dieses Gutes zu treffen, aber hier ist die Ausnahme – und in überzeugender Form.

1994	AUSLESE	91

In der letzten Sekunde vor dem Winter ist sie von den Hasselbachs geschnappt worden, diese fragile Delikatesse, diese brillante Leichtigkeit.

1994	AUSLESE »GOLDKAPSEL«	93

Hat einige Verwandlungen hinter sich und braucht bis ins nächste Jahrhundert, um zum Gleichgewicht zu finden, aber die Spannung ist groß, die Pikanz immer noch ausgeprägt.

1994	TROCKENBEERENAUSLESE	98

Sehe ich den Wahnsinn dieses Weines sich in den Augen von Fritz Hasselbach widerspiegeln? Trotzdem ist der Wein kein Anfall und behält perfekt die Fassung.

1994	TROCKENBEERENAUSLESE »GOLDKAPSEL« (VERSTEIGERUNGSWEIN)	99

Ein noch monolithisch wirkendes Konzentrat, das Jahrzehnte brauchen wird, um seine übernatürlichen Kräfte zu bändigen. Die 1921er TBAs waren solche Kameraden, und sie schmecken auch erst jetzt!

1995	SPÄTLESE TROCKEN	87

Nichts fehlt, im Gegenteil, der Wein hat zuviel und wirkt dadurch imposant und ein wenig klotzig.

1995	SPÄTLESE	90

Die Süße hat ihn am Anfang belastet, aber jetzt befreit er sich und brilliert.

1995	AUSLESE	93

Ein Garten im Süden, in dem Hibiskusbüsche blühen und reife Melonen geerntet werden; eine Welt im perfekten Einklang.

1995	AUSLESE »GOLDKAPSEL«	95
	Ganz in Weiß wartet sie ein wenig ungeduldig, was ihre Schönheit noch auffälliger macht; eine große Mätresse.	
1996	SPÄTLESE TROCKEN (FASSPROBE)	??
	Es ist unseriös, gärende Weine zu bewerten.	
1996	SPÄTLESE (FASSPROBE)	91?
	Herrliche Frische und Grazie, die natürliche Süße fast ganz versteckt.	
1996	AUSLESE (FASSPROBE)	94?
	Power und Finesse vereint; die Hibiskus- und Hagebuttenaromen erinnern stark an die jungen 1993er Weine.	
1996	AUSLESE *** (FASSPROBE)	94?
	Opulent, aber perfekt ausgewogen; bezaubernder Honigton.	
1996	AUSLESE »GOLDKAPSEL« (FASSPROBE)	96?
	Enorme Dichte und Pikanz; braucht Jahre, um sich zu entfalten.	
1996	BEERENAUSLESE (FASSPROBE)	97?
	Zeigt die Muskeln deutlicher als der Vorgänger, faszinierende Würzigkeit.	
1996	TROCKENBEERENAUSLESE »GOLDKAPSEL« (FASSPROBE – VERSTEIGERUNGSWEIN)	100?
	Bei der Verkostung steckte er immer noch in der Embryophase, trotzdem fielen der enorme aromatische Tiefgang und seine Klarheit sofort auf. Eine neue Legende wächst heran.	

Mit dem Schwert zur Hand
Peter von Weymarn und Markus Ahr

Weingut Freiherr Heyl zu Herrnsheim
Mathildenhof
Langgasse 3
55283 Nierstein
Tel. 06133/5120
Fax 06133/58921

»Wo ich herkomme, lebten meine Familie und unser Volk im ständigen Bewußtsein, daß sie Außenseiter in einem fremden Land waren und sich vielleicht ohne Vorwarnung verteidigen müßten«, erzählte mir Peter von Weymarn und sprach dabei ungewöhnlich langsam, seine Worte mit Bedacht wählend, da sie offensichtlich von großer Bedeutung für ihn waren. »Wir wurden deshalb von klein auf dazu angehalten, das Schwert stets zur Hand zu haben, bildlich gesprochen.« Es war spät am Abend, und wir saßen im Weymarnschen Eßzimmer mit seinen roten Wänden. Die Fensterscheiben waren so glänzend schwarz vor Dunkelheit, daß ich mein Gesicht ganz dicht an die Glasscheibe hätte drücken müssen, um die verschwommenen Umrisse der Bäume im parkartigen Garten hinter dem Mathildenhof zu erkennen. Peter von Weymarn sprach von einer verschwundenen Welt in Reval in Estland, wo er 1936 geboren wurde und von wo er bereits als Kind fliehen mußte, einer Welt, die nur noch in seinem Herzen existiert und seitdem seinen ständigen inneren Antrieb bildet.

Seit er mit seiner Frau Isa das von ihr im Januar 1969 geerbte Weingut in Nierstein übernahm, hat er zweifellos das Schwert immer parat gehabt. Die Art und Weise, wie er seine Ansichten stets deutlich äußert, ließ nie einen Zweifel daran, daß er bereit war, seinen Standpunkt notfalls mit dem Schwert zu verteidigen. Lange Zeit bevor dieses Thema unter den führenden deutschen Winzern diskutiert wurde, äußerte er offene Kritik an den fatalen Schwächen des deutschen Weingesetzes von 1971 und wies deutlich auf die Mißachtung der deutschen Weintradition hin, die somit dem Untergang preisgegeben war. Sein Engagement für umweltorientierten Weinbau begann mit Experimenten in den späten siebziger Jahren, lange vor dem allgemeinen gegenwärtigen Trend. Die meisten seiner Kollegen lachten damals noch über ökologischen Weinbau, während er wissenschaftliche Argumente lieferte, die sich nicht ohne weiteres beiseite schieben ließen. Viele Winzer sahen sich dadurch zum ersten Mal gezwungen, sich ernsthaft mit Fragen zum Einfluß der Umwelt, der Bodenstruktur oder moderner Chemie auf die Bekömmlichkeit des Weines auseinanderzusetzen.

Nicht nur seine Überzeugungen, sondern auch seine Art, sie zu verfechten, haben Peter von Weymarn viele Feinde und Kritiker eingebracht. Manche seiner Winzerkollegen machen keinen Hehl aus ihrer Ablehnung, und von anderen wird er wegen seiner hartnäckigen Art ausgelacht. Spricht man jedoch dieselben Menschen auf die Heyl-zu-Herrnsheim-Weine an, hört man viel Lob. Das Gut hat in den letzten Jahren zwar durch häufigen Kellermeisterwechsel und Ungewißheit über die Zukunft des Betriebs schwierige Zeiten durchgemacht – was sich gelegentlich auch bei der Qualität der Weine bemerkbar machte –, doch zählt es weiterhin zu der kleinen Gruppe von Gütern im Rheintal, die seit über einem halben Jahrhundert ununterbrochen ein hohes

Ansehen genießen. Eine vom Wirtschaftsmagazin »Forbes« organisierte Jury von Fachleuten wählte Heyl zu Herrnsheim 1993 zum Weingut Nummer eins in Deutschland. Dies war eine von vielen Ehrungen in diesem Jahr, und auch in den Jahren zuvor hatte es bereits zahlreiche gegeben.

Über den Gegensatz zwischen seinem eigenen Wesen und Einstellung zum Wein und der seiner Nachbarn in Nierstein bzw. Rheinhessen hat Peter von Weymarn lange und oft nachgedacht. »Das hier ist ein Gebiet, durch das oft Armeen gezogen sind, und mir scheint es, daß diese Erfahrungen über Generationen und Jahrhunderte einen starken Einfluß auf die Bevölkerung gehabt haben. Wenn man abends durch ein typisches Dorf in Rheinhessen fährt, sieht man nur verriegelte Hoftore und beinahe menschenleere Straßen.« Die Mentalität der Rheinhessen wirkt auf Peter von Weymarn nicht weniger defensiv, als seine eigene kämpferisch ist. Trotzdem identifiziert er sich stark mit dieser Region, die in nichts dem heimatlichen Estland gleicht, oder Stuttgart und Zürich, wo er studiert hat, oder Heidelberg, wo er als Astrophysiker tätig war, bevor er sich dem Wein zuwandte. Während der beinahe 30 Jahre, die er nun hier lebt und arbeitet, hat er nicht nur die Ursprünge der gegenwärtigen Probleme erkannt, sondern auch viele Erzeugnisse dieser fruchtbaren Gegend lieben gelernt.

»Als ich hierherkam, war der Silvaner, der typische Rheinhessenwein, für mich der langweiligste Wein in unserem Angebot. 1976 ließen wir dann eine Silvaner Spätlese vollkommen trocken durchgären, und ich war überrascht von dem wunderbaren Ergebnis. Seitdem bin ich von der Rebsorte fasziniert«, erzählte er, als ich das erste Mal vor einer Reihe von Weinen bei ihm im Gut saß, immer noch voller Begeisterung über die Ereignisse von vor zehn Jahren. Sie waren für ihn noch genauso lebendig wie der letzte Jahrgang, und als er das gleiche bei einem meiner letzten Besuche vor kurzem wiederum erwähnte, war sein Ton unverändert. Was Peter von Weymarn bei seinen Winzerkollegen in Rheinhessen nicht ausstehen kann, ist die Einstellung – die sich allerdings keineswegs auf dieses Gebiet beschränkt –, daß alle Rheinhessenweine automatisch gut sind (man möchte die unausgesprochene Wahrheit hinzufügen: weil sie im Keller liegen und verkauft werden müssen). So sagt er zum Beispiel ganz offen, daß der Silvaner in erster Linie Alltagsweine und nur unter optimalen Bedingungen Bemerkenswertes hervorbringt. »Ein einfacher Wein muß einen einfachen Namen tragen; ein großer Wein darf einen komplizierten Namen haben«, ist einer seiner obersten Grundsätze, und einfache Weine mit prätentiösen Namen prangert er als leere Versprechungen an.

Die Weise, in der das deutsche Weingesetz von 1971 mit den Namen umspringt, die einst mit den glorreichsten Weinen der Nation verbunden wurden, die Weine, für die Deutschland auf der ganzen Welt zwei Jahrhunderte lang berühmt war, steht für ihn am Ursprung der Krise, in der die deutsche Weinbranche seit zehn Jahren steckt. Bezeichnungen, die vormals verläßliche Garantien für hochwertige Weine aus klassischen Rebsorten darstellten wie zum Beispiel »Spätlese«, sind so stark entwertet worden, daß sie heute auf den billigsten Weinen im Supermarkt zu finden sind. Für ihn bedeutet das nicht nur ein persönliches Ärgernis, weil es seine nur aus klassischen Rebsorten und Spitzenlagen stammenden Spätlesen in den Augen potentieller Kunden abwertet, sondern auch die Zerstörung einer Facette der deutschen Weintradition. Wie kann man einem Begriff, der so ausgeschlachtet worden ist wie die Bezeichnung Spätlese, wieder Bedeutung verleihen? Wie kann man die deutsche Weinkultur wieder beleben? Diese Fragen haben ihn viele Jahre lang beschäftigt. Seine Antwort bestand Anfang der neunziger Jahre in einer neuen internen Weinklassifizierung der Heyl-zu-Herrnsheim-Weine.

Wie er selbst deutlich macht, war Peter von Weymarn nicht der einzige, der ein solches System für die Weine seines Gutes einführte. Weingut Gunderloch im benachbarten Nackenheim und Weingut Georg Breuer in Rüdesheim im Rheingau gingen gleichzeitig in dieselbe Richtung, und bedeutende Betriebe wie das Weingut Dr. Bürklin-Wolf in Wachenheim in der Pfalz sind ihnen seitdem gefolgt. Die erste Stufe bei den Heyl-zu-Herrnsheim-Weinen sind die trockenen Gutsweine in der Literflasche, die nur den Gutsnamen tragen und die Rebsorte. Ihnen folgen die trockenen Ortsweine, bei denen zusätzlich der Name Nierstein auf dem Etikett angegeben wird. Während die gesetzlich festgelegte Großlagenbezeichnung »Niersteiner Gutes Domtal« nicht einen Tropfen Wein aus Niersteiner Lagen in der Flasche erforderlich macht, stammen Heyls Niersteiner Weine zu 100 Prozent aus den Lagen dieses Orts. An der Spitze stehen schließlich die Weine aus den Spitzenweinbergslagen, aus nach französischem Weingesetz *Premier*- und *Grand-Cru*-Weinbergen. Diese Weine können sowohl trocken sein als auch natürliche Restsüße aufweisen.

Etwas daran erinnert an den Versuch eines Wissenschaftlers, eine Ordnung in der Welt zu finden, obwohl diese auf den ersten Blick nicht zu erkennen ist, und sie zu verdeutlichen. Für Peter von Weymarn sind dies drei eigenständige Weintypen und keinesfalls lediglich drei Kategorien in der Preisliste für einfacheres Marketing. Die ersten sind Weine, die ihren Charakter ausschließlich aus der Rebsorte und dem Ausbaustil des Weinguts beziehen. Die Niersteiner Weine zeigen Eigenarten, die spezifisch für die Lage des Ortes sind, für das günstige Klima der Niersteiner Weinberge nahe zum Wärmespeicher Rhein. Jeder der Lagenweine schließlich trägt den Namen einer hervorragenden Weinbergslage, da Duft, Geschmack und Struktur stark von der Stelle geprägt sind, an der er gewachsen ist, der einzigartigen Kombination von Boden, Mikroklima und Exposition dieser Lage.

Es ist paradox, daß viele Weintrinker, -händler und Gastronomen, denen das zerstörte Ansehen der deutschen Weine seit der Einführung des Weingesetzes von 1971 nur allzu bewußt ist, trotzdem zögern, ein neues System anzunehmen, das einen Ausweg aus dem gegenwärtigen Morast darstellt. Selbst ein einziger Schritt in eine neue, noch nicht erprobte Richtung erscheint ihnen riskant. Dazu kommt die vehemente Ablehnung mancher Traditionen, zum Beispiel des 1893 für das Weingut von Professor J. Sattler geschaffenen Etiketts mit dem blauen Mönch. »Die meisten unserer jüngeren Kunden lehnen es kategorisch ab, obwohl es eine Art Kulturdenkmal darstellt, während unsere ausländischen Kunden darauf bestehen«, sagt Peter von Weymarn, als wir im September 1996 Rieslinge aus den drei Spitzenlagen des Gutes verkosten: Niersteiner Pettental, Oelberg und Alleinbesitzlage Brudersberg. Zu uns gesellt sich Markus Ahr, der designierte Nachfolger der von Weymarns. Während der frühen neunziger Jahre war man zu einer stilisierten, modernisierten Variante des ursprünglichen Mönchetiketts übergegangen, das immer ein wenig wie eine Notlösung gewirkt hat. Markus Ahr zeigt mir Probedrucke für ein neues Etikett, das das usprügliche wieder aufgreift, jedoch quasi als »Zitat« mit einem breiten cremefarbenen Rahmen. Sie sind sicher ein Schritt nach vorn, doch fürchten sowohl Markus Ahr als auch Peter von Weymarn, daß manche Kunden auch das nicht akzeptieren werden. Ein Trauerspiel!

Warum stellt niemand, weder in Deutschland noch anderswo auf der Welt, das Etikett von Château Pétrus in Pomerol im Bordeaux in Frage, während das Heyl-zu-Herrnsheim-Etikett Deutsche veranlaßt, etwas abzulehnen, das im Ausland so positiv aufgenommen wird? Der Vergleich bietet sich an, da beide Etiketten eine religiöse Figur abbilden, den heiligen Petrus mit einem großen Schlüssel in dem einen und einen Mönch ebenfalls mit einem großen Schlüssel im anderen Fall. Die Entwürfe stammen aus ungefähr der gleichen Zeit und sind beide von jeweils einer kaum subtil zu nennenden Farbe geprägt, Rot bei Château Pétrus und Blau bei Heyl zu Herrnsheim. Wir diskutieren ziemlich ausführlich über die Gründe für diese Situation. Besteht das »Problem« für Deutsche bei Heyl zu Herrnsheim darin, daß es sie an kitschige Imitationen dieses Stils auf Flaschen mit billigem, minderwertigen deutschen Wein in den sechziger Jahren erinnert, oder haben sie auch ein Problem mit deutschen Traditionen, die ihren Ursprung in der Entstehungszeit des Etiketts haben, oder ist es das Ergebnis eines allgemeineren Bestrebens, der Vergangenheit den Rücken zuzukehren und sich der Zukunft zuzuwenden?

Wir kommen zu keinem eindeutigen Schluß und wenden uns wieder unserer Verkostung zu. Markus Ahrs Kommentare zu den Weinen machen seinen Entschluß deutlich, denselben Weg wie Peter von Weymarn zu verfolgen. Obwohl er sich der enormen Hindernisse bewußt ist, die Peter von Weymarn überwinden mußte, um Heyl zu Herrnsheim zu seinem heutigen Rang zu bringen, und wie viele Enttäuschungen er bei der Verwirklichung seiner besten Ideen erfahren hat, ist Markus Ahr entschlossen, auf diesen Grundlagen weiter aufzubauen. Wie Peter von Weymarn ist er ein Außenseiter, der an diese Aufgabe ohne vorgefaßte Meinungen herangeht. Angesichts der Tatsache, daß die große Mehrheit der deutschen Weinbranche sich ausschließlich in festgefahrenen Bahnen bewegt und der von ihm eingeschlagene Weg in die entgegengesetzte Richtung führt, ist es keine Übertreibung, ihn als Außenseiter in einem »fremden Land« zu bezeichnen und zu fürchten, daß er auf Überraschungsangriffe vorbereitet sein muß. Diese Aussicht macht ihn vielleicht noch ein bißchen nervös, aber er scheint mir die nötige innere Stärke zu besitzen, um gegebenenfalls auch das Schwert zu ziehen. Wenn das zutrifft, ist er ein würdiger Nachfolger für Peter von Weymarn.

Probiernotizen Weingut Freiherr Heyl zu Herrnsheim

Riesling – Niersteiner Pettental »Grand Cru«

1993 SPÄTLESE TROCKEN 87
Etwas breitschultrig, aber ein Hansdampf in allen Gassen – auch in der Langgasse!

1993 SPÄTLESE HALBTROCKEN 90
Mundfüllende Saftigkeit, strotzt vor Substanz, aber geschliffen; recht trocken.

1993 AUSLESE 90
Wie aus dem Bilderbuch; wirklich ein »Spiel« zwischen feiner natürlicher Süße und rassiger Säure, die ein kleines Bällchen hin und her werfen.

1994 SPÄTLESE TROCKEN 84
Nur eine Andeutung von Strenge nimmt ihm ein wenig von seiner Eleganz.

1994 SPÄTLESE HALBTROCKEN 86
Die kühle Minzenote animiert die Früchte im Mund und läßt an warme Tage denken.

1994 AUSLESE 88
Schlank und straff, als ob er noch stramm steht und sich nach Entspannung sehnt.

1995 SPÄTLESE TROCKEN 86
Ungewöhnliche Exotik und ebenso ungewöhnliche – der verhagelte Jahrgang! – Eleganz.

1996 SPÄTLESE TROCKEN 88
Ein schlankes Dressurpferd mit sehr eleganten Bewegungen.

1996 SPÄTLESE HALBTROCKEN 87
Unfertig und unruhig zum Zeitpunkt der Verkostung, aber viel Ausdruck und kein Bluff.

Riesling – Niersteiner Brudersberg »Grand Cru«

1992 SPÄTLESE TROCKEN 87
Die Noblesse eines wahrhaft aristokratischen Hauses, wo die Abstimmung jedes Details der Inneneinrichtung wohl überlegt und nicht steif ist, wie zum Beispiel im Mathildenhof.

1993 SPÄTLESE TROCKEN 89
Man mag ihn, oder man mag ihn nicht, aber Anerkennung verdient er auf jeden Fall, wie er so da steht – hochgewachsen, wohlgeschnittene Gesichtszüge und ein festes Rückgrat.

1994 SPÄTLESE TROCKEN 85
Noch ungestüm; die widersprüchlichen Tendenzen müssen sich einigen, bevor er richtig harmonisch wird.

1995 SPÄTLESE TROCKEN 86
Kräftig und opulent; wenn er dazu etwas geschliffener wäre, könnte er richtig brillieren.

Fanatische Sammler
Klaus und Hedwig Keller

Weingut Keller
Bahnhofstraße 1
67592 Flörsheim-Dalsheim
Tel. 06243/456
Fax 06243/6686

Hedwig Keller platzt in ihrer roten Schürze herein – sie ist in der Küche zugange – und fragt mich unverblümt: »Nun, welcher ist der beste?« Die Frage bezieht sich auf die drei Jahrgänge (1995, 1994 und 1993) der Riesling-Auslese der Kellers aus der Lage Dalsheimer Hubacker. Ich hatte schon befürchtet, daß die Frage irgendwann im Laufe der Verkostung im Kellerschen Probierzimmer gestellt werden und vielleicht zu einer unangenehmen und langwierigen Diskussion führen würde. Ehrgeizige Winzer ziehen nur allzu häufig automatisch den jüngsten Jahrgang vor, da sie die steigende Konsequenz ihrer Arbeitsweise vor Augen haben und denken, daß diese sich in direktem Verhältnis in den jüngsten Weinen widerspiegeln müssen. Oft wird dabei der Faktor Natur vollständig außer acht gelassen, und sie stürzen sich Hals über Kopf in die Überzeugung, ihre jüngsten Weine müßten die besten sein, die sie je hervorgebracht hätten. Bei dem Hinweis auf einen früheren, ebenfalls hervorragenden Jahrgang manövrieren sie sich leicht in eine verzwickte Situation, da dieser ältere Wein ja an sich auf denselben Perfektionismus zurückzuführen ist und daher auch sehr gut sein muß. Das Bessere ist hier der Feind des Guten, da sie fürchten, daß Lob für den einen Wein ein negatives Licht auf einen anderen wirft, der dann natürlich verteidigt werden muß, was wiederum Zweifel an der Güte eines dritten Weins hervorruft ...

Meine Befürchtungen bezogen sich jedoch nicht allein auf diesen typischen Winzerkomplex. Ich hatte eher eine bestimmte Begebenheit vor Augen, als wir uns durch die Keller-Weine hindurchkosteten, vom einfachen, aber gut gemachten roten Portugieser bis hinauf zu den Hubacker Riesling-Auslesen. Ein knappes halbes Jahr zuvor hatte ich die Kellers auf einer wichtigen Weinpräsentation getroffen, und wie immer waren sie äußerst freundlich gewesen. Ich hatte mich nach den Weinen des neuen Jahrgangs, 1995, erkundigt, und Hedwig Kellers Antwort hatte gelautet, ihre Riesling-Auslese sei noch besser als die beste Riesling-Auslese des Jahrgangs 1994 in Deutschland! Dies bezog sich auf die Auszeichnung »Auslese des Jahres«, die die 1994 Hubacker Riesling-Auslese der Kellers vom »Gault Millau-WeinGuide« im vorhergehenden Jahr erhalten hatte. Daß sie den 1995er Jahrgang dieses Weines dem 1994er vorzog, war sicher eine ehrliche Meinung, aber wie sie dies zum Ausdruck brachte, verschlug mir die Sprache. Da ich an diesem Tag noch eine große Zahl von Weinen zu verkosten hatte, entschuldigte ich mich mit dem Versprechen, sie zu einem späteren Zeitpunkt zu besuchen. Jetzt war der Augenblick der Wahrheit gekommen und die unausweichliche Frage, ob ich ihre Meinung teilte oder nicht, war mit der für Hedwig Keller typischen Direktheit gestellt worden.

»Das sage ich nicht«, antwortete ich so entschieden wie möglich, »Sie müssen mein Buch lesen, um es herauszufinden.« Dieses eine Mal war es mir gelungen, sie zu überraschen, und sie starrte mich mit halboffenem Mund an. Sie versuchte es noch einmal mit der Frage, doch zu ihrer großen Enttäuschung weigerte ich mich einfach zu antworten. Klaus Keller fragte schließlich, ob wir zum letzten Wein übergehen sollten; nicht nur, um seiner Frau aus dieser Situation herauszuhelfen, sondern auch in der Überzeugung, daß der letzte Wein unserer Verkostung alles überragen würde, was wir an diesem Tag bis dahin verkostet hatten. Und er hatte recht. Die 1995 Riesling Trockenbeerenauslese war der beste Wein, den ich je von den Kellers probiert hatte, ein edelsüßes Meisterwerk, das zum Besten gehört, das in Deutschland in den letzten Jahren entstanden ist.

Mit edelsüßen Weinen wie diesem hat Klaus Keller erstmals die Aufmerksamkeit auf das Weingut gelenkt, das er mit seiner Frau Hedwig seit 1972 betreibt. Die Weine brachten den Kellers eine Reihe von Auszeichnungen bei den offiziellen Weinprämierungen ein, die 1989 im Bundesehrenpreis in Gold gipfelte. Bei edelsüßen Weinen sieht der Kellermeister sich einer großen Zahl von Problemen gegenüber, und bevor er sich überhaupt dieser Herausforderung stellen kann, muß die nicht weniger anspruchsvolle selektive Lese der edelfaulen Trauben, aus denen diese Weine entstehen, bewerkstelligt werden. Die Kellers sind seit langem auf beiden Gebieten Meister, und nach vielen Experimenten mit edelsüßen Weinen aus allen Arten von Rebsorten haben sie herausgefunden, welche die besten Ergebnisse ergeben. Sie versuchen sich nicht länger an so exotischen Weinen wie der Rotling Trockenbeerenauslese aus Grauem Burgunder und Spätburgunder, einer kupferfarbenen Kombination aus einer rötlichen und einer weißen Trockenbeerenauslese, sondern konzentrieren sich auf den Riesling, seinen nahen Verwandten Rieslaner und die rheinhessische Spezialität Huxelrebe.

Ehrgeiz und Perfektionismus sind bei den trockenen Keller-Weinen ebenso die treibenden Kräfte wie bei den edelsüßen. Die Kellers haben große Fortschritte gemacht, seit ich ihre Weine im Sommer 1990 kennengelernt habe, so daß auch auf diesem Gebiet – wie bei den Dessertweinen in Rheinhessen – ihre einzige Konkurrenz von der Rheinfront, den besten Lagen des Gebietes kommt. Flörsheim-Dalsheim, im Regenschatten des Donnersberg gelegen, profitiert zwar auch von einem besonders günstigen Klima, das den Weinbergslagen hier ein größeres Potential für hochwertige Weine verleiht als in den meisten anderen Ortschaften und Dörfern im rheinhessischen Hügelland, jedoch gehören sie keinesfalls zu den »Grand Crus« in Deutschland. Die Kellers würden diese Tatsache vielleicht nicht ganz so unverblümt ausdrücken, aber ihnen ist deutlich bewußt, daß ihre besten Weine bemerkenswerte Ergebnisse darstellen angesichts der Weinbergslagen, aus denen sie stammen. Beide Kellers sind von den Spitzen-Lagen an Rhein und Mosel fasziniert und wenn es nur aus der Neugierde heraus ist, ob diese Lagen wirklich bessere Weine hervorbringen können als der Dalsheimer Hubacker & Co. Auch stammt Hedwig Keller aus der Nähe von Trier.

»Ich möchte eine Parzelle im Erbacher Marcobrunn, oder zumindest Trauben aus dieser Lage, kaufen, so daß wir einen Marcobrunn-Wein machen können«, verkündet Hedwig Keller, ohne einen Gedanken daran zu verschwenden, daß diese legendäre Rheingauer Weinbergslage im Besitz einer Handvoll beinahe ausschließlich aristokratischer Güter ist, die überhaupt kein Interesse daran haben, ihre wertvollsten Lagen zu verkaufen und über jede gesunde Traube glücklich sind, die sie hier ernten können. Ich erklärte diese Umstände, aber meine Worte interessierten sie nicht wirklich. Dennoch ist dieser Wunschtraum kein pures Wolkenkuckucksheim, wie es auf den ersten Blick erscheinen mag; die Kellers haben bereits Stücke in der hervorragenden Ruwerlage Kaseler Kehrnagel und vor kurzem auch im exzellenten Rüdesheimer Berg Roseneck im Rheingau gepachtet. Jedes dieser Stücke umfaßt lediglich 0,25 Hektar, doch genügt das für ein Faß Wein jährlich aus beiden Lagen. Ihr Interesse am Marcobrunn ist daher nicht rein theoretisch, selbst wenn es gegenwärtig unmöglich erscheint, ihren Traum zu verwirklichen.

»Am frühen Morgen des 5. November 1995 fuhren wir mit einem Lkw von Dalsheim zu unserer ersten Lese in Kasel«, erzählt Klaus Keller noch genauso aufgeregt, als ob es gestern gewesen sei. »Auf der Fahrt stellten wir fest, daß die Temperatur weit unter den Gefrierpunkt gesunken war, und wir beschlossen kurzerhand, einen Eiswein zu lesen.« Die ersten anderthalb Stunden waren dann der Aufgabe gewidmet, rasch die Trauben für diesen Wein zu sammeln, und obwohl der Ausbau im weit entfernten Dalsheimer Keller stattfand, ist das Ergebnis hervorragend. Proben des fertigen Weines mußten jedoch zur Prüfstelle nach Trier, um eine amtliche Prüfnummer zu erhalten. »Denken die Leute hier, die Kollegen, nicht, daß Sie verrückt sind, so etwas zu machen?« konnte ich mir nicht verkneifen zu fragen. »Na ja, die denken sowieso, daß wir verrückt sind«, war Klaus Kellers wenig überraschende Antwort. Ihr erster Rheingau-Wein – aus der Lese 1997 – stellt ein zusätzliches Problem dar, da die

Trauben in zwei verschiedenen Bundesländern gelesen und ausgebaut werden. Die dadurch aufgeworfenen Fragen sind auf einer Reihe von Schreibtischen im Mainzer Ministerium gelandet.

Die Kellers haben sich nie durch Konventionen hindern lassen, und ihr Glaube an sich selbst ist so stark, daß ihnen fast keine Aufgabe zu schwierig erscheint. In weniger als zehn Jahren hat diese Kombination ihr Weingut aus beinahe völliger Unbekanntheit in die Reihen der deutschen Spitzenerzeuger katapultiert. Es sind dabei zahlreiche für ihr Gebiet bahnbrechende Weine entstanden, die beweisen, daß es zumindest in den begünstigteren Teilen des rheinhessischen Hügellandes möglich ist, erstklassige Weine zu erzeugen, vorausgesetzt, man widmet sich dieser Aufgabe mit soviel Ernsthaftigkeit, Ehrgeiz und Energie wie die Kellers. Wenn sie keine Scheu haben, ihren Stolz offen zur Schau zu tragen, so kann ich das verstehen – ihre Leistungen im Gebiet sind fast beispiellos. Genauso leicht fällt es, Hedwig Keller dafür zu entschuldigen, in ihrer Schürze hereinzuplatzen und ihre fordernden Fragen auf mich abzufeuern. Die folgenden Verkostungsnotizen sollten sie beruhigen, daß alle von mir zu den besten gezählten Weine herausragende Leistungen darstellen.

Die Weine des Weingutes Keller

Der Riesling nimmt ein Drittel der zwölf Hektar Weinberge der Kellers ein, und unter dem Ausleseniveau werden diese Weine ausnahmslos trocken ausgebaut. Sie zeigen stets die kristalline Klarheit und Frische, die Klaus Kellers Ziel ist, und selbst der geringste unter ihnen weist ein anziehendes Spiel auf. Die guten bis sehr guten trockenen Weine aus den Sorten Grau- und Weißburgunder sind ihnen ebenbürtige Konkurrenten in einem weicheren, volleren Stil. In einem Viertel der Weinberge wachsen Rotweinreben, und ihr Sohn hat im Burgund gearbeitet, um die nötige Erfahrung zu sammeln, damit diese Weine auch zumindest das Niveau der trockenen Weißweine erreichen. Die edelsüßen Weine stellen die Krönung dieser breiten Auswahl dar, und bis jetzt sind ihnen nur auf diesem Gebiet wahrhaftig große Weine gelungen.

Probiernotizen Weingut Keller

Riesling – Dalsheimer Hubacker

1993 AUSLESE TROCKEN 85
Power und Volumen wurden nicht vergessen, aber irgendwie tun sie sich ein wenig schwer mit der Säure.

1993 AUSLESE*** 94
Ausgewogenheit und Intensität zugleich, wie man es sucht, aber nur selten findet, ob in dieser Ecke Rheinhessens oder anderswo.

1994 SPÄTLESE TROCKEN 86
Voll, elegant und ganz klar, ohne poliert oder gar getüncht zu wirken.

1994 SPÄTLESE HALBTROCKEN 89
Fast wie ein Moselwein, als ob Hedwig Keller Sehnsucht gehabt und dies durch Zauber eine flüssige Form angenommen hätte. Nur die große Fülle macht es klar: Es kann nur Keller sein.

1994 AUSLESE*** 93
Die Aromen schießen in alle Richtungen, so daß ich sie kaum erwische. Aber am Gaumen ist die Rasse wie ein Faden, der durch alles läuft und das Ganze zusammenbindet.

1994 TROCKENBEERENAUSLESE 95
Ein mächtiger Kämpfer springt in den Ring, und der Ringmeister ruft: »In der roten Ecke der Gigant Rheinhessens ...« Arme Liebfrauenmilch in der Ecke ihm gegenüber!

1995 SPÄTLESE TROCKEN 86
Befinden wir uns im Rheingau? Das fragen sich viele Keller-Kunden auch; aber nein, diese Klarheit und elegante Rasse kann nur Keller sein.

1995 SPÄTLESE HALBTROCKEN 83
Zweifelsohne ein attraktiver Wein, aber es gibt viele solche in dieser Welt.

1995 AUSLESE*** 93
Die unverschämte Frische und ungehemmte Lebendigkeit reizen immer wieder zu noch einem Schluck von dem brillanten Wunderkind.

1995 TROCKENBEERENAUSLESE 97
Nicht durch Volumen oder Geschmacksintensität beeindruckt er, sondern durch eine unheimlich faszinierende Feinheit; wird auch ein äußerst langlebiger Wein.

1996 SPÄTLESE TROCKEN 83
Eine ungenierte Säure wird gerade so vom festen Körper in den Bahnen gehalten.

1996 SPÄTLESE 83
Keine anderen Worte sind ausreichend, und seine charmante Blume ändert nichts daran: Er ist ein strammer Bursche.

1996 Eiswein 87
Süß-sauer soll Eiswein sein, und das ist er allemal, aber außer diesen Komponenten hat er nichts Großartiges anzubieten.

1996 Trockenbeerenauslese 89
Keinesfalls, was man unter TBA versteht, auch wenn es sich um einen sehr guten Süßwein handelt. Finesse ist durchaus vorhanden, aber man sucht vergeblich nach Power und Tiefgang.

Riesling – Kaseler Kehrnagel »Grand Cru«

1995 Spätlese 88
Kindheitserinnerungen an Rhabarberkompott. Mmmmmh ...

1995 Eiswein 91
Ein Wunder per Lastwagen (Kasel – Flörsheim-Dalsheim), aber die Spannung hält noch viel länger an, warte mal, warte mal!

1996 Qualitätswein trocken 78
Eine kleine saure Enttäuschung, aber bei solch einem Spiel kann nicht jeder Versuch gelingen.

Riesling – Rüdesheimer Berg Roseneck

1996 Spätlese trocken 82
Das anziehende Parfüm bereitet einen nicht auf den scharfen Blick dieser stählernen blauen Augen vor.

Verkanntes Genie
Dr. Alexander Michalsky

Weingut St. Antony
Wörrstadter Straße 22
55283 Nierstein
Tel. 06133/5482
Fax 06133/59139

Der Sommelier des Hotel »Adlon« am Pariser Platz in Berlin näherte sich der eleganten Dame, die mit ihrem attraktiven jungen Begleiter gerade gemessenen Schritts zu einem Tisch in einer ruhigen Ecke des Restaurants, weit weg von den Glaswänden an der Seite zum Pariser Platz hin, begleitet worden war. Mit geübten Bewegungen plazierte er die

Weinkarte unaufdringlich auf einem Tischchen in ihrer Reichweite. Ohne auch nur einen Blick darauf zu werfen, wandte sie sich ihm zu und sagte: »Wir fangen mit einem St.-Antony-Riesling an, natürlich dem Oelberg.« Nachdem der blaßgoldene Wein in die hohen anmutigen Gläser gegossen worden war, sahen sie sich tief in die Augen und tranken auf den gerade beginnenden Abend. Als der von ihnen bestellte Hummer serviert wurde, lehnten sie den Vorschlag des Sommeliers, daß eine Flasche Montrachet dazu der ideale Begleiter sei, mit Bestimmtheit ab und verlangten eine zweite Flasche vom Oelberg ...

Im Moment noch reine Phantasie – während ich diese Zeilen schreibe, steckt das Hotel »Adlon« noch in den Vorbereitungen für die Eröffnungsfeierlichkeiten – doch könnte dieser Traum eines Tages Wirklichkeit werden, und ich kann mir nichts vorstellen, was Dr. Alexander Michalsky mehr Freude bereiten würde.

Ich glaube nicht, daß ihn Gedanken dieser Art beschäftigten, als ich das Weingut, das er für den MAN-Konzern seit 1976 führt, zum ersten Mal besuchte. Doch ist es möglich; die Berliner Mauer war vor einigen Monaten gefallen und die Weine, die wir zusammen verkosteten, waren schon toll. Der Traum hat zwei Seiten, die beide für Dr. Alexander Michalsky gleichermaßen von Bedeutung sind und die er in seiner Phantasie schon damals in Verbindung brachte. Die erste hat ausschließlich mit den Weinen zu tun, die er in den letzten zehn Jahren in Nierstein erzeugt hat.

Die St.-Antony-Weine des Jahrgangs 1989, die ich bei meinem ersten Besuch verkostete, eröffneten mir eine vollkommen neue und unerwartete Dimension des trockenen deutschen Rieslings. Kurz zuvor hatte ich die bemerkenswerten trockenen Rieslinge der Wachau in Österreich kennengelernt, die einen dramatischen Gegensatz zu den oft mageren, säurebetonten Weinen darstellten, die damals für trockene deutsche Rieslinge typisch waren. Die Wachauer waren reichhaltige Weine mit seidiger Säurestruktur, die ihnen eine verführerische Harmonie verlieh und sie über nahezu alles stellte, das in dieser Art in Deutschland geboten wurde. Plötzlich jedoch fand ich mit den St.-Antony-Rieslingen des Jahrgangs 1989 weit von der Wachau entfernt Weine, die eine ähnliche Harmonie besaßen. Gegen Ende meines zweiten Besuchs auf dem Weingut entdeckte ich, daß Dr. Alexander Michalsky wohl vertraut war mit den großen trockenen Weißweinen anderer Länder und seine eigenen Weine bereits im Vergleich zu dieser Konkurrenz beurteilte. Er sprach mit großer Begeisterung von den besten trockenen Chardonnay-Weinen, die er mit seiner Frau Dr. Ute Michalsky, die in Nierstein ein Weinlabor betreibt, in Kalifornien verkostet hatte. War es nur Zufall, daß es sich um die gleichen Weine handelte, die mich bei meiner ersten Kalifornienreise 1986 so beeindruckt hatten? Zumindest zeigte es, daß Dr. Alexander Michalsky längst ein sehr ausgeprägtes Gespür für die Eleganz eines Weines besaß und sein Geschmack meilenweit entfernt war von dem unter seinen deutschen Kollegen stark verbreiteten Säurefetischismus.

Obwohl ich Dr. Alexander Michalsky damals nicht gefragt habe, ob er die 1989er damals bereits als Maximum dessen ansah, was mit trockenem Riesling in Nierstein zu erreichen sei, oder ob diese Weine eher der Anfang einer neuen Entwicklung darstellten und noch lange nicht der mögliche Höhepunkt wären – im Rückblick bin ich davon überzeugt, daß auch ihm klar war, daß diese Weine nicht den Schlußpunkt dessen bedeuten, was in diesem Stil möglich ist. Die Entwicklung in den folgenden Jahren bestätigt dies. Mir war jedoch nicht bewußt, wie viele Jahre des Experimentierens hinter diesen Weinen steckten. Sein Vater hatte das Gut vor ihm geführt und »machte viele hervorragende Weine, aber sein Ideal war ein mächtiger Riesling mit natürlicher Restsüße. Für ihn stellte ein trockener Wein lediglich Erfrischung dar und nichts furchtbar Ernstzunehmendes.« Die Jahrgänge 1983 und 1985 brachten die ersten trockenen Rieslinge, die Dr. Alexander Michalsky wirklich gefielen. »Manche darunter waren wirklich sehr gut, und durch sie bekamen wir ein Gefühl dafür, in welche Richtung es weitergehen mußte«, erzählt Dr. Ute Michalsky. Sie ist die inoffizielle Beraterin ihres Mannes und hat bei der Entwicklung der neuen St.-Antony-Weine eine wesentliche Rolle gespielt. Obwohl beide ihre eigene Karriere verfolgen, bilden sie bei dieser Aufgabe ein unzertrennliches Team.

Dr. Alexander Michalskys Krankheit im Sommer 1991 bedeutete, daß die Weine des Jahrgangs 1990 ziemlich spät abgefüllt wurden und somit schon etwas von dem vielversprechenden großen Potential, das sie im Frühjahr gezeigt hatten, verloren hatten; ein ärgerlicher kleiner Rückschlag. Der allgemein schwierige und oft schlechte Jahrgang 1991 brachte bei St. Antony jedoch mehrere hervorragende und einen wirklich bemerkenswerten trockenen Riesling, die Niersteiner Oelberg Spätlese Trocken. Die Weine des Jahrgangs 1992 waren die ersten, die Dr. Alexander Michalsky aufgrund ihrer noch nicht dagewesenen Mächtigkeit nervös werden ließen. »Wuchtig ... enorm kräftig«, beschrieb er sie mir, bevor ich sie zum ersten Mal verkostete, und seine besten trockenen Rieslinge dieses Jahrgangs waren auch wirklich keine Leichtgewichte. Trotzdem waren es hinreißende Weine, und die Niersteiner Orbel Spätlese Trocken stellte für ihn einen weiteren Riesenschritt nach vorn dar. Der dritte Platz von über 70 Weinen bei einer Blindverkostung trockener Rieslinge aus der ganzen Welt auf der VINOVA-Weinmesse im Sommer 1994 in Wien bestätigte dies.

Mit dem folgenden Jahrgang, 1993, war der Rubikon überschritten. Diese Weine waren die erste Begegnung mit einem neuen Kontinent. Vielleicht gab es trockene Rieslinge dieser Art in den größten Jahrgängen vergangener Zeiten wie 1893 oder 1921, doch selbst damals wurden die Weine mit betonter natürlicher Restsüße am höchsten gelobt. Trockene Spitzenweine waren in den meisten Fällen Zufall, so daß Menschen wie Dr. Alexander Michalskys Vater sie unterschätzten: Sie hatten nicht das ergeben, was man erhofft hatte. In der neueren Vergangenheit hatte jedenfalls niemand in diesem Teil des Rheintals trockene Rieslinge wie diese Giganten erzeugt, von denen eine ganze Reihe 13 oder 13,5° natürlichen Alkohol aufwiesen. Wenige Jahre zuvor hatten seine Frau und er 12° noch als hervorragendes Ergebnis angesehen.

Die Weine spalteten die Meinungen der Presse: Manche lehnten diese Granaten als unharmonisch und übertrieben ab. Plötzlich, nachdem er mehr oder weniger nur Lob von der Presse gewöhnt gewesen war, fand er sich inmitten einer heftigen Kontroverse wieder. Mit den folgenden Jahrgängen, 1994 und 1995, hat sich diese Situation nur noch verschärft, so daß inzwischen der Punkt erreicht ist, an dem jeder in der Weinszene eine Meinung zu St. Antony haben muß und damit entweder zu dem einen oder dem anderen zweier vollkommen entgegengesetzter Lager gehört: Entweder handelt es sich um große Weine, oder es ist ein großer Fehltritt.

Die Beurteilung von Weinqualität durch Kritiker sollte sich nicht an Eigenschaften orientieren, mit denen andere, »normale« Weintrinker nichts anfangen können; meiner Meinung nach sollte es bei der Kritik vielmehr darum gehen, sich mit Menschen zu identifizieren, die das, was sie trinken, bewußt konsumieren und ein Gefühl für Qualität haben, selbst wenn sie keine Weinzeitschriften oder -bücher lesen. Wann immer ich die Reaktionen solcher Konsumenten auf die neuen St.-Antony-Weine beobachten konnte, waren sie ausnahmslos positiv. Unabhängig davon besteht die Aufgabe eines Kritikers darin, deutlich Stellung zu beziehen und notfalls auch für Dinge einzutreten, die von allen Seiten nur negative Urteile erfahren. Für mich gibt es keinen Zweifel daran, daß Dr. Alexander Michalsky keinesfalls ein »Möchtegern« ist, der den Faden verloren hat, sondern ein verkanntes Genie. Seine Situation gleicht der unzähliger großer Künstler, Schriftsteller oder Komponisten der Vergangenheit: von einer kleinen Anhängerschaft gepriesen, die das Bahnbrechende in ihren Werken erkennen und gleichzeitig von der großen Mehrheit des Establishments mit seinen konservativen Ansichten abgelehnt und verurteilt.

Natürlich werden solche Genies alle früher oder später anerkannt und ihre Werke und Errungenschaften gefeiert. Die deutsche Weinszene ist jedoch überdurchschnittlich stark von engstirnigen spießigen Individuen bevölkert, die die größten Winzer ihres Landes und ihre Weine oft nicht verstehen. Wenn dieselben Winzer im Burgund, Bordeaux oder dem Rhônetal beheimatet wären anstatt an der Mosel, in der Pfalz oder Rheinhessen, fänden ihre Weine auf allen Seiten längst begeisterten Beifall. Das Problem besteht darin, daß die meisten »Experten« in Deutschland so wenig Phantasie besitzen, daß jeder deutsche Wein für sie in eine bestimmte stilistische Form passen muß, um ihr Lob zu verdienen. Alles, was diesem vorgezeichneten Schema nicht entspricht, wird entweder ignoriert oder abgelehnt. Glücklicherweise aber durchdringt wahre Qualität mit der Zeit selbst die dicksten Häute und borniertesten Schädel.

Die andere Seite der Phantasie ist Berlin. Dr. Alexander Michalskys besten trockenen Rieslinge wären in San Francisco, Singapur, London oder Düsseldorf genauso perfekt für ein Hummeressen zu zweit wie in Berlin, aber diese Stadt besitzt für ihn eine besondere Anziehungskraft. Sein Vater stammte aus Berlin und kam erst 1945 nach Nierstein und zu St. Antony. Vor einigen Jahren wurde Dr. Alexander Michalsky ein Haus in Hangelsberg bei Fürstenwalde im Osten von Berlin rückübertragen, das lange Zeit im Besitz seiner Familie war. Dies stellt für ihn einen willkommenen Anlaß für häufige Besuche in Berlin dar, und es läßt ihn Wurzeln entdecken, deren Existenz er bisher nur geahnt hatte. Es ist nur natürlich, daß sein Traum vom Erfolg das vornehmste Hotel dieser Stadt zur Kulisse hat. Von der Albrechtstraße, wo seine Frau und er meistens bei ihren Besuchen wohnen, ist es nur ein kurzer Spaziergang an der Spree entlang zur Marschallbrücke, die zur Wilhelmstraße hinüberführt, an dessen Kreuzung Unter den Linden sich das Hotel »Adlon« befindet. In der eleganten Atmosphäre des Restaurants kann man die Gäste unauffällig beobachten, und wenn einem dann ein hochgewachsener, silberhaariger Mann auffällt, dann weiß man, worauf Dr. Alexander Michalsky wartet ...

Die Weine des Weingutes St. Antony

Dr. Alexander Michalskys herausragende Rieslinge wachsen in den vier Hauptweinbergslagen, die den Niersteiner »Roten Hang« bilden: Pettental, Hipping, Oelberg und Orbel. Jede dieser Lagen ergibt Weine mit eigenständigen Persönlichkeiten, von denen der Hipping am frühesten einladend und freundlich wirkt. Selbst als sehr junge Weine sind die Hipping-Rieslinge saftig und aromatisch, ihre reife Frucht – in guten Jahren duften sie deutlich nach Ananas – ist offen und ansprechend. Die Pettental-Weine wirken eleganter und subtiler und können sich auch schon früh sehr charmant zeigen. Sie besitzen oft einen intensiven mineralischen Charakter aus dem flachgründigen, steinigen Rotliegendem-Boden dieser Lage, der mit der Flaschenreife immer deutlicher wird. Noch langlebiger als die Pettental-Weine sind die aus dem Oelberg. Der tiefere, schwerere Boden hier führt zu Weinen, die sehr langsam reifen, und sich erst nach zwei, drei Jahren Flaschenreife von ihrer besten Seite zeigen. Ihre Fülle ruht in einer festen Struktur, so daß sie trotz aller Mächtigkeit nie zu üppig wirken. Der Orbel bringt die schlanksten und rassigsten dieser vier Spitzenlagen hervor, Weine von einer Würze, die in ihrer Jugend anspruchsvoll wirken kann, nach zwei Jahren oder länger jedoch animierend und köstlich sind. Die trockenen Spitzen-Spätlesen sollten nach zehn Jahren und länger noch in bester Form sein.

Probiernotizen Weingut St. Antony

Riesling – Niersteiner Orbel »Grand Cru«

1992 SPÄTLESE TROCKEN 93
Ein großzügiger Prunksaal ohne jegliche Übertreibung in der Inneneinrichtung, in dem überall Stoffe, Messing und Silber glänzen.

1993 SPÄTLESE 91
Strotzte in seiner burschikosen Jugend einmal vor Fruchtaromen und Kraft, aber diese Zeit ist vorbei, und die Wellen haben sich wunderbar geglättet.

1994 SPÄTLESE TROCKEN 84
Ein agiles Leichtgewicht, das zwar das Richtige tut, trotzdem aber nicht so richtig beeindrucken kann – die Reben waren zu jung, um Besseres zu geben.

1995 AUSLESE 86
Wuchtig und würzig, aber der Hagelschlag im Sommer hat ihn Schliff und Feinheiten gekostet.

1996 SPÄTLESE TROCKEN (FASSPROBE) 89?
Aufregende Frische und Stärke, aber steht das Haus auf wirklich tiefen Fundamenten?

Riesling – Niersteiner Pettental »Grand Cru«

1992 SPÄTLESE TROCKEN 90
Mal will man seine Ruhe und doch auf nichts verzichten. Dafür eignet sich diese wunderbar ausgewogene Schönheit.

Weingut St. Antony

1992 Trockenbeerenauslese (Versteigerungswein) 96
Äußert schmeichelhaft, ohne jegliche Beeinträchtigung seines Tiefgangs, faszinierende Opulenz und Klarheit. Ein großer edelsüßer Riesling, der große Freude macht.

1993 Spätlese trocken 92
Heute sehen die Staatsmänner grau und belanglos aus. Einst waren sie, wie Rathenau, imposante und stilvolle Erscheinungen. An diese Zeit und ihren Stil erinnert er mich stark.

1994 Spätlese trocken 89
Hier könnte man glauben, die den felsigen Unterboden durchdringenden Wurzeln in Duft und Geschmack wieder zu finden; ja, aus dem Boden hat er reichlich geholt.

1995 Spätlese trocken 82
Früher habe ich Honig löffelweise aus dem Glas gegessen, diese Zeiten sind doch längst vorbei, und deswegen ist er mir ein wenig zu viel (auch wenn er trocken ist).

1996 Spätlese trocken (Fassprobe) 91?
Eine komplexe Persönlichkeit, die nur ganz langsam seine reichlichen Geheimnisse preisgibt.

1996 Spätlese halbtrocken (Fassprobe) 90?
Die mächtige Silhouette des Pettentals und die starken Farbkontraste dieser Landschaft.

Riesling – Niersteiner Oelberg »Grand Cru«

1993 Spätlese trocken 94
Ein neuer Kontinent wird meistens zuerst nicht verstanden (Columbus hat Amerika für China gehalten). Jede weitere Begegnung hat zumindest meine Überzeugung weiter bekräftigt; es handelt sich um einen Giganten – nicht nur, was Power betrifft, sondern auch im Hinblick auf Ausdruck und Tiefgang.

1994 Spätlese trocken 90
Faszinierende Düfte – Bergamotte, Piment – leiten zu einem prächtigen Geschmack über; füllt jeden Winkel des Mundes und ist dabei kein bißchen schwer oder aufdringlich.

1995 Spätlese trocken 86
Aus dem häßlichen Entlein wird allmählich ein Schwan, auch wenn um seine großen Flügel noch einige graue Federn hängen.

1996 Oelberg Spätlese trocken (Fassprobe) 92?
Wie immer der verschlossenste Wein im Keller; aber auch im Rohzustand deutet dieser Diamant an, wie prächtig er funkeln wird in geschliffener Form. Vielleicht im Restaurant vom Hotel »Adlon« einen Tisch für zwei reservieren?

Kurzporträts

Weingut Brüder Dr. Becker

Mainzer Straße 3
55278 Ludwigshöhe
Tel. 06249/8430, Fax 06249/7639

Im richtigen Jahrgang wie zum Beispiel 1993 und 1996 können die trokkenen Rieslinge und Silvaner von Lotte Pfeffer und Hans Müller zu den besten dieses Stils in Rheinhessen gehören. Sie sind voll, ohne eine Spur von Schwere, mit betont pikant-erdigem Charakter ohne Zugeständnis an moderne Trends. Auch ihre zurückhaltenden, eleganten Scheureben mit einem Hauch natürlicher Restsüße sind oft sehr ansprechend. Nur in schwierigen Jahren wie 1995 erkennt man die von ihnen in Dienheim und Ludwigshöhe gelegenen Weinbergen gesetzten Grenzen. Harte Arbeit und große Genauigkeit führen hier jedoch selbst bei den einfachsten Weinen stets zu solider Qualität. Rheinhessen bräuchte viel mehr solche Weingüter.

Weingut Jean Buscher

Wormser Straße 4
67595 Bechtheim
Tel. 06242/872, Fax 06242/875

Leider konnte ich der Einladung nicht Folge leisten, ich hätte zu gerne gesehen, wie »Space Art in Jean Buschers Weinkeller« wirkte. Die »Probierflasche«, die ich ein paar Tage später zugeschickt bekam, trägt ein außergewöhnliches »Etikett« aus Goldfolie und Stycast, Werkstoffen der Weltraumtechnologie, und ist ohne Zweifel origineller als die ziemlich peinlichen bunten Kleckserein, die üblicherweise als Künstleretiketten verkauft werden. Meinen Glückwunsch an den Künstler

Charles Wilp. Ich weiß nicht, ob ich Winzer Michael Buscher zu seinem Wein gleichermaßen gratulieren kann: Das Kunstobjekt Flasche zu öffnen, um den Wein probieren zu können, erschien mir wie Blasphemie, und so schwebt sie weiter im künstlerischen Orbit. Da mir aber noch nie ein schlechter Wein von Michael Buscher begegnet ist, nehme ich an, daß auch dieser gut gemacht und von mindestens solider Qualität ist.

Weingut Joh. Geil I Erben

67595 Bechtheim
Tel. 06242/1546, Fax 06242/6935

Der Slogan des Gutes, »Zwei Nasen für den Wein«, deutet bereits an, daß es hier nicht unbedingt die typischen mittelmäßigen Rheinhessen-Weine gibt. Trotzdem gleicht das Weingut von Monika und Karl Geil-Bierschenk unter verschiedenen Aspekten vielen anderen drumherum. Wie bei etlichen ihrer Kollegen steht auch auf ihren 25 Hektar Weinbergen eine schwindelerregende Vielfalt von Rebsorten. Der Unterschied besteht darin, daß jeder Geil-Bierschenk-Wein von mindestens ordentlichem Standard ist, und viele weit besser als das Mittelmaß. Besonders gelungen sind die trockene Silvaner-Spätlese, ungewöhnlich duftig und verspielt für diese Rebsorte (meistens über 80 Punkte), und die edelsüßen Weine aus der Huxelrebe: Die dichte, rosinenartige 1994 Trockenbeerenauslese ist großartig und verdient 92 Punkte.

Weingut Kühling-Gillot

Ölmühlstraße 25
55294 Bodenheim
Tel. 06135/2333, Fax 06135/6463

Ich habe bis heute keinen wirklich beeindruckenden trockenen Wein von Roland Gillot verkostet und frage mich immer noch, warum nicht – er hat beträchtlichen Besitz in der Spitzenlage Oppenheimer Sackträger, der mit Riesling bepflanzt ist. Ein guter trockener Wein sollte hier in den allermeisten Jahrgängen kein Problem sein. Bei den edelsüßen Beerenauslesen und Trockenbeerenauslesen sieht es zum Teil ganz anders aus. Ich bin hervorragenden Kühling-Gillot-Weinen dieser Art aus den Sorten Riesling, Scheurebe und Grauburgunder begegnet, und alle verdienten Bewertungen über 90 Punkte. Nur die edelsüßen Spätburgunder-Weine lassen mich kalt. Wenn man Weine von beinahe sirupartiger Konsistenz mag, wird man vielleicht mehr Begeisterung empfinden.

Weingut Schales

Alzeyer Straße 160
67592 Flörsheim-Dalsheim
Tel. 06243/7003, Fax 06243/5230

Die Brüder Arno, Kurt und Heinrich Schales führen diesen großen Betrieb – 36 Hektar – mit hoher Professionalität. An der Spitze ihrer breiten Auswahl an Weinen stehen mächtige trockene Weißburgunder-Spätlesen und -Auslesen (oft 85 Punkte oder etwas mehr) sowie brillante edelsüße Weine aus der Huxelrebe (häufig über 90 Punkte). In diesen beiden Kategorien gehört dieses Gut nicht nur zur Gebietsspitze, sondern kann es mit etlichen anderen aus ganz Deutschland aufnehmen. Viele andere Weine hier sind zwar von solider bis guter Qualität und immer ihren Preis wert, aber doch nur selten wirklich aufregend. Mit diesen Weinbergen könnte noch mehr erreicht werden, und aus diesem Grund kann ich das Weingut nicht zu den führenden Betrieben Deutschlands zählen, so anerkennenswert das Werk der Brüder Schales auch ist.

Weingut Georg Albrecht Schneider

Wilhelmstraße 6
55283 Nierstein
Tel. 06133/5655, Fax 06133/5415

Albrecht und Ulrike Schneider gehören zu den sympathischsten, engagiertesten und aufgeschlossensten Winzerpaaren Rheinhessens. Sie haben in den letzten zehn Jahren viele gute Rieslinge erzeugt. Im Jahrgang 1995 hat ihnen die Natur in Form von Hagel einen schweren Stoß versetzt, und es wäre besser gewesen, sie hätten bei einigen dieser Weine auf die Bezeichnung »Spätlese« verzichtet. Glücklicherweise sind die 1996er ihre besten Weine seit den ebenfalls sehr gelungenen 1993ern. Alle Riesling-Spätlesen, egal ob trocken oder mit etwas natürlicher Restsüße sind Bewertungen von mindestens 85 Punkten wert. Die Stars dieser Kollektion sind der Niersteiner Oelberg Riesling Spätlese halbtrocken

(88 Punkte) und der Niersteiner Hipping Riesling Spätlese (88 Punkte). Obwohl Albrecht Schneider sich selbst als lausigen Verkäufer bezeichnet, hat es sich schnell herumgesprochen, daß es hier Weine von hoher Qualität zu äußerst günstigen Preisen gibt. Kein Wunder, daß die Schneiders vor kurzem ihre Preise leicht angehoben haben. Man sollte sich beeilen, bevor Albrecht Schneider bei der Preisgestaltung wirkliches Selbstbewußtsein zeigt!

Weingut Dr. Alex Senfter

Wörrstädter Straße 10
55283 Nierstein
Tel. 06133/5478, Fax 06133/60408

Ich wurde erstmals Anfang der neunziger Jahre auf den bescheidenen, stillen Jost Senfter aufmerksam. Sowohl 1989 als auch 1990 machte er in seinen Weinbergen in den Spitzenlagen von Nierstein und Oppenheim gute bis sehr gute Rieslinge im trockenen und restsüßen Stil. Seine 1993er waren noch besser, an ihrer Spitze die äußerst elegante, beinahe trocken wirkende Niersteiner Kranzberg Riesling Auslese (90 Punkte). Der Jahrgang 1996 sollte seinen Rang als einer der neuen Stars in Rheinhessen endgültig bestätigen. Weiter so!

Weingut Stallmann-Hiestand

Eisgasse 15
55278 Uelversheim
Tel. 06249/8463, Fax 06249/8614

Ich war zwar nie ein großer Fan von Werner Hiestands festen, manchmal etwas rustikalen trockenen Rieslingen, aber in guten Jahrgängen können seine trockenen weißen und grauen Burgunder sowie Chardonnay-Weine zum besten gehören, was aus diesen Sorten in Rheinhessen produziert wird: stoffige Weine mit viel Charakter, die sich gut als Essensbegleiter eignen.

Weingut J. U. H. A. Strub

Rheinstraße 42
55283 Nierstein
Tel. 06133/5649, Fax 06133/5501

In den achtziger Jahren waren die Rieslinge des bescheidenen, freundlichen Walter Strub im allgemeinen gut, aber nur selten bemerkenswert. Veränderungen bei der Bearbeitung der 16,5 Hektar Weinberge und dem Ausbau der Weine seit dem Jahrgang 1993 haben jedoch zu entscheidenden Verbesserungen bei der Weinqualität geführt. Heute wirken die Riesling-Spätlesen und -Auslesen elegant und ausdrucksvoll und besitzen eine Harmonie, die die Süße nie zu sehr in den Vordergrund geraten läßt: oft 85 Punkte oder etwas darüber!

Weingut Villa Sachsen

Mainzer Straße 184
55411 Bingen
Tel. 06721/990570, Fax 06721/17386

Bis Ende der achtziger Jahre gehörten die Rieslinge dieses Weingutes häufig zu den besten des gesamten Rheintals. Seitdem hat der Betrieb mit Weinbergen in den steilen Binger Hängen gegenüber den Rüdesheimer Spitzenlagen im Rheingau und in Münster-Sarmsheim am anderen Nahe-Ufer zweimal den Besitzer gewechselt und landete schließlich in den Händen von Michael Prinz zu Salm-Salm vom Weingut Schloß Wallhausen an der Nahe. Die ersten Weine, die von dem neuen Besitzer auf den Markt gebracht wurden, waren die des Jahrgangs 1995. Leider konnten mich nicht einmal die drei Riesling-Spätlesen (trocken, halbtrocken und restsüß) beeindrucken. Sie wirkten einfach und plump, der trockene Wein zudem alkoholisch. Prinz Salm und sein Team werden sehr viel bessere Leistungen erbringen müssen, um dem Gut wieder zu seinem einstigen Ruf zu verhelfen.

11. Kapitel

SAALE–UNSTRUT: LONE STAR

Ich bin sicher nicht der einzige, der schlechte Erinnerungen an Saale-Unstrut-Weine hat. Meine erste Erfahrung mit ihnen waren mit Kronkorken verschlossene Flaschen unmittelbar nach der Wende. Sie mußten stehend gelagert werden, da die Kronkorken sonst durch den Kontakt mit dem Wein angefangen hätten zu rosten, und ihr Inhalt war so schlecht, daß ich wünschte, ich hätte sie ungeöffnet ihrem Schicksal überlassen. Die besseren Weine waren damals quasi für Parteibonzen und Staatsgäste reserviert. Das größte Problem für das winzige Anbaugebiet in den Tälern von Saale und Unstrut nahe ihrem Zusammenfluß bei Naumburg besteht heute denn auch eher in seiner kommunistischen Vergangenheit als im schwierigen Klima. Hier auf der falschen Seite des 51. Breitengrades können die Winter hart sein, die Sommer aber oft schön genug, um eine Reihe klassischer Rebsorten zur Reife gelangen zu lassen, darunter Riesling, Traminer und Weißburgunder, den alltäglicheren Silvaner und den bescheideneren Müller-Thurgau. Die kommunistische Vergangenheit macht sich immer noch bei den Weinbergen bemerkbar, die eher im Hinblick auf die rationelle Bewirtschaftung als auf die Weinqualität angelegt worden sind und bei der immer noch andauernden Vorherrschaft der Freyburger Winzergenossenschaft (wo die Weine inzwischen deutlich besser geworden sind) und des Landesweingut Kloster Pforta bei der Gesamtproduktion des Gebietes. Nur eine kleine Handvoll unabhängiger Winzer bietet eine Alternative zu diesen Riesen.

Bis jetzt hat nur ein einziger Erzeuger erfolgreich den Sprung aus der Vergangenheit in die Zukunft geschafft, doch das ist Grund genug zum Feiern. Diese Weine beweisen, daß die Weinberge dieses idyllischen Gebietes nicht nur reich an Geschichte sind, sondern auch in der Lage zu wirklich guten trockenen Weinen aus den genannten Sorten. Angesichts der zahlreichen Hindernisse auf dem Weg nach oben ist das eine beachtliche Leistung. Unklar bleibt, ob eine oder mehrere Rebsorten hier zu Größerem fähig sind. Der nächste hervorragende Jahrgang sollte erst Anzeichen für das wirkliche Potential des Saale-Unstrut-Gebietes liefern. Die Winzer hier erfreuen sich der loyalen Unterstützung der lokalen Bevölkerung, und das ist mehr als viele andere deutsche Winzer von sich behaupten können!

Die Jahrgänge

1996
Der schwierigste Jahrgang seit langem; leichte, säurebetonte Weine, die jung getrunken werden sollten.

1995
Vielleicht nicht so gut wie 1994, aber zumindest sind einige frische, ansprechende Weine aus diesem Jahrgang entstanden.

1994
Ein sehr guter Jahrgang, der in den besten Händen zu Weinen mit Eleganz und guter Substanz führte.

1993
Vom Potential her der beste der neueren Jahrgänge, trotzdem nur selten entsprechende Weine. Die besten von ihnen zeigen Körper, reife Aromen und Harmonie.

1992
Der erste der neueren Jahrgänge, bei dem es sich lohnte, ihn zur Kenntnis zu nehmen, doch sind die Weine inzwischen zu alt.

Von Null Richtung Hundert
Uwe und Udo Lützkendorf

Weingut Lützkendorf
Saalberge 31
06628 Bad Kösen
Tel. 034463/61000
Fax 034463/61001

»Majoran, Knoblauch und Weinbrand«, meinte Uwe Lützkendorf. »Ja, genau«, sagte der lustige, korpulente Mann mittleren Alters, der an der Tür unseres Abteils im 21.54-Uhr-Zug von Leipzig nach Naumburg stand.

Er war gleich nach der Abfahrt aufgetaucht, um uns beiden im Rahmen einer Umfrage der Deutschen Bundesbahn eine Reihe von Fragen zu stellen. Nachdem wir diese beantwortet hatten, war das Gespräch irgendwie aufs Kochen gekommen und seine abschließende Frage hatte gelautet: »Welche Gewürze gehören in eine echte Thüringer Bratwurst?« Nach der zufriedenstellenden Antwort von Uwe Lützkendorf wünschte er uns eine gute Nacht und verschwand, so daß mein Begleiter mir weiter davon erzählen konnte, wie er zum Winzerberuf gekommen war.

Da sein Vater, Udo Lützkendorf, erst Kellermeister und dann Direktor des VE Weingut Naumburg (jetzt Landesweingut Naumburg) gewesen war, verbrachte er als Kind viel Zeit in den dortigen Kellern, aber, so erzählte er: »Ich war tierlieb und wollte Tierarzt werden.« Irgendwie kam er jedoch von diesem Vorhaben ab und begann 1985 Gärungs- und Getränketechnologie an der Humboldt-Universität in Berlin zu studieren. Der Fall der Berliner Mauer bedeutete, daß er nach seinem Abschluß 1990 in den Westen gehen konnte, um praktische Erfahrung in der Weinbranche zu sammeln. Inzwischen lag sein Ziel definitiv im Wein, und im Juli 1992 gründete er mit Hilfe seines Vaters das Familienweingut.

Ganz trifft das jedoch nicht zu: Es war keine Neugründung, sondern vielmehr eine Wiedergründung. Im Weinbergskataster für Karsdorf ist festgehalten, daß ein Lützkendorf 1893 Besitzer der Weinbergslage »Hohe Gräte« wurde. Bis 1959 bearbeitete Uwe Lützkendorfs Großvater zwei Hektar Reben in dieser Lage. 1991 wurde das Land der Familie rückübertragen, und es sind daraus bereits einige schöne Rieslinge gekommen. Allen, die ein oder zwei der armseligen Weine der letzten Jahrgänge aus dem Landesweingut Naumburg erlebt haben, fällt die Vorstellung vielleicht schwer, daß unter Udo Lützkendorfs Leitung dort viele gute Weine erzeugt wurden. Er ist immer noch von den edelsüßen Beerenauslesen der Jahrgänge 1982 und 1983 begeistert: »Die besten Weine, die wir je gemacht haben, und die Mengen waren nicht klein.« Sowohl ihre Geschichte, von der die Lützkendorfs über 30 Jahre abgeschnitten waren, als auch das Potential, für das sein Vater derart überzeugende Beweise schuf, üben auf den jungen Uwe Lützkendorf eine unwiderstehliche Faszination aus, und ihre Verwirklichung in der nahen Zukunft ist für ihn zu einer Besessenheit geworden, die ihn vollkommen in Anspruch nimmt.

Es war März, aber das Wetter war mit abwechselnd Sonne und Schnee schon aprilartig. Wir fuhren am Ufer der Saale entlang nach Bad Kösen zu dem kleinen Anwesen, das die Lützkendorfs neben dem Haus der Familie errichtet haben. Hier sind Maschinen und Geräte zum Bearbeiten der elf Hektar Weinberge untergebracht, und hier befinden sich auch die Kellerräume, in denen ihre Weine ausgebaut und gelagert werden.

»Auf den Hängen hinter den Häusern gab es bis Anfang dieses Jahrhunderts Weinberge«, erzählt Uwe Lützkendorf, »darunter einige der besten, ursprünglich von Zisterziensermönchen angelegt, die während des 12. Jahrhunderts den Weinbau in unser Gebiet brachten. Obwohl die Terrassenmauern noch weitgehend intakt sind, dürfen wir die Weinberge nicht neu anlegen ... eine Tragödie!« – Ökowahnsinn, wie er westdeutschen Winzern schon lange vertraut ist. Er läßt sich von solchen Problemen jedoch nicht unterkriegen, dafür läuft zuviel anderes zu gut. »Wir hatten keine Ahnung, wer unser Berliner Weinhändler Georg Mauer war, als er uns das erste Mal besuchte, aber wir mochten ihn als Mensch und entschieden daher, daß er unser Mann sei. Und er hat sehr schnell eine Menge Silvaner für uns in Berlin verkauft. Wir waren sehr überrascht.«

Silvaner ist die Hauptrebsorte, die die Lützkendorfs anbauen, und zu Recht, da sie selbst in schwierigen, unterdurchschnittlichen Jahren wie 1996 ansprechende trockene Weine hervorbringt. Die besten kommen aus dem Pfortenser Köppelberg, einem für sich allein gelegenen runden Hügel im Saaletal, auf dem erstmals 1154 von den Zisterziensern Reben gepflanzt wurden. Obwohl die Lützkendorfs mit den meisten ihrer Winzerkollegen darin übereinstimmen, daß die Weine ihres Gebiets mit den fränkischen vergleichbar sind, und ihr Betrieb jetzt Mitglied der Franken-Sektion des Verbands Deutscher Prädikatsweingüter ist, geben sich die Köppelberg-Silvaner ganz anders als alles, was in Franken erzeugt wird. Typische Franken-Silvaner besitzen eine betont »erdige« Note und wirken oft etwas rustikal oder dumpf, während die Köppelberg-Silvaner der Lützkendorfs ausgesprochen fruchtige Weine mit einer lebendigen, animierenden Säure sind. Ihre Klarheit und Frische ist genauso charakteristisch für die Lützkendorf-Weine wie ihre Fähigkeit, diesen jugendlichen Charme über mehrere Jahre nach der Abfüllung zu bewahren.

Viele Fachleute betrachten den Weißburgunder als die Rebsorte mit der aussichtsreichsten Zukunft in den Tälern von Saale und Unstrut. Die Weine, die die Lützkendorfs bis jetzt aus ihr erzeugt haben, sind gut und deuten an, daß Steigerungen möglich sind. Die Stars unter ihren Weinen sind jedoch zur Zeit die Traminer aus dem Freyburger Schweigenberg. Der Traminer/Gewürztraminer wird unter den gegenwärtig in Deutschland angebauten edlen Rebsorten am stärksten unterschätzt. Die Weintrinker im ehemaligen Westdeutschland begannen diese Weine in den siebziger Jahren als »mega-out« anzusehen, als zu schwer, zu aromatisch und zu altmodisch, um zur *Nouvelle Cuisine* zu passen, die damals gerade aus Frankreich nach Deutschland kam. Für viele hat der Traminer auch einen Ruf als süßer Wein, und aus all diesen Gründen ist er derzeit immer noch »mega-out«. Uwe Lützkendorfs trockene Traminer stellen jedoch mit ihrem feinen Rosenbouquet das genaue Gegenteil dar: Es sind frische Weine mit seidiger Eleganz.

Mit seiner 1995 Silvaner Beerenauslese aus dem Köppelberg hat Uwe Lützkendorf ein neues Kapitel in der Geschichte der Weine dieses Gebietes aufgeschlagen. Edelsüße Silvaner zeigen nur selten eine solche Brillanz wie dieser Wein. Als unsere Verkostung zu Ende ging und ich die letzten Tropfen trank, dankte ich Udo und Uwe Lützkendorf, daß sie mir soviel von ihrer Zeit gewidmet hatten. Obwohl es angesichts des Wetters angebracht gewesen wäre, hatte ich dummerweise meinen Hut zu Hause gelassen. Dies machte es unmöglich, ihn vor ihnen und diesem Wein zu ziehen, und so hole ich es jetzt nach: Hut ab!

Probiernotizen Weingut Lützkendorf

Riesling – Karsdorfer Hohe Gräte

1994 SPÄTLESE TROCKEN 77
Voll und frisch, aber recht asketisch steht er da und hat seinen Reiz schon eingebüßt.

1995 SPÄTLESE TROCKEN 84
Jugendliche Stärke und etwas von der Weisheit der Reife; könnte fast ein guter Rheingauer sein, ist sogar besser als viele 1995er Rheingauer!

1996 QUALITÄTSWEIN TROCKEN (FASSPROBE) 72?
Noch etwas ruppig und ungestüm, hat noch ein paar harte Kanten.

Silvaner – Pfortenser Köppelberg

1994 QUALITÄTSWEIN TROCKEN 82
Sehr ansprechende Nuß- und Kräuteraromen beweisen: es handelt sich keinesfalls um einen durchschnittlichen Silvaner!

1995 QUALITÄTSWEIN TROCKEN 85
So war der Frühling, als ich zum ersten Mal im Zug durch das Saale-Unstrut-Gebiet fuhr, mit den ganzen Blüten und dem prallen Wachstum; eine herrliche Frische und Lebendigkeit.

1995 BEERENAUSLESE 90
Ein großer Wurf und neuer Anfang in einem, aber das wichtigste ist die Brillanz und Feinheit die ihm eigen sind. Er ist einfach köstlich!

1996 Qualitätswein trocken ??
Die Bewertung von gärenden Weinen ist unseriös.

Traminer – Freyburger Schweigenberg

1994 Spätlese 85
Die gelben Rosen blühen, und in der Sonne wehen ihre Düfte durch den Garten.

1994 Auslese 86
Durch einen feinen Dunstschleier die Herbstlandschaft des Saale-Tals im goldenen Kleid; die volle Reife dieser Tage.

1995 Spätlese 83
Es kann nur einer unter den Exoten sein: die Lychee. Und der Hauch Süße steht ihr optimal.

1996 Kabinett (Fassprobe) 78?
Noch ein wenig durcheinander, aber die Rosen werden blühen.

Kurzporträt

Weingut Günter Born

Wanslebener Straße 3
06179 Höhnstedt
Tel. 034601/22930

Auf den Höhnstedter Hängen in der Nähe des Süßen Sees westlich von Halle gibt es schon mindestens seit dem 13. Jahrhundert Weinbau. Der Betrieb der Familie Born wurde 1990 gegründet und war das erste selbständige Weingut im Gebiet.

Günter Born erzeugt aus allen im Gebiet üblichen Rebsorten reintönige, frische trockene Weine. Am besten unter den von mir verkosteten war die füllige, stoffige 1995 Höhnstedter Kelterberg Kerner Spätlese trocken, die zeigt, was bei kompromißlosem Qualitätsstreben im nördlichsten deutschen Anbaugebiet möglich ist.

12. Kapitel

SACHSEN:
BALD SACHSEN DAS STARKE?

Sachsen gehörte einst zu den europäischen Mächten und seine Weinkultur zu den stärksten Deutschlands. Unter August dem Starken umfaßte die Anbaufläche im Elbtal beinahe ein Fünffaches der 340 Hektar unserer Zeit. Heute ist eine Gruppe selbständiger Winzer dabei, das Potential dieses Miniaturanbaugebietes neu zu entdecken. Die ersten Ergebnisse dieser Suche sind etwas gemischt, doch die besten Weine demonstrieren bereits, daß eine Reihe der steilen Weinberge in Diesbar-Seußlitz, Meißen, Radebeul und Pillnitz das Potential zu hervorragenden trockenen Weißburgundern, Grauburgundern, Rieslingen und Traminern besitzt. Die Weine sind schlanker und eleganter als die aus dem Saale-Unstrut-Gebiet, und sie können einen starken mineralischen Charakter zeigen wie die Weine, die an Mosel, Saar, Ruwer und Nahe erzeugt werden.

Wie im Saale-Unstrut-Gebiet mußten die meisten Weinberge neu angelegt und die Keller vollkommen neu gebaut oder eingerichtet werden, um die Grundlage für eine qualitätsorientierte Weinerzeugung zu bilden. Unter den jungen Winzern des Gebietes herrscht jedoch ein Pioniergeist, der solche Probleme als vorübergehende und unwesentliche Hindernisse erscheinen läßt. Ihre Zuversicht, daß die ersten tastenden, aber erfolgreichen Versuche bald zu einer anhaltend hohen Qualität führen werden, ist angesichts ihrer Probleme für Außenseiter beeindruckend. Mit Weinen, die der Schönheit der Natur und Architektur entsprechen, hätte das Gebiet zweifellos eine glanzvolle Zukunft vor sich. Aufgrund der geringen Produktionsmenge und der intensiven Nachfrage durch die lokale Gastronomie und Bevölkerung sind die besten Weine bereits heute nur noch schwer zu bekommen. Die mittelmäßigen Weine des Landesweingutes Schloß Wackerbarth und die oft enttäuschenden Weine der WG Meißen, die den Großteil der Gesamtproduktion des Gebietes ausmachen, scheinen sich allerdings ebenfalls gut zu verkaufen – was schwer zu verstehen ist.

Die Jahrgänge

1996
Ein sehr schwieriges Jahr, in dem nur frühreifende Rebsorten wie der Müller-Thurgau zufriedenstellende, wenn auch leichte Weine ergaben.

1995
Ein Sammelsurium, darunter einige der besten trockenen Weine, die bis heute hier überhaupt erzeugt worden sind. Sie sind jetzt in ihrer besten Form und zeigen das Potential des Gebietes.

1994
Ein durchschnittlicher Jahrgang mit leichten trockenen Weinen, von denen die meisten inzwischen zu alt sind.

1993
Der beste Jahrgang seit der Wende: Weine mit schönem Körper, reifen Aromen und ansprechender Harmonie. Manche davon sind immer noch in guter Form.

1992
Ein guter Jahrgang mit mittelgewichtigen, ausgewogenen Weinen, die inzwischen größtenteils aber ihren Höhepunkt überschritten haben.

Die Heimkehr des königlichen Weines
Klaus Zimmerling

Weingut Klaus Zimmerling
Bergweg 27
01326 Dresden
Tel. 0351/281 16 08

»Wenn ich nicht wüßte, daß dieser Wein aus Sachsen kommt, würde ich sagen, daß es ein Österreicher sei«, sagte ich zu meinem Journalistenkollegen Manfred Kriener und deutete auf die Flasche, deren grünes Etikett eine Schwarzweiß-Fotografie der Büste eines jungen Mannes zeigte. Es ähnelte keinem anderen mir bekannten Etikett. Manfred Kriener hatte zwar in die Flasche 1993 Bacchus Kabinett Trocken von Klaus Zimmerling keinen österreichischen Wein gefüllt, war aber über meine Aussage nicht minder überrascht. Wie er mir dann erzählte, hatte Klaus

Zimmerling nämlich fast sein gesamtes Wissen über Wein von Klaus Saahs vom Weingut Nikolaihof in Mautern in der Wachau in Österreich. Diese Tatsache an sich war bereits erstaunlich, da alle anderen Winzer aus Sachsen und aus dem Saale-Unstrut-Gebiet, von denen ich bis jetzt gehört hatte, auf der Suche nach neuen Erfahrungen beim An- und Ausbau von Wein nach Westen gezogen waren, und nicht nach Süden. Damit stellte Klaus Zimmerling von unserer ersten »Begegnung« an eine Ausnahme dar.

Es war ein eiskalter, von Schneeschauern bestimmter Nachmittag Anfang März, als ich sechs Monate später mit meiner Frau am Dresdner Hauptbahnhof stand und mit gemischten Gefühlen auf Klaus Zimmerling wartete. Seit ich begann, über Wein zu schreiben, habe ich von Anfang an die Distanz abgelehnt, die viele Kritiker zu den Künstlern halten, über deren Werke sie schreiben. Wie hätte ich wirkliches Wissen über Wein erwerben sollen, ohne das Vertrauen vieler Spitzenwinzer zu erlangen, so daß sie bereit waren, mir ihre Gedanken ehrlich mitzuteilen und offen darüber zu sprechen, warum ein bestimmter Wein so und nicht anders schmeckt? Das ändert jedoch nichts an der Tatsache, daß ich jedesmal unmittelbar vor dem Kennenlernen eines »neuen« Winzers wieder vor Spannung und Nervosität fast zittere. Was für ein Mensch ist das, mit dem ich bis jetzt nur am Telefon gesprochen habe? Hatte ich die wenigen bis dahin verkosteten Zimmerling-Weine überschätzt? Hatte ich mir über diesen Menschen eine Fantasie ohne jede Beziehung zur Realität aufgebaut, so daß unser Treffen meine Hoffnungen in Scherben zerschlagen würde? – Plötzlich tauchte eine Gestalt in einem langen Mantel auf.

Obwohl Klaus Zimmerling wirklich wie auf dem einzigen mir damals bekannten Foto aus Manfred Krieners preisgekröntem Artikel über Sachsens Weine aussah, und die Kennzeichen, die mir dort aufgefallen waren – lockiges, braunes Haar, Vollbart, funkelnde Augen und ein kragenloses Hemd – an dem Mann uns gegenüber wiederzuerkennen waren, sah er doch ganz anders aus, als ich erwartet hatte. War es die Art, wie er ging, ganz normal und doch völlig anders als die anderen? War es seine Art zu reden, ohne den von mir erwarteten Dialekt und doch mit einer eigenartigen Sprachmelodie?

Was wir von Dresden sahen, als er mit uns hinaus nach Pillnitz fuhr, war genauso erstaunlich: die Villen in Blasewitz, die Hängebrücke »Blaues Wunder«, die eleganten Straßen in Loschwitz und der zur Wirklichkeit gewordene chinesische Traum Schloß Pillnitz. Ich war mit der Vorstellung hergekommen, daß meine Landsleute im Februar 1945 die gesamte Stadt zerbombt und angezündet hatten, und fand mich in einer intakten Welt voller Schönheit wieder – was selbstverständlich keinesfalls ein Grund ist, diese Barbarei zu entschuldigen. Tatsächlich sah Dresden liebevoller gepflegt aus als die oft graue Alltäglichkeit von Berlin, aus der wir morgens mit dem Zug gekommen waren. Meine Erwartungen waren vollkommen auf den Kopf gestellt worden.

Bei unserer Rückreise zwei Tage später vom Dresdner Hauptbahnhof, als wir das Erlebte in umgekehrter Reihenfolge rekapitulierten, spürte ich eine Euphorie wie schon seit Jahren nicht mehr. In unseren Köpfen wirbelte es bei dem Versuch, alle neuen Eindrücke zu verarbeiten. Außerdem waren wir davon überzeugt, daß es nur eine Frage der Zeit sei, einige Jahre vielleicht, bis aus diesen Weinbergen große Weine entstehen und die hier einst blühende Weinkultur zu neuem Leben erwachen würde. Obwohl wir in erster Linie aufgrund der bei Klaus Zimmerling und einigen anderen Winzern verkosteten Weine zu dieser Schlußfolgerung kamen, handelte es sich doch nicht um eine rein rationale Einschätzung, sondern eher um eine Ahnung, die mit jedem unserer Eindrücke immer stärker wurde. Als wir im Zug saßen, sagte ich zu meiner Frau: »Vielleicht dieses Jahr.« Ich meinte damit die großen Weine, die Klaus Zimmerling unserer Überzeugung nach machen würde. Ich fühlte ein komisches Kribbeln im Rücken und dachte an Elias Canetti: »Die große unbeantwortete Frage der Zukunft«.

In diesem Jahr sollte es jedoch nicht sein. Die Natur ist unbeständig und schließlich sind die Winzer von ihr abhängig. So weit im Nordosten, wie Weinbau in Deutschland überhaupt möglich ist, zeigt sie sich allerdings von einer noch launischeren Seite als im Südwesten des Landes, wo Pfalz und Baden 1996 ein exzellenter Jahrgang beschert wurde. Am letzten Juliwochenende waren wir wieder in Dresden, als der Sommer endlich auch in dieses Gebiet einzog, doch es war zu spät. Im September folgten wochenlange Regenperioden und die edlen Rebsorten wie Riesling und Traminer gelangten einfach nicht zu voller Reife. Es war ein harter Schlag für Klaus Zimmerling, der es zwar nicht laut ausgesprochen, aber doch insgeheim dieselben Hoffnungen gehegt hatte wie wir im März im Zug von Dresden nach Berlin.

Eine Gruppe der lebensgroßen Holzfiguren, Arbeiten von Malgozata Chodakowska, der polnischen Bildhauerin und Klaus Zimmerlings Frau, blickte uns stumm über die Schultern, als wir einige der Weine verkosteten, die den Ursprung dieser Hoffnungen bildeten.

Bei der professionellen Verkostung von Weinen wird meist eine Reihe von Faktoren beurteilt, die man alle mit Worten deutlich ausdrücken kann, selbst wenn sie nicht analytisch festzustellen sind. Als wir am Tisch saßen und der Wein in unseren Gläsern im Licht des Kronleuchters über uns grünlich-strohfarben schimmerte, kam mir einmal mehr der Gedanke, daß diese Art der Beurteilung sicher wichtig und berechtigt ist, da ein Wein natürlich harmonisch, sauber, mit ansprechenden Aromen sein sollte. Und doch ist das nicht alles. Weincharakter im vollsten Sinne des Wortes kann nicht in Begriffen wie Säure, Körper und Frucht ausgedrückt werden und ist trotzdem die wichtigste Voraussetzung für einen großen Wein. Viele Weine werden heute mit dem Ziel erzeugt, den bestmöglichen Eindruck auf jene zu machen, die sie oberflächlich und zu früh verkosten. Diese Weine springen einem aus dem Glas förmlich ins Gesicht wie ein Schachtelteufel und ihre Frische schreit: »Hier bin ich!« – doch nach ein oder zwei Jahren ist allzu oft niemand mehr da und nur noch die leere Schachtel übrig. Mir erscheint, daß jedem, der lediglich in der beschriebenen konventionellen Weise verkostet, genau die Eigenschaften entgehen, die dem Wein die Fähigkeit verleihen zu fesseln und zu faszinieren.

Nach konventionellen Kriterien beurteilt, ließ der Inhalt unserer Gläser an diesem Abend sicher auf die eine oder andere Art noch einiges zu wünschen übrig, aber jeder Wein besaß bereits einen starken, eigenständigen Charakter.

»Wir mußten richtige Bäume ausreißen, um diesen Weinberg anzulegen«, erklärte mir Klaus Zimmerling am nächsten Morgen, als er mir seine ersten Rebstöcke zeigte, die der damals achtundzwanzigjährige Maschinenkonstrukteur 1987 mit Hilfe von Freunden gepflanzt hat. Das war neben dem berühmten Rhododendrongarten auf dem Wachwitzer Weinberg, der zum Königlichen Weinberg gehört, dem einst hoch geschätzten Besitz August des Starken. Der größte Teil der drei Hektar von Klaus Zimmerling liegt im unteren Bereich der Rysselkuppe, direkt um sein Haus am Rand von Pillnitz und zählt ebenfalls zum Königlichen Weinberg. Dort zeigte er mir eine steile Terrasse, von vielen Bäumen und Gebüsch bewachsen, und erklärte seine Absicht, alles freizuräumen, um dort im Frühjahr 1997 Riesling zu pflanzen. Ich starrte ohne jede Überzeugung auf den Hang und stotterte: »Ja, aber die Bäume ... das sind große Bäume.« »Man glaubt es nicht, aber im Vergleich zu den Büschen sind sie leicht herauszureißen«, hatte er geantwortet. Während ich diese Zeilen schreibe, sind die Reben bereits gepflanzt. Wie bei den ersten Reben in Wachwitz wurzelt auch die Neuanlage dieser Terrasse in dem instinktiven Glauben, daß dies der richtige Platz sei.

Wo liegt die Grenze zwischen Zufall und Gespür? In Klaus Zimmerlings Fall ist diese Frage nicht einfach zu beantworten. Da war zum einen die Tatsache, daß Malgozata Chodakowska in Wien an der Kunstakademie studierte, als sie einander kennenlernten. Dann führte eine Zufallsbekanntschaft dazu, daß er beim Nikolaihof arbeiten konnte. Damals besaß er bescheidene 0,2 Hektar Reben in Wachwitz. Er hatte keine Ahnung, daß ihm 1995 das Haus und die Weinberge am Rand von Pillnitz zum Kauf angeboten werden würden, und er so vom Hobbywinzer zum Weingutsbesitzer aufsteigen würde. Genauso wenig war er sich anfangs dessen bewußt, daß der Boden in allen diesen Weinbergen stark dem in der Wachau gleicht – der Grund, warum mir mein erster Zimmerling-Wein so »österreichisch« erschienen war. Noch weiter zurück liegt der Moment, als der vierzehnjährige Klaus Zimmerling im Familienkeller in Leipzig Flaschen mit Obstwein fand, den sein verstorbener Vater gemacht hatte.

Es war ein magisches Erbe, der Geschmack und der Rausch, die in seiner Erinnerung miteinander unzertrennlich verbunden sind, Ursprung der tiefgehenden Faszination, die Wein seither auf ihn ausübt. In den folgenden Jahren experimentierte er selbst mit Obstweinen in einer Küchenecke. Sie wurden immer besser, »bis ich zu Trauben übergehen mußte«. Als er begann, die alten Weinbergsterrassen in Wachwitz für die ersten Reben freizuräumen, hatte er kein Geld, um die Freunde für ihre Hilfe bei der harten Arbeit zu bezahlen, »aber ich hatte meine Obstweine, und davon wurde reichlich getrunken«. Jeder der einzelnen Schritte ermöglichte den nächsten, obwohl es keinen Plan gab, der sie von vornherein miteinander verbunden hätte.

In einem Keller unter einem Flügel des Bergpalais von Schloß Pillnitz verkosteten wir die jungen Weine des Jahrgangs 1995 aus dem Faß. Dieser Keller stammt noch aus den Zeiten des alten Renaissanceschlößchen. August der Starke ließ ab 1720 die neue Schloßanlage bauen, nachdem er seine Mätresse Gräfin Cosel vom Hof und aus Pillnitz verbannt hatte. Das alte kleinere Anwesen versteckte sich gleichsam hinter dem heutigen imposanten Gebäude. Vielleicht war der Anblick des alten Anwesens zu schmerzhaft, wo er so viele glückliche Stunden mit seiner inzwischen aus politischen Gründen verschwundenen großen Liebe verbracht hatte. Wir schmeckten hier etwas davon, nach dem Klaus Zimmerling strebt, was er versucht, in den kleinen Akazienholzfässern im Keller einzufangen und das sich ihm doch noch teilweise entzieht: der Charakter aus dem Königlichen Weinberg, wie ihn vielleicht Constantia von Cosel und ihr königlicher Liebhaber gekannt und geschätzt haben.

Ein paar Wochen später rief er mich aufgeregt an und erzählte mir, daß ein unerwarteter Besucher ihm gerade eine Flasche Wein vom Königlichen Weinberg aus dem Jahrgang 1718 gebracht hatte, um seine Meinung dazu zu hören. Diese und weitere Flaschen hatten über Generationen im Keller dieser Familie gelegen, und der Korken war gerade in die Flasche gefallen. »Es roch nach feinsten Kräutern«, sagte er. Eines Tages ...

Probiernotizen Weingut Klaus Zimmerling

Riesling – Weine aus dem Pillnitzer Königlichen Weinberg

1992 LANDWEIN TROCKEN — 82
Hat noch ein paar Kanten, aber weitaus wichtiger ist ein herrlicher Aprikosenton, und Substanz wie ich es nicht für möglich gehalten hätte so weit im Norden.

1993 KABINETT TROCKEN — 85
Nach seiner schwierigen Jugend zeigt er eine unerwartete Ausgeglichenheit und eine Andeutung von Noblesse.

1994 SPÄTLESE TROCKEN — 83
Plötzlich tauchen Zitrusfrüchte auf. Ein wenig schlank – heute würde Klaus Zimmerling das »Kabinett« nennen – zeigt jedoch eine erfreuliche Rasse.

1995 LANDWEIN TROCKEN — 86
Subtile Aromen, die von einer besonderen Geologie und Topographie (des Weinbergs) sprechen, aber genauso stark kommt die Tradition aus der Zeit von August dem Starken durch.

Grauburgunder – Weine aus dem Pillnitzer Königlichen Weinberg

1992 LANDWEIN TROCKEN — 82
Die unerwartete und erstaunliche Antwort auf Pinot Grigio; viel Charakter und geradezu unglaubliche Lebendigkeit für dieses Alter.

1995 LANDWEIN TROCKEN — 85
Voll und delikat zugleich mit einer ausgewogenen Harmonie, die ein langes Leben verspricht.

Traminer – Weine aus dem Pillnitzer Königlichen Weinberg

1992 LANDWEIN TROCKEN — 85
Die vergessene Herrlichkeit einer anderen Zeit; rosig, aber keinesfalls historisierend.

1993 LANDWEIN TROCKEN — 84
Wirklich wie rotes Johannisbeergelee, ohne Süße, aber mit einem kräftigen Schuß Alkohol. Eine merkwürdige Beschreibung? Der Wein braucht immer noch Zeit, um sich zu entfalten.

1994 LANDWEIN TROCKEN 81
Es ist Weihnachten, und wie als Kind bekomme ich eine ganze Schachtel türkisches Konfekt geschenkt. Es stand aber schon eine Weile herum und hat ein wenig an Geschmack verloren.

1995 LANDWEIN TROCKEN 87
Eine perfekte Rose mit überirdischem Duft. Man ergibt sich ihrer süßen Versuchung, erlebt eine große Überraschung: ihre herbe Seele.

1996 LANDWEIN TROCKEN (FASSPROBE) 82?
Leicht und sanft, wie man es selten bei dieser Traube erlebt, doch schon mit einer Andeutung der kommenden Üppigkeit der Aromen.

Kurzporträts

Weingut Schloß Proschwitz

01665 Proschwitz über Meißen
Tel. und Fax 03521/452096

»Als ich Meißen zum ersten Mal gesehen habe, war es wie Liebe auf den ersten Blick angesichts einer schönen Frau«, sagt Dr. Georg Prinz zur Lippe. Von dem beschriebenen Moment an brauchte er nicht mehr lange, um 1991 seinen lukrativen Job in München aufzugeben und die Weinberge der Familie zurückzukaufen, die 1945 von den Russen beschlagnahmt worden waren. Er fand einen schlecht ausgestatteten Betrieb vor und mußte seine erste Traubenernte mit einem alten Militär-Lkw selbst ins fränkische Castell zum Keltern fahren. Seit diesen Anfängen hat er enorme Investitionen in Form eines neuen Kellers getätigt und die Weinberge fast komplett neu angelegt. Seine schlanken trockenen Weißweine gehören schon jetzt zu den besten in Sachsen. Mit dem zunehmenden Alter der jungen Reben sollte Prinz zur Lippe jedoch weitaus bessere Weinen als heute machen können. Schon jetzt zeichnet sich bei den Sorten Weiß- und Grauburgunder das größte Potential ab. Von diesem Betrieb ist viel zu erwarten.

Weingut Klaus Seifert

Weinbergstraße 20a, 01445 Radebeul

Klaus Seifert braucht kein Telefon, kein Faxgerät und keine Werbung, um jedes Jahr schon vor der neuen Lese wieder ausverkauft zu sein. Seit 1972 hat er sich mit seinem winzigen Betrieb einen sehr guten Ruf für makellose, elegante, duftige trockene Weißweine geschaffen. Selbst Müller-Thurgau und Kerner sind hier kristallklar und erfrischend. Seine Ruländer und Traminer zählen zu der kleinen Zahl von Spitzenweinen, die gegenwärtig in Sachsen erzeugt werden. Man sagt in England, daß es keinen Rauch ohne Feuer gibt, und das trifft auf Klaus Seiferts betont rauchige 1995 Ruländer Auslese trocken (83 Punkte) zweifellos zu. Sie stammt aus den steilen Hängen des Radebeuler Goldenen Wagens, wo die Sonnenstrahlen sich zu feuriger Hitze verdichten. Der erstaunlichste Wein aus diesen Granitverwitterungsterrassen ist Klaus Seifert mit seiner 1993 Traminer Beerenauslese trocken (85 Punkte) gelungen, ein Wein, der mit seinen enormen Ausmaßen und seiner Harmonie den monumentalen Bauten in Dresden gleicht. Mit weiteren Weinen wie diesem wird sich der Ruf des Goldenen Wagens wie ein Phönix aus der Asche erheben – genau wie diese Bauwerke.

13. Kapitel

WÜRTTEMBERG: UNTERGANG DER TROLLINGER-REPUBLIK?

»Mit den Württemberger Weinen ist alles in Ordnung. Mit den Württemberger Weinen ist alles in Ordnung. Mit den ...« Ich stelle mir die Weinbau-Funktionäre dieses Gebietes und die Direktoren der zahlreichen Weingärtnergenossenschaften morgens beim Rasieren vor dem Spiegel vor, wie sie diesen Satz immer wieder vor sich hersagen. Manche aber haben die Scheuklappen vielleicht so eng geschnallt, daß sie ohnehin davon überzeugt sind, es sei alles in bester Ordnung. Die Weine des Ländle verkaufen sich in ihrem Herkunftsgebiet aufgrund der heimatliebenden, nach Trollinger & Co. dürstenden Kehlen weiterhin gut, aber mit wenigen Ausnahmen haben sie leider neben den Weinen anderer deutscher Anbaugebiete, geschweige denn anderer Länder, keinerlei Chance. Kritischen Weintrinkern in Deutschland ist dies seit langem klar, und unter Kennern sind die allgemein blassen, nichtssagenden »Rot«- und oft flachen, charakterlosen Weißweine aus Württemberg weltweit Anlaß zu Gespött, wenn sie überhaupt zur Kenntnis genommen werden.

»Trollinger ist kein Wein, es ist Grundnahrung«, sagte der Direktor und Kellermeister eines der berühmtesten württembergischen Weingüter mir gegenüber. Das ist eine Einstellung, die ich durchaus respektieren könnte, wenn unter den 20 Prozent der 11 200 Hektar großen Anbaufläche Württembergs, die mit dieser »Grundnahrung« bepflanzt ist, sich nicht auch so viele der Spitzen-Weinbergslagen des Gebiets befänden. Hier sollten überwiegend edle Rebsorten wachsen und große Weine entstehen. Württemberg ist das einzige Anbaugebiet in Deutschland, in dem ein großer Teil der besten Weinberge der Alltagsweinproduktion gewidmet ist. Anderswo begnügen sich solche Weine mit weniger begünstigten Standorten, auf denen edle Traubensorten nicht ausreifen können, doch die anspruchsvolle, spätreifende Trollinger-Traube verlangt nach besonders guten Lagen, obwohl sie alles andere als edel ist. Das wäre nicht so schlimm, wenn die Zahl gelungener Weine aus höherwertigen roten Sorten wie Lemberger, Spätburgunder und ihren Verwandten Clevner und Samtrot nicht so verschwindend gering im Verhältnis zur Gebietsgröße wäre. Bernd Kreis, der äußerst begabte Sommelier in Vincent Klinks hervorragendem Restaurant »Wielandshöhe« in Stuttgart, drückte es mir gegenüber vor kurzem so aus: »Württemberg hat das Potential, alle anderen Rotweingebiete Deutschlands zu schlagen, aber wir verpulvern es einfach.« Beim trockenen Weißwein sieht es ähnlich enttäuschend aus.

Die Frage muß gestellt werden: Wo sind die großen Weine aus Württemberg? Beim Rotwein lautet die Antwort, daß ein Hobbywinzer mit weniger als einem Hektar Reben es geschafft hat, die einzigen großen Weine zu erzeugen, die mir im Gebiet je begegnet sind. Seine stärksten Konkurrenten unter den professionellen Vollzeit-Weinerzeugern in Württemberg liegen noch weit hinter ihm; ein schockierendes Bild in einem Gebiet, dessen Weinpreise weit über dem bundesdeutschen Durchschnitt liegen. Bei den Weißweinen gibt es gegenwärtig nur zwei oder drei Betriebe, die eine Reihe von Weißweinen erzeugen, die vollkommen überzeugend wirken und unter denen sich auch einige große Weine befinden. Angesichts dieser Situation gibt es kaum einen Grund, die Weine des Gebietes ausführlicher zu beschreiben. Die folgenden Profile sind Porträts von Hoffnungsschimmern. Quo vadis Württemberg?

Die Jahrgänge

1996
Sehr gemischte Ergebnisse, doch scheinen zumindest manche Spitzenbetriebe ihre beste Ernte seit 1993 eingefahren zu haben.

1995
Ein generell unterdurchschnittlicher Jahrgang bei Rot- und Weißweinen, allerdings gab es einige überraschend ansprechende Weißweine.

1994
Hagel im Sommer reduzierte die Ernte in manchen Teilen des Gebietes. Aus verschont gebliebenen Lagen kamen einige elegante trockene und edelsüße Weiß- sowie ordentliche Rotweine. Die von den Unwettern betroffenen Landstriche erzeugten zum Großteil schwache Weine.

1993
Ein Jahrgang mit dem Potential für erstklassige Weiß- und Rotweine. Die Ergebnisse im Glas spiegeln dies allerdings nur selten wider. Die gelungenen Weine besitzen ein Alterungspotential von einigen Jahren.

1992
Kein großer Jahrgang, aber einer, der gute Rotweine hervorbrachte, die weicher als die 1993er waren und schneller reiften. Sie müssen jetzt getrunken werden.

1991
Ein unterdurchschnittliches Jahr mit ziemlich dürftigen, harten Rot- und seelenlosen Weißweinen, die ihren Höhepunkt schon lange überschritten haben.

1990
Noch größeres Potential als 1993, doch gilt derselbe Kommentar. Selbst die gelungensten Exemplare lassen inzwischen deutlich nach.

Eindrucksvolle Ausnahmen
Siegfried Röll

Weingut Fürst zu Hohenlohe-Oehringen
Im Schloß
74613 Öhringen
Tel. 07941/94910
Fax 07941/37349

Wie eine riesige Höhle? Mit einem Gewölbe so hoch und mächtig wie die Krypta einer Kathedrale? Als ob Steven Spielberg seine Vorstellung eines alten Weinkellers verwirklicht hätte? Alle diese Beschreibungen treffen auf die Kellergewölbe mit den großen, bis auf das Jahr 1702 zurückgehenden Holzfässern des Weingutes Fürst zu Hohenlohe-Oehringen zu, unter den Türmen und Giebeln des ebenso alten Schloß Öhringen am Marktplatz des Ortes. Wenn man hier steht, fällt es einem nicht schwer zu glauben, daß die ersten Aufzeichnungen über die Verbindung der Familie zum Weinbau bis ins Jahr 1360 zurückreichen. Genauso angemessen erscheint es, daß einige der besten gegenwärtig in Württemberg erzeugten Rot- und Weißweine in den Fässern dieses Kellers reifen. Siegfried Röll, der für diese Weine verantwortlich ist, wirkt vor diesem Hintergrund eindrucksvoll, obwohl er kein besonders hochgewachsener Mann ist. Sein Selbstvertrauen und der Glaube an die Arbeit, die er hier seit 20 Jahren leistet, verleihen ihm die nötige Statur, um in dieser imposanten adligen Umgebung nicht unterzugehen.
Als Siegfried Röll 1976 von Fürst Krafft zu Hohenlohe-Oehringen ein-

gestellt wurde, um das Familienweingut zu führen, waren beide jung, und die Aufgabe war nicht leicht. Häufige Wechsel unter den Verwaltern in den vorangegangenen Jahren und die fehlende Vorgabe einer klaren Richtung hatten dazu geführt, daß es um den Ruf des Betriebes nicht besonders gut stand. Obwohl er eine lange Geschichte aufweist, kann er erst seit 1945 als Weingut im Sinne einer kommerziellen Einheit bezeichnet werden. Zuvor hatte das Weingut als Sommersitz der Familie gedient, die einen ausgedehnten Landbesitz in Schlesien besaß, wo sie auch in bedeutendem Maß an der Industrie beteiligt war. Als diese Welt 1945 verlorenging, bekam Öhringen plötzlich eine ganz neue Bedeutung für die Familie. Dem jungen Fürst Krafft ist es zu verdanken, daß seit den frühen siebziger Jahren wieder eine solide wirtschaftliche Basis existiert. Eine seiner Maßnahmen bestand darin, dem Weingut zu einem guten Ruf zu verhelfen und es in einen wirtschaftlich rentablen Betrieb umzuwandeln. Für den jungen Siegfried Röll, der nur einige Kilometer entfernt von Verrenberg, wo die Weinberge der Hohenlohe-Oehringen liegen, aufgewachsen ist, stellte das genau die Herausforderung dar, nach der er gesucht hatte. Siegfried Röll zeigt durchaus einen gesunden Stolz auf seine Leistungen, und an dem verregneten Novembernachmittag meines Besuchs war er verärgert über eine Welle von kritischen Presseberichten, die soeben über die Württemberger Weine hereingebrochen war. Dennoch behielt seine Fähigkeit, Weine nüchtern zu betrachten, souverän die Oberhand. »Trollinger ist eine Spezialität unseres Gebietes und ein Teil unserer Kultur. Daran muß man denken, wenn man ihn beurteilt. Selbstverständlich, wenn man ihn mit unseren besten Rotweinen oder gelungenen Weinen aus anderen Gebieten vergleicht, könnte man zu dem Schluß kommen, daß er gar kein wirklicher Rotwein ist. Trotzdem gehört er hierher, und manche unserer besten Kunden kaufen neben unseren Spitzenweinen eben auch Trollinger.« Sein Trollinger gehört zu den wenigen mir bekannten, die wirklich ansprechend wirken, gut gemacht sind und etwas Charakter zeigen: ein angenehmer hellfarbener Rotwein, der sich leicht gekühlt gut trinken läßt.

Ich hatte die lange Reise von Berlin nach Öhringen jedoch nicht wegen des Trollingers unternommen. Der Verrenberger Verrenberg, die Alleinbesitzlage des Weinguts Hohenlohe-Oehringen, liegt ein paar Kilometer vom Schloß entfernt in einem einsamen Tal, wo die liebevoll restaurierten Gutsgebäude aus dem frühen 17. Jahrhundert noch den Eindruck verstärken, daß die Zeit hier stillsteht. Auf dem schweren Keuper- und Muschelkalkboden der steilen Hänge wachsen einige der besten Rieslinge und Lemberger Württembergs. Obwohl er erst seit dem Jahrgang 1988 erzeugt wird, stellt die Rotweinkomposition »Ex Flammis Orior« bereits den bekanntesten Wein des Gutes dar. »Ich hatte diese

Idee, als ich 1989 aus Bordeaux zurückfuhr«, erzählt Siegfried Röll. »Während dieser zehn Stunden hat die Idee, die besten Spätburgunder und Samtrot im Keller mit dem besten Lemberger zusammenzulegen, in mir Gestalt angenommen; in der gleichen Art, wie die Spitzen-Bordeauxweine beinahe alle Cuvées aus zwei bis fünf Rebsorten sind.« Zu dieser Cuvée ist seitdem noch ein kleiner Teil Cabernet Sauvignon hinzugekommen, und es ist ein imposanter Wein entstanden, dessen Charakter an reife schwarze Beeren und Rauch erinnert. Als junger Wein kann er zwar schon sehr beeindruckend wirken, aber zu wirklicher Harmonie gelangt er erst nach mehreren Jahren Flaschenreife. Selbst der erste Jahrgang steht noch gut da und hat nach zehn Jahren nichts von seiner Kraft verloren, was unter deutschen Rotweinen eine Seltenheit ist.

Siegfried Röll zeigte mir voller Stolz den äußerst modernen Gärkeller, den er 1983 eingerichtet hat. Obwohl viele der Weine noch in der Gärung steckten, bestand er darauf, daß ich einige der jungen, ungeschliffenen 1996er verkosten sollte. In einem schwierigen, unterdurchschnittlichen Jahrgang wie diesem wirken viele der trockenen Weißweine aus dem Verrenberg einfach und rustikal, doch zumindest sind sie nicht zu sauer. Es ist ein kleines Zugeständnis an Gebiet und Betrieb, daß ich mit der Aufnahme dieses Weingutes unter Deutschlands Spitzenweinerzeuger ein Auge zudrücke und das bescheidene Niveau einer Reihe von QbA- und Kabinettweinen aus Silvaner, Riesling und Weißburgunder bei meinem Gesamturteil quasi übersehe.

Glücklicherweise gibt es hier aber auch wirklich beeindruckende Weißweine. Besonders die unter dem grünen Etikett angebotenen trockkenen Riesling-Spätlesen und -Auslesen zeigen ausgeprägten Charakter, was bei der großen Mehrheit der württembergischen Weißweine nicht unbedingt der Fall ist. Es sind mächtige, muskulöse, knochentrockene Weine mit starken Angelika- und erdigen Noten, so daß sie einen vollkommenen Gegensatz zu den charmanten Rieslingen aus den Tälern von Rhein und Mosel darstellen. Dieser Stil sagt sicher eher jenen Weintrinkern zu, die Mächtigkeit über Eleganz stellen. Beim Essen erfordern diese Weine kompakte Speisen von kräftigem Geschmack, um sich von ihrer besten Seite zu zeigen, und viele der in dem Gourmetrestaurant der Hohenlohe-Oehringens, dem »Schloßhotel Friedrichsruhe«, servierten raffinierten Vorspeisen wären ihnen eher schlechte Partner. Die stark reduzierten, süßlichen Saucen bei manchen Fleischgängen würden ihnen auch keinen Gefallen tun. So beeindruckend die Weine auch sind, etwas weniger kompromißlos trocken käme ihre Harmonie noch schöner zu Geltung und sie wären auch zum Essen überzeugender. Edelsüße Rieslinge sind bei Hohenlohe-Oehringen ebenso eine Rarität wie im übrigen Württemberg, können aber höchst beeindruckend sein. Mit mehr

Übung könnte Siegfried Röll diesen Stil genauso meistern wie »seine« Domäne in den Weinbergen und Kellern dieses Weingutes.

Probiernotizen Weingut Fürst zu Hohenlohe-Oehringen

Lemberger & Co.

1992 »Ex flammis orior« Tafelwein trocken 83
Eine volle Ladung dunkler Pflaumen und Räucherspeck landet im Topf und wird eingekocht ... Nein, kein Rezept, aber so schmeckt dieser korpulente Bursche.

1993 »Hades« Lemberger Tafelwein trocken 84
Die reiche Ernte eines wunderschönen Herbsttages – die letzten dunklen Beeren und die ersten Nüsse – füllen einen großen Körper aus, der sanft vom Gerbstoff gestützt wird.

1993 »Ex flammis orior« Tafelwein trocken 85
Jetzt oute ich mich als Schokosüchtiger. Aber das klingt falsch, weil er auch etwas Feines hat und mich an gute Bordeaux-Weine erinnert.

1994 »Ex flammis orior« Tafelwein trocken (Fassprobe) 83
Von rustikaler Herkunft und stämmig, doch weltgewandt und gebildet wie sein Macher. Sehr gut für den schwierigen Jahrgang.

Riesling – Verrenberger Verrenberg »Grand Cru«

1993 Spätlese trocken 85
Über Umwege gelangt der kräftige Kerl endlich an sein Ziel, und zu Körper und Saftigkeit kommt auch etwas Schliff.

1993 Auslese trocken 87
Imposante exotische Düfte – Gewürze sowie Früchte – kleiden den mächtigen Wein aus; der reichliche Ausdruck würde noch besser zur Geltung kommen, wenn er nicht ein wenig stumpf im Nachgeschmack wirkte.

1993 Beerenauslese 90
Wer hat das von ihm erwartet? Quasi niemand. Aber hier ist ein cremiger, ausgewogener edelsüßer Ausnahmewein; erreicht seinen Höhepunkt erst im nächsten Jahrhundert.

Herr Röll weigerte sich, mir seine 1994er trockenen Rieslinge zu zeigen, und zwar mit den Worten: »Restlos ausverkauft!«

1994 Eiswein 92
Ein gewaltiger Riese, der sich nur unter Schwierigkeiten bewegt. In ihm steckt aber mordsmäßig viel, und wenn man 20 Jahre Geduld hat, wird man mit bezaubernder Harmonie belohnt werden.

1995 Kabinett trocken 78
Nüchterne Schlichtheit und Bodenständigkeit, aber nicht ganz ungeschliffen.

1996 Qualitätswein trocken (Fassprobe) ??
Man kann zwar gärende Weine verkosten, aber ich bewerte grundsätzlich keine gärenden Weine!

Schloßherren der Zukunft
Karl Eugen Erbgraf von Neipperg und Philipp Graf von Neipperg

Schloßgut Graf von Neipperg
Im Schloß
74190 Schwaigern
Tel. 0 71 38/50 81
Fax 0 71 38/40 07

»Es war kein Zufall, daß meine Familie die Sorte Lemberger im späten 17. Jahrhundert aus Österreich in dieses Gebiet gebracht hat«, sagte Karl Eugen Graf Neipperg, als wir die Treppe in den ersten Stock von Schloß Schwaigern hinaufstiegen. »Über sieben Generationen lang standen meine Vorfahren im Dienst des Wiener Hofes und kannten daher die österreichischen und ungarischen Weine, bei denen die Sorte als Blaufränkisch bzw. ›Kékfrankos‹ bekannt ist. Das war allerdings kein einseitiger Handel, da ein großer Teil unserer Weinproduktion damals in Wien verkauft wurde.« Die Vorfahren, von denen er sprach, hingen in Porträtform um uns herum, unter anderen der Neipperg, der einer der vier Feldmarschalle der Kaiserin Maria-Theresia war. Die zeitlose Gelassenheit auf ihren Gesichtern ließ mich unsicher werden, ob sie nicht auch in Geisterform anwesend waren, in dunklen Ecken, wo man sie nicht sehen konnte, oder vollkommen unsichtbar direkt neben uns auf den Treppenstufen. Oder hatte ich die unbekannten Geister meiner bescheidenen englischen Ahnen mit hierher gebracht, hatten sie sich wie Kletten an mein Tweed-Jacket gehängt? Waren sie neugierig auf diese Seite ihrer Welt, die sie zu ihrer Zeit nicht hatten erleben können?

Die Gemälde bereiteten mich jedoch in keiner Weise auf die Grandeur des Raumes vor, in dem die Weinverkostung vorbereitet worden war. Die Reihe von Landschaftsbildern der Bucht von Neapel aus dem späten 18. Jahrhundert von Joly an drei Seiten der Wände und der Blick auf den Schloßgarten von der vierten ließen mich die Geister vergessen und spontan ausrufen, daß dies das schönste Probierzimmer sei, das ich je gesehen hätte. »Ja, es ist ein sehr schöner Raum«, stimmte mein Gastgeber mir erfreut zu. »Ich empfinde es als Vergnügen, hier Weine zu verkosten, und teile dieses Erlebnis gerne mit Gästen.« Im gleichen Ton fragte er, ob wir bei der Verkostung mit Rot- oder Weißwein beginnen sollten. Ich entschied mich für ersteres – es erschien mir absurd, mit etwas anderem zu beginnen als mit Lemberger. Als er die Flaschen entkorkte und die Weine einschenkte, drehte ich mich mit dem ersten Glas im Kreis, trank in den zwei Landschaften: der einen vor den Fenstern und dann der anderen weit in der Ferne und Vergangenheit, als der Lemberger auf dem Weingut noch ein »Neuling« war.

Rotweine, weit mehr als Weißweine, leben zu einem gewissen Grad vom Alkohol. Unter einem bestimmten minimalen Alkoholgehalt zeigen sie nur sehr selten ansprechende Harmonie, schmecken eher dünn und hart. Daher kann ich in der württembergischen Tradition für Kabinett-Rotweine mit geringem Alkoholgehalt keine Logik erkennen. Viele der so entstehenden Weine schmecken mir einfach nicht. Ich hatte mich dem ersten Glas, einem Lemberger Kabinett trocken aus dem Jahrgang 1994, trotz der mich umgebenden großartigen Landschaften mit großem Vorbehalt genähert. 1994 war noch dazu in Deutschland alles andere als ein großer Rotweinjahrgang gewesen. Zu meinem Erstaunen wirkte der Wein harmonisch, voll, duftete nach Brombeeren und war von einer Nachhaltigkeit, die ich bei nur 11,2° Alkohol nie erwartet hätte. Die beiden folgenden trockenen Lemberger-Spätlesen mit 12,5° natürlichem Alkohol – eher ein normaler Wert für einen »richtigen« Rotwein – waren zwar besser, aber der Sprung zwischen ihnen und dem ersten Wein war bei weitem nicht so groß wie sonst in Württemberg allgemein.

Das Fehlen von Duft und Geschmack von neuem Eichenholz bei nahezu allen von mir verkosteten Rotweinen machte sich keinesfalls negativ bemerkbar. Heutzutage gibt es nur selten Rotweine, die sich eines gewissen Bekanntheitsgrades erfreuen und einen guten Preis erzielen, ohne in *Barrique*-Fässern gelagert worden zu sein, deren Holz den Weinen ja einen betonten Eichencharakter verleiht. Karl Eugen Graf Neipperg hat erst mit dem Jahrgang 1990 begonnen, mit solchen Fässern zu experimentieren, und er baut bis heute den größten Teil seiner Rotweine in großen neutralen Eichenfässern aus, deren Holz sich so gut wie gar nicht geschmacklich in den fertigen Weinen bemerkbar macht. Der 1995 *»Barrique«* Lemberger, ein QbA aus dem Neipperger Schloßberg, ist der erste Wein in diesem neuen Stil, mit dem er wirklich glücklich ist, und für den schwierigen Jahrgang ist es ein sehr gutes Ergebnis. Das Holz, aus dem diese Fässer gemacht sind, stammt jedoch nicht aus einem französischen Wald, deren Namen eine jedem Weinfreak vertraute Litanei bilden – Allier, Limousin, Nevers, Troncais, Vosges –, sondern aus den eigenen Wäldern der Familie. »Neipperger Wein aus Neipperger Eiche« bildet eine Harmonie, die charakteristisch für das Weingut ist, anstatt wie eine Imitation anderer Weine zu wirken.

Wir waren vor einer Stunde auf der Herfahrt durch einige dieser Wälder gefahren. Voller Begeisterung hatte Karl Eugen Graf Neipperg mir die Burg Neipperg gezeigt, von der Teile bis aufs 12. und 13. Jahrhundert zurückgehen, sowie die Reben auf dem Neipperger Schloßberg, schmalen Terrassen auf dem steilen Hang unterhalb der Burg. Ein Stück weiter kamen wir zu den noch imposanteren Hängen der Lage Schwaigerner Ruthe. »Der Boden im Neipperger Schloßberg besteht aus Keuper und Schillsandstein, während wir hier einen Keuper haben«, erzählte er mir mit großem Enthusiasmus. »Diesen Hang dort drüben betrachten wir als *Grand-Cru-* oder Erstes-Gewächs-würdig.« Es überraschte mich, das Thema Weinbergslagen-Klassifizierung hier erwähnt zu hören, doch Karl Eugen Graf Neipperg ist ein leidenschaftlicher Verfechter für die Einführung einer besonderen Bezeichnung für hochwertige Weine aus den Spitzenlagen des Gebietes. Die besten trockenen Rieslinge, die ich zwischen Neapel und dem Schloßgarten im Neippergschen Probierzimmer verkostet habe, verdienten eine solche Bezeichnung nicht nur aufgrund der Schönheit dieses Rahmens.

Karl Eugen Erbgraf Neipperg vermittelt den Eindruck, daß er mit jedem Jahr seit seiner Übernahme der Führung des Gutes 1984 von seinem Vater Josef-Hubert Graf Neipperg an dieser Aufgabe gewachsen ist. Die manchmal drastischen Wechsel zwischen günstig verlaufenden Wachstumsperioden und schlechten Sommern – und daher zwischen guten und schlechten Jahrgängen – machen es einem schwer, die Veränderungen der Weinqualität durch menschlichen Einfluß zu beurteilen. Als ich jedoch die trockenen Riesling-Spätlesen aus den Jahrgängen 1990, 1992, 1993, 1994 und 1995 miteinander verglich, fiel mir auf, daß die Weine sein wachsendes Vertrauen zu sich selbst und den eigenen Gedanken widerspiegeln. Bei den beiden letzten Jahrgängen hatte ihm die Natur wahrhaft schlechte Karten zugeteilt, und trotzdem war er imstande gewesen, daraus Weine hervorzubringen, die sich der Spitzenlagen, aus denen sie stammten, würdig erwiesen.

Am Ende der Flaschenreihe bei meiner Verkostung standen zwei edelsüße Weine, eine Riesling-Beerenauslese und eine Muskateller-Auslese, beide aus dem Jahrgang 1994. Solche Weine stellen nur einen winzigen Bruchteil der eine Viertelmillion Flaschen umfassenden Jahresproduktion des 28-Hektar-Betriebes dar. Dennoch besteht hier eine Tradition für sie, und die Beschreibung für einen solchen Wein in einer Neipperg-Preisliste zeigt, wie die Familie diese Weine sieht: »Ein kostbarer Schatz für die Fülle des Lebens wie für die Sorge in Not.«

In diesem Moment kam der Sohn meines Gastgebers, Graf Philipp, herein. Als er sah, daß ich zu dem Glas mit der Muskateller-Auslese griff, sagte er ohne nachzudenken: »Das ist der beste Wein in unserem Keller!« Es kam von Herzen und überraschte uns derart, daß man ihn unmöglich als vorlaut rügen konnte, besonders, da er vollkommen recht hatte. Dieser Wein gehört zweifellos zu den Beweggründen, die ihn bereits jetzt den Wunsch hegen lassen, eines Tages bei der Leitung des Weingutes in die Fußstapfen seines Vaters zu treten.

Von meinem Tisch im Restaurant »Wielandshöhe« in Stuttgart-Degerloch genoß ich am Abend einen berauschenden Blick über die Lichter der Stadt, doch die 1976 Traminer Auslese vom Schloßgut Graf von Neipperg in meinem Glas war noch atemberaubender. Ich hoffe, daß ich die Geister, ob schwäbisch oder englisch, nahe genug ans Glas herangelassen habe, damit sie den ätherischen Duft dieses Weines riechen konnten. Hoffentlich hat sie dieser Duft nicht neidisch werden lassen: Der Wein steht noch mitten im Leben.

Probiernotizen Schloßgut Graf von Neipperg

Lemberger – Neipperger Schloßberg »Grand Cru«

1993 SPÄTLESE TROCKEN A.P.-NR. 13 95 (BARRIQUE)   82
Ein wenig von seiner Dosis Eiche etwas erschlagen, aber auch viel Substanz und ein fester Kern.

1993 SPÄTLESE TROCKEN A.P.-NR. 23 94   85
Zu diesem Glas drängen die ganzen Geister und Gespenster hin, aber die Lebenden haben gegenüber den Toten die besseren Karten: Im Kampf um diese herrliche Samtigkeit und Ausgeglichenheit wird es wohl keinen Breughel-artigen »Sieg des Todes« geben.

1994 KABINETT TROCKEN   81
Erstaunliche Substanz für einen Rotwein mit so wenig Alkohol und dazu eine reizende Weichheit und Parfüm.

1995 QUALITÄTSWEIN TROCKEN (BARRIQUE) 84
Jetzt trifft der Holzpfeil ins Schwarze; Neipperger Lemberger – diese tolle Brombeernote! – und Neipperger Eiche bilden eine überzeugende Einheit.

Riesling – Schwaigerner Ruthe »Grand Cru«

1992 SPÄTLESE TROCKEN 87
Eine wunderschöne Stunde könnte man mit diesem Wein verbringen, und dann gäbe es immer noch die zweite Flasche; Anmut und eine wunderbare, sanfte Reife.

1993 SPÄTLESE TROCKEN 88
Warum können andere in Württemberg das nicht? Eine tolle Balance und etwas richtige Finesse verleihen ihm eine aristokratische Eleganz. Mit ein wenig mehr Tiefgang ...

1994 SPÄTLESE TROCKEN 83
Als Kind habe ich kandierte Zitronen nicht gemocht, aber jetzt lerne ich sie lieben, nicht zuletzt durch Weine wie diesen schlanken, aber gut gebauten Kerl.

1994 BEERENAUSLESE 91
Solch hohe Eleganz wie die dieses Weines assoziiert man mit dem Ländle genausowenig wie die hohe Eleganz des Neippergschen Schlosses. Ein zierliches Meisterwerk.

1995 SPÄTLESE TROCKEN 85
Das feine Aroma von spät reifenden Äpfeln zusammen mit animierender Frische und ausreichend Substanz ergeben eine richtig edle Harmonie.

Die Konsequenz
Albrecht Schwegler

Weingut Albrecht Schwegler
Steinstraße 35
71404 Korb
Tel. 07151/34895
Fax 07151/34978

Der Rotwein in meinem Glas ist ein Riese; so farbintensiv, daß er beinahe undurchsichtig wirkt, und mit einem Bouquet, das mir in seinem

Überraschungsangriff schier den Atem nimmt: schwarze Kirschen, Lebkuchen, Schokolade, Minze, Pfeffer, Rauch, und und und ... Einen Moment lang bin ich wirklich atemlos, doch dann reiße ich mich zusammen und nehme einen vorsichtigen Schluck. Für einen deutschen Rotwein besitzt er eine übergroße Fülle an konzentrierten Geschmacksaromen, und ich ertappe mich bei der Überlegung, mit welchem französischen oder italienischen Spitzengewächs man den Rotwein in meinem Glas vergleichen könnte. Er hat eine Menge Gerbstoff, ganz wie die großen Rotweine dieser Länder, doch fügt sich alles zu einem majestätischen Ganzen zusammen, und nach dem Schlucken bleibt lange ein eleganter Nachhall im Mund. Dank der Beharrlichkeit von Bernd Kreis, dem Sommelier des Restaurants »Wielandhöhe« in Stuttgart-Degerloch, habe ich gerade meinen ersten Wein von Albrecht Schwegler kennengelernt, den 1993 »Granat«.

Es ist mit großem Abstand der beste Rotwein des hervorragenden Jahrgangs 1993 in Württemberg. Dies tritt deutlich zutage, da alle anderen Kandidaten für diesen Titel neben ihm auf dem Tisch vor mir stehen. Ich versuche mich an einen vergleichbaren Wein aus einem früheren Jahrgang zu erinnern, aber keiner aus den vorangegangenen Spitzenjahrgängen 1989 und 1990 kommt ihm nahe. Die 1981er von Graf Adelmann waren wunderbare Weine, aber doch nicht ganz von diesem Kaliber. Es ist somit der beste Rotwein, der mir je im Ländle begegnet ist. All das erscheint noch bemerkenswerter, wenn man in Betracht zieht, daß Albrecht Schweglers »Granat« aus lediglich 0,65 Hektar Weinbergen um Korb im Remstal stammt. Der Riese kommt von einem Weingut, das weniger Fläche umfaßt als die Gärten mancher Stuttgarter Villen. Außerdem gehört Albrecht Schwegler zu den Hobbywinzern, hauptberuflich ist er geschäftsführender Gesellschafter einer Firma für Lineartechnik. Dessen ungeachtet hat sein Wein gerade alles in den Schatten gestellt, was seine »professionellen Kollegen« zu bieten haben.

Es sollten jedoch noch mehr Überraschungen folgen. »Granat« ist der Spitzenwein aus Albrecht Schweglers kleiner Auswahl, der nur in den besten Jahrgängen erzeugt wird. Neben dem 1993er gibt es bis jetzt nur den 1990er, der seinem Nachfolger in nichts nachsteht. Er ist jetzt auf seinem Höhepunkt, fein und köstlich und eindeutig in seinem Jahrgang ebenfalls der beste Rotwein des Gebietes. Albrecht Schweglers zweitbester Wein heißt »Saphir«, und es hört sich übertrieben an, aber der 1992 »Saphir« überragt seinerseits alle württembergischen Konkurrenten dieses Jahrgangs. Albrecht Schwegler beschreibt seinen dritten und einfachsten Rotwein, »Beryll«, als »schwäbische Einfachheit«; viele Rotweine von bekannteren und adligen Weingütern aus Württemberg wirken neben ihm jedoch fade und charakterlos. Das hört sich wie eine Lobeshymne an, dabei versuche ich nur das Phänomen zu begreifen, mit dem ich zu meiner Verblüffung konfrontiert worden bin.

Albrecht Schwegler fühlt sich sichtlich geschmeichelt, als ich ihm meine Ansichten darlege, doch nimmt er es alles ganz ruhig hin. Als ich ein paar scharfe, kritische Worte über die allgemeine Situation im Gebiet hinzufüge, schüttelt er den Kopf. »Wir haben ein großartiges Potential für Rotwein«, sagt er. »Doch obwohl wir zwar auf dem High-Tech-Sektor alle diese Spitzenprodukte herstellen, scheinen wir nicht in der Lage zu sein, mehr als eine Handvoll wirklich aufregender Weine hervorzubringen. Es ist absurd.«

Offensichtlich hat er sich zu diesem Thema viele Gedanken gemacht, und die Frustration in seiner Stimme hat tiefe Wurzeln. Er erzählt mir, daß diese bis in die Jahre 1982 bis 1990 zurückreichen, als er einer der Kellermeister der Remstalkellerei war, einer der größten Genossenschaften in Württemberg. Er konnte seine Ideen zur Verbesserung der Weinqualität dort nicht einmal für einen Bruchteil der Produktion richtig durchsetzen. Arbeitsaufenthalte in Südafrika und Neuseeland bestärkten ihn in seiner Überzeugung, daß in seiner Heimat erheblich mehr möglich sein müßte als das, was gegenwärtig verwirklicht wird, und diese Erfahrungen im Ausland brachten ihn auf viele neue Ideen, wie dieses Potential genutzt werden könnte. Von der Weinpumperei für große Weinfabriken hatte er jedoch genug und nahm daher das Angebot einer leitenden Stelle in einer Korber Lineartechnikfirma an.

Während er mir diese Geschichte erzählt, versuche ich mir die Reaktion vieler »Weinfreaks« auf diesen Kurswechsel vorzustellen. Sie würden staunen, daß ein solches Talent nicht vollzeitlich mit der Führung eines renommierten Weingutes beschäftigt ist. Diese unkonventionelle Entscheidung hat es Albrecht Schwegler jedoch ermöglicht, bei seinen eigenen Weinen völlig kompromißlos vorzugehen. Nachdem er sich viele Jahre lang mit den schlechten, von seinen Arbeitgebern geforderten Kompromissen herumärgern mußte, ist dies für ihn das Allerwichtigste. Erst sein Befreiungsschlag hat die Weine, die ich gerade hingerissen verkoste, möglich gemacht. Ich deute ihm mein Befremden darüber an, daß er bei dieser Qualität und den winzigen Mengen, die er erzeugt – ungefähr 4000 Flaschen jährlich –, nicht ständig ausverkauft ist, und entdecke, daß seine Preispolitik gleichermaßen kompromißlos ist. »Es ist hier nicht so einfach«, lautet seine Antwort. »Als ich anfing, kannte mich niemand, und ich habe für meine Weine von Anfang an die Preise verlangt, die sie meiner Meinung nach wert waren.« Für den »Beryll« ist das ein durchaus bescheiden zu nennender Preis, während man das von seinen großen Brüdern nicht gerade behaupten kann. Doch ist nur so die Wirtschaftlichkeit des Betriebs sichergestellt, angesichts der kleinen Erträge und der selektiven Lese, die für diese Konzentration von Aromen unerläßlich sind und Albrecht Schweglers Weine in Württemberg so einzigartig machen. Auch der Ausbau in kleinen *Barrique*-Fässern aus neuer französischer Eiche und die bei der Abfüllung ohne Filtration notwendige Handarbeit, damit die Weine derart strahlen können, hat ihren Preis.

Albrecht Schwegler hat in »Fritz« einen talentierten Assistenten an seiner Seite. Das ist für mich eine ebenso große Überraschung wie die Weine im Glas, da ich diesen zurückhaltenden Mann mit dem breiten Lächeln und den funkelnden Augen bereits kenne. Wir haben uns im Sommer 1992 zufällig kennengelernt, als wir beide die Portweinhäuser in Villa Nova de Gaija besichtigten. Albrecht Schwegler hat ihn während der Lese 1987 bei der Siegfried Winery in Neuseeland getroffen. Die beiden passen gut zusammen. Albrecht Schwegler spricht vielleicht ein paar Worte mehr, kann aber deswegen noch lange nicht als laut oder geschwätzig bezeichnet werden.

Am nächsten Morgen zeigt er mir ein weiteres Produkt seiner Entscheidung, Beruf und Leidenschaft deutlich voneinander zu trennen: das eindrucksvolle renovierte Haus, das in der Steinstraße seiner baldigen Vollendung entgegensieht. Die wenigen modernen Elemente fügen sich sehr diskret in das Gesamtbild ein, das mit seinem Türmchen, den Holzbögen und Ziegeln einen eher traditionellen Eindruck macht. Das Weingut Schwegler ist im Gewölbekeller darunter beheimatet, der aussieht, als läge er im Burgund. Auch das Probierzimmer kann man nur als traditionell beschreiben, und doch gibt es nirgendwo im Haus auch nur eine Spur von dem Kitsch, der so oft unter traditionell und rustikal verstanden wird.

Eine Fläche von 0,65 Hektar und eine Produktionsmenge von 4000 Flaschen im Jahr ist jedoch sehr wenig, und meine erste Frage ist deshalb auch: »Wäre nicht mit zwei oder drei Hektar Weinbergen viel mehr möglich?« »Vielleicht. Vielleicht expandiere ich ein wenig in den nächsten Jahren, wenn alles weiter so gut läuft, aber der Betrieb muß langsam wachsen«, meint Albrecht Schwegler. Er hat die Lineartechnik-Firma inzwischen gemeinsam mit Kollegen gekauft, genießt augenscheinlich seine Aufgaben dort und hegt keinerlei Absichten, seine Zweigleisigkeit aufzugeben. Die Zukunft wird daher wie die Gegenwart aussehen, und Albrecht Schwegler wird voraussichtlich Deutschlands Hobbywinzer Nummer eins bleiben. Die sich aufdrängenden Fragen lauten, ob er trotz der winzigen Fläche in Zukunft noch bessere Weine machen kann, und ob seine Kollegen von den anderen führenden Württemberger Weingütern die Kluft zwischen ihren besten Rotweinen und den Schwegler-Weinen werden schließen können? Sie sollten dazu in der Lage sein: Die

Korber Weinberge sind bei weitem nicht die einzigen in Württemberg mit dem Potential zu großen Rotweinen. Ich wäre der erste, der ihnen dazu gratulieren würde.

Probiernotizen Weingut Albrecht Schwegler

Rotwein – Cuvées aus den Weinbergen von Korb

1991 »SAPHIR« QUALITÄTSWEIN TROCKEN 83
Ein ganz dunkelrotes Seidentuch, in dem eine Handvoll frischgepflückter Rosmarin liegt; optimale Trinkreife bis zur Jahrhundertwende.

1992 »SAPHIR« QUALITÄTSWEIN TROCKEN 87
Ein einhüllender Duft – Brombeeren und Rauch – wie es selten bei deutschen Rotweinen anzutreffen ist. Die »Süße« und sanfte Festigkeit von hochreifen Trauben. Erst Ende der neunziger Jahre in Hochform.

1993 »SAPHIR« QUALITÄTSWEIN TROCKEN 86
Ein kräftiges Vollblut, das förmlich auf die Zunge springt, aber hinten stört noch eine kleine ungebändigte Härte.

1993 »GRANAT« QUALITÄTSWEIN TROCKEN 90
Fast tintenschwarz, aber man vergißt die Farbe, wenn der Duft in die Nase strömt und dieses Geschmackskonzentrat über den Gaumen fließt. Wahrscheinlich der größte Rotwein, der je im Ländle gemacht wurde, aber noch viele Jahre von seinem Höhepunkt entfernt.

1994 »GRANAT« QUALITÄTSWEIN TROCKEN 88
Ganz allmählich entfaltet sich sein Gewürzschatz – Kardamom, Piment, Lakritz –, und hinter den Vorhängen schlummert eine dunkle Kraft.

Der Komet aus Untertürkheim
Hans-Peter und Christin Wöhrwag

Weingut Wöhrwag
Grunbacherstraße 5
70327 Untertürkheim
Tel. 0711/33 16 62
Fax 0711/33 24 31

Es ist ein dunkler Abend im Spätherbst, aber wenn ich darüber nachdenke, was Hans-Peter Wöhrwag mir gerade erzählt hat, dann ist die wahre Finsternis in den Seelen zu finden. Nicht in seiner, aber in der des Funktionärs, der auf dubiose Weise versucht hat, eine Weinfachzeitschrift unter Druck zu setzen, damit sie nichts Kritisches über die württembergischen Weine schriebe. Ich bin schockiert, doch die Weine vor mir auf dem Tisch sind mehr als eine Entschädigung hierfür. In der Finsternis, die den württembergischen Wein zur Zeit umgibt, strahlen die Wöhrwag-Weine wie ein Komet, der plötzlich am Himmel aufsteigt. Wenn alles im Ländle so gut wäre, hätte das vinologische Württemberg eine leuchtende Zukunft vor sich. Doch nach dem, was ich gerade erfahren habe, ist es schwer vorstellbar, daß viele Winzer den Wöhrwags auf diesem Weg folgen oder einen anderen, vergleichbaren suchen werden. Obwohl Hans-Peter Wöhrwag und seine Frau Christin sich mit ihren Weißweinen bereits einen guten Ruf geschaffen haben, seit sie den Betrieb von seinem Vater übernommen haben, bin ich sicher, daß dies erst der leise Anfang dessen ist, was noch kommt. Sie sind dabei, eine neue Art von Württemberg-Wein zu schaffen, der weit über die Grenzen des Ländle für Verwunderung sorgen wird.

Der Betrieb der Wöhrwags zählt kaum zu den attraktivsten in Württemberg, einem Gebiet, in dem an denkmalgeschützten Kulturgütern kein Mangel herrscht. Der Hof ist von wenig bemerkenswerten Bauten umgeben, und der Stuttgarter Vorort Untertürkheim gehört auch nicht gerade zu den schönen, alten Städtchen des Gebietes. All das ist jedoch vollkommen irrelevant, weil in dem Anwesen selbst eine von den Wöhrwags geschaffene Welt existiert, die genauso stilvoll ist wie ihre Weine. Alles in diesem Haus paßt zusammen, nichts wirkt, als ob es gedankenlos und zufällig hierhergebracht worden wäre. Die Weine, die ich verkoste, sind nach zeitgenössischer Auffassung geradlinig und sauber, jedoch überhaupt nicht oberflächlich wie so viele andere »moderne« Weine. Anstelle der monotonen Hochglanzperfektion solcher Weine findet sich hier die Spannung der Entdeckung: die Wöhrwags spüren den wahren Charakter der steilen Weinbergshänge ihrer Alleinbesitzlage Herzogenberg auf. Die einzelnen Elemente, aus denen diese Welt und diese Weine bestehen, sind für sich gesehen kaum revolutionär zu nennen, aber ihre Gesamtheit ist außergewöhnlich und im verschlafenen Württemberger Kontext eben richtig revolutionär.

Wir sind gerade bei den Rieslingen des Jahrgangs 1995 angelangt. Der erste ist vielleicht kein Held, aber gutes Handwerk. Ihm folgen drei trokkene Kabinettweine, von denen jeder für sich ein Miniaturmeisterwerk an Eleganz und Anmut darstellt. Hier in Württemberg Eleganz und Anmut – ich bin fassungslos! Der Perfektionismus, der bei dieser Kategorie von Weinen bei den Wöhrwags seinen Ausdruck findet, ist erstaunlich: Ein Kabinett trocken für maximal 15,– DM pro Flasche erhebt normalerweise kaum Anspruch auf Größe. Der letzte dieses Trios trägt die etwas verwirrende Bezeichnung »Goldkapsel SC«, und Hans-Peter Wöhrwag erzählt mir, daß der Wein »aus den schönsten Trauben der ältesten Reben, als die Reife am höchsten war«, stammt, und genauso schmeckt er auch. Was er nicht erwähnt, obwohl er sich dessen sicher bewußt ist, ist die bemerkenswerte Kombination von Dichte und Finesse. Die Persönlichkeit dieses Weines ist nicht weit entfernt von der eines hervorragenden Rheingauer Weines, doch im Rheingau selbst ist im Jahrgang 1995 kein einziger trockener Riesling Kabinett von diesem Niveau entstanden.

Der Vergleich mit dem Rheingau drängt sich allerdings von vornherein auf, da Christin Wöhrwag eine geborene Eser ist und auf dem Weingut Johannishof in Johannisberg im Rheingau aufwuchs. Auch Hans-Peter Wöhrwag lernte ich erstmals im Rheingau kennen; vor zehn Jahren studierte er an der Geisenheimer Weinbauschule, und wir trafen uns bei einer Verkostung von *Barrique*-Weinen. Die Rieslinge des Rheingaus und insbesondere die des Johannishofs sind für beide ein wichtiges Vorbild, und die Wöhrwag-Weine werden von ihnen beiden geprägt, selbst wenn nur Hans-Peter Wöhrwag im Keller steht.

Der Rheingau ist jedoch nicht ihr einziges Vorbild. Die Wöhrwags interessieren sich mit großer Leidenschaft für die Weine der Welt, und Weine wie ihr trockener Rivaner (Müller-Thurgau) zeigen so unterschiedliche Einflüsse wie Norditalien und Kalifornien. Dieser Wein reift einige Monate in kleinen *Barrique*-Fässern aus neuer Eiche. »Es ist eine bewußte Antwort auf die Popularität des Pinot Grigio und ähnlicher italienischer Weißweine, wie sie ein weicher trockener Weißwein«, sagt Hans-Peter Wöhrwag dazu. »Die Eiche verleiht ihm mehr Charakter, ohne ihn ›holzig‹ schmecken zu lassen wie die furchtbaren Weine, die wir damals zusammen verkostet haben.« Wiederum hat er recht. Der Wein ist frisch und doch weich, mit ansprechenden Vanille-, Gewürz- und Nußaromen, nicht herausragend, aber für diese bescheidene Rebsorte ein echter Erfolg.

Ich probiere inzwischen die letzten Weißweine und hatte eigentlich gedacht, daß der 1995 Riesling Eiswein das Äußerste war, was hier im edelsüßen Stil möglich sei. Doch mit den letzten Weinen zeigt Hans-Peter Wöhrwag, daß das Maximum viel höher liegt. Er hat es immer noch nicht erreicht, aber die Riesling-Beerenauslese und der Eiswein aus dem Jahrgang 1994 eröffnen Perspektiven, von denen ich im Württemberger Kontext nicht zu träumen gewagt hätte. Sie deuten darauf hin, daß alles was im Mosel-Saar-Ruwer-Gebiet, an der Nahe oder im Rheingau möglich ist, bei den Wöhrwags ebenfalls Wirklichkeit werden kann. »Unter unseren Weinen laufen die edelsüßen Weine am schlechtesten, obwohl sie mit Abstand die größten sind«, sagt Christin Wöhrwag. »Trotzdem werden wir weiter versuchen, sie jedes Jahr zu ernten«, fügt Hans-Peter Wöhrwag mit Entschlossenheit hinzu. Nur auf diese Weise kann ein Winzer lernen, die besonderen Probleme zu meistern, die sich bei der selektiven Lese der Trauben und dem Ausbau dieser Weine ergeben. Einen solchen Wein nur alle vier oder fünf Jahre zu erzeugen, wenn der Vorgänger ausverkauft ist, reicht dafür nicht aus, selbst wenn es auf den ersten Blick wirtschaftlich sinnvoller erscheint.

Ihre Reise nach Kalifornien hat einen starken Eindruck bei den Wöhrwags hinterlassen, und Hans-Peter Wöhrwag erzählt mit Begeisterung von den Menschen, die sie dort getroffen haben, dem neuen Stil der kalifornischen Küche und den besten Weinen, die sie probiert haben. Diese Erfahrungen machen sich am stärksten bei ihren Rotweinen bemerkbar. Württemberg steht in erster Linie im Ruf eines Rotweingebietes, aber die steilen Hänge in Untertürkheim haben doch eher eine Tradition für Weißwein. Auch ich hätte mich bis jetzt der Meinung angeschlossen, daß das Potential für Weißwein hier größer ist als das für Rotwein. Mir gefällt ihr »Rädles« Trollinger, der ein wirklicher Rotwein ist und das Beste, das ich je aus dieser Rebsorte verkostet habe. Richtig ernst auf diesem Gebiet wird es dann jedoch mit »Philipp«, einer Komposition aus Lemberger und Spätburgunder, die in neuen Eichenholzfässern reift – somit ein *Barrique*-Wein. Ich war erstaunt, daß ihnen im Jahrgang 1994 solch ein guter Rotwein wie der »Philipp« gelungen ist. Hans-Peter Wöhrwag sagt, daß er noch mehrere Jahre brauchen wird, bis seine Rotweine das Niveau der Weißweine erreichen, aber ich bin mir dessen nicht so sicher. Der 1994 »Philipp« ist einer der besten Rotweine dieses Jahrgangs in Württemberg. Die nicht besonders tiefe Farbe stört mich nicht, mir ist dieses ehrliche Granat lieber als irgendwelche fraglichen Methoden im Keller, wie zum Beispiel das Verschneiden mit sehr tieffarbigem Wein aus einer minderwertigen Sorte. Dasselbe gilt auch auf einem bescheideneren Niveau für den »Rädles«-Trollinger, er ist, wie Hans-Peter Wöhrwag sagt, »ein hundertprozentig ehrlicher Trollinger«.

Wenn hier bei den Wöhrwags alles hell ist, dann ist das ein Ergebnis ihrer Ehrlichkeit. Anstelle der unter den Winzern dieses Gebietes weit verbreiteten Selbstzufriedenheit, die an der Schwelle der Finsternis steht, wollen Hans-Peter und Christin Wöhrwag sehen, was wirklich in ihren Weinen steckt. Und nach jedem Anschauen wollen sie es nächstes Mal noch ein wenig besser machen, ein Qualitätsstreben, dessen Resultate ohne das ehrliche Einschätzen ihrer eigenen Weine gar nicht möglich wäre. Die Winzer in Württemberg müssen sich sicherlich um bessere Qualität bemühen, doch das setzt voraus, daß sie sich aus ihrer Selbstzufriedenheit befreien und ihre eigenen Weine kritisch in demselben hellen Licht betrachten, wie die Wöhrwags es tun.

Probiernotizen Weingut Wöhrwag

Riesling – Untertürkheimer Herzogenberg »Grand Cru«

1993 AUSLESE   86
Macht keinen Aufstand um seine Üppigkeit. Hier ist auch eine Rosinennote, die sicherlich Geschmackssache ist, aber imposant ist der Bursche allemal.

1994 KABINETT »GOLDKAPSEL«   84
Jetzt in seinem besten Alter, hält reife Aprikosen und Zitronen in seinen ausgestreckten Händen. Eine anspruchsvolle »Kleinigkeit«.

1994 AUSLESE   90
Reizende Vielfalt und wunderschöne Harmonie. »Warum verstehen manche Leute das überhaupt nicht?« fragt Hans-Peter Wöhrwag. »Es ist zu subtil«, sage ich ihm.

1994 BEERENAUSLESE   93
Atemberaubende Brillanz, wie ein leuchtender Planet im Azurblau der Dämmerung oder ein Komet kurz nach Sonnenuntergang.

1994 EISWEIN   95
Bereits von sensationeller Harmonie und steht doch noch am Anfang. Ich bin glücklich, über dieses bahnbrechende Meisterwerk in seiner vollen Pracht und stoße mit ihm auf den neuen – kommenden – württembergischen Wein an.

1995 KABINETT TROCKEN   81
Frische und Schliff, ohne im geringsten glatt zu wirken; ein schlichter Schönling.

| 1995 | Kabinett trocken »Goldkapsel« | 83 |

Viel Feines hat er sich aus dem Weinberg geholt und zeigt es auf unaufdringliche Weise.

| 1995 | Kabinett trocken »Goldkapsel S.C.« | 85 |

Wie ein Rennpferd mit ausgeglichenen Bewegungen, das immer eine schöne Linie läuft.

| 1995 | Eiswein | 92 |

Den Himmel rennt er nicht ein, aber ein würdiger Nachfolger zum großen Bruder ist er schon. Ein glänzender silberner Kerzenhalter trägt eine halbes Dutzend brennender Kerzen.

| 1996 | Kabinett trocken | 80 |

Ein wenig säuerlich, aber absolut klar und herrlich frisch.

| 1996 | Kabinett trocken »Goldkapsel« | 85 |

Ein Pfirsichton, wie man ihn selten im Ländle trifft, und eine tolle Kombination von Leichtigkeit und Charakter; einfach herrlich.

| 1996 | Kabinett trocken »Goldkapsel S.C.« | 87 |

Das Kind braucht ein paar Jahre, um zu wachsen, aber seine Eleganz ist schon jetzt hinreißend. Besser kann ein trockener Kabinett kaum sein.

| 1996 | Eiswein (Fassprobe) | 94? |

Ein wahres »Monster« von ungeheuren Ausmaßen und Geschmacksdichte. In sich vollkommen schlüssig, aber wird er die Feinheiten des 1994er entwickeln?

Kurzporträts

Weingut Graf Adelmann

Burg Schaubeck
71711 Kleinbottwar
Tel. 07148/6665, Fax 07148/8036

Auch Michael Graf Adelmanns großer Charme und Humor halfen nichts – die oft miserablen Weine seines Betriebes Anfang der neunziger Jahre erfuhren von seiten der Presse herbe Kritik. Selbst die allerbesten Weine aus dieser Zeit, wie zum Beispiel der runde, fleischige 1993 »Cuvée Vignette« (80 Punkte), gehören keinesfalls zum ersten Rang württembergischer Weine. Graf Adelmanns Reaktion auf diese Situation bestand glücklicherweise in ernsten Überlegungen über Anbau- und Vinifizierungsmethoden. Die ersten Ergebnisse der daraufhin vorgenommenen Veränderungen machen sich bei den wieder wesentlich besseren, das heißt lebendigeren Weißweinen des Jahrgangs 1995 bemerkbar. Die erste Verkostung der 1996er Weine deutet auf weitere Fortschritte hin, die ausdrucksvolle, filigrane Brüssele Muskateller Auslese (86 Punkte) ist der beste Wein, den ich hier in den letzten zehn Jahren probiert habe und hoffentlich der Anfang des Wiederaufstiegs dieses Gutes.

Weingut Robert Bauer

Heilbronner Straße 56
74223 Flein
Tel. 071 31/5 16 62, Fax 071 31/57 32 88

Während der achtziger und frühen neunziger Jahre wurde Robert Bauer durch eine Flut begeisterter Pressestimmen zu einem der bekanntesten Winzer Württembergs. Er wurde im allgemeinen als ein »Rebell« dargestellt, der sich knochentrockenen Weißweinen mit betonter Säure, *Barrique*-gereiften Rotweinen und vor allem der Weinqualität verschrieben habe. Das brachte ihm beträchtlichen kommerziellen Erfolg ein, und zwar in einem solchen Ausmaß, daß er auf meine Frage nach Probeflaschen einmal antwortete, er sei nicht mehr an der Presse interessiert – Ende des Telefongesprächs. Als ich vor kurzem eine Auswahl seiner Weine der Jahrgänge 1994 und 1995 verkostete, wurde mir klar, warum er nicht mehr daran interessiert ist, daß Journalisten über seine Weine schreiben. Ich konnte weder etwas Radikales noch bemerkenswerte Qualität in ihnen entdecken. Der 1995 Riesling-Tafelwein mit der Abbildung einer Feder auf dem Etikett – was wie eine peinliche Anspielung auf die Bezeichnung »Steinfeder« bei Wachauer Weinen wirkte – enthielt bei 9,5% vol. so viel Kohlensäure und so wenig Geschmack, daß er fast wie Sprudel schmeckte (58 Punkte). Noch enttäuschender war der 1994 Schwarzriesling Tafelwein, der nach unreifen Trauben roch und einfach sauer war (55 Punkte). Zumindest Sauvignon Blanc Tafelwein, Weißburgunder QbA trocken (aus Baden) und Chardonnay QbA trocken, alle aus dem Jahrgang 1995, wirkten recht harmonisch und zeigten etwas Charakter (jeweils 70 Punkte). An der heutigen Bauer-Weinqualität ist überhaupt nichts Rebellisches, sie ist leider nur allzu typisch für die schwachen Württemberger Leistungen.

Weingut Ernst Dautel

Lauerweg 55
74357 Bönnigheim
Tel. 0 71 43/87 03, Fax 0 71 43/87 03 27

»Wir haben eine lange Rebanbautradition in der Familie – seit 1510, doch nur eine ganz kurze Ausbautradition«, faßt Ernst Dautel die Situation zusammen. Erst 1978 hat er zum ersten Mal die Weine der Familie selber ausgebaut, und vielleicht ist das auch der Grund dafür, daß er besonders emsig beim Experimentieren ist. Wenn man seine besten Weine verkostet, wird deutlich, daß Ernst Dautel zu den begabtesten Winzern in Württemberg zählt. Die perfekt harmonische, mineralische 1993 Besigheimer Wurmberg Riesling Spätlese trocken (85 Punkte) gehört zu den besten Weißweinen dieses Jahrgangs im Gebiet, und der mächtige 1993 Spätburgunder Tafelwein »S« (84 Punkte) ist kaum weniger beeindruckend. Allerdings sind das wirklich die allerbesten Weine, die Ernst Dautel in den letzten Jahren gelungen sind. Beim Verkosten der roten Kabinettweine aus dem Jahrgang 1995 landet man ziemlich hart wieder auf dem Boden. Der Spätburgunder Kabinett (68 Punkte) ist nicht viel mehr als ein dünnes Weinchen. Trotzdem bin ich aber immer noch davon überzeugt, daß Ernst Dautel eine Zukunft als führender Winzer hat und daß wir noch sehr viel mehr von ihm hören werden.

Weingut Drautz-Able

Faißtstraße 23
74076 Heilbronn
Tel. 0 71 31/17 79 08, Fax 0 71 31/16 18 76

Ich habe bis jetzt noch keinen bemerkenswerten Weißwein dieses bekannten Betriebes verkostet, aber die besten Rotweine können wirklich eindrucksvoll sein. Am besten – wenn auch ziemlich teuer – sind die »Jodokus«-Abfüllungen von Dornfelder und Lemberger, die zwei ganze Jahre in *Barrique*-Fässern reifen. Wer bei deutschem Rotwein nach vollem Körper und Mächtigkeit sucht, für den ist das hier die richtige Adresse.

Weingut Jürgen Ellwanger

Bachstraße 21
73650 Winterbach
Tel. 07181/44525, Fax 07181/46128

In den letzten Jahren haben Jürgen Ellwanger und sein Sohn Andreas den *Barrique*-Ausbau von Rotweinen stetig weiter verbessert und zählen heute zu den zuverlässigsten Erzeugern für Weine in diesem Stil in Württemberg. Es sind vielleicht nicht die feinsten Rotweine des Gebiets, aber immer tieffarbig, mit viel Kraft und gelungener Harmonie: weder zuviel Eiche noch zu harte Tannine. Diese Weine werden in die spezielle »Hades«-Flasche abgefüllt, und der beste von ihnen ist der weiche, volle »Nicodemus«, eine Rebsorten-*Cuvée*, die auch den österreichischen Blauen Zweigelt beinhaltet.

Weingärtnergenossenschaft Grantschen

Winzerstraße 7
74189 Grantschen
Tel. 07134/98020, Fax 07134/980222

»SM« lautet der anzügliche Name des besten Lembergers dieser Genossenschaft. Man braucht jedoch keine Angst zu haben – die Flaschen sind weder in hautengen Gummi verhüllt, noch sind die Kisten aus Leder und Ketten, und der Wein ist zwar tieffarbig, aber keinesfalls schwarz. Er gehört zusammen mit dem noch teureren »Grandor« (einer *Cuvée* aus Lemberger und einigen anderen Sorten) zu den besten Rotweinen Württembergs; aus allen Jahrgängen, die mir begegnet sind, verdienen sie 80 Punkte und darüber. Leider entsprechen die anderen Weine des Betriebes nicht annähernd diesem Niveau und gehören eher zu dem in Württemberg gegenwärtig Üblichen: blasse rote und flache, charakterlose weiße Weine. Hier dominiert leider nur die Mittelmäßigkeit.

Weingut Karl Haidle

Hindenburgstraße 21
71394 Kernen
Tel. 07151/949110, Fax 07151/46313

»Viele Leute in Stuttgart glauben wirklich, daß der beste Riesling der Welt aus dem Remstal kommt!« erzählte mir vor kurzem Bernd Kreis,

Spitzensommelier im Restaurant »Wielandshöhe« in Stuttgart-Degerloch. Wenn sie dabei an Rieslinge der Familie Haidle denken, kann ich ihre Ansicht zwar nicht teilen, doch durchaus verstehen. In einem guten Jahrgang wie 1996 macht Hans Haidle trockene Rieslinge, die in Charakter und Eleganz weit über dem Württemberger Durchschnitt liegen.

Weingut Schäfer-Heinrich

Im Letten 3
74074 Heilbronn
Tel. 07131/162454, Fax 07131/165659

Der Betrieb des jungen Paares Elke und Andreas Hieber am Rande von Heilbronn gehört neben Fürst zu Hohenlohe-Oehringen im nördlichen Teil des Gebietes zu den führenden Weißweinerzeugern. Ihre Rieslinge aus dem Heilbronner Stiftsberg weisen Substanz, Frucht und eine erfrischende Säure auf: genau das, was man bei einem guten trockenen Riesling sucht, in Württemberg jedoch nur selten findet! Selbst in dem schwierigen Jahrgang 1995 ist ihnen ein ansprechender, harmonischer Wein gelungen. Die Rotweine entsprechen zwar nicht ganz diesem Niveau, sind aber gut gemacht und zeigen wirklichen Charakter. Der Betrieb ist ganz offensichtlich dabei, als ein neuer Stern am Württemberger Weinhimmel aufzugehen.

Weingut Hermann Schwegeler

Weinbergstraße 82
71384 Weinstadt-Endersbach
Tel. 07151/606565

»Menne« Schwegelers kleines Weingut ist fast gänzlich unbekannt, und das wird wahrscheinlich so bleiben. Mit Weinen aus der Rebsorte Kerner (einer Neuzüchtung mit weit weniger Qualitätspotential als Scheurebe oder Rieslaner) ist bisher kein einziger deutscher Winzer berühmt geworden. Schwegelers Kerner-Weine, egal ob trocken oder mit natürlicher Restsüße, verdienen jedoch Achtung. Die grandiose 1996 Beerenauslese (90 Punkte) ist mit großem Abstand der beste Wein, den ich je aus dieser Traubensorte probiert habe. Übrigens ist Schwegeler kein Verwandter von Albrecht Schwegler in Korb.

OF GREATNESS

Sollt' je ich größ're Reichthümer ersehnen,
als Redlichkeit und Seelenheil erheischen,
sollt' Ehrgeiz jemals meine Phantasie mit so
geringem Wunsch, wie: groß zu sein, betrügen,
dann, Himmel, fahr nur fort, mir die bescheid'nen
Wohltaten dieses Lebens, das ich liebe, zu entzieh'n.

Auf schwanken Gipfelhöhen ihrer Menschenpracht,
auf des Geschickes goldbeglänzten Zinnen,
laß' Andere anmaaßend steh'n
und eine Weile, im Genuß der taumelnden Gefahr,
auf Alles freudig, mit Verachtung, niederseh'n,
bis sie die Häupter wenden – niederstürzen.

Laßt mich, o Erdengötter, sonst so nah,
nicht fürchten, auf die Erd' zu fallen,
und, o ihr Götter, in gesicherter Distanz
vom langen Niedergang der Großen sitzen.
Laßt mich, geborgen in der Stille Armen, ruh'n
hier als ein ruhiger Gefährte von Verborgenheit.

Laßt hier mein Leben also schweigsam gleiten
wie Zeit, die es mir zumißt, streicht vorbey.
Laßt auch den Odem guten oder üblen Rufes nicht
stadtaus-stadtein von meinem Namen widerhall'n,
und macht, daß man den rohen Tod mir nicht verkläre
mit Wappenzierde oder Leychenred'.

Laßt mich als Alt-Plebejer sterben.
Je nun – am End' sind Alle ja wie ich.
Demjenigen wird, ach, wie ich befürchte,
des Todes Antlitz fürchterlich erscheinen,
der, sich in seinem Leben sinnlosen Stolzes schmeichelnd,
dieweil er aller Welt um ihn herum bekannt,
nicht selber weiß, wann er zu sterben kömmt,
noch, was er ist, noch wohin er dann geht.

Abraham Cowley (1618–1667)
Deutsch von Wolfgang Schlüter

GLOSSAR

ALKOHOL – Jeder Wein enthält durch die Umwandlung von Zucker Alkohol (siehe GÄRUNG). Wenn es auch Weine gibt, die zuviel Alkohol besitzen, um harmonisch zu wirken, so ist eine gewisse Mindestmenge als Geschmacks- und Dufträger unentbehrlich. Entalkoholisierter Wein schmeckt genauso nichtssagend wie fett- oder zuckerfreies Essen.

ANREICHERUNG – Auch als Chaptalisation bezeichnet, besteht die Anreicherung in der Zugabe von Kristallzucker zum gärenden Wein, um den Alkoholgehalt des Weines zu erhöhen. In Deutschland ist dies lediglich bei Tafel- und Qualitätsweinen gestattet, währenddessen es in Frankreich zur gängigen Praxis gehört und selbst bei den Premier-Cru-Weinen des Bordeaux praktiziert wird. Der vorsichtige Umgang mit dieser Methode kann die Harmonie von Weinen einfacher Qualität verbessern.

A.P.-NUMMER/AMTLICHE PRÜFUNGSNUMMER – Deutsche Weine können nur mit einer A.P.-Nummer als QbA oder QmP (siehe PRÄDIKAT) auf den Markt gebracht werden. Um diese zu erlangen, muß der Wein chemisch analysiert sowie bei der amtlichen Prüfstelle organoleptisch geprüft werden. Zuweilen gibt es eindeutig fehlerhafte Weine mit A.P.-Nummer auf dem Markt: Dies läßt die Prozedur ziemlich lächerlich erscheinen!

AUSLESE – Traditionelle deutsche Bezeichnung für Rieslinge mit natürlicher Restsüße aus überreifen und/oder botrytisbefallenen Trauben, die selektiert, das heißt ausgelesen wurden. »Auslese Trocken« ist eine moderne Entwicklung. Das deutsche Weingesetz von 1971 (siehe PRÄDIKAT) definiert »Auslese« analytisch, indem es einen Mindestzuckergehalt der Trauben festlegt.

BARRIQUE – Seit den frühen achtziger Jahren experimentieren deutsche Winzer mit dem Vergären und Reifen von Weinen in kleinen neuen Eichenfässern. Diese werden meistens als »Barriques« bezeichnet, nach den im Bordeaux-Gebiet üblichen 225-Liter-Fässern, obwohl die Barrique-Fässer in Deutschland bis zu 300 Liter fassen. Dieser Weinstil hat bereits einige großartige Weine erbracht, bei den Rotweinen besonders aus Spätburgunder, bei den Weißweinen aus Sorten wie Weiß- und Grauburgunder.

BEERENAUSLESE – Diese Bezeichnung steht traditionell für Rieslinge aus der streng selektiven Lese edelfauler Beeren. Eine Beerenauslese sollte ein überaus intensiver süßer Wein mit einer Fülle an feinen Aroma- und Geschmacksnuancen sein. Solche Weine müssen einfach teuer sein eingedenk des erforderlichen Arbeitsaufwandes und der kleinen Mengen, die erzeugt werden.

BOTRYTIS – Siehe EDELFÄULE

BOUQUET – Unter Fachleuten wird der Duft oder Geruch eines Weines als Bouquet bezeichnet.

CHAPTALISATION – Siehe ANREICHERUNG

EDELFÄULE – Der Botrytis-Cinerea-Pilz kann dem Winzer große Probleme bereiten, wenn er sich auf unreifen Trauben ausbreitet. Hingegen ist sein positiver Einfluß zur Erzeugung der edelsten Rieslinge zwingend notwendig. Diese Form der Botrytis Cinerea stellt die »Edelfäule« dar, die die am Stock hängenden Trauben einschrumpfen läßt und den darin enthaltenen Saft konzentriert.

EDELSÜSS – In diesem Buch wird diese Bezeichnung ausschließlich für Auslesen, Beeren- und Trockenbeerenauslesen mit betonter natürlicher Restsüße gebraucht. Diese Süße stammt vollkommen aus den Trauben selbst und verbleibt im Wein, nachdem die Gärung endete.

EISWEIN – Weine aus Trauben, die in gefrorenem Zustand gekeltert worden sind. Die systematische Lese gefrorener Trauben zur Erzeugung von Dessertweinen ist erst in den frühen sechziger Jahren unseres Jahrhunderts üblich geworden. Seit 1982 ist Eiswein eine Prädikatsbezeichnung (siehe PRÄDIKAT). Riesling-Eiswein zeigt einen intensiv süß-sauren Charakter und kann bei guter Qualität jahrzehntelang reifen.

ERSTES GEWÄCHS – Siehe GRAND CRU

FILTRATION – Heutzutage werden junge Weine nicht mehr akzeptiert, wenn sie nicht kristallklar im Glas sind. Filtrationen sind daher essentiell, um Weißweine vor dem Abfüllen zu klären. Dagegen können Rotweine ohne Filtration gezogen werden. Bei Rot- sowie Weißweinen gilt die Regel: je weniger Filtration, desto besser!

Gärung – Bei der Gärung wird der im Traubensaft vorhandene Zucker von der Hefe in Alkohol, Kohlensäure und Wärme umgewandelt (sowie in eine Reihe Gärnebenprodukte, die jedoch nur in Spuren vorkommen).

Grand Cru – Die französische Bezeichnung für Spitzenweinbergslagen sowie für Weine aus gesetzlich anerkannten Spitzenlagen. Sie wird auch in diesem Buch aus zwei Gründen verwendet: 1) Viele deutsche Winzer bezeichnen ihre Spitzenweinbergslagen sowie die Weine aus diesen Lagen mit dem französischen Begriff. 2) Es gibt leider noch keine vergleichbare gesetzliche Bezeichnung in Deutschland. Der Begriff »Erstes Gewächs« bedeutet das gleiche wie »Grand Cru« und wird von einigen führenden deutschen Winzern der französischen Bezeichnung vorgezogen.

Halbtrocken – Diese unglückliche Bezeichnung ist die Ursache für viele Verwirrungen, und viele der wichtigsen deutschen Rieslingerzeuger vermeiden daher, sie überhaupt zu benutzen. Gesetzlich enthält ein halbtrockener Wein zwischen 9 und 18 Gramm unvergorenen Zucker pro Liter. Dies kann in Verbindung mit einer lebhaften Säure zu einer wunderbaren Harmonie führen, die den Wein zu einem perfekten Essensbegleiter macht.

Kabinett – Dies ist die niedrigste Stufe des Prädikatssystems des deutschen Weingesetzes. Trotzdem ist ein sehr gut gemachter Riesling-Kabinett nicht unbedingt höheren Prädikatsstufen unterlegen, sondern stellt eine einzigartige Kategorie natürlich leichter Weine dar, die die aus allen anderen Anbauregionen der Welt übertreffen.

Keltern – Das ist die technische Bezeichnung für das Auspressen der Trauben. Es mag als einfacher Vorgang erscheinen, aber die Verfahrensweise hat entscheidenden Einfluß auf die Qualität der entstehenden Weine. Je weniger Druck angewandt wird, desto besser werden sich die Weine präsentieren.

Mikroklima – So wie jedes Gebiet ein eigenes Klima aufweist, so hat auch jeder Berg und jedes Tal bestimmte klimatische Bedingungen, die sich von den danebenliegenden deutlich unterscheiden. Die spezifischen klimatischen Merkmale solch einer kleinen Fläche bilden ein Mikroklima. Das Mikroklima eines Weinbergs übt einen großen Einfluß auf die Qualität der dort wachsenden Weine aus.

Natürliche Restsüsse – Viele der besten deutschen Weißweine, einschließlich vieler Weine, die auf dem Etikett die Bezeichnung »trocken« tragen, enthalten eine bescheidene Menge unvergorener Süße, da die Gärung gestoppt wurde oder von selbst geendet hat, bevor der gesamte im Most vorhandene Zucker in Alkohol umgewandelt wurde.

Prädikat – Das deutsche Weingesetz unterscheidet streng zwischen Qualitätsweinen bestimmter Anbaugebiete (QbA), denen Zucker vor oder während der Gärung zugegeben werden darf, um den Alkoholgehalt des entstehenden Weines zu erhöhen (siehe Anreicherung), und Qualitätsweinen mit Prädikat (QmP), denen keinerlei Zucker zugegeben werden darf.

Probe – Wein ist zum Trinken und Genießen geschaffen. Der Hauptgrund für eine Weinprobe ist die Entscheidung, welche Weine zum späteren Genuß eingekauft werden sollten. Trotzdem stellt eine Probe für alle ernsthaft am Wein Interessierten mehr als nur einen bloßen Test dar; der Vergleich verschiedener Jahrgänge eines Weines (Vertikalprobe) oder ähnlicher Weine eines Jahrgangs (Horizontalprobe) kann faszinierend und vergnüglich sein. Bei einer Blindprobe verkostet man die Weine, ohne nähere Angaben über sie zu haben, um sie weniger voreingenommen zu beurteilen. Professionelle Verkoster wie der Autor spucken die Weine dabei aus, um nicht zwangsläufig die vertikale Stellung gegen die horizontale einzutauschen.

Rasse – Die deutschen Weißweine zeigen häufig eine recht betonte Säure. Wenn diese Säure anregend und elegant erscheint und keinerlei Ecken aufweist oder rauh ist, bezeichnen die Fachleute dies als Rasse.

Restsüsse – Siehe Natürliche Restsüsse

Selektive Lese – Das selektive Lesen der Trauben oder ihr Sortieren zwischen Lese und Kelter ist bei der Erzeugung von Spitzenweinen von essentieller Bedeutung. Selbst die beste Pflege der Weinberge kann nicht garantieren, daß die Trauben bei der Lese alle gleichmäßig reif sind.

Sommelier – Der französische Begriff für einen Weinkellner wurde in die deutsche Sprache übernommen. Ein guter Sommelier beschäftigt sich nicht nur mit allen Aspekten des Weinservices, sondern kann den Gast auch beraten. Viele Sommeliers sind zusätzlich für den Weineinkauf zuständig.

SPÄTLESE – Die traditionelle Bezeichnung für Weine aus spät gelesenen Trauben. Spätlesen können rot, weiß, rosé, trocken, halbtrocken oder restsüß sein. Leider ist der gesetzlich geforderte Mindeststandard für dieses Prädikat eindeutig zu niedrig. So wurde das kommerzielle Ausschlachten des Begriffs ermöglicht.

TROCKEN – Nach dem deutschen Weingesetz dürfen mit diesem Begriff Weine bezeichnet werden, die maximal 9 Gramm unvergorenen Zucker pro Liter enthalten oder, falls der Wein weniger als 7 Gramm pro Liter Säure besitzt, maximal 2 Gramm mehr Restsüße als Säure. Leider ist diese Definition für deutsche Weine von nicht allzu großer Hilfe, da ein Mosel-Saar-Ruwer-Riesling mit hoher Säure und 15 oder mehr Gramm pro Liter an Restsüße oft trockener schmecken kann als ein Wein einer säurearmen Rebsorte wie Müller-Thurgau mit weniger als 5 Gramm pro Liter an Restsüße.

TROCKENBEERENAUSLESE – Die traditionelle Bezeichnung für die edelsten Dessertweine aus der Rieslingrebe in Deutschland. Wie alle anderen Bezeichnungen des Prädikatssystems (siehe PRÄDIKAT) ist auch Trockenbeerenauslese analytisch definiert worden. Eine Trockenbeerenauslese als eine edle Rebsorte sollte ein extrem intensiver, dichter und komplexer Dessertwein mit einem Alterungspotential von 30 bis 100 Jahren sein. Eine Trockenbeerenauslese aus minderwertigen Rebarten dagegen ist einfach nur sehr dick und süß.

VINIFIZIERUNG – Die technische Bezeichnung für die Arbeit des Kellermeisters oder »Weinmachers«. Sie bezieht sich auf sämtliche Vorgänge, durch die die Trauben zu abgefülltem Wein werden, und ist in etwa mit dem deutschen Begriff »Ausbau« gleichzusetzen.

PERSONENREGISTER

Adams, Anton 267
Adegas das Eiras 32
Adelmann, Michael Graf 581, 589f.
Adeneuer, Franc 77
Adeneuer, Marc 77
Ahr, Markus 531 ff.
Anderson, Eleana 406
Anheuser, Peter 374
Apel, Wolfgang 140
August der Starke 565, 567
Ausonius 232

Bacall, Lauren 106
Bach, Johann Sebastian 417
Bailey, Lucy 13
Bardot, Brigitte 195
Barth, Andreas 337
Baudelaire 51, 327
Bauer, Heinz 455
Bauer, Robert 590
Bassermann-Jordan, Dr. Ludwig von 452f.
Bassermann-Jordan, Margrit von 452
Basten, Gert 333
Basten, Sabine 333
Bastgen, Mona 328f.
Bastian, Fritz 183
Bastian, Friedrich 183f.
Becker, Fritz 453
Becker, Hans-Josef 509f.
Becker, Maria 509f.
Bercher, Eckhardt 82ff., 126
Bercher, Michael 82
Bercher, Peter 126
Bercher, Rainer 82ff., 126
Bergdolt, Rainer 383ff.
Bernhart, Ulrich 454
Bernhart, Willi 454
Biffar, Gerhard 390ff.
Biffar-Hirschbil, Lilli 390ff.
Bismarck 426
Bize-Leroy, Lalou 60, 266
Blankenhorn, Rosemarie 122
Bohn, Friedel 528
Born, Günter 560
Brandt-Schwarze, Dr. Ulrike 13
Breiling, Ludwig 236ff.
Breit, Norbert 345f.
Breuer, Bernhard 412, 465ff.
Breuer, Georg 32
Breughel 579
Broadbent, Michael 41
Bründlmayer, Willi 399, 416, 418, 420
Bürklin, Dr. Albert 397f., 401
Bürklin-von Guradze, Bettina 396ff.
Burtsche, Tobias 125
Busch, Clemens 191 ff.
Buscher, Jean 560
Buscher, Michael 551

Cameron 34
Canetti, Elias 506, 564
Catoir, Heinrich 427ff.
Chodakowska, Malgozata 564f.

Christmann, Steffen 455
Christoffel, Hans-Leo 197ff.
Christoffel, Hilde 197ff.
Clay, Cassius 353
Clüsserath, Ernst 330
Columbus 549
Comtes Lafon 33
Cosel, Constantia Gräfin von 566
Cowley, Abraham 594
Crusius, Dr. Peter 375
Crusius, Hans 374f.

Dagueneau, Didier 33
Dautel, Ernst 591
Dauvissat 33
Decker-Horst, Mathias 519
Deeters, Günther 461
Deiss, Jean-Michel 291
Delbeck, Pascal 119
Desai, Bipin 354
Descartes 437
Deutschmann, Fritz 122
Diel, Armin 64, 136, 238, 350ff., 371, 485
Diel, Ingo 351
Doll, Hubert 122f.
Dönnhoff, Helmut 31, 358ff.
Dorst, Stefan 453
Dries, Friedrich 518
Dürer, Albrecht 15
Düringer, Jürgen 422ff.

Ebert, Andrea 343
Ebert, Christian 343
Echter von Mespelbrunn, Julius Kurfürst 140
Ehlen, Stephan 330f.
Ellwanger, Andreas 592
Ellwanger, Jürgen 592
Eser, Christin 473
Eser, Elfriede 472ff.
Eser, Hans Herrmann 472ff.

Eser, Joachim 511
Eser, Johannes 472ff.
Eymael, Doris 458
Eymael, Robert 340
Eyres, Harry 13

Fischer, Hanni 511
Fischer, Jakob 511
Fitz, Konrad 456
Fleischmann, Familie 459
Franz, Friedrich 140
Franzen, Martin 352ff.
Frayling, Christopher 13
Friedman, Mark I. 61
Friedrich der Große 508
Frieß, Rudolf 134, 159
Fürstenberg, Graf von 503
Fürst, Monika 133ff.
Fürst, Paul 133ff.

Gabel, Rainer 458
Gabelmann, Kurt 379
Gartner, Gerhard 243ff.
Geiben, Peter 230ff.
Geil-Bierschenk, Karl 551
Geil-Bierschenk, Monika 551
Gies, Rainer 379
Gillot, Roland 551
Gleichenstein, Hans-Joachim von 123
Göbel, Hubert 160
Goethe, Johann Wolfgang von 472
Gould, Glenn 417
Goya, Francisco José de 276, 267
Grans, Gerhard 331f.
Guigal 34
Gunderloch 32
Gunderloch, Carl 529
Guradze, Christian von 396ff.

Haag, Dieter 332
Haag, Fritz 185

Haag, Ilse 203f.
Haag, Inge 332
Haag, Marcus 332
Haag, Oliver 206
Haag, Thomas 206, 249ff.
Haag, Wilhelm 202ff., 245, 250, 263, 354
Haart, Theo 210ff., 245
Haart, Edith 211
Haidle, Familie 593
Haidle, Hans 593
Hain, Gernot 332f.
Hain, Karl 347
Haller, Robert 161
Hamm 504
Hasselbach, Agnes 523ff.
Hasselbach, Fritz 171, 523ff.
Hau, Johann Baptiste 126
Heger, Joachim 87ff.
Heger, Dr. Max 87
Hehle, Wolfgang 77f.
Hehner, Georg 376
Hehner, Helmut 376
Heinzelmann, Ursula 13
Heitlinger, Erhard 123
Helle, Johannes 354
Henninger, Walter 456
Henschke 34
Hepp, Dr. Rowald 162f.
Hermann, Klaus 512
Heymann, Cornelia 218
Hieber, Andreas 593
Hieber, Elke 593
Hiestand, Werner 553
Hilbig, Wolfgang 27
Hillenbrand, Heinrich 165
Hindefeld, Christoph 461
Hirtzberger, Franz 133, 367, 488
Hoensbroech, Rüdiger Reichsgraf und Marquis zu 124
Hohenlohe-Oehringen, Fürst Krafft zu 572

Holderrieth, Norbert 498ff.
Hotel Adlon 291, 293, 503, 543f., 547, 550
Huber, Bärbel 95
Huber, Bernhard 33, 94ff.
Hufnagel-Ulrich, Familie 514
Humbrecht, Léonard 399
Humbrecht, Olivier 266
Hurrle, Familie 129
Huth, Armin 156ff.

Immich, Georg 333

Jayer, Henri 72ff.
Jean Baptiste (Figur von Zuckmayer) 526
John, Frank 454
Johner, Irene 100ff.
Johner, Karl Heinz 89, 91, 100ff.
Johner, Patrick 100ff.
Johnson, Hugh 13, 462, 497
Joos, Gisela 126f.
Jordan, Peter 333
Jost, Linde 168ff.
Jost, Peter 168ff.
Jung, Ludwig 513
Jüngling, Christa 339
Justen, Stefan 337

Karadzic, Dieter 363
Karl, Jürgen 377
Karp, Alwin 344
Kauer, Dr. Randolf 173ff.
Kaufmann, Olaf 345
Kees, Ernst-Josef 334
Kees, Werner 334
Kegel, Dr. Heidi 339
Keiper, Bernward 244f.
Keller, Franz 107
Keller, Fritz 107ff.
Keller, Hedwig 538ff.
Keller, Klaus 538ff.

Kerpen, Heribert 335
Kesseler, August 478ff.
Kesseler, Gunter 458
Kesseler, Rainer 458
Klein, Christian 334
Klink, Vincent 571
Knebel, Beate 335
Knebel, Reinhard 335
Knipser, Volker 403ff.
Knipser, Werner 403ff.
Knorr, Fritz 398
Knyphausen, Gerko Freiherr zu Innhausen und 513
Koch, Jean-Jacques 274
Koehler-Ruprecht 32
Kolesch, Horst 139ff.
Kölges, Benedikt 361
Köninger, Winfried 127
Kracher, Alois 31
Kreis, Bernd 26, 571, 581, 592
Kreuzberger, Norbert 346
Kreuzhage, Jürgen 13
Kreydenweiss, Marc 32
Kriener, Manfred 562f.
Kühn, Angela 514
Kühn, Peter 514
Kunow, Eberhard von 225ff., 246, 275
Künstler, Franz 486
Künstler, Gunter 485ff.
Kuntz, Sybille 336

Lafer, Johann 353
Laible jun., Andreas 112ff.
Laible sen., Andreas 112ff.
Lang, Hans 514
Lanius, Anne 179ff.
Lanius, Jörg 179ff.
Lauer, Peter 336
Leibbrand, Willi 479f.
Leitz, Johannes 492ff.
Leitz, Doris 494

Lenné, Peter Josef 267
Le Pin 305
Lettau, Reinhard 17
Leve, Christian 185
Lingenfelder, Karl 457
Lingenfelder, Rainer 457
Linxweiler, Martina 375
Linxweiler, Peter 375
Loewen, Karl Josef 254ff.
Loosen, Ernst 245, 261ff., 418, 420, 461, 505
Loosen, Dr. Paul 262
Löwenstein, Reinhard 217ff.
Luckert, Theo 163
Lulu 268
Lützkendorf, Udo 556ff.
Lützkendorf, Uwe 556ff.

Mades, Helmut 184
Männle, Heinrich 126
Maria-Theresia, Kaiserin 576
Marple 502
Mathern, Helmut 371ff.
Matheus, Dr. Uwe 156ff.
Matheus, Jörg 347
Matheus, Petra 347
Matheis, Karl 524
Mathis, Gebrüder 124f.
Matuschka-Greiffenclau, Erwein Graf 519
Mauer, Egon 515
Mauer, Georg 558
Mell, Ulrich 391ff., 452
Merkle, Willi 125
Mertes, Peter 341
Meßmer, Gregor 416ff.
Meßmer, Herbert 417f.
Metternich, Wolff Graf 129
Michalsky, Dr. Alexander 543ff.
Michalsky, Dr. Ute 544f.
Michel, Dr. Franz Werner 470, 510

Michelangelo 491
Michel, Familie 486
Mittermeier, Dr. Hans 359
Molitor, Ludwig 455
Molitor, Markus 338
Moreau, Brigitte 14
Mosbacher, Richard 422 ff.
Mosbacher sen., Richard 424
Mosbacher-Düringer, Sabine 422 ff.
Moss, Kate 194
Mozart, Wolfgang Amadeus 272, 307
Müller-Catoir 33
Müller, Felix 274
Müller, Frank 123
Müller, Hans 550
Müller, Kurt 457 f.
Müller, Matthias 184
Müller jun., Egon 245, 271 ff.
Müller, Stephan 458

Nägler, Tilbert 516
Näkel, Werner 71 ff.
Napoleon I. Bonaparte 198
Neipperg, Josef-Hubert Graf von 578 ff.
Neipperg, Karl Eugen Erbgraf von 576 ff.
Neipperg, Philipp Graf von 576 ff.
Nelles, Thomas 78
Nilkens 503
Nußbaum, Gert 245

Ovid 507

Parker jr., Robert M. 64, 335
Pauly, Dr. Peter 340
Pauly, Helga 340
Payne, Joel 64, 136
Perabo, Peter 514
Perll, Thomas 185

Perll, Walter 185
Pfeffer, Lotte 550
Philippi, Bernd 408, 456
Philippi, Otto 412
Pichler, Franz Xaver 60, 148, 266, 488
Piedmont, Claus 341
Piedmont, Monika 341
Plettenberg, Egbert Reichsgraf von 377
Plöger, Dr. 29
Prager 31
Prinz, Fred 516
Prinz zur Lippe, Dr. Georg 568
Prinz zu Salm-Salm, Michael 349, 377, 554
Probst, Werner 157
Prüm, Familie 245
Prüm, Dr. Manfred 263, 279 ff.
Prüm, Raimund 341
Prüm, Sebastian 280

Querbach, Wilfried 516

Raquet, Georg 398
Rathenau, Walther 549
Ratzenberger, Jochen 186
Rauen, Stefan 329
Rebholz, Edouard 438
Rebholz, Hans 436
Rebholz, Hans-Jörg 436 ff.
Rebholz, Familie 33, 443
Redding, Cyrus 302
Reh-Gartner, Annegret 243 ff.
Reinert, Johann Peter 342
Rembrandt 267
Ress, Stefan 517
Richter, Dr. Dirk 208 ff.
Ricci, Nina 391
Richter, Ferdinand 293
Richter, Horst 290
Rilke, Rainer Maria 498

Personenregister

Rochioli 32
Röll, Siegfried 572 ff.
Rolland, Michel 110
Rosch, Werner 334
Roth, Dirk 394
Roth, Gerhard 161
Rotthaus, Thorsten 459
Rousseau, Armand 133
Rubens, Peter Paul 507
Ruck, Hans 143 ff.
Rucken, Sigibato von, Graf von Tübingen 144
Rumpf, Stefan 376

Saahs, Klaus 563
Sachsen-Coburg und Gotha, Carl Eugen Herzog von 318
Salwey, Wolf-Dietrich 117 ff.
Sandrone 34
Sattelmayer, Karl-Heinz 378
Sattler, J. 535
Sauer, Horst 161
Savinio, Alberto 37
Schaefer jun., Willi 245, 294 ff.
Schaefer sen., Willi 294 f., 298
Schäffer, Egon 162
Schales, Arno 552
Schales, Heinrich 552
Schales, Kurt 552
Schell, Josef 515
Scheuermann, Mario 58
Schiffer, Claudia 195
Schilli, Ottmar 129
Schindler, Gerd 125
Schleicher, Wolfgang 512
Schlüter, Wolfgang 594
Schmidt, Andreas 378
Schmidt, Herbert 378
Schmitt, Bruno 152 ff.
Schmitt, Karl 147 ff.
Schmitt, Paul 152
Schmitt, Robert 151 ff.

Schmoranz, Hermann 468
Schnabel, Hubert 345
Schneider, Albrecht 552 f.
Schneider, Cornelia 128
Schneider, Reinhold 128
Schneider, Ulrike 552
Schönborn-Wiesentheid, Graf von 518
Schönleber, Werner 365 ff.
Schubert, Dr. Carl Ferdinand von 135, 245, 301 ff.
Schug, Bernhard 265
Schwang, Hugo 342
Schwarz, Günther 418
Schwarz, Hans-Günther 427 ff., 460
Schwarz, Johannes 14
Schwegeler, Albrecht 34, 580 ff., 593
Schwegeler, Hermann 593
Schweinhardt, Axel 378
Schweinhardt, Willi 378
Seeger, Thomas 128
Seifert, Klaus 569
Selbach, Hubert 346 f.
Selbach, Johannes 309 ff.
Senfter, Jost 553
Shields, Brooke 491
Siegrist, Thomas 459
Soder, Albert 124
Spielberg, Steven 147, 572
Spier, Sofia 345
Spinner, Alexander 126 f.
Staiblin, Helmut 125
Stezaker, John 13
Stigler, Andreas 129
Stigler, Regina 129
Stigler, Rudolf 129
Störrlein, Armin 163
Strub, Walter 554
Studert, Gerhard 344
Studert jun., Stephan 344

Then, Benedikt 140
Thies, Günter 517f.
Thompsen, Hunter S. 13
Thurn und Taxis, Gloria von 463
Treitz, Uli 193
Trimbach 32
Trossen, Rudi 193
Trummert-Finenauer, Hans-Georg 375
Turner, William 498
Tyrell, Christoph 236ff.

Usinger, Agnes 525

Velich 31
Vogel, Armin 328f.

Wagner, Adolf 319
Wagner, Heinz 316ff., 318
Wagner, Ulrike 316ff.
Warhol, Andy 227
Wayne, John 88
Weber, Stefan 454
Weegmüller, Richard 460
Weegmüller, Stephanie 460
Wehrheim, Dr. Heinz 443ff.
Wehrheim, Karlheinz 443ff.

Weil, Robert 31, 502
Weil, Wilhelm 502ff.
Weingart, Adolf 186
Weingart, Helga 186
Weis, Herbert 329
Weis, Hermann 344
Werlé, Claus 447ff.
Werlé, Hardy 447ff.
Werlé, Otto 448
Westwood, Vivienne 23, 364
Weymarn, Peter von 531ff.
Wichner, Ernest 13
Wilhelm II., Kaiser 504
Williams-Selyem 34
Willkomm, Renate 341
Wilp, Charles 551
Wirsching, Andrea 343
Wirsching, Dr. Heinrich 156ff.
Wolfe, Tom 13
Wöhrwag, Christin 585ff.
Wöhrwag, Hans-Peter 585ff.

Zerbe, Dr. Karl-Heinz 478, 518
Zilliken, Hans-Joachim 73f., 225f., 322ff.
Zimmerling, Klaus 562ff.
Zuckmayer, Carl von 526

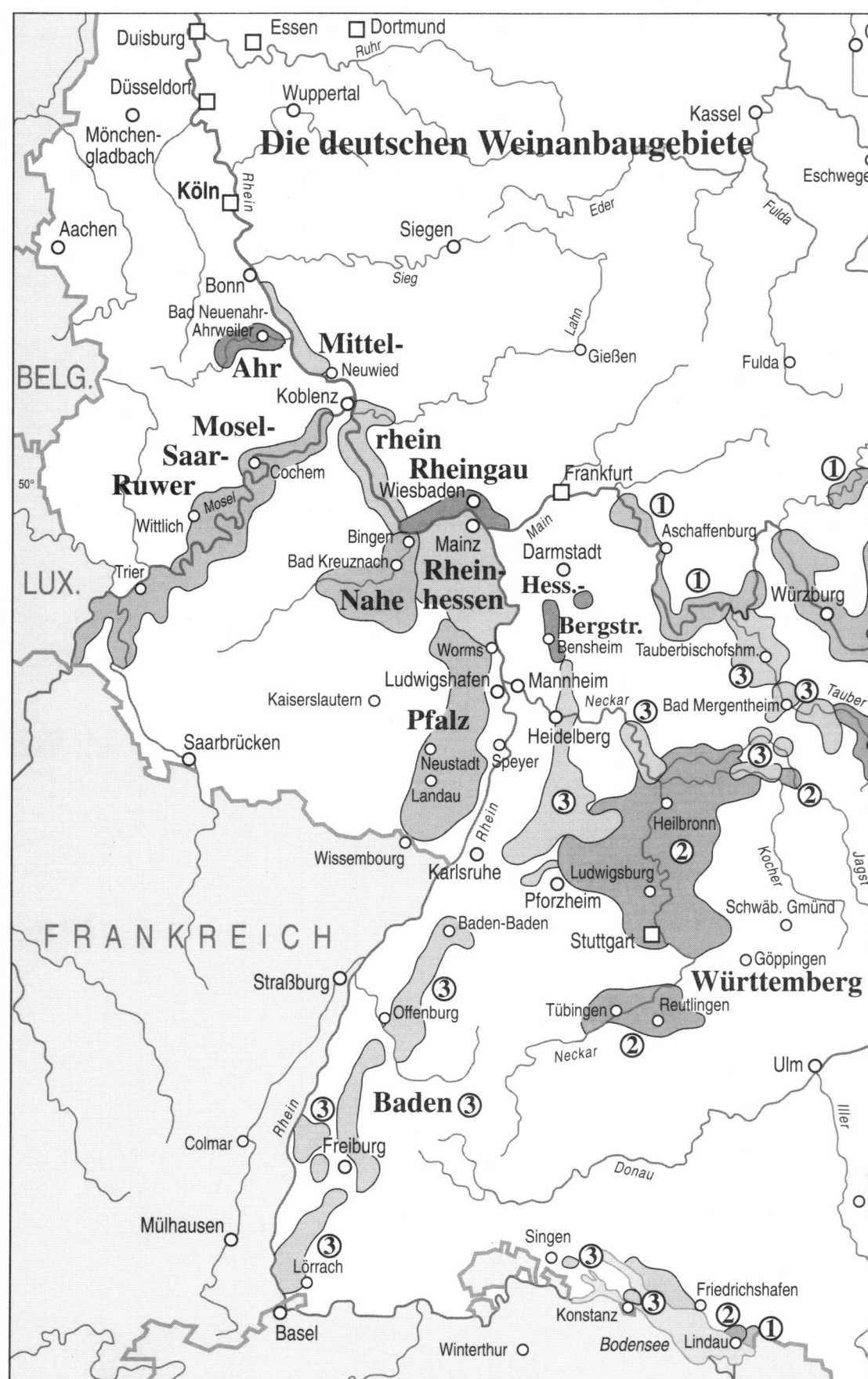